ESTUDOS DE HOMENAGEM
AO
PROFESSOR DOUTOR GERMANO MARQUES DA SILVA

INSTITUTO SUPERIOR DE CIÊNCIAS POLICIAIS
E SEGURANÇA INTERNA

ESTUDOS DE HOMENAGEM
AO
PROFESSOR DOUTOR GERMANO MARQUES DA SILVA

ALMEDINA

TÍTULO:	ESTUDOS DE HOMENAGEM AO PROFESSOR DOUTOR GERMANO MARQUES DA SILVA
COORDENAÇÃO:	MANUEL MONTEIRO GUEDES VALENTE
EDITOR:	LIVRARIA ALMEDINA – COIMBRA www.almedina.net
LIVRARIAS:	LIVRARIA ALMEDINA ARCO DE ALMEDINA, 15 TELEF. 239851900 FAX 239851901 3004-509 COIMBRA – PORTUGAL livraria@almedina.net LIVRARIA ALMEDINA ARRÁBIDA SHOPPING, LOJA 158 PRACETA HENRIQUE MOREIRA AFURADA 4400-475 V. N. GAIA – PORTUGAL arrabida@almedina.net LIVRARIA ALMEDINA – PORTO R. DE CEUTA, 79 TELEF. 222059773 FAX 222039497 4050-191 PORTO – PORTUGAL porto@almedina.net LIVRARIA ALMEDINA ATRIUM SALDANHA LOJAS 71 A 74 PRAÇA DUQUE DE SALDANHA, 1 TELEF. 213570428 FAX 213151945 atrium@almedina.net LIVRARIA ALMEDINA – BRAGA CAMPUS DE GUALTAR UNIVERSIDADE DO MINHO 4700-320 BRAGA TELEF. 253678822 braga@almedina.net
EXECUÇÃO GRÁFICA:	G.C. – GRÁFICA DE COIMBRA, LDA. PALHEIRA – ASSAFARGE 3001-453 COIMBRA E-mail: producao@graficadecoimbra.pt OUTUBRO, 2004
DEPÓSITO LEGAL:	217609/04

OS TEXTOS SÃO DA EXCLUSIVA RESPONSABILIDADE DOS AUTORES

CURRICULUM VITAE

GERMANO MARQUES DA SILVA

GRAUS ACADÉMICOS

Licenciado em Direito pela Faculdade de Direito da Universidade de Lisboa, em 1969 (21.X.69)

Curso Complementar de Ciências Jurídicas pela Faculdade de Direito da Universidade de Lisboa, em 1971 (6.1.71)

Doutoramento em Direito (Ciências Jurídicas) pela Universidade Católica Portuguesa, em 1991 (18.11.91)

CARREIRA ACADÉMICA

Concluído o ensino primário em 1955, na escola primária de S. Pedro da Cova, iniciou-se profissionalmente, interrompendo os estudos que retomou em 1957, tendo nesse ano realizado exame de admissão aos liceus, que concluiu em 28 de Julho de 1957 no Liceu Alexandre Herculano, do Porto.

Fez o 1.º ciclo do ensino liceal como aluno do ensino particular doméstico, frequentando em regime pós-laboral a Escola Profissional dos Empregados de Escritório do Porto e obtido aprovação em 4 de Julho de 1959, no Liceu de Alexandre Herculano.

No ano lectivo de 1959/60, tendo-lhe sido atribuída uma bolsa de estudos pela Fundação Rotária Portuguesa, iniciou a frequência do ensino liceal em estabelecimento de ensino, no Colégio de João de Deus, no Porto, tendo concluído o 3.º ciclo do ensino liceal em Julho de 1964.

Em 1964 matriculou-se na Faculdade de Direito da Universidade de Lisboa, concluindo a licenciatura em direito em 21 de Outubro de 1969.

Obteve o "Prémio da Ordem dos Advogados para Estudantes de Direito no ano de 1967 com um trabalho escolar na área da economia, com o tema

A Inflação e o Desenvolvimento Económico, e, no ano de 1968, com um trabalho na área do processo civil com o tema *Da Tutela dos Direitos na Acção Directa*, tendo este sido publicado na Revista da Ordem dos Advogados (Ano 33, 1973, pp. 5-81).

Frequentou o Curso Complementar de Ciências Jurídicas no ano lectivo de 1969/70 na Faculdade de Direito da Universidade de Lisboa, tendo sido aprovado em provas públicas prestadas em 6 de Janeiro de 1971. No Curso Complementar apresentou dissertação na área do direito penal sob o título "O Excesso de Legítima Defesa".

Foi aprovado em provas públicas de doutoramento em Direito – área de Ciências Jurídicas – na Faculdade de Direito da Universidade Católica Portuguesa, em 18 de Novembro de 1991, tendo apresentado uma dissertação intitulada *Do Processo Penal Preliminar*.

No ano lectivo de 1970/71 exerceu funções de assistente do Dr. Mário Fernando Campos Pinto no Instituto Superior de Ciências Económicas e Financeiras, na disciplina de Noções Fundamentais de Direito.

Em 1971 foi contratado como assistente da Faculdade de Direito da Universidade de Lisboa, tendo pedido a exoneração em Janeiro de 1975. Na Faculdade de Direito da Universidade de Lisboa colaborou como assistente: em 1971, do Prof. Doutor José Dias Marques, na disciplina de Introdução ao Estudo do Direito; no ano lectivo de 1972/73 do Prof. Doutor José de Oliveira Ascensão, na disciplina de Direitos Reais; no ano lectivo de 1972/73 do Prof. Doutor Fernando Lopes Sandy Pessoa Jorge, na disciplina de Direito Processual Civil, II (Processo Executivo); nos anos lectivos de 1971/72 a 1973/74 do Prof. Doutor Manuel Cavaleiro de Ferreira, nas disciplinas de Direito Penal e Processo Penal.

No ano lectivo de 1974/75 foi admitido como assistente na Faculdade de Ciências Humanas da Universidade Católica Portuguesa, tendo-lhe sido atribuída a regência da disciplina de Direito do Trabalho no Curso Superior de Gestão. No ano lectivo de 1975/76 regeu as disciplinas de Noções Fundamentais de Direito e Direito do Trabalho do Curso Superior de Gestão.

No ano lectivo de 1976/77 e 1977/78 integrou o Conselho de Direcção da Faculdade de Ciências Humanas da Universidade Católica, sob a direcção do Dr. Mário Fernando Campos Pinto, sendo-lhe atribuído o pelouro da instalação do Curso Superior de Direito. Nos anos lectivos de 1976/77 a 1979/80 regeu a disciplina de Noções Gerais de Direito e no ano lectivo de 1978/79 a disciplina de Direito da Economia do Curso Superior de Gestão. Nos anos lectivos de 1976/77 a 1979/80 colaborou como assistente do Prof. Doutor João de Castro Mendes na disciplina de Introdução ao Estudo do Direito do Curso

Superior de Direito da Faculdade de Ciências Humanas. No ano lectivo de 1978/79 colaborou como assistente do Prof. Doutor Inocêncio Galvão Teles na disciplina de Contratos.

No ano lectivo de 1980/81 assumiu funções de assistente do Prof. Doutor Manuel Cavaleiro de Ferreira na disciplina de Direito Penal e a partir do ano lectivo seguinte também de Processo Penal, funções que exerceu até assumir a regência destas disciplinas, após a sua contratação como Professor Auxiliar, no ano lectivo de 1991/92.

No ano lectivo de 1984/85 foi-lhe distribuída a regência da disciplina de Processo Executivo no Curso Superior de Direito da Faculdade de Ciências Humanas. No ano lectivo de 1987/88 e 1988/89 foi-lhe confiada a regência da disciplina de Processo Penal.

Desde o ano lectivo de 1991/92 que lhe tem sido atribuído o encargo de regência das disciplinas de Direito Penal I e Direito Processual Penal e desde o ano lectivo de 1992/93 do curso semestral de Direito Penal II no Curso de Direito da Faculdade de Direito da Universidade Católica Portuguesa (Lisboa). Desde o ano lectivo de 1992/93 tem sido responsável pelos seminários de Direito Penal e Direito Processual Penal dos Cursos de Mestrado da Faculdade de Direito da UCP (Lisboa).

Desde o ano lectivo de 1997/98 tem regido a disciplina de Direito Penal Económico no Curso Superior de Gestão da Faculdade de Ciências Económicas e Empresarias da UCP.

Tem colaborado desde a sua fundação com a Escola Superior de Polícia, actual Instituto Superior de Ciências Policiais onde tem regido a disciplina Ética Policial.

No ano lectivo de 1976/77 regeu a disciplina de Direito Penal no Instituto Nacional de Polícia e Ciências Criminais. Nos anos lectivos de 1976/77 e 1977/78 regeu Direito do Trabalho no Instituto de Formação Social e do Trabalho. Nos anos lectivos de 1978/79 a 1981/82 participou activamente nos trabalhos do Centro de Estudos Judiciários, integrando os júris de exames de admissão e proferindo conferências na área do direito penal e do processo penal.

CARGOS ACADÉMICOS

Integrou o Conselho de Direcção da Faculdade de Ciências Humanas nos anos lectivos de 1976/77 e 1977/78, sendo-lhe atribuído o pelouro da instalação d Curso Superior de Direito da Universidade Católica Portuguesa.

No ano lectivo de 1989/90 foi nomeado membro do Conselho de Direcção da Faculdade de Direito da Universidade Católica Portuguesa, sob a direcção do Prof. Doutor António Luciano de Sousa Franco, exercendo as funções de Secretário da Faculdade até ao ano lectivo de 1996/97. Em Outubro de 1996 foi nomeado Director da Faculdade de Direito da Universidade Católica e reconduzido no cargo em 1999.

Foi Vice-Presidente da Comissão Instaladora da Escola Superior de Polícia, por nomeação do Ministério da Educação, e integrou os seus Conselhos Científico, Pedagógico e de Escola. É ainda membro do Conselho Científico do actual Instituto de Ciências Policiais e Segurança Interna que sucedeu à Escola Superior de Polícia.

Participou nos trabalhos preparatórios da instalação do Centro de Estudos Judiciários em cujas actividades tem colaborado regularmente desde a sua fundação. Desde o ano lectivo de 1976/77 que tem sido por várias vezes membro do Conselho Superior da Universidade Católica, ora por inerência ora por designação ou eleição.

FUNÇÕES PÚBLICAS

É membro do Conselho Superior do Ministério Público, por designação do Governo, desde 1993.

Foi Presidente da Comissão de Redacção do Código da Estrada que elaborou o projecto aprovado pelo Decreto-Lei n.° 114/94, de 3 de Maio.

Foi o autor do anteprojecto do Regime Geral do Cheque sem Provisão, aprovado, aprovado pelo Decreto-Lei n.° 326/97, de 19 de Novembro.

Foi membro do Comité contra a corrupção e a fraude nos negócios da Câmara de Comércio Internacional.

Foi Presidente da Comissão de Revisão do Código de Processo Penal que elaborou o projecto de revisão aprovado pela Lei n.° 59/98, de 25 de Agosto.

Foi Presidente da Comissão Revisora do Regime Geral das Infracções Fiscais que elaborou o Anteprojecto do Regime Geral das Infracções Fiscais (Anteprojecto do Regime Geral das Infracções Fiscais, Ministério das Finanças, Lisboa, 1999).

Participou nos trabalhos de revisão do anteprojecto do Regime Geral das Infracções Fiscais e elaborou o projecto aprovado pelo Conselho de Ministros em 30.1.2000.

Em Janeiro de 2000 foi nomeado assessor do Ministro da Defesa Nacional para a revisão da organização judiciária e da legislação penal e disciplinar militar, tendo participado na elaboração dos respectivos projectos de Lei da Organização Judiciária Militar, Código de Justiça Militar e revisto o Regulamento da Disciplina Militar.

PROFISSIONAL

Aprendiz de ourives, empregado de escritório e professor de matemática.

Concluída a instrução primária, em 1955, empregou-se como aprendiz de ourives, numa empresa de Gondomar, tendo em 1957 passado para os escritórios onde trabalhou até 1960.

A partir de 1960 até conclusão da licenciatura (1969) exerceu de modo regular a actividade de professor de matemática dos 1.° e 2.°s ciclos do ensino liceal (primeiro em regime de explicador e depois no Externato Fernão Lopes, em Lisboa).

ACTIVIDADE DOCENTE

Desde o ano lectivo de 1970/71 que exerce funções docentes universitárias:
- Assistente eventual no Instituto Superior de Ciências Económicas e Financeiras (1970/71);
- Assistente eventual na Faculdade de Direito da Universidade de Lisboa (1971/74);
- Assistente na Universidade Católica, na Faculdade de Ciências Humanas e na Faculdade de Direito, desde 1974 até 1991;
- Professor Auxiliar da Faculdade de Direito da UCP (1991 a 1996)
- Professor Associado da Faculdade de Direito da UCP, desde 1996.
- Professor Convidado do Instituto Superior de Ciências Policiais e Segurança Interna

ADVOCACIA

Concluída a licenciatura fez estágio para a advocacia, tendo-se inscrito como Advogado em 19 de Junho de 1971, actividade que tem exercido desde então, dedicando-se sobretudo à advocacia criminal.

Foi membro do Conselho Geral da Ordem dos Advogados no triénio 1987/89.

Nos triénios 1990/92, 1993/1995 e 1996/98 foi membro do Conselho Superior da Ordem dos Advogados e Vice-Presidente do Conselho Geral da Ordem dos Advogados, eleito para o triénio 1999/2001.

OBRAS PUBLICADAS

– *Direito Penal Português*, Verbo, Lisboa/S. Paulo, (2 Edições), Parte geral I, Parte geral II, Parte Geral III (1.ª Edição).

– *Do Processo Penal Preliminar*, Dissertação de doutoramento e Ciências Jurídicas pela Faculdade de Direito da Universidade Católica Portuguesa, 1990.

– *Curso de Processo Penal*, Verbo, Lisboa/S.Paulo, Vol. I (4 Edições), Vol. II (2 Edições), Vol. III (2 Edições).

– *Regime jurídico-penal dos cheques sem provisão: Decreto-Lei n.º 454/91, de 28 de Dezembro, na redacção do Decreto-Lei n.º 316/97, de 19 de Novembro*, Principia, S. João do Estoril, 1997.

– *Crimes de emissão de cheque sem provisão*, Lisboa, Universidade Católica, 1995 (1.ª Edição), 1997 (3.ª edição).

– *Crimes rodoviários : pena acessória e medidas de segurança*, Lisboa, Universidade Católica Portuguesa, 1996.

– *Curso de processo civil executivo: acção executiva singular, comum e especial*, Universidade Católica Editora, Lisboa, 1995.

– *Código da estrada e legislação complementar/Introdução*, Aequitas, Lisboa, 1995, Colecção *Leges*. Editado também pela Editorial Notícias.

– *Lições de processo penal: código de 1987*, Universidade Católica Portuguesa, 1987-1988.

– *Ética policial e sociedade democrática*, Instituto Superior de Ciências Policiais e Segurança Interna, Lisboa, 2001.

– "As grandes linhas da reforma do código penal", *in ENCONTRO DE REFLEXÕES ÉTICO-JURÍDICAS SOBRE O DIREITO PENAL EM PORTUGAL*, 19 e 20 de Novembro de 1993 – Reflexões ético-jurídicas sobre o direito penal em Portugal, Encontro de Reflexões Ético-Jurídicas sobre o Direito Penal em Portugal, Associação dos Juristas Católicos.

– "Perspectivas de evolução do Direito Penal Português: notas breves sobre o Projecto de Revisão do Código de Processo Penal de 1987", *in O PROCESSO PENAL EM REVISÃO*, Lisboa, 1997, Universidade Autónoma de Lisboa, copy.1998.

- "A tutela penal do ambiente", *in Estudos de direito do ambiente* (coordenação Mário de Melo Rocha), Porto, Publicações Universidade Católica, 2003.
- "Justiça internacional ou simples utopia?", *in Boletim da Ordem dos Advogados*, Lisboa, n. 21(Jul.-Ago.2002).
- "A responsabilidade profissional do advogado (perspectiva penal", *in Estudos Dedicados ao Prof. Doutor Mário Júlio de Almeida Costa*, Lisboa, Universidade Católica, 2002.
- "O meu depoimento acerca do referendo sobre o aborto", *in Vida e direito: reflexões sobre um referendo*, (organizadores Jorge Bacelar Gouveia, Henrique Mota, prefácio António de Sousa Franco), Cascais, Princípia, 1998.
- *Código de processo penal: legislação complementar*, Quid Juris?, Lisboa, 1998 De acordo com a revisão introduzida pela Lei n.º 59/98, de 25 de Agosto.
- "Crise da justiça: três recados aos Magistrados e Advogados do século que começa", *in Direito e Justiça*, Lisboa, v.15, t.1, 2001.
- "Protesto ao abrigo", *in Revista da Ordem dos Advogados*, Lisboa, a.59, n. 3, Dez.1999.
- "Escrever direito por linhas enviesadas: uma lacuna do código penal de 1995 e a sua integração pela Lei N. 65/98 : o conceito de unidade de conta material", *in Direito e Justiça*, Lisboa, v.14, t.1, 2000.
- "Prescrição dos processos penais: não sabem o que dizem, nem se importam", *in Forum iustitiae. Direito & sociedade*, Lisboa, a.1, n. 10, Abr.2000.
- "A ética profissional", *in Direito e Justiça*, Lisboa, v.13, t.3, 1999.
- "25 anos de direito penal", *in Forum Institiae. Direito & sociedade* Lisboa, a.1, n. 1, Jun.1999.
- "Criminalização do cheque sem provisão", *in Vida judiciária*, Lisboa, n.17, Setembro-1998.
- "Apreensão de veículo em processo de inquérito", *in Cadernos de justiça administrativa*, Braga, n. 10, Jul.-Ago.1998.
- "A investigação criminal e as autoridades judiciais", *in O perito. Tecnologia e polícia*, Lisboa, a.3, n. 1, Jan.-Jun.1997.
- "Justiça, liberdade, direito e ética: diferença na unidade", *in Direito e Justiça*, Lisboa, v.11, t.1, 1997.
- "A fundamentação das decisões judiciais: a questão da legitimidade

democrática dos juizes: uma análise na perspectiva do processo penal", *in Direito e Justiça*, Lisboa, v. 10, t. 2, 1996.

– "Bufos, infiltrados, provocadores e arrependidos: os princípios democráticos e da lealdade em processo penal", *in Direito e Justiça*, Lisboa, v. 8, t. 2, 1994.

– "Objecto do processo penal: a qualificação jurídica dos factos: comentário ao Assento N.2/93, de 27/1/93", *in Direito e Justiça*, Lisboa, v. 8, t. 1, 1994.

– "Do regime penal do cheque sem provisão: DL. n.° 454/91, de 28 de Dezembro", *in Direito e justiça*, Lisboa, v. 5, 1991.

– "Princípios gerais do processo penal e Constituição da Republica Portuguesa", *in Direito e justiça*, Lisboa, v. 3, 1987-1988, e no *Volume de homenagem ao Professor Doutor Manuel Gonçalves Cavaleiro de Ferreira* – Conferência proferida no Centro de Estudos Judiciários, no âmbito dos cursos de formação de Magistrados.

– "Direito de defesa em processo penal: parecer", *in Direito e Justiça*, Lisboa, v. 13, t. 2, 1999.

– "Em busca de um espaço de consenso em processo penal", *in Estudos em homenagem a Francisco José Velozo*, (coordenação de António Cândido de Oliveira), Universidade do Minho.

– "Notas sobre o regime geral das infracções tributárias: aprovado pela Lei n.15/2001, de 5 de Junho", *in Direito e Justiça*, Lisboa, t. 15, n. 2, 2001.

– "Aspectos gerais do projecto de reforma do código de processo penal", *in Revista jurídica da Universidade Portucalense Infante D. Henrique,* Porto, n. 2, Mar.1999.

– "A reforma do Código de processo penal e as perspectivas de evolução do direito processual penal", *in Scientia iuridica*, Braga, t. 48, n. 277-279, Jan.-Jun. 1999.

– "Sobre a liberdade no processo penal ou do culto da liberdade como componente essencial da prática democrática", *in Liber Discipulorum para Jorge de Figueiredo Dias*, (organização de Manuel da Costa Andrade.. et alia), Coimbra, Coimbra Editora, 2003.

– "Proibição de pagamento do cheque: da necessária articulação da lei uniforme relativa ao cheque, do regime jurídico do cheque sem provisão e do regulamento do sistema de compensação interbancária".

NOTA – Certamente peca por defeito o elenco das obras publicadas do Professor Doutor GERMANO MARQUES DA SILVA, todavia foi a elencagem possível através da biblioteca da Procuradoria Geral da República.

Homenagear uma pessoa é uma obrigação de todos nós, ónus que se redobra quando o cidadão a homenagear é um Professor do Instituto Superior de Ciências Policiais e Segurança Interna – Professor Doutor GERMANO MARQUES DA SILVA –, cuja obra nasce como membro da comissão instaladora e se desenvolve como Professor e como membro do Conselho Científico.

Não ousamos, por receio de olvidarmo-nos de traços fundamentais do ilustre Mestre de Direito, fazer uma *laudatio* tradicional, em que se demonstram matematicamente as virtudes e os grandes feitos académico--científicos do homenageado, mas antes e de modo sintético e singelo aproveitar este momento e espaço para dizer que poucas serão sempre as palavras de apreço e de consideração que pudéssemos escrever e pronunciar, pois a grandeza da obra como cidadão e como professor universitário demonstra quão pequeno – mas sincero – é este gesto de Estudos de Homenagem.

Cumpre, ainda, elucidar que, após vinte anos de ensino superior do Instituto, se publicam os primeiros Estudos de Homenagem a um dos seus pares. Aperitivo que desejamos que não fique como tal por mais vinte anos, mas que se possa repetir com frequência nesta sala onde a universalidade do saber se sedimenta na diversidade do pensamento.

Concluindo, impõe-se uma última palavra ao Professor Doutor GERMANO MARQUES DA SILVA. Em regra, só se prestam homenagens aos Professores ou quando se jubilam ou quando, *post mortem*, se pretende perdurar *in memoriam* o ilustre Mestre. Quisemos quebrar e ser pioneiros – seguindo a mesma astúcia do ilustre Mestre ao incentivar a Comissão Instaladora a colocar a Escola Superior de Polícia na história da *academia* com a inserção da cadeira de Direitos Fundamentais no Plano Curricular do Curso de Formação de Oficiais de Polícia – em homenagear os pares com vitalidade para nos ajudarem a cimentar a Escola no seio académico e comunitário. Pois, não foi ao acaso que em vez de Estudos em Homenagem nos propusemos levar a lume uma obra – que conta com vinte dois textos das várias áreas científicas do Curso de Licenciatura em Ciências Policiais – sob o Título ESTUDOS DE HOME-NAGEM.

Superintendente-Chefe ALFREDO JORGE GONÇALVES FARINHA FERREIRA
Director do Instituto Superior de Ciências Policiais e Segurança Interna

O Instituto Superior de Ciências Policiais e Segurança Interna em conjunto com a Livraria Almedina inicia, hoje, uma nova etapa no crescimento e cimentação que lhe são onerados pela comunidade em geral e pela instituição policial em particular. Homenagear tão ilustre personalidade, que marcou o início desta «casa», colocando a sua pedra no edifício em que nos encontramos, que continuou a semear os seus ensinamentos junto de todos nós – alunos, oficiais, professores e pessoal do quadro orgânico – sem alguma vez negar qualquer solicitação ou se furtar a qualquer pedido, é tarefa que se nos afigura de extrema responsabilidade: por um lado, nunca falamos e escrevemos tudo o que nos inunda a alma de humanos, quer pela grandeza do Professor Doutor GERMANO MARQUES DA SILVA como cidadão activo e construtor de uma democracia participativa, bem vincada pela sua actividade ininterrupta; por outro, impõe-se-nos a obrigação de relevar o ensinamento do ilustre Mestre como contínuo *instrumento de justiça*, na proclamada busca da verdade judicial obtida sem que se absolutize a verdade face à dignidade da pessoa humana; e, ainda, homenagear um dos responsáveis pela criação da Escola Superior de Polícia e pela labuta na edificação como instituição de ensino superior, é sempre um trabalho melindroso pela incapacidade humana de relembrar e homenagear todo o labor por si desenvolvido.

Os Estudos de Homenagem ao Professor Doutor GERMANO MARQUES DA SILVA encontram-se estruturados de acordo com as três áreas do curso de Licenciatura em Ciências Policiais – filho do Curso de Formação de Oficiais de Polícia –, cuja mão activa do ilustre Mestre se fez sentir: área das Ciências Jurídicas, área das Ciências Policiais e área das Ciências Sociais e Políticas. Disposição esta que obedece à formação académica originária e ao seu labor como académico, como advogado e como cidadão – exemplo de participação democrática.

Os autores dos vários estudos, que responderam à chamada, são ou foram docentes deste Instituto ou foram alunos do Professor GERMANO

MARQUES DA SILVA, e quiseram marcar, com a sua participação, um pequeno gesto de agradecimento pela sua sempre disponibilidade formal e informal no debate das ideias da *academia* e no encontro de pensamentos que promovam o desenvolvimento científico que se impõe a qualquer instituição de ensino superior. Contacto académico-científico que se materializou, ao longo dos anos, com a participação do Professor GERMANO MARQUES DA Silva em seminários, congressos, aulas, artigos publicados na Revista *Polícia Portuguesa* e na publicação, pelo Instituto, do livro *Ética Policial e Sociedade Democrática*, fomentando o espírito da eticização e da democratização da Polícia.

Cumpre-nos, neste porto de abrigo, dirigir algumas palavras de agradecimento a todos os que nos acompanharam, sob vários trabalhos, na concretização dos Estudos que temos entre mãos: em primeiro lugar, à Livraria Almedina, na pessoa do Sr. Engenheiro CARLOS PINTO, que, desde o início e por em tão pouco tempo, permitir que pudéssemos, hoje e aqui, estar presentes a homenagear tão ilustre personalidade; em segundo, aos autores que demonstraram dedicação e criação científica própria da *academia*; em terceiro, à comissão organizadora – Subintendente VALENTE DIAS, Mestre JOÃO RAPOSO e Dr. FIGUEIREDO RIBEIRO – que permitiu estruturar a obra; em quarto lugar, agradecer à D.ª ALCINA SANTOS pela dedicação extrema que incutiu, em tão pouco tempo, na estruturação dos textos; por último, aos Comissário ISABEL CANELAS e HUGO PALMA, Subcomissária ÉLIA CHAMBEL, Dra. MICHELE SOARES e Dra. CRISTINA REIS pela dedicação e disponibilidade materializada na correcção das provas.

Cumpre-nos, neste canto, com MIGUEL TORGA em o *Termo de Responsabilidade*, proclamar:

> *Tudo,*
> *Menos deixar uma incerteza*
> *No caminho.*
> *Quem vier nesta direcção,*
> *Veja as passadas dos meus pés,*
> *E siga.*

MANUEL MONTEIRO GUEDES VALENTE

CIÊNCIAS JURÍDICAS

REVISÃO DE DECISÕES MATRIMONIAIS PROVENIENTES DE TRIBUNAIS OU OUTRAS AUTORIDADES DOS ESTADOS MEMBROS DA UNIÃO EUROPEIA. TRIBUNAL TERRITORIAL COMPETENTE

ANTÓNIO DA COSTA NEVES RIBEIRO
Juiz – Conselheiro do Supremo Tribunal de Justiça
Professor do Instituto Superior de Ciências Policiais e Segurança Interna

REVISÃO DE DECISÕES MATRIMONIAIS PROVENIENTES DE TRIBUNAIS OU OUTRAS AUTORIDADES DOS ESTADOS MEMBROS DA UNIÃO EUROPEIA. TRIBUNAL TERRITORIAL COMPETENTE

1. O processo de revisão de decisões judicias estrangeiras é regulado pela forma do processo especial que o Código de Processo Civil indica a partir do artigo 1094.° e seguintes.

É competente para a revisão e confirmação – diz o artigo 1095.° – «a Relação do distrito judicial em que esteja domiciliada a pessoa contra quem se pretende fazer valer a sentença, observando-se com as necessárias adaptações o disposto nos artigos 85.° a 87.°».

Têm surgido algumas dúvidas nos tribunais de Relação sobre a competência para o reconhecimento ou não reconhecimento de decisões emergentes de acções matrimonias.

Em alguns casos a Relação aceita essa competência (pelo menos dois casos recentes na Relação de Lisboa); em outros casos, a Relação declara-se incompetente em razão da hierarquia (um exemplo recente: a decisão de 12 de Fevereiro de 2003, no processo 1263/02, 1.ª secção, da Relação de Guimarães).

2. É preciso começar por recordar que o reconhecimento das decisões estrangeiras comunitárias é automático.[1]

Desde que a decisão seja definitiva no país de origem, vindo acompanhada do formulário respectivo Anexo IV (e V, sendo caso), o reconhecimento é automático, segundo determina o artigo 14-2 e considerando 18,

---

[1] Quer se trate de decisões em matéria cível e comercial, em geral (Regulamento n.° 44); quer se trate de certas decisões em matéria de insolvência (Regulamento n.° 1346); quer, finalmente se trate de decisões em matéria matrimonial e de regulação do poder paternal (Regulamento n.° 1347).

princípio que assenta na reciprocidade ou mútua confiança entre as jurisdições e autoridades dos diferentes Estados Membros.

O problema da revisão ou confirmação destas decisões só se desencadeia quando a parte contra a qual se pretende fazer valer o reconhecimento ou o não reconhecimento, impugna esse reconhecimento ou o não reconhecimento. (Porque o interessado não quer ser divorciado, porque quer herdar, porque quer alimentos; ou, então, ao contrário, conforme as situações concretas: porque não quer que a outra parte seja seu herdeiro, tenha direito a alimentos, não tenha responsabilidade por certas dívidas do casal dissolvido, etc.).

Não devemos esquecer que a realização de um espaço judiciário aberto, de livre circulação das pessoas e o estabelecimento de relações familiares entre pessoas nacionais ou residentes em diferentes Estados Membros, determinam o aparecimento de elementos de internacionalização concorrentes em duas ou mais ordens jurídicas, de Estados da União Europeia, que podem constituir factores de conexão relevante para determinação da competência judiciária internacional dos tribunais desses Estados, bem como para o reconhecimento e a execução das correspondentes decisões sobre aquele tipo de relações.

3. Como é sabido, para as decisões dos Estados Membros da União Europeia, à excepção da Dinamarca (situação de que se falará mais adiante) a matéria relativa à competência judiciária, ao reconhecimento e à execução de decisões, em matéria matrimonial (e de regulação de poder paternal relativo aos filhos comuns do casal) é regida pelo Regulamento n.° 1347, do Conselho, de 29 de Maio de 2000, que entrou em vigor, para todos os Estados Membros (salvo a Dinamarca), em 1 de Março de 2001 (artigos 42.°-1 e 46.°), podendo ser aplicável a decisões proferidas antes dessa data, se reunirem as condições estabelecidas no artigo 42.°-2.

A matéria que está em causa neste Regulamento, releva das decisões emergentes de acções matrimoniais, entendendo-se por estas, as de divórcio, de separação de pessoas e bens e de anulação do casamento e de decisões em matéria de regulação do poder paternal dos filhos comuns do casal, decisões que tenham sido tomadas por ocasião do divórcio (separação ou anulação). O problema reveste natural interesse, pela sua habitualidade, em relação às decisões emergentes de acções de divórcio.[2]

---

[2] Abstraímos neste trabalho dos aspectos ligados à regulação do poder paternal dos filhos menores do casal divorciado, separado ou cujo casamento foi anulado. Alias, o

A verdade é que, no âmbito de aplicação do Regulamento, deixou de vigorar o direito interno que discipline a mesma matéria.

A livre circulação das pessoas num espaço de liberdade segurança e justiça implica a constituição de relações jurídicas familiares entre nacionais da Comunidade e residentes nela que exigem, paralelamente, o reconhecimento transfronteiriço de competências judiciárias e de decisões proferidas sobre essas relações matrimoniais (e de regulação do poder paternal).

Do que se trata é de obter um direito judiciário uniforme – para as acções e para o reconhecimento das decisões delas emergentes – e não estar submetido à eleição de um qualquer foro, que possibilitaria a escolha de lei mais favorável ao requerente.

Há pois necessidade de criação de um direito uniforme para regular o reconhecimento transfronteiriço das competências e das decisões em matéria matrimonial e de regulação do poder paternal, substituindo o direito internacional privado de cada um dos Estados Membros – evitando dar lugar à escolha do foro (e da lei aplicável) porventura, mais favoráveis a uma das partes.

Em vez de 14 (15 ou 25) direitos judiciários, sobre esta matéria, temos a vantagem de contar apenas com um sistema de direito uniforme e único em todo o espaço da União Europeia, com reserva quanto à Dinamarca.

Direito esse que prevalece naturalmente, sobre o direito interno regulador da mesma matéria, prevalência reflectida expressamente no próprio

---

Regulamento só contempla de forma limitada e subsidiária a regulação do poder paternal.

De forma limitada, porque se refere apenas aos filhos comuns dos cônjuges, deixando de fora os filhos adoptados e os filhos de cada um dos cônjuges, e apenas regula, quanto àqueles, o aspecto da custódia ou guarda do menor, deixando de fora a questão do direito de visita e da obrigação alimentar. Procede-se actualmente a uma revisão destes aspectos da matéria, por forma a toná-la mais abrangente (Doc. n.° 8281/03 JUS CIV 62, de 30 de Abril de 2003).

De forma subsidiária, porque o processo de regulação do poder paternal supõe a existência de uma acção matrimonial (artigo 3.°) e ainda que o menor resida num Estado Membro da União.

Se não residir a competência fica muito condicionada (artigo 3.°-2).

A competência para a regulação do poder paternal cessa imediatamente, nas situações contempladas pelo artigo 3.°-3, para evitar a prorrogação da jurisdição do tribunal da acção matrimonial.

Regulamento comunitário, (artigo 46.º), que acolhe, de resto, o que, no mesmo sentido, e de forma mais geral, preceitua o artigo 249.º do Tratado da Comunidade Europeia sobre a natureza e força vinculativa do regulamento comunitário.

4. O Regulamento comunitário contém dois artigos que estão na origem das dúvidas que foram acima indicadas, relativamente ao tribunal competente para se pedir o reconhecimento ou não reconhecimento da decisão matrimonial estrangeira (comunitária).

Há quem defenda que a competência territorial é do Tribunal da Relação; e há quem defenda que a competência pertence ao Tribunal da Comarca ou Tribunal de Família.

A dúvida resulta do que dispõem os artigos 14.º-3 e 22.º-3, do Regulamento.

Antecipemos a resposta!

Para nós sem grande dúvida: <u>a competência territorial pertence ao Tribunal de Comarca (ou de família) como consta do Anexo I do Regulamento, referido pelo artigo 22.º-1.</u>

<u>Tentaremos, neste trabalho, explicar porquê, de seguida.</u>

5. O artigo 14.º-3 respeita ao reconhecimento das decisões; e o artigo 22.º-3, que remete para ele, respeita à competência territorial dos tribunais dos Estados Membros para o reconhecimento ou não reconhecimento das decisões matrimoniais, de divórcio, separação ou anulação.

Comecemos por transcrevê-los:

<u>Artigo 14.º-3:</u> «Qualquer parte interessada pode pedir, nos temos dos procedimentos previstos nas secções II e III do presente capítulo, o reconhecimento, ou não reconhecimento da decisão».

<u>Artigo 22.º-3:</u> «Relativamente aos procedimentos a que se refere o n.º 3 do artigo 14.º, <u>o tribunal territorialmente competente determina-se pela lei interna do Estado Membro em que os processos de reconhecimento ou não reconhecimento são instaurados</u>». (Sublinhámos).

6. Ora, o discurso da tese que preconiza a competência do Tribunal da Relação, sustenta que o Regulamento, ao remeter para o direito interno dos Estados Membros, não pode deixar de ter em consideração – quando aplicado em Portugal – o transcrito artigo 1095.º que determina a competência do Tribunal da <u>Relação do distrito judicial do domicilio do requerido</u>.

Uma primeira observação acode à ideia. É a de que, se assim fosse, o Regulamento não teria mudado nada, no aspecto em causa.

Por consequência, o requerido domiciliado no Sabugal, continuaria a ser demandado em Coimbra (sede da respectiva Relação). E por aí adiante... já sem falar no requerido domiciliado na Ilha do Pico que teria que defender-se na Relação de Lisboa...!

Independentemente deste tipo de considerações que evidenciam o absurdo da solução, pondere-se que o Regulamento não remete para nenhuma norma em especial.

Remete para «o direito interno do Estado Membro do foro»

O que significa que a solução tem que encontrar-se dentro das normas do direito interno, mas não tem que ser necessariamente a norma do artigo 1095.º, que, aplicando-se, então, continuará a significar distorções judiciárias daquelas atrás apontadas.

Bem basta, infelizmente, continua a verificar-se, em relação ao comum dos processos de revisão de sentenças cíveis (e penais) estrangeiras – o que, a nosso ver, é um absurdo generalizado que tem sobrevivido a todas as reformas do Código de Processo Civil (e do Processo Penal – artigo 235.º)!

Esta sobrevivência não pode aceitar-se, agora, à luz do Regulamento n.º 1347, sobre a matéria por ele regulada.

7. Dito isto, vejamos então para que norma ou normas de Direito Processual Português somos remetidos pelo Regulamento em relação às decisões matrimoniais, em particular, às decisões de divórcio.

Naturalmente, que o caminho mais indicado, apontará para as normas do direito interno que mais se identifiquem com o espírito e com a letra do direito comunitário, em especial, o regulador de matéria paralela.[3]

---

[3] É o chamado princípio de interpretação conforme do direito interno ao direito comunitário, originário ou derivado, com ou sem efeito directo.

Trata-se da doutrina do célebre acórdão MARLEASING, processo C-106/89, de 13 de Novembro de 1990. Col. 1990, P. I- 4135 e seguintes.

Este princípio estruturando do direito comunitário de criação jurisprudencial, foi explicado e ilustrado, na Revista Colecção Divulgação do Direito Comunitário, n.º 32, ano 2000, páginas 117 a 130.

O Supremo Tribunal de Justiça, por acórdão de 13 de Fevereiro de 2003, seguiu o princípio da interpretação conforme, sendo, segundo se crê, a primeira vez que tal

É um caminho que se impõe!
Assim, ponderemos:

A) Primeiro: Quais as norma do direito comunitário que devem ser tidas em conta, no espírito e na letra;
B) Depois: Quais as normas do direito interno a que chegamos, interpretadas à luz desse caminho comunitário.

8. O ponto de partida de tal caminho é o seguinte: a decisão, segundo o direito comunitário, deve ser tomada ou aproximada do local onde a necessidade mais se faz sentir, ou seja o mais próximo possível dos cidadãos, conforme estabelece o artigo 1.° do Tratado da União Europeia, como um dos benefícios da titularidade da soberania comunitária.

É uma regra fundamental de eficiência que atravessa o direito da União Europeia e que a nossa Constituição, também reflecte, no artigo 267.°-1.

Por outro lado, o Regulamento n.° 44/2000 (a que vulgarmente se chama Código Judiciário Europeu – Regulamento relativo à competência judiciária, reconhecimento e execução de decisões em matéria civil e comercial), estabelece a regra geral do tribunal do domicílio do requerido, independentemente da nacionalidade – (artigo 2.°).

Efectivamente, o artigo 2.° do Regulamento n.° 44/2001, de 27 de Dezembro de 2000, constitui um preceito fundamental da competência judiciária, à semelhança do que sucede com a Convenção de Bruxelas que o Regulamento n.° 44 veio substituir (artigo 76.°) nas relações entre os catorze (ficou de fora a Dinamarca, como é sabido).[4]

---

sucedeu, no âmbito das decisões deste Tribunal. (revista n.°4591/002 – relator Conselheiro Quirino Soares).

E acabou por proferir, em 25 de Março de 2004, um acórdão uniformizador do STJ, fixando jurisprudência segundo a qual o artigo 6.° da "Lei do Seguro Automóvel Obrigatório" – Decreto-lei n.° 522/85, revoga, tácita e parcialmente, o artigo 508.° do Código Civil, relativamente aos montantes neste indicados, quanto à obrigação de indemnizar correspondente. Esta orientação veio a ser fixada por via legislativa, pelo Decreto-lei n.° 59/2004, de 19 de Março, que para ter algum sentido útil, em conformidade com o Direito Comunitário, só pode ser interpretativo do aludido artigo 6.°

Como interpretativo ainda, e de efeito retroactivo, se deve considerar a doutrina do acórdão uniformizador.

[4] A mesma regra fundamental se encontra na Convenção de Lugano que regula matéria idêntica no âmbito das relações entre os quinze Estado da União (agora 25) e os três Estados EFTA (Suíça, Noruega, Islândia – a que se associou o Liechenstein).

A regra geral do domícilio ou residência habitual do requerido é o elemento fundamental de conexão.

Estamos perante uma norma de direito uniforme que afasta a aplicação das norma internas sobre competência internacional dos tribunais dos Estados Membros (artigos 7.°-2, 65.° e 65.°-A, do Código de Processo Civil e artigos 10.° e 11.° do Código de Processo de Trabalho).[5]

É uma solução explicada pelo benefício do requerido (presuntivamente a parte mais fraca na relação).

Trata-se da aceitação do princípio favor debitoris, reconhecido também pelo Supremo Tribunal de Justiça, quando interpreta e aplica este preceito.[6]

Do mesmo passo e pela mesma razão, vale o critério da sede para as pessoas colectivas, na acepção do artigo 60.°, alínea a), do Regulamento geral – n.° 44, indicado.

Quando se trata de reconhecer as decisões em matéria civil e comercial, o Regulamento n.° 44/2001, determina no artigo 39.° (por remissão do artigo 33.°-2) que o requerimento deve ser apresentado (em Portugal – Anexo II), no tribunal de comarca; sendo que o tribunal territorialmente competente, para a concessão do exequatur, determina-se pelo domicílio da parte contra a qual a execução for promovida ou pelo lugar da execução.

8. Ora bem. O que dito fica, pretende apenas significar que o direito da União Europeia que regula a matéria da competência judiciária e o reconhecimento transfronteiriço de decisões em matéria civil e comercial, elege o foro do requerido, ou o lugar da execução, como sendo aqueles que têm mais aptidão ou idoneidade para a realização concreta e eficaz da justiça.

Não tinha nenhum sentido coerente que o reconhecimento transfronteiriço das competências judiciárias e das decisões emergentes de acções matrimoniais e de regulação do poder paternal relativas aos filhos comuns do casal, se houvesse que subordinar a elementos de conexão judiciária, em desfavor do requerido, quando todo este direito é construído no sentido do favorecimento, como regra fundamental de cidadania.

---

[5] Processo Civil da União Europeia, principais aspectos – textos em vigor anotados, Neves Ribeiro, com Prefácio do Professor Mota de Campos, edição de 2002, da Coimbra Editora, páginas 59.

[6] Ac. de 25 de Novembro de 1977, no B.M. J. n.° 471, páginas 342; e de 2 de Março de 2002, proferido no agravo n.° 4092/01, inédito.

Por isso as acções matrimoniais, (artigo 2.°-1), na lógica do regime geral estabelecido pelo artigo 2.° do Regulamento n.° 44, são propostas nos tribunais dos Estados Membros,«em cujo território se situe o domicílio ou a residência habitual dos cônjuges, de um dos cônjuges, do cônjuge requerido...». Mas sempre um tribunal que se apresente idóneo, com aptidão natural, vocacionado, em função de uma conexão próxima ou elemento objectivo de internacionalização vizinho que não sacrifique o requerente e o requerido (em Portugal), em condições mais gravosas do que ocorreriam se, porventura, o cidadão residisse no restante espaço da União.

9. Acabamos de ver que o espírito e a letra das normas comunitárias que regulam, quer em geral, a matéria respeitante, às acções cíveis e comerciais e ao reconhecimento e execução das correspondentes decisões (Regulamento n.° 44), quer, em especial, respeitante a acções matrimonias e de regulação do poder paternal, bem como o correspondente reconhecimento, se encaminham por uma solução que convoca conexões judiciárias mais próximas do requerente ou do requerido, por forma a agilizar a qualidade da prestação judiciária.

10. Sendo o objectivo a eficiência, assim conseguida, naturalmente que está indicado que procuremos na ordem interna do Estado Português, as normas de direito judiciário que melhor correspondam a esse objectivo. Temos três soluções que se apresentam como possíveis:

A primeira, é a que elege o domicílio do requerido na área territorial do distrito judicial (artigo 1095.° do C.P.C.).
Já explicámos porque é de recusar.
A segunda poderia ir buscar-se ao artigo 75.° do mesmo Código ao escolher o domicílio ou residência habitual do autor para as acções matrimoniais; ou, finalmente, a regra geral (e residual) do domicílio ou residência habitual do requerido (artigo 85.°).[7]

É certo que se trata de foros competentes territorialmente para a propositura de acções declarativas, sendo que a situação que nos ocupa releva

---

[7] É também esta a solução prevista pelo artigo 12 .°-2, do Decreto-Lei n.° 272/01, de 13 de Outubro, relativamente à competência territorial das conservatórias do registo civil para as acções de divórcio e separação de pessoas e bens,

do reconhecimento (ou não reconhecimento) de decisões matrimoniais oriundas dos tribunais ou autoridades competentes da União Europeia.

Cremos que o espírito e a unidade do sistema não afastam, uma terceira solução – a solução mais simples – que é a eleição da regra geral acima indicada, ou seja, a do domicílio do requerido, correspondente também à regra geral do artigo 33.° e 39.° do Regulamento n.° 44, Regulamento base, sobre toda a matéria civil e comercial, conforme ao exposto, nos pontos 7 e 8.

O Tribunal da Relação é absolutamente incompetente em razão da hierarquia para apreciar a impugnação do reconhecimento ou o do reconhecimento das decisões matrimoniais de divórcio, separação ou anulação. (Artigo 101.° do C.P.C.).

Se o não fosse, invalidava-se a possibilidade de recurso da decisão da instância de primeiro grau – o que contraria frontalmente o Regulamento, suprimindo a possibilidade de recurso previsto pelo artigo 26.°!

E sem qualquer necessidade, pois não pode esquecer-se que o artigo 1095.° do Código de Processo Civil, ele próprio, também considera a remissão para o artigo 85.°.

Porquê, então, escolher outro foro, quando a remissão para a lei interna, abrange o artigo 85.°, expressamente mencionado pelo artigo 1095.°, sendo esta solução que melhor serve o objectivo do Regulamento n.° 1347!

11. Observações finais:

Temos falado de decisões judicias. Mas acontece que o Regulamento também se aplica a decisões provenientes de outras autoridades comunitárias (artigo 1.°-2; 13.°-3 e considerando n.° 15).

Trata-se de decisões que, à semelhança do que estabelece e permite o artigo 1778-A, n.° 2.° do Código Civil e o artigo 14.° do Decreto-Lei n.° 272/01, de 13 de Outubro, provêm de autoridades administrativas comunitárias, valendo as mesmas regras de reconhecimento automático; ou, quando for caso, de impugnação do reconhecimento ou não reconhecimento, com ficou explicado no ponto 2.

Observe-se também que a Dinamarca optou por ficar de fora do Regulamento – artigo 1.°-3 e considerando n.° 25 – valendo em relação a ela: ou convenções bilaterais ou multilaterais, ou na falta delas, o direito internacional privado dos Estados.[8]

---

[8] Não vigora – e estamos muito longe dessa situação- a Convenção a que refere o considerando n.° 6 do regulamento 1347.

No que respeita a Portugal, vale entretanto este último instrumento normativo, pelo que será necessário o reconhecimento nos termos gerais do artigo 1094.° do C.P.C. – solução pouco razoável que poderá ser ultrapassada pela via convencional,[9] ou, então, se a Dinamarca deixar cair o seu opting out nesta matéria – que mantém por razões de soberania – como nas demais do título IV do Tratado CE (as chamadas matérias comunitarizadas).

O Regulamento só abrange os aspectos das relações pessoais do casamento, (e custódia dos filhos comuns do casal) não incluindo os aspectos da culpa, os aspectos patrimoniais, e a obrigação alimentar (considerando n.° 10).

Quanto a esta – a obrigação alimentar – questão que se põe com frequência na prática – aplica-se o artigo 5.°-2, do Regulamento n.° 44 (e idêntico artigo da Convenção de Bruxelas e de Lugano, nas relações com a Dinamarca e com os Estados/Lugano).

Ainda uma palavra breve sobre o seguinte: O Regulamento rege a matéria respeitante à competência judiciária transfronteiriça e ao reconhecimento de decisões judiciárias emergentes de acções propostas e conhecidas pelos tribunais (e outras autoridades) com base nessas competências judiciárias.

Não respeita à lei aplicável, ou seja, a normas como as do tipo considerado pelo artigo 52.° do Código Civil.

Não estão em causa a lei que se aplica, mas o foro que julga.

Uma derradeira observação: A Convenção de Lugano, tal como a Convenção de Bruxelas, não se aplicam às acções de divórcio (artigos 1.°s, respectivos), embora possam ser aplicáveis à obrigação alimentar (respectivos artigos 5.°-2), conforme se referiu acima.[10]

---

[9] Leia-se o considerando n.° 6 do regulamento, referido na nota anterior.

[10] Tem havido alguma confusão relativamente ao campo de aplicação de ambas as Convenções. Mesmo por parte do Supremo. O critério geral da diferença de aplicação é o seguinte: se a decisão é oriunda de um país Lugano/ não da União Europeia, naturalmente que se aplica a Convenção de Lugano. Se a decisão é oriunda de um país da União Europeia (apesar de ser parte na Convenção de Lugano) aplica-se a Convenção de Bruxelas. Sobre esta aplicação veja-se o já citado Processo Civil da União Europeia, páginas 25.

A LEI N.º 53/2003 RELATIVA AO RECONHECIMENTO MÚTUO DE DECISÕES DE EXPULSÃO: UMA TRANSPOSIÇÃO INCOMPLETA DA DIRECTIVA COMUNITÁRIA 2001/40/CE AO ESTILO "COPY PASTE" ATABALHOADO

CONSTANÇA URBANO DE SOUSA
Professora Associada da Universidade Autónoma de Lisboa
Professora Convidada do ISCPSI
e da Faculdade de Direito da Universidade Nova de Lisboa
Membro do CEDIS-Centro de Investigação
& Desenvolvimento sobre Direito e Sociedade da Faculdade
de Direito da Universidade Nova de Lisboa.

A LEI N.º 53/2003 RELATIVA AO RECONHECIMENTO MÚTUO DE DECISÕES DE EXPULSÃO: UMA TRANSPOSIÇÃO INCOMPLETA DA DIRECTIVA COMUNITÁRIA 2001/40/CE AO ESTILO "COPY PASTE" ATABALHOADO

> **SUMÁRIO**: Introdução; 1. A Directiva 2001/40/CE, de 28 de Maio de 2001; 1.1. Âmbito de aplicação pessoal; 1.2. Âmbito de aplicação material; 1.3. Obrigações decorrentes da Directiva para os Estados-Membros; 2. A Lei n.º 53//2003, de 22 de Agosto sobre o reconhecimento e execução de medidas de expulsão adoptadas por um Estado membro da União Europeia; 2.1. Âmbito de aplicação; 2.2. Condições de reconhecimento e execução da medida de expulsão; 2.3. A (in)constitucionalidade da execução de medidas de expulsão de estrangeiros com residência legal em Portugal; 2.4. O procedimento de execução; 2.5. Compensação das despesas suportadas com a execução da medida de afastamento; 2.6. As disposições da Directiva não transpostas ou deficientemente transpostas; Conclusões.

INTRODUÇÃO

Com a entrada em vigor do Tratado de Amsterdão, em 1 de Maio de 1999, a Comunidade passou a dispor de uma base legal para a adopção de direito comunitário derivado no domínio da imigração e do asilo – nomeadamente o artigo 63.º do Tratado que institui a Comunidade Europeia (TCE), que define os domínios da política de imigração e de asilo submetidos à competência legislativa da Comunidade. De acordo com o disposto no artigo 63.º, n.º 3 o Conselho adoptará, por unanimidade, até ao dia 1 de

Maio de 2004, medidas relativas à admissão de nacionais de países terceiros (imigração), bem como nos domínios da "imigração clandestina e residência ilegal, incluindo o repatriamento de residentes em situação ilegal (alínea b)."

A estratégia política para a concretização deste programa legislativo foi definida pelo Conselho Europeu de Tampere, de 15 e 16 de Outubro de 1999[1], que depois de afirmar que a liberdade de circulação em condições de segurança e justiça "não deve ser considerada um reduto exclusivo dos cidadãos da União" e que seria "contrário às tradições europeias negar essa liberdade àqueles que, por circunstâncias diversas, têm motivos justificados para aceder ao nosso território", preconizou a elaboração de uma política de imigração europeia comum assente em vários princípios, dos quais destacaria os seguintes: a parceria com os países de origem, o respeito pelo direito de requerer asilo e pelo princípio do *non refoulement*[2]; a gestão mais eficaz dos fluxos migratórios, baseada em princípios claros quanto à admissão de imigrantes e na luta contra a imigração ilegal; e o tratamento equitativo dos nacionais de países terceiros que residem legalmente no território dos Estados-Membros.

Os progressos alcançados no Conselho para a definição de uma política global de imigração têm ficado, no entanto, aquém das expectativas geradas pelo Conselho Europeu de Tampere. Com efeito, tem-se verificado uma tensão entre a Comissão, que, fiel às directrizes de Tampere, defende uma abordagem global e integrada da imigração que focalize os aspectos da admissão, da integração, da gestão dos fluxos em cooperação com os países de origem e do combate à imigração ilegal, e o Conselho,

---

[1] SN 200/99, http://www.europa.eu.int/council/off/conclu/index.htm

[2] Consagrado no artigo 33.º da Convenção de Genebra sobre o estatuto dos refugiados, o princípio do *non refoulement* encontrou um grande desenvolvimento na Europa por força da jurisprudência do Tribunal Europeu dos Direitos do Homem relativa ao artigo 3.º da Convenção Europeia dos Direitos do Homem. Considerado como um princípio geral do direito comum às nações civilizadas, ele impõe aos Estados a obrigação de não expulsarem, extraditarem ou afastarem um estrangeiro para um País, não só onde a sua vida ou liberdade estejam ameaçadas por razões políticas, raciais ou religiosas, mas também onde, por qualquer razão, possa ser sujeito a uma pena de morte, a tortura ou a pena ou a qualquer tratamento desumano ou degradante. Nesta acepção ampla, este princípio decorre do artigo 3.º da Convenção Europeia dos Direitos do Homem e está expressamente consagrado no artigo 19.º, n.º 2 da Carta dos Direitos Fundamentais da União Europeia. Sobre este principio ver, por todos, Gortázar Rotaeche, Cristina, Derecho de Asilo y "No Rechazo" del Refugiado, 1997, Madrid.

que tem optado por uma abordagem securitária centrada na adopção de medidas de controlo de fronteiras e de combate à imigração ilegal[3].

É neste contexto que se insere a Directiva n.° 2001/40/CE[4] relativa ao reconhecimento mútuo de decisões de afastamento de nacionais de países terceiros (estrangeiros extracomunitários), proposta pela França e adoptada pelo Conselho, em 28 de Maio de 2001. Tendo por base legal o número 3 do artigo 63.° do TCE, esta Directiva mereceu um parecer de rejeição do Parlamento Europeu[5], bem como fortes críticas do Comité Económico e Social Europeu[6], em especial o facto de ser prematura, na medida em que surge numa altura em que o Conselho ainda não adoptou legislação comum em matéria de imigração e asilo, estando portanto a "construir a casa pelo telhado".

Esta Directiva constitui um desenvolvimento da Convenção de Aplicação do Acordo de Schengen, que prevê no seu artigo 23.° a obrigação de expulsão de estrangeiros que estejam no território de um Estado Parte em situação ilegal. De acordo com o artigo 1.°, número 1, da Directiva n.° 2001/40/CE (adiante Directiva) o seu objectivo é permitir que uma decisão de expulsão tomada por uma autoridade administrativa de um Estado-Membro contra um nacional de um país terceiro que se encontra no território de outro Estado-Membro, seja por este reconhecida e executada de acordo com a sua própria legislação.

Depois de fazer uma breve análise das disposições da Directiva, que deveriam estar transpostas para o ordenamento jurídico dos Estados-Membros por ela vinculados[7] até ao dia 2 de Dezembro de 2002, abordarei a

---

[3] Ana Terrón i Cusí, "El debate sobre la inmigración en la Unión Europea", Revista CIDOB d' Affers Internacionals, n.° 53, 2001, pp. 26-27.

[4] JOCE n.° L 149, de 2 de Junho de 2001, p. 34.

[5] JOCE n.° C 343, de 5 de Dezembro de 2001, p. 92.

[6] JOCE n.° 220, de 16 de Setembro de 2003, p. 77.

[7] Esta Directiva vincula todos os Estados-Membros que são Parte nos Acordos de Schengen, sendo igualmente aplicável à Islândia e à Noruega. Nos termos do Protocolo relativo à posição da Dinamarca, este país, apesar de vinculado pelo acervo de Schengen, não participa na adopção de actos legislativos da Comunidade Europeia no domínio da política comunitária de imigração e asilo, pelo que esta Directiva não o vincula. De acordo com o Protocolo relativo à posição do Reino Unido, este Estado membro está igualmente isento de participar na adopção de legislação comunitária nos domínios da imigração e asilo, podendo, no entanto, fazê-lo sempre que assim o entender. Relativamente à Directiva sobre o reconhecimento mútuo de decisões de afastamento, o Reino Unido fez um *opting in*, e encontra-se vinculado por ela. Tal é igualmente válido para a Irlanda, nos

Lei n.º 53/2003, de 22 de Agosto[8], que a transpõe para o ordenamento jurídico português. Em especial, procurarei analisar em que medida o legislador português deu cumprimento às obrigações impostas pela Directiva a Portugal, bem como fazer uma apreciação crítica das soluções normativas consagradas, com especial enfoque na sua conformidade com a protecção de Direitos Fundamentais do estrangeiro em causa, tal como estão protegidos pelo nossa Constituição e pela Convenção Europeia dos Direitos do Homem.

1. A Directiva 2001/40/CE, de 28 de Maio de 2001

1.1. *Âmbito de aplicação pessoal*

A Directiva apenas regula o reconhecimento e execução de decisões de afastamento contra um nacional de um país terceiro, ou seja, "qualquer pessoa que não possua a nacionalidade de um dos Estados-Membros"[9].

Fora do seu âmbito de aplicação pessoal encontram-se, desde logo, os cidadãos comunitários. Nos termos do número 3, do artigo 1.º, da Directiva, esta também não abrange os familiares estrangeiros dos cidadãos comunitários que tenham exercido o seu direito de livre circulação.

Tendo em consideração que esta Directiva é igualmente aplicável às relações entre os Estados-Membros e a Islândia e a Noruega[10], nos termos do Acordo celebrado em 18 de Maio de 1999, estão igualmente excluídos do seu âmbito de aplicação os nacionais destes últimos Estados, embora não possuam a nacionalidade de um Estado-Membro da União Europeia.

1.2. *Âmbito de aplicação material*

De acordo com o disposto no número 1, do artigo 3.º, conjugado com o artigo 2.º, alínea b), da Directiva, esta apenas abrange o reconhecimento

---

termos da Decisão do Conselho, de 28 de Fevereiro de 2002, relativo ao pedido de *opting in* deste Estado-Membro (JOCE n.º L 64, de 7 de Março de 2002, p. 20).

[8] Diário da República I Série-A, n.º 193, de 22 de Agosto de 2003, p. 5400.

[9] Artigo 2.º, al. a), da Directiva.

[10] Ver considerando n.º 8 da Directiva.

e a execução de <u>decisões administrativas</u> de expulsão tomadas por um Estado-Membro, desde que sejam baseadas em:

- Ameaça grave e actual para a ordem pública ou para a segurança nacional, em sequência (alínea *a)*):
- da condenação do estrangeiro por infracção passível de pena de prisão não superior a um ano; ou
- da existência de razões sérias para crer que a pessoa em questão cometeu actos puníveis graves; ou
- da existência de indícios reais de que tenciona cometer actos dessa natureza no território de um Estado-Membro.
- Incumprimento da regulamentação nacional relativa à entrada ou à permanência de estrangeiros (alínea *b)*.

Excluídas do âmbito de aplicação material da Directiva estão as decisões de expulsão tomadas por um órgão jurisdicional de um Estado--Membro ou decisões administrativas de expulsão fundamentadas em outro tipo de razões.

1.3. *Obrigações decorrentes da Directiva para os Estados--Membros.*

Quanto às obrigações impostas pela Directiva aos Estados-Membros, podemos distinguir entre obrigações genéricas e obrigações específicas. São obrigações genéricas dos Estados-Membros:

- O reconhecimento de decisões administrativas de expulsão abrangidas pelo seu âmbito de aplicação tomadas por outro Estado--Membro, sempre que a pessoa objecto da decisão se encontre no seu território, bem como a sua execução de acordo com a respectiva legislação nacional[11].
- A execução das obrigações impostas pela Directiva com respeito pelos Direitos do Homem e das liberdades fundamentais[12].

---

[11] Artigo 1.º da Directiva.
[12] Artigo 3.º, n.º 2, da Directiva.

• A utilização de todos os meios adequados de cooperação e troca de informações para pôr em prática a execução da Directiva[13].

Relativamente às obrigações específicas, a Directiva distingue consoante o Estado-Membro é autor da decisão de afastamento ou responsável pela sua execução.

São obrigações do Estado-Membro na sua qualidade de autor da decisão de afastamento:

• Não adiar nem suspender a decisão de afastamento[14];
• Fornecer ao Estado-Membro de execução "todos os documentos necessários para comprovar, pelos meios adequados mais rápidos, que a natureza executória da medida de afastamento tem carácter permanente, eventualmente nos membros das disposições pertinentes do manual SIRENE"[15].
• Proceder ao reembolso das despesas suportadas pelo Estado--Membro de execução com a execução da decisão de expulsão, sempre que o afastamento não se possa efectuar a expensas do expulsando[16]. A fim de regulamentar a compensação mútua dos desequilíbrios financeiros que possam resultar da aplicação da Directiva o Conselho adoptou, em 23 de Fevereiro de 2004, a Decisão n.º 2004/191/CE[17].

Ao Estado-Membro de execução a Directiva impõe as seguintes obrigações específicas:

• Sempre que o estrangeiro em questão for expulso por razões de ordem pública ou segurança nacional e for detentor de uma autorização de residência emitida pelo Estado-Membro de execução ou por outro Estado-Membro, o Estado-Membro de execução deve

---

[13] Artigo 6.º, 1.º parágrafo, da Directiva.
[14] Artigo 3.º, n.º 1, último parágrafo, da Directiva.
[15] Artigo 6.º, 2.º parágrafo, da Directiva.
[16] Artigo 7.º, 1.º parágrafo, da Directiva.
[17] Esta Decisão do Conselho estabelece os critérios e as modalidades de compensação dos desiquilíbrios financeiros decorrentes da aplicação da Directiva 2001/40/CE relativa ao reconhecimento mútuo de decisões de afastamento de nacionais de países terceiros e está publicada no JOCE n.º L 60, de 27 de Fevereiro de 2004, p. 55.

consultar o Estado-Membro autor e, se for o caso, o Estado-
-Membro que emitiu a autorização[18].

- Assegurar ao estrangeiro uma via de recurso contra qualquer
  medida de execução da decisão de afastamento, nos termos da sua
  legislação nacional[19].
- Proceder a "uma análise prévia da situação da pessoa em causa
  para se certificar de que nem os actos internacionais pertinentes,
  nem a regulamentação nacional aplicável impedem a execução da
  decisão de afastamento"[20].
- Após a aplicação da medida de execução, informar desse facto o
  Estado-Membro autor[21].

2. A Lei n.° 53/2003, de 22 de Agosto sobre o reconhecimento e execução de medidas de expulsão adoptadas por um Estado-membro da União Europeia

Até à aprovação da Lei n.° 53/2003 não existia no ordenamento jurídico português nenhuma disposição específica que regulasse a execução em Portugal de decisões de afastamento estrangeiras. Esta Lei visa transpor a Directiva n.° 2001/40/CE para a nossa ordem jurídica e permitir, assim, o reconhecimento e execução de uma decisão de afastamento tomada por uma autoridade administrativa competente de um Estado-
-Membro da União Europeia ou da Islândia e da Noruega[22] contra um nacional de um país terceiro.

2.1. *Âmbito de aplicação*

a) Âmbito de aplicação pessoal

A Lei n.° 53/2003 visa disciplinar o reconhecimento e execução de uma decisão de afastamento tomada contra um nacional de um país ter-

---

[18] Artigo 3.°, n.° 1, al. b, 2.° parágrafo, da Directiva.
[19] Artigo 4.° da Directiva.
[20] Artigo 6.°, 3.° parágrafo, da Directiva.
[21] Artigo 6.°, último parágrafo, da Directiva.
[22] Artigo 1.° da Lei 53/2003.

ceiro, isto é, "qualquer pessoa que não possua a nacionalidade de um dos Estados membros da União Europeia, dos Estados parte no Acordo sobre o Espaço Económico Europeu ou da Suíça"[23]. Excluídos do seu âmbito de aplicação pessoal ficam, portanto, os nacionais de um Estado-Membro da União Europeia, da Islândia, do Liechtenstein, da Noruega e da Suíça, bem como, nos termos do n.º 2, do artigo 3.º da Lei n.º 53/2003, os familiares estrangeiros dos nacionais destes países que tenham exercido o seu direito de circulação e se encontrem em território português. *A contrario*, esta Lei é aplicável aos familiares estrangeiros dos cidadãos comunitários, sempre que não tenham exercido o seu direito de livre circulação.

Assim, a Lei n.º 53/2003 apenas disciplina o reconhecimento e a execução de uma decisão de expulsão administrativa contra um estrangeiro que não possua uma das nacionalidades referidas, nem seja familiar de um cidadão da União, do Espaço Económico Europeu ou suíço que tenha exercido o seu direito de circulação.

Quanto ao seu âmbito de aplicação pessoal, a lei portuguesa não está, portanto, em conformidade com a Directiva, uma vez que exclui as decisões de afastamento contra um nacional do Liechtenstein ou suíço ou contra o respectivo familiar, categorias de estrangeiros que não estão excluídas, nem expressa nem implicitamente, do âmbito de aplicação da Directiva.

Relativamente aos nacionais da Noruega e Islândia, embora abrangidos pela noção de nacional de um país terceiro dada pelo artigo 2.º, alínea a), da Directiva, a sua exclusão do âmbito de aplicação da Lei n.º 34/2003 poderá ser considerada conforme à Directiva, uma vez que esta constitui em relação a estes Estados um desenvolvimento do acervo de Schengen nos termos do seu considerando n.º 8.

b) Âmbito de aplicação material

Só as decisões administrativas de expulsão tomadas por uma auto-ridade administrativa competente de um Estado-Membro da União Europeia, bem como da Islândia e da Noruega baseadas na entrada e permanência ilegais no respectivo território estão abrangidas pela Lei n.º 53/2003[24]. Excluídas estão, portanto, não só as decisões judiciais de

---

[23] Artigo 2.º, al. a), da Lei n.º 53/2003
[24] Ver artigo 3.º, n.º 1 da Lei n.º 53/2003.

expulsão, mas também as decisões de expulsão baseadas em razões de ordem pública ou segurança nacional referidas no artigo 3.°, n.° 1, alínea a), da Directiva.

2.2. *Condições de reconhecimento e execução da medida de expulsão*

De acordo com disposto no artigo 3.°, n.° 1, da Lei n.° 53/2003, uma decisão de afastamento decretada por uma autoridade administrativa de um Estado-Membro da União Europeia, da Noruega ou da Islândia contra um estrangeiro abrangido por esta Lei só será reconhecida em Portugal e executada pelo Serviço de Estrangeiros e Fronteiras (SEF)[25] desde que o estrangeiro em questão:

1 – se encontre ilegalmente em Portugal; e
2 – tenha sido objecto de uma decisão de afastamento baseada no incumprimento da legislação nacional em matéria de entrada ou permanência de cidadãos estrangeiros no território do Estado autor da expulsão;

Uma vez que o artigo 3.°, n.° 1, al. b), da Directiva não impõe como condição para execução de uma medida de afastamento a permanência ilegal do estrangeiro no território do Estado de execução – no caso Portugal –, considero esta restrição imposta pelo artigo 3.°, n.° 1, da Lei n.° 53/ /2003 contrária ao objectivo da Directiva de permitir a execução de uma medida de expulsão tomada por um Estado-Membro contra um estrangeiro que se encontre noutro Estado-Membro, mesmo que legalmente.

No entanto, esta restrição tem uma explicação. De acordo com a legislação portuguesa, e em especial o artigo 33.°, n.° 2, da Constituição da República Portuguesa, a expulsão administrativa de um estrangeiro só é possível quando este tenha entrado e permanecido ilegalmente em Portugal. Sempre que um estrangeiro entre e permaneça legalmente em Portugal – porque não está sujeito à obrigação de visto e encontra-se no período de permanência autorizada, porque tem um visto de trabalho, uma autorização de residência ou um outro título que lhe permite uma perma-

---

[25] A entidade competente para a execução nos termos do artigo 4.°, n.° 1, da Lei 53/2003.

nência legal no território português – a sua expulsão só pode ser decretada por uma decisão judicial e não por uma decisão administrativa – do SEF – ainda que visando dar execução a uma decisão de expulsão de um Estado-Membro da União Europeia[26].

Assim, nos casos em que o estrangeiro se encontra legalmente em Portugal, o legislador deveria ter previsto a possibilidade de um tribunal – e não o SEF – tomar as medidas necessárias à execução da decisão de afastamento de um Estado-Membro e, em consequência, expulsar o cidadão em questão do território português. Só assim, se poderia dar cabal cumprimento à Directiva, sem ferir o direito constitucionalmente garantido dos estrangeiros com permanência legal em Portugal a não serem expulsos por via administrativa.

2.3. A (in)constitucionalidade da execução de medidas de expulsão de estrangeiros com residência legal em Portugal

Talvez tenha sido a tentativa de contornar o impedimento constitucional supra referido, que conduziu o legislador português a transcrever parcialmente e fora do seu contexto o segundo parágrafo do artigo 3.º, n.º 1, alínea a), da Directiva para o artigo 3.º, n.ºs 3 e 4, da Lei n.º 53/2003.

De acordo com o disposto no número 3, do artigo 3.º, da Lei n.º 53/2003, se o estrangeiro em questão for detentor de uma autorização de residência concedida pelo Estado-Membro de execução ou por outro Estado-Membro da União Europeia, a execução da decisão de afastamento só será efectivada se estes Estados a revogarem. E o n.º 4 do mesmo artigo dispõe que, para efeitos de aplicação do número anterior – ou seja, para efeitos de condicionamento da efectivação da execução de uma decisão de expulsão à revogação da autorização de residência – "a existência de uma decisão de afastamento constitui fundamento para a revogação da autorização de residência, desde que tal seja permitido pela legislação nacional do Estado que tiver emitido a autorização".

Esta redacção confusa e descontextualizada dos n.º 3 e 4, do artigo 3.º, da Lei n.º 53/2003, fruto de um atabalhoado "copy paste" a

---

[26] Ver o artigo 33.º, n.º 2, da Constituição, bem como o artigo 101.º conjugado com o artigo 109.º do Decreto-Lei n.º 244/98, de 8 de Agosto, com a redacção dada por último pelo Decreto-Lei n.º 34/2003, de 25 de Fevereiro.

partir do artigo 3.°, n.° 1, alínea a), da Directiva, impõe várias observações.

Em primeiro lugar, não está em conformidade com o disposto na Directiva, pois a possibilidade de revogação de autorização de residência aplica-se apenas às medidas de expulsão previstas no artigo 3.°, n.° 1, alínea a), da Directiva. Ou seja, apenas quando está em causa uma decisão de expulsão baseada em ameaça grave e actual para a ordem pública ou para a segurança nacional e tomada em caso de condenação por uma infracção passível de pena de prisão não inferior a um ano; ou baseada na existência de razões sérias para crer que cometeu actos puníveis graves ou de existência de indícios reais de que tenciona cometer actos dessa natureza no território de um Estado-Membro. Não é aplicável à situação prevista na alínea b) em que a decisão de expulsão se baseia na mera entrada e permanência ilegais do estrangeiro no território do Estado-Membro autor, o único caso que implica, de acordo com a Lei n.° 53/2003 uma obrigação de reconhecimento e execução por parte do SEF da decisão de expulsão.

Em segundo lugar, os números 3 e 4, do artigo 3.°, da Lei n.° 53/ /2003, tal como estão redigidos, levantam dificuldades de interpretação, tornando por vezes ilógica a sua aplicação, pois abrangem os casos em que Portugal é o Estado autor ou o Estado de execução, bem como os casos em que foi Portugal que concedeu a autorização de residência ou outro Estado-Membro.

Assim, <u>se Portugal for o autor de uma decisão de afastamento</u> contra um estrangeiro titular de uma autorização de residência concedida por ele ou por qualquer outro Estado-Membro a norma é ineficaz, pois regula uma situação que não cai no âmbito de aplicação territorial da legislação portuguesa e que só o Estado de execução pode regular – ou seja a revogação da autorização de residência com fundamento na existência de uma decisão de afastamento emanada da autoridade portuguesa ou de outro Estado--Membro.

Excluindo esta hipótese, só resta a situação em que <u>Portugal é o Estado de execução</u> e outro Estado o autor da decisão de afastamento. Neste caso, podemos distinguir duas situações: o estrangeiro tem uma autorização de residência concedida pelas autoridades portuguesas competentes ou por outro Estado-Membro.

1 – Se o estrangeiro abrangido por esta Lei, objecto de uma decisão de expulsão tomada pela autoridade competente de um Estado-Membro (por exemplo a França), for detentor de uma autorização de residência

emitida por outro Estado-Membro (por exemplo a Espanha) e se encontrar ilegalmente em Portugal, então, de acordo com o n.º 3 conjugado com o n.º 4, do artigo 3.º, da Lei n.º 53/2003, o SEF só executa a decisão – e portanto expulsa o estrangeiro em questão – se este Estado a revogar, constituindo a existência de uma decisão de afastamento (francesa) fundamento para a revogação da autorização de residência concedida pela Espanha, se tal for permitido pela legislação espanhola. Além do absurdo que esta norma em si mesmo encerra, ela é desnecessária à luz do ordenamento jurídico português. Isto, porque sempre que um estrangeiro entrar e se encontrar ilegalmente em Portugal – e independentemente de ter ou não autorização de residência no território de outro Estado e de existir contra ele uma decisão de expulsão emitida por um outro Estado-Membro – ele está sujeito a uma medida de expulsão que pode ser determinada por via administrativa – ou seja, pelo SEF. É o que resulta do disposto nos artigos 99.º, n.º 1, al. a), 117.º e 119.º do Decreto-Lei n.º 244/98, de 8 de Agosto, e *a contrario* do artigo 109.º do Decreto-Lei 244/98, bem como do artigo 33.º, n.º 2, da Constituição.

2 – Se o estrangeiro em questão for "detentor de uma autorização de residência concedida pelo Estado de execução" – ou seja Portugal – então o SEF só poderá executar a medida de afastamento se existir uma prévia revogação da autorização de residência. Isto porque, tal medida de execução – que se traduz na expulsão administrativa do estrangeiro em questão do território português – só é possível se o estrangeiro se encontrar ilegalmente em Portugal, tal como expressamente disposto no artigo 3.º, n.º 1, da Lei n.º 53/2003 e como decorre do regime jurídico da expulsão de estrangeiros do território português. Ou seja, sempre que um Estado-Membro tomar uma decisão de expulsão contra um estrangeiro que se encontre em Portugal com uma autorização de residência, a execução de tal decisão pressupõe a sua prévia colocação numa situação de ilegalidade mediante a revogação da autorização de residência. Até aqui a lógica do n.º 3, do artigo 3.º, da Lei n.º 53/2003 é perceptível.

Sucede que, neste contexto, a previsão do n.º 4, do artigo 3.º, da Lei n.º 53/2003 torna este regime jurídico destituído de qualquer lógica, pois de acordo com esta disposição a existência de uma decisão de afastamento tomada por uma autoridade administrativa de um Estado-Membro da União Europeia, da Islândia ou da Noruega constitui fundamento da revogação da autorização de residência, "desde que tal seja permitido pela legislação nacional do Estado que tiver emitido a autorização". E se é Portugal – na qualidade de Estado de execução – que emitiu a autorização de residência, tal não está autorizado pela legislação portuguesa.

Nos termos do artigo 93.º do Decreto-Lei n.º 244/98, de 8 de Agosto, com as alterações introduzidas por último pelo Decreto-Lei n.º 34/2003, de 25 de Fevereiro, uma autorização de residência é cancelada pelo Ministro da Administração Interna quando o estrangeiro foi <u>objecto de expulsão (judicial) do território português,</u> quando obteve a autorização de residência com recurso a meios fraudulentos ou quando se ausente, sem razões atendíveis, do território nacional durante um período de tempo definido na lei. Só nestas três situações é que o cancelamento da autorização de residência é permitido, e não quando existe contra o estrangeiro em questão uma decisão de afastamento tomada por um qualquer Estado-Membro, baseada no facto de o estrangeiro ter entrado ou permanecido irregularmente no seu território.

Assim, para que a norma do n.º 4, do artigo 3.º, da Lei n.º 53/2003 tenha alguma lógica temos de a interpretar no sentido de introduzir um novo fundamento legal para o cancelamento da autorização de residência concedida em Portugal – a existência de uma decisão administrativa de afastamento, não do território português, mas do território de um Estado--Membro da União Europeia (e não da Noruega ou da Islândia!). Só assim se daria pleno cumprimento à Directiva, que visa garantir a execução de uma decisão de expulsão tomada por um Estado-Membro contra um estrangeiro que se encontre em território nacional, mesmo que seja detentor de autorização de residência. No entanto, e mesmo que assim fosse, sempre o objectivo da Directiva não seria cumprido, pois as disposições do artigo 3.º, n.ºs 3 e 4, da Lei n.º 53/2003 não são aplicáveis quando está em causa a execução de uma decisão de afastamento contra um estrangeiro que se encontre legalmente ao abrigo de um visto de trabalho, de uma autorização de permanência (figuras jurídicas diferentes da autorização de residência) ou pura e simplesmente sem visto e se encontre no período de permanência legal.

Adoptando esta interpretação, podemos concluir que n.º 4, do artigo 3.º, da Lei n.º 53/2003 visa permitir o cancelamento da autorização de residência de um estrangeiro com fundamento na mera existência de uma decisão de expulsão proferida por uma autoridade administrativa de um Estado-Membro <u>com base na mera irregularidade da sua entrada ou permanência</u> no território, e assim – pela via da colocação do estrangeiro numa situação técnica de permanência ilegal em Portugal através da revogação da sua autorização de residência – a sua expulsão administrativa do território português.

Todavia, tal interpretação da norma é, em minha opinião, inconstitucional. Isto porque, de acordo com o artigo 33.°, n.° 2, da Constituição da República Portuguesa, qualquer estrangeiro que tenha <u>entrado ou permaneça legalmente em Portugal</u> tem um direito fundamental a só ser expulso por decisão judicial, a qual se tem de basear num motivo legalmente relevante (atentado contra a ordem pública ou contra a segurança interna, prática de um crime grave). Uma expulsão administrativa só é admissível quando o estrangeiro entrou e permanece irregularmente em Portugal.

Este direito – incluído no catálogo dos Direitos, Liberdades e Garantias – goza de uma tutela jurídica acrescida, na medida em que, nos termos do disposto no artigo 18.°, n.°s 2 e 3, da Constituição, a lei só o pode restringir nos casos expressamente previstos na Constituição e não poderá diminuir a extensão e o alcance do conteúdo essencial do preceito constitucional que o consagra. Nenhum destes requisitos, impostos pelo artigo 18.° da Constituição, se encontra preenchido. Assim, qualquer estrangeiro que tenha obtido em Portugal autorização de residência ou que aqui se encontre legalmente tem um direito fundamental, garantido pelo artigo 33.°, n.° 2 da Constituição, a só ser expulso por decisão judicial, e nunca por decisão administrativa. E de acordo com os artigos 99.°, n.° 1, alíneas b) a e), e 101.° conjugados com o artigo 109.° do Decreto-Lei n.° 244/98, de 8 de Agosto constituem fundamento de expulsão judicial de um estrangeiro que entrou ou permanece regularmente em Portugal ou que é titular de uma autorização de residência, uma série de causas pertinentes ao estrangeiro, como por exemplo uma actividade que atente contra a ordem pública ou a prática de um crime grave.

Mas, mesmo que a Constituição admitisse uma restrição do direito consagrado no artigo 33.°, n.° 2, da Constituição, a verdade é que tal interpretação do artigo 3.°, n.° 4, da Lei n.° 53/2003 afectaria o conteúdo essencial da previsão constitucional e aniquilaria o direito fundamental do estrangeiro que se encontre legalmente em Portugal a só ser expulso do território português por decisão judicial – pois sempre permitiria a expulsão administrativa de um estrangeiro com autorização de residência através do expediente de o colocar em situação técnica de ilegalidade com mero fundamento numa decisão administrativa de expulsão adoptada por outro Estado.

Em qualquer caso, basta que o estrangeiro tenha entrado legalmente em Portugal, para se aplicar a imposição constitucional da expulsão por via judicial. Neste sentido, a jurisprudência portuguesa, em especial do Tribunal da Relação, tem entendido que cabe a um tribunal e não ao SEF a expulsão de estrangeiro cuja autorização de residência tenha caducado[27]. Se assim é, por maioria de razão o será em caso de cancelamento da autorização de residência, e nomeadamente quando o fundamento de tal cancelamento é, não uma decisão judicial baseada num interesse nacional relevante (manutenção da ordem pública, conduta gravemente lesiva da paz social ou outro), mas uma decisão administrativa de afastamento tomada por um outro Estado baseada na mera entrada ou permanência irregulares no respectivo território.

2.4. *O procedimento de execução*

De acordo com o disposto no n.° 1, do artigo 4.°, da Lei n.° 53/2003, o SEF é a entidade competente para executar as medidas de expulsão em cumprimento de uma decisão administrativa de outro Estado-Membro, podendo para o efeito criar e manter um ficheiro de dados pessoais.

Nos termos do n.° 2, do artigo 4.°, da Lei n.° 53/2003 "o Estado membro autor" fornecerá ao Serviço de Estrangeiros e Fronteiras "todos os documentos necessários para comprovar, pelos meios adequados mais rápidos, eventualmente nos termos das disposições pertinentes do manual «Sirene», que a natureza executória da medida de afastamento tem carácter permanente".

Esta norma – no mínimo espantosa – é fruto de um infeliz *copy paste* do 2.° parágrafo, do artigo 6.°, da Directiva – que visa impor tal obrigação a Portugal na sua qualidade de Estado autor e não na sua qualidade de Estado de execução –, constituindo mais um curioso caso de prescrição normativa extraterritorial. Com efeito, se a interpretarmos literalmente, ela impõe às autoridades competentes do Estado-Membro autor da decisão de expulsão (por exemplo às autoridades alemãs) a obrigação de fornecer à entidade portuguesa competente para a execução – o SEF – os documentos referidos nessa disposição. Tal obrigação apenas poderá resultar da legislação do Estado-Membro autor (por exemplo a Alemanha) ou comunitária, mas nunca da lei portuguesa. No máximo da sua capaci-

---

[27] Acórdão do Tribunal da Relação de Lisboa, de 22 de Fevereiro de 1995, citado em Paulo Manuel Costa, Regime Jurídico de Entrada e Permanência de Estrangeiros – Anotado e Comentado, Rei dos Livros, Lisboa, 1999, p. 146.

dade interpretativa e num esforço imaginativo de interpretação em conformidade com a Directiva, poderíamos interpretar esta norma no sentido de impor ao SEF a obrigação de solicitar às autoridades do Estado autor os documentos referidos.

O artigo 5.° da Lei n.° 34/2003, que regula a execução do afastamento, é aplicável sempre que o nacional de país terceiro em questão se encontre ilegalmente em Portugal e sobre ele exista decisão de afastamento baseada no incumprimento da legislação do Estado autor relativa à entrada e permanência de estrangeiros no respectivo território. Assim, de acordo com os números 1 e 2 deste artigo, o nacional de País terceiro em questão será detido e entregue ao SEF, para efeitos de afastamento, devendo no prazo de 48 horas a sua detenção ser validada por um juiz, o qual lhe pode aplicar uma medida de coacção. Segundo o artigo 106.° do Decreto-Lei n.° 244/98, o juiz pode para além das medidas de coacção previstas no Código de Processo Penal (como por exemplo a prisão preventiva) determinar a apresentação periódica do estrangeiro no SEF ou a sua colocação em centro de instalação temporária. Se for determinada a prisão preventiva esta só pode prolongar-se pelo tempo necessário para permitir a execução da decisão de expulsão, não podendo nunca exceder 60 dias (artigo 117.°, n.° 3 do Decreto-Lei n.° 244/98).

O artigo 5.°, n.° 3, da Lei n.° 53/2003 prevê a possibilidade de recurso apenas contra o despacho do juiz que valida a detenção e entrega do estrangeiro à custódia do SEF, nos mesmos termos em que o interessado pode recorrer de uma decisão judicial de expulsão: ou seja, recurso para o Tribunal da Relação (2.ª instância) sem efeito suspensivo, nos termos do artigo 116.° do Decreto-Lei n.° 244/98.

Falta na Lei n.° 53/2003 uma menção ao direito de recurso contencioso contra a decisão que executa a decisão de afastamento– ou seja, contra a expulsão do território português em cumprimento de tal decisão. Uma interpretação *a contrario*, que conduzisse à conclusão que o legislador português não quis assegurar ao estrangeiro interessado um direito de recurso contra a decisão de execução do afastamento, é de afastar: além de contrariar o artigo 4.° da Directiva, viola o direito fundamental a uma tutela judicial efectiva mediante a impugnação contenciosa da expulsão (artigo 20.°, n.° 1 e 268.°, n.° 4 da Constituição). Assim, apenas podemos concluir que a medida de expulsão propriamente dita é passível de recurso judicial de acordo com as regras gerais da impugnação contenciosa. Contudo, tais regras não garantem ao estrangeiro uma protecção jurisdicional efectiva dos seus direitos – por exemplo de não ser expulso para um país onde possa sofrer um tratamento desumano –, uma vez que o recurso não tem efeito suspensivo.

Em matéria de expulsão, cuja efectivação pode consubstanciar uma violação de Direitos Fundamentais do estrangeiro, em especial do direito a não ser expulso para um país onde possa sofrer tortura ou qualquer tratamento desumano ou degradante (artigo 3.° da Convenção Europeia dos Direitos do Homem) ou a não sofrer uma ingerência desnecessária ou desproporcionada no seu direito ao respeito pela vida privada ou familiar (artigo 8.° da Convenção Europeia dos Direitos do Homem), só o efeito suspensivo do recurso pode acautelar suficientemente estes direitos.

2.5. *Compensação das despesas suportadas com a execução da medida de afastamento*

Por fim, o artigo 6.° da Lei n.° 53/2003 dispõe que a compensação financeira dos custos suportados pela execução do afastamento de nacionais de países terceiros efectuar-se-á de acordo com os critérios adoptados pelo Conselho, ou seja, nos termos da Decisão 2004/191/CE, de 23 de Fevereiro de 2004[28]. De acordo com o disposto no artigo 2.° desta Decisão, sempre que o repatriamento não possa ser feito a expensas do expulsando, o Estado-Membro autor deve proceder ao reembolso dos seguintes custos suportados pelo Estado-Membro de execução: transporte do repatriado, despesas administrativas (incluindo os custos resultantes da emissão de vistos e de outros documentos necessários à viagem de repatriamento), custos com a escolta (transporte, ajudas de custo), alojamento do repatriado e despesas de saúde com o repatriado e os elementos da escolta.

2.6. *As disposições da Directiva não transpostas ou deficientemente transpostas*

Nenhuma das obrigações impostas pela Directiva a Portugal na sua qualidade de "Estado autor" de uma decisão de afastamento foi transposta pela Lei n.° 34/2003, em especial as previstas no artigo 3.°, n.° 1, 2.° parágrafo (não adiar ou não suspender uma decisão de afastamento) e no ar-

---

[28] JOCE n.° L 60, de 27 de Fevereiro de 2004, p. 55.

tigo 6.°, 2.° parágrafo (envio de todos os documentos necessários para comprovar que a natureza executória da medida de afastamento tem carácter permanente).

Na sua qualidade de Estado de execução Portugal não transpôs algumas disposições da Directiva. Em especial, ao contrário do que impõe o artigo 1.° conjugado com a al. a), do n.° 1, do artigo 3.° da Directiva, a Lei n.° 53/2003 não regula a obrigação de execução de decisões administrativas de expulsão proferidas por outro Estado da União Europeia, quando estas são baseadas "numa ameaça grave e actual para a ordem pública ou para a segurança nacional tomada em caso de condenação do nacional do país terceiro pelo Estado-Membro autor por uma infracção passível de pena de prisão não inferior a um ano; ou de existência de razões sérias para crer que um nacional de um país terceiro cometeu actos puníveis graves ou de existência de indícios reais de que tenciona cometer actos dessa natureza no território de um Estado-Membro."

Com efeito, nos termos do artigo 1.° conjugado com o número 1, do artigo 3.°, da Lei n.° 53/2003, o SEF apenas reconhece e executa uma decisão administrativa de expulsão tomada por um Estado-Membro se esta for baseada no incumprimento da respectiva legislação em matéria de entrada e permanência de estrangeiros, ou seja, apenas no caso previsto no artigo 3.°, n.° 1, alínea b), da Directiva. E mesmo esta disposição da Directiva foi mal transposta, na medida em que a lei portuguesa limita a execução da medida de expulsão aos casos em que o estrangeiro se encontra ilegalmente em Portugal, quando a Directiva não faz qualquer distinção, antes pretende abranger todas as decisões de afastamento de estrangeiros que entraram ou permaneceram ilegalmente num Estado-Membro, independentemente se entraram ou permanecem legalmente no Estado-Membro de execução. Por outro lado, a lei portuguesa exclui do seu âmbito de aplicação as decisões de afastamento proferidas contra um nacional do Liechtenstein ou suíço ou contra o respectivo familiar, estando, assim, em contradição com a Directiva que não os exclui do reconhecimento e execução de decisões de expulsão emitidas contra nacionais de países terceiros.

Deficientemente cumprida encontra-se igualmente a obrigação de execução da Directiva com respeito pelos direitos do Homem e pelas liberdades fundamentais. De acordo com o número 2, artigo 1.°, da Directiva, todas as decisões tomadas para executar em Portugal uma decisão de afastamento proferida por uma entidade administrativa de um Estado-Membro contra um estrangeiro que se encontre em Portugal, serão executadas de acordo com a legislação portuguesa. Mas esta tem, nos termos do artigo 3.º, n.º 2, da Directiva, de respeitar os direitos fundamentais do estrangeiro em questão tais como protegidos pela Convenção Europeia dos Direitos do Homem, bem como pela Constituição da República Portuguesa, nos termos do artigo 6.º do Tratado da União Europeia.

Não é o caso da Lei n.º 53/2003, em especial do seu artigo 3.º, n.º 4, cuja aplicação implica uma violação do direito fundamental de um estrangeiro que entre ou resida legalmente em território português a só ser expulso por uma decisão judicial, consagrado no artigo 33.º, n.º 2 da Constituição da República Portuguesa, sendo, portanto, inconstitucional.

Sempre que um estrangeiro estiver legalmente em Portugal e for objecto de uma decisão de expulsão tomada por autoridade administrativa de outro Estado-Membro, não está preenchido um dos requisitos legais para o reconhecimento e execução de tal decisão, nomeadamente a permanência ilegal do estrangeiro em questão no território português. Para que a transposição da Directiva fosse possível à luz da ordem jurídica portuguesa e em particular do direito fundamental a não ser expulso administrativamente, teria sido necessário que o legislador atribuísse a um tribunal a competência para decidir a expulsão do território nacional, em execução de uma decisão de afastamento tomada pelas autoridades de um Estado-Membro, da Noruega ou da Islândia.

Por outro lado, a lei portuguesa apenas prevê recurso jurisdicional – sem efeito suspensivo – contra a decisão judicial de validação da detenção do estrangeiro e de entrega à custódia do SEF, ou seja, contra medidas prévias à execução da expulsão. Contra o reconhecimento e as medidas de execução da expulsão a Lei não prevê qualquer recurso, embora este seja sempre possível por força da legislação geral relativa à impugnação de actos administrativos. No entanto, e de forma a cumprir cabalmente o objectivo do artigo 4.º da Directiva – garantir ao estrangeiro interessado um recurso efectivo contra qualquer medida destinada a dar execução à decisão de afastamento –, a Lei n.º 34/2003 deveria consagrar expressamente tal possibilidade, pelo que neste ponto a Directiva está transposta de forma incompleta.

Por fim, nenhuma norma da Lei n.º 34/2003 impõe ao SEF – a entidade competente para a execução – a obrigação de análise prévia da situação do estrangeiro em causa, por forma a assegurar a inexistência de um impedimento legal à execução da decisão de afastamento, tal como previsto pelo 3.º parágrafo, do artigo 6.º, da Directiva. A possibilidade de expulsão administrativa de estrangeiros do território português mediante um formal cumprimento de uma decisão emanada da autoridade administrativa de outro Estado, sem que esteja suficientemente acautelada a sua bondade material ou até a sua conformidade com os Direitos Fundamentais da pessoa em questão, tal como garantidos pela Convenção Europeia dos Direitos do Homem e pela Constituição da República Portuguesa, é tanto mais grave quanto um eventual recurso judicial não tem efeito suspensivo.

Finalmente, o 2.º parágrafo, do artigo 6.º, da Directiva não se encontra transposto, apesar de quase literalmente transcrito para o artigo 4.º, n.º 2, da Lei n.º 53/2003. Isto porque o legislador português não compreendeu que esta disposição comunitária impunha ao Estado português uma obrigação enquanto Estado autor de uma decisão de afastamento, nomeadamente a de enviar ao Estado de execução todos os documentos necessários para certificar, que a natureza executória da decisão de expulsão por ele tomada tem carácter permanente. Ao transcrever aquela norma comunitária de forma descontextualizada, o n.º 2, do artigo 4.º, da Lei n.º 53/2003, acabou por impor ao Estado-Membro autor de uma decisão de afastamento (por exemplo, Espanha) contra um estrangeiro que se encontre em Portugal a obrigação de enviar ao SEF tais documentos. Tal é um absurdo! Quando muito tal obrigação pode ser imposta às autoridades do Estado-Membro autor (por exemplo, espanholas) pela respectiva legislação nacional ou comunitária, mas nunca pelo legislador português. Interpretado literalmente o artigo 4.º, n.º 2, da Lei n.º 34/2003 não tem qualquer eficácia jurídica, pelo que o 2.º parágrafo, do artigo 6.º, da Directiva não se considera transposto para o direito português. Só através de uma imaginativa e forçada interpretação deste artigo em conformidade com a Directiva se poderia entender que ele possibilita ao SEF solicitar às autoridades do Estado autor os documentos referidos no artigo 6.º, 2.º parágrafo, da Directiva, mas nunca a imposição ao SEF – na qualidade de entidade competente para a tomada de uma decisão administrativa de expulsão – da obrigação de envio dos documentos em referência às autoridades competentes do Estado de execução, tal como exigido pela Directiva.

CONCLUSÕES

A Lei n.º 34/2003, de 22 de Agosto de 2003, que estabelece o regime jurídico da expulsão de um estrangeiro do território português em execução de uma decisão de afastamento tomada por um Estado-Membro da União Europeia, pela Islândia ou Noruega, é um infeliz exemplo de como a técnica de transposição baseada no "copy paste" pode conduzir a soluções normativas absurdas ou inadequadas.

Por outro lado, introduz uma redução significativa do nível de protecção dos direitos humanos do estrangeiro em causa, contribuindo para uma maior precarização da sua situação jurídica. Em especial a possibilidade de expulsão administrativa de um estrangeiro legalmente residente em Portugal, apenas com fundamento na sua entrada ou permanência irregular no território do Estado autor através do expediente técnico da revogação administrativa da sua autorização de residência, permitida pelo artigo 3.º, n.º 4 da Lei n.º 53/2003, constitui uma inaceitável e inconstitucional denegação do seu direito fundamental a só poder ser expulso por decisão judicial, garantido pelo artigo 33.º da Constituição da República Portuguesa. Tal direito visa proteger o estrangeiro autorizado a entrar e a permanecer no País contra qualquer decisão de expulsão arbitrária e garantir que o seu afastamento forçado do território nacional – que pode atentar contra os seus direitos fundamentais, como por exemplo, o direito ao respeito pela sua vida privada e familiar – seja justificado por uma necessidade social imperiosa, proporcional, adequada e absolutamente necessária para garantir outros interesses constitucionalmente garantidos (como por exemplo, a manutenção da ordem pública, da segurança interna, a prevenção da criminalidade, mas não seguramente o cumprimento de preceitos legais relativos à entrada e permanência de estrangeiros no território de um outro Estado).

Esta possibilidade é tanto mais criticável, quando a lei não impõe ao SEF qualquer obrigação de análise prévia da situação do estrangeiro em causa, para se certificar que não existem impedimentos legais à execução da decisão de expulsão, tal como é imposto pelo 3.º parágrafo, do artigo 6.º, da Directiva 2001/40/CE. Ou seja, é possível, a pretexto de se estar a dar cumprimento à legislação comunitária, executar uma decisão de expulsão sem se aferir da sua conformidade com os Instrumentos Internacionais de Protecção dos Direitos do Homem, em especial com os artigos 3.º e 8.º da Convenção Europeia dos Direitos do Homem, tal como interpretados pelo Tribunal Europeu dos Direitos do Homem, ou mesmo com as disposições legais portuguesas que impedem a expulsão de um estrangeiro quando efectuada para o território de um Estado onde este possa sofrer uma perseguição ou uma ofensa dos seus direitos fundamentais nos termos do direito de asilo ou quando o estrangeiro tem em Portugal o centro da sua vida privada e familiar[29]. Esta possibilidade, é especialmente grave, pois não se garante um recurso jurisdicional efectivo contra a decisão do SEF de execução da decisão de afastamento de um Estado-Membro contra um estrangeiro que se encontre em Portugal. Com efeito, a ausência de um recurso contencioso de anulação com efeito suspensivo, permite a expulsão em acto contínuo, a qual se for efectivada no prazo de 48 horas após a detenção – em que não é legalmente exigida a intervenção de um juiz – ocorre sem qualquer controlo jurisdicional. Nestas circunstâncias, o estrangeiro não tem a mínima possibilidade de obter uma tutela jurisdicional efectiva dos seus direitos, como o de não ser expulso para um país onde a sua vida ou liberdade estejam ameaçadas ou o de não sofrer uma ingerência desnecessária e desproporcionada no seu direito ao respeito pela sua vida familiar, garantidos respectivamente pelos artigos 3.° e 8.° da Convenção Europeia dos Direitos do Homem.

Além de constituir um retrocesso em matéria de protecção de Direitos Fundamentais do estrangeiro, a Lei 53/2003 nem sequer cumpriu o seu objectivo principal, que era transpor para a ordem jurídica nacional a Directiva n.° 2001/40/CE. Isto porque, neste exercício falhado de transposição o legislador português não se apercebeu que a Directiva impõe obrigações aos Estados-Membros não só quando eles executam uma medida de afastamento de um outro Estado-Membro, mas também quando eles são autores de uma medida de afastamento que deverá ser executada por um outro Estado- Membro, onde se encontra o estrangeiro em questão. A falta de diferenciação entre estas duas realidades, a deficiente contextualização do conteúdo normativo da Directiva e o facilitismo da técnica do *copy paste* conduziram a que a Lei n.° 53/2003 apenas tivesse transposto – de forma incompleta, por vezes ininteligível ou absurda – aquelas obrigações impostas Portugal na sua qualidade de Estado de execução.

---

[29] Ver por exemplo, artigo 101.°, n.° 4 do Decreto-Lei n.° 244/98 relativo aos estrangeiros inexpulsáveis.

Para uma
LEI DE ACTUAÇÃO POLICIAL EM PORTUGAL

ANTÓNIO FRANCISCO DE SOUSA
Professor da Faculdade de Direito da Universidade do Porto
Doutor em Direito

Para uma
LEI DE ACTUAÇÃO POLICIAL EM PORTUGAL

SUMÁRIO: Capítulo I – Conceitos e princípios gerais; Capítulo II – Medidas típicas de polícia; Capítulo III – Actuação em situação de auxílio de execução (às autoridades administrativas ou aos tribunais); Capítulo IV – Uso de coacção; Capítulo V – Reparação de danos e indemnização

O desafio que nos propusemos a nós próprios de tentar esboçar uma lei de actuação policial para o nosso país é sem dúvida ambicioso pela extrema complexidade e delicadeza que caracteriza esta matéria. No entanto, é urgente que se iniciem estudos científicos profundos neste domínio, de forma a podermos num futuro não muito longínquo dispor de uma lei que regule com suficiente detalhe e clareza, como se impõe, a actuação das forças de ordem e segurança públicas. A situação existente em matéria de regulação da actuação policial no nosso país é, quanto a nós, muito lacunar e pouco clara, o que em nada contribui para a melhoria da actuação policial e para um escrupuloso respeito pelos direitos e liberdades dos cidadãos. É urgente, mesmo urgentíssimo, operar uma reforma profunda da principal legislação policial. O presente contributo incide sobre a lei básica da reforma que propomos. No entanto, esta lei terá de ser complementada com pelo menos duas outras leis: uma sobre a polícia administrativa (autoridades, funções, competências e responsabilidade das autoridades administrativas de ordenação) e outra especificamente sobre a actuação policial nas reuniões e manifestações em lugares públicos ou abertos ao público. Será ainda de ponderar se não se justificará uma lei específica sobre a recolha, processamento e transmissão de dados pessoais pela polícia, dadas as exigências específicas deste sector de actividade da Administração pública. Sobre as duas primeiras estamos a preparar estudos que contamos tornar públicos no futuro próximo.

O actual projecto apresenta alguns aspectos que assinalam uma reforma profunda do nosso sistema. Para além do aspecto formal de reunir numa só lei a actuação policial em geral, reveste-se da maior relevância o facto de se prever a regulação algo detalhada da actuação especificamente policial, ou seja, da actuação de prevenção do perigo[1]. Efectivamente, no nosso país as forças de ordem e segurança públicas, especialmente a PSP e a GNR, apenas têm a sua actuação satisfatoriamente regulada quando agem no âmbito da perseguição ao crime e à criminalidade, sob a orientação do M.° P.° e do Juiz de Instrução, cuja principal sede de regulamentação é o Código de Processo Penal. Neste domínio, os poderes próprios das forças de ordem e segurança públicas são bastante limitados, já que nos aspectos mais importantes dependem da orientação do M.° P.° e do Juiz de Instrução. No entanto, a actividade tipicamente policial (policial por natureza) situa-se num outro plano, o da prevenção do perigo para a ordem e a segurança públicas. *Polícia* é por definição prevenção do perigo e neste âmbito as forças de ordem e segurança públicas, não dependem de ninguém; antes prosseguem a sua função autonomamente e por responsabilidade própria, no cumprimento de uma nobre missão que lhe foi directamente confiada pela Constituição[2]. É precisamente neste vasto domínio específico, típico da polícia e que está ainda em larga medida por regular, que incidimos o nosso estudo. No entanto, sem pôr em questão a actuação policial no âmbito do CPP, que quanto a nós não é alvo actualmente de grandes preocupações, é inevitável que uma lei de actuação policial contemple aspectos já regulados no CPP.

Uma lei de actuação policial em geral deverá, quanto a nós, contemplar cinco capítulos:

---

[1] Em abono da verdade, a matéria especificamente policial (matéria de prevenção do perigo) nunca foi objecto entre nós de uma regulação específica.

[2] Cumpre desde já assinalar que a fórmula constitucional de atribuição de funções à polícia não é nada feliz, por manifesta falta de clareza e precisão.

CAPÍTULO I
Conceitos e princípios gerais

O primeiro conceito a definir numa lei de actuação policial é naturalmente o de "polícia", no sentido de forças da ordem e segurança públicas. A definição legal poderia ser a seguinte:

ARTIGO 1.º
Conceito de Polícia

Para efeitos da presente lei, polícia são forças de ordem e segurança públicas. As principais forças policiais em Portugal são a Polícia de Segurança Pública (PSP) e a Guarda Nacional Republicana (GNR).

Outra noção básica numa lei com este objecto de regulação é o de função policial. Aqui a Constituição, que poderia e deveria ajudar, não se apresenta de grande auxílio, dada a falta de clareza e mesmo imprecisão do seu artigo 202.º, n.º 2 da CRP[3]. Por isso, há que recorrer aos ensinamentos doutrinários nesta matéria, especialmente os do direito comparado. O articulado que propomos destaca as três funções clássicas da polícia, para além de prever a possibilidade da lei avulsa poder atribuir outras funções. A redacção poderia pois ser a seguinte:

ARTIGO 2.º
Funções da Polícia[4]

1. A função primordial da polícia é a prevenção do perigo, em geral ou no caso concreto, para a ordem e a segurança públicas. A função de pre-

---

[3] Nos termos deste preceito, "A polícia tem por funções defender a legalidade democrática e garantir a segurança interna e os direitos dos cidadãos". Esta fórmula é excessivamente vaga e imprecisa e sobretudo não delimita a função policial da função de outras autoridades às quais também compete a defesa da legalidade democrática e dos direitos dos cidadãos.

[4] Estas são as funções típicas da polícia: a) prevenção de perigos para a ordem e a segurança públicas; b) defesa de direitos privados quando, por urgência, não seja possível garantir essa defesa pelos meios normais (*maxime* dos tribunais) e c) prestar auxílio de execução quando seja solicitada. Para além destas funções, a polícia tem ainda algumas funções expressamente atribuídas por lei.

venção do perigo compreende o combate preventivo à criminalidade e a adopção de condutas preparatórias da prevenção de perigos futuros[5].

2. Compete à polícia a protecção de direitos privados quando a protecção judicial não possa ser conseguida em tempo útil ou quando sem o auxílio da polícia a realização desses direitos seja posta em causa ou seja substancialmente dificultada ou onerada[6].

3. A polícia presta auxílio de execução tanto às autoridades administrativas em geral, como ao M.° P.° e aos tribunais[7].

4. A polícia prossegue ainda as demais funções que lhe forem expressamente confiadas por lei.

Diferente do auxílio de execução é a actuação *ex officio* ou por dever de ofício. Também aqui a actuação da polícia surge no lugar das autoridades normalmente competentes. Porém, não há aqui um pedido ou "mandato" de intervenção, antes a polícia age por iniciativa própria, com carácter provisório, como forma de fazer face a situações de urgência, enquanto a autoridade normalmente competente não intervém. A polícia está permanentemente em funções, 24 horas sobre 24 horas, pelo que muitas vezes é confrontada com situações de extrema urgência que exigem uma intervenção rápida, não podendo haver espera pela intervenção da autoridade normalmente competente. É o caso, por exemplo, de um "sem abrigo" que está em real perigo de vida. É certo que não compete como regra geral às forças policiais disponibilizar alojamento para os "sem abrigo" ou conduzi-los ao hospital. Porém, face a uma situação concreta de perigo de vida ou de risco grave para a saúde de pessoas em concreto, a polícia deverá intervir, sob pena de ser responsabilizada ou corresponsabilizada pelos danos que possam surgir. No auxílio *ex officio,* trata-se pois de actuação das forças policiais no caso de urgência, em domínios que em condições normais são da competência das autoridades administrativas. É também o caso, por exemplo, de um tampo de colector de esgoto que saiu do

---

[5] As chamadas acções preparatórias da prevenção de perigos futuros.

[6] É importante deixar claro na lei em que casos a polícia pode intervir em defesa de um direito privado, desde logo para combater a ideia, frequentemente defendida, de que a polícia não pode intervir em defesa de direitos concretos de particulares. Por via de regra, os particulares defendem os seus direitos através dos tribunais, mas desde logo há casos em que essa defesa depende de uma defesa prévia e provisória da polícia.

[7] No caso do auxílio de execução, a polícia age a pedido (ou por mandato), estando sujeita às ordens do mandante, com excepção do *modus operandi* e dos meios a empregar, pois nestes domínios ela goza de liberdade já que só ela domina a técnica.

seu lugar, tendo desse modo surgido um perigo actual para quem circula naquela via. É também o caso de óleo derramado na estrada. O agente policial que passa na sua ronda habitual pelo local ou que é alertado para o facto deve intervir imediatamente adoptando as medidas urgentes de prevenção do perigo (por exemplo desviando o trânsito, sinalizando o local do perigo, etc.). As medidas policiais são por natureza provisórias, já que a competência originária nesta matéria (de manter as vias de comunicação em bom estado de circulação) são das autoridades administrativas – nacionais, regionais ou locais. Este é um domínio muito importante que importa regular em termos tão claros quanto possível, para que a polícia saiba onde começam e acabam os seus poderes e deveres e para que o cidadão conheça melhor os seus direitos. É também importante no que se refere à responsabilidade por eventuais danos que daí possam advir. Assim, a redacção poderia ser a seguinte:

ARTIGO 3.°
**Colaboração ex-officio da polícia
com outras autoridades administrativas**

1. Como regra geral, a polícia está sujeita ao dever geral de colaboração que recai sobre todas as autoridades e órgãos da Administração pública.
2. A polícia só intervém no lugar da autoridade administrativa normalmente competente para a prevenção do perigo quando a intervenção desta não se apresente à partida possível em tempo útil. Após ter agido, a polícia deve informar imediatamente a autoridade normalmente competente dos fundamentos e dos resultados da sua intervenção, sempre que o conhecimento destes elementos seja relevante para o cumprimento das funções da autoridade administrativa competente.

De fundamental importância numa lei de actuação policial é uma previsão expressa do princípio da proporcionalidade, tão omnipresente e tão importante, tanto do ponto de vista da autoridade policial, como do ponto de vista das garantias dos cidadãos. É necessário deixar claro este limite de actuação das forças policiais e as suas principais manifestações (subprincípio da menor afectação possível – n.° 1; subprincípio da proporcionalidade em sentido estrito; e limitação da imposição de restrições).

A redacção poderia ser a seguinte:

ARTIGO 4.º
Princípio da proporcionalidade[8]

1. De entre as diferentes medidas possíveis e adequadas, a polícia deve adoptar aquelas que, previsivelmente, menos lesam os particulares e a comunidade em geral.

2. Em caso algum a medida policial poderá conduzir a uma desvantagem que exceda claramente a vantagem que se tem em vista.

3. A imposição de uma medida policial só poderá ter lugar até que o seu fim seja alcançado[9] ou até ficar provado que já não poderá ser alcançado[10].

Outro aspecto de grande relevância teórica e prática é o do exercício funcional dos poderes policiais, isto é, do exercício dos poderes policiais no respeito pelos deveres decorrentes das exigências do bom exercício da função. Este aspecto é muito importante já que se assiste a uma grande falta de clareza nesta matéria, aliada à errada ideia generalizada de que a polícia goza de muitos e amplos poderes discricionários no exercício da sua função. Levado às últimas consequências, o princípio do exercício funcional dos poderes policiais quase que elimina a discricionariedade policial, relegando-a para campos mais teóricos que reais. A redacção poderia ser a seguinte:

ARTIGO 5.º
Exercício funcional dos poderes policiais
e discricionariedade na escolha dos meios

1. A polícia adopta as suas medidas de prevenção do perigo no exercício escrupuloso dos seus deveres funcionais.

2. Se para a prevenção de um perigo puderem ser considerados diferentes meios de ablação idêntica para os particulares e para a comunidade em geral, a polícia poderá escolher livremente qualquer desses meios.

---

[8] Trata-se de um princípio chave e omnipresente em toda a actuação policial, razões mais que suficientes para a sua inclusão expressa numa lei desta natureza.

[9] Por exemplo, se a polícia retém uma pessoa para interrogatório, nos casos previstos na lei, não poderá continuar a retê-la após a conclusão do mesmo.

[10] A polícia não pode impor medidas policiais com vista a alcançar fins que, segundo os reconhecimentos actuais, já não poderão ser alcançados.

Porém, sempre que o destinatário da medida o solicite, a polícia deverá lançar mão de outro meio igualmente eficaz, desde que essa substituição de meios seja possível sem significativa oneração para as forças policiais e a comunidade em geral não seja substancialmente afectada[11].

Por outro lado, não obstante as limitações referidas, importa deixar claro na lei que os direitos e liberdades fundamentais poderão ser alvo de restrição pela polícia, desde que esta ocorra com base e nos limites da lei. A redacção poderia ser a seguinte:

ARTIGO 6.º
Limitação de direitos e liberdades fundamentais

Com base e nos limites da presente ou de outra lei, a acção da polícia poderá restringir os direitos fundamentais à vida e à integridade física, à liberdade da pessoa e à inviolabilidade do domicílio.

Um dever fundamental que nunca poderá ser esquecido pelo agente policial quando intervém no exercício da sua função é o da sua identificação prévia, embora a simples farda (quando esteja fardado) constitua um forte elemento identificador[12]. A redacção poderia ser a seguinte:

ARTIGO 7.º
Dever de identificação do agente policial

1. A pedido do destinatário de uma medida policial, o agente deverá identificar-se, desde que a sua identificação não ponha em causa o sucesso da medida.

2. Procedimento de identificação.

---

[11] A possibilidade que se reconhece neste último parágrafo surge no seguimento da ideia de menor afectação possível do cidadão. As imposições ao cidadão devem ser reduzidas ao mínimo desde que os fins da actuação policial não sejam dessa forma postos em perigo.

[12] São conhecidos casos de problemas graves provocados por recusa de identificação dos agentes policiais. Mesmo quando esteja fardado, o cidadão pode pedir a identificação do agente e tem mesmo direito a obtê-la, por exemplo no caso de considerar que a sua actuação é ilegal e pretender suscitar essa ilegalidade junto da hierarquia policial ou dos tribunais. Há porém casos excepcionais em que a identificação poderá ou deverá ser recusada, por exemplo por exigência das circunstâncias do caso concreto.

Um aspecto que importa também regular de forma clara neste capítulo geral de uma lei de actuação policial é a distinção entre a actuação policial contra pessoas que pela sua acção perturbam a ordem e a segurança públicas e a actuação contra os responsáveis por coisas, móveis ou imóveis, das quais emanam perigos para a ordem e a segurança públicas. No primeiro caso a actuação é dirigida a perturbadores de conduta, enquanto no segundo caso a actuação polícia é dirigida contra perturbadores de situação, pois o perigo para a ordem e a segurança públicas emana da situação de coisas (casas, automóveis, máquinas, lixos, animais, plantas, etc.) pelas quais eles são responsáveis (artigos 8.º e 9.º).

ARTIGO 8.º
Actuação contra o perturbador de conduta[13]

1. Como regra geral, as medidas policiais são impostas directamente à pessoa que causou o perigo[14].

2. Não sendo conhecido o perturbador, ou não sendo este contactável em tempo útil, a polícia procederá à execução imediata, nos termos do art. 10.º da presente lei[15].

3. Se a pessoa que causou o perigo não for jurídico-policialmente imputável, as medidas policiais poderão ser adoptadas contra as pessoas por si responsáveis[16].

4. Se uma pessoa, singular ou colectiva, for incumbida por mandato da execução de uma tarefa e no âmbito dessa execução causar um perigo, as medidas poderão ser adoptadas contra o mandante da execução da tarefa[17].

---

[13] Por oposição ao «perturbador de situação», que é aquele que responde pela perturbação que emana de uma coisa (móvel ou imóvel), por exemplo um líquido perigoso derramado na via pública.

[14] Como regra geral, deverá ser responsabilizado perturbador de conduta.

[15] Por exemplo, se não se sabe quem derramou óleo na estrada ou deixou quem é deixou cair uma pedra sobre a via pública, ou sabendo-se mas sendo impossível chamá-lo a remover o perigo em tempo útil, a polícia deverá fazer face ao perigo e depois proceder à indagação do responsável para efeitos de imputação de responsabilidades.

[16] Esta é a aplicação do princípio geral da responsabilidade daquele que tem a seu cuidado inimputáveis.

[17] Esta é também uma aplicação do princípio geral da responsabilidade do mandante em relação aos actos do mandatado.

ARTIGO 9.°
Actuação contra o perturbador de situação

1. Se de uma coisa, móvel ou imóvel, emanar um perigo, as medidas policiais deverão ser adoptadas contra aquele que detém o poder material sobre essa coisa[18].

2. As medidas também poderão ser adoptadas contra o proprietário, salvo no caso de quem detém o poder material sobre a coisa ter exercido o poder contra a vontade declarada ou presumida do proprietário ou de outros titulares de direitos[19].

3. Se o perigo emanar de uma coisa abandonada, as medidas deverão ser adoptadas contra aquele que a abandonou[20].

Em certos casos, a prevenção de perigos para a ordem e a segurança públicas exige uma intervenção imediata, isto é, no mais curto espaço de tempo, não havendo pois tempo para investigar quem foi o causador do perigo ou qual o seu paradeiro ou ainda qual a autoridade administrativa a quem compete legalmente, em condições normais (isto é, a entidade normalmente competente), fazer face ao perigo. É o caso, por exemplo, do tampo de uma caixa de saneamento que saiu do local, do que resulta um perigo iminente para a segurança dos que por ali circulam (situação de intervenção ex officio). Nestas situações, as forças de ordem e segurança públicas devem agir sem delongas, imediatamente, adoptando as medidas necessárias de prevenção do perigo. Depois, deverá informar a entidade normalmente competente para que esta adopte as medidas necessárias de

---

[18] Também aqui se seguem os princípios gerais da responsabilidade civil. Fala-se em poder material sobre a coisa para alargar a responsabilidade a pessoas que mantêm uma ligação directa à coisa, não sendo embora proprietários. É o caso do arrendatário (salvo as excepções previstas na lei).

[19] A responsabilização do detentor do poder material sobre a coisa não afasta por si só a responsabilidade do proprietário ou do titular de outros direitos. A excepção que neste número se prevê pretende excluir a responsabilidade, por exemplo, do proprietário de um automóvel roubado em que o ladrão causou um perigo (convertido em dano) para a ordem e segurança públicas (tendo certamente usado o veículo contra a vontade do seu proprietário).

[20] É o caso de entulho derramado na berma da estrada ou no leito de um rio. A polícia deve investigar quem deu origem ao perigo causado pelo abandono (ilícito) das referidas coisas a fim de poder responsabilizá-lo. Também o proprietário de um automóvel velho que deixou de ter interesse nele não pode libertar-se dele pura e simplesmente abandonando-o na via pública.

prevenção do perigo (já numa perspectiva de medida final e não meramente provisória). Por exemplo, um camião deixou cair um pedregulho na auto-estrada. É necessário intervir imediatamente, a fim de serem prevenidos perigos para os automobilistas. Depois, numa segunda fase se procederá à investigação do responsável (se já não for conhecido) e à sua responsabilização (desde logo pelos custos da medida de eliminação do perigo). A redacção poderia ser a seguinte:

ARTIGO 10.°
Execução imediata de uma medida

1. A polícia pode executar imediatamente uma medida, por si própria ou por intermédio de mandatário[21], quando o fim da medida não possa ser atingido pelo chamamento do responsável, ou não o possa ser em tempo útil. Neste caso, aquele que deu origem à medida deve ser imediatamente informado, logo que se torne conhecido e contactável.

2. Os custos provocados pela execução imediata da polícia deverão ser suportados pelos causadores da situação de perigo. A cobrança dos custos poderá ter lugar com recurso à coacção administrativa, nos termos do CPA.

Em certos casos de urgência extrema, impõe-se uma intervenção rápida mas as forças policiais no local ou nas proximidades do perigo não têm meios humanos e/ou materiais (por exemplo máquinas especiais, como gruas) capazes de fazer face ao perigo. Trata-se de situações em que o causador do perigo não é conhecido ou sendo-o não pode ser chamado a fazer face ao perigo em tempo útil (por exemplo porque não possui a grua necessária). Uma intervenção da autoridade administrativa normalmente competente também está fora de questão. Nestes casos, a polícia pode chamar a intervir ou a colaborar na intervenção um terceiro não responsável (por exemplo um automobilista que por acaso passa no local ou o proprietário de uma oficina que dispõe de determinado tipo de material). A redacção poderia ser a seguinte:

---

[21] Por exemplo, a polícia pode mandatar uma empresa de gruas para remover o referido pedregulho da auto-estrada, que pelo seu grande tamanho não pode ser removido rapidamente pelos meios próprios da polícia.

ARTIGO 11.º
Chamamento de terceiros não responsáveis

1. A polícia pode chamar terceiros não responsáveis à prevenção ou ao combate ao perigo, quando cumulativamente:

1.º – Seja necessário prevenir um perigo relevante e actual;
2.º – Não seja possível, ou não seja possível em tempo útil, a adopção de medidas contra responsáveis ou a adopção de medidas contra essas pessoas não é de natureza a, previsivelmente, ter sucesso;
3.º – A polícia, directamente ou através de mandatário, não esteja em condições de prevenir o perigo;
4.º – Os terceiros não responsáveis estejam em condições de poderem ser chamados sem se porem a si próprios em perigo relevante e sem violarem deveres relevantes a que estejam obrigados.

2. As medidas referidas no número anterior só poderão ser mantidas enquanto a prevenção do perigo não puder ser garantida de outro modo menos lesivo para os terceiros[22].

CAPÍTULO II
Medidas de polícia

Neste capítulo procede-se à regulação das principais medidas de polícia, as quais, por constarem de uma regulação expressa do legislador (de iure condendo, naturalmente), podem também ser chamadas de medidas típicas de polícia. Não se procede a quaisquer subdivisões, mas teoricamente elas podem ser divididas em três grupos:

a) Medidas para a obtenção de dados e informações, compreendendo a intimação de comparência no posto policial, ou noutro local, o interrogatório policial, a identificação, o controlo de documentos de autorização e as medidas de reconhecimento da identidade;

---

[22] Esta é uma manifestação do princípio da menor afectação possível.

b) medidas para a obtenção secreta de informações, entre as quais se destacam fundamentalmente a observação prolongada e o emprego de meios humanos e técnicos (aparelhos de escuta e gravação sonora ou de imagem); e, finalmente,

c) medidas relacionadas com a segurança de pessoas e bens, compreendendo antes de mais a ordem de abandono de local, a entrada e a busca domiciliárias, a revista de pessoas, a busca de coisas, a detenção policial, a apreensão, guarda, liquidação e destruição ou restituição de objectos e a rusga policial.

No início de um capítulo sobre as medidas de polícia impõe-se uma norma geral sobre os poderes gerais de polícia. No fundo, trata-se de relembrar os diferentes poderes de que dispõe a polícia. Em termos gerais, os poderes da polícia são de três tipos:

a) Prevenir o perigo para a ordem e segurança públicas;

b) impedir ou pôr termo à prática de crimes e contra-ordenações; e, finalmente,

c) caso não tenha podido impedir a prática de crimes e contra-ordenações, portanto no caso de ocorrência de crimes ou contra-ordenações, combater os seus efeitos ou consequências, a fim de minorar quanto possível os danos por si causados[23].

A redacção poderia ser a seguinte:

ARTIGO 12.º
Poderes gerais da polícia

1. Salvo disposição da lei em contrário, a polícia pode e deve adoptar as medidas necessárias à prevenção de perigos concretos para a ordem ou segurança públicas.

2. Em geral, a polícia pode adoptar medidas para:

a) Prevenir perigos ou pôr termo a situações que ponham em perigo ou atentem contra vida, a saúde ou a liberdade das pessoas ou

---

[23] Por exemplo, se uma montra foi partida por um vândalo, compete à polícia, com carácter provisório, vedar o acesso ao interior do estabelecimento, nem que seja fazendo guarda ao mesmo pelo tempo necessário

representem perigo para bens cuja conservação se apresente necessária ao interesse público;

b) impedir ou pôr termo a crimes ou contra-ordenações;

c) eliminar situações causadas por crimes ou contra-ordenações.

Uma primeira medida policial consiste na intimação de comparência. Trata-se de chamar determinadas pessoas a certos locais, geralmente aos postos de polícia, para ali serem ouvidas, ou se submeterem a determinados exames previstos na lei (por exemplo medidas de reconhecimento de identidade – ver art. 26.°). A intimação de comparência deve ser clara quanto a determinados elementos como o seu autor, o seu destinatário e o seu fim. Os articulados poderiam ser os seguintes (artigos 13.° a 17.°):

SECÇÃO I
Intimação de comparência

ARTIGO 13.°
Intimação de comparência

1. A polícia pode intimar uma pessoa a comparecer nos seus serviços, por escrito ou oralmente, em qualquer dos seguintes casos:

a) Quando se verifiquem factos que indiciem que essa pessoa pode fazer declarações consideradas indispensáveis ao bom cumprimento de uma determinada função policial.

b) quando a sua presença seja indispensável à adopção de medidas de reconhecimento de identidade[24].

ARTIGO 14.°
Requisitos da intimação de comparência

1. A intimação de comparência deverá mencionar de forma clara o fundamento da medida.

---

[24] Entende-se por medidas de reconhecimento de identidade medidas como: recolha de sangue, cabelos ou outras, efectuação de medições ou de gravações de imagem ou de som, etc.

2. Na fixação da data e da hora de comparência, a autoridade policial deverá atender, sempre que possível, à profissão e às demais circunstâncias de vida particular do destinatário.

ARTIGO 15.°
Incumprimento da intimação de comparência

O não cumprimento pelo destinatário da intimação de comparência sem que apresente no prazo da mesma suficiente fundamento justificativo, legitima a recondução coactiva pelas forças policiais aos seus serviços sempre que os dados a obter sejam indispensáveis a qualquer dos seguintes fins:

a) Prevenção de um perigo actual para a vida, a integridade física ou a liberdade de uma pessoa;
b) execução de medidas de reconhecimento de identidade.

ARTIGO 16.°
Regime supletivo

À intimação de comparência aplica-se, com as necessárias adaptações, o regime previsto no CPP respeitante à comparência.

ARTIGO 17.°
Indemnização de testemunhas e peritos

As testemunhas e os peritos que sejam intimados a comparecer nos serviços policiais têm direito a ser indemnizados pelos danos sofridos nos termos do regime geral, com as devidas adaptações, da indemnização de testemunhas e peritos em processo judicial.

Contrariamente ao que muitas vezes se diz, a polícia também pode proceder a interrogatórios, porque necessita deles para a cabal prossecução das suas funções. No entanto, trata-se de uma matéria muito sensível, desde logo do ponto de vista das garantias do cidadão. Os limites dos poderes de interrogatório da polícia terão pois de estar claramente e de forma detalhada previstos na lei. A redacção desta importante medida policial poderia ser a seguinte:

SECÇÃO II
Interrogatório policial

ARTIGO 18.°
Quem está sujeito a interrogatório policial

Estão sujeitas a interrogatório policial as pessoas relativamente às quais haja indícios de que estão em condições de poder fazer declarações indispensáveis à prossecução de uma determinada função policial.

ARTIGO 19.°
Direito de retenção para interrogatório

A polícia pode reter uma pessoa pelo período que durar o interrogatório, devendo efectuá-lo sem esperas excessivas.

ARTIGO 20.°
Limites do dever de resposta

1. As pessoas sujeitas a interrogatório policial devem, a pedido da polícia, responder correctamente acerca do seu nome completo, dia e local de nascimento, morada e nacionalidade.

2. Só há dever de resposta sobre outros elementos ou matérias nos casos expressamente previstos na lei.

Outras duas medidas policiais tradicionais são a identificação e o controlo de documentos de identificação.

Na identificação, a polícia controla a identidade de determinada pessoa, que em muitos casos (mas nem sempre) poderá ser um suspeito. No controlo de documentos de autorização trata-se de conferir se determinada pessoa está legalmente habilitada a exercer determinada actividade como, por exemplo, a transportar uma arma de fogo consigo, a conduzir um automóvel ou a possuir um determinado animal. Estas medidas, próximas embora não coincidentes, poderiam ser reguladas da seguinte forma:

SECÇÃO III
Identificação policial (ou controlo de identidade)

ARTIGO 21.º
Fins da identificação

A polícia pode identificar uma pessoa para qualquer dos seguintes situações:

a) Para a prevenção de um perigo;

b) quando a pessoa a identificar se detém num local de risco.

ARTIGO 22.º
Locais de risco para fins de identificação policial

Para fins de identificação policial, são considerados locais de risco:

a) Locais em que, com base em indícios concretos, pela experiência, pessoas combinam, preparam ou treinam crimes;

b) locais onde se encontram pessoas sem a necessária autorização de residência; e

c) locais onde se refugiam criminosos ou se pratica a prostituição.

ARTIGO 23.º
Outros locais de identificação

Para além dos locais de risco referidos no artigo anterior, a polícia também pode proceder à identificação nos seguintes locais:

a) Em estação de transporte, em meio de transporte público, em edifício público ou local especialmente ameaçado ou na sua proximidade, sempre que se verifiquem factos concretos que indiciem que neste tipo de locais irão ser cometidos crimes.

b) Em posto de controlo[25] instalado pela polícia com vista à prevenção de crimes.

---

[25] As chamadas operações *stop*.

c) Nos postos de controlo das fronteiras, dos aeroportos e dos portos.

ARTIGO 24.º
Procedimento da identificação

1. Em geral, a polícia poderá adoptar as medidas necessárias à identificação.

2. Em particular, a polícia pode mandar parar o destinatário, perguntar pelos seus elementos pessoais e exigir, para controlo, a exibição dos documentos pessoais que traz consigo.

3. Se não houver meio de determinar a identidade, incluindo por testemunha devidamente identificada, o interpelado para identificação poderá ser conduzido ao posto policial mais próximo a fim de ali ser identificado.

4. Para fins de identificação, poderá haver revista do interpelado e busca dos seus objectos[26].

SECÇÃO IV
Controlo de documentos de autorização

ARTIGO 25.º
Controlo de documentos de autorização

Quando a lei exija uma autorização ou licença para o exercício de uma actividade ou para a posse de um objecto, a polícia pode exigir ao obrigado a apresentação para controlo do respectivo documento.

Diferentes são as medidas de reconhecimento da identidade, sobretudo do ponto de vista da sua gravidade para o cidadão. A regulamentação deve pois ser muito clara e rigorosa. O articulado poderia ser o seguinte:

---

[26] Incluindo do automóvel em que se faz transportar.

SECÇÃO V
Reconhecimento de identidade

ARTIGO 26.°
Medidas de reconhecimento de identidade

As principais medidas de reconhecimento de identidade consistem em:

a) Recolher impressões digitais e de outras partes do corpo;
b) fotografar e filmar o destinatário;
c) verificar a existência de sinais corporais externos;
d) medir o corpo e partes dele.

ARTIGO 27.°
**Quando poderão ter lugar as medidas
de reconhecimento de identidade**

1. A polícia poderá adoptar medidas de reconhecimento de identidade, nos seguintes casos:

a) Quando não seja possível de outro modo a identificação que deva ter lugar nos termos da presente lei ou essa identificação só seja possível com custos excessivos dos pontos de vista humano e material.
b) Quando a identificação seja indispensável ao combate preventivo de crimes, pelo facto do destinatário ser suspeito de ter praticado um crime punido com pena de privação da liberdade e, devido ao tipo e ao modo de execução do ilícito, haja perigo de reincidência.

ARTIGO 28.°
Destino dos elementos de determinação de identidade

Salvo nos casos em que a sua conservação esteja prevista na lei, os elementos recolhidos na determinação da identidade deverão, após esta concluída, ser eliminados.

Uma das mais típicas medidas policiais é a chamada "ordem de abandono de local". Trata-se de uma medida indispensável à garantia da segurança e da boa ordem públicas, por exemplo por ocasião de acidentes de viação ou outros, de visitas de personalidades, de ameaça de bomba, após as manifestações, etc. Os aspectos principais desta medida poderiam ser regulados da seguinte forma:

SECÇÃO VI
Ordem de abandono de local

ARTIGO 29.°
Ordem de abandono de local

Para a prevenção de um perigo, a polícia poderá ordenar, provisoriamente, a uma pessoa que abandone um local ou proibi-la de entrar num determinado local. A ordem de abandono de um local também poderá ser dirigida às pessoas que impeçam a intervenção dos bombeiros e demais serviços de socorro ou de salvamento.

SECÇÃO VII
Entrada e busca domiciliárias

Medida policial de grande relevância sob diferentes pontos de vista são a entrada e a busca domiciliárias. O conceito básico é aqui o de "domicílio", que para efeitos de direito policial deverá ser entendido em termos amplos. A entrada domiciliária não se confunde com a busca, pois não implica necessariamente que seja feita uma busca, embora a busca domiciliária implique sempre uma entrada no domicílio. A simples entrada domiciliária pode ter lugar por exemplo quando se trata apenas de constatar um facto (por exemplo se uma pessoa está ali ou se está em perigo). Naturalmente que a busca é uma medida mais gravosa, na medida em que compreende a abertura (e eventualmente o arrombamento) de armários, gavetas, etc. A protecção que a Constituição dá ao domicílio implica que por via de regra estas medidas sejam precedidas de autorização judicial e se realizem durante o dia. No entanto, há excepções, por exigências das circunstâncias concretas, as quais deverão estar rigorosa e claramente previstas na lei. Todo o procedimento das entradas e buscas domiciliárias deverá estar previsto na lei (art. ...). Assim, a redacção poderia ser a seguinte:

ARTIGO 30.º
Conceito de domicílio

Para efeitos da presente lei, o domicílio compreende todos os quartos, dependências, espaços de trabalho e de negócio[27].

ARTIGO 31.º
Quando poderá haver lugar à entrada e à busca domiciliárias

1. A entrada e a busca domiciliárias pela polícia poderão ter lugar, mesmo sem o consentimento das pessoas ali residentes, nos seguintes casos:

a) Quando se verifiquem factos indiciem que nesse domicílio se encontra uma pessoa que, nos termos da presente lei ou do CPP, deva ser identificada ou detida;
b) Quando se verifiquem factos que indiciem que nele se encontra uma coisa que, nos termos da presente lei ou do CPP, deva ser apreendida;
c) Quando a entrada ou busca sejam indispensáveis à prevenção de um perigo actual para a integridade física, a vida ou a liberdade de uma pessoa ou para coisas de significativo valor[28].

2. Poderão ainda efectuar-se entradas e buscas domiciliárias quando haja indícios concretos de que ali: a) pessoas combinam, preparam ou pra-

---

[27] Em geral, os compartimentos de trabalho, espaços industriais ou de negócios, bem como outras áreas e locais que são ou foram acessíveis ao público e que estão à disposição dos presentes para continuarem a habitar poderão ser objecto de entrada e busca para fins de prevenção do perigo (artigo 1.º, n.º 1) durante o horário de trabalho, de negócio ou de permanência.

[28] Por exemplo, salvar uma obra de arte considerada património nacional ou da Humanidade.

ticam crimes; b) se encontram pessoas sem a necessária autorização de residência; c) se escondem criminosos; e d) se pratica a prostituição.

ARTIGO 32.°
Hora em que poderá haver entrada e busca domiciliárias

A entrada e a busca domiciliárias têm lugar, por via de regra, durante o dia. Durante o período nocturno, a entrada e/ou busca num domicílio só serão permitidas para a prevenção de perigos relevantes e actuais para a vida, a saúde ou a liberdade de uma pessoa ou para a salvaguarda de uma coisa de valor muito significativo.

ARTIGO 33.°
Autorização judicial

1. Com excepção dos casos de perigo relevante e actual, as buscas domiciliárias só poderão ser ordenadas pelo juiz. Para efeitos de autorização, é competente o tribunal de comarca em cuja área se situa o domicílio em causa.
2. As entradas e buscas domiciliárias efectuadas para a prevenção de perigos relevantes e actuais deverão ser imediatamente comunicadas ao juiz.

ARTIGO 34.°
Procedimento da entrada e da busca domiciliárias

1. A entrada e a busca domiciliárias terão lugar, sempre que possível, na presença do titular do domicílio ou de um seu representante. Na falta destes, deverá ser promovida a presença de um familiar, hóspede ou vizinho.
2. Os fundamentos da entrada e da busca deverão ser imediatamente dados a conhecer ao titular do domicílio ou a quem estiver presente em sua substituição, salvo se desse modo for posto em perigo o fim da medida.
3. Sobre a busca deverá ser emitido um documento que contenha um relatório do qual deverá constar o serviço responsável pela medida, o fundamento, a hora e o local, a existência ou não de autorização judicial, bem

como o seu resultado. Este documento deverá ser assinado por um dos agentes que procedeu à busca e pelo titular do domicílio ou por quem o substitua. A eventual recusa da assinatura deste último deverá ser mencionada no documento. A pedido do interessado, deverá ser entregue ao titular do domicílio, ou a quem o substitua, um duplicado do documento.

4. Se por circunstâncias especiais do caso concreto não for possível emitir o documento referido no número anterior ou entregar o respectivo duplicado, ou existir o perigo da emissão desse documento vir a pôr em risco o fim da busca, esta será confirmada por escrito, com indicação do serviço responsável, da hora e do local em que teve lugar.

SECÇÃO VIII
Revista de pessoas

De grande importância nas medidas policiais é também a revista de pessoas. Trata-se de uma medida que em muitos casos se impõe desde logo para a segurança dos próprios agentes policiais. Há porém outras situações específicas e outros fins para os quais poderá ser realizada a revista policial. Também neste caso o procedimento da revista deve ser regulado por lei, dada a sua elevada sensibilidade do ponto de vista dos direitos dos cidadãos. A redacção poderia ser a seguinte:

ARTIGO 35.º
Quando poderá haver lugar à revista de pessoas

1. A polícia pode proceder à revista de uma pessoa quando:

a) Nos termos da lei essa pessoa possa ser detida;

b) se verifiquem factos que indiciem que a pessoa transporta consigo objectos que deverão ser apreendidos;

c) a pessoa está claramente em situação de não poder determinar livremente a sua vontade ou se encontra em situação de não se poder valer a si própria;

d) a pessoa se detém num local de risco, nos termos do artigo seguinte;

e) a pessoa se detém em local especialmente ameaçado ou na pro-

ximidade destes locais por se verificarem e se verifiquem factos concretos que indiciem que neles serão cometidos crimes[29];
f) a pessoa se detém em locais que em si são directamente perigosos[30].

2. A polícia pode ainda proceder à revista de uma pessoa cuja identidade deva ser determinada, nos termos da lei, a fim de verificar se possui armas ou outros instrumentos perigosos ou explosivos, sempre que, pelas circunstâncias do caso concreto, tal seja indispensável à protecção dos agentes policiais ou de terceiros contra um perigo para a vida ou a integridade física.

ARTIGO 36.º
Local de risco

Para efeitos de revista, são considerados locais de risco aqueles locais onde, comprovadamente:

a) Pessoas combinam, preparam ou treinam crimes;
b) se refugiam estrangeiros não devidamente legalizados;
c) se refugiam criminosos ou é praticada a prostituição.

ARTIGO 37.º
Salvaguarda do pudor na revista

As pessoas só poderão ser revistadas por agentes do mesmo sexo ou por médico, salvo nos casos em que a revista imediata seja indispensável à protecção contra um perigo para a vida ou a integridade física, nomeadamente do próprio agente policial.

---

[29] Por exemplo, ameaça de bomba.
[30] No sentido de deles emanar directamente um perigo.

SECÇÃO IX
Busca de coisas

A regulamentação da busca de coisas é em muito semelhante à da revista de pessoas, embora haja especificidades importantes a assinalar. A redacção poderia ser a seguinte:

ARTIGO 38.°
Quando pode haver busca de coisas

1. A polícia pode efectuar buscas nos seguintes casos:

a) Quando a coisa seja transportada por pessoa que, nos termos da presente lei, possa ser objecto de revista,

b) quando se verifiquem factos que indiciem que nessa coisa se encontra uma pessoa que:

1) deva ser detida[31];
2) esteja ilicitamente detida[32]; ou
3) não se possa valer a si própria[33].

c) se verifiquem factos que indiciem claramente que nela se encontra uma coisa que deva ser apreendida[34].

d) se encontra num local de risco, nos termos do art. 36.°.

2. A polícia pode igualmente efectuar buscas quando uma pessoa se encontra em local especialmente ameaçado ou na proximidade deles por se verificarem factos concretos que indiciem que nestes locais serão cometidos crimes.

3. Pode ainda haver busca policial nos meios de transporte terrestres, aquáticos ou aéreos nos quais se encontram pessoas cuja identidade deva ser determinada. Neste caso, a busca poderá efectuar-se também nas coisas que se encontram no meio de transporte.

---

[31] Por exemplo, alguém que cometeu um crime ou que é forte suspeita de o ter cometido.

[32] Por exemplo, no caso de reféns na posse de sequestradores.

[33] Por exemplo no caso de pessoa inconsciente ou moribunda.

[34] Por exemplo, quando haja fortes elementos que claramente apontam que a pessoa transporta droga ou armas ilícitas no seu automóvel.

ARTIGO 39.°
Direitos do possuidor legítimo da coisa

No caso de busca de coisas, o possuidor legítimo da coisa tem direito a estar presente. Encontrando-se ausente, deverá ser substituído pelo seu representante ou por uma testemunha. Ao possuidor legítimo da coisa ou ao seu representante deverá ser emitido, a seu pedido, um documento comprovativo da busca, dos seus fundamentos e resultados.

SECÇÃO X
Detenção policial

Uma das medidas policiais mais gravosas do ponto de vista dos direitos e liberdades do cidadão é a detenção policial. Pela sua gravidade, só poderá ter lugar, por via de regra, mediante prévia autorização do tribunal. Na falta desta, a polícia deverá comunicar a detenção o mais rapidamente possível ao tribunal. Trata-se de matéria de extrema sensibilidade que exige uma regulamentação clara e rigorosa. A redacção poderia ser a seguinte:

ARTIGO 40.°
Quando poderá haver detenção Policial

1. A polícia pode deter uma pessoa quando:

a) A detenção seja necessária para proteger essa pessoa contra um perigo para a sua própria vida ou integridade física, especialmente quando a pessoa visivelmente se encontra em situação de não poder determinar livremente a sua vontade ou de não se poder valer a si própria[35];

b) a detenção seja indispensável para impedir a prática ou a continuação de um crime iminente ou de uma contra-ordenação grave ou muito grave.[36]

---

[35] É a chamada "detenção de protecção", em que o móbil principal e proteger o próprio detido, por exemplo contra o suicídio.

[36] É o caso de uma pessoa que está a esfaquear outra ou que se prepara para o fazer no mais curto espaço de tempo.

c) Sempre que a detenção se revele indispensável para impor uma ordem de abandono de local[37].

ARTIGO 41.º
Indício de prática de crime

Para efeitos do artigo anterior, o indício de que uma pessoa irá praticar um crime ou contra-ordenação grave ou muito grave pode apoiar-se num dos seguintes factos:

a) A pessoa em causa já anunciou publicamente a intenção de praticar o acto criminoso ou a contra-ordenação grave ou muito grave;

b) a pessoa em causa já apelou publicamente à prática do crime ou contra-ordenação grave ou muito grave;

c) a pessoa em causa faz-se acompanhar de objectos que, segundo a experiência, são claramente usados na prática dos actos ilícitos ameaçados[38];

d) A pessoa em causa faz-se acompanhar de armas, ferramentas e outros objectos que visivelmente e segundo a experiência são adequados à utilização na prática de tais actos ilícitos;

e) o acompanhante da pessoa em causa se faz acompanhar dos objectos referidos na alínea anterior e, dadas as circunstâncias do caso concreto, a pessoa em causa teria de ter conhecimento;

f) A pessoa em causa já no passado, por diversas vezes e em situações idênticas, foi considerada perturbadora pela prática de crimes e contra-ordenações graves ou muito graves e, pelas circunstâncias do caso concreto, é de esperar a reincidência neste tipo de conduta.

---

[37] É o caso, por exemplo, da ordem de abandono de local ser sistematicamente desrespeitada, como acontece se a pessoa que é removida a braços de um local a ele regressa imediatamente após ser largada noutro local.

[38] Integram-se nestes objectos os panfletos que apelam à prática de actos criminosos ou de contra-ordenações graves ou muito graves, sendo que da sua quantidade resulta claramente que se destinam a ser distribuídos.

ARTIGO 42.º
Detenção de menores

1. A polícia pode deter menores que se tenham escapado à dependência das pessoas, singulares ou colectivas, que por si são responsáveis.
2. No caso da detenção de menores referida no número anterior, a polícia deverá proceder imediatamente à sua entrega às pessoas responsáveis. Não sendo esta entrega possível, deverá entregar o menor detido ao Tribunal de Menores.

ARTIGO 43.º
Detenção de pessoas em fuga

No caso de pessoas em fuga, a polícia poderá proceder à sua detenção e recondução à prisão ou à respectiva instituição de internamento.

Também os aspectos relevantes da decisão judicial sobre a detenção deverão estar previstos nesta lei, a fim de que possam ser facilmente conhecidos dos agentes e dos cidadãos em geral. A redacção poderia ser a seguinte:

ARTIGO 44.º
Autorização prévia e comunicação imediata
da detenção ao tribunal

1. No caso de uma pessoa ser detida sem autorização prévia do tribunal, a polícia deverá informar imediatamente o tribunal, para que este se pronuncie sobre a legitimidade da detenção e da sua continuação.
2. O dever referido no número anterior verifica-se mesmo quando seja previsível que a decisão do juiz só irá surgir após o desaparecimento do fundamento das medidas policiais[39].
3. Para tomar a decisão referida no n.º 1 deste artigo, é competente o tribunal de comarca da área em que a pessoa foi detida. O processo em causa rege-se pelo regime geral previsto no CPP.

---

[39] Isto é, após a pessoa se ter sido devolvida à liberdade. É que mesmo nestes casos é indispensável que o tribunal controle se a detenção foi legal ou não.

No Estado de direito os detidos gozam de determinadas garantias que deverão ser bem conhecidas quer das forças policiais, quer dos cidadãos em geral e dos próprios detidos em particular. Por isso, a lei deve regular o tratamento que deverá ser dado aos detidos. A redacção poderia ser a seguinte:

ARTIGO 45.°
Direitos do detido

1. Sempre que uma pessoa é detida pela polícia nos termos da presente lei, deverá ser-lhe imediatamente dada a conhecer a razão da sua detenção.
2. Ao detido deverá ser imediatamente dada a real oportunidade de contactar um familiar ou uma pessoa da sua confiança, desde que desse modo o fim da detenção não seja posto em perigo[40].
3. Se a pessoa detida não estiver em condições de exercer o seu direito, nos termos dos n.° 1 e 2 deste artigo, a polícia deverá proceder à comunicação que corresponda à sua vontade presumível.
4. No ocaso do detido ser um menor, um interdito ou inabilitado, a detenção deverá ser imediatamente comunicada à pessoa a cuja guarda o detido está confiado.

ARTIGO 46.°
Condições materiais da detenção

1. O detido deverá ser mantido em local próprio e adequado, não devendo, particularmente sem o seu consentimento, ser posto em compartimento ocupado por detidos já condenados criminalmente ou em regime de investigação.
2. Os homens e as mulheres deverão ser detidos em compartimentos separados.
3. Ao detido apenas poderão ser impostas as limitações que se revelem indispensáveis à prossecução dos fins legítimos da detenção.

---

[40] Por exemplo, a polícia não só deve disponibilizar um telefone de contacto, como também deve fornecer a moeda necessária (sendo este o caso) para o estabelecimento do contacto, no caso do detido não a possuir.

Aspecto fundamental do instituto da detenção é o da sua duração máxima, a qual tem gerado muita celeuma não só quanto ao número de horas ou dias, como também quanto à sua contagem. Seguindo a tradição portuguesa, constante do CPP, esta matéria poderia ser regulada nos termos seguintes:

ARTIGO 47.º
Duração da privação da liberdade

1. A pessoa detida deverá ser posta em liberdade:

a) Logo que deixe de se verificar o fundamento que esteve na origem da detenção policial;
b) quando a continuação da privação da liberdade seja declarada ilícita pelo tribunal.

2. Em qualquer caso, o detido deverá ser sempre posto em liberdade o mais tardar até ao fim do dia seguinte ao da detenção, sempre que a continuação da prisão não tenha sido previamente ordenada por decisão judicial, a qual deverá fixar a duração máxima de privação da liberdade.

SECÇÃO XI
Apreensão, guarda e liquidação de objectos

Outra medida tipicamente policial é a apreensão de objectos, à qual se segue frequentemente a sua guarda e liquidação. Em que casos e para que fins poderá haver apreensão de coisas poderá constar da seguinte regulamentação:

ARTIGO 48.º
Fins da apreensão policial

Pode haver apreensão policial de coisas para os seguintes fins:

a) Para prevenir um perigo relevante e actual;
b) para proteger o proprietário ou o legítimo detentor contra a sua perda ou deterioração; ou

c) quando seja transportada por uma pessoa, que nos termos da lei, deva ser detida e a coisa possa ser utilizada para:

c1) atentar contra a sua própria vida ou integridade física, ou a vida ou integridade física de outrem,

c2) danificar coisas alheias[41] ou

c3) permitir ou facilitar a fuga.

A guarda de coisas pela polícia é uma medida frequente, nomeadamente na sequência da apreensão de objectos. Também esta matéria deve ser objecto de uma regulação clara e detalhada, pelas consequências que dela poderão resultar, nomeadamente em matéria de responsabilidade. A regulação poderia ser esta:

ARTIGO 49.º
Guarda de coisas pela polícia

Salvo disposição da lei em contrário ou decisão judicial noutro sentido, as coisas apreendidas deverão ser colocadas sob a guarda da própria polícia.

ARTIGO 50.º
Guarda de coisas apreendidas por terceiro

Sempre que a característica da coisa apreendida o não permita ou a guarda pela polícia se apresente inviável, os objectos apreendidos deverão ser conservados ou guardados de forma adequada por terceiro[42].

ARTIGO 51.º
Registo das coisas guardadas

Tanto no caso da guarda pela polícia como no caso da guarda por ter-

---

[41] Por exemplo um adepto desportivo que, após um desafio de futebol, parte montras com paus ou outros objectos.

[42] É o caso, por exemplo, da captura de um animal feroz, que poderá ser entregue à guarda de um jardim zoológico.

ceiro, deverá ser efectuada um registo das coisas guardadas e do seu estado de conservação.

ARTIGO 52.º
Direitos do legítimo detentor da coisa apreendida

1. O legítimo detentor da coisa apreendida tem direito a receber no acto de apreensão policial um documento comprovativo que dê a conhecer as razões da apreensão e identifique a coisa apreendida.

2. Se, pelas circunstâncias do caso concreto, não puder ser emitido o documento referido no número anterior, deverá ser lavrada uma acta sobre a apreensão, da qual conste a razão pela qual não foi emitido o documento comprovativo. Neste caso, o legítimo detentor da coisa apreendida deverá ser imediatamente informado do facto.

ARTIGO 53.º
Responsabilidade pelas coisas apreendidas

1. Quando a coisa apreendida seja guardada pela polícia, esta responde pelo seu desaparecimento ou deterioração.

2. Se a coisa foi entregue a terceiro para guarda, a responsabilidade pela sua boa conservação é deste e não da polícia, salvo se a polícia não tiver sido diligente na escolha do terceiro.

A guarda de coisas culmina muitas vezes com a sua liquidação. Portanto, também esta operação deve constar de lei clara e detalhada. Os aspectos mais importantes poderiam ser assim formulados:

ARTIGO 54.º
Quando poderá haver liquidação e destruição das coisas apreendidas

É lícita a liquidação de uma coisa apreendida quando:

a) Haja o risco da sua deterioração ou da sua substancial depreciação;

b) a sua guarda, manutenção ou conservação esteja associada a dificuldades ou a custos desproporcionalmente elevados;

c) devido às suas características intrínsecas, a coisa não possa ser conservada de modo a serem excluídos outros perigos para a ordem e a segurança públicas;

d) após o decurso do prazo de um ano, se constate que a coisa não pode ser entregue a uma pessoa com legitimidade para a receber sem que voltem a reunir-se os pressupostos da apreensão;

e) alguém, com legitimidade para o fazer, a não vá buscar dentro de um prazo suficientemente razoável, não obstante lhe ter sido comunicado o prazo de levantamento e a indicação de que a coisa será liquidada se não vier a ser levantada dentro do prazo estipulado.

ARTIGO 55.°
Direito a ser ouvido

A ordem de liquidação, o dia e o local da hasta pública deverão ser comunicadas a quem tenha direitos sobre as coisas apreendidas, sempre que as circunstâncias do caso concreto e o fim das medidas o permitam. Estas pessoas gozam ainda do direito a serem ouvidas, sempre que possível, antes da liquidação.

ARTIGO 56.°
Liquidação em hasta pública

Quando a coisa seja liquidada em hasta pública, será aplicável o regime geral do Código Civil, com as necessárias adaptações.

ARTIGO 57.°
Venda directa da coisa apreendida

Não sendo possível liquidar o objecto em hasta pública, apresentando-se esta à partida sem possibilidade de sucesso ou no caso de previsivelmente os seus custos ultrapassarem o produto da liquidação, a coisa poderá ser vendida directamente.

ARTIGO 58.º
Impossibilidade de venda da coisa

Se dentro de um prazo razoável não for possível encontrar um comprador, a coisa deverá ser entregue a uma instituição para um fim de utilidade pública.

ARTIGO 59.º
Destruição ou inutilização das coisas apreendidas

1. As coisas apreendidas poderão ser inutilizadas ou destruídas quando se houvesse liquidação subsistiriam as razões que legitimaram a sua apreensão[43].

2. Pode também haver destruição ou inutilização da coisa quando por qualquer razão a liquidação não seja possível.

O mesmo é válido para os casos de restituição das coisas apreendidas:

ARTIGO 60.º
Restituição de coisas apreendidas, produto da liquidação
e despesas efectuadas

1. Quando tenham deixado de verificar-se os pressupostos da apreensão, as coisas deverão ser entregues àqueles a quem foram apreendidas.

2. Se a entrega a essas pessoas não for possível, a mesma poderá ser efectuada a outra pessoa que prove ter legitimidade para o efeito.

3. A entrega não tem lugar quando desse modo voltariam a verificar-se os pressupostos da apreensão.

ARTIGO 61.º
Entrega do produto da venda

Se as coisas tiverem sido liquidadas, haverá lugar à entrega do produto da venda. Na falta de uma pessoa com legitimidade para receber a

---

[43] É o caso da droga.

quantia em causa, ou não sendo possível investigar a sua existência, o produto da liquidação deverá ser retido nos termos do Código Civil. O direito à entrega do produto da venda caduca três anos após o decurso do ano da liquidação.

ARTIGO 62.º
Custos de conservação e de liquidação

1. Os custos da conservação deverão ser suportados pelo responsável pelo bem apreendido. No caso de haver mais de um responsável, todos eles respondem conjuntamente. A entrega da coisa dependerá do pagamento dos custos referidos.

2. No caso de uma coisa ter sido liquidada, os custos da liquidação serão cobertos pelo respectivo produto.

3. Os custos de conservação e liquidação poderão ser exigidos em procedimento de coacção administrativa.

ARTIGO 63.º
Regime supletivo

À conservação e liquidação de bens apreendidos aplica-se subsidiariamente o regime geral do Código Civil.

CAPÍTULO III
Auxílio de Execução

ARTIGO 64.º
Auxílio de execução

A pedido das autoridades competentes, a polícia deve prestar auxílio de execução sempre que haja necessidade de aplicação de coacção física pelos próprios agentes policiais[44] e as autoridades solicitantes não dispo-

---

[44] A chamada **coacção directa**.

nham das forças de serviço para tal necessárias e as suas medidas não se possam impor de outro modo.

ARTIGO 65.º
Responsabilidade no auxílio de execução

1. Em geral, no auxílio de execução a responsabilidade corre por conta da entidade que pede auxílio.
2. A polícia é sempre a única responsável pelo tipo e pelo modo de execução, não recebendo neste domínio orientações da entidade que solicita o auxílio.
3. A todos os aspectos aqui não regulados aplicam-se, com as devidas adaptações, os princípios relativos auxílio por dever de ofício.

ARTIGO 66.º
Procedimento

1. Os pedidos de auxílio de execução deverão ser apresentados por escrito, devendo ser mencionadas as razões de facto e de direito da medida.
2. Em caso de urgência, o pedido poderá ser apresentado informalmente. Neste caso, porém, a solicitação do interessado, deverá ser, logo que possível, confirmada por escrito.

ARTIGO 67.º
Auxílio de execução que implique a privação da liberdade

1. Sempre que o pedido de auxílio de execução implique uma privação da liberdade, o pedido deverá referir a decisão judicial que autoriza a privação da liberdade.
2. Na falta de decisão judicial prévia a autorizar a privação da liberdade, a polícia deverá pôr em liberdade a pessoa detida se a autoridade requerente a não assumir ou a decisão judicial não for imediatamente requerida.

CAPÍTULO IV
Coacção Policial

SECÇÃO I
Imposição de condutas, tolerâncias e omissões

ARTIGO 68.°
Admissão da coacção administrativa

1. A ordem que impõe uma acção, tolerância ou omissão poderá ser imposta com o auxílio de meios de coacção quando se tenha tornado inimpugnável ou um eventual recurso contra ela não tenha efeito suspensivo.

2. A coacção administrativa poderá ser aplicada sem acto administrativo prévio quando tal seja indispensável à prevenção de um perigo, especialmente por não serem possíveis medidas contra os responsáveis, não o poderem ser em tempo útil ou não se prever a sua aplicação com sucesso e a polícia agir no âmbito das suas competências.

ARTIGO 69.°
Meios de Coacção

1. Os meios de coacção são:

a) A acção substitutiva;
b) a multa coerciva;
c) a coacção directa.

2. A ordem de aplicação de meio de coacção deverá ter lugar nos termos da presente lei.

ARTIGO 70.°
Aplicação cumulativa de meios de coacção

Os meios de coacção podem ser aplicados cumulativamente com penas ou multas. Pode também haver repetição e substituição dos meios de coacção até que a ordem de acção, tolerância ou omissão tenha sido acatada ou tenha deixado de produzir efeitos.

ARTIGO 71.º
Acção substitutiva

1. Não sendo cumprida a ordem policial de adopção de uma conduta fungível, a polícia poderá, às custas do atingido, adoptar ela própria a conduta ou incumbir dessa tarefa um terceiro.

2. Sempre que possível, a polícia deverá mencionar os custos previsíveis da acção substitutiva que o destinatário da acção terá de pagar. Se o destinatário não pagar, no prazo devido, os custos da acção substitutiva ou os custos que previsivelmente irão surgir da acção substitutiva, estes poderão ser exigidos pela via da coacção administrativa[45].

ARTIGO 72.º
Multa coerciva

1. A multa coerciva é fixada por escrito entre um mínimo de 100 euros e um máximo de 10.000 euros.

2. Com a fixação da multa, deverá ser dado ao destinatário um prazo razoável para o seu pagamento.

3. Se o destinatário não pagar a multa no prazo estabelecido, passar-se-á à aplicação de coacção administrativa, a qual se suspenderá a partir do momento em que o destinatário cumpre ou tolera a ordem imposta.

ARTIGO 73.º
Coacção directa

1. A polícia pode aplicar directamente coacção física em qualquer dos seguintes casos: a) quando não possa haver lugar à aplicação de outros meios de coacção; b) quando a aplicação de outros meios de coacção seja

---

[45] Nos termos do CPA, que remete para o Código de Processo das Contribuições e Impostos.

inadequada; c) quando não seja de esperar bons resultados da sua aplicação.

2. Em caso algum poderá haver coacção física para a obtenção de uma declaração.

3. A coacção física deverá ser aplicada preferencialmente contra coisas.

De extrema importância é também a cominação ou ameaça dos meios de coacção. Neste âmbito há necessidade de serem respeitadas diversas garantias do cidadão.

ARTIGO 74.º
Requisitos da ameaça de meios de coacção

1. Sempre que possível, a ameaça de meios de coacção deverá ser feita por escrito, devendo estabelecer um prazo razoável ao para o cumprimento, salvo no caso de imposição de tolerância ou omissão.

2. Poderá não haver cominação escrita de emprego de meios de coacção sempre que as circunstâncias do caso concreto o não permitam ou o não aconselhem[46].

ARTIGO 75.º
Ligação da ameaça ao acto que impõe a acção, tolerância ou omissão

1. A cominação de emprego de meios de coacção pode ser ligada ao acto administrativo que impõe a conduta, tolerância ou omissão.

2. A cominação de emprego de meios de coacção deve referir-se a meio(s) determinado(s) de coacção. Quando sejam cominados diversos meios de coacção, deverá ser indicada a ordem porque serão empregues.

ARTIGO 76.º
Ameaça de imposição de multa coerciva

A ameaça de imposição multa coerciva deverá fixar um montante determinado.

---

[46] É o caso, especialmente, da aplicação imediata do meio de coacção ser indispensável à prevenção de um perigo grave e actual.

ARTIGO 77.°
Ameaça de recurso à acção substitutiva

Quando seja ameaçado o recurso à acção substitutiva, a cominação deverá indicar os seus custos previsíveis.

SECÇÃO II
Aplicação de coacção directa

ARTIGO 78.°
Fundamentos jurídicos

1. Salvo previsão da lei em contrário, sempre que a polícia seja competente, nos termos da presente lei ou de outras disposições legais, para aplicar coacção directa, deverá fazê-lo no respeito pelas disposições seguintes.
2. O disposto no número anterior não prejudica as disposições da legislação civil e penal relativa à legítima defesa e ao estado de necessidade.

ARTIGO 79.°
Precisão terminológica

1. Coacção directa é a acção exercida sobre pessoas ou coisas por meio de coacção física, com eventual emprego de meios auxiliares, incluindo armas.
2. Coacção física é toda a intervenção material directa sobre pessoas ou coisas.
3. Meios auxiliares de coacção física são objectos, substâncias ou animais que auxiliam o emprego de coacção física.
4. Os principais meios auxiliares de coacção física são algemas, canhões de água, grades, cães e cavalos de serviço, veículos de serviço, substâncias irritantes e analgésicas, e meios explosivos.
5. As armas são meios auxiliares de extrema coacção. No âmbito da acção policial, são armas o cassetete, a pistola, o revólver, a espingarda, a metralhadora e a granada de mão.

ARTIGO 80.°
Coacção directa em caso de auxílio de execução

1. Os agentes policiais devem aplicar coacção directa quando tal lhes seja solicitado por escrito por entidade administrativa competente.
2. Não há dever de auxílio quando o pedido viola os direitos humanos ou não visa os fins postos por lei a cargo das forças policiais.

ARTIGO 81.°
Pedido de auxílio ilícito

1. O pedido de auxílio não deve igualmente ser satisfeito quando o seu cumprimento implique a prática de crime. Se, não obstante, a polícia der cumprimento ao pedido, só incorrerá em responsabilidade se tiver conhecimento da ilicitude da acção ou se a partir dos factos conhecidos for evidente que o cumprimento da ordem representa a prática de crime.
2. As reservas que a polícia tenha quanto à legalidade da ordem deverão ser comunicadas a quem deu a ordem, na medida em que as circunstâncias o permitam.

ARTIGO 82.°
Auxílio a sinistrados

Quando seja aplicada coacção directa, será proporcionada, na medida do possível, assistência médica a eventuais feridos.

ARTIGO 83.°
Ameaça de coacção directa

1. O emprego de coacção directa deverá ser precedido da sua ameaça. Este dever deixa de existir quando as circunstâncias do caso concreto o não permitam, especialmente quando o emprego imediato do meio de coacção seja indispensável à prevenção de um perigo grave e actual.
2. É permitido o disparo do "tiro de intimidação" como ameaça de uso de arma de fogo.
3. As armas de fogo e as granadas de mão só poderão ser usadas sem

ameaça prévia quando tal seja indispensável à prevenção de um perigo actual para a vida ou para a integridade física[47].

ARTIGO 84.°
Ameaça de emprego de coacção directa contra multidão

1. O emprego de coacção directa contra uma multidão deverá ser, sempre que possível, ameaçado com tempo suficiente para que os não perturbadores se possam afastar em condições normais.
2. O uso de armas contra pessoas em multidão deverá ser sempre ameaçado, sempre que possível, duas vezes.

ARTIGO 85.°
Aplicação de algemas

No âmbito da presente lei, uma pessoa detida poderá ser algemada quando pratica um crime ou se verifiquem factos que justifiquem o receio de que essa pessoa:

a) Irá agredir agentes policiais ou terceiros;
b) irá oferecerá resistência;
c) irá danificará coisas,
d) irá pôr-se em fuga;
e) irá ser ilicitamente libertada,
f) se irá suicidar ou ferir.

ARTIGO 86.°
Princípios gerais sobre o uso de armas de fogo

1. As armas de fogo só poderão ser usadas quando os demais meios auxiliares de coacção física tenham sido empregues sem sucesso ou previsivelmente seja de excluir o seu emprego com sucesso.

---

[47] É o caso do sequestrador perigoso que é surpreendido a dormir. É óbvio que numa situação destas a intervenção da polícia não deve ser precedida de ameaça.

2. Só é permitido o uso de armas de fogo contra pessoas quando o fim legítimo em questão[48] não possa ser alcançado através do uso dessas armas contra coisas[49].

ARTIGO 87.º
Fins do emprego de armas de fogo contra pessoas

Como regra geral, as armas de fogo só poderão ser usadas contra pessoas para as incapacitar de agressão ou de fuga.

ARTIGO 88.º
Tiro contra pessoa com a intenção de matar

Só é lícito o disparo de um tiro contra pessoa com a intenção de matar[50] quando este se apresente como o único meio apto à prevenção de um perigo actual para a vida ou haja o risco de grave lesão para a integridade física[51].

ARTIGO 89.º
Tiro contra inimputáveis

Contra pessoas que pela aparência externa não sejam policialmente imputáveis[52] não poderão ser usadas armas de fogo, salvo quando este se apresente como o único meio para a prevenção de um perigo actual para a integridade física ou para a vida[53].

---

[48] Por exemplo, a libertação de um refém.

[49] Por exemplo, se uma pessoa está em fuga no seu automóvel, a polícia deverá disparar armas de fogo contra os pneus e não contra a pessoa, pois dessa forma conseguirá atingir o seu fim que é o de deter a pessoa em fuga.

[50] O chamado tiro que com grande probabilidade irá provocar a morte ou tiro para matar.

[51] Por esta razão, o tiro para matar é também conhecido por tiro salvífico.

[52] Trata-se sobretudo dos menores inimputáveis.

[53] Por exemplo, se um rapaz de doze anos está a disparar uma arma de fogo sobre pessoas e não obedece às ordens da polícia, esta poderá disparar sobre ele (pense-se nos casos tão noticiados dos crimes praticados por adolescentes nas escolas contra professores e colegas).

ARTIGO 90.º
**Emprego de arma de fogo com perigo
para terceiros não envolvidos**

1. Como regra geral, não é permitido o uso de arma de fogo quando para o agente policial seja reconhecível que com elevada probabilidade irão ser postos em perigo pessoas não envolvidas.

2. O disposto no número anterior não se aplica quando o uso de arma de fogo se apresente como o único meio para a prevenção de um perigo actual para a vida[54].

ARTIGO 91.º
Fins legítimos de utilização de arma de fogo contra pessoas

1. É legítimo o uso de armas de fogo contra pessoas para os seguintes fins:

a) Para prevenir um perigo actual para a vida ou para a integridade física;

b) para evitar a prática ou a continuação de um crime ou contra-ordenação iminente, com uso ou participação de arma de fogo ou de explosivos;

c) para fazer parar uma pessoa que, pela fuga, tenta furtar-se à detenção ou identificação, quando essa pessoa seja suspeita directa de um crime e se verifiquem factos que indiciem que tem consigo armas de fogo ou explosivos.

d) Para inviabilizar uma fuga ou para deter uma pessoa que deve ser mantida em detenção oficial ou a ela reconduzida, com base em decisão judicial por crime ou com base em séria suspeita de ter praticado um crime, desde que existam factos que justifiquem o forte indício de que essa pessoa tem consigo armas de fogo ou meios explosivos.

e) Para impedir a libertação pela força de uma pessoa oficialmente detida.

---

[54] É o caso do criminoso ter em seu poder reféns.

2. Em caso algum poderão ser usadas armas de fogo quando se trate de proceder à detenção de pessoas que se furtaram ao seu estabelecimento de recuperação ou com vista a impedir a fuga de uma instituição aberta.

ARTIGO 92.º
Uso de arma de fogo contra pessoas em multidão

1. Não é permitido o uso de arma de fogo contra pessoas em multidão quando para o agente policial seja reconhecível que há forte possibilidade de virem a ser postos em perigo terceiros não envolvidos.

2. O disposto no número anterior não se aplica sempre que o uso de arma de fogo seja o único meio para a prevenção de um perigo actual para a vida de pessoas.

3. Envolvidas são as pessoas que numa multidão cometem actos de violência ou através de condutas claramente aprovam ou apoiam a violência ou ainda quando estas pessoas não se afastam da multidão, não obstante repetida advertência.

ARTIGO 93.º
Emprego de armas especiais[55] e de explosivos

1. Só poderão ser usadas metralhadoras e as granadas de mão contra pessoas para os seguintes fins:

a) para prevenir um perigo actual para a vida ou a saúde das pessoas;
b) para evitar a prática ou a continuação de um crime ou ilícito iminente com uso ou participação de arma de fogo ou de explosivos;
c) para impedir a libertação pela força de uma pessoa oficialmente detida.

2. O emprego de armas especiais para os fins referidos no número anterior depende de autorização prévia do Ministro da Administração Interna ou de alguém por ele mandatado no caso concreto.

---

[55] Nomeadamente armas de precisão.

ARTIGO 94.º
Quando poderão ser empregues armas especiais ou explosivos contra pessoas

Sem prejuízo do disposto no artigo anterior, só poderão ser empregues armas especiais ou explosivos contra pessoas nos seguintes casos:

a) Essas pessoas tenham feito uso de armas de fogo ou de granadas de mão ou de meios explosivos idênticos;
b) tenha sido mal sucedido o uso anterior de outras armas de fogo.

ARTIGO 95.º
Emprego de metralhadoras e de granadas de mão

1. Só poderão ser usadas metralhadoras e granadas de mão para retirar a capacidade de agressão.
2. Em caso algum poderão ser usadas granadas de mão contra pessoas em multidão.

ARTIGO 96.º
Emprego de explosivos contra pessoas

Em caso algum poderão ser empregues explosivos contra pessoas.

CAPÍTULO V
Direitos de reparação de danos sofridos

ARTIGO 97.º
Quem é responsável pelo dever de reparação

1. Responsável pelo dever de reparação é a força policial em cujo serviço se integra o agente que adoptou a medida.
2. No caso do agente ter agido para uma autoridade pertencente a

outra pessoa colectiva[56], o dever de reparação recai sobre essa outra pessoa colectiva.

3. Quando deva ser garantida, para os casos previstos no número anterior, uma reparação apenas devido ao tipo e ao modo de execução da medida, a pessoa colectiva sujeita ao dever de reparação deverá exigir da entidade em cujo serviço está integrado o agente policial reparação pelas despesas efectuadas, já que ela própria assume a responsabilidade pelo tipo e modo de execução[57].

ARTIGO 98.º
Quem tem direito à reparação de danos

1. Se alguém sofrer um dano na qualidade de terceiro chamado, ser-lhe-á garantida uma justa reparação dos danos sofridos. O mesmo se aplica sempre que alguém sofra danos causados por medidas ilegais de polícia.

2. A reparação de danos também é garantida às pessoas que com o consentimento da polícia colaboraram voluntariamente no cumprimento de funções policiais ou disponibilizaram objectos, tendo daí sofrido danos.

3. Não são prejudicados outros direitos de reparação, resultantes, nomeadamente, da violação de deveres funcionais por parte dos agentes policiais.

ARTIGO 99.º
Conteúdo, tipo e âmbito da reparação dos danos

1. Em princípio, a reparação dos danos referidos no artigo anterior abarca apenas os danos patrimoniais.

2. Nos casos de perda da vida ou de lesão física, ou tratando-se de privação da liberdade, também deverão ser reparados os danos não patrimoniais.

3. A reparação é feita em dinheiro. No caso de perda ou a diminuição da capacidade laboral ou de perda ou a afectação de um direito a ali-

---

[56] No caso de mandato, por exemplo de um auxílio de execução de uma autoridade administrativa.

[57] Esta é a consequência lógica de, no caso do auxílio de execução, a polícia ser sempre autónoma, e por conseguinte responsável, pelo tipo e pelo modo de execução.

mentos, a reparação deverá ter lugar pela atribuição de uma pensão, nos termos da legislação civil geral[58]. Quando para tal exista um fundamento suficientemente justificativo, a pensão poderá ser substituída por um montante global fixo. O direito à reparação de danos aqui referido não é prejudicado pelo facto do lesado gozar de outro direito a alimentos.

4. Em tudo o aqui não previsto aplica-se o regime geral da responsabilidade por danos previstos no Código Civil.

ARTIGO 100.º
Direitos das pessoas lesadas indirectamente

1. Em caso de morte, Os responsáveis pelos danos referidos no artigo anterior deverão restituir a quem de direito as despesas efectuadas com o funeral.

2. Se no momento da ocorrência do dano o falecido mantinha uma relação com um terceiro na base da qual por força da lei fosse ou pudesse vir a ser obrigado a prestar alimentos a este e se na sequência da morte o terceiro se viu privado do direito a alimentos, o terceiro poderá exigir uma compensação justa, equivalente ao montante dos alimentos a que o falecido estaria obrigado durante a duração presumível da sua vida. A compensação também poderá ser exigida no caso do terceiro já estar concebido no momento da lesão, embora ainda não tivesse nascido.

ARTIGO 101.º
Caducidade do direito a reparação de danos

O direito a reparação de danos caduca no prazo de cinco anos a contar do momento em que, no caso previsto no artigo anterior, aquele que tem direito à reparação toma conhecimento do dano e do responsável pela reparação e, independentemente deste conhecimento, no prazo de trinta anos a contar da ocorrência dos eventos danosos.

---

[58] Regime geral do Código Civil.

ARTIGO 102.º
Direito de regresso contra os responsáveis

1. Quem, não sendo responsável, tenha reparado danos poderá exigir o reembolso das despesas aos responsáveis.

2. No caso da responsabilidade recair simultaneamente sobre várias pessoas, estas responderão conjuntamente.

ARTIGO 103.º
Recurso judicial

Para conhecer de eventuais direitos de reparação por danos sofridos são competentes os tribunais comuns.

A CONVENÇÃO DAS NAÇÕES UNIDAS CONTRA A CRIMINALIDADE ORGANIZADA TRANSNACIONAL E OS PROTOCOLOS ADICIONAIS CONTRA O TRÁFICO DE PESSOAS E CONTRA O TRÁFICO DE MIGRANTES

MÁRIO GOMES DIAS

Procurador-Geral Adjunto

Auditor Jurídico do Ministério da Administração Interna

A CONVENÇÃO DAS NAÇÕES UNIDAS CONTRA A CRIMINALIDADE ORGANIZADA TRANSNACIONAL E OS PROTOCOLOS ADICIONAIS CONTRA O TRÁFICO DE PESSOAS E CONTRA O TRÁFICO DE MIGRANTES

I

1. Pode hoje afirmar-se, justificadamente, que o desenvolvimento da criminalidade organizada e o aparecimento de novas formas de expressão deste fenómeno, caracterizadas pelo aproveitamento das novas tecnologias, nomeadamente, nos domínios da informática e das telecomunicações, constituem a principal ameaça ao moderno Estado de Direito Democrático, à paz pública interna, à segurança, ao bem estar e à qualidade de vida das pessoas, ao regular funcionamento das instituições nacionais, ao normal exercício dos poderes públicos e à garantia dos direitos fundamentais dos cidadãos.

A criminalidade organizada transnacional, justamente porque é protagonizada por grupos criminais homogéneos, organicamente estruturados e hierarquizados, cuja actividade diversificada e tentacular não conhece fronteiras, constitui, inequivocamente, uma séria ameaça ao normal desenvolvimento das relações internacionais, ao progresso dos povos, à paz e à estabilidade da comunidade internacional.

O que se apresenta como inovador, embora previsível, e muito preocupante, nas novas formas de expressão da criminalidade organizada transnacional, é a utilização das lógicas das organizações empresariais multinacionais e das potencialidades da globalização da economia, por grupos criminais que se articulam em rede e adoptam tipos de cumplicidade, solidariedade e hierarquia, adquirindo uma imensa capacidade de diversificação das suas actividades ilegais, para explorarem economicamente campos tão diferentes como são o tráfico de pessoas, o tráfico de drogas, o tráfico de armas, o proxenetismo, a prostituição, o jogo ilícito e o contrabando.

Mais grave, ainda, é a circunstância de tais actividades aparecerem invariavelmente associadas ao branqueamento de capitais, à corrupção e ao tráfico de influências, visando atingir os alicerces das sociedades, minar os poderes políticos dos Estados e condicionar não só os processos de decisão política e de actuação operacional dos organismos oficiais de controlo, mas também o normal funcionamento dos sistemas de justiça penal, nomeadamente, através do recurso à força física, às ameaças, à intimidação e a outras formas de pressão sobre as testemunhas, sobre os agentes policiais encarregados da prevenção e investigação criminal e sobre os próprios magistrados[1].

Os especialistas que se têm dedicado ao estudo do fenómeno são unânimes em considerar que o negócio anual do crime, em todas as suas formas, aumentou exponencialmente, na última década do Século XX e nos primeiros anos do Século XXI, tendo passado dos 95 para os 500 biliões de dólares, valor que é comparável ao valor combinado do comércio internacional do petróleo, do aço, dos produtos farmacêuticos, do trigo e do açúcar.

Por outro lado, também existe unanimidade em considerar que nem as sociedades democráticas organizadas em Estados de Direito nem as organizações competentes da Comunidade Internacional estavam adequada e suficientemente apetrechadas para enfrentarem com sucesso os novos desenvolvimentos, qualitativos e quantitativos, da criminalidade organizada transnacional.

Todavia, nem os Estados nem as organizações competentes da Comunidade Internacional podem renunciar a tal combate, tornando-se imperioso assumir todas as responsabilidades que lhe são inerentes, sob pena de poderem ser postos em risco os importantíssimos avanços já conseguidos nos domínios da promoção do Estado de Direito e da defesa dos direitos fundamentais do Homem[2].

2. Um aspecto que parece suscitar o consenso generalizado dos políticos, dos peritos e dos operacionais é o de que o enfrentamento, com

---

[1] Cfr. «*Les Seigneurs du Crimes*», de Jean Ziegler, Edition Seuil, 1998.

[2] Cfr. «*Global Report on Crime and Justice*», publicado pelas Nações Unidas – «*Office for Drug Crontrol and Crime Prevention*», 1999.

sucesso, da criminalidade organizada transnacional depende necessariamente: (1) da definição de conceitos, princípios e normas universalmente
aceites e juridicamente vinculantes para os Estados; (2) da actualização e
aproximação das legislações nacionais; (3) do reequacionamento e da
reestruturação dos organismos formais de controlo e do sistema de justiça
penal de cada Estado; (4) do desenvolvimento e aperfeiçoamento dos
mecanismos de cooperação internacional, em todos os domínios concer-
nentes – político, administrativo, policial, judicial e penitenciário; e (5) da
assistência técnica dos países mais desenvolvidos aos países com maiores
dificuldades.

Consciente, por um lado, da gravidade da ameaça representada pelo
recrudescimento das novas formas de criminalidade organizada transnacional, facilitado pelos movimentos acelerados no sentido da mundialização
da economia, e, por outro lado, da necessidade urgente de definir uma
estratégia global de combate àquele fenómeno, susceptível de gerar o consenso generalizado da comunidade internacional para promover a actuação
concertada dos Estados Membros, a Assembleia Geral das Nações Unidas,
na sequência da recomendação da *«Comissão para a Prevenção do Crime
e a Justiça Penal»*, secundada pelo *«Conselho Económico e Social»*,
criou, em Dezembro de 1998, um comité especial, encarregado de elaborar uma convenção contra a criminalidade organizada transnacional e três
protocolos adicionais – contra o tráfico de seres humanos, em especial de
mulheres e crianças; contra o tráfico e o transporte ilícito de migrantes; e
contra o tráfico de armas[3] (3).

3. As negociações no âmbito do comité especial, abertas à participação de todos os Estados Membros da ONU, de organizações regionais
de integração económica (ex-União Europeia), de organizações interna-

---

[3] O *«Comité especial»* ou *«Comité ad Hoc»* foi criado pela Resolução n.º 53/111,
de Dezembro de 1998, da Assembleia Geral, adoptada no termo de um período de 4 anos,
durante o qual surgiram múltiplas propostas, iniciativas e recomendações sobre esta matéria, importando destacar, pela sua importância, as seguintes: *«a Declaração Política de
Nápoles e o Plano de Acção Global contra o Crime Organizado»* (Resolução n.º 49/159,
de 23 de Dezembro de 1994); a Recomendação aprovada pelo *«IX Congresso das Nações
Unidas sobre a Prevenção do Crime e o Tratamento dos Delinquentes»* (Cairo, Abril de
1995); a *«Declaração Ministerial de Buenos Aires»* (Novembro de 1995); a *«Declaração
Ministerial de Dakar»* (Julho de 1997); o *«Ante-projecto de Convenção»* elaborado por
um grupo intergovernamental de peritos, reunido em Varsóvia (Fevereiro de 1998); e
«a Declaração Ministerial de Manila» (Março de 1998).

cionais especializadas (ex-OIPC-Interpol), e de organizações intergovernamentais e não governamentais com o estatuto de observadores reconhecido pelo ESOSOC, revelaram-se muito difíceis, complexas e morosas[4].

Embora existisse um amplo consenso quanto à necessidade e à urgência de criar mecanismos legais adequados a suportar a operacionalização de uma estratégia global de combate à criminalidade organizada transnacional, surgiram, com muita frequência, obstáculos difíceis de transpor – devido ao inevitável confronto de civilizações, de culturas, de sistemas políticos, de estados de desenvolvimento económico e social, bem como, e principalmente, devido à enorme diversidade dos sistemas jurídicos e dos sistemas de justiça penal dos Estados participantes – quanto à concreta definição de conceitos, princípios e normas que pudessem ser universalmente aceites por forma a vincularem todos os Estados Membros da ONU.

Os textos finais reflectem, portanto, aquelas dificuldades e representam o máximo denominador comum que foi possível alcançar, por consenso de todos os participantes.

Enquanto decorriam as negociações no seio do *«Comité especial»*, realizou-se, em Viena (10 a 17 de Abril de 2000) o *«X Congresso das Nações Unidas para a Prevenção do Crime e o Tratamento de Delinquentes»*, que terminou com a aprovação, por consenso, no segmento de alto nível, de um documento importantíssimo – *«a Declaração de Viena sobre a Criminalidade e a Justiça»* (Doc. A/Conf. 187/4/rev.3) – porque consubstancia um compromisso solene assumido pelas representações de cerca de três quartos dos Estados Membros da ONU quanto aos grandes objectivos a prosseguir no começo do Século XXI, em matéria de combate à criminalidade, elegendo como primeira prioridade a conclusão das negociações relativas à *«Convenção contra a criminalidade organizada transnacional e seus protocolos adicionais»*.

Este acontecimento veio, naturalmente, conferir um impulso suplementar e renovador aos trabalhos do *«Comité especial»*, que no último dia da sua 10.ª Sessão (28 de Junho de 2000), aprovou o texto final da Convenção.

---

[4] O *«Comité especial»* terminou o seu mandato com a realização da 13.ª sessão, em Fevereiro de 2004, para discussão e aprovação do projecto de *«Regulamento Interno da Conferência das Partes»*, depois de ter cumprido, no total, 249 reuniões de trabalho – cfr. o Doc. A/AC.254/L.288.

Mesmo assim, pelas razões já aduzidas, só foi possível concluir os textos de dois protocolos – contra o tráfico de pessoas e contra o tráfico de migrantes –, até ao início de Dezembro de 2000, data que previamente tinha sido escolhida pela «*AG/NU*» para assinalar a passagem do milénio com a cerimónia solene, e politicamente marcante, da assinatura daqueles instrumentos jurídicos[5].

4. A Convenção e aqueles dois primeiros protocolos adicionais foram adoptados pela Assembleia Geral, através da Resolução 55/25, de 15 de Novembro de 2000, e, a fim de assinalar o marco histórico que tais instrumentos jurídicos internacionais representavam, foi organizada, para solenizar a sua assinatura, a «*Conferência de Alto Nível de Palermo (Itália)*», de 12 a 15 de Dezembro de 2000, na qual participaram cerca de 150 Estados Membros, para além de numerosas organizações regionais e internacionais, governamentais e não governamentais, visando-se três objectivos fundamentais:

Alertar para a gravidade e a complexidade da criminalidade organizada transnacional, bem como para a necessidade e a premência de a comunidade internacional adoptar uma estratégia mundial para enfrentar a ameaça mundial que aquela representava;

Exortar os Estados signatários a (1) procederem, com celeridade, à ratificação da Convenção e dos protocolos; a (2) actualizarem e harmonizarem as suas legislações nacionais em conformidade com os princípios e as normas daqueles instrumentos jurídicos convencionais; bem como a (3) adoptarem as medidas administrativas e orgânico-funcionais adequadas à participação activa e concertada no combate às organizações criminosas transnacionais;

Divulgar as iniciativas e as medidas que iriam ser adoptadas nas instâncias próprias das Nações Unidas, no sentido de acelerar a entrada em

---

5 Portugal participou em todas as sessões de trabalho do «*Comité especial*», com 2 ou 3 peritos por cada sessão, consoante as matérias a discutir, tendo sido criado, para esse efeito, por iniciativa do Senhor Ministro da Justiça, um grupo de trabalho constituído por: Dra. Teresa Alves Martins, Dra. Maria do Carmo Costa; Dra. Maria José Matos; Dr. Euclides Dâmaso Simões e o autor deste trabalho, que teve a seu cargo a coordenação. A partir de Abril de 2000, devido ao ritmo dos trabalhos e à frequência das reuniões, o grupo foi reforçado com mais dois peritos: Dr. Chaves de Almeida e Dr. António Folgado. Existem relatórios minuciosos e documentados de todas as sessões do «*Comité especial*» no Gab/MJ, Gab/MAI, Gab/MNE e PGR.

vigor da convenção e dos protocolos, objectivo que, a par da luta contra o terrorismo, passou a constituir a prioridade máxima, no âmbito das preocupações da luta contra a criminalidade ao nível mundial.

5.   Aludindo a estas questões, na cerimónia de abertura da referida *«Conferência de Alto Nível»*, organizada em Palermo (Itália), nos dias 12 a 15 de Dezembro de 2000, para celebrar a assinatura e o compromisso de ratificar os três instrumentos jurídicos entretanto concluídos em Viena – Convenção contra a Criminalidade Organizada Transnacional; Protocolo Adicional contra o Tráfico de Seres Humanos; e Protocolo Adicional contra o Tráfico de Migrantes – o Secretário-Geral da ONU, Senhor Kofi Annan, recordando a *«Declaração de Viena sobre a Criminalidade e a Justiça – Enfrentar os desafios do Século XXI»*, aprovada, por unanimidade, no termo do *«X Congresso das Nações Unidas para a Prevenção do Crime e o Tratamento dos Delinquentes»*, realizado em Viena, de 10 a 17 de Abril de 2000, afirmou:

«O tráfico de pessoas é uma das piores violações dos direitos do Homem com a qual as Nações Unidas actualmente estão confrontadas. Ela é generalizada e agrava-se.

Os dirigentes dos países do mundo inteiro assumiram que a liberdade – viver sem medo e com dignidade – é um dos valores essenciais do século XXI.

As organizações criminosas não perderam tempo para se aproveitarem, com entusiasmo, da economia mundializada de hoje e das novas tecnologias de ponta que a acompanham, enquanto que os nossos esforços para as combater se revelaram fragmentários e as nossas armas se mostraram obsoletas».

Na mesma ocasião, aquela alta entidade considerou que a comunidade internacional, ao aderir massivamente à cerimónia de assinatura daqueles instrumentos jurídicos internacionais, mostrou uma vontade política inequívoca de enfrentar um fenómeno mundial através de uma estratégia mundial.

E, depois de qualificar a assinatura dos referidos instrumentos jurídicos internacionais como um acontecimento sem precedentes, na vida da ONU, e uma viragem histórica no reforço da luta contra a criminalidade organizada transnacional, exortou todos os Estados Membros a ratificá-los o mais brevemente possível e a executá-los com urgência.

O caminho a seguir para lutar eficazmente contra este flagelo da Humanidade está pois traçado pelo mais alto representante da ONU, com a sagacidade, a pertinência e a autoridade que lhe são reconhecidas: (1) ratificar rapidamente a Convenção e os Protocolos; (2) adoptar internamente as medidas legislativas, administrativas e orgânico-funcionais, necessárias à sua execução; (3) criar mecanismos de articulação e de coordenação ao nível interno; (4) reforçar os mecanismos de cooperação ao nível regional e internacional.

6. Infelizmente, os acontecimentos ocorridos posteriormente, isto é, nos primeiros três anos do novo milénio, vieram revelar que a análise, as previsões e as preocupações do Senhor Secretário-Geral da ONU eram plenamente acertadas e justificadas.

Com efeito, nos últimos anos do Século XX e nos primeiros anos do Século XXI, a criminalidade organizada transnacional, nomeadamente, o tráfico de pessoas assumiu uma dimensão impensável, quer pelo número das vítimas, quer pelo sofrimento indescritível que nelas provoca quer pelos lucros incalculáveis que este comércio criminoso e desumano proporciona àqueles que o promovem.

À luz dos princípios, universalmente consagrados, da dignidade e da liberdade da pessoa humana e dos direitos fundamentais que lhe são inerentes, esta situação é insustentável e ninguém pode ficar indiferente perante um fenómeno que só pode ser comparado com formas de escravatura que se julgavam irrepetíveis na História do Homem.

Alguns dados, que se extraem dos estudos e relatórios das instâncias competentes das Nações Unidas – Alto Comissariado para os Direitos do Homem, Alto Comissariado para os Refugiados, UNICEF, etc ... – são impressionantes[6]:

O tráfico de pessoas, ao nível mundial, rivaliza já com o tráfico de armas e com o tráfico de drogas, calculando-se que, no último ano, terá atingido a importância astronómica de 12 mil milhões de dólares;

---

6 Cfr., também, entre outros, *«Trafficking in Human Beings, Illegal Imigration in Finland»*, publicado pelo *«European Institute for Crime Prevention - HEUNI»*, 2002; *«Poverty and Trafficking in Human Beings»*, publicado pelo MNE sueco, 2003; *«Tráfico Internacional de Mulheres e Crianças – Brasil»*, do Prof. Damásio de Jesus, Editora Saraiva, 2003; e *«Tráfico de Pessoas – Breve Análise da Situação em Portugal»*, de Euclides Dâmaso Simões, *«Separata da Revista do Ministério Público»*, n.º 91, 2002.

O tráfico de crianças e jovens, segundo estimativas do mês de Julho de 2003, movimenta, em cada ano, cerca de um milhão e duzentas mil pessoas, tendo como principal destino a Europa Ocidental e Central e como principais origens a África e a Europa de Leste;

Perto de 500 mil mulheres e jovens raparigas são movimentadas, em cada ano, pelas redes de traficantes, tendo como principal origem as antigas repúblicas soviéticas e como principal destino a Europa Ocidental e Central;

Cerca de 200 mil crianças são anualmente transaccionadas, na África Ocidental, quer para exportação para a Europa quer para fins de autêntica escravatura, dedicando-as sobretudo a trabalhos domésticos.

Numa altura em que acabámos de comemorar 50 anos de vigência da *«Declaração Universal dos Direitos do Homem»*, adoptada e proclamada pela Assembleia Geral das Nações Unidas em 10 de Dezembro de 1948, que, nos termos da *Carta*, todos os Estados Membros se obrigaram a cumprir, a situação descrita, nos seus aspectos mais chocantes, que revelam a mais desumana e ignóbil exploração lucrativa de seres humanos, afigura-se paradoxal e suscita inquietantes interrogações.

O tráfico de pessoas – em especial, de crianças, mulheres e migrantes –, como comércio ilícito que é, está relacionado com a busca de matéria prima para assegurar o funcionamento da denominada *«indústria internacional do sexo»* e com a procura de mão de obra barata para garantir o funcionamento da denominada *«economia subterrânea ou paralela»* e a obtenção de lucros ilegais aos empresários sem escrúpulos.

A actividade dos *«traficantes/passadores»*, com vista a satisfazer aquela *«procura»*, tem sido muito facilitada, em geral, pelos movimentos acelerados no sentido da globalização dos mercados, pela evolução meteórica das comunicações e dos meios de transporte, bem como pela precipitada abertura das fronteiras sem concomitantemente se estabelecerem medidas compensatórias de controlo.

Por outro lado, os *«traficantes/recrutadores»* não têm tido qualquer dificuldade em aliciar as suas vítimas, principalmente, em meios populacionais caracterizados pela pobreza, pelo baixo nível de educação e instrução, pela desestruturação das unidades familiares, pela discriminação e exclusão social, pelo desemprego e por outros factores geradores de instabilidade, de medo, de carências, de insatisfação e, até, de desespero, às quais prometem uma vida melhor, empregos compensadores, estabilidade e segurança.

Mantêm, por isso, plena actualidade, quer o apelo do Secretário--Geral da ONU, no sentido da rápida vinculação dos Estados Membros à

Convenção e aos protocolos adicionais, quer as orientações prioritárias definidas sobre esta matéria, pelos altos responsáveis do *«Departamento das Nações Unidas contra a droga e o crime – UNODC»*, no decurso da 12.ª Sessão da *«Comissão para a Prevenção do Crime e da Justiça Penal»*, realizada em Viena, de 13 a 22 de Maio de 2003[7].

II

7. A *«Convenção das Nações Unidas contra a Criminalidade Organizada Transnacional»*, também conhecida como *«Convenção de Palermo»*, em cuja elaboração participaram mais de 100 Estados Membros de todos os continentes e latitudes, para além de numerosas organizações regionais e internacionais, governamentais e não governamentais, ao longo de cerca de dois anos, constitui, sob o ponto de vista substancial, um instrumento jurídico notável, embora represente e reflicta, como não podia deixar de ser, o compromisso que foi possível alcançar em face da enorme diversidade de sistemas jurídicos e judiciários, de culturas, de tradições e de posicionamentos políticos.

Antes de abordar, de forma mais detalhada, os princípios e as normas da Convenção, que já entrou em vigor, na ordem jurídica internacional, nos termos do n.° 1 do seu artigo 38.°, importa realçar alguns aspectos de carácter geral e inovador que distinguem este instrumento jurídico internacional[8]:

É a primeira Convenção da ONU que, juntamente com os três protocolos adicionais, estabelece um quadro normativo completo para fundamentar uma estratégia mundial de luta contra a criminalidade organizada transnacional e contra outras actividades criminosas, às quais, em geral anda associada: o branqueamento de capitais, a corrupção e a obstrução à justiça;

---

[7] Cfr. o *«Rapport sur La Douzième Session»* (13-22 de Maio de 2003) da Comissão para a Prevenção do Crime e a Justiça Penal, publicado pelas Nações Unidas, Nova Iorque.

[8] Portugal já ratificou a *«Convenção»* e os dois *«Protocolos Adicionais – Tráfico de Pessoas e Tráfico de Migrantes»* – cfr. o Decreto do PR n.° 19/2004 e a Resolução da Assembleia da República n.° 32/2004, publicados no Diário da República, I-A, n.° 79, de 2 de Abril de 2004. Os instrumentos de ratificação já foram depositados, nos termos e para os efeitos do artigo 38.° da Convenção.

Com efeito, nos termos da Convenção, os Estados Partes são obrigados a incriminar, para além da participação em grupo criminoso (artigo 5.°), o branqueamento dos produtos do crime (artigo 6.°), a corrupção e o tráfico de influências (artigo 8.°) e a obstrução à administração da justiça (artigo 23.°);

Pela primeira vez, na história do direito convencional da ONU, é prevista a obrigação de os Estados Partes estabelecerem mecanismos jurídicos de responsabilização das pessoas morais – sociedades, empresas, associações, etc... – (artigo 10.°), que participem no cometimento de infracção grave imputada a um grupo criminoso organizado ou dela retirem qualquer benefício ou proveito;

Para além disso, a Convenção estabelece um quadro normativo adequado a reforçar a cooperação internacional em matéria penal, entre todos os Estados Partes, mesmo quando estes não estejam vinculados por tratados ou convenções bilaterais ou multilaterais, porquanto consagra expressamente mecanismos apropriados para efeitos de apreensão e perda de bens (artigos 12.° a 14.°), extradição de arguidos (artigo 16.°), transferência de pessoas condenadas (artigo 17.°), entre-ajuda judiciária recíproca (artigo 18.°), investigações conjuntas (artigo 19.°), entregas controladas (artigo 20.°), transferência de processos criminais (artigo 21.°), etc ...;

Para reforçar a eficácia dos mecanismos de combate ao branqueamento de capitais obtidos através de práticas criminosas, os Estados Partes não podem invocar o segredo bancário como fundamento de recusa dos pedidos de cooperação em matéria de apreensão, congelamento e perda de bens e valores (artigo 12.°, n.° 6);

Tendo em consideração a importância e a urgência de pôr em prática os mecanismos de cooperação previstos na Convenção, os Estados Partes obrigam-se a desenvolver programas de formação específica dirigidos, principalmente, aos agentes de prevenção e investigação, aos magistrados do Ministério Público e aos magistrados judiciais (artigo 29.°), bem como a desencadear campanhas de sensibilização da opinião pública, em geral, e dos grupos profissionais, dos meios científicos e universitários, sobre os efeitos negativos da criminalidade organizada, visando obter uma análise permanente e actualizada da situação (artigo 28.°);

A Convenção marca, também, uma nova etapa na cooperação entre países desenvolvidos e países em desenvolvimento, porque institui mecanismos de assistência técnica e de financiamento, aos Estados Partes que reconhecidamente revelem maiores dificuldades na implementação das medidas previstas (artigo 30.°).

8. Tendo como objecto fundamental, conforme consta do artigo 1.º, o de promover a cooperação internacional, a fim de prevenir e reprimir, mais eficazmente, a criminalidade organizada transnacional, a Convenção arranca de um conjunto de conceitos, definidos com bastante rigor e abrangência no artigo 2.º, que muito ajudarão os legisladores nacionais e os aplicadores da Lei:

Grupo criminoso organizado [alínea a)] – associação de três ou mais pessoas, unidas em torno de um projecto comum de colaboração, para a prática de uma ou várias infracções com fins lucrativos;

Infracção grave [alínea b)] – acto previsto e punível pela Lei penal com pena privativa da liberdade, cujo limite máximo da moldura sancionatória não deve ser inferior a quatro anos;

Grupo estruturado [alínea c)] – associação de pessoas não constituída por mero acaso para cometer imediatamente uma infracção, ainda que os seus membros não tenham funções formalmente definidas e não haja continuidade na sua composição nem uma estrutura organizativa elaborada;

Bens [alínea d)] – todos os tipos de valores, corpóreos ou incorpóreos, móveis ou imóveis, tangíveis ou intangíveis, bem como os actos e documentos que atestem a propriedade ou outros direitos sobre os mesmos;

Produto do crime [alínea e)] – qualquer tipo de bens ou valores provenientes, directa ou indirectamente, da prática do crime;

Congelamento ou apreensão de bens [alínea f)] – interdição temporária da transferência, conversão, disposição ou deslocação de bens, com vista a assegurar a sua guarda e controlo;

Confisco/perda de bens [alínea g)] – desapossamento definitivo dos bens, por decisão de um tribunal ou de outra autoridade legalmente competente;

Infracção principal [alínea h)] – acto criminoso gerador da obtenção de bens ou valores que, por sua vez, vão dar lugar à prática de infracções de branqueamento (cfr. o artigo 6.º);

Entrega controlada [alínea i)] – permissão de passagem, pelo território de um ou vários Estados Partes, de expedições suspeitas, sob o controlo das autoridades locais, tendo em vista a investigação de uma infracção e a identificação dos seus agentes (cfr. o artigo 20.º, n.º 1);

Organização regional de integração económica [alínea j)] – organização supranacional, constituída pelos Estados soberanos de uma determinada região, para a qual os Estados Membros transferiram algumas competências nas matérias que constituem objecto da Convenção – ex: a União Europeia (cfr. o artigo 36.°).

Estes conceitos, cuja definição foi muito difícil de alcançar, são extremamente importantes, não só porque, no seu conjunto, constituem os alicerces uniformizadores das alterações legislativas que os Estados aderentes ficarão obrigados a introduzir nos ordenamentos jurídicos nacionais, mas também porque esclarecem a filosofia informadora das disposições convencionais, nomeadamente no que concerne:

À delimitação do campo de aplicação (artigo 3.°);
Às normas relativas à incriminação (artigo 5.° – participação em grupo criminoso organizado –, artigo 6.° – branqueamento do produto do crime –, artigo 8.° – corrupção – e artigo 23.° – obstrução ao bom funcionamento da justiça);
Às normas relativas ao processamento e ao sancionamento das infracções previstas nos citados artigos 5.°, 6.°, 8.° e 23.° – cfr. os artigos 11.° e 34.°, n.° 3.

É óbvio que um entendimento não uniforme daqueles conceitos e daquelas disposições gerais inviabilizaria ou, pelo menos, fragilizaria os mecanismos da cooperação internacional em matéria de prevenção, detecção, investigação e julgamento das infracções previstas no artigo 3.° da Convenção.

Pretendeu-se, por isso, vincular os Estados e as organizações internacionais Partes na Convenção, às definições conceituais do artigo 2.°, bem como às disposições gerais e de enquadramento que estabelecem como elementos de referência fundamentais para caracterizar os actos criminosos abrangidos:

A organização e as formas de participação dos agentes do crime [artigo 2.°, alíneas a) e c), e artigo 5.°, n.°s 1 e 2];
A gravidade da conduta, aferida pela dosimetria da pena aplicável [artigo 2.°, alínea b), e artigo 3.°, n.° 1, alínea b)];
A transnacionalidade (artigo 3.°, n.° 2).

Coerentemente com a referida filosofia informadora, que tem subjacente a ideia fundamental de proteger as pessoas, as comunidades nacionais e a comunidade internacional, foi conferido especial relevo às formas de expressão da criminalidade que, objectivamente, representam os maiores factores de medo, de insegurança e de instabilidade, na vida em sociedade, e que, em geral, andam associadas:

Associação Criminosa – artigo 5.°;
Branqueamento de bens e valores – artigo 6.°;
Corrupção – artigo 8.°;
Obstrução à justiça – artigo 23.°.

Após a ratificação da Convenção, cada Estado Parte fica obrigado, em conformidade com o seu ordenamento jurídico constitucional, a harmonizar a legislação penal e processual penal nacional com os princípios e as normas convencionais (artigos 4.°, 34.° e 35.°).

Isso implicará, nomeadamente, a reformulação ou, se for caso disso, a transposição para o direito interno dos tipos criminais previstos nos referidos artigos 5.°, 6.°, 8.° e 23.° da Convenção, bem como a eventual reponderação das sanções correspondentes, à luz do disposto, designadamente, nos artigos 2.°, alínea b), 11.°, n.° 1, e 34.°, n.° 3.

9. Para além das medidas legislativas que naturalmente se seguirão à ratificação, para afeiçoar o ordenamento jurídico-penal às normas e aos princípios consagrados na Convenção, importa assinalar que outras medidas terão de ser adoptadas ou aperfeiçoadas, ao nível interno, para cumprir adequadamente as obrigações decorrentes daquele instrumento jurídico.

Pela sua especial importância, destacamos os seguintes domínios em que tal intervenção deverá incidir:

Regulamentação e controlo do funcionamento dos bancos e das instituições financeiras, nomeadamente em matéria de identificação dos clientes, registo e declaração de depósitos suspeitos, com vista à prevenção e detecção de operações de branqueamento – artigo 7.°;

Regime jurídico-estatutário adequado a garantir a integridade dos agentes da Administração Pública e a independência das autoridades públicas, para prevenir, detectar e punir, com severidade, todas as formas de corrupção – artigo 9.°;

Regime jurídico adequado a estabelecer a responsabilidade – penal, civil ou administrativa – das pessoas colectivas que participam, enquanto tais, no cometimento de infracções graves praticadas por grupos criminosos organizados, sem prejuízo, naturalmente, da responsabilidade penal própria dos agentes pessoais do crime – artigo 10.°;

Medidas orgânicas, estruturais e operacionais apropriadas para assegurar a assistência e a protecção das testemunhas, em particular das *«testemunhas-vítimas»* e dos seus familiares, no caso de ameaça relevante de represálias ou de intimidação – artigos 24.° e 25.°[9];

Mecanismos adequados a reforçar a colaboração das pessoas com os serviços de prevenção e repressão, prevendo-se eventuais contrapartidas, se for caso disso e em conformidade com os princípios e as normas fundamentais do ordenamento jurídico interno – artigo 26.°;

Reforço ou, se for caso disso, estabelecimento de canais próprios de comunicação, entre os serviços de prevenção e de repressão, aos níveis bilateral, regional e internacional, com vista à rápida troca de informações sobre todas as matérias com interesse, não só para a percepção dos contornos do fenómeno, mas também para a organização dos inquéritos e para a obtenção e conservação das provas – artigos 27.° e 28.°

Formação específica do pessoal dos serviços de prevenção e de repressão, incluindo os magistrados que intervêm na organização, direcção e apreciação dos inquéritos através de conferências e seminários, regionais e internacionais, visando a troca de experiências e o aprofundamento dos conhecimentos destes fenómenos criminais – artigo 29.°;

Elaboração, ao nível nacional, de planos de prevenção – neles interessando as entidades privadas e a sociedade civil em geral – centrados no reforço da colaboração entre os serviços de detecção e de repressão e orientados para a promoção das melhores práticas e dos procedimentos adequados a prevenir estas formas de criminalidade – artigo 31.°.

III

10. O *«Protocolo Adicional à Convenção das Nações Unidas contra a Criminalidade Organizada Transnacional, relativo à Prevenção, Repressão e Punição do Tráfico de Pessoas, em especial de Mulheres e Crianças»*, adoptado pela Assembleia Geral (Resolução n.° 55/25, de

---

[9] O movimento internacional no sentido do reconhecimento dos direitos da testemunha no processo penal, impulsionado pela ONU e pelo Conselho da Europa, inspirou a nossa Lei n.° 93/99, de 14 de Julho, regulamentada pelo Decreto-Lei n.° 190/2003, de 22 de Agosto.

15 de Novembro de 2000) e já ratificado por Portugal, conforme atrás se referiu (cfr. o Decreto do PR n.º 19/2004, de 2 de Abril), complementa, no específico domínio constante da sua denominação, aquela Convenção, devendo os dois instrumentos jurídicos ser interpretados conjuntamente, por força das disposições conjugadas do artigo 37.º da Convenção e do artigo 1.º do Protocolo[10].

Aliás, justamente por isso, qualquer Estado Membro ou organização regional de integração económica só pode tornar-se Parte no Protocolo se também for Parte na Convenção, por força do disposto no artigo 37.º, n.º 2, deste último instrumento jurídico internacional.

Do exposto decorrem, pelo menos, três consequências fundamentais, em matéria de interpretação e aplicação do Protocolo, nomeadamente:

A delimitação do seu âmbito de aplicação (artigo 4.º), que assenta em dois elementos típicos essenciais cumulativos:

a natureza transnacional da infracção (artigo 3.º, n.º 2, da Convenção);
a implicação de um grupo criminoso organizado [artigo 2.º, alínea a), da Convenção];

Os conceitos, os princípios e as disposições gerais da Convenção aplicam-se *«mutatis mutandis»* no domínio do Protocolo, salvo se no mesmo se dispuser o contrário (artigo 1.º, n.º 2, do Protocolo);

As normas da Convenção, relativas ao reforço da cooperação internacional, em matéria de apreensão e confisco/perda de bens e valores, de extradição, de auxílio judiciário, de investigações conjuntas, de técnicas especiais de investigação, de protecção de testemunhas, etc ..., são directamente aplicáveis nos domínios da prevenção e repressão do tráfico de pessoas.

11. As razões da necessidade e da urgência da adopção de mecanismos eficazes de luta contra o tráfico de pessoas, pela comunidade internacional, e da sua implementação, ao nível nacional de cada Estado Membro da ONU, estão claramente expressas no preâmbulo do Protocolo. Preten-

---

[10] O Protocolo foi adoptado pela Resolução n.º 55/25, de 15 de Novembro de 2000, da AG/NU (cfr. o exposto em 4. e a nota (8).

deu-se, com efeito, definir, por consenso, um conjunto de conceitos, princípios e normas que pudessem ser universalmente aceites para vincularem todos os Estados Membros, por forma a servirem de suporte jurídico à operacionalização de uma estratégia global visando prevenir o tráfico de pessoas, punir os traficantes e proteger as vítimas, assegurando, designadamente, os seus direitos fundamentais.

Por isso, no artigo 2.º são expressamente consignados os objectivos fundamentais que se pretendem alcançar através da implementação do Protocolo:

Prevenir e reprimir o tráfico de pessoas, em especial de mulheres e crianças, em razão, naturalmente, da especial situação de vulnerabilidade e de dependência, em que frequentemente se encontram, principalmente, em comunidades desestruturadas e carenciadas;

Proteger e ajudar as vítimas do tráfico, respeitando a sua dignidade e os seus direitos fundamentais, o que inquestionavelmente impõe, por parte das entidades especialmente encarregadas da prevenção e investigação desta actividade ilícita, uma postura adequada a suscitar uma relação de confiança, até porque, sem a colaboração activa das vítimas será muito difícil atingir os grandes recrutadores, passadores e exploradores, responsáveis por tal actividade criminosa;

Promover, reforçar e aperfeiçoar a cooperação internacional, justamente porque, dada a especificidade desta actividade ilícita, que envolve, pelo menos, dois Estados – o de origem e o de destino – e na maioria dos casos três Estados – o de origem, o de passagem e o do destino –, se os níveis da cooperação, bilateral, regional e internacional, não forem substancialmente melhorados, as taxas de insucesso das investigações manter-se-ão em valores inaceitáveis e os objectivos do Protocolo ficarão obviamente gorados.

12. Seguindo um modelo similar ao da Convenção-mãe, a construção jurídica do Protocolo assenta na definição, no artigo 3.º, com rigor e abrangência, de conceitos básicos[11]:

«Tráfico de pessoas» [artigo 3.º, alínea a)], que abrange: (1) todas as actividades relacionadas com a deslocação física das vítimas – recruta-

---

[11] Cfr., para maior desenvolvimento, o *«Tráfico de Pessoas ...»*, de Euclides Dâmaso Simões, *«Separata da Revista do Ministério Público»*, n.º 91, 2002.

mento, transporte, transferência, alojamento, acolhimento –; (2) todas as manobras, artifícios e ardis utilizados como meios para induzir o consentimento das vítimas – ameaça, coacção, rapto, fraude, engano, abuso de autoridade, abuso de situação de vulnerabilidade ou de dependência, pagamentos, benefícios, vantagens, etc …; e (3) as finalidades do tráfico – exploração da prostituição, outras formas de exploração sexual, trabalho, serviços forçados, escravatura, práticas similares à escravatura, servidão, extracção de órgãos;

«Irrelevância do consentimento» da vítima [artigo 3.°, alínea b)], quando tiver sido utilizado algum dos meios atrás referidos para influenciar a sua liberdade de determinação;

«Tráfico de crianças» [artigo 3.°, alínea c)], cuja qualificação jurídico-criminal como *«tráfico de pessoas»* deve depender, apenas, da prova de qualquer actividade relacionada com a deslocação física – recrutamento, transporte, transferência, alojamento ou acolhimento, – e dos fins de tais operações – qualquer forma de exploração – não sendo necessário que se demonstre a utilização de qualquer dos meios descritos na alínea a);

«Criança» [artigo 3.°, alínea d)], que abrange qualquer pessoa com idade inferior a 18 anos.

Estes conceitos assumem, no contexto do Protocolo, uma importância fundamental, não só porque, no seu conjunto, constituem os alicerces uniformizadores das alterações legislativas que os Estados aderentes ficarão obrigados a introduzir nos seus ordenamentos jurídicos nacionais, mas também porque esclarecem a filosofia informadora e a interpretação das disposições do Protocolo, nomeadamente no que concerne[12]:

À Delimitação do campo de aplicação (artigo 4.°);

Às normas relativas à obrigação de criminalizar as condutas intencionais, incluindo a tentativa e seja qual for o tipo de participação naquelas condutas (artigo 1.°, n.° 3, e artigo 5.°);

Às medidas procedimentais adequadas a proteger, na medida do possível, a privacidade e a identidade das vítimas, bem como a confidencialidade dos processos judiciais e administrativos (artigo 6.°, n.°s 1 e 2).

---

[12] Cfr., sobre a transposição para o ordenamento jurídico interno dos princípios e das disposições do Protocolo, a posição de Euclides Dâmaso Simões, expressa no estudo referido na nota anterior.

13. Para além das disposições imperativas relativas à obrigação de criminalizar o Tráfico de pessoas e de criar mecanismos adequados à organização e condução dos processos criminais, em especial no que concerne ao tratamento, no contexto processual, das vítimas-testemunhas de tal actividade ilícita, o Protocolo estabelece, com carácter menos constritivo, tendo em consideração a situação de grandes dificuldades de muitos Estados Membros, outras normas, contendo linhas de orientação sobre as medidas destinadas a conferir conteúdo prático aos objectivos fundamentais de proteger e auxiliar as vítimas do tráfico e de reforçar a cooperação internacional [cfr. o artigo 2.°, alíneas b e c)].

Na vertente protectiva das vítimas destacam-se, pela sua importância, as seguintes:

Medidas que garantam o direito à informação e a participação activa nos processos judiciais e administrativos – artigo 6.°, n.° 2;

Medidas que permitam a recuperação física, psicológica e social – alojamento, aconselhamento, assistência médica, educação, emprego, formação – artigo 6.°, n.° 3;

Medidas adequadas ao caso concreto, tendentes à concessão, por razões humanitárias, de autorização de permanência ou de repatriamento em condições de dignidade – artigos 7.° e 8.°;

A *«Cláusula de Salvaguarda»*, segundo a qual os Estados Membros são obrigados a interpretar e a aplicar o Protocolo, com respeito pelo *«Direito Internacional Humanitário»*, pelo *«Direito Internacional relativo aos Direitos Humanos»*, pela Convenção de 1961 relativa ao Estatuto dos Refugiados e o seu Protocolo de 1967 e pelos princípios de *«non refoulement»* e da não discriminação – artigo 14.°.

Na vertente preventiva e do reforço da Cooperação internacional, assinalam-se as seguintes medidas preconizadas pelo Protocolo:

Definição de políticas, programas e medidas, a executar, eventualmente em articulação com sectores da sociedade civil e organizações não governamentais, nacionais ou internacionais, visando não só sensibilizar o público em geral e os meios populacionais mais carenciados, para o fenómeno do tráfico de pessoas, mas também reduzir os factores propiciadores dessa actividade ilícita – a pobreza, o subdesenvolvimento, a exclusão social, a discriminação, etc … – artigo 9.°;

Articulação, ao nível interno, e cooperação ao nível bilateral, regional e internacional, dos serviços competentes, visando a difusão e o intercâmbio das informações relativas aos grupos criminosos envolvidos no tráfico de pessoas, bem como às rotas, aos meios e aos métodos utilizados – artigo 10.°, n.° 1;

Formação especializada do pessoal dos serviços competentes, tendo em vista sensibilizá-los para as especificidades do fenómeno, para as condições especiais das vítimas e para o respeito pela sua dignidade pessoal e pelos seus direitos fundamentais – artigo 10.°, n.° 2;

Medidas apropriadas de controlo das pessoas nas fronteiras, para detecção dos traficantes e passadores, bem como dos transportadores, estabelecendo obrigações a que ficam sujeitos os operadores de transportes comerciais, em matéria de verificação dos documentos de viagem dos passageiros – artigo 11.°;

Medidas necessárias para garantir a qualidade, a integridade, a segurança, a legitimidade e a validade dos documentos de identidade e dos documentos de viagem – artigos 12.° e 13.°.

IV

14. O *«Protocolo contra o Tráfico Ilícito de Migrantes por Terra, Mar e Ar, Adicional à Convenção das Nações Unidas Contra a Criminalidade Organizada Transnacional»*, adoptado pela Assembleia Geral (Resolução n.° 55/25, de 15 de Novembro de 2000) e já ratificado pelo Estado Português, conforme atrás se referiu (cfr. o Decreto do PR n.° 19/2004, de 2 de Abril), complementa, com os outros protocolos relativos ao tráfico de pessoas e ao tráfico de armas[13], a *«Convenção de Palermo»*[14], devendo, por isso, ser interpretados em conjunto por força do disposto no artigo 37.° da Convenção e no artigo 1.° do Protocolo, em

---

[13] A negociação do *«Protocolo contra o Tráfico de Armas»* não foi concluída até à data da *«Conferência de Palermo»* (12-15 de Dezembro de 2000). Só foi adoptado pela Resolução n.° 55/255, de 31 de Maio de 2001, da Assembleia Geral da ONU, e ainda não foi ratificado pelo Estado Português. Por isso, a sua análise não faz parte deste trabalho.

[14] A *«Convenção das Nações Unidas contra a Criminalidade Organizada Transnacional»* e também conhecida por *«Convenção de Palermo»*, por ter sido realizada nesta cidade italiana, a Conferência de Alto Nível, durante a qual se procedeu à cerimónia solene da sua assinatura por mais de uma centena de Estados Membros, constituindo um acontecimento sem precedentes na História das Nações Unidas.

especial no que concerne à delimitação do «*âmbito de aplicação*» (artigo 4.°) que assenta em dois elementos fundamentais cumulativos:

A natureza transnacional da infracção (cfr. o artigo 3.°, n.° 2, da Convenção);
A implicação de um grupo criminal organizado [cfr. o artigo 2.°, alínea a), da Convenção].

Comparando o texto deste Protocolo com o do Protocolo anteriormente examinado, concluir-se-á facilmente que não só os princípios mas também grande parte das disposições gerais são praticamente iguais, o que, de resto, se tornou patente durante as negociações, tendo chegado inclusivamente a ser equacionada a hipótese de os fundir, que, no entanto, acabaria por ser rejeitada.

Por conseguinte, os considerandos expressos, nomeadamente em 10. e 11., ajustam-se «*mutatis mutandis*» ao caso agora em apreço, excepto, obviamente, no que concerne aos conceitos/definições constantes do artigo 3.°, que representam o principal «*quid*» diferenciador das disposições gerais dos dois instrumentos jurídicos.

15. Em face dos dados estatísticos referidos atrás, na Parte I deste trabalho, a propósito do enquadramento factual e dos antecedentes históricos destes instrumentos jurídicos, torna-se, agora, desnecessário abordar as questões relacionadas com os fundamentos e a necessidade deste protocolo.

Bastará afirmar, quanto aos primeiros, que o comércio ilícito de migrantes cresceu exponencialmente, nos últimos anos, mercê da actuação de grupos criminais organizados, e que os processos utilizados por estas organizações, quer para recrutarem, nos países de origem, quer para movimentarem clandestinamente as pessoas, nos países de trânsito, quer para as explorarem lucrativamente nos países de destino, constituem não só sérios riscos para a vida, a integridade e a segurança das vítimas, mas também uma grave ameaça à estabilidade das comunidades locais e à normalidade das relações na comunidade internacional.

Os objectivos fundamentais e determinantes da elaboração e adopção, pela Assembleia Geral, deste protocolo, podem resumir-se nos seguintes termos (cfr. o artigo 2.°):

Instituir, com carácter universal, um instrumento jurídico internacional, vinculante para os Estados Partes, que obriga à criminalização de todos os actos praticados, intencionalmente, por grupos organizados, para obter um benefício económico ou qualquer outra vantagem material, nomeadamente (cfr. o artigo 6.°):

A actuação conducente à entrada ilegal de uma pessoa no território de um Estado Parte de que não é nacional nem residente permanente [artigo 3.°, alíneas a) e b)];

Os actos preliminares, tais como a fabricação, alteração, obtenção, fornecimento ou posse de documentos de viagem ou de identidade, quando praticados com a finalidade de possibilitar o tráfico de migrantes [artigo 3.°, alínea c)];

As condutas tendentes à manutenção, no Estado de destino, de uma pessoa que não é nacional nem residente permanente no território desse Estado, sem satisfazer as condições legais de permanência [artigos 6.°, n.° 1, alínea c)];

Todas as formas de autoria e de cumplicidade, bem como a tentativa nas condutas anteriormente referidas [artigos 6.°, n.° 2, alíneas a) a c)];

Obrigar os Estados Partes a estabelecer como circunstâncias agravantes das infracções anteriormente previstas, os comportamentos que ponham ou sejam susceptíveis de pôr em perigo a vida e a segurança dos migrantes, bem como os tratamentos desumanos ou degradantes dos mesmos migrantes [artigo 6.°, n.° 3, alíneas a) e b)];

Reforçar os mecanismos de cooperação internacional, com vista a prevenir e reprimir o tráfico ilícito de migrantes, sem prejuízo da obrigação de proteger os direitos fundamentais das vítimas do tráfico (artigos 2.°, 16.° e 18.°).

16. Os aspectos mais importantes e mais interessantes a realçar, no que concerne à filosofia do protocolo estão condensados no respectivo *«preâmbulo»*:

«É preciso tratar os migrantes com humanidade e proteger plenamente os seus direitos» (cfr. o terceiro parágrafo);

«O tráfico ilícito de migrantes constitui um perigo para a vida e a segurança das vítimas» (cfr. o sexto parágrafo).

Estas duas ideias fundamentais determinaram, obviamente, a necessidade de reforçar a cooperação internacional em matéria de prevenção e de prever a incriminação e o sancionamento severo das condutas atrás descritas e das circunstâncias da sua prática, porque o tráfico de migrantes, para fins de exploração lucrativa, constitui uma grave ofensa dos Direitos do Homem.

Mas, para além disso, tais ideias estiveram também na base de diversas disposições, expressamente destinadas a conferir-lhes conteúdo prático:

– protecção dos direitos dos migrantes objecto do tráfico;
Artigo 4.º (parte final) – protecção dos direitos das pessoas que foram objecto de tais infracções;
Artigo 5.º – os migrantes, vítimas das infracções previstas no artigo 6.º, não podem ser perseguidos criminalmente com fundamento em tais factos;
Artigo 9.º, n.º 1.º, alínea a) – obrigação de garantir a segurança e o tratamento humanitário das pessoas a bordo;
Artigo 19.º – «*cláusula geral de salvaguarda*» dos Direitos do Homem e do Direito Internacional Humanitário (Convenção de Genebra de 1951 e Protocolo de Nova Iorque de 1967).

Tal como acontece no âmbito da Convenção e do Protocolo contra o tráfico de seres humanos, são enunciadas linhas gerais de actuação, por parte dos Estados Partes, em diversos domínios:

Protecção e assistência às vítimas do tráfico de migrantes – artigo 16.º;
Favorecimento do retorno, ao país de origem das vítimas do tráfico – artigo 18.º;
Reforço do intercâmbio de informações entre os países de origem, os países de trânsito e os países de destino – artigo 10.º;
Controlo nas fronteiras terrestres, marítimas e aéreas – artigo 11.º;
Segurança da emissão e controlo da verificação de documentos de viagem e de identidade – artigos 12.º e 13.º;
Formação e cooperação técnica, tendo em vista a sensibilização do pessoal especializado e da sociedade civil, em geral, para as especificidades do tráfico de migrantes – artigos 14.º e 15.º.

V
CONCLUSÕES

1.ª A Convenção das Nações Unidas contra a Criminalidade Transnacional Organizada, completada pelos Protocolos Adicionais – Tráfico de Seres Humanos, Tráfico de Migrantes e Tráfico de Armas –, constitui um quadro normativo inovador, coerente e adequado a reforçar a cooperação jurídica, policial e judiciária internacional dos Estados Membros, na luta contra as formas de criminalidade que mais gravemente ameaçam os direitos fundamentais e as condições de vida das pessoas, nas comunidades nacionais, bem como a segurança e a estabilidade da comunidade internacional;

2.ª A Convenção e os Protocolos Adicionais contra o Tráfico de Seres Humanos e contra o Tráfico de Migrantes representam um marco histórico, no domínio dos conceitos e dos princípios, porquanto qualificam aqueles fenómenos criminais como as piores violações dos Direitos do Homem e apontam para a necessidade de abordar a luta contra o tráfico de pessoas sob uma óptica centrada nas vítimas, não só por razões humanitárias, mas também porque delas depende o sucesso das investigações e dos julgamentos;

3.ª Por isso, afigura-se oportuno que se proceda, com a máxima celeridade, à implementação, no ordenamento jurídico interno da Convenção e dos dois Protocolos já ratificados, bem como à adopção das medidas políticas, legislativas, orgânico-funcionais e administrativas naqueles previstas[15];

4.ª Os conceitos e os princípios em que assentam a Convenção e os Protocolos Adicionais contra o Tráfico de Pessoas obrigam à formação e difusão de uma nova mentalidade na abordagem deste fenómeno, por parte dos magistrados judiciais, dos magistrados do Ministério Público e dos órgãos de polícia criminal, sendo recomendável a especialização, formativa e orgânico-funcional, principalmente dos intervenientes na organização, condução e direcção dos inquéritos.

---

[15] Sobre a compatibilidade dos princípios e das normas da Convenção e dos Protocolos com os princípios e as normas da Constituição da República, bem como sobre algumas alterações legislativas a introduzir no ordenamento jurídico interno, cfr. o *«Parecer n.° 146/2001, de 16 de Maio de 2002, da PGR»*, elaborado pelo Dr. Mário Serrano, o qual serviu para instruir o processo de notificação.

CONSIDERAÇÕES SOBRE A CONTRACULTURA E A PERVERSÃO DOS DIREITOS DO HOMEM

MIGUEL FARIA
Professor Jubilado do Instituto Superior de Ciências Policiais
e Segurança Interna
Mestre em Ciência Política
Licenciado em Direito

CONSIDERAÇÕES SOBRE A CONTRACULTURA E A PERVERSÃO DOS DIREITOS DO HOMEM

"Tem-se querido manter sempre as leis morais tão indefinidas quanto possível. Porque não se fixam e imprimem, como se faz com as leis divinas e civis? Talvez que a lei moral, se fosse honestamente redigida, viria a conter também os direitos do homem."

STRINDBERG[1]

"Cada geração deve recriar um novo equilíbrio entre a manutenção da tradição e a ruptura com o passado."

Konrad LORENZ[2]

"Nul ne doit être jugé et puni, qu'après avoir été entendu ou légalement appelé et qu'en vertu d'une loi promulgée antérieurement au délit. La loi, qui punirait des délits commis avant qu'elle existât, serait une tyrannie; l'effet réctroactif donné à la loi serait un crime".

Constituição Francesa de 1793[3]

SUMÁRIO: Parte I – Da Contracultura; Parte II – Da Perversão dos Direitos do Homem

---

[1] RADBRUCH, Gustav *Filosofia do Direito*. Tradução e prefácio do Prof. L. Cabral MONCADA, 6.ª ed., Arménio Amado, Coimbra, 1979, pág. 97.

[2] *Cit. in* BENOIST, Alain de, *Vu de Droit* – Anthologie Critique des idées contemporaines –, Copernic,– pág. 156. Existe uma tradução parcial desta obra em português com o título *Nova Direita Nova Cultura* –. Antologia Critica das Ideias Contemporâneas –. Ed. Afrodite – 1981.

[3] Art. 14.°, *Cit. in* SOUSA BRITO, José, *A Lei Penal na Constituição*. Estudos sobre a Constituição, – 2.° Vol., Petrony, 1978, pág. 207.

PARTE I
DA CONTRACULTURA

Na abertura solene do ano lectivo de 1993/4, da então Escola Superior de Polícia, proferimos a lição inaugural subordinada ao tema: A DECLARAÇÃO UNIVERSAL DOS DIREITOS DO HOMEM – Os Valores e os Princípios[4]. Ao referir que a inviolabilidade daqueles direitos encontrou consagração no último dos artigos da Declaração, que determina não poder nenhuma das suas disposições ser interpretada de maneira a envolver para qualquer Estado, agrupamento ou indivíduo o direito de se entregar a actividade, ou de praticar acto destinado a destruir os direitos e liberdades nela enunciados, acrescentámos que, a par deste perigo, existe um outro não menos grave e mais insidioso: a sua perversão, ou seja, utilizá-los para fins opostos ou antagónicos àqueles para que foram estabelecidos, corrompendo-os e desvirtuando o seu fim.

Especificando este último aspecto, aludimos ao facto de o "confronto ideológico", que caracterizou o século XX, ter começado por acutilar profundamente o quadro de valores e as regras mínimas de convivência e decoro, taxando-os de "preconceitos"; ter implementado mecanismos de manipulação social e política, a nível mundial, no sentido de práticas e soluções utópicas e de contracultura; e não hesitar mesmo em lançar mão dos direitos do homem que a Declaração Universal consagra, pervertendo-os, ou tentando pervertê-los, com vista á prossecução dos seus desígnios. Por isso terminámos: "há que estar precavido quanto a este problema da perversão dos direitos do homem e ter a coragem de a combater sem rebuço."

Ora é precisamente sobre o fenómeno sociológico da *contracultura* e a figura da *perversão* de preceitos que constituem a Declaração Universal dos Direitos do Homem, reflectidos na Convenção Europeia dos Direitos do Homem e na própria Constituição portuguesa, que vamos fazer algumas considerações, forçosamente breves e modestas, dada a sua complexidade e extensão.

Toda a exposição assentará numa base que temos por incontroversa: o acerto da intuição de STRINDBERG, – que RADBRUCH hábil e oportunamente difundiu na sua *FILOSOFIA do DIREITO* –, de que as leis mo-

---

[4] Cf. n/ Direitos Fundamentais e Direitos do Homem, VOL. I, 3.ª ed. Revista e Ampliada, do ISCPSI, 2001, pp. 291 a 305.

rais, honestamente redigidas, englobariam também os "Direitos do Homem"[5].

Tem-se por *cultura* o complexo dos padrões de comportamento, crenças, instituições,[6] valores espirituais, costumes, tradições, hábitos, senso-comum, identidade de reacção generalizada aos mesmos estímulos e o mais que interfira na formação da consciência colectiva de uma sociedade determinada e tenda a ser transmitido de geração em geração.

Imperativos biológicos radicados na cadeia filogenética de todo o ser vivo[7], circunstâncias, dados mesológicos e factores de natureza sociológica parecem estar na base de cada uma das culturas que se encontram disseminadas por toda a terra.

A cultura é também um dos principais factores de coesão dos homens, unindo-os e desenvolvendo entre eles laços de solidariedade e respeito que muito contribuem para a felicidade comum e robustecimento da consciência colectiva. Esta piora se for sistematicamente violada; e des-

---

[5] Sobre a expressão *"direitos do homem"*, cf. *ibidem*, pág. 4, nota 3. No estudo inserto na Enciclopédia VERBO Luso-Brasileira de Cultura, vol. 9, págs. 591 a 604, da autoria do distinto Prof. da Fac. de Direito de Coimbra, Doutor VIEIRA DE ANDRADE, a denominação *"direitos humanos"* é usada para os direitos do homem, o que não significa que haja aderido á linguagem descuidada de rigor de alguns elementos da classe política e da maioria da comunicação social, resultando daí a fácil absorção e fixação pela generalidade da massa do público apedeuta. Aliás, não só na indicação dos instrumentos legais daqueles direitos, como na prosa corrida, ao referir "que a comunidade internacional se empenhou activamente na protecção dos direitos do homem" (p. 599), utiliza a expressão que consideramos correcta

[6] Cf. *ibidem*, pp. 78 a 80 sobre o conceito de "instituição".

[7] As explicações bio-psicológicas não têm tido vida fácil desde os meados do século XX. No campo da criminologia, por exemplo, na ânsia de tudo subjugar a teses de índole sociológica, as investigações científicas levadas a cabo no campo da biologia foram ferozmente combatidas por todos os meios e em diversos sectores que vêem estereotipia em tudo o que assente em bases biológicas. A este respeito confronte-se o nosso *Curso de Criminologia*, edição fotocopiada da E.S.P. Foi publicado também pela Ass. Académica da Universidade Moderna. Chamamos a atenção especialmente para as notas de rodapé (47), de págs. 73 a 75 e o texto das págs. 80 a 82. De grande interesse são também as actas do colóquio que teve lugar na Abadia cisterce de Royaumont, no Val-d'Oise, fundada por Luís XI, rei de França e que incidiu sobre *"A Unidade do homem"*: invariantes biológicas e universais culturais", promovido pelo Centro Internacional de Estudos Bioantropológicos e de Antropologia Fundamental, dinamizado por Edgar MORIN. Participaram sábios do tempo, desde EISENBERG a JACQUES MONOD, FRANÇOIS JACOB, estes prémios Nobel. Foram publicados três preciosos volumes pelas editoras Cultrix e Univ. de S. Paulo, 1978, Brasil.

trói-se quando intoleravelmente violentada. Daí a delicadeza de toda a tentativa de transformação que não parta do próprio grupo. Só a vivência, o tempo e a história podem, de algum modo, corrigir ou alterar uma cultura sem o perigo da desorganização das consciências e das vidas dos seus membros.

Se o século XIX é tido por muitos como o século da *utopia*, o século XX foi havido por todos como o século do confronto, tanto no campo ideológico como bélico.

Nunca antes se viu tal amplitude e intensidade de luta á face da terra[8].

A luta ideológica destina-se a obter a adesão emocional dos indivíduos a uma crença ou doutrina, com vista á conquista do poder[9]. A crença, a doutrina e a acção são considerados os três núcleos principais; mas todos ficam subordinados à coerência e à mediação[10].

A ideologia distingue-se de uma outra figura que também visa o domínio da sociedade civil. Traduz-se esta na implantação de novos sistemas de crenças e valores culturais na sociedade que se pretende corromper. Essas perspectivas de novos valores sociais poderão, depois, facilitar o domínio político, que se efectivará pela acção ideológica exercida sobre uma sociedade amadurecida pela recepção da contracultura.

Como se disse, a contracultura empenha-se em implementar na sociedade que pretende corromper novos sistemas de crenças e de valores fora dos esquemas de persuasão próprios da doutrinação, pois esta deixa ao destinatário, ou destinatários, a faculdade de aderirem ou não. Visa, assim, inculcar a transformação intrínseca da sociedade, da sua vida tradi-

---

[8] Existe um trabalho publicado no boletim dos *Études Polemologiques*, n.º 28, *do Institut Français de Polémologie*, subsidiário da *Fondation pour les Études de Defense National*, de Paris, onde consta uma relação exaustiva dos confrontos bélicos em todo o mundo a partir do ano 1900 e que nos permite concluir que, durante o século que findou, não houve um único dia que, em qualquer ponto do globo, não haja estado manchado pelo horror de um conflito armado. Parece que a "marca de Caim" é realmente um estigma indelével de toda a humanidade.

[9] MOREIRA, Adriano, *Ciência Política*, Almedina, 1984, pp. 184 a 228.

[10] Cf. n/D.F.e D.H. *cit.*, pp 70 a 74. Das inúmeras obras sobre a ideologia activa na década de trinta, destacamos, de Serge TCHAKHOTINE, *Le viol des foules par la propagande politique*, da Gallimard, em que o próprio autor diz que "a obra é um ensaio para alicerçar a acção política sobre uma base rigorosamente científica". Isto esclarece-nos bem sobre a nova estratégia: antes do ataque ideológico, a acção contracultural com os novos valores a enfraquecer a sociedade civil, ajudando assim no assalto ao Poder político.

cional e cultural, pela imposição de novos valores, com vista a alterar a sociedade a todos os níveis.

No campo religioso, por exemplo, tem-se procurado instalar o sincretismo de todos os cultos, harmonicamente, sem traumas. Mas isso, afinal, vai resultar na dissolução da moral religiosa tradicional, implantada entre a maioria dos cidadãos.

Doutrinariamente entende o Prof. Adriano MOREIRA que, no topo dos propósitos da contracultura está o desaparecimento do Estado, aceitando assim o pessimismo anarquista à maneira de PROUDHON.

Para os adeptos da contracultura a supressão do sistema político não é prioritária, a menos que proceda em termos de barrar a prossecução dos seus desígnios da implantação de novos valores e doutrinas. Por isso, na prática, preferem regimes demo-liberais, em vez de sistemas cultores do tradicionalismo, com grande apego à história. Mais do que lutarem por mudanças de ideologias políticas preferem alterar as crenças, derrubar os princípios éticos e morais e o abandono das tradições. Assim, rejeitam a sociedade capitalista e industrial que se propõe fundamentalmente proporcionar a abundância a todos os extractos sociais. Estará mais conforme à sua filosofia a frugalidade, a fraternidade próxima e um certo tipo de liberdade para escolherem e praticarem a sobriedade e o desinteresse pelas toadas da moda e os demais apelativos próprios das sociedades de consumo.

Fiéis à ideia marcuseana de que os vícios libertam a alma dos homens deixando-os mais conformes com a natureza e, portanto, mais felizes, têm tendência para adoptar a tese da bondade original. A sociedade, com os seus valores corruptos e aberrantes, é que torna o homem interesseiro e mau.

2 – A racionalização da contracultura teve a sua origem e acção com a ascendência do Nacional-Socialismo ao destino da Alemanha.

Em 30 de Janeiro de 1933, depois de obtidos os resultados de eleições democráticas, HINDENBURG chamou ao poder Adolf HITLER, designando-o chanceler e ficando von PAPEN como vice, o que perfazia a maioria necessária para governar sem dificuldades.

Desde 1920 que HITLER entrara de forma relevante na política. Por participar num golpe contra o governo da Baviera, que fora desencadeado em protesto contra o estado de degradação em que se encontrava a inflação e a ocupação do Ruhr, foi julgado e encarcerado. Na prisão escreveu uma obra intitulada Mein Kampf, onde expôs o seu pensamento político a que, naturalmente, corresponderia um programa de acção.

No mês seguinte à posse como chanceler foi incendiado o Reichstag, sendo acusado da sua autoria um comunista. A pedido de HITLER, o presidente promulga um decreto para a Protecção do Povo e do Estado, à sombra do qual se procedeu à prisão de grande numero de comunistas. Em 14 de Fevereiro de 1934 a Alemanha foi transformada num Estado unitário centralizado. Depois tudo se precipitou rapidamente: a 1 de Agosto, por decisão do Governo, HITLER ascende a presidente e chanceler do Reich, decisão essa confirmada 19 dias depois, por plebiscito, com 90% dos votos.

O pleno emprego e o progresso que a Alemanha experimentou com o Nacional Socialismo proporcionaram-lhe uma forte aceitação, e não lhe foi difícil promulgar as famosas Leis de Nuremberga, em 1935, que iriam criar grandes dificuldades a alguma intelectualidade alemã de origem judaica e formação marxista

Ora, de entre estes, vários constituíam a chamada "Escola de Francfurt", da qual Alain de BENOIST nos dá os seguintes contornos: "Não foi por acaso, escreve o filosofo Jurgen HABERMAS, que entre as duas guerras, numa época marcada pela crise do capitalismo liberal e pela ascensão do fascismo, um grupo de judeus liberais fundou um instituto cuja tarefa era fazer a análise crítica da sociedade". Nessa época, de facto, os judeus sentiam "a tal ponto a sociedade como uma coisa contra a qual se chocavam, que lhes era por assim dizer natural, olharem-na com um olhar sociológico". E continua BENOIST: "Está-se em Fevereiro de 1923. M. HORKHEIMER e F. POLLOCK fundam na Universidade de Francfurt o Instituto de Pesquisas Sociais. No mesmo ano, na Histoire et Conscience de Classe, G. LUKÀCS anuncia o "reino da categoria de totalidade" e sacraliza o proletariado. Em Janeiro de 1931, HORKHEIMER assume a direcção do Instituto. No ano seguinte aparecem os primeiros números dos Archives Pour l'Histoire du Socialisme et du Mouvement Ouvrier – a futura Revue des Sciences Sociales, onde são publicados artigos de Herbert MARCUSE, Walter BENJAMIN, Max HORKHEIMER, Theodor ADORNO, Erich FROMM, Friedrich POLLOK, Leo LOWENTHAL, Henryk GROSSMANN. Todos provêm da media e alta burguesia judia alemã. Her MANN WEIL, negociante germano-argentino, assegura o seu financiamento. A Escola está lançada. Na sua órbita gravitam outros franco atiradores do marxismo: LUCKACS, Wilhelm REICH, Karl KORSCH, WOLFGANG ABENDROTH. Em 1933 HITLER sobe ao poder. A revista é encerrada, o Instituto dissolvido e os membros da Escola têm de exilar-se". Isto não foi surpresa, pois era sabida a execração que o Nacional Socialismo tinha pelo judaísmo internacional e pelo comunismo. O

Instituto transformou-se em sociedade internacional fixando-se primeiro em Genebra, depois em Paris. A partir de 1934, a Escola emigra para os USA, onde encontra o terreno preparado e o Instituto passará o período da guerra na Universidade de Columbia.

A vitória dos Aliados veio pôr fim à diáspora: HORKHEIMER e ADORNO regressam em 1949 à Alemanha. MARCUSE e FROMM ficam nos USA e aí seguem o seu caminho, doutrinando naquele país sem abandonarem, claro está, o universalismo das suas ideias.

3 – Este bosquejo, conjugado com os factos históricos que se desenvolveram no pós-guerra para a instalação da normalidade social e política em que hoje vivemos, poderá ajudar a compreender um pouco melhor toda a fenomenologia a que chamamos de "contracultura".

Um desses factos foi o Plano MARSHALL, que propiciou a reconstrução de uma Europa que se encontrava praticamente destruída, salvo Portugal que foi poupado ao conflito. A Espanha, ainda mal cicatrizada das feridas duma louca e brutal guerra civil, teve também a habilidade e a sorte de não se envolver na luta.

A ajuda dos USA iniciou-se com investimentos parcelares a cada uma das nações necessitadas mas, a partir de 25 de Junho de 1947, foi globalmente programada para a reconstrução europeia. A injecção de capital trouxe o pleno emprego de que resultaram os benefícios inerentes e, na década de cinquenta, a Europa estava no bom caminho da recuperação económica, com a classe média em franco desenvolvimento. Foi dela que saíram, então, os jovens que, em plena guerra fria, clamavam contra o capitalismo, – e alguns contra o comunismo –, a civilização e a burguesia exploradora e endinheirada.

Impregnados mentalmente pelo existencialismo, acamaradavam em tertúlias denunciando a hipocrisia e os males da plutocracia. Reuniam-se em Amsterdão, Paris, Hamburgo, ouviam as suas músicas, tomavam as suas bebidas e iam-se justificando com argumentos extraídos das ideias que apreendiam em CAMUS, SARTRE, DUTSCHKE e outros.

Nos USA eram as doutrinas de MARCUSE, FROMM e os demais pensadores freudo-marxistas que iam alimentando a juventude nos seus movimentos pacifista e anti-sistema. As Universidades de Berkeley e Columbia foram os grandes alfobres de um autêntico ensino de contracultura.

Em 1946, no dealbar da guerra fria, o presidente dos USA, Harry TRUMAN, ordenou uma investigação sobre as simpatias ideológicas e políticas dos funcionários. O fantasma era, então, o comunismo internacional.

Cinco anos depois é o senador Joseph MCCARTHY que revolve as águas do anti-comunismo na América, o que provoca uma onda de protestos em toda a parte, desencadeada pelos que, de algum modo, se sentiam em perigo ou seus correligionários. Hollywood foi palco de grande agitação, distinguindo-se o presidente do Sindicato dos Actores, Ronald REAGAN, futuro presidente dos USA, onde se manteve por dois mandatos e é geralmente considerado o grande obreiro do colapso do império soviético.

Mas a acção da contracultura visa mais a sociedade civil do que questões de Estado. É no ensino e nas actividades culturais que faz incidir o maior esforço.

Não é a revolução política o seu alvo mas sim a modelação do "homem novo" pela mudança de valores e de crenças. Se esta for conseguida, tudo o mais virá por acrescento.

Vimos que, entre outros, ficaram nos USA os freudo-marxistas MARCUSE e FROMM, oriundos da escola de Francfurt. Ambos evoluíram nos seus escritos, abrandando nos princípios e nas análises até então defendidas e passando a advogar que a "hegemonia" não é exclusiva do capitalismo e pondo algumas reticências á excelência da psicanálise. KOESTLER já nem sequer hesitava em escrever: "A psicanálise é um sistema de malabarismo verbal, um misto de metáforas e conclusões".

Dados fornecidos pelo National Institute of Mental Health desmascararam a "farsa" da psicanálise, ao divulgar que "apenas 2% dos doentes mentais são tratados pela psicanálise". Depois foi o dr. Judd MARMOR, antigo presidente da American Academy of Psychoanalysis, a garantir que o "movimento psicoanalítico" está em vias de se tornar um ramo sem importância da psiquiatria". E também Thomas SZASZ, do Medical Center of Siracusa, de Nova Iorque, onde era professor de psiquiatria, afirmava com tristeza: "a psicanálise está em vias de desaparecer". O próprio EYSENCK reconduz a psicanálise a uma "sugestão" em que as relações humanas desempenham um papel importante. "Isto é especialmente verdade no que respeita ás afecções mentais. Só que, os sujeitos a tratamento pela psicanálise, curam-se menos e mais lentamente". E acrescenta: "Pesando bem as palavras, direi que FREUD fez recuar a psiquiatria em mais de cinquenta anos"[11].

---

[11] BENOIST, Alain, *Opus Cit.* Sobre o papel da psiquiatria, *vide* intervenção de EISENBERG subordinada ao título *Ética e Ciência do homem*, no colóquio de Rayaumont, *in UNIDADE DO HOMEM*, Vol. III, pp. 309 a 323 e 327, *cit.* Supra, nota (8).

Assim se descredibilizou a psicanálise; o marxismo passou pelo mesmo com a queda do muro de Berlim. Hoje vemos os fiéis da escola de Francfurt apenas no seu passado histórico e doutrinação contracultural. A obra que deixaram passou. Teve o seu tempo e trouxe os seus malefícios. As biografias dos seus protagonistas estão difundidas pelas várias enciclopédias em termos mais ou menos sucintos, tal como faremos agora em relação aos mais citados.

4 – Começaremos por MARCUSE, sobre o qual Alves de OLIVEIRA expende uma interessante síntese daquele sociólogo, ao escrever: "O fim de MARCUSE é garantir ao homem uma existência pacífica, isto é, liberta de todas as repressões que o oprimem. Conjugando certos aspectos do pensamento de HEGEL, MARX e FREUD, MARCUSE apresentou-se como ideólogo da contestação universal. Intenta a mais radical racionalização da exaltação orgíaca do homem: é a ideologia do mais absoluto naturalismo e do total relativismo. A inconsciência fundamental da síntese de MARCUSE parece situar-se na utopia de julgar plenamente pacificada uma existência vivida ao sabor dos instintos, quando toda a experiência humana demonstra à saciedade que eles escravizam. Crítico sagaz e impiedoso da sociedade contemporânea, enveredou pela demagogia ao defender que a espontaneidade lúdica resolve os ingentes problemas da fome, da miséria e da ignorância. Materialista, para ele toda a esperança humana se encontra numa vida plena, vivida na plena realização das dimensões erótica e lúdica, de que a própria morte seria o epílogo suave e banal. Depois de ter sido figura de referência da esquerda radical, MARCUSE interessou-se pelo papel dos movimentos sociais e políticos como o dos pacifistas, feministas, ecologistas, anti-racistas e outros"[12].

MARCUSE concebeu o homem "unidimensional", resultante da cultura, dos media, dos tempos livres e de tudo o mais que o nivela em relação a todos os outros.

Antigo aluno de HUSSERL e de HEIDEGGER, depois de ter sido entusiasta participante no movimento de ROSA LUXEMBURGO – o que, só por si, já é bem significativo –, tinha a obsessão da libertação de todas as hegemonias e símbolos da autoridade, protagonismos do poder, desde os mestres aos pais, dos chefes aos patrões e ao Estado. Mas tal libertação teria de ser completa, incluindo mesmo a libido, característica da civilização.

---

[12] Enciclopédia Luso-Brasileira de Cultura – Verbo – vol. 12, p. 1495.

Seriam as limitações morais as que mais escravizam o homem que, para ser feliz, terá de as rejeitar.

A liberdade, segundo ele, implica a necessidade de fugir à máquina trituradora da sociedade da abundância em que nos vemos enlaçados por estruturas sociais que aprisionam firmemente os indivíduos.

Em relação à América, por exemplo, conclui que as relações entre proletários e patrões deixaram de se processar nos moldes da época da revolução industrial, com as lutas, os ódios e os confrontos nas relações laborais. Sobretudo depois da segunda guerra mundial, assistiu-se à aparição de grandes centros de produção em que os indivíduos que os compõem, desde os directores aos operários, não passam de simples rodas da engrenagem. Mas, como sociedade de consumo que é, ficam sujeitos à estimulação permanente da máquina produtiva que, para sobreviver, tem de manter um poderoso aparelho publicitário. Este, por sua vez, vai proceder a uma verdadeira e contínua manipulação das inteligências e das mentalidades para nelas criar necessidades de consumo nas gentes. Não para seu benefício mas para sustentar a "máquina" da produção. O homem, então, fica oprimido e delimitado pela hegemonia e vontade do capitalismo que dirige a produção e, correlativamente, rege o consumo através da manipulação das consciências. Quer dizer: continua escravo da manipulação do Poder.

É a imprensa, a televisão, os espectáculos e os outros meios de propaganda publicitária que se transformam em veículos de uma certa forma de viver, produzir e consumir, conforme for planeado, o que redunda na "sociedade de consumo". Esta, por sua vez, vê a esfera política que vai traçar os seus destinos durante um certo período, meter ao serviço dos partidos os meios para realizar as eleições, mais do que prepará-la para, em plena consciência, utilizar o seu voto com independência. "O candidato é lançado com as mesmas técnicas que servem para vender sabão"! E o cidadão continuará dopado, mistificado e manipulado, em vez de ser informado para decidir livremente.

São "contradições" destas que aparecem nas sociedades industriais modernas em que o cidadão está sujeito a um estilo de vida unidimensional.

Se atentarmos bem, vemos que MARCUSE utilizava o discurso do óbvio para analisar as coisas e os factos numa visão marxista. Mas era interventor, escrevia bem e na hora apropriada. Isso aconteceu também com o seu opúsculo Critique of Pure Tolerance, onde exaltava o papel dos estudantes na renovação contracultural que defendia. Foi editado em 1966 na Alemanha. Em 1967 estala a rebelião dos estudantes contestatários em Berlim, encabeçados por Rudi DUTSCHKE, elegendo logo MARCUSE como o doutrinador da contestação radical. Até ali, – desde os finais da década de cinquenta –, satisfaziam-se com a literatura dos filósofos existencialistas que apresentavam o mundo como um imenso absurdo. Por essa altura DUTSCHKE ainda proclamava: "Para nós, jovens, trata-se de não aceitar um mundo que fala de paz, mas que tolera a guerra; um mundo que fala em liberdade mas que aceita as hipocrisias do capitalismo; que fala de progresso, mas que suporta o sufoco da burocracia comunista. Não queremos nem uma coisa nem outra".

Alain de BENOIST emprega a denominação de contra-figuras para os intelectuais da contracultura e a de figuras para os que combatem as modificações bruscas e intrínsecas da consciência colectiva dos povos.

Destes últimos destaca FABRE-LUCE, Roger CAILLOIS, Raymond ABELLO, Julius EVOLA, Jean CAU, Raymond RUYER e Arthur KOESTLER. Das contra-figuras refere, MARCUSE e os demais membros da Escola de Francfurt, António GRAMSCI, Roger GARAUDY, Ivan ILLICH, Edgar MORIN e ALTHUSSER. Omite, portanto, ADORNO.

Com as duas primeiras contra-figuras já tomámos contacto. Mas, quanto a GRAMSCI e GARAUDY, vemo-los mais como doutrinadores do que como iconoclastas apostados em mudanças culturais. O seu fito não foi bem provocar transformações radicais das crenças e padrões morais das sociedades civis.

António GRAMSCI, com LUKÁCS, foi o mais fecundo marxista-leninista independente do tempo de ESTALINE. Membro do Partido Socialista Italiano, foi colaborador do jornal Avanti!, que viria a ter como director, a partir de Novembro de 1912, o seu correligionário Benito MOSSULINI[13].

A sua doutrina era a de que o proletariado deve instituir a ditadura através de organismos criados espontaneamente no seu próprio seio. Como palavra de ordem proclamava: "Só a verdade é revolucionária". Depois de vários insucessos foi preso, aproveitando o encarceramento para escrever os Cadernos da Prisão. Faleceu de tuberculose em 25 de Abril de 1937[14].

GRAMSCI propôs-se, na luta política, subverter a própria estrutura marxista-leninista para dominar o aparelho de Estado, atribuindo ao "sindicato" o objectivo de "valorizar no mercado burguês o trabalho da res-

---

[13] MILZA, Pierre, MUSSOLINI, Verbo, 2001, pp. 129 e 254. cf N/ *Curso de Criminologia*, ed. policopiada da ESP e da AAUM, p. 45.

[14] Cf. n/D.F. e D.H. *Opus Cit.*, p. 63, nota 66.

pectiva classe trabalhadora", actuando como agente revolucionário e não propriamente como organismo de defesa dos trabalhadores seus associados. O sindicato poderia, tal como o próprio partido, ser agente da revolução; mas não lhe era lícito arrogar-se a agente privilegiado da revolução, pois poderia vir a confundir-se com ela. Por outro lado, quanto à questão de as classes dominantes se fazerem "naturalmente" obedecer pelas classes dominadas, concluiu que isso resulta da implantação aceite de uma ideologia, que se propôs estudar distinguindo a "sociedade civil" da "sociedade política". A primeira definiu-a como um conjunto de organismos normalmente classificados de privados que correspondem á função hegemónica que o grupo dominante exerce sobre toda a sociedade. Além dos cidadãos em si, na sociedade civil estão também as instituições, todo o sector privado, o sistema que se mobiliza para a satisfação das necessidades individuais e colectivas, – necessidades essas que MARCUSE denuncia como predominantemente criadas pelo capitalismo com vista ao seu desmedido e selvático enriquecimento próprio da sociedade de consumo-, bem como as corporações, a jurisdição, a administração, os agentes culturais, religiosos, científicos de ligação ao pensamento, e ás ideias que depois fazem frutificar, as tradições os costumes e até o senso-comum.

A par da "sociedade civil", GRAMSCI vê a "sociedade política" como o aparelho detentor da coerção. Mas tanto a "sociedade política "como a "sociedade civil" estão agregadas pela ideologia comum que a todos dirige e orienta. É como que a adesão dos espíritos"[15].

Assim sendo, GRAMSCI concluiu que a conquista do poder pelo proletariado deverá ser precedida da indispensável "reforma cultural" que permita, através de uma via democrática e nacional, a implantação do socialismo. A estratégia a desenvolver deverá ser através da cultura, pois esta é a mola real, o posto de comando dos valores e das ideias que irão levar ao triunfo socialista.

Para tanto, substituir a hegemonia cultural burguesa pela hegemonia cultural operária, será a solução correcta e eficaz. Então, abalada pelos surgimento de valores culturais que já não são os seus, a sociedade em questão vacilará nas suas bases, bastando, então, explorar a situação no campo político substituindo os elementos da sociedade política "por outros fiéis á

---

15 Bem diferente de MARX, portanto, que cometeu o erro palmar de considerar a realidade "sociedade civil" apenas como a cadeia de relações materiais dos indivíduos no seio de um estado de desenvolvimento determinado pelas forças produtivas, ou seja, a infra-estrutura económica.

ideologia nova. Assim, "a passagem para o socialismo" não passa pelo putsch – nem pela confrontação directa, mas sim pela sublevação dos espíritos".

Vejamos agora GARAUDY, sociólogo de nacionalidade e formação francesa, havido como contra-figura por BENOIST.

Desde os anos trinta que a sua trajectória de pensador se tem situado entre o cristianismo e o islamismo[16] no plano religioso e a filiação política no comunismo, de onde acabou por ser expulso.

Durante os dez anos que esteve á testa do CERM – Centre d'Etudes et de Recherches Marxistes –, foi amadurecendo a ideia de oposição ao rigor hierarquizado imposto pelos dirigentes do trabalho ideológico soviético. As conclusões do Vaticano II animaram-no nos seus esforços em favor do diálogo, no qual foi apoiado pelo cardeal KOENIG, ao mesmo tempo que D. Helder CÂMARA, bispo brasileiro de Olinda, lhe sugere dar o primeiro passo no sentido de demonstrar que a revolução é consubstancial ao cristianismo[17].

A reacção do Partido Comunista francês aos acontecimentos de Maio de 1968 levam-no à conclusão de que se estava em presença de completa incapacidade para lidar com os tempos novos que se avizinhavam e que os membros do Comité Central não iam suficientemente longe no diálogo com os crentes. O jornal do Partido, L' Humanité, de Dezembro de 1969, condena o seu comportamento individualista contrário ao princípio do centralismo e denuncia o seu "revisionismo de direita". Depois toma o partido de ARAGON quanto à liberdade de expressão artística. Então, no XIX congresso do P.C.F. acabou por ser expulso. Contudo, algumas das suas teses continuaram a ser seguidas, como a de riscar a expressão "ditadura do proletariado". Neste aspecto seguiu a posição de GRAMSCI.

Por que razão questionamos a classificação de "contra-figuras" a GRAMSCI e a GARAUDY?

Quanto ao primeiro, porque a penetração na sociedade civil programada pelo italiano não visava propriamente alterar valores morais ou crenças, mas antes utilizar o aparelho sindical para, através dele, accionar de forma eficaz e imediata a ideologia que entendia apropriada para a con-

---

[16] Aos 68 anos integrou-se na religião muçulmana com o nome de "Ragáa", ou "esperança", visitando Meca em 1983.

[17] No exemplar do livro *Espiral da Violência*, que D. HELDER lhe ofereceu em 26/7/70, o bispo escreveu a seguinte dedicatória: "A Roger Garaudy, irmão na fome e na sede de justiça".

quista do poder que, em boa verdade, aceitava mesmo que o fosse em moldes democráticos. Facto esse que, historicamente, veio a acontecer com implantação na vida política de Itália do chamado Eurocomunismo, com BERLINGUER a preconizar até o famoso "compromisso histórico" com a democracia cristã.

Descredibilizado por uns e temido por outros, a verdade é que o Eurocomunismo revelou-se um passo importante na democratização de toda a Europa, só ultrapassado, anos mais tarde, pela queda do muro de Berlim.

Quanto a GARAUDY, ele era de facto em França um dos elementos mais respeitados do P.C.F. Mas foi sol de pouca duração. Propôs realmente, a partir de uma análise rigorosa da estrutura económica e social da França de então e dos "seus aspectos específicos já que nem a União Soviética nem a China são o futuro da França", a chamada via francesa para a hegemonia do proletariado[18]. Não se tratava apenas de um projecto para se "apossar da máquina do Estado, mas de a transformar profundamente, a fim de passar de uma democracia formal a uma democracia real", seguindo as fórmulas do Estado burguês, em que os senhores dos monopólios e os seus estados maiores exercem sobre o povo um domínio de facto por meio da ocupação dos lugares chaves da estrutura nacional[19].

Claro que não nos vamos deter na questão de saber se as posições de GRAMSCI e de GARAUDY foram muito ou pouco relevantes na realidade histórica da contracultura, ou se o eurocomunismo foi um bem ou um mal. Uma coisa, porém temos de lembrar: a 3 de Março de 1977, as duas "vias", francesa e italiana, representadas pelos respectivos secretários-gerais – Georges MARCHAIS e Enrico BERLINGUER –, com Santiago CARRILHO, do partido comunista espanhol, adoptaram uma Declaração conjunta em Madrid, onde afirmavam: "Os comunistas do Espanha, França e Itália entendem trabalhar para a construção de uma sociedade nova na pluralidade das forcas políticas e sociais, e no respeito, garantia e desenvolvimento de todas as liberdades colectivas e individuais: liberdade de pensamento e expressão, de imprensa, de associação e reunião, de manifestação, de livre circulação de pessoas tanto no seu país como no estrangeiro, liberdade sindical, independência dos sindicatos e direito à greve, inviolabilidade da vida privada, respeito do sufrágio universal e possibilidade de

---

[18] Cf. PRELOT, Marcel, *Histoire des idées politiques*, Dalloz, p. 425.

[19] A. de BENOIST, *Opus Cit.*, p. 486. Há que levar em conta a descrença do autor no eurocomunismo.

alternância democrática das maiorias, liberdades religiosas, liberdade de cultura, liberdade de expressão das diferentes correntes de opinião filosófica, culturais e artísticas. Este vontade de realizar o socialismo na democracia e na liberdade inspira as concepções elaboradas com toda a independência por cada um dos três partidos".

Na altura a reacção de Moscovo foi imediata e de condenação, o que levou CARRILHO a declarar que "os dirigentes soviéticos continuam a considerar-se o Santo Ofício".

Não foram grandes os sucessos do eurocomunismo. Mas foi, pelo menos em Espanha, a garantia de uma mudança pacífica numa época de incerteza e de perigo real.

Pela influência que exerceu no sector social onde se movia, não se deve omitir a acção contracultural desenvolvida por Ivan ILLICH, americano e teólogo que fez os seus estudos na Universidade Gregoriana de Roma e foi ordenado sacerdote. Muito chegado ao cardeal SPELLMANN, começou a exercer a sua doutrinação no bairro porto-riquenho de Nova Iorque.

Em 1960, ILLICH fundou o Centro Intercultural de Documentação, em Cuernavaca, onde o prelado monta uma autêntica máquina de guerra contra a" burocracia eclesiástica" e contra os países desenvolvidos. O seu objectivo final é o de "fazer saltar as estruturas do mundo burguês, partindo do interior da Igreja".

O Centro, reforçado com a colaboração de monsenhor Arceo MENDEZ e o beneditino LEMERCIER, amplia o seu campo de trabalho lançando uma experiência de "psicanálise no convento". Com base nas teorias de FREUD e as teses de MARX,são ali desenvolvidos e difundidos princípios e doutrinas fortemente perturbadoras para a cultura secular do povo mexicano, no propósito de intensificar a luta contra o capitalismo, dar apoio às "justas lutas dos terroristas", estabelecer a concordância do evangelho das bem-aventuranças com as lutas dos oprimidos.

Embora arauto da laicidade do sacerdócio católico, nunca lhe foi retirado o exercício do *munus* e sempre gozou da compreensão da hierarquia eclesiástica sul-americana. Foi paladino do banimento da instituição escolar e da prática de "trovas entre iguais", que se podem sintetizar nisto: "Constituir uma equipe em que os membros estarão dispostos a mutuamente se ajudarem para compreenderem um artigo de MAO, MARCUSE, FREUD ou GOODMAN"[20].

---

[20] Benoist, *Opus Cit.* p. 478

Escreveu Libertar o Futuro, onde fez a apologia da supressão da polícia, do exército, dos transportes, da medicina, da indústria e do Estado. Tudo isto por se tratar de "absurdo evidente". Há em todo o seu pensamento uma tendência para sacrificar o progresso em holocausto a uma militância marxista radical, o que, em certa medida, entra já no âmbito da subversão ideológica.

No que toca à estrutura filosófica do seu pensamento, BENOIST sintetiza-a deste modo: "O homem teria cometido um pecado aceitando as exigências da vida social, do que resultaria a inumanidade das instituições que ele considera como um mal absoluto. Coincidindo aqui com MARCUSE, afirma que as instituições devem ser criticadas na medida em que, assegurando uma melhor relação entre os homens e o mundo que os rodeia, reforçam objectivamente este último na sua realidade do momento. Por outras palavras: mais valia a existência de instituições francamente intoleráveis, pois que essas facilitariam a vinda da revolução. A sociedade é má na medida em que é boa".

Bem vistas as coisas, trata-se do fenómeno sociológico denominado "regresso" – voltar às origens –, abdicar da máquina, recorrer antes ao utensílio primitivo utilizado para a vida simples. Seria como que incutir na sociedade moderna a volta do tempo da caverna para iniciar tudo de novo nos moldes da revolução.

4 – Já tivemos oportunidade de nos referir à racionalização da contracultura, designadamente pela influência da psicanálise e seu aproveitamento como disciplina integrada na psiquiatria. Pretenderam os seus prosélitos matar a angustia que aflige boa parte dos homens interferindo na transformação da sociedade. Mas para a transformar têm de a conhecer e, para isso, há que estudá-la.

Foram, – e são ainda, – muitos outros os sociólogos e demais cultores das ciências humanas que têm analisado a sociedade submetendo o seu estudo a critérios diversificados e as comparações a múltiplos quadros de referência.

No campo da Justiça, ou melhor dizendo, do Direito, porque se funda na moral e visa assegurar a liberdade de cada homem, tem sido intensa a intervenção dos analistas que, como é próprio da sociologia, utilizam o método desta ciência, – reduzir tudo a factos sociais –, ao invés do método jurídico, que tem de contar com valores morais, equilíbrio, justiça, oportunidade e tradição (consuetudo).

Principalmente no direito penal, mais permeável do que o direito civil a elementos espúrios, de interferência, os ataques contraculturais têm sido arrasadores.

Daremos um panorama muito geral das posições mais incisivas e persistentes e que, pela difusão dos media, têm penetrado mais profunda e largamente na população em geral.

Começaremos por Michel FOUCOULT, autor do livro Surveiller et punir, Gallimard, pág. 51 e segs., onde ataca o formalismo judiciário dos tribunais em termos sarcásticos, como estes: O suplício judiciário, ou seja, as penas, são "um ritual político" que faz parte do cerimonial pelo qual o poder se manifesta, quando o criminoso ousa perturbar as regras da sua soberania. Então, o julgador e a lei, numa cumplicidade jurídico-política, desencadeiam a "afirmação enfática do poder e da sua superioridade intrínseca" que se concretiza depois pela "liturgia da pena".

O respeitado cultor da "Biologia Política", que foi Henri LABORIT, avaliando a pena de morte em confronto com o crime de homicídio, não resistiu a referir-se neste termos irónicos: "Só os Estados têm o direito de matar, só eles tem o direito ao crime". É uma evidente alusão, à *rebours,* da sábia visão de HERÁCLITO de que "o caminho a subir e a descer é um e o mesmo", o que levaria à profana conclusão da similitude do plano moral entre o mesmo acto material como único meio de obstar a um crime, ou como o próprio crime. Ou, noutro exemplo mais consentâneo, colocar ao mesmo nível moral um acto de sequestro, com uma operação de captura de um criminoso de perigo levada a cabo por agentes policiais para manutenção da paz pública e no estrito cumprimento da lei[21].

Efeitos contraculturais tiveram as teses da Escola Franco-Belga sobre a explicação do crime, numa sociedade que tinha, desde o direito romano, como correcto, o princípio elementar de que à prática de um crime deverá corresponder uma pena. Pois em 1885, no Congresso Internacional de Antropologia Criminal realizado em Roma, apareceu um médico e biólogo, de nome LACASSAGNE, que vinha apresentar uma tese científica que punha em crise a crença cultural de ser o criminoso culpado o responsável pelo crime e, portanto, condenado na pena cominada na lei.

Defendeu ele que "cada sociedade tem os criminosos que merece". Isto porque, nas sociedades, "o meio social é o caldo de cultura da crimi-

---

[21] LABORIT escreveu um excelente ensaio intitulado *L'Homme et la Ville*, Flammarion, em que fez a análise da reciprocidade das influências do homem individual na sua cidade e esta sobre ele. "O urbanismo não se reduz a uma questão de alojamento e de circulação. Ela é uma sociedade, uma micro-sociedade que comanda toda a nossa vida".

nalidade e o criminoso o micróbio. Este não terá, só por si, qualquer relevância, até ao momento em que seja envolvido pelo caldo que o faça fermentar". Foi esta imagem, sem duvida sedutora, que deu azo à dominada Escola do Meio Social.

LACASSAGNE não chegou a esclarecer como o meio social pode actuar sobre a personalidade do delinquente. E foi para suprir esta deficiência que o seu compatriota Gabriel TARDE (1843-1904) veio com a tese de que cada homem se conduz segundo os costumes do seu meio, numa inter-relação individual dominada por um facto social que é a imitação.

Desenvolvendo a sua análise concluiu que "Todos os actos importantes da vida social são executados sob o império do exemplo", o que implica, por vezes, certos tipos de crimes se implantarem como uma moda acabando mesmo como hábito. E explicou assim: O magistério e a pedagogia social obedece a três leis:

Primeira: "Um homem imita outro em proporção directa ao grau de proximidade e intimidade da relação entre eles e da sua natureza".

Segunda: "O inferior tende a imitar o superior". É a lei da imitação.

Terceira: "As modas de índole criminal alternam-se ou excluem-se mesmo quando actuam ao mesmo tempo, em termos de a mais recente depor a mais antiga". Esta é conhecida como lei da inserção.

O delinquente formar-se-ia, pois, no meio social através do magistério e da aprendizagem, tal como as outras profissões em relação aos cidadãos ordeiros e normais. Daí a sua proclamação bem conhecida: "Todo o mundo é culpado excepto o criminoso".

TARDE não deixa, contudo, de referir que existem factores específicos que explicam o crescimento das taxas de criminalidade, tais como: a quebra da moral tradicional ou seja, a acção da contracultura; o êxodo migratório do campo para as cidades grandes sem a correlativa adaptação circunstancial; a formação de subculturas fora do monolitismo social axiológico; e, finalmente, a perda da capacidade directiva por parte das elites incapazes de servir como modelo de conduta.

Tivemos já a oportunidade de nos referirmos ao conceito de "consciência colectiva", que o tempo e a vivência vão acumulando em cada povo como legado cultural agregador, constituído por arquétipos, pautas de conduta que geram tendências e modos de pensar e agir configurados inconscientemente nas próprias condutas individuais.

Está hoje cientificamente demonstrado que esses "depósitos de experiência" acabam por entrar nos radicais genéticos e serem transmissíveis hereditariamente.

Quando a "consciência colectiva" reage a provocações que a ofendem, a tendência natural é de erradicar do seu seio o agitador, o ofensor, punindo-o até com um castigo dissuasor. Isto constitui a essência do direito penal.

Mas, analisando este mecanismo, vemos que a pena aparece antes do crime. Ao fazer a lei, o legislador concebe uma conduta que, por reprovável, ele vai tipificar como crime, fazendo-lhe corresponder uma sanção penal. Ora é aqui que os adeptos da psicanálise, – designadamente o freudo-marxista FROMM –, põem as coisas nestes termos: antes de analisar a psicologia do delinquente, foi necessário analisar primeiro a da sociedade que marca as linhas daquilo que considera, ou não considera, como crime. Portanto, é na sociedade que está a paternidade do crime. Assim sendo, mais do que estudar o criminoso e tentar entender por que ele delinquiu, há que compreender antes a sociedade que decidiu que um certo acto é tido e classificado como crime. Logo, mais do que o criminoso, – e antes dele –, há que psicanalizar a sociedade que o concebeu.

Temos, portanto, que o crime tem dois elementos constitutivos: a sociedade, como agente que o cria, e o criminoso que o pratica, e que vai ter a conduta integradora do crime que a sociedade determinou.

É nesta base que os freudo-marxistas desenvolvem o raciocínio da sociedade participe, – alguns falam até em geradora –, da criminalidade, avolumando as culpas sobre a sociedade capitalista. E todas as conclusões que a observação e a lógica lhes permitem entram como contra-cultura, no entendimento dos cidadãos; como algo que lhes vai perturbar os dados constitutivos da consciência colectiva.

Os psicanalistas delimitam, nestas matérias, dois campos separados: um em relação ao delinquente e o outro em relação à sociedade.

Quanto ao primeiro, propõem a abolição das penas judiciárias como tais e, em sua substituição, promover o tratamento e a educação do delinquente. Equivale ao que se chama o "fim correctivo das penas".

Mas os adeptos da psicanálise na vertente criminológica vão muito mais além e defendem que "deve promover-se a introdução da psicanálise na sala de audiências, pois só ela poderá dissipar a obscuridade que aí reina e mostrar a única saída para a crise da justiça". Ou seja: a tarefa de aplicação da justiça criminal passará a ser mais tarefa do psiquiatra do que do magistrado, sendo àquele que caberá, em última analise, o juízo sobre a responsabilidade criminal.

Esta foi a tese defendida por ALEXANDER e STAUB, – contracultura completa –, e que veio encontrar eco entre os intelectuais freudo-marxistas dos anos sessenta, e tantas apreensões causou na magistratura judicial. Isto porque, como bem se compreende, põe em questão a própria existência dos tribunais judiciais e o eterno e soberano direito de punir. Como refere MOLINA, é a grande ameaça à ordem jurídica criminal e expressão primária do "assalto ao direito penal", ao "poder de administração da justiça" que, aliás, está muito longe de se esgotar na simples apreciação da responsabilidade criminal do réu. A psiquiatria terá o seu lugar só e apenas como elemento adjuvante que possa habilitar melhor o juiz a decidir em mais segurança e consciência.

Quanto ao tratamento do delinquente neurótico, alguns preconizam o internamento enquanto as necessidades de terapia o exijam. Mas outros, mais radicais e revoltos, o tratamento individual nada adianta para a questão da defesa da sociedade e da neutralização da criminalidade. Para eles a solução será a de exercer a terapia directamente sobre a própria sociedade, de modo a esgotar as cargas traumáticas que levam o indivíduo à prática de crimes. E isto pode passar pela abolição irremediável do direito penal. É esta a posição, por exemplo, de Arno PLANCK, ao advogar a mudança da psicologia da sociedade punitiva.

A racionalização da contracultura, no que ao sentimento colectivo concerne, em relação as condutas socialmente rejeitadas por porem em risco a paz publica, isto é, o crime, conheceu um forte incremento nas décadas de sessenta e setenta, bem dentro dos tempos da "guerra-fria", portanto.

Tinha florescido na sociologia a doutrina segundo a qual as condutas desconformes à harmonia e são funcionamento de uma sociedade se reduziam a desvios. Daqui a expressão: conduta desviante, ou seja, aquela que sai dos quadros culturalmente admitidos na sociedade, mas por esta tolerada. Se rejeitada e perseguida pela generalidade dos cidadãos, seria criminalmente punida através do aparelho repressivo do Estado, ao qual compete o controlo social do crime[134].

Vinha de há muito o abandono da ideia do acto criminal ser pertença dos juristas, – desde GAROFALO –. Conduta humana como qualquer outra, embora desviante em razão da sua rejeição pela sociedade, situava-se cla-

---

[134] Cf. nossa *Epanortologia* – Para uma visão nova do delinquente e da vitima –, *in* Estudos Políticos e Sociais, ed. do I.S.C.S.P., vol. XI, n.ºs 3 e 4, 1983, pp 324 e segs. CUSSON, Maurice, *Le Control Social du Crime*, PUF, 1983, p. 20. FIGUEIREDO DIAS, J. & ANDRADE, M. da Costa, *Criminologia* – O Homem Delinquente e a Sociedade Criminógena –, Coimbra Editora, 1984, pp. 441 e ss..

ramente no campo da sociologia onde, por sua vez, se desenvolviam as teses da racionalização da contracultura, como ficou dito.

O confronto ideológico que opôs os dois blocos vencedores da guerra de 1939-45 desencadeou-se principalmente no campo das ideias, repercutindo-se, depois, tanto nas Américas como na própria Europa ocidental, onde institucionalmente dominava o princípio da liberdade individual. A partir da década de cinquenta e até ao esboroar do bloco soviético, tivemos de suportar um desgaste tremendo provocado pela situação perversa de boa parte das catedrais do pensamento universitário, amparadas por meios financeiros inesgotáveis. Nelas se trabalharia afincadamente a racionalização da contracultura que metódica e pertinazmente ia sendo difundida sobretudo nas camadas jovens, sempre sedentas de novidades.

Começou-se por implantar a ideia de que uma ciência que tem por objecto o estudo dos factos sociais, tal como fora legada por DURKHEIM, não podia ser neutra em relação à sua natural evolução. As grandes mudanças do pós-guerra, designadamente: os movimentos de emancipação de territórios de além-mar que, a troco de recrutamento de homens para combaterem contra as tropas do Eixo lhes foi prometida a independência; os encargos a que os governos se haviam comprometido para preparar quadros destinados a preencher necessidades locais; a mobilização de recursos em benefício de subculturas e respectivo acantonamento em bairros a esse fim destinados; as primeiras organizações dos párias da civilização que reclamavam para si a dignidade a que se achavam com direito; os movimentos cívicos; as reivindicações estudantis inconformadas com carências reais e outras forjadas; e sempre, sempre a corrosão latente e persistente da surda confrontação ideológica que tudo envenenava e a muitos consumia.

Entenderam, então, os sociólogos que era chegada a hora de não se ficarem pelo registo de factos sociais a catalogar para posterior utilização de quem deles tirasse proveito, mas interferir, apontar pistas, denunciar faltas, propor soluções. E, sobretudo, criticar, demolir, arrasar. O resultado foi, à sociologia nova, seguir-se logo uma outra de natureza mais crítica que, no campo do direito, se manifestou principalmente no sector criminológico.

Como já tivemos ocasião de referir, foi principalmente na década de sessenta que se desenrolaram as grandes manifestações emancipalistas das populações marginais e marginalizadas, e teve lugar a luta pelos direitos cívicos dos negros nos USA, que exigiam a sua integração. Luther KING foi assassinado em 1968, no mesmo ano em que as ruas de Paris se inundaram de jovens, – ou mais ou menos jovens – que se rebelavam contra a autoridade do velho general que lhes resolvera a questão norte-africana, vociferando *slogans* desencontrados e que acabaram por se contradizer nos próprios termos ao clamarem: "É proibido proibir". Para uns foram dias de folia, para outros de festa, para a França de sobressalto e de lição: "Em quem pode a Pátria confiar?". Perguntava-se com estupefacção.

Um facto incontroverso foi o predomínio dos sociólogos freudo--marxistas no movimento da sociologia crítica.

Propriamente na esfera criminológica, cujo impacto contracultural é enorme, assentou-se, de vez, que a delinquência é apenas uma variante da deviance, conforme defendiam os americanos LEMERT e BECKER, sem qualquer especificidade particular, "tal como a gaguez ou os doentes mentais". Isto implicava uma certa banalização do acto criminoso que, despido da persecução moral, tinha apenas a particularidade de ser penalmente sancionado. Usando e abusando do trocadilho de palavras e com a apetência para esquemas de absorção rápida, como todo o intelectual reformador, LEMERT formulou o seguinte apotegma: "não é a conduta desconforme que conduz ao controlo social, mas é o controlo social que conduz à conduta desconforme".

Foi CUSSON que desmontou esta armação e denunciou o sofisma, alertando para o facto natural e humano de, "em presença de um crime, antes da ideia do recurso à repressão, todo o indivíduo é assaltado primeiro pelo sentimento de indignação".

Ora sabemos, por experiência própria, que a indignação é o elemento motor que nos faz reagir a factores inesperados ou a ideais novas que, pela sua desconformidade com os padrões que temos como certos, correctos e que têm pautado a nossa vida e os nossos actos,nos leva à repulsa e condenação.

Exactamente o mesmo se passa no campo sociológico quanto à inclusão de situações novas, ou dados novos, no sistema de avaliação e sua recepção. Em boa verdade é este o mecanismo desencadeado pela contracultura.

Para temperar reacções adversas destinadas ao fracasso surgiu a expressão "interacção social", que se reconduziu ao "interaccionismo". Procurou-se aqui analisar o processo de reacção e acção recíprocas dos agentes sociais nos diversos escalões, segundo as diferentes modalidades de manifestação. E, neste propósito, foi apreciada a interacção, na sua manifestação prática, na área em que actuará. Do equilíbrio entre as interacções qualificadas normalmente como positivas, como a cooperação, a participação, a adaptação, a acomodação e a integração, e as que são havidas como negativas, designadamente o conflito, a luta, a rivalidade, a segregação, a discriminação e o ostracismo, será possível o sucesso das modificações que se pretendem levar a cabo num determinado meio social.

Pois foi o interacionismo que serviu de base à sociologia crítica. Alguma coisa de positivo foi conseguido. Mas ficou-se ainda longe do objectivo final. Por isso, a partir da década de setenta, irrompe a sociologia radical que, no direito, se concentrou principalmente na criminologia, dando lugar à, "criminologia radical".

A natureza da criminologia radical foi expressada, de forma crua e nua, por James GAROFALO: "A definição formal da criminologia radical é breve: pressupõe uma abordagem marxista dos problemas do crime e do seu controlo"[23]. Esta escola surgiu nos USA, principalmente na Universidade de Berkley, mas hoje tem cultores em Inglaterra, Itália França, Alemanha, Áustria, Holanda, Noruega, Suécia e um núcleo importante na América do Sul, particularmente activo no Brasil.

Raymond GASSIN busca as raízes desta Escola na conjugação de dois fenómenos: as lutas políticas, por vezes violentas, travadas entre diversos movimentos da ultra esquerda, nos USA e na Europa; e na influência das correntes neo-marxistas que alimentaram intelectualmente os movimentos extremistas revolucionários, situados à esquerda dos partidos comunistas. E cita a Escola de Francfurt, GRAMSCI, MARCUSE, ALTHUSSER e outros que cabem na lista das personalidades a que, como vimos, Alain de BENOIST classifica de contra-figuras,- exemplos acabados de intelectuais da contra-cultura. Só para citar alguns mais referiremos BLOCK e ADORNO; os neo-estruturalistas Michael FOUCAULT e LACAN; os anti-psiquiatras LAING, ESTERSON, David COOPER e Roger GENTIS e outros freudo-marxistas que proclamavam "o mito das doenças mentais", verberavam a "alienação

---

[23] Cf. FIGUEIREDO DIAS & COSTA ANDRADE, *Opus Cit.*, pág. 58, nota 95. Não confundir este GAROFALO com Raffaele GAROFALO, o Mestre de Nápoles, elemento preponderante da chamada Escola Positiva Italiana e um dos mais ilustres juristas italianos. Autor de *Criminologia* e *Superstição Socialista*, – obras traduzidas para português pelo nosso Júlio de MATOS –, colaborou no Projecto do Código Penal Italiano de 1921. É da sua autoria a célebre frase: "O termo delito não pertence aos juristas", rompendo com a tradição em benefício da sociologia. Definiu o "delito natural" que representaria a parte menos delicada dos sentimentos morais da *piedade* e da *probidade*. Para mais desenvolvimento *vide* o nosso já citado *Curso de Criminologia*, págs. 49 a 56.

social", cultivavam a esquiziolatria, acalentavam o projecto marcuseano da "união de todos os marginais" e viam barreiras à liberdade desde os bancos da escola às fabricas, às prisões, aos manicómios, aos asilos. Ficou famoso o grito: "Écoles, – Asiles – Prisions: même combat!"

Quanto ao conteúdo do criminologia crítica, é ainda Raymond GASSIN que entende ser ela, simultaneamente, uma explicação e uma acção concreta de conformidade com o seguinte ensinamento de MAO-TZÉ TUNG: "A filosofia marxista considera que o problema mais importante não consiste na compreensão das leis do mundo objectivo e consequentemente em explicá-las, mas na aplicação do conhecimento dessas leis para mudar activamente o mundo". Ou seja: pôr o direito ao serviço da revolução.

Nesta linha de propósitos, a criminologia radical, bem como toda a sociologia, ainda que por caminhos diversos, procura sempre chegar à conclusão de que "o crime é sempre uma invenção dos grupos dominantes dentro do Estado para enquadrarem os indivíduos e os grupos que consideram como perigosos para a conservação do poder; e o sistema penal, por seu lado, um dos instrumentos essenciais utilizados pela burguesia para manter a sua superioridade sobre as classes oprimidas".

Assim, o problema da acção criminal não passa de uma questão do poder político e económico na sociedade capitalista.

Como acção, a criminologia deve traduzir-se num combate, numa actividade militante, empenhando-se em "desmascarar o verniz moral e ideológico que dissimula uma sociedade inigualitária e a lutar pela mudança social e pelo estabelecimento de uma sociedade pós capitalista, conforme com o seu ideal de igualdade. Para tanto, deve-se não somente contribuir para a mudança da legislação no sentido de obter a descriminalização das actuais infracções, como o furto, o uso de estupefacientes, etc., e a incriminação de actividades quase desconhecidas do direito penal, como o imperialismo, o colonialismo, o racismo, o capitalismo, o sexismo, discriminação em relação aos jovens (jeunisme), mas deve também participar concretamente nas acções de oposição, mesmo violentas, ao sistema penal (por exemplo a assistência às revoltas nas prisões)"[24].

---

[24] São numerosos e espalhados por quase todos os países ditos civilizados os cultores da criminologia radical. Por uma via ou por outra, cada qual foi sucedendo ao estruturalismo e ao interacionismo, de mãos dadas com o neo-estruturalismo, o anti-pedagogismo, a anti-psiquiatria e as demais doutrinas da esquerda extremada. Nos USA, além de muitos outros, tem-se destacado a Escola Criminológica de Berkley, corroborada por

Embora venhamos ao assunto noutro lugar deste trabalho, – a propósito da perversão dos Direitos do Homem –, não vamos deixar passar a oportunidade de chamar a atenção para o facto de a nossa Constituição de 1976, apesar das cinco alterações já verificadas, ainda manter no art. 7.º, n.º 2 um texto que, de harmonia com a docência do Prof. Raymond GASSIN, in Criminologie, Précis Dalloz, 12.ª édition, 1990, Paris, pág. 225, parece situar-se bem dentro das raízes da criminologia ora em análise.

Na mesma toada temos a posição de T. PLATT no problema da definição de crime na criminologia radical, posição essa que nos é transcrita na Criminologia de FIGUEIREDO DIAS & COSTA ANDRADE, e que reproduzimos: "no passado, vimo-nos limitados pela definição legal de crime que nos compeliu a estudar e, em última instância, a controlar apenas as pessoas legalmente definidas como criminosos. Precisamos de uma definição de crime que espelhe a realidade dum sistema legal que assenta no poder e no privilégio. Aceitar a definição legal é aceitar a ficção da neutralidade do direito[25]. Uma definição de índole socialista, perspectivada em função dos Direitos do Homem permite-nos estudar o imperialismo, o racismo, o capitalismo, o sexismo e outros sistemas de exploração, que contribuem para a miséria humana e privam as comunidades das suas potencialidades humanas. O Estado e o aparelho jurídico, em vez de dirigirem a nossa investigação, devem, pelo contrário, converter-se em tópicos centrais de investigação, com instituições criminógenas, implicadas em corrupção, fraude, genocídio". E os mestres de Coimbra esclarecem: "Segundo a criminologia radical só haverá uma via de superação das aporias em que aca-

---

mestres de Harward e Boston, que organizaram a *Union of Radical Criminologists*, com a revista *Crime and Social Justice*. No Reino Unido, o trio TAYLOR, WALTON e YOUNG, que produziram o trabalho melhor sistematizado em *The New Criminology: For a Social Theory of Deviance* (1973). São eles os organizadores da colectânea *Critical Criminology* (1975). Em Itália tem sido destacado A. BARATA, autor da *Criminologia Liberal* (1979). No Brasil tem sobressaído Cirino dos SANTOS, autor da *Criminologia da Repressão* (1979) e da *Criminologia Radical* (1981), de quem o seu mestre Roberto LYRA FILHO diz ser "o maior talento da geração de criminólogos brasileiros", muito embora lhe aconselhe moderação para "os ímpetos tropicais não se transformarem em *doença infantil* do tipo anarquismos e esquerdismos puramente destrutivos". Também o próprio LYRA FILHO escreveu sobre a *Antipsiquiatria* (1967), a *Criminologia Dialéctica* (1972) e *Criminologia da Libertação* (1972). O tema da Criminologia da Libertação foi retomado por Anayr de CASTRO, o que lhe mereceu grande acolhimento na revista de Genebra *Deviance et Societè*, sendo mesmo premiada.

[25] *Ibidem*, págs. 80 e 81.

bam por cair todas as tentativas de definição de crime. Consistirá ela em definir o crime a partir da referência aos direitos humanos: crime será toda a violação individual ou colectiva dos direitos humanos. Com esta definição, a criminologia radical propõe-se, sobretudo, transcender o critério da estadualidade, libertando a criminologia (e o criminólogo) das servidões praticamente impostas. E visa também vencer as limitações das ordens sociologicamente impostas, perspectivando os direitos humanos no seu processo histórico de afirmação, expansão e, por isso, em permanente tensão reivindicativa. Não se estranhará, assim, que, ao lado do crime clássico (homicídio violação, ofensas corporais) a criminologia radical tenda a privilegiar "crimes" como o racismo, a desigualdade entre os sexos e todas as formas de discriminação e exploração. Compreende-se igualmente a sua disponibilidade para identificar criminosos e vítimas num plano de trans-estadualidade: há comunidades étnicas, nacionais, religiosas ou raciais – que são vítimas, e há formações políticas que podem justamente classificar-se como criminosas. É necessário, por isso, em síntese, entrar em linha de conta com os crimes de belicismo, imperialismo e violência contra os povos oprimidos"[26].

Portanto, os sociólogos radicais defendem que a criminologia terá de deixar de considerar o crime apenas no campo individual e transpô-lo para o campo mais alargado dos Direitos do Homem, rebatendo-os para outras realidades com as quais terá de se preocupar mais, como o imperialismo, o racismo, o capitalismo, o sexismo e outros sistemas de exploração que contribuem para a miséria humana. E mais: o Estado e o aparelho repressivo devem passar a ser objecto de investigação criminológica, dado que se comportam como instituições criminógenas implicadas na corrupção, na fraude e no genocídio!

Também os crimes de empresas contra as classes trabalhadoras se integram no objecto da nova criminologia. Rejeitam, assim, a noção tradi-

---

[26] Isto de tentar utilizar a criminologia e conceitos de crime ao serviço da implantação de ideais políticos, por muito generosos que se apresentem, mas que deixam fortes dúvidas sobre a sua autenticidade fora da episódica luta política, leva-nos a relembrar, por exemplo, a posição do Prof. Cavaleiro de FERREIRA, para quem a criminologia é uma ciência auxiliar do direito criminal. Para tanto baseia-se na ideia de *fim* como elemento estrutural do Direito. Cf. *Lições de Direito Penal I,* p 38. Mas, se o *fim* da criminologia for explicar o crime e suas causas com vista à sua erradicação da sociedade, então será o direito criminal auxiliar da criminologia e da política criminal. Aliás, o direito é considerado sempre como instrumento ao serviço da Justiça, da Moral e da Política.

cional de crime, daquele que cria realmente a insegurança dos cidadãos e faz perigar a indispensável paz civil, sem a qual não é possível a vida em sociedade. Classificam-no como subordinação à "dogmática do direito penal tradicional".

Menos ainda aceitam a adução de razões explicativas da causa ou causas do crime, nem dos fins das penas. Nestes aspectos posicionam-se um pouco como os anti-psiquiatras em relação às doenças mentais, – estas não passam de um mito criado pela sociedade!

Por isso, Roberto LIRA-FILHO, num celebradíssimo trabalho publicado em 1981, no Brasil, na Revista de Direito Penal, n.° 31, refere expressamente: "Não é à toa que a Criminologia Crítica é irmã gémea da anti-psiquiatria". Nem nos deve surpreender o critério sugerido por CHAMBLISS, – recordado no mesmo artigo –, em que "o ponto de partida para o estudo sistemático do crime não é perguntar por que certas pessoas se tornam criminosas e outras não, mas indagar, primeiro, por que certas condutas são definidas como criminosas e outras não".

Também preocupações de recuperação de delinquentes ou qualquer relação ao sentido intimidativo das penas, são simplesmente minimizadas, ou mesmo desprezadas. Proclamações de belo efeito como "quem é impotente para educar, também não é moralmente competente pare punir", enquadram-se ajustadamente na linha iconoclasta no radicalismo contra a Criminologia Clássica, ou mesmo das Escolas posteriores que integram a tal "dogmática jurídica do direito penal", ou qualquer Escola sociológica do crime.

Julgamos de interesse apresentar aqui o miolo, digamos assim, descritivo da criminologia radical, tal como o sintetizou LYRA FILHO: "Dadas as relações de produção, o modo de produção representando a infra-estrutura social; dado o modo de produção, as classes nele divididas; dada a dominação de uma classe, a ideologia e as instituições, com seus aparelhos; dada a articulação das instituições e o Estado; dado o Estado e o Direito que exprime e resguarda o interesse e privilégios da classe dominante; dado o Direito como síntese quintessência da tradição, família e propriedade (sobretudo a última, é claro); dado o Direito Criminal, o processo e julgamento e, no capitalismo, a prisão a que praticamente só chegam as classes dominadas; dada a prisão, com os microcosmos, espelhando o universo social da estrutura capitalista, uma espécie de limitação interna das relações de classe, com os mitos da reeducação e defesa social, em última análise disfarçando o castigo que cai sobre o espoliado, dada tal situação institucional, a cobertura ideológica em que todas as criminologias, salvo a radical, constituem reforço e disfarce (consciente ou não) do mesmo processo de dominação".

C' EST LA FOLIE!

Talvez. Mas a verdade é que vem de um dos mais eminentes penalistas brasileiros do seu tempo. Do nosso tempo!

5 – Parece que o fim da guerra fria não veio terminar, ou sequer atenuar, a acção da contracultura.

Passado o tempo das contra-figuras e distanciados três décadas das revoltas juvenis que fizeram tremer as nações mais civilizadas do mundo; sabendo que os cabecilhas e figuras de proa do *beat* dos *beatniks,* dos *hippies,* dos *teddy boys,* dos *blousons noirs,* dos *provos,* dos *rockers,* dos *mods,* dos *punks,* dos *skinheads,* dos *holligans,* das claques de futebol, ou já nem pertencem ao número dos vivos, ou se aburguesaram, ou ainda, desiludidos e frustrados, levam agora uma vida oculta e sofrida. Passada a euforia de Francis, FUKUYAMA e seus seguidores que, com a morte do marxismo supunham ter chegado a altura do "fim da história", em que todas as contradições se resolveriam agora com o estádio final que seria "o Estado constitucional identificado com a democracia liberal", esquecidos de que a relação poder-subditos se mantém e, enquanto houver poder haverá história, passado tudo isto, só nos resta aguardar o evoluir da vida e dos acontecimentos.

Na investigação sociológica que se está fazendo sobre a realidade contemporânea, surge a ideia do "pensamento único", a que GALBRAITH designa por "neoliberalismo" e define como "tudo o que emana dos grandes interesses das novas elites do poder, libertadas que estão da pressão comunista. Essas elites são os satisfeitos que, ao mesmo tempo, se sentem insatisfeitos".

Esta corrente tem sido trabalhada por Edgar MORIN e Alain TOURAINE, além do referido GALBRAITH, tomando por base posições publicitadas em jornais e revistas da especialidade, complementadas por grandes cadeias televisivas que as vão comentando.

Isabel RAMON e Bernat BRITO, por exemplo, revelam-nos que um editorial do Le Monde Diplomatic de Janeiro de 1995, nos elucida nestes termos: O "pensamento único" é a tradução, em termos ideológicos, de uma pretensão universal dos interesses de um conjunto de forças económicas e em particular dos meios financeiros internacionais. As suas expressões são as grandes entidades internacionais, como o Banco Mundial e o Fundo Monetário Internacional, a Organização para o Desenvolvimento e a Cooperação Económica, o GATT e os grandes nacionais em geral, os quais, para se fortalecerem, colocam ao serviço das suas ideias, em todo o planeta, numerosos centros de investigação, universidades, fundações, que criarão novas fontes de informação e meios que ficarão á sua disposição. Trata-se de um discurso anónimo, – e sê-lo-á cada vez mais –, reproduzido pelos principais órgãos de informação e sobretudo pelas bíblias dos investimentos e das Bolsas de valores, como o *The Wall Street Journal,* o *The Financial Times* etc., complementados pelas grandes cadeias de televisão".

Os pontos axiais do "pensamento único" são: "o económico deve condicionar-se ao politico"; "o capitalismo não pode ser destruído pois é o estado natural da sociedade"; "a democracia não é o estado natural da sociedade, mas o mercado em si é-o"; "é a competitividade e não a cooperação que está na base do desenvolvimento e do lucro"; "é necessário precarizar o mundo do trabalho"; "há que isolar o Estado do económico"; "excluir os menos capazes, os sem êxito"; descolonização dos mercados, ou seja, o mercado livre". Segundo Inácio RAMONET são estas as teses repetidas nos meios de comunicação ao serviço do novo catecismo, um conjunto que tem um poder tal de intimidação que asfixia toda a tentativa de reflexão livre e que vai tornar difícil toda a resistência contra o novo obscurantismo".

Como se pode ver, a história recomeça um ciclo. Parece, pois, que os funcionalismos, o estruturalismo, o interaccionismo, a hermenêutica sociológica e os resíduos do marxismo são águas passadas. Para uns deixam saudades, para outros, o desespero frustrante do desaparecimento daquilo em que acreditaram e arrebatou o seu pensamento e acção; para outros ainda, a esperança de melhores dias. É, afinal, a marcha imparável da vida. Não faltam, claro, os que esperam a tradicional e sempre aguardada "mão oculta" – o Estado –, que nos possa salvar da "mão invisível" do mercado desenfreado. Ou melhor: "É preciso que a mão providencial do Estado vigie a mão invisível do mercado" como aconteceu depois da 2ª guerra mundial[27].

6 – Não terminamos estas considerações sobre a contracultura sem invocar a lucidez e a autoridade de dois grandes pensadores.

---

[27] Cf. Enciclopédia Universal Ilustrada Europa América-Suplemento1993-4, pp 1285-6.

O primeiro, Konrad LORENZ que adverte: "cada geração deve recriar um novo equilíbrio entre a continuação da tradição e a ruptura com o passado".

O outro é MONTESQUIEU, a propósito dos "meios naturais de mudar os costumes e as maneiras duma nação", em que recomenda: "Quando se quer mudar os costumes e as maneiras, não é preciso mudar as leis, pois tal podia ser considerado tirânico; é melhor mudá-los por outros costumes e outras maneiras. Assim, se o Príncipe quer fazer grandes mudanças na sua nação deve reformar pela lei o que por lei foi estabelecido e que mude pelas maneiras o que desse modo se estabeleceu pelas maneiras. Em geral, os povos são muito agarrados aos seus costumes. Bani-los violentamente torna-os infelizes, pelo que não devemos alterar-lhos, mas levá-los a serem eles próprios a fazê-lo".

PARTE II
DA PERVERSÃO DOS DIREITOS DO HOMEM

1 – Existem direitos que constituem a base jurídica da vida humana no seu nível actual de dignidade, direitos esses que são avalizados pela consciência colectiva dos cidadãos e limitam a acção do Poder que, para ser legítimo, tem de os respeitar, preservar e defender.

Nesta perspectiva, é indiferente a forma de governo. A sua legitimidade assentará em ser a expressão da vontade popular; respeitar aquele tipo de direitos, a que chamamos de direitos fundamentais do homem; e estar ao serviço permanente e efectivo dos cidadãos, da colectividade, do povo.

Esses direitos são, na sua essência, de carácter universal e estão na base das Ordens jurídicas. Se a sua consagração, protecção e defesa se transferir para a Ordem jurídica Internacional, então estaremos perante os DIREITOS DO HOMEM.

2 – No dia 1 de Setembro de 1939 HITLER invadiu a Polónia, desencadeando-se a 2ª Guerra Mundial que mergulhou a Europa e o mundo na mais mortífera confrontação bélica de sempre. Os resultados foram adversos ás forças do Eixo, que veio a desfazer-se em 1945.

O fascismo terminara, praticamente, em 25 de Julho de 1943, depois de o Grande Conselho Fascista persuadir o rei de Itália a demitir MUSSOLINI do lugar de Chefe do Governo. Este, no ano seguinte, ainda tentou proclamar a República Social Italiana na zona ocupada pelos alemães no norte do país. Mas, com a retirada das tropas ocupantes, o chefe fascista acabou capturado e executado de maneira atroz, por um grupo de guerrilheiros

Em Berlim, o Fuhrer do Estado Alemão punha termo a vida, no seu abrigo, em 30 de Abril de 1945, quando as tropas soviéticas invadiam a cidade[28].

No dia 14 de Agosto, era a vez da rendição do Japão, depois de as cidades de Hiroshima e Nagasaki terem sido arrasadas com as deflagrações de duas bombas atómicas, de que resultaram cerca de 230.000 vitimas, no total.

Aliás, o sacrifício e a morte estiveram sempre presentes e foram certamente o grande flagelo que cobriu, em permanência, todo o período da confrontação bélica. Adriano MOREIRA refere-se a ele como um "dos mais dolorosos anos da história da Humanidade, em que muitos países consentiram em sacrificar a quase totalidade da sua juventude e das suas elites. Morreram dezenas de milhões de homens algumas vezes até com alegria, e sempre com dor e com esperança[29]. Realmente, toda a geração de responsáveis pelo destino dos povos adquiriu consciência de que aquele martírio não poderia mais repetir-se à face da terra. Por isso se empenharam em determinar as causas e encontrar as soluções.

Foi nesse intuito que, ainda em plena guerra, se propuseram substituir a fracassada Sociedade das Nações, criada em 1920 – e que se diluíra por si mesma –, por uma 0rganização das Nações Unidas, em moldes do estabilidade e autoridade, onde coubessem todos os povos da terra. Essa decisão foi tomada em Outubro de 1943, na Conferência de Moscovo, sendo reafirmada nesse mesmo ano, no mês de Dezembro, na Conferência de Teerão. No começo do ano seguinte, em Dumbarton Oaks, os Grandes Aliados elaboraram as primeiras proposições concretas, que foram depois completadas na Conferencia de Yalta, por CHURCHILL, ESTALINE e ROOSEVELT.

Logo a seguir ao termo do conflito, foi assinada em S. Francisco, em 26 de Junho de 1945, a Carta das Nações Unidas, em cujo Preâmbulo se diz textualmente: "Nós, os povos das Nações Unidas, resolvidos a preser-

---

[28] Com ele *partia* também o casal GOEBBELS, com os seus 4 filhos, ainda meninos, que a mãe quis poupar ao fim trágico que, segundo ela, seria o da vida num mundo saído daquele conflito. Como é profunda e misteriosa a mente humana!

[29] MOREIRA, Adriano, *Opus Cit.*, pp. 331 e 332.

var as gerações vindouras do flagelo da guerra, que por duas vezes, no espaço da nossa vida, trouxe sofrimentos indizíveis à humanidade, e a reafirmar a fé nos direitos fundamentais do homem, na dignidade e no valor do ser humano, na igualdade do direito dos homens e mulheres, assim como das nações grandes e pequenas, a estabelecer condições sob as quais a justiça e o respeito pelas obrigações decorrentes de tratados e de outras fontes de direito internacional possam ser mantidos, e a promover o progresso social e melhores condições de vida dentro de uma liberdade mais ampla, e para tais fins praticar a tolerância e viver em paz uns com os outros, como bons vizinhos, e unir as nossas forças para manter a paz e a segurança internacionais, e a garantir, pela aceitação de princípios e a instituição de métodos, que a força armada não será usada a não ser no interesse comum, a empregar um mecanismo internacional para promover o progresso económico e social de todos os povos, resolvemos conjugar os nosso esforços pare a consecução desses objectivos".

Propriamente no texto dispositivo, apresenta-se como objectivo, precisamente no art. 1.°, n.° 3: "Conseguir a cooperação internacional para resolver os problemas internacionais de carácter económico, social e cultural ou humanitário, e promover e estimular o respeito pelos direitos do homem e pelas liberdades fundamentais para todos, sem distinção de raça, sexo, língua ou religião"[30].

Portanto, as Nações Unidas reafirmam a fé e promovem a estimulação e o respeito pelos direitos do homem por parte de todos os Estados membros. Podemos dizer que o respeito pelos direitos do próprio homem é da própria essência da Carta.

Em 10 de Dezembro de 1948, teve lugar a publicação da DECLARAÇÃO UNIVERSAL DOS DIREITO DO HOMEM, que constituiu o prolongamento e especificação do n.° 3 do art. 1.° da Carta das Nações Unidas, posteriormente repercutido noutros instrumentos legislativos internacionais de definição e protecção daqueles direitos. Trata-se de matéria díspar, complexa e muito diversificada, a aplicar a situações com essas mesmas características, mas que tende pare a uniformidade, sem destruir, contudo, as particularidades de cada cultura e de cada situação peculiar.

Este espírito de universalidade tem de estar sempre presente, como presente estava já na Declaração de Teerão, onde se dizia que aqueles direitos traduziam "a concepção comum que têm os povos do mundo

---

[30] Sublinhado nosso.

inteiro dos direitos inalienáveis e invioláveis inerentes a todo o membro da família humana", que a comunidade internacional converterá numa espécie de resultante final e aceite, em beneficio da dignificação de todos os homens.

E isto mesmo lá está no "Preâmbulo" da Declaração Universal, em que a Assembleia Geral da Organização das Nações afirmou: "Considerando que o reconhecimento da dignidade inerente a todos os membros da família humana e dos seus direitos iguais e inalienáveis constitui o fundamento da liberdade, da justiça e da paz no mundo; considerando que o desconhecimento e o desprezo dos direitos do homem conduziram a actos de barbárie que revoltam a consciência da Humanidade e que o advento de um mundo em que os seres humanos sejam livres de falar do terror a da miséria, foi proclamado como a mais alta aspiração do homem; considerando que é essencial a protecção dos direitos do homem através de um regime de direito, para que o homem não seja compelido, em supremo recurso, à revolta contra a tirania e a opressão; considerando essencial encorajar o desenvolvimento de relações amistosas entre as nações; considerando que, na Carta, os povos das Nações Unidas proclamam, de novo, a sua fé nos direitos fundamentais do homem, na dignidade e no valor da pessoa humana, na igualdade de direitos dos homens e das mulheres e se declaram resolvidos a favorecer o progresso social e a instaurar melhores condições de vida dentro de uma liberdade mais ampla; considerando que os Estados membros se comprometeram a promover, em cooperação com a Organização das Nações Unidas, o respeito universal e efectivo dos direitos do homem e das liberdades fundamentais; considerando que uma concepção comum destes direitos e liberdades é da mais alta importância para dar plena satisfação a tal compromisso: a Assembleia Geral proclama a presente Declaração Universal dos Direitos do Homem como ideal comum a atingir por todos os povos e todas as nações, a fim de que todos os indivíduos e todos os órgãos da sociedade tendo-a constantemente no espirito, se esforcem, pelo ensino e pela educação, por desenvolver o respeito desses direitos e liberdades e por promover, por medidas progressivas de ordem nacional e internacional, o seu reconhecimento e a sua aplicação universal e efectiva tanto entre as populações dos próprios Estados membros como entre as dos territórios colocados sob sua jurisdição".

A Declaração Universal apresentava-se, portanto, com "a natureza de um protesto" exigindo que fosse banida do futuro do homem a possibilidade de repetição de semelhantes situações de guerra. Eram os beligerantes, ainda de armas na mão, que tal reclamavam.

3 – Recordemos que a 21 de Agosto de 1911, entrou em vigor no nosso país a primeira Constituição Republicana que, no seu Preâmbulo, declara que a Assembleia Nacional Constituinte sancionara, por unanimidade, a Revolução de 5 de Outubro do ano anterior, a qual pusera fim à monarquia existente desde a fundação da nacionalidade.

Em Maio de 1926, um pronunciamento militar apossou-se do poder e instituiu uma ditadura que foi designada por Ditadura Nacional, a que vigorou até 11 de Abril de 1933, data em que se instalou o Estado Novo[31]. Este, por sua vez, conheceu o seu fim pelo golpe militar de 25 de Abril de 1974.

Pela Lei n.º 3/74, de 14 de Maio, foi criada a Assembleia Nacional Constituinte que, a 2 de Abri de 1976, nos deu a Constituição que nos rege, a qual entrou em vigor a 25 desse mês.

A versão original da Constituição passou por cinco alterações: a de 30-9-82; a de 8-7-89; a de 25-11-92; a de 20-9-97; e a de 2-12-01.

Em todas elas foi mantido inalterável o art. 16.º n.º 2, que determina: "Os preceitos constitucionais e legais relativos aos direitos fundamentais

---

[31] A Constituição de 1911 foi de ruptura com o regime monárquico, como de ruptura com o Estado Novo foi a de 1976, ambas provenientes de assembleias constituintes. Quanto à de 1933, não nos parece que haja sido uma constituição de ruptura, pois esta havia-se dado com a instalação da Ditadura Nacional. Só depois de decorridos seis anos de governo, – em que nem sempre foram fáceis os consensos –, aplacadas que estavam, pelo decurso do tempo e pela estabilidade política, as mágoas, os ódios e as paixões que as revoluções sempre trazem consigo, é que surgiu a Constituição do Estado Novo, unitário e corporativo. A Ditadura, – como sempre acontece com este tipo de governos -, e dada a sua natureza, não estimulara a formação de partidos ou correntes de opinião entre os cidadãos. Havia "fiéis" em torno desta ou daquela instituição desta ou daquela personalidade, *compagnons de route* de andanças passadas. Mas estruturas politicamente organizadas, se as havia, não eram socialmente relevantes. Neste ambiente, a criação de uma Assembleia Constituinte seria inócua. Assim, especialistas de reconhecida competência em direito constitucional, calma e pacientemente, foram dando corpo ao texto constitucional, sempre subordinados, – estamos convencidos disso –, à forte personalidade do presidente do Conselho de então. Submetida a referendo, os resultados foram 719364 a favor, 467179 abstenções e 5955 contra. Cf. SARAIVA, José Hermano, *História de Portugal*, Alfa, p. 519. Já ouvimos um prestigiado constitucionalista afirmar que a Constituição de 1933 não foi democrática por, quando o referendo foi anunciado, se ter dito que as abstenções seriam tidas como concordância com o texto constitucional, o que tirava todo o crédito à consulta popular. Mas os resultados obtidos anulam qualquer dúvida sobre o real sentido da vontade popular, uma vez que a soma dos votos contra, adicionada à das abstenções, fica muito aquém do total dos votos a favor.

devem ser interpretados e integrados de harmonia com a Declaração Universal dos Direitos do Homem".

Nesta senda tiveramos já as "grandes linhas de orientação ao Governo Provisório", dadas pela Junta de Salvação Nacional em obediência ao Programa do Movimento das Forças Armadas, pelo Dec-Lei n.º 203/74, de 15-5-74, que na alínea a) n.º 2 lhe impunha: "Garantia e regulamentação do exercício das liberdades cívicas, nomeadamente das definidas na Declaração Universal dos Direitos do Homem".

Efectivamente, desde o início do exercício do poder pela Junta de Salvação Nacional, como depois pela Assembleia Constituinte, a Declaração Universal dos Direitos do Homem passou a ser o grande repositório dos direitos morais e cívicos entre os portugueses, conforme acima se referiu[32].

Não foi feliz a redacção do n.º 2 do art. 16.º da Constituição. Daí os abundantes trabalhos sobre a interpretação que deve ser dada à norma interpretativa e integradora dos preceitos constitucionais e legais relativos a direitos fundamentais na ordem jurídica portuguesa. O desentendimento entre os doutrinadores foi tal que o projecto de revisão constitucional apresentado pelo CDS, em 1987, subscrito pelos deputados Adriano MOREIRA, Narana COISSORÓ e Basílio HOR'L'A, pura e simplesmente suprimia o n.º 2 e mantinha o n.º 1 como corpo do artigo, tendo o cuidado de substituir a expressão "das regras aplicáveis de direito internacional", por "das convenções internacionais de que Portugal seja parte ou decorrentes da dignidade e inviolabilidade da pessoa humana". Com esta alteração neutralizavam a hipótese já levantada pelo Prof. Soares MARTINEZ que, admitindo embora que a Declaração Universal fosse integrada, expressa ou tacitamente, no texto constitucional, não lhe parecia aceitável a interpreta-

---

[32] Jorge MIRANDA, no seu estudo "A Declaração Universal dos Direitos do Homem e a Constituição", *in Estudos Sobre a Constituição*, vol. I, Petrony, 1977, pp. 49 a 61, apresenta como explicação da consignação daqueles direitos na ordem jurídica constitucional portuguesa, pelo contraste entre a convicção de que "todos os homens, porque são homens, devem usufruir dos direitos invioláveis e práticas que, particularmente durante a 2.ª guerra mundial, os negaram e destruíram" e "também o contraste entre as aspirações dos Portugueses e o Estado democrático e de Direito e a experiência de meio século de ditadura e de ameaças de ditadura". Na expressão "meio século de ditadura" deve querer referir-se ao período da Ditadura Nacional (1926 a 1933), acrescido do Estado Novo (1933 a 1974), a que acima fizemos referência. Esta falta de rigor por parte de quem possui autoridade inquestionável não contribui para uma correcta formação do povo sobre a realidade histórica.

ção dos direitos fundamentais de harmonia com ela, por ser admissível que normas houvesse, em razão de circunstâncias puramente nacionais, alheias aos direitos reconhecidos universalmente como decorrentes da própria condição humana. Mas a realidade é que a citada disposição de lei existe e é em relação a ela, – norma interpretativa –, que os doutrinadores têm de encontrar uma solução para o seu correcto entendimento.

Entre as muitas posições expendidas, parece-nos a de Paulo OTERO a mais consentânea com o texto legal. Em resumo, traduz-se nisto: "não é a DUDH que deve ser interpretada de acordo com a constituição, mas sim esta última que passa a ter como padrão interpretativo a DUDH". Portanto, "a ordem jurídica portuguesa reconhece que em matéria de direitos fundamentais a Constituição não é o último ponto de referência interpretativa ou integrativa: em plano superior à Constituição surge a DUDH, como padrão de interpretação de todos os preceitos sobre direitos fundamentais".

Quer isto dizer que, "através da citada disposição, a Constituição auto-subordina-se a nível interpretativo em matéria de direitos fundamentais à DUDH, daí resultando um valor supraconstitucional da Declaração Universal". "Por isso, são os preceitos constitucionais que devem ser interpretados de harmonia com a DUDH e não os princípios desta que devem ser conformes com a Constituição"[33].

O reconhecimento e adopção destes princípios, que a nosso ver são muito claros da simples leitura do n.° 2 do art. 16.°, é de grande importância para fazer um avaliação correcta e juridicamente relevante de três artigos da nossa Constituição e que nos parece aceitável englobá-los no conceito de perversão, de que falámos na lição de abertura do ano lectivo de 1993-94.

Assentaremos, desde já, que temos por PERVERSÃO o desvio da função normal para que um direito existe, utilizando-o como meio ou instrumento que desvirtua o fim que lhe é próprio[34].

4 – O art. 52.° da Carta das Nações Unidas incentiva e estimula a celebração de acordos a nível regional, com vista a prosseguir os objectivos da manutenção da paz e da segurança entre as nações.

---

[33] OTERO, Paulo, *Declaração Universal dos Direitos do Homem e Constituição*: A *Inconstitucionalidade de Normas Constitucionais? In O DIREITO*, 1990, págs. 603 a 619.
[34] *Novo Dicionário da Língua Portuguesa*, de Aurélio BUARQUE DA HOLANDA. Ed. Nova Fronteira, Rio de Janeiro. – *"Pervertere iure"*, in TORRINHA, Dicionario Latino--Português, Maranus, 1945.

Por seu lado, o art. 55.°, alínea *c*) daquele Instrumento, considera o respeito universal e efectivo dos direitos do homem e das liberdades fundamentais para todos, elemento primordial para atingir a almejada paz. Logo, acordos e convenções de âmbito regional, são elementos positivos e constitutivos do fim da Carta, designadamente se tiverem por objecto a definição e regumamentação dos Direitos do Homem.

Pela Lei n.° 65/78, de 13 de Outubro, a Assembleia da República aprovou, para ratificação, a Convenção Europeia dos Direitos do Homem, concluída em Roma a 4 de Novembro de 1950, – precisamente o Instrumento de que o Conselho da Europa lançara mão para realizar o fim a que se propusera, nos termos do citado art. 52.° da Carta, de proteger e desenvolver os direitos do homem e as liberdades fundamentais, no espaço europeu.

Contudo, e apesar de a instabilidade política pós revolução dar já sinais evidentes de dissipação, a Assembleia não resistiu à tentação de formular "reservas" de aplicação na nossa ordem jurídica a oito dispositivos da Convenção Europeia e seu Protocolo n.° 1.

Sucessivas revisões constitucionais foram abrogando essas reservas mas, infelizmente, – diremos mesmo, injustificadamente –, ainda restam três dessas "reservas" iniciais:

- a aplicação do art. 11.° da Convenção não obstará à proibição do *lock-out,* em conformidade com o disposto no art. 60 (hoje 57.°, n.° 4);
- o mesmo art. 11.° da Convenção não obstará à proibição de organizações que perfilhem ideologia fascista, em conformidade com o disposto no n.° 4 do art. 46.° da Constituição;
- e o art. 7.° da Convenção não obstará à incriminação e julgamento dos agentes e responsáveis da PIDE/GDS, em conformidade com o disposto no art. 309.° da Constituição (hoje 294.°).

Ainda que superficialmente, vamos discorrer sobre cada uma destas "reservas", que há 26 anos maculam a possibilidade de aplicação integral da Convenção Europeia dos Direitos do Homem na democracia que somos, pese embora a circunstância de a nossa Constituição haver sido submetida a cinco revisões constitucionais.

A) O direito à greve, com a proibição do lock-out.

O Dec.-Lei n.° 392/74, de 27 de Agosto, veio instituir o direito à greve e o *lock-out.* Trata-se de um documento (saído dos ministros Vasco

GONÇALVES e Costa MARTINS e promulgado pelo presidente da República – A. SPÍNOLA) de um certo equilíbrio legislativo, em que se definia o conceito de greve e de *lock-out,* circunstâncias em que se podiam exercer, formas lícitas e ilícitas e sua integração nos conflitos laborais, competência e forma de desencadear a greve e recurso ao *lock-out,* negociações entre os sectores em confronto, *lock-out* defensivo, efeitos e sua revogação, penalidades, enfim, uma lei aceitável, sobretudo se atentarmos no momento revolucionário em que saiu e a circunstância de não serem permitidas aquelas formas de luta nas relações laborais durante o regime político que acabava de findar[147]. Podemos até concluir que se tratava da concretização legislativa da política dos trabalhadores a seguir pelo movimento das Forças Armadas.

Simplesmente, a regulamentação constitucional das relações de trabalho, nem de longe nem de perto, acompanharam a doutrina daquele dec-lei.

Note-se que a Declaração Universal não indica o direito à greve como um dos direitos do homem. Como tal considera, isso sim, que "toda a pessoa tem direito de fundar com outras pessoas sindicatos e de se filiar em sindicatos para defesa dos seus interesses". Apenas isto[148].

---

[147] Na Doutrina Social da Igreja, encíclica *Quadragésimo Anno*, de 1931, não admitia a greve. Contudo, hoje, vem no *Catecismo da Igreja Católica*, – 2435, que se exprime nestes termos: "A greve é moralmente legítima, quando se apresenta como recurso inevitável, senão mesmo necessário, em vista de um benefício proporcionado. Mas torna-se moralmente inaceitável quando acompanhada de violências, ou com objectivos não directamente ligados às condições de trabalho ou contrários ao bem comum". Esta ideia de "bem comum" volta, como se vê a ser um elemento maior, a par da moral, a orientar e justificar as posições da Igreja.

[148] Art. 23.° n.° 4, da Declaração Universal dos Direitos do Homem. – Há um passado histórico sobre o direito à greve que tem interesse lembrar, pois reveste características de luta porfiada pela sua legalização. A greve consubstancia a forma por excelência da via prática da reivindicação proletária. Na euforia de revolução francesa, o associativismo operário e patronal, que a famosa lei CHAPELIER proibiu em França, em 1791, deu lugar à *greve-delito,* que o código penal de NAPOLEÃO, em 1810, punia como crime. Em 1864, com NAPOLEÃO III, necessitado de acolhimento popular, surgiu a *greve-liberdade,* que o código penal só punia se acompanhada de violência. A partir de 1945, com a vitória dos aliados e alguma influência dos poderosos sindicatos dos USA, difundiu-se na Europa a *greve-direito.* Nunca por nunca a força da greve deverá ser utilizada para fins alheios à prossecução de interesses bem definidos dos trabalhadores e não no empenho em confrontação política ou partidária, que fatalmente acabará por os usar como meio para a conquista do poder e nada mais.

Na verdade, a Constituinte, rompendo a política das relações de trabalho do Dec-Lei n.° 392/74, veio perfilar o direito à greve entre os direitos fundamentais, no Título III, capítulo II – Direitos económicos. É o art. 59.° que, no seu n.° 1 diz: "E garantido o direito à greve". Para logo o n.° 2 determinar: "Compete aos trabalhadores definir o âmbito de interesses a defender através da greve, não podendo a lei limitar esse âmbito".

Comentando este n.° 2, o Prof. Soares MARTINEZ realça a imprecisão do preceito, designadamente à definição do âmbito dos interesses a defender. Tratando-se de matéria delicada como esta, toda a falta de rigor pode ter efeitos perversos, – o que realmente veio a acontecer, trazendo consequências desestabilizadoras no sector laboral.

Mas onde a posição da Constituinte se tornou mais radical foi em, pura e simplesmente, proibir o *lock-out*. É o art. 60.°

A proibição do *lock-out* é o modelo acabado da perversão dos arts. 7.° e 10.° da Declaração Universal.

Julgamos caber aqui a posição de Paulo OTERO ao defender a susceptibilidade da prevalência da Declaração Universal sobre preceitos contrários da Constituição, donde resulta a admissibilidade da existência de normas constitucionais inconstitucionais.

Defende aquele Professor que "a natureza supraconstitucional das normas da DUDH impede que a sua contradição com as normas da Constituição em sentido instrumental seja interpretada como se tratasse de uma relação entre regra e excepção. Esta ultima pressupõe que entre as duas normas exista uma identidade de nível hierárquico. Ora isso não sucede na relação entre a DUDH e a Constituição instrumental"[37].

Esta solução de interpretação do direito positivo, só por si, põe fim a quaisquer outros argumentos. Todavia, é de referir a posição doutrinária sobre a proibição do *lock-out,* que resumiremos assim: ofende-se gravemente o princípio da igualdade perante o Direito e perante a Lei, pois cria-se uma situação de desigualdade de protecção jurídica entre as partes, o que viola o art. 7.° da Declaração Universal; vicia-se o sagrado princípio do direito de defesa por parte da entidade patronal, o que está em oposição com o art. 10.° da mesma Declaração; só a uma das partes se reconhece o direito de actuação na luta ou oposição entre elas, na mesma relação jurídica laboral subjacente, sem reconhecer à outra o correlativo direito de resposta; só à parte trabalhadora se concede o direito de definir o âmbito dos

---

[37] OTERO, Paulo, *Opus Cit.*, pp. 614 e 615.

interesses a defender através da greve, pois nem a lei pode intervir nesse aspecto.

E este quadro de desequilíbrio é tanto mais obtuso quanto é certo que hoje, perante as poderosas e ricas organizações sindicais, o empresário está em situação de maior fraqueza relativa, sobretudo tratando-se de pequenas e médias empresas.

Mas invocam ainda um outro argumento, os defensores da exclusão do direito à greve sem o correspondente *lock-out:* sendo o direito a forma normal e civilizada de evitar e dirimir conflitos, não pode ela conciliar-se com o facto de um grupo fazer justiça a si mesmo, impondo pela força as suas pretensões.

O cenário, porém, agravou-se incomparavelmente mais com a 1.ª revisão constitucional, de 1982. Vejamos como: na Constituição de 1976, a sua Parte I era composta por três Títulos. O primeiro indicava os Princípios Gerais; o segundo era consagrado aos direitos individuais, ou seja, aqueles que, por si sós, justificam a existência histórica das Constituições. Daí o gozarem de um regime especial e mais alargado de protecção legal, designadamente o do art. 18.°. O Título III, subdividido em quatro capítulos, regulava os direitos e deveres económicos, sociais e culturais, dos quais faziam parte precisamente os dois artigos que permitiam a greve e proibiam o *lock-out.*

Decorridos que estavam seis anos sobre a promulgação da Constituição de 1976, em que a instabilidade política e económica tornavam inevitável a correcção do pendor marxista, – embora alguns dissessem "socialista" –, da Constituição, houve necessidade de a alterar e corrigir em diversos pontos. Seria natural que a excrescência da proibição do *lock-out,* por moral e juridicamente aberrante, fosse suprimida, bem como os outros casos que levaram à formulação de "reservas" à aprovação, para ratificação, do documento maior de consagração dos direitos do homem para a Europa, – a Convenção Europeia dos Direitos do Homem –, pela Lei 65/78. Mas não. Não só deixaram todas elas no texto constitucional, como se de autênticas preciosidades morais e jurídicas se tratasse, como até – *horribile visu* – transferiram do Título III – Direitos e Deveres Económicos, Sociais e Culturais –, para o Título II – Direitos, Liberdades e Garantias –, sublocados, embora, num novo capítulo III, respeitante a Direitos, Liberdades e Garantias dos Trabalhadores!

E lá ficaram. E lá estão ainda hoje, o direito à greve e a proibição do *lock-out,* com as mesmas garantias constitucionais do direito à vida dos cidadãos, à sua integridade moral e física, à sua liberdade e segurança e a todas as outras garantias mais, que nos países civilizados, de direito e democráticos, são asseguradas aos cidadãos na sua individualidade. O art. 17.° da nossa Constituição é disso garante[38].

B) Proibição de Organizações que perfilhem ideologia fascista.

Determina a Declaração Universal dos Direitos do Homem, no art. 20.°, que toda a pessoa tem direito à liberdade de reunião e de associação pacíficas e que ninguém pode ser obrigado a fazer parte de uma associação.

A Constituição de 1976, nesta disposição, a que corresponde o art. 47.° e seus números, sofreu alterações nas revisões de 1982 e 1997. Na parte que nos interessa, ou seja, a da "reserva" da Lei 65/78, de 13 de" Outubro, formulada em relação ao art. 11.° da Convenção Europeia dos Direitos do Homem, a questão confina-se à "ideologia fascista" e, a partir de 1997, também a "organizações racistas".

Como a alínea *f)* do art. 2.°, da citada Lei n.° 65/78 confina a "reserva" à proibição de organizações que perfilhem ideologia fascista, só a esta nos ateremos[39].

O que serão "organizações que perfilhem ideologia fascista"?

De pouco adiantará perder-nos em lucubrações meditativas sobre o alcance de um termo tão degradado, aviltado e infamante como o termo "fascista". Lançaram-lhe um anátema de tal ordem que só um legislador distraído, ou pouco dado a preocupações de rigor na redacção das leis e dos termos nelas usados, teria a má sina de, nos finais do século passado, deixar aos interpretes a tarefa de acharem o significado de "organizações que perfilhem ideologia fascista"[40].

---

[38] Cf. n/D.F.D.H., págs. 153 a 155. A Lei n.° 65/77, de 26 de Agosto – Lei da Greve –, parcialmente alterada pela Lei n.° 30/ 92, de 20 de Outubro, logo no art. 1.° n.° 3 declara que o direito à greve é irrenunciável, - tal como o direito de pedir alimentos, ou o direito à vida. A declaração de greve está, porém, sujeita a regras que a lei estipula. Quanto ao *lock-out*, não só é proibido, como também punido com pena de prisão até dois anos e multa.

[39] Quanto ao racismo, *vide* n/ D.F.D.H., *op. cit.*, pp. 116 a 119, (nota 120).

[40] Todos os comentadores à Constituição têm experimentado dificuldades em apreender o significado de "ideologia fascista". E isto é de capital importância, pois está em perigo a liberdade dos cidadãos que, se incriminados, correm o risco de serem encarcerados de 2 a 8 anos. No código penal antigo era prisão maior e seria julgado em processo de querela. Numa situação desta delicadeza, rigor na definição de conceitos é fundamental.

A Lei n.° 64/78, de 6 de Outubro, tentou preencher o vazio que era a indefinição, para efeitos do texto constitucional, do termo "organização fascista". No seu art. 21.° considera que existirá uma organização sempre que se verifique qualquer concertação ou conjugação de vontades ou esforços, com ou sem auxílio de meios materiais, eventual ou permanente, com ou sem personalidade jurídica. Essas organizações perfilharão a ideologia fascista se, pelos seus estatutos, manifestos, comunicados, declarações dos dirigentes ou responsáveis, ou pela sua actuação, mostrarem adoptar, defender, pretender difundir efectivamente, os valores e princípios, os expoentes, as instituições e os métodos característicos dos regimes fascistas que a História regista[41], nomeadamente o belicismo, a violência como forma de luta política, o colonialismo, o racismo[42], o corporativismo[43] ou a exaltação das personalidades mais representativas daqueles regimes[44].

O n.° 2, do art. 3.° considera, nomeadamente, que perfilham a ideologia fascista as organizações que combatem por meios anti-democráticos, designadamente com recurso à violência, a ordem constitucional, as instituições democráticas e os símbolos da soberania, bem como aquelas que perfilhem ou difundam ideias ou adoptem formas de luta contrária – unidade nacional.

De toda esta imprecisão de ideais e conceitos, talvez fosse de bom aviso libertar a aplicação do art. 11.° da Convenção Europeia dos Direitos do Homem da "reserva" que há mais de um quarto de século o tem limitado na sua aplicação plena, sem prejuízo da vigência na nossa ordem

---

[41] Fascismo que a História registe será, segundo cremos, o de MUSSOLINI, em Itália. Nem a ditadura de Primo de RIVERA se lhe pode comparar, tanto na doutrina política como no procedimento governativo. O mesmo se diga com a ditadura de PINOCHET, no Chile. Sobre o caso português, o Estado Novo, confronte-se a nota de rodapé n.° 163, de pp. 206 a 208, dos nossos D.F.D.H., cit., onde as semelhanças poderiam, talvez, existir no que toca à influência da *Carta del Lavoro* na nossa legislação laboral. Mas nada de intrinsecamente relevante. Basta lembrar que MUSSOLINI era um político de raiz socialista.

[42] Sobre o racismo, *Vide ibidem*, pp. 116 a 119 (nota 120).

[43] O conceito de corporativismo vem aflorado a pp. 207 e 208, *ibidem*, (nota 164).

[44] O art. 2.°, em análise, não fornece um esclarecimento cabal, já que centraliza o definido na definição, o que, como é sabido, vicia as regras da lógica nestes casos. Além disso introduz na proposição figuras cuja necessidade de definição é, pelo menos, tão premente e instante quanto a que se propõe definir. Em matéria penal a redacção tem de ser clara e precisa.

constitucional, por força do n.º 2 do art. 16.º, bem como no art. 22.º do Pacto Internacional dos Direitos Civis e Políticos.

C) Incriminação e julgamento dos agentes e responsáveis da PIDE/DGS

É ainda a alínea *b*) do art. 2.º, da Lei 65/78, a formular a "reserva" à aplicação do art. 7.º da Convenção Europeia dos Direitos do Homem, determinando que não obstará à incriminação e julgamento dos agentes e responsáveis da PIDE/DGS.

A incriminação e julgamento daqueles funcionários públicos teve origem na Lei 8/75. Trata-se manifestamente de um instrumento legislativo revolucionário, cuja natureza está bem vincada no texto do seu preâmbulo, que certamente ficará para a história, como documento indispensável à compreensão daquele período da vida portuguesa[45].

É princípio geral de direito a não retroactividade da lei penal. Trata-se de uma "forma de evitar o arbítrio do legislador", como ensina o Prof. Germano MARQUES DA SILVA, que nos recorda o fundamento aduzido por SILVA FERRÃO: "a lei decretada antecipadamente, para, ao menos, opor uma barreira aos ressentimentos, às paixões, ou às exagerações do momento"[46].

J. MIRANDA, sobre este ponto, é bem explícito ao afirmar: Revertendo ao art. 298.º (hoje 294.º) e à Lei 8/75 não temos dúvidas de que contradizem princípios da Constituição, o do *nullum crimen, nulla poena sine lege*. E esclarece:" preceitos como os da Lei 8/75 não podem fundar-se no art. 29.º n.º 2, da Constituição e no art. 11.º n.º 2, da Declaração Universal. Os princípios gerais de direito internacional comummente reconhecidos, a que a Constituição e a Declaração se reportam, visam crimes contra a paz, crimes de guerra e crimes contra a humanidade, e não a pertença a certas organizações ou a colaboração com elas"[47]. É que a inclusão na

---

[45] E não apenas esta lei. Outras que lhe estão conexas, como a Lei 16/75, de 23 de Dezembro; a Lei 18/75, de 26 de Dezembro; Dec-Lei 349/76, de 13 de Maio; e Lei 1/77, de 12 de Janeiro, ficarão também. Sem esquecer, claro está, as intervenções dos deputados da Constituinte que, nas sessões de 27 de Agosto de 1975 e 31 de Março de 1976, atestam bem até onde pode chegar a cegueira ideológica.

[46] *Algumas Notas Sobre a Consagração dos Princípios da Legalidade e da Jurisdicionalidade na Constituição da República Portuguesa. In* Estudos Sobre a Constituição, 2.º vol. Liv. Petrony, 1978, pág. 261.

[47] MIRANDA, Jorge, *Manual de Direito Constitucional*, Tomo II, 2.ª ed. pp. 292 e 293 (nota i).

Constituição da Lei 8/75, – embora nas disposições finais e transitórias –, não é uma simples excepção às regras do art. 29.º, como aquele constitucionalista parece não excluir[48], mas um flagrante exemplo de inconstitucionalidade de norma constitucional, como defende o Prof. Paulo OTERO. No mesmo sentido se pronuncia o Prof. SOUSA E BRITO[49].

Em termos particularmente precisos, o Prof. CAVALEIRO DE FERREIRA enfatiza que "A norma penal incriminadora é irretroactiva. Limita o poder do Estado na sua função legislativa e a própria jurisdição".

Depois de citar o art. 29.º da Constituição como regulador da matéria, acrescenta: "Outro artigo da Constituição se lhe refere, o 309.º (hoje 294.º), o qual manda manter em vigor a Lei 8/75, de 25 de Julho, com várias alterações que lhe foram feitas, não obstante essa lei ser originalmente inconstitucional porque, fazendo incriminações retroactivas da Constituição de 1933, foi mantida em vigor com força constitucional pelo Programa das Forças Armadas e pela Lei n.º 3/74, de 14 de Maio. As Constituintes pretenderam manter em vigor aquela Lei 8/75, não obstante contrariar igualmente a irretroactivadade da lei penal assegurada pela nova Constituição. A tentativa de validação constitucional da mesma lei só se verificaria transformando, com procedimento em fraude à Constituição,[50] uma lei ordinária inconstitucional em pertença lei constitucional"[51].

Aqui temos, pois, um caso típico de perversão de uma norma constitucional.

É pacífica a doutrina que vê o art. 16.º, n.º 2, da Constituição como uma autolimitação constitucional, operada por meio da subordinação interpretativa e integrativa dos direitos fundamentais nela indicados aos constantes na Declaração Universal. Daí o valor supraconstitucional desta. Ora, a aplicação da lei criminal, do art. 29.º da Constituição, é um direito fundamental, que encontra correspondência no art. 11.º da Declaração. Por sua vez, este reflecte-se no n.º 1 do art. 7.º da Convenção Europeia dos Direitos do Homem. Por outro lado, o art. 249.º da Lei Fundamental constitui uma disposição transitória, ou seja, destinada a desaparecer do texto constitucional.

---

[48] OTERO, Paulo, *Opus cit.*, pp. 617 a 619.

[49] SOUSA e BRITO, *Opus cit.* págs 212 e 242 a 243.

[50] O sublinhado é nosso.

[51] CAVALEIRO DE FERREIRA, Manuel, *Direito Penal Português*, I, 1982 pág. 92.

Decorrido que é um quarto de século sobre a redacção original, o unânime entendimento doutrinário de violação do art. 11.°, da Declaração Universal e art. 29.° n.°s 1 e 2, da própria Constituição e ainda o facto de nenhuma das cinco revisões ter tido a coragem de restabelecer o princípio geral do direito penal de *nullum crimen sine lege* previa, parece não ser ousado, da nossa parte, lembrar que é tempo de catarse, a qual se impõe por imperativo moral e jurídico.

E vamos mais longe: acabar, de vez, com o embaraço criado pela Lei 65/78, de um Estado de direito, democrático, territorial e politicamente integrado na Europa dos cidadãos, não se subordinar, como os demais parceiros europeus, à observância da Convenção Europeia dos Direitos do Homem, liberto das infelizes "reservas", que à aludida Lei, na altura, foram toleradas. Hoje não têm a mínima justificação para a tolerância.

5 – Referimo-nos a casos de perversão de direitos do homem na ordem interna.

Porém, não queremos terminar sem aflorar, ainda que muito ligeiramente, o problema na ordem internacional e que se reflecte, por vezes em termos dramáticos, nos cidadãos e nas nações mais debilitadas.

Trata-se da questão dos direitos do homem como arma política. Ou, para ser mais preciso, casos em que se invoca, perversamente, a violação dos direitos do homem em determinados pontos do mundo, para justificar a extensão da guerra, a destruição e a morte a esses territórios[52].

Recordemos que é no art. 55.°, alínea *c*), da Carta das Nações Unidas que vamos encontrar a raiz das disposições de direito internacional sobre direitos fundamentais do homem, cujo desenvolvimento se estendeu à Declaração Universal e à Convenção Europeia e outros Instrumentos internacionais. Esta fileira de desenvolvimento leva a que os direitos fundamentais sejam tratados em conexão com os objectivos capitais da Carta: manter a paz e a segurança internacionais e fazer da ONU um centro destinado a harmonizar a acção das nações para a consecução dos objectivos comuns.

De há meio século a esta parte, mercê da guerra fria, ambos os blocos recorreram a todos os meios para se enfraquecerem mutuamente. E a acusação de violação dos direitos fundamentais em ordens jurídicas de nações que seguiam políticas e alianças consideradas adversas, não eram dos meios menos utilizados.

---

[52] Para mais completa informação, cf. n/DFDH, pp. 286 a 290.

Infelizmente o método pegou e, ultimamente, temos visto a estratégia utilizada: quando, em países pobres, algum dirigente se mostra menos dócil ou menos diligente, os países que nisso vêm prejuízo económico ou dificuldades políticas descobrem, com pesar (!), que afinal o líder virou ditador e não respeita os "direitos humanos" (como normalmente dizem), impondo-se a necessidade de, mesmo pela guerra, "libertar o povo daquela tirania"! E lá vão toneladas de bombas, cirurgicamente, desfazer milhares de maltrapilhos, em holocáusto aos sagrados direitos fundamentais do homem.

Aqui temos, porém, a invocação perversa dos sagrados direitos do homem, para fins antagónicos do objectivo para que foram criados.

Mas isto daria lugar à análise de uma outra questão: a da Moral na política que, naturalmente, está fora do âmbito deste trabalho[53].

---

[53] Sobre este tema recomendamos:

REALE, Miguel, *Filosofia do Direito*. Ed. Saraiva,1982, S. Paulo, Brasil.

SOARES MARTINEZ, *Filosofia do Direito*. Almedina, Coimbra, 1991.

RADBRUCH, Gustav, *Filosofia do Direito*. Trad. e Prefácio do Prof. Cabral de MONCADA, Arménio Amado, Coimbra, 1979.

GARANTIAS NO PROCESSO ADMINISTRATIVO

JOÃO DE FREITAS RAPOSO
Mestre em Direito
Professor do Instituto Superior
de Ciências Policiais e Segurança Interna
Advogado

OS PRESSUPOSTOS PROCESSUAIS*
NO NÓVEL CÓDIGO DE PROCESSO
NOS TRIBUNAIS ADMINISTRATIVOS

SUMÁRIO: 1. Conceito, espécies e tipos de pressupostos processuais. 2. Pressupostos relativos ao tribunal. 3. Pressupostos relativos às partes. 4. Pressupostos relativos ao processo. 5. Regime da falta de pressupostos processuais.

Conceito, Espécies e Tipos de Pressupostos Processuais

1. Os pressupostos processuais são as condições de que depende o
conhecimento, pelo tribunal, do mérito da causa – ou, numa formulação
mais sintética, os requisitos de acesso à justiça[1].

Como é sabido, uma vez proposta uma acção, nem sempre o tribunal
chega a apreciar o pedido nela formulado: para que tal aconteça, têm de se
verificar determinados pressupostos, sem os quais o prosseguimento dos
autos fica, ou pode ficar, comprometido, sendo o réu ser absolvido da instância – e daí que se fale também em condições de precedibilidade da acção.

---

* O presente texto, remodelado e aumentado, corresponde a uma comunicação feita
no Instituto Nacional de Administração em Maio de 2004, no âmbito de um curso sobre
Processo do Contencioso Administrativo. É com o maior gosto que, com ele, me associo
à justa homenagem que, no seu 20.º aniversário, o Instituto Superior de Ciências Policiais
e Segurança Interna houve por bem prestar a quem tanto deve.

[1] V. Manuel Domingos de Andrade, Noções Elementares de Processo Civil, Coimbra, 1979, pp. 74 e segs., Antunes Varela, J. Miguel Bezerra e Sampaio e Nora, Manual de
Processo Civil, 2.ª ed., Coimbra, 1985, pp. 104 e segs., e Jorge Augusto Pais de Amaral,
Direito Processual Civil, 4.ª ed., Coimbra, 2003, pp. 75 e segs. Na doutrina administrati-
vista, v. Diogo Freitas do Amaral, Direito Administrativo, Vol. IV, polic., Lisboa, 1988,
pp. 133 e segs., e José Carlos Vieira de Andrade, A Justiça Administrativa (Lições),
5.ª ed., Coimbra, 2004, pp. 258 e segs.

2. Os pressupostos processuais dizem-se gerais ou comuns e especiais, consoante respeitem a todos os processos ou a alguns deles (p. ex., a personalidade judiciária e a oportunidade para a impugnação de actos anuláveis, respectivamente); absolutos ou relativos, conforme sejam de conhecimento oficioso (como a competência do tribunal, salvo a incompetência relativa nos casos não abrangidos pelo disposto no artigo 110.º do Código de Processo Civil, conforme se determina no artigo 495.º deste diploma) ou dependam de invocação pelos interessados (a preterição do tribunal arbitral voluntário – cfr. artigo 495.º, segunda parte, do mesmo código); e positivos e negativos, segundo se exija o respectivo preenchimento (p. ex., a legitimidade) ou, pelo contrário, a sua não verificação, para que o juíz possa julgar a acção (p. ex., a litispendência).

3. Os pressupostos processuais dizem respeito ao tribunal, às partes e ao próprio processo.

Assim, e desde logo, a acção deve ser proposta no tribunal próprio, isto é, aquele que, em razão da matéria, do valor e da forma de processo, da hierarquia e do território esteja habilitado a julgá-la. Se lhe falecer competência para o efeito, o tribunal terá de se abster de conhecer a causa.

Por outro lado, quem se apresenta em juízo formulando uma pretensão, por um lado, e quem é demandado, por outro, devem, em primeiro lugar, ser susceptíveis de figurar como sujeitos no processo; em segundo lugar, é necessário que possam estar, por si sós, em juízo; enfim, devem estar devidamente representados por quem tenha qualificação técnica para o efeito. A estas exigências soma-se a legitimidade do autor e réu, aferida através da alegação da posição de parte na relação litigiosa, sem a qual ficará, identicamente, comprometida a respectiva presença em juízo.

Enfim, e agora no tocante ao próprio processo, cumpre assinalar que algumas acções administrativas devem, sob pena de caducidade do direito de acção, ser propostas dentro de determinado prazo. Por outro lado, e por isso que o acesso à justiça se faz através de um iter procedimentalizado, torna-se necessário observar a forma prescrita pelas leis de processo para que o tribunal venha a conhecer do fundo da causa. E para que o poder jurisdicional se exerça através da emissão de uma sentença de mérito é necessário que exista uma necessidade real e efectiva de tutela jurisdicional: com efeito, mal se compreenderia o funcionamento em vão ou caprichoso do aparelho judicial, com os custos que lhe são inerentes, quando não existisse nada nem ninguém para proteger.

4. Os pressupostos processuais ou condições de precedibilidade da acção distinguem-se com facilidade das condições de existência desta, por um lado, e das respectivas condições de procedência, por outro.

Para que se possa falar de uma acção judicial, verdadeira e própria, torna-se necessária a reunião dos seguintes elementos essenciais da causa: os sujeitos, o objecto, o pedido e a causa de pedir. Se faltar algum deles, não existe acção, pelo que, em certos casos, a secretaria pode, desde logo, recusar o recebimento da petição [cfr. artigo 474.°, alínea b), do Código de Processo Civil, e 80.°, n.° 1, alíneas b) e c), do Código de Processo nos Tribunais Administrativos]; nos demais, será o tribunal a conhecer da questão no saneador.

Por outro lado, quando se fala nas condições de procedência da acção, têm-se em vista os predicados de que depende o acolhimento do pedido – isto é, os requisitos do êxito da causa –, que são apreciadas por ocasião do julgamento.

5. Por conseguinte, e em resumo: a existência da acção depende da reunião dos respectivos elementos essenciais; o conhecimento do mérito da causa depende da verificação dos pressupostos processuais; e o sucesso da demanda depende do preenchimento das condições de procedência da acção.

Postas estas breves considerações, passaremos agora a ocupar-nos dos diferentes tipos de pressupostos processuais, elegendo aqueles que revestem maior importância.

Pressupostos Quanto ao Tribunal

6. O pressuposto processual que, sob esta epígrafe, se tem em vista é a competência do tribunal.

Segundo o disposto no artigo 13.° do Código de Processo nos Tribunais Administrativos, «O âmbito da jurisdição administrativa e a competência dos tribunais administrativos, em qualquer das suas espécies, é de ordem pública e o seu conhecimento precede o de qualquer outra matéria».

Por conseguinte, o tribunal conhece, por sua iniciativa, do âmbito da jurisdição administrativa, por um lado, e da sua competência (em razão da matéria, da hierarquia e do território), por outro; e esse conhecimento é prioritário em relação às demais questões que tenham sido suscitadas pelas partes ou de que também lhe cumpra conhecer oficiosamente.

7. O âmbito da jurisdição administrativa encontra-se delimitado positivamente no n.° 1 do artigo 4.° do Estatuto dos Tribunais Administrativos e Fiscais e negativamente nos n.°s 2 e 3 do mesmo preceito.

Assim, pertencem ao contencioso administrativo os litígios que tenham por objecto:

a) A tutela de direitos fundamentais, bem como de direitos e interesses legalmente protegidos directamente fundados em normas ou actos praticados ao abrigo de normas de direito administrativo;

b) A fiscalização da legalidade de normas e a verificação da invalidade de contratos, quando derivada da invalidade do acto que serviu de fundamento à respectiva celebração;

c) A fiscalização da legalidade de actos materialmente administrativos;

d) A fiscalização da legalidade de normas e demais actos jurídicos de sujeitos privados, no exercício de poderes administrativos;

e) Questões relativas à validade de actos pré-contratuais e à interpretação, validade e execução de contratos – a saber, de contratos submetidos por lei a um procedimento pré-contratual de direito público, ou que a lei admita que possam ser submetidos a tal procedimento; de contratos de objecto passível de acto administrativo; de contratos com um regime substantivo de direito público; enfim, de contratos em que uma das partes seja uma entidade pública ou um concessionário, e que as partes hajam expressamente submetido a um regime de direito público;

f) Questões de responsabilidade civil extracontratual – das pessoas colectiva públicas (incluindo a resultante do exercício das funções jurisdicional e legislativa); dos titulares de órgãos, funcionários, agentes e demais servidores públicos; e dos sujeitos privados aos quais seja aplicável o regime específico da responsabilidade das pessoas colectivas de direito público;

g) Relações interpessoais e interorgânicas públicas;

h) Defesa de valores e bens constitucionalmente protegidos em matéria de saúde pública, ambiente, urbanismo, ordenamento do território, qualidade de vida, património cultural e bens do Estado;

i) Contencioso eleitoral relativo a órgãos de pessoas colectivas públicas para que não seja competente outro tribunal;

j) Enfim, execução de sentenças dos tribunais administrativos.

8. Por seu turno, fica expressamente excluída da jurisdição administrativa a apreciação, entre outros, dos litígios que tenham por objecto:

a) Actos políticos e legislativos;
b) Decisões jurisdicionais proferidas por tribunais pertencentes a outras ordens de jurisdição;
c) Actos relativos ao inquérito e instrução criminais, ao exercício da acção penal e à execução das respectivas decisões;
d) A responsabilidade por erro judiciário cometido por tribunais pertencentes a outras ordens de jurisdição;
k) Actos materialmente administrativos do Presidente do Supremo Tribunal de Justiça, do Conselho Superior da Magistratura e do respectivo Presidente;
l) Contratos individuais de trabalho, que não confiram a qualidade de direito administrativo, mesmo que uma das partes seja uma pessoa colectiva de direito público.

9. A competência dos tribunais administrativos, em razão da matéria e da hierarquia, encontra-se fixada nos artigos 24.º, n.º 1, 37.º e 44.º do Estatuto dos Tribunais Administrativos e Fiscais: o primeiro ocupa-se da competência do Supremo Tribunal Administrativo, pela Secção de Contencioso Administrativo; o segundo, da competência dos tribunais centrais administrativos, pela secção equivalente; e o derradeiro, da competência dos tribunais administrativos de círculo.

A regra geral é, agora, a de que os tribunais administrativos de círculo são os tribunais competentes para conhecer, em 1.ª instância, de todos os processos do âmbito da jurisdição administrativa, salvo aqueles cuja competência a lei reserve para os tribunais superiores (artigo 44.º do estatuto aplicável).

10. Os tribunais administrativos de círculo têm sede nas cidades indicadas no artigo 3.º, n.º 1, do Decreto-Lei n.º 325/2003, de 29 de Dezembro (diploma complementar do Estatuto dos Tribunais Administrativos e Fiscais), fixando-se a área de jurisdição desses tribunais no mapa anexo a este diploma. São, na actualidade, em número de dezasseis, tendo sido declarados instalados através da Portaria n.º 1418/2003, de 30 de Dezembro, que determinou igualmente o seu funcionamento em agregação com os tribunais tributários correspondentes, sob a denominação de Tribunal Administrativo e Fiscal.

Em matéria de delimitação da competência territorial dos tribunais administrativos de círculo devem ter-se especialmente em conta as prescrições dos artigos 16.º a 22.º do Código de Processo nos Tribunais Administrativos.

11. Ao antigo Tribunal Central Administrativo sucederam os Tribunais Centrais Administrativos Sul e Norte, com a área de jurisdição indicada, respectivamente, nos n.ºs 1 e 2 do artigo 2.º do Decreto--Lei n.º 325/2003.

São competentes para, através das respectivas Secções de Contencioso Administrativo, conhecer:

a) Dos recursos dos tribunais administrativos de círculo para que não seja competente o Supremo Tribunal Administrativo e de decisões proferidas por tribunal arbitral em matérias de contencioso administrativo;

b) Das acções de regresso propostas contra juízes dos tribunais dos tribunais administrativos de círculo e dos tribunais tributários, bem como dos respectivos Magistrados do Ministério Público;

c) Dos demais processos cujo julgamento lhes seja submetido, tudo conforme se dispõe no artigo 37.º do Estatuto dos Tribunais Administrativos e Fiscais.

12. Quanto ao Supremo Tribunal Administrativo, pela Secção de Contencioso Administrativo, cabe-lhe conhecer, em 1.ª instância, dos processos em matéria administrativa relativos a actos e omissões dos órgãos superiores do poder político, legislativo e administrativo, a saber:

a) Presidente da República;

b) Assembleia da República e seu Presidente;

c) Conselho de Ministros;

d) Primeiro-Ministro;

e) Tribunal Constitucional e seu Presidente, Presidente do Supremo Tribunal Administrativo, Tribunal de Contas e seu Presidente, e Presidente do Supremo Tribunal Militar;

f) Conselho Superior de Defesa Nacional, Conselho Superior dos Tribunais Administrativos e Fiscais e Conselho Superior do Ministério Público; e

g) Procurador-Geral da República, bem como dos pedidos neles cumulados [cfr. artigo 24.º, n.º 1, alíneas a) e e)].

Cabe-lhe, ainda, conhecer dos seguintes processos:

a) Processos relativos a eleições previstas no estatuto;
b) Providências cautelares relativas a processos da sua competência;
c) Pedidos relativos à execução das suas decisões;
d) Acções de regresso propostas contra juízes do Supremo Tribunal Administrativo e dos tribunais centrais administrativos, bem como contra os magistrados do Ministério Público junto destes tribunais, ou equiparados;
e) Recursos dos acórdãos proferidos em 1.º grau de jurisdição pelos tribunais centrais administrativos;
f) Recursos de revista sobre matéria de direito interpostos de acórdãos dos tribunais centrais administrativos e de decisões dos tribunais administrativos de círculo;
g) Conflitos de competência entre tribunais administrativos;
h) Outros processos cuja apreciação lhe seja deferida por lei, tudo conforme resulta das restantes alíneas do n.º 1 e do n.º 2 do mencionado artigo 24.º do Estatuto dos Tribunais Administrativos e Fiscais.

13. A competência dos tribunais administrativos fixa-se no momento da propositura da acção, sendo irrelevantes as modificações de facto e de direito subsequentes, como se dispõe no artigo 5.º, n.º 1, do Estatuto dos Tribunais Administrativos e Fiscais, falando-se a este propósito do princípio da perpetuação do foro[2].

No entanto, pelo menos a extinção do tribunal da causa parece que deverá continuar a ser considerada como um caso à parte (cfr. artigo 8.º, n.º 2, do anterior estatuto).

14. Como forma particular de incompetência, temos a preterição de tribunal arbitral, necessário ou voluntário, prevista no artigo 494.º, alínea j), do Código de Processo Civil e também ali qualificada como excepção dilatória.

Ao contrário daquilo que se passa com as demais excepções dilatórias, o tribunal não conhece, porém, oficiosamente da preterição do tribunal arbitral voluntário, conforme se dispõe no artigo seguinte daquele diploma.

---

2 José Carlos Vieira de Andrade, A Justiça…, cit., p. 264.

Pressupostos Quanto aos Sujeitos

15. Os pressupostos processuais relativos aos sujeitos são a personalidade judiciária, a capacidade judiciária, o patrocínio judiciário e a legitimidade das partes.

Deles nos iremos ocupar por esta ordem.

16. Nos termos do disposto no artigo 5.°, n.° 1, do Código de Processo Civil, a personalidade judiciária consiste na «susceptibilidade de ser parte». Reconhecida, desde logo, às pessoas jurídicas (n.° 2 do referido preceito), estende-se a outras realidades e organizações não personalizadas (cfr. artigos 6.° e 7.°).

Anteriormente à reforma do contencioso administrativo, os órgãos das pessoas colectivas dispunham de personalidade judiciária no contencioso de anulação. Porém, sendo o processo administrativo, hoje em dia, um verdadeiro processo de partes, as coisas deixaram de se passar assim, surgindo as próprias pessoas colectivas públicas – e não os respectivos órgãos – como sujeitos processuais.

Isto, sem embargo de, em certos casos, os órgãos de uma pessoa colectiva poderem, quale tale, impugnar actos administrativos praticados por outros órgãos da mesma pessoa colectiva, ou ser demandados nos processos respeitantes a litígios entre órgãos pertencentes à mesma entidade [cfr. artigos 55.°, n.° 1, alíneas d) e e), e 10.°, n.° 6, do Código de Processo nos Tribunais Administrativos].

No caso do Estado, e conforme se alcança do disposto no n.° 2 do artigo 10.° da lei processual administrativa, os ministérios – que não são nem órgãos nem pessoas, mas serviços – gozam de personalidade judiciária.

Finalmente, o Ministério Público pode intervir como parte em vários processos [cfr. artigos 9.°, n.° 2, 11.°, n.° 2, 40.°, n.° 1, alínea b), 55.°, n.° 1, alínea b), 62.°, 68.°, n.° 1, alínea c), 73.°, n.°s 3 e 4, e 77.°].

17. A capacidade judiciária consiste na «susceptibilidade de estar, por si, em juízo», conforme se estabelece no n.° 1 do artigo 9.° do Código de Processo Civil.

Para aquilo que ora releva, dir-se-á que a capacidade judiciária das pessoas colectivas públicas se afere em função do órgão competente para as representar em juízo.

18. Nos termos do artigo 11.º, n.º 1, do Código de Processo nos Tribunais Administrativos, é obrigatória a constituição de advogado nos processos da competência dos tribunais administrativos.

No entanto, (i) as pessoas colectivas públicas, (ii) os ministérios, no caso do Estado (com ressalva dos processos que tenham por objecto relações contratuais e de responsabilidade), (iii) as entidades administrativas independentes e (iv) os próprios órgãos, quando subordinados a poderes hierárquicos, podem ser representados em juízo por licenciado em Direito com funções de apoio jurídico, expressamente designado para o efeito.

19. O poder de designar o representante em juízo da pessoa colectiva pública ou, no caso do Estado, do ministério cabe ao auditor jurídico ou ao responsável máximo pelos serviços jurídicos da pessoa colectiva ou do ministério (artigo 11.º, n.º 3); e, no caso das entidades administrativas independentes, ou de outras que não se encontrem integradas numa estrutura hierárquica, à própria entidade visada (idem, n.º 4).

Porém, já nos processos em que esteja em causa a actuação ou omissão de um órgão subalterno, o disposto no n.º 5 do artigo 11.º – que lhe permite designar o seu representante em juízo, com a obrigação de comunicar superiormente a existência do processo – prevalece sobre a regra do n.º 3 do mesmo preceito (… sem prejuízo do disposto nos dois números seguintes…), o que suscita perplexidade[3].

Conforme se determina no n.º 3 do artigo 83.º do código, sendo a contestação subscrita por licenciado em Direito com funções de apoio jurídico, será junta ao processo cópia do despacho que o designou.

20. Finalmente, nas acções relativas a contratos e responsabilidade, a representação em juízo do Estado cabe ao Ministério Público, conforme se dispõe nos artigos 11.º, n.º 2, e 40.º, n.º 1, alínea b), do Código de Processo nos Tribunais Administrativos.

21. Estabelece o artigo 26.º do Código de Processo Civil:

«1 – O autor é parte legítima quando tem interesse directo em

---

[3] Em vista deste regime, o director-geral detém um poder de que o ministro não dispõe: o de designar o seu representante em juízo! Ora, não se vislumbra razão atendível para a não aplicação do regime do n.º 3 do artigo 11.º também no caso dos órgãos subordinados hierarquicamente.

demandar; o réu é parte legítima quando tem interesse directo em contradizer.

2 – O interesse em demandar exprime-se pela utilidade derivada da procedência da acção; o interesse em contradizer, pelo prejuízo que dessa procedência advenha.

3 – Na falta de indicação da lei em contrário, são considerados titulares de interesse relevante para o efeito da legitimidade os sujeitos da relação material controvertida, tal como é configurada pelo autor».

No Código de Processo nos Tribunais Administrativos, a legitimidade activa e a legitimidade passiva são tratadas separadamente; no entanto, também ali se acolhe o critério da qualidade de parte na relação material controvertida para se determinar a legitimidade processual. Assim, «… o autor é considerado parte legítima quando alegue ser parte na relação material controvertida» (artigo 9.°, n.° 1); e a acção deve ser proposta «… contra a outra parte na relação material controvertida» (artigo 10.°, n.° 1)[4].

22. No âmbito da acção popular social, dispõem de legitimidade activa qualquer pessoa, as associações e fundações defensoras de interesses difusos, as autarquias locais e o Ministério Público (artigo 9.°, n.° 2).

Por seu turno, no que diz respeito à acção popular local, esta pode ser proposta por qualquer eleitor, no gozo dos seus direitos civis e políticos, relativamente às deliberações tomadas pelos órgãos autárquicos da respectiva circunscrição (artigo 55.°, n.° 2).

23. Entretanto, alargou-se muito significativamente a legitimidade activa em matéria de acções sobre contratos – até aqui confinada às entidades contratantes (cfr. artigo 825.° do Código Administrativo), mas que agora se estende a quem demonstre ser um terceiro interessado.

Assim, nas acções relativas à validade de contratos, têm legitimidade activa, para além das partes contratantes, do Ministério Público e das entidades acabadas de referir, quem tenha sido prejudicado por não ter sido seguido o procedimento pré-contratual legalmente prescrito; quem tenha

---

[4] Sobre a legitimidade processual, v. Mário Aroso de Almeida, O Novo Regime do Processo nos Tribunais Administrativos, 3.ª ed., Coimbra, 2004, pp. 25-69, e Carlos Alberto Fernandes Cadilha, Legitimidade processual, in Cadernos de Justiça Administrativa, n.° 34, Julho/Agosto 2002, pp. 9-23.

impugnado acto relativo à formação do contrato; ou, ainda, quem, tendo participado no procedimento, invoque divergência entre o clausulado contratual e os termos da adjudicação; ou quem alegue que esse clausulado se afasta dos termos inicialmente estabelecidos, que o levaram a não participar no procedimento, embora reunisse as condições para o efeito; enfim, quem invoque lesão actual ou previsível resultante da execução do contrato [cfr. alíneas c) a g) do n.° 1 do artigo 40.° do Código de Processo nos Tribunais Administrativos].

Por seu turno, e agora no que respeita às acções relativas à execução de contratos, têm legitimidade activa, para além das partes contratantes e das entidades referidas no n.° 2 do artigo 9.°, os portadores ou defensores de direitos subjectivos ou interesses legalmente protegidos em função dos quais tenham sido estabelecidas as cláusulas contratuais; o Ministério Público, se estiver em causa um interesse público especialmente relevante; e quem haja sido preterido no concurso que precedeu o contrato (artigo 40.°, n.° 2).

24. O Código de Processo nos Tribunais Administrativos regula também especialmente a legitimidade activa no âmbito da acção administrativa especial.

Assim, e no que se refere à impugnação de actos administrativos, dispõem de legitimidade activa, nos termos do disposto no artigo 55.°, (i) os titulares de um interesse directo e pessoal, designadamente por terem sido lesados pelo acto; (ii) o Ministério Público; (iii) as pessoas colectivas públicas e privadas, quanto aos direitos e interesses que lhes caiba defender; (iv) os órgãos administrativos, em relação a actos de outros órgãos da mesma pessoa colectiva[5]; (v) os presidentes de órgãos colegiais, em relação às deliberações do próprio órgão, ou outras autoridades, em defesa da legalidade, nos casos especialmente previstos na lei; enfim, (vi) os defensores de interesses difusos referidos no n.° 2 do artigo 9.°

Por sua vez, nos termos do disposto no n.° 1 do artigo 68.°, têm legitimidade para os pedidos de condenação à prática de um acto administrativo legalmente devido, (i) os titulares de um direito ou interesse legalmente protegido, dirigido à respectiva emissão; (ii) as pessoas colectivas públicas ou privadas, quanto aos direitos e interesses que lhes cumpra

---

[5] Ou, no caso do Estado, do mesmo ministério – como se afigura razoável entender.

defender; (iii) o Ministério Público, quando o dever de praticar o acto decorra directamente da lei e esteja em causa a ofensa de direitos fundamentais, de interesse público especialmente relevante ou de interesse difuso referido no n.º 2 do artigo 9.º; (iv) enfim, os demais defensores de tais interesses.

Por último, e no que toca à impugnação de normas, a legitimidade dos particulares para o pedido de declaração de ilegalidade com força obrigatória geral assenta no prejuízo actual ou previsível, em momento próximo, acompanhado da recusa de aplicação da norma por qualquer tribunal, em três casos concretos, no caso de normas regulamentares inexequíveis por si próprias (artigo 73.º, n.º 1); tratando-se de norma imediatamente operativa, quer o lesado quer as entidades referidas no n.º 2 do artigo 9.º podem pedir a declaração da respectiva ilegalidade com efeitos circunscritos ao caso concreto (n.º 2).

Quanto ao Ministério Público, este pode pedir a declaração de ilegalidade com força obrigatória geral sem necessidade dos três julgamentos prévios de ilegalidade (n.º 3); e está obrigado a fazê-lo quando tenha conhecimento de três decisões de desaplicação de uma norma com fundamento na respectiva ilegalidade (n.º 4).

Por último, e quanto à declaração de ilegalidade por omissão, esta pode ser pedida pelo Ministério Público, pelos demais defensores de interesses difusos e por quem alegue um prejuízo directamente resultante da omissão, conforme se estabelece no n.º 1 do artigo 77.º da lei processual aplicável.

25. Falámos até aqui da legitimidade activa; ocupar-nos-emos neste momento da legitimidade da parte demandada.

Como acima se disse, no artigo 10.º, n.º 1, do Código de Processo nos Tribunais Administrativos estabelece-se que a acção deve ser proposta contra a outra parte na relação material controvertida; e, quando for o caso, também contra aqueles que tenham interesses contrapostos aos do autor – os contra-interessados, a que se referem especificamente, entre outros, os artigos 57.º, 68.º, n.º 2, e 82.º, n.º 5, a propósito da impugnação de actos administrativos, da condenação à prática de acto devido, e do pedido de declaração de ilegalidade de norma com força obrigatória geral, respectivamente.

Para se aferir, in concreto, da legitimidade das partes, cumpre ter presente o disposto nos números seguintes do mencionado artigo 10.º. Do regime ali consagrado destacaremos o seguinte:

a) Nas acções que tenham por objecto uma acção ou omissão de entidade pública personalizada, deve ser demandada a pessoa colectiva pública ou, no caso do Estado, o ministério cujo órgão actuou ou omitiu a actuação (n.º 2);

b) Nas acções que tenham por objecto uma acção ou omissão de entidade administrativa independente, não personalizada, deve ser demandado o Estado ou a outra pessoa colectiva de direito público a que aquela entidade pertença (n.º 3);

c) Enfim, nos processos relativos a litígios inter-orgânicos, deve ser demandado o órgão cuja conduta originou o litígio (n.º 6).

26. Manteve o Código de Processo nos Tribunais Administrativos a regra segundo a qual perde o direito de impugnar um acto administrativo quem o tenha aceitado, expressa ou tacitamente, depois de praticado (artigo 56.º, n.º 1 – cfr. artigos 47.º do Regulamento do Supremo Tribunal Administrativo, e 827.º do Código Administrativo; v. tb. artigos 53.º, n.º 4, e 160.º, n.º 2, do Código do Procedimento Administrativo).

A aceitação do acto não configura, verdadeiramente, uma situação de falta de legitimidade activa[6]: trata-se, mais propriamente, de um pressuposto processual, negativo e especial, distinto, que se traduz na perda do direito de impugnação por acto do interessado a que a lei atribui o significado de «conformação com os efeitos desfavoráveis» do acto administrativo praticado[7].

27. A legitimidade passiva só ficará plenamente assegurada se, existindo contra-interessados, estes forem igualmente demandados [cfr. artigos 10.º, n.º 1, segunda parte, 57.º, 68.º, n.º 2, 78.º, n.º 1, alínea f), 80.º, n.º 1, alínea b), 81.º, n.º 1, 82.º, 83.º, 115.º e 117.º].

28. Nos termos do disposto nos n.ºs 2 e 3 do artigo 81.º do Código de Processo nos Tribunais Administrativos, relativo à acção administrativa especial, se, por erro na petição, for citado um órgão diferente do autor (efectivo ou devido) do acto, esse órgão deve dar conhecimento imediato

---

[6] Em sentido contrário, ver José Manuel Santos Botelho, Contencioso Administrativo, 4.ª ed., Coimbra, 2002, p. 837, e jurisprudência aí citada.

[7] Acompanhamos, assim, a posição de José Carlos Vieira de Andrade, A Justiça..., cit., pp. 270-272.

do facto àquele que deveria ter sido citado, beneficiando então a entidade demandada de mais 15 dias para contestar.

Este preceito pode suscitar dúvidas de interpretação.

Suponha-se, por exemplo, que, por erro do autor, foi impropriamente citado o órgão dirigente de um instituto público, quando a verdade é que o acto impugnado foi praticado pelo ministro da tutela. Como deverá, então, proceder o referido órgão? Argui a legitimidade passiva – sem mais ou, à cautela, contesta também por impugnação? Ou remete o processo ao ministro, que disporá então de um prazo complementar de quinze dias para apresentar a contestação?

29. Temos para nós que o preceituado no n.º 2 do referido artigo 81.º tem em vista, e apenas, os casos de citação da entidade demandada, correctamente identificada, em órgão impróprio, e não de citação de entidade demandada imprópria – e, consequentemente, de órgão impróprio –, por erro da petição inicial.

Isto é: se, por erro no articulado do autor, for citado o órgão X do instituto público A, sendo que o acto impugnado foi realmente praticado pelo ministro Y ou pelo presidente do instituto público B, existe, pura e simplesmente, uma situação de ilegitimidade passiva, por infracção do disposto no artigo 10.º, n.ºs 1 e, conforme o caso, 2 e 3. Por conseguinte, o órgão efectivamente citado deverá, nesse caso, limitar-se a arguir a ilegitimidade passiva, sem que lhe cumpra dar conhecimento do facto ao órgão que deveria ter sido citado em sua vez, cabendo ao tribunal conhecer da questão.

Porém, se, estando correctamente identificados a pessoa colectiva pública ou, no caso do Estado, o ministério demandado, for citado um órgão que não praticou, nem poderia ter praticado, o acto impugnado, aí, sim, cabe ao órgão efectivamente citado dar conhecimento imediato do facto ao órgão que o devia ter sido, o qual disporá de mais 15 dias para contestar o pedido, como sempre se afigura razoável.

Pressupostos Relativos ao Processo

30. De entre os pressupostos relativos ao processo destacaremos quatro: a adequação da forma processual, a necessidade de tutela judicial, a tempestividade da acção e a pronúncia administrativa prévia.

31. À semelhança daquilo que se passa como o processo civil, em que «A todo o direito (...) corresponde a acção adequada a fazê-lo reconhecer em juízo (...)» (cfr. artigo 2.°, n.° 2, do respectivo código), também o acesso à justiça administrativa não se faz de qualquer maneira: como se prescreve no artigo 2.° do Código de Processo nos Tribunais Administrativos, «O princípio da tutela jurisdicional efectiva compreende o direito de obter (...) uma decisão judicial que aprecie (...) cada pretensão <u>regularmente deduzida em juízo</u>» (destaques nossos).

Por conseguinte, cumpre ao interessado escolher a forma de processo que corresponda à pretensão que pretenda formular, para o que deverá ter em atenção, nomeadamente, o disposto nos artigos 37.°, n.° 2 (acção administrativa comum), e 46.°, n.° 2, do Código de Processo nos Tribunais Administrativos (acção administrativa especial).

32. Entretanto, o funcionamento dos órgãos do contencioso administrativo apenas se justifica se existir um efectivo interesse – isto é, um interesse real e actual – do demandante em agir. Com efeito, a actuação do tribunal deixa de ter razão de ser quando, objectivamente, inexistam direitos ou interesses carecidos de protecção.

O artigo 39.° do Código de Processo nos Tribunais Administrativos alude ao interesse processual nas acções de simples apreciação, estabelecendo que estas podem ser propostas «por quem invoque utilidade ou vantagem imediata, para si, na declaração judicial pretendida (...)».

E o interesse em agir está igualmente presente na possibilidade de, em certos casos, impugnar actos ineficazes (cfr. artigo 54.°); no prosseguimento do processo de impugnação de actos administrativos nos casos de revogação extintiva (cfr. artigo 65.°); e na fixação da legitimidade para a impugnação de normas (cfr. artigo 73.°, n.°s 1 e 2).

33. Conforme se prescreve no n.° 1 do artigo 41.° do Código de Processo nos Tribunais Administrativos, e salvo o disposto na lei substantiva, a acção administrativa comum pode ser proposta a todo o tempo. Exceptuam-se as acções de anulação de contratos, que têm de ser propostas no prazo de seis meses contado da data de celebração do contrato ou, quanto a terceiros, do conhecimento do respectivo clausulado, conforme se prescreve n.° 2 do mesmo artigo.

Pode também ser proposta a todo o tempo a acção administrativa especial de declaração de ilegalidade de normas e de impugnação de actos nulos ou inexistentes (cfr. artigos 74.° e 58.°, n.° 1, do referido diploma).

Porém, já a acção administrativa especial de impugnação de actos anuláveis tem de ser proposta dentro de certo prazo: um ano, se promovida pelo Ministério Público; três meses, nos restantes casos – conforme se prescreve no n.º 2 do artigo 58.º do código.

Bem assim, nos processos de condenação à prática de acto devido, a lei estabelece um prazo de um ano ou de três meses, consoante se esteja perante uma situação de inércia por parte da Administração ou um indeferimento (cfr. artigo 69.º).

34. Conforme se dispõe no n.º 3 do artigo 58.º do código, a contagem dos referidos prazos faz-se agora nos termos do Código de Processo Civil.

Assim, e face ao disposto no n.ºs 4 e 1 do artigo 144.º deste diploma, cumpre reter o seguinte: (i) o prazo é contínuo; (ii) no entanto, suspende-se em férias judiciais; (iii) salvo se o prazo em questão for igual ou superior a seis meses, ou estiverem em causa processos urgentes (cfr. artigo 36.º).

35. Generosamente, o n.º 4 do citado artigo 58.º da lei processual administrativa permite ainda, para além dos três meses, e até um ano, a impugnação de actos anuláveis «(…) caso se demonstre, com respeito pelo princípio do contraditório, que, no caso concreto, a tempestiva apresentação da petição não era exigível a um cidadão normalmente diligente», em virtude de (i) a Administração ter induzido em erro o particular, (ii) o atraso dever ser considerado desculpável ou de (iii) justo impedimento.

36. A partir de que momento se contam os prazos de impugnação de actos anuláveis?

Rege nesta matéria o artigo 59.º do código. Assim, para os destinatários que devam ser notificados do acto, o prazo conta-se a partir da data dessa notificação, mesmo que o acto seja de publicação obrigatória, e sem prejuízo da sua impugnação facultativa caso a execução do mesmo se inicie sem a notificação se mostrar efectuada (n.ºs 1 e 2); para quaisquer outros interessados dos actos que não tenham de ser obrigatoriamente publicados, do que ocorrer primeiro – a notificação, a publicação ou o conhecimento do acto ou da sua execução; e para o Ministério Público, da prática do acto ou da sua publicação, se obrigatória (n.º 6), sem embargo da possibilidade de deduzir a impugnação antes da publicação obrigatória do acto se, entretanto, a respectiva execução tiver tido início.

Por seu turno, no que se refere ao pedido de condenação à prática do acto devido, o prazo para reagir contra as situações de inércia da Administração conta-se do termo do prazo legal fixado para a emissão do acto ilegalmente omitido; tendo havido indeferimento, o prazo conta-se desde a respectiva notificação (cfr. artigo 69.°, n.°s 1 e 3).

37. Sublinhe-se que, hodiernamente, a utilização dos meios de impugnação administrativa, sejam eles quais forem, suspende o prazo de impugnação judicial, que só retoma o seu curso com a notificação proferida sobre a impugnação administrativa ou com o decurso do respectivo prazo legal (n.° 4 do artigo 59.°). Não obstante, pode o interessado proceder à impugnação contenciosa na pendência da impugnação administrativa, bem como requerer providências cautelares (n.° 5) – o que pode ser do seu interesse, designadamente naqueles casos em que a impugnação administrativa não suspenda a execução do acto.

38. Existindo fundamento idóneo para o efeito, pode o legislador, em casos determinados, condicionar expressamente o acesso à justiça administrativa à prévia pronúncia da Administração sobre a matéria controvertida, impondo ao interessado a apresentação de um recurso dirigido ao superior hierárquico do autor do acto.

Está-se, então, em presença de um condicionamento legítimo do direito de impugnação contenciosa – e não de uma restrição de tal direito –, cuja constitucionalidade apenas se tornará crítica se, de algum modo, a garantia de tutela jurisdicional efectiva se mostrar afectada.

39. Anteriormente à entrada em vigor do Código de Processo nos Tribunais Administrativos, entendia-se maioritariamente que, ao regular, com foros de generalidade, o recurso hierárquico necessário, o Código do Procedimento Administrativo constituía credencial bastante para a imposição generalizada da impugnação administrativa previamente à impugnação contenciosa dos actos administrativos.

Porém, tendo aquele Código de Processo abolido a definitividade vertical como característica do acto impugnável – patente no abandono da formulação do artigo 25.°, n.° 1, da Lei de Processo nos Tribunais Administrativos e, bem assim, do regime acolhido no seu artigo 34.° –, deve entender-se que aquele código deixou de constituir fundamento da imposição genérica de impugnação administrativa prévia, a qual só existirá, assim, se e quando a lei expressamente a estabelecer[8].

As Consequências da Falta de Pressupostos Processuais

40. Que consequências advêm da falta de pressupostos processuais? Nos termos do disposto no artigo 493.°, n.° 2, do Código de Processo Civil, as excepções dilatórias dão lugar à absolvição da instância ou à remessa do processo para outro tribunal.

Todavia, tanto naquele diploma como no Código de Processo nos Tribunais Administrativos contempla-se o suprimento de excepções dilatórias (naturalmente daquelas que sejam susceptíveis de suprimento[9]): veja-se, com efeito, o regime dos artigos 265.°, n.° 2, 288.°, n.°s 2 e 3, e 508.° do primeiro código e 88.° do segundo, em que se prevê a correcção oficiosa e o despacho de aperfeiçoamento[10].

41. É no despacho saneador que o tribunal conhece das excepções dilatórias, havendo lugar à absolvição da instância se as mesmas não se mostrarem, entretanto, supridas (cfr. artigos 510.°, n.° 1, alínea a), do Código de processo Civil, e 87.°, n.° 1, alínea a), do Código de Processo nos Tribunais Administrativos).

São supríveis, em certos casos, a incapacidade judiciária e noutros, mais circunscritos, a falta de personalidade judiciária (cfr. artigos 8.°, 23.° e 24.° do Código de Processo Civil); também em casos limitados, a ilegitimidade (cfr. artigos 10.°, n.° 4, 78.°, n.° 3, 81.°, n.°s 2 e 3, do Código de Processo nos Tribunais Administrativos); a falta de constituição de advogado ou a falta, insuficiência e irregularidade do mandato (artigos 33.° e 40.°, respectivamente, do Código de Processo Civil); o erro na forma de

---

[8] Nesse sentido, José Carlos Vieira de Andrade, A Justiça..., cit., pp. 279-281, e Mário Aroso de Almeida, O Novo Regime..., cit., pp. 141-142.

[9] Conforme se dispõe no n.° 2 do artigo 265.° do Código de Processo Civil, «O juiz providenciará, mesmo oficiosamente, pelo suprimento da falta de pressupostos processuais susceptíveis de sanação (...)».

[10] V. tb. os artigos 4.°, n.° 3, e 12.°, n.° 3, em que se prevê que o juiz notifique o autor ou autores para indicarem o pedido que pretendem ver apreciado no processo nos casos de cumulação de pedidos ou coligação ilegais, sob cominação de absolvição da instância.

processo (artigo 199.° do mesmo código); em processo impugnatório, o erro na qualificação do acto impugnado ou na identificação do acto impugnável (n.° 2 do artigo 89.° do Código de Processo nos Tribunais Administrativos); enfim, a falta de indicação dos contra-interessados.

Mas já são insupríveis a caducidade do direito de acção e a falta de interesse em agir.

42. Entretanto, da incompetência do tribunal não se segue, necessariamente, a absolvição da instância.

Com efeito, tratando-se de incompetência relativa, vigora o regime da remessa oficiosa ao tribunal competente (cfr. artigo 14.°, n.° 1, do Código de Processo nos Tribunais Administrativos).

E a própria infracção às regras que delimitam o âmbito da jurisdição administrativa – geradora de incompetência absoluta – pode, agora, ser suprida pelo interessado, requerendo a remessa do processo ao tribunal competente, que deverá indicar no seu requerimento, no prazo de 30 dias após o trânsito em julgado da decisão pela qual o tribunal administrativo indevidamente demandado tenha declarado a sua incompetência (n.° 2).

Em ambos os casos, e à semelhança, nesse aspecto, daquilo que sucedia no passado (cfr. artigo 4.°, n.° 3, da Lei de Processo nos Tribunais Administrativos), a petição considera-se apresentada na data do primeiro registo de entrada em juízo (no tribunal incompetente, portanto), dessa forma se obviando a uma hipotética extemporaneidade da demanda.

43. Finalmente, retenha-se o regime dos artigos 289.° do Código de Processo Civil e 4.°, n.° 4, 12.°, n.° 4, e 89.°, n.° 2, do Código de Processo nos Tribunais Administrativos, saudavelmente inspirado pelo princípio do favorecimento do processo[11].

Basicamente, trata-se de, na sequência da absolvição da instância, viabilizar a apresentação de nova petição, naturalmente expurgada das deficiências que determinaram essa absolvição.

No caso da acção administrativa especial, e como bem se compreende, essa faculdade só é, porém, concedida ao autor caso não tenha sido proferido despacho de aperfeiçoamento (cfr. artigo 88.°, n.° 4).

---

[11] Sobre o princípio *pro actione*, v. José Carlos Vieira de Andrade, A Justiça..., cit., pp. 426-428.

O REGISTO PREDIAL DA ACÇÃO
DE IMPUGNAÇÃO PAULIANA

JOSÉ ALBERTO RODRIGUES LOURENZO GONZALEZ
Mestre em Direito
Assistente da Universidade Lusíada
e do Instituto Superior de Ciências Policiais e Segurança Interna

O REGISTO PREDIAL DA ACÇÃO
DE IMPUGNAÇÃO PAULIANA

SUMÁRIO: 1. Finalidade da actio Pauliana; 2. Efeitos da actio Pauliana; 3. A taxatividade dos factos registáveis; 4. Acções reais e pessoais; 5. Eficácia real da actio Pauliana

1. Finalidade da actio Pauliana

I) A impugnação pauliana constitui um instrumento à disposição do credor que se destina à manutenção da garantia patrimonial que para ele constituem os "bens do devedor susceptíveis de penhora", (artigo 601.° do Código Civil[1]/[2]).

Na separação que tradicionalmente se efectua, contra as actuações do devedor susceptíveis de prejudicar, de diminuir, a referida garantia, o credor dispõe basicamente de dois meios de reacção: a acção sub-rogatória, (artigos 606.° a 609.°), se tal actuação consistir numa omissão, e a acção pauliana (artigos 610.° a 618.°), se, ao invés, a mesma actuação consubstanciar uma acção.

Para a actio Pauliana[3], verificados os requisitos de que depende, qualquer actuação do devedor que envolva "diminuição da garantia patrimonial do crédito", (artigo 610.°/proémio), pode, em princípio, ser impug-

---

[1] Daqui em diante toda a referência a uma disposição legal desacompanhada da identificação da respectiva fonte deve considerar-se feita para o Código Civil Português.

[2] "Il debitore risponde dell'adempimento delle obbligazioni con tutti i suoi beni presenti e futuri", (artigo 2740/1 do Código Civil Italiano).

[3] A impugnação pauliana consubstancia-se evidentemente num procedimento judicial, embora tanto possa surgir por via de acção propriamente dita como por via de excepção ou de reconvenção. Veja-se o Acórdão do STJ de 29/02/2000: *I. Em embargos de terceiro, se o embargado alega factos que, juridicamente, envolvem uma impugnação*

nada: alienação ou oneração de bens, cumprimento de dívidas (artigo 615.º, n.º 2, 2.ª parte), abdicação de direitos, etc.[4].

Tendo em conta, porém, que o presente estudo tem em vista a questão da registabilidade da actio Pauliana considerar-se-ão aqui apenas aquelas actuações do devedor que possam ter relevância para o registo predial. O que fundamentalmente abrangerá os actos de disposição de bens.

II) Distingue-se a impugnação individual da impugnação colectiva, consoante a procedência da mesma beneficie apenas o credor impugnante ou todos os credores (participantes no processo de execução, pelo menos).

A impugnação prevista no Código Civil, que é aquela que aqui fundamentalmente se considerará[5], é sempre individual, (artigo 616.º, n.º 4).

Ao invés, a impugnação que estava submetida, quanto aos efeitos, ao regime do Código dos Processos Especiais de Recuperação da Empresa e

---

pauliana e uma invocação de nulidade decorrente de simulação defende-se por excepção. II. Se houver lugar a réplica, o embargante deve tomar posição definida perante os factos articulados, sob pena de se considerarem admitidos por acordo. III. Confissão e admissão por acordo são, no direito processual civil, institutos diferentes. IV. À validade e eficácia da confissão não obsta a circunstância de o facto não ser pessoal do confitente, apenas se pretende que lhe seja desfavorável. V. O depoimento de parte é uma das maneiras de obter uma confissão judicial provocada pelo que nada obsta a que uma confissão espontânea tenha como objecto outros factos além daqueles que podem ser objecto daquela. VI. A lei não prescreve qualquer reacção para a inobservância da exigência (ditada por razões de clareza, em concretização do princípio da boa fé processual) de o réu especificar separadamente as excepções que deduza - eventualmente e se verificados os respectivos pressupostos, a litigância de má fé. VII. O juiz ao proferir a sentença deve considerar todos os factos que considere provados, ainda que não tenham sido dado como assentes na fase da condensação nem apurados em julgamento, e a Relação pode fazer idêntico aditamento ainda que disso as partes não falem nem oportunamente tenham reclamado.

[4] O Código Civil Espanhol considera muito simplesmente "rescindibles los *contratos* celebrados en fraude de acreedores", (artigo 1291/3.º), e o Código Civil Italiano atribui aos credores o recurso à *azione revocatoria* sobre "gli atti di disposizione del patrimonio con i quali il debitore rechi pregiudizio alle sue ragioni", (artigo 2901/1).

[5] Até porque em relação à impugnação colectiva, pelos efeitos que produzia, não se podia duvidar da sua sujeição a registo. Ver Carvalho Fernandes, *O regime registal da impugnação pauliana*, in Estudos em Homenagem à Professora Doutora Isabel de Magalhães Collaço, vol.II, pp. 46-47.

de Falência, era colectiva, (artigos 157.° e segs.), na medida em que a respectiva procedência determinava a reversão à "massa falida" dos bens objecto do acto impugnado[6].

Com a entrada em vigor do novo Código da Insolvência e da Recuperação de Empresas a impugnação pauliana, intentada neste âmbito, readquiriu carácter individual, (artigo 127.°, n.° 3, do referido Código)[7].

2. Efeitos da actio Pauliana

I) "Il creditore, (...), può demandare che siano dichiarati inefficaci nei suoi confronti gli atti di disposizione del patrimonio con i quali il debitore rechi pregiudizio alle sue ragioni", (artigo 2901/1 do Código Civil Italiano).

"Los contratos válidamente celebrados pueden rescindirse en los casos establecidos por la ley". "Son rescindibles: (...) los celebrados en fraude de acreedores, cuando éstos no puedan de otro modo cobrar lo que se les deba". "La rescisión obliga a la devolución de las cosas que fueron objeto del contrato", (artigos 1290, 1291/2.° e 1295/1, respectivamente, do Código Civil Espanhol).

Destas transcrições legais resulta de imediato o principal problema que aqui importa considerar: o dos efeitos da procedência da impugnação pauliana, uma vez que é em função daqueles que lhe corresponderem que se pode colocar a questão da acessibilidade ou da inacessibilidade da mesma ao registo predial.

II) O entendimento subjacente às disposições transcritas a partir do Código Civil Espanhol corresponde à perspectiva mais tradicional.

A procedência da impugnação pauliana, no referido entendimento, determina a invalidação ou, no mínimo, a resolução dos efeitos produzi-

---

[6] Por isso, na vigência do Código em questão: I. Decretada a falência do devedor na pendência da acção de impugnação pauliana esta prossegue os seus termos, não se verificando uma extinção da instância por inutilidade superveniente da lide. II. Pode ser requerida pelo liquidatário, ou por qualquer credor a sua apensação ao processo de falência, (Acórdão da Relação de Lisboa de 13/05/2003).

[7] Embora a viabilidade de tal impugnação dependa de o administrador da insolvência não ter resolvido actos praticados pelo devedor susceptíveis de serem atacados pela mesma, (artigo 127.°, n.° 1 e n.° 2; artigos 120.° a 126.°, todos do Código em causa).

dos pelo contrato celebrado entre o devedor e terceiro que defraude as legítimas expectativas patrimoniais do credor impugnante. Por consequência, como de resto é próprio da invalidação ou resolução de qualquer acto jurídico, deverão as situações jurídicas envolvidas ser repostas ex tunc, (artigos 289.°, n.° 1, e 434.°, n.° 1, do Código Civil).

O Código Civil Italiano, ao invés, adoptou distinta perspectiva. O negócio celebrado entre o devedor e terceiro que tenha sido impugnado com sucesso é válido e é eficaz. Acontece é que, perante o credor que tenha impugnado, tudo se passa como se o referido negócio não tivesse sido celebrado. Trata-se, portanto, de um caso de ineficácia relativa.

A solução do Código Civil Italiano justifica-se particularmente por quatro razões:

– por um lado, porque a impugnação pauliana é só um meio de "conservação da garantia patrimonial", (artigos 605.° a 622.° do Código Civil), o que implica que não há necessidade de destruir actos defraudatórios do devedor pois nada impede, em abstracto, que este entretanto readquira solvabilidade;

– por outro lado, porque pode nem haver utilidade na destruição do acto impugnado, em homenagem ao princípio do favor negotii, se na verdade aquela solvabilidade existir ou for entrementes obtida[8];

– ainda porque a destruição do referido acto pode eventualmente constituir um benefício para o infractor se o devedor entretanto readquirir solvabilidade e se tal acto tiver sido conscientemente celebrado para defraudar os credores;

– porque, por fim, se permite ao credor impugnante a promoção da acção de execução directamente contra o terceiro que adquiriu por via do acto previamente impugnado com êxito, (art. 2902/1 do Código Civil Italiano), o que previne as dificuldades práticas associadas a todos os procedimentos de restituição de bens fundados na destruição dos efeitos de certo acto.

III) No Código Civil, os efeitos da procedência da impugnação pauliana estão essencialmente definidos pelo artigo 616.° Diz-se aí que

---

[8] O que é um aspecto patente se se atender a todas as condições de que a lei faz depender a viabilidade da impugnação. Confira-se, em especial, o disposto nos artigos 610.° a 613.°

"julgada procedente a impugnação, o credor tem direito à restituição dos bens na medida do seu interesse, podendo executá-los no património do obrigado à restituição", (n.° 1)[9].

Como em muitas outras matérias, parece ter-se adoptado uma perspectiva intermédia[10].

De facto, se o credor tem direito "à restituição dos bens", (ainda que apenas na medida do seu interesse e embora, naturalmente, essa restituição se faça para o património do devedor), isso significa que o acto impugnado perde, nem que seja parcialmente, os seus efeitos. De outro modo, como explicar e justificar que os referidos bens abandonem o património do terceiro adquirente e retornem ao património do devedor?

---

[9] Se houver solidariedade passiva, a acção de impugnação corre naturalmente apenas contra o devedor que tenha sido autor do acto que afecta a garantia patrimonial do credor impugnante. Cfr. o Acórdão do STJ de 22/01/2004: *I. A anterioridade do crédito para efeitos da alínea a) do artigo 610.° do Código Civil afere-se pela data da sua constituição e não pela data do seu vencimento. II. Existindo uma pluralidade de devedores solidários, a garantia patrimonial não é constituída pela mera soma dos respectivos patrimónios, mas sim pela cumulação dos mesmos patrimónios, responsáveis, cada um de per si, pela totalidade do crédito. III. Quando um destes patrimónios deixa de poder responder pela totalidade do crédito, o sistema de garantia patrimonial fica afectado, independentemente dos restantes patrimónios poderem ser suficientes para o cumprimento da obrigação. IV. Desta forma, a impugnação pauliana tem como objecto unicamente o património do autor do acto impugnado, porque, mesmo estando em causa apenas a solvabilidade de um só devedor, está diminuída a garantia geral do crédito.*

[10] Há uma versão, relativamente divulgada na jurisprudência, (cfr., por exemplo, o Acórdão do STJ de 13/03/1997: I. Julgada procedente a impugnação pauliana, o credor tem direito a uma restituição de bens, que se traduz no poder de executá-los no património do obrigado à restituição, e não à restituição de bens ao património do seu devedor por força de declaração de uma nulidade com consequente cancelamento do registo porventura efectuado após a transmissão impugnada. II. Tendo o credor, autor de acção de impugnação pauliana, pedido a declaração de nulidade do negócio impugnado e o cancelamento do registo de transmissão, não pode o tribunal julgar improcedentes esses pedidos e conceder outra coisa, nomeadamente o especificado no artigo 616 n. 1 do CCIV66, pois há em tal caso violação do artigo 668 n. 1 alínea e) do CPC67), segundo a qual a "restituição dos bens" consequente à impugnação procedente tem carácter meramente figurativo, consubstanciando-se sempre a mesma, verdadeiramente, na sujeição do património do terceiro adquirente à execução.

Julga-se que esta versão, descrevendo com certeza a situação mais corrente, não retrata inteiramente a realidade pois, por qualquer razão, pode a execução não ser imediatamente praticável ou pode não ser do interesse do credor, justificando-se então uma *efectiva* "restituição dos bens".

Mas, por outro lado, se o credor preferir, pode deixar tais bens no património do terceiro adquirente e aí arrestá-los[11], (artigo 619.º, n.º 2), ou penhorá-los[12]/[13], (artigo 818.º). O que significa que, tomando esta

---

[11] Acórdão do STJ de 23/01/2001: Para poder ser decretado o arresto de bens adquiridos por terceiro ao devedor é indispensável que o requerente, ao instaurar o respectivo procedimento cautelar, demonstre já ter sido judicialmente impugnada essa aquisição ou, se ainda o não tiver feito, que alegue e prove os factos que tornam provável a procedência da impugnação. Igualmente o Acórdão do STJ de 08/02/2001: I. Ao cônjuge do credor, casado no regime de separação de bens, não se comunica o direito de crédito que sobre o devedor aquele tenha derivado de responsabilidade pré-contratual. II. A norma que manda aplicar ao arresto as disposições relativas à penhora não implica que todas as regras relativas à execução sejam aplicáveis, designadamente as sobre a legitimidade processual. III. A legitimidade passiva no aresto não coincide com a posição de devedor num título executivo nem com a titularidade de bens onerados com garantia real que beneficie uma dívida de outrem. IV. O arresto pode ser requerido contra o adquirente de bens do devedor, se a respectiva transmissão tiver sido judicialmente impugnada, seja quando essa transmissão for objecto de impugnação pauliana seja quando for arguida de nulidade ao abrigo do artigo 605 CCIV. V. A impugnação pauliana pode ser estendida a transmissões posteriores e à constituição de direitos a favor de terceiro e que tenham como objecto o bem transmitido. VI. Quando o arresto visar acautelar efeitos da impugnação, designadamente a pauliana, a legitimidade passiva para o respectivo processo terá que coincidir com a legitimidade passiva para a acção de impugnação. VII. Sendo o arresto requerido quando ainda não tiver sido impugnada a aquisição, o requerente deve alegar os factos que tornem provável a procedência da acção. VIII. Mas, se já tiver sido intentada a acção, fica dispensado de alegar e provar os factos reveladores da sua viabilidade e não tem que provar a impossibilidade de satisfação do seu direito de crédito por parte do devedor nem de provar o risco de que o adquirente do bem transmitido o faça sair do seu património – o risco de perda de garantia patrimonial é de aferir face ao património do devedor transmitente e não face ao do adquirente. IX. Um dos campos de aplicação da responsabilidade pré-contratual é o da ruptura de negociações entabuladas sem que se conclua o contrato tido em vista.

[12] Sendo certo que, de acordo com a orientação dominante na jurisprudência, o arresto ou a penhora, ainda que registados, de nada valem contra transmissão ou oneração anteriormente efectuada pelo "obrigado à restituição", ainda que alguma destas não tenha chegado a registo. Cfr., por exemplo, o Acórdão do STJ de 18/12/2003: *I. O registo predial destina-se essencialmente a dar publicidade à situação jurídica dos prédios, tendo em vista a segurança do comércio jurídico imobiliário: não tem natureza constitutiva, sendo o seu efeito simplesmente declarativo, não conferindo, a não ser excepcionalmente, quaisquer direitos. II. A noção de terceiros, para efeitos de registo, agora constante do n.º 4 do art. 5.º do Cód. Reg. Pred., é tributária de uma das posições doutrinais - a do Prof. Manuel de Andrade - que, acerca do conceito, se vinham digladiando desde há muito. III. O aludido preceito tem, pois, a natureza de norma interpretativa. IV. Dele decorre que o titular de um direito real de garantia registado, sobre imóvel anteriormente vendido, mas*

opção, o acto impugnado deve ser considerado eficaz mesmo perante o credor impugnante – absolutamente eficaz, portanto.

IV) Crê-se, (o que até do ponto de vista literal se justifica), que a exigência de "restituição dos bens na medida do seu interesse" não é uma consequência necessária da procedência da impugnação, mas tão-somente uma opção para o credor que impugnou[14].

Com efeito, o credor impugnante pode escolher entre aproveitar os efeitos da actio Pauliana para obter a "restituição dos bens" ao património do devedor ou para agredir directamente, pela via executiva, o património do terceiro adquirente.

Em qualquer caso, sem dever suportar a concorrência dos demais credores, do devedor[15] ou do terceiro adquirente, (artigo 616.°, n.° 4).

De um modo geral, não há utilidade prática na obtenção da restituição dos bens ao património do devedor, dado que quase sempre à impugnação sucede o arresto ou a penhora. A referida "restituição dos bens",

---

sem o subsequente registo a favor do comprador, não é terceiro para efeitos de registo, uma vez que o seu direito e o do adquirente do imóvel não provêm de um autor comum. V. Ocorrendo conflito entre uma aquisição por compra e venda anterior não levada ao registo e um arresto posterior registado, aquela obsta à eficácia deste último, prevalecendo sobre ele. VI. A compra e venda é, como decorre da própria definição legal do art. 874.° do CC, um contrato oneroso. VII. A resposta negativa a um quesito apenas significa não se ter provado o facto quesitado, e não que se tenha provado o facto contrário, tudo se passando como se aquele facto não tivesse sido alegado.

Trata-se, bem vistas as coisas, de mais uma razão a favor da registabilidade da acção de impugnação pauliana.

[13] Penhora esta que resulta da conversão do arresto se este tiver sido previamente promovido, (artigo 846.° do Código do Processo Civil e artigo 101.°, n.° 2, a), do Código do Registo Predial).

[14] Que até pode não se colocar sempre que o acto impugnado não implique qualquer entrega de bens, (como sucederá se estiver em causa a constituição de uma hipoteca ou a renúncia a um direito).

[15] A procedência da impugnação apenas deve beneficiar o credor impugnante precisamente porque pode suceder que o acto impugnado apenas diminua a garantia patrimonial para certo credor – justamente para aquele que impugna. Cfr. o Acórdão do STJ de 23/10/1997: *I. A má fé, na impugnação pauliana, tanto pode consistir na consciência do prejuízo que o facto causa ao credor como situar-se no intuito de beneficiar um credor em detrimento consciente dos demais. II. A nulidade de sentença proferida na 1ª instância, não arguida na Relação, surge como questão nova no recurso de revista, dela não podendo tomar-se conhecimento.*

nestas circunstâncias, constituirá um modo inábil de actuação, sendo por isso preferível "executá-los no património do obrigado à restituição", (artigo 616.°, n.° 1). Se, todavia, o concurso dos credores deste último constituir obstáculo, pelo menos previsível, à execução promovida pelo impugnante ou se, excepcionalmente, o credor impugnante não pretender ou não puder arrestar ou penhorar de imediato, já a "restituição" efectiva se justificará.

V) A "restituição" em consideração, como já se enunciou, é apenas um efeito possível da procedência da impugnação. Esse efeito tem que ser fundamentado.

Uma coisa é certa: se se procede a uma restituição propriamente dita a favor do autor do acto impugnado é porque este mesmo acto deixa de produzir efeitos. E não apenas perante certa pessoa, mas necessariamente *erga omnes* – de outra maneira chegar-se-á ao resultado de a restituição ter sido efectuada para ou perante certas pessoas mas não para ou perante outras! Sendo a "restituição dos bens" um fenómeno de natureza primariamente factual, uma construção como a que se critica carece de sentido.

VI) Ainda que assim não fosse, sempre haveria que defrontar, pelo menos, a situação "do obrigado à restituição" no plano da titularidade de direitos sobre os bens objecto do acto impugnado[16]. Ou por outra: procedendo-se à restituição, aqueles bens pertencem ou estão na titularidade de quem?

Para fundar a aludida "restituição" é necessário considerar que o acto impugnado ou é inválido ou é absolutamente ineficaz. De todo o modo, insusceptível de manter os seus efeitos.

Existe suficiente consenso no sentido de que a primeira hipótese deve ser liminarmente afastada. Na verdade, "tendo o autor, em acção de impugnação pauliana, pedido a declaração de nulidade ou a anulação do acto jurídico impugnado, tratando-se de erro na qualificação jurídica do efeito pretendido, que é a ineficácia do acto em relação ao autor (n.° 1 do artigo 616.° do Código Civil), o juiz deve corrigir oficiosamente tal erro e declarar tal ineficácia, como permitido pelo artigo 664.° do Código de

---

[16] Note-se que não é nesse plano que se insere a disposição contida no artigo 617.°

Processo Civil", (Acórdão Uniformizador de Jurisprudência do STJ n.°
3/2001 de 09/02/2001)[17].

Resta, pois, a outra hipótese[18]. A "restituição" será uma consequência da declaração de ineficácia absoluta do acto impugnado decorrente da procedência da actio Pauliana. A efectivação da "restituição"
funcionará, por conseguinte, como condição resolutiva (legal) do acto
impugnado.

A ser assim, porém, como compatibilizar esta ineficácia com o
regime segundo o qual "os efeitos da impugnação aproveitam apenas ao
credor que a tenha requerido", (artigo 616.°, n.° 4)? A explicação literalmente contida no artigo 2901/1 do Código Civil Italiano parece prima
facie a preferível.

VII) O devedor, só por o ser, não fica e não deve ficar privado dos
seus bens, bem como não fica e não deve ficar com o respectivo poder de
disposição excluído ou sequer restringido. Solução contrária infringiria a
garantia de propriedade privada canonizada pelo disposto no artigo 62.° da
Constituição da República.

Daí que o poder de agressão sobre o património do devedor concedido ao credor deva ter natureza excepcional. E daí que deva igualmente
ter o mínimo de implicações sobre a validade e a eficácia dos actos patrimoniais, maxime sobre actos dispositivos, em homenagem tanto ao princípio do favor negotii como ao princípio da livre disponibilidade dos
direitos patrimoniais.

Como já se disse, no simples plano da titularidade de direitos, não se
descortina proficuidade na "restituição dos bens" ao património do devedor, uma vez que este e só por causa da impugnação, (tal e qual como se
os bens permanecessem no património do terceiro adquirente), não fica
inibido de deles dispor. Pelo que, se após a referida impugnação, o credor

---

[17] Acórdão do STJ de 30/09/1997: I. Na acção de impugnação pauliana o credor
tem de alegar e provar o montante do passivo, e o devedor que o obrigado possui bens
penhoráveis de igual ou maior valor. II. É da responsabilidade de ambos os cônjuges a
obrigação de aval que prosseguiu objectivos que se projectaram em imediatas vantagens
ou proveitos para o património do casal. III. O negócio jurídico objecto de impugnação
pauliana mantém a sua plena pujança jurídica em tudo quanto exceda a medida do interesse do credor.

[18] Até porque a invalidade é necessariamente ineficácia originária, (*ab initio nullum semper nullum*) – pelo que, portanto, *quod nullum est rescindi non potest*.

não proceder de imediato ao arresto ou penhora dos bens objecto do acto impugnado o perigo de os mesmos serem (de novo) dissipados mantém-se, independentemente de quem seja o respectivo titular. Aliás, atendendo à prática, até será mais arriscado, (se de imediato não se proceder ao arresto ou à penhora), para o credor impugnante trazer os ditos bens de volta ao património do devedor porque este, em regra, reincide.

VIII) Parece não restar remédio a não ser considerar que os efeitos da procedência da impugnação pauliana, no que à titularidade de direitos respeita, diferem consoante se faça ou não se faça a "restituição dos bens".

Efectuando-se a referida restituição, o acto impugnado perde automaticamente todos ou parte dos seus efeitos, conforme tal restituição seja total ou parcial. Embora a restituição seja necessariamente total se o bem em causa tiver natureza indivisível. O que significa, ao menos nesta hipótese, que o direito objecto do acto impugnado se considera readquirido pelo devedor.

Conduz isto à conclusão de que o acto impugnado cessa os seus efeitos *ex nunc*[19]. E cessa efeitos tanto para o credor impugnante como para qualquer outra pessoa.

Acontece é que o credor impugnante pode penhorar os bens objecto do acto impugnado com primazia sobre qualquer outro credor que não esteja munido de garantia real prioritária. É o que resulta do disposto no n.º 4 do artigo 616.º Embora se, porventura, o valor desses bens ultrapassar o valor do crédito titulado pelo credor impugnante, os restantes credores podem naturalmente concorrer em via executiva, sobre esses bens, pelo excesso.

IX) Não se efectuando a restituição, os bens mantêm-se na titularidade do terceiro adquirente. O acto impugnado conserva integralmente os seus efeitos.

É o que se deve concluir de, tendo o credor "procedentemente impugnado", "o direito de execução (...) incidir sobre bens de terceiro" (artigo 818.º) e não apenas sobre "bens do executado (...) que" circunstancialmente, "por qualquer título, se encontrem em poder de terceiro", (artigo 831.º do Código do Processo Civil). Por isso, no primeiro tatbes-

---

[19] Não há razão para que seja *ex tunc*. A protecção do credor impugnante não demanda tal solução.

tand, a execução é movida (também) contra o terceiro[20][21][22], (artigo 821.°, n.° 2, do Código do Processo Civil), ao passo que, no segundo, a execução corre somente contra o devedor inadimplente.

E, se o credor impugnante executar os referidos bens no património do terceiro adquirente, não deve suportar a concorrência dos respectivos credores. Dispõe, pois, de preferência ou privilégio sobre estes últimos. Embora, tal como na hipótese anterior, os credores do terceiro adquirente possam concorrer na execução pelo eventual excesso.

Independentemente disso, porém, é inquestionável que o direito à "realização coactiva da prestação" acompanha os bens objecto do acto impugnado na justa medida em que se pode exercer contra quem não é, nem foi, devedor, (artigo 818.°)[23].

Nesta hipótese não se produz, portanto, qualquer caso de ineficácia do acto impugnado porque, justamente, para se poder promover a execu-

---

[20] Logo: II. Decretada a ineficácia da transmissão em acção de impugnação pauliana intentada contra transmitente e transmissário, a inscrição provisória por natureza da penhora dos bens transmitidos, em execução dirigida apenas contra o transmitente, não pode ser convertida em definitiva, enquanto os transmissários, como titulares inscritos, não intervierem no processo, por força do princípio do trato sucessivo, consagrado no n.° 2 do artigo 34.° do CRegP, (Acórdão da Relação de Évora de 06/11/2003).

[21] O qual é, portanto, terceiro perante a relação jurídica creditícia que fundamenta a execução, mas é parte do ponto de vista da relação jurídica processual-executiva. Cfr. o Acórdão do STJ de 06/01/2000: *Na acção executiva só podem ser penhorados bens do executado. Pelo cumprimento da obrigação podem, em certos casos, responder bens de quem seja terceiro na relação jurídica substantiva. É o caso de procedência de impugnação pauliana que autorize o credor a executar os bens do património do obrigado à restituição (artigo 616, n. 1 do CCIV). Porém, o credor que deseje pagar-se pela força dos bens de quem seja terceiro na relação jurídica obrigacional, terá que dirigir a execução contra (ou também contra) esse terceiro. No caso de procedência da impugnação pauliana, o credor terá que dirigir a execução contra o obrigado à restituição. Se, em acção executiva, o credor dirigiu a acção apenas contra o devedor, não pode aí fazer penhorar o bem de terceiro que, por via da impugnação pauliana, responde pelo cumprimento da obrigação. Se tal acontecer (a penhora no descrito caso) pode o proprietário do bem embargar, com êxito, a penhora, pois não sendo ele o executado não podem os seus bens ser penhorados.*

[22] I. Não obsta à impugnação pauliana de doação de bem comum dos doadores a circunstância de a dívida ser da responsabilidade de um deles apenas. II. A lei permite ao credor forçar a partilha de bens comuns, (Acórdão do STJ de 09/01/2003).

[23] Em sentido semelhante ver Oliveira Ascensão, *Teoria Geral do Direito Civil*, vol. III, Lisboa, 1992, pp. 492-493.

ção sobre o património de terceiro é necessário que neste estejam contidos os bens objecto da mesma[24].

A explicação da solução consagrada pelo artigo 818.° através da caracterização do caso como uma hipótese de ineficácia relativa (perante o credor impugnante), chegando ao mesmo resultado prático, implica, contudo, que para o impugnante tudo se deve passar como se o acto de disposição realizado pelo devedor não tivesse ocorrido. Razão pela qual a execução nunca incidirá assim, afinal, sobre bens de terceiro mas sempre, de um modo ou de outro, sobre bens do devedor executado.

X) Quando o credor impugnante proceda à execução "no património do obrigado à restituição", (artigos 616.°, n.° 1, e 818.°), não é inteiramente líquido que os credores (comuns) deste não possam concorrer, no processo executivo, com o credor impugnante. É que se é verdade que de outro modo pode para nada servir a vantagem prática que assim se pretendeu atribuir ao credor impugnante[25], também é verdade, por outro lado, que os credores do terceiro adquirente podem ter contado com os bens objecto do acto impugnado, (tal como o credor impugnante contou), para garantia de efectivação dos respectivos direitos. Isto é, os bens objecto do acto impugnado constituem garantia patrimonial tanto para o credor impugnante como para os credores do "obrigado à restituição".

Ponderadas as coisas nestes termos, haverá perfeita igualdade de razões para justificar a aplicação da regra par *conditio creditorum*[26].

Crê-se, como adiante se dirá, que a única maneira de ultrapassar esta colisão de direitos, criando uma desigualdade capaz de conferir superiori-

---

[24] I. A acção de impugnação pauliana, que não tem natureza anulatória, visa conservar a garantia patrimonial do crédito, conferindo, nomeadamente, ao credor o direito de executar o respectivo bem no património do terceiro adquirente, o que representa um dos casos excepcionais em que é consentida a execução de bens de terceiro, isto é, não pertencentes ao devedor. II. Segundo o acórdão de uniformização de jurisprudência do STJ de 27.05.2003, a acção pauliana individual não está sujeita a registo predial. III. Na execução em que se queira penhorar o bem objecto da acção de impugnação pauliana procedente deve ser demandado o terceiro proprietário do mesmo contra o qual a sentença faça caso julgado, (Acórdão da Relação de Évora de 02/10/2003).

[25] Caso contrário, de facto, impondo-se ao credor impugnante o ónus de obter a "restituição dos bens" ao património do devedor antes de contra este promover a competente acção executiva, podem estar a causar-se delongas susceptíveis de inviabilizar o respectivo direito e a anular-se o benefício atribuído pelo disposto no artigo 818.°

[26] Que, de resto, decorre do princípio geral contido no n.° 1 do artigo 335.°

dade ao direito do credor impugnante, como parece justo, consiste precisamente em admitir a registo predial a decisão judicial que dê provimento à impugnação como forma de dar conhecimento a terceiros e, designadamente, aos credores do terceiro adquirente, acerca da possibilidade de o credor impugnante promover a execução sobre bens integrados no património do respectivo devedor.

XI) Para superar eventuais dificuldades probatórias e, acima de tudo, para evitar que o credor impugnante seja surpreendido pela demonstração da invalidade do acto que pretende impugnar, forçando-o a "voltar atrás" para intentar acção de declaração de nulidade, (artigos 605.° e 286.°), ou deixando-o à mercê do beneficiário da anulabilidade, se o acto impugnado for anulável, estabelece o n.° 1 do artigo 615.° que "não obsta à impugnação a nulidade do acto realizado pelo devedor"[27]. Por maioria de razão, tão-pouco é obstáculo à impugnação a anulabilidade do acto, até porque, não tendo ainda sido promovida a competente anulação, tal acto mantém eficácia plena[28].

---

[27] Acórdão do STJ de 11/04/2000: I. A impugnação pauliana é um meio facultado ao credor para atacar actos – válidos ou nulos – celebrados pelo seu devedor com a finalidade de o prejudicar. II. Esses actos – onerosos ou gratuitos –, nos termos do artigo 610.° do CCIV não devem ser de natureza pessoal, embora possam ter reflexos no património do devedor, como o casamento ou o divórcio, mas têm de envolver diminuição da garantia patrimonial do crédito, quer se traduzam num aumento do passivo quer na redução do activo do património do devedor. III. No acto celebrado a título oneroso, quer o alienante quer o terceiro, mas ambos em conjunto, devem ter agido com consciência do prejuízo que o acto causa ao credor, não se exigindo que o acto tenha por finalidade directa prejudicar o credor. IV. Ao credor incumbe o ónus da prova do montante das dívidas, ou seja, de todo o passivo do devedor e não só do seu crédito e ao devedor ou ao terceiro interessado na manutenção do acto a prova de que o obrigado possui bens penhoráveis de igual ou maior valor, isto é, que à data do acto era possível a satisfação integral do crédito do autor.

[28] Acórdão do STJ de 14/03/1992: I. É inadmissível a revalidação formal dos negócios jurídicos. II. São formalidades ad substantiam os requisitos formais do n.° 3 do artigo 410.° do Código Civil, na redacção dada pelo Decreto-Lei n. 236/80 (o reconhecimento presencial das assinaturas dos promitentes em contrato-promessa bilateral e a certificação, pelo notário, da existência da licença de utilização ou da construção do edifício). III. A inobservância da forma legalmente prescrita origina nulidade, quando esta não seja a sanção legalmente prescrita na lei (artigo 220.° do Código Civil) e esta neste último caso a inobservância do formalismo do dito n.° 3 do artigo 410.°, que dá origem a uma anulabilidade atípica ou anómala, já que a forma foi aí estabelecida no estrito interesse do promitente-comprador e não por motivos de interesse público. IV. A essa anulabilidade atípica

É verdade que, de um ponto de vista de pura lógica formal, carece de sentido impugnar um acto nulo. Não há efeitos a destruir ou a manter.

A protecção do credor impugnante exige, no entanto, uma solução deste género[29]/[30].

---

não se pode aplicar o regime próprio das nulidades puras (artigo 286 do Código Civil), pelo que não é invocável por terceiros nem e susceptível de conhecimento oficioso pelo tribunal (artigo 287.° do Código Civil). V. O artigo 605 do Código Civil apenas tem em vista os actos nulos e já não os anuláveis nem os feridos da falada nulidade atípica do tipo subjudice. VI. O Assento do Supremo Tribunal de Justiça, de 29 de Novembro de 1989, não obsta a que se declare nulidade atípica a resultante da inobservância do formalismo do citado n.° 3 do artigo 410.°.

[29] É claro que nada impede o credor impugnante de, vencido na acção de impugnação, partir para a acção de declaração de nulidade, (arts. 605.° e 286.°), desde que evidentemente nisso tenha interesse. Cfr. o Acórdão do STJ de 03/10/1991: *I. Os credores têm legitimidade para invocar a nulidade dos actos praticados pelo devedor quer estes sejam anteriores ou posteriores a constituição do crédito, desde que tenham interesse na declaração da nulidade. II. O terceiro interessado ao arguir a nulidade do contrato--promessa de compra e venda do imóvel, por inexistência do respectivo de forma exigida pelo n.° 3 do artigo 410.° do Código Civil (redacção dada pelo Decreto-Lei 236/80, de 18 de Julho) só pode fazê-lo nas mesmas condições em que tal e permitida ao promitente vendedor.*

[30] E se o acto impugnado for nulo por causa da invalidade de um acto anterior no qual aquele se funda? Embora a solução não seja líquida, o STJ, no Acórdão de 02/03/2004, considerou que o disposto no artigo 615.°, n.° 1, não seria aplicável em tal circunstancialismo: *I. A impugnação pauliana é um meio que a lei faculta ao credor para atacar judicialmente actos, válidos ou nulos, onerosos ou gratuitos, que não sejam de natureza pessoal, celebrados pelo seu devedor com a finalidade de o prejudicar (arts. 610.° e 615.°, do CC). II. Esses actos, quer se traduzam num aumento do passivo, quer na redução do activo do devedor, têm de implicar em concreto, não em abstracto, uma diminuição da garantia patrimonial do crédito. III. Na impugnação pauliana, o credor faz valer um direito (de crédito) à restituição, na exacta medida do seu interesse. Por isso é que, impugnado triunfantemente o acto do devedor em causa, os bens não têm que sair do património do obrigado à restituição; ficam lá não obstante o obrigado ser um terceiro a quem o devedor os transmitiu, e é aí – nesse património – que o credor os executa, praticando os actos que a lei autoriza (art. 616.°, do CC). IV. Como resulta do art. 240.°, do CC, são requisitos da simulação a divergência entre a vontade real e a vontade declarada, o acordo simulatório e o intuito de enganar terceiros, identificando-se este último com o objectivo de criar uma aparência. V. Provando-se que os outorgantes numa escritura pública declararam vender ao outro outorgante, que declarou comprar, determinada fracção autónoma pelo preço de 3.500.000$00, que nunca foi pago, pois nem aqueles quiseram vender nem este quis comprar, está-se perante uma simulação negocial. VI. Não obstante tenha sido efectuado o registo da aquisição com base nessa escritura pública,*

Deve concluir-se que o fenómeno se explica como um caso de inoponibilidade. Perante o credor impugnante não se pode produzir a demonstração de que o acto impugnado é inválido. Para ele tudo se deve passar como se o acto impugnado válido fosse.

Visto assim, o fenómeno em causa não demanda, hoje em dia, nenhuma particularidade construtiva extraordinária. Trata-se de um caso de inoponibilidade essencialmente análogo a outros igualmente previstos como, por exemplo, os contidos nos artigos 179.º, 243.º, 410.º, n.º 3, etc..

3. A taxatividade dos factos registáveis

I) Como pelo próprio título se alerta, o problema que fundamentalmente aqui se considera não é tanto o relativo à determinação dos efeitos da impugnação pauliana, mas é antes o que diz respeito à respectiva acessibilidade ao registo predial. O primeiro constitui apenas um pressuposto do segundo.

Segundo uma perspectiva relativamente divulgada, a taxatividade dos factos sujeitos a registo predial está intrinsecamente ligada à regra do numerus clausus de direitos reais, (artigo 1306.º, n.º 1).

A apreciação desta questão supõe, no entanto, e antes do mais, a dilucidação de duas outras: por um lado, a distinção entre taxatividade e tipicidade, dado que esta é a expressão doutrinalmente mais usada para descrever a ideia subjacente à primeira expressão; por outro lado, a ligação entre o registo predial e a categoria direito real.

II) A tipicidade supõe a existência de tipos[31];

A tipicidade, se legal, supõe assim a existência de tipos legais.

A expressão tipo é utilizada para múltiplos efeitos, jurídicos e, espe-

---

o designado comprador não chegou a ser titular do domínio sobre a fracção, face à nulidade do negócio em causa. VII. Assim, a ulterior alienação da fracção por aquele não pode ser atacada em acção de impugnação pauliana contra ele movida por instituição bancária sua credora, pese embora o facto de este, quando contraiu empréstimos junto da mesma, ter declarado que era dono daquela fracção. VIII. Na verdade, essa ulterior alienação não se repercutiu negativamente no património do devedor, não envolveu uma efectiva diminuição da garantia patrimonial do crédito da instituição bancária Autora, faltando assim o requisito de procedência da impugnação pauliana referido no ponto II.

[31] Para toda esta matéria, ver Pedro Pais de Vasconcelos, *Contratos Atípicos*, Coimbra, 1995, pp. 21 a 110.

cialmente, não jurídicos, e, portanto, nos mais diversos sentidos. Exactamente por essa razão acaba por não ter um sentido preciso.

Parece, no entanto, que a precisão e a objectividade em causa poderão ser obtidas se se partir do princípio segundo o qual o tipo pressupõe ou implica a possibilidade de recurso ao método tipológico para se proceder ao enquadramento do caso concreto.

Segundo o entendimento mais corrente, o método é tipológico quando o enquadramento possa ser efectuado por aproximação, isto é, quando o enquadramento é realizável mesmo quando algum dos elementos que definem o modelo típico não esteja preenchido na hipótese em concreto[32].

Assim, utiliza-se o método tipológico quando seja possível considerar que o caso concreto corresponde ao modelo, (legal, se o tipo também o for), ainda que tal correspondência não seja exacta, desde que o referido caso concreto esteja mais próximo da correspondência ao modelo do que da não correspondência. O tipo é, portanto, um modelo, (eventualmente legal), descritivo de certo troço da realidade que se considera verificado quando certos elementos que definem tal modelo ocorram na hipótese concreta ainda que certos outros não tenham ocorrido.

Ao invés, o método utilizado é o subsuntivo quando a correspondência entre o caso concreto e o modelo de enquadramento deva ser exacta. O que implica que qualquer falta de correspondência, (por leve que seja), determina a impossibilidade de subsunção, ou seja, a não inclusão no modelo.

Assim sendo, uma coisa ao menos parece certa: quando a lei imponha um *numerus clausus* de modelos admissíveis, qualquer hipótese concreta que se pretenda enquadrar no modelo legal ou se subsume inteiramente a esse modelo ou então não se subsume, por mínima que seja a falta de correspondência.

É o que sucede, designadamente, com os direitos reais, por força da regra contida no artigo 1306.°, n.° 1. A consagração deste *numerus clausus* implica que, ou o acto jurídico em consideração dá origem a um dos direitos reais constantes do elenco legal ou, então, na melhor das hipóteses, o direito eventualmente constituído não é real[33].

---

[32] Karl Larenz, *Methodenlehre der Rechtswissenschaft*, trad.port., Lisboa, 1997, pp. 660 a 664.

[33] Oliveira Ascensão, *A Tipicidade dos Direitos Reais*, Lisboa, 1968, pp. 116: "Concluímos que há uma tipologia dos direitos reais, a qual se deve formar sem qualquer

Em casos deste género, não é possível, por conseguinte, o recurso ao método tipológico mas apenas ao (puro) método subsuntivo. Daí que, nestes casos repete-se, não se possa falar em tipos (de direitos reais, de crimes, etc.), mas antes em classes ou espécies. Razão pela qual, quando a lei recorre a listas fechadas, não seja correcto identificar o conjunto dos modelos legais através da referência a uma tipicidade, mas antes e apenas através da referência a uma taxatividade de modelos legais.

Por outras palavras, um sistema de numerus clausus não é sinónimo de tipicidade, (ainda que se acrescente que esta é taxativa), mas é simplesmente sinónimo de taxatividade.

III) No registo predial existe, na verdade, uma taxatividade de factos registáveis. O que se pode retirar tanto do disposto nos artigos 2.º e 3.º do Código do Registo Predial, como, muito especialmente, da parte final da alínea c) do n.º 1 do artigo 69.º do mesmo diploma.

O que se revela algo enviesada é a forma como essa taxatividade está estabelecida.

Na verdade, não existe propriamente uma lista de factos registáveis dado que, em geral, a lei identifica indirectamente o facto registável através da vicissitude que esse mesmo facto produz. O que significa, em geral sublinha-se, que a lei não declara registáveis, por exemplo, a compra e venda, a doação, o testamento, etc.; antes declara susceptíveis de registo aqueles factos cujos efeitos provoquem uma determinada vicissitude, (constituição, modificação, transmissão, etc.), sobre determinado direito constante da lista legal, (veja-se, muito especialmente, o disposto nas alíneas a) e b) do n.º 1 do artigo 2.º do Código do Registo Predial).

De todo o modo, parece que a lista legal também não é de vicissitudes, dado que há vicissitudes cujos factos causadores são indiscutivelmente registáveis apesar de não constarem da referida lista.

Além dos exemplos já atrás citados das acções de preferência, execução específica e impugnação pauliana, sirva agora de exemplo o caso do reconhecimento do direito real de habitação periódica, (artigo 2.º, n.º 1, b), do Código do Registo Predial). Poder-se-ia pensar na sua integração na vicissitude modificação, que é, de todas as constantes da alínea a) do n.º 1

---

recurso à analogia. São pois justificadas as referências a uma tipicidade dos direitos reais: o *numerus clausus*, nos termos do artigo 1306.º, 1, tem de significar pelo menos a imposição de uma tipologia taxativa".

do artigo 2.º do Código do Registo Predial, a de índole mais indefinida. Todavia, para além de nesta última alínea a própria lei destacar o reconhecimento como uma vicissitude autónoma, só se pode aceitar a qualificação do fenómeno reconhecimento como uma modalidade de modificação se aquele provocar alguma alteração, alguma mudança, sobre o conteúdo do direito reconhecido. Ora, o simples reconhecimento de um direito, ainda que por via judicial, não provoca, só por si, a alteração do conteúdo do mesmo, ou seja, não ocasiona só por si nenhuma modificação do direito objecto de tal reconhecimento.

IV) Para se compreender a forma como se instituiu o critério que preside ao estabelecimento da taxatividade dos factos registáveis, torna-se necessário, como já acima se salientou, distinguir entre o objecto do registo e o objecto da publicidade registal[34].

O objecto do registo é constituído pelos factos registáveis, designadamente, como já atrás se havia dito, pelos factos que são objecto do assento inscrição.

A lei, no caso do registo predial, através do artigo 7.º do Código respectivo, retira desse assento a presunção de que os efeitos típicos associados ao facto objecto da inscrição se produziram e, portanto, que o direito correspondentemente adquirido pelo beneficiário da inscrição, (se direito for), existe mesmo e está na respectiva titularidade.

A existência deste direito é publicitada pelo registo predial, não directamente, mas antes indirectamente através da referida presunção. O direito cuja titularidade e existência é publicitada através da presunção de exactidão registal é justamente o objecto da publicidade registal. Os direitos não são, assim, objecto do registo, mas são objecto da publicidade fornecida pelo registo.

V) Sucede, porém, que o que a lei contém, nos artigos 2.º e 3.º do Código do Registo Predial, é precisamente uma lista de direitos em relação aos quais se podem registar factos que lhes causam determinadas vicissitudes, independentemente dessas vicissitudes estarem ou não estarem enumeradas com precisão.

Essa lista apresenta, na aparência, um carácter taxativo, pese embora a lei não referir tal taxatividade aos direitos, mas antes aos factos que

---

[34] Novamente, Oliveira Ascensão, *Direito Civil – Reais*, Coimbra, 1993, p. 341.

repercutam os seus efeitos sobre esses direitos, (cfr., novamente, a alínea c), *in fine*, do n.° 1, do artigo 69.° do Código do Registo Predial).

No entanto, se a razão de ser do registo predial está no público e, designadamente, na informação que se lhe fornece por esta via, a taxatividade de factos registáveis não pode ser dada pela lei, mas pela própria natureza do facto em causa, ou seja, pela eficácia real[35] ou pela eficácia obrigacional do mesmo[36], ou seja ainda, pela possibilidade de tal facto, respectivamente, concernir ou não a terceiro.

A afirmação do carácter taxativo da lista de direitos em relação aos quais se podem registar determinados factos resulta, acima de tudo, de uma determinada evolução histórico-cultural. O que conduz precisamente à segunda questão que atrás ficou enunciada – a da ligação entre o registo predial e os direitos reais.

VI) Segundo uma perspectiva muito divulgada, existirá uma ligação intrínseca entre o registo predial como instituição e a categoria dogmática dos direitos reais, a qual se pode resumir aproximadamente ao que se segue.

Os direitos reais caracterizam-se, com variações construtivas e terminológicas de maior ou menor monta, pela chamada eficácia absoluta ou *erga omnes*. Isto é, os direitos reais ao atribuírem poderes de aproveitamento da coisa seu objecto, dirigem-se contra a coisa e, portanto, (por causa do lastro histórico-cultural), contra qualquer pessoa, porque implicam a exclusão de todos os não titulares, nisto se distinguindo dos chamados, por contraposição, direitos relativos, como, por exemplo, os de cré-

---

[35] A expressão *eficácia real* pode ser entendida "como un grado de *oponibilidad* frente a terceros. Gozan de esse efecto los actos o contratos que, realizados entre personas determinadas, pueden afectar a personas que no han intervenido en la composición de intereses o en la creación de las reglas de conducta en el caso concreto, de modo que, al entrar en contacto con la relación establecida, deberán soportar (para bien o para mal) la situación creada, que no podrán desconocer ni someter a injerencia", (Montés Penadés, *El Derecho Real*, in Derechos Reales y Derecho Inmobiliario Registral de López y López – Montés Penadés, Valencia, 1994, p. 49). A propósito dos direitos de personalidade, estruturalmente idênticos aos direitos sobre coisas, Capelo de Sousa caracteriza os poderes que os conformam como "absolutos, isto é, exigíveis face a *quaisquer* pessoas, oponíveis *erga omnes*", (*O Direito Geral de Personalidade*, Coimbra, 1995, p. 401).

[36] Em sentido inteiramente inverso, ver o Acórdão Uniformizador de Jurisprudência do STJ de 27/05/2003.

dito, cujos poderes em relação a certa ou certas pessoas se dirigem, portanto, apenas contra essa ou essas pessoas.

Na realidade, só é verdadeiramente compreensível o alcance da expressão eficácia absoluta se a mesma for colocada em confronto com o sentido da expressão eficácia relativa. E só é verdadeiramente perceptível o significado da expressão eficácia absoluta com base na enunciação dos exemplos a partir dos quais foi possível abstraí-la.

Ora, essa eficácia absoluta de que estão dotados os factos constitutivos de direitos reais pressupõe, segundo o que é Direito, a possibilidade de a respectiva existência ser conhecida por todos aqueles que pelos mesmos possam ser afectados, ou seja, o público em geral.

O registo predial foi instituído e é mantido justamente como instrumento destinado a dar conhecimento a terceiros acerca da (provável) existência dos referidos direitos. Por isto se pode dizer que existe uma ligação natural entre o registo predial e os direitos reais. É a existência destes que justifica a existência daquele.

Todavia, essa ligação sendo natural, não é necessária.

Desde logo porque o registo predial surgiu essencialmente para publicitar a existência de hipotecas. E, no momento histórico em que este registo se começou a instituir em moldes aproximadamente similares aos actuais, aquelas não eram concebidas, face aos dados actuais da história do direito, como direitos de natureza real[37]. Aliás, ainda hoje há quem não admita a categoria direito real de garantia[38].

Além disso, e mais importante, também é verdade que podem existir direitos reais não publicitados através do registo, como sucede com a generalidade dos direitos reais sobre móveis – quando, em alguns deles, seria até possível organizar um registo público, ao menos sempre que as coisas a que se referem fossem facilmente individualizáveis, (que é o que poderia suceder, por exemplo, com certas obras de arte) –, assim como podem existir direitos não reais, ou situações jurídicas nem sequer qualificáveis como direitos subjectivos, publicitados através do registo predial.

---

[37] Mesmo um autor não muito antigo, (ou seja, bastante posterior à introdução em Portugal de um Registo Predial moderno), como José Tavares, considerava que a hipoteca não era sequer direito subjectivo por ser mero acessório de um direito de crédito, (*Os princípios fundamentais do Direito Civil*, vol. I, Coimbra, 1930, p. 618).

[38] Como, por exemplo, Francesco Galgano, *Diritto Civile e Commerciale*, vol. I, Milano, 1993, p. 317.

Pelo que, sendo certo que, na evolução histórica, o registo predial surge para publicitar os factos relativos a direitos reais – e, muito especialmente, os factos constitutivos da hipoteca, uma vez que, em relação a esta, não há outro instrumento de publicitação possível[39] – também é verdade que da lista legal de factos registáveis fazem hoje parte alguns que nada têm a ver com direitos reais: já sem considerar o caso discutível do arrendamento, vejam-se, por exemplo, os factos previstos pelas alíneas d), g), j), l), p), q), r), s), t), u) e x), do n.°1 do artigo 2.° do Código do Registo Predial).

A conclusão a partir de tudo isto deve ir, pois, no sentido de que o registo predial se destina a publicitar factos cujos efeitos, segundo a lei ou segundo a sua própria natureza, se possam repercutir sobre terceiros, independentemente de entre esses efeitos se contar a ocorrência de alguma vicissitude relativa a um direito real.

O registo predial serve para responder à necessidade de dar conhecimento ao público acerca da ocorrência de factos cujos efeitos possam atingir terceiros, no sentido de, objectiva e potencialmente, os poderem afectar, quer entre esses efeitos se conte algum acontecimento que tenha por objecto um direito real, quer não.

De resto, quanto mais não seja, a evidente falta de unanimidade sobre a definição de direito real, terá de impedir qualquer outro entendimento. Caso contrário, dificilmente o registo predial poderia garantir a "segurança do comércio jurídico imobiliário", (artigo 1.° do Código do Registo Predial).

Por isso, quando o artigo 7.° do Reglamento Hipotecario considera registáveis os factos jurídicos com trascendencia real isso não significa, (isso não pode significar), que apenas são registáveis os factos relativos a direitos reais, mas antes que são registáveis os factos oponíveis erga omnes, ou seja, os factos cujos efeitos possam ter transcendência perante terceiros[40].

---

[39] Às coisas móveis registáveis não se aplica a regra *possession vaut titre*, (M. Picard, *Traité Pratique de Droit Civil Français* de Planiol – Ripert, tomo III, Paris, 1952, pág. 369), precisamente porque a sua situação jurídica é registalmente publicitada. Daí, por exemplo, a razão de ser para que sejam hipotecáveis, (artigo 686.°, n.° 1).

[40] "Es conveniente superar la tradicional concepción de que solamente deben tener acceso al Registro los derechos reales ya formados y, en tal sentido, la publicidad registral debe ampliarse a los derechos reales en fase de formación y a las relaciones jurídicas de contenido obligacional a las que cada legislación estime oportuno dotarlas de

A expressão trascendencia real tem, assim, aproximadamente o mesmo sentido que, entre nós, se dá à expressão eficácia real[41] nos artigos 413.° e 421.°, ou, a contrario, se dá à expressão antónima eficácia obrigacional, (por exemplo, para efeitos do disposto no artigo 1306.°, n.° 1, *in fine*). Em qualquer caso, estão em causa expressões que, apesar dos termos, não implicam uma coincidência, pelo menos inteira, com a distinção direito real/direito de crédito. Ou melhor, a sinonímia entre direito real e eficácia real só existe precisamente do ponto de vista da eficácia, portanto dos efeitos. Mas da eficácia perante terceiros, que é esse o sentido do adjectivo real quando associado à expressão eficácia.

Como os direitos reais são o exemplo paradigmático, historicamente dado, das situações jurídicas oponíveis, nos seus efeitos, perante (potencialmente) qualquer terceiro, (isto é, perante quem não seja primeiro nem segundo, ou seja ainda, perante quem não seja parte do facto constitutivo do direito em causa), verifica-se que, ao menos na perspectiva do legislador, se tornou cómodo proceder à identificação, frequente, entre a oponibilidade erga omnes e a eficácia real, mesmo quando não estejam em causa direitos reais.

A eficácia real surge, por esta via, como sinónimo de eficácia de um facto para além do âmbito daqueles que nele tiveram intervenção. Ou seja, trate-se, ou não, de um facto respeitante a um direito real, desde que a sua eficácia se projecte, potencialmente, sobre terceiros, dir-se-á que tal facto tem eficácia real. E, portanto, inversamente, o facto terá eficácia (meramente) obrigacional quando a mesma não ultrapasse o âmbito das pessoas a quem o mesmo directamente concerne[42].

Há-de reconhecer-se que, neste tão amplo sentido, a expressão eficácia real, como sinónimo de eficácia perante terceiros, é utilizada com alguma impropriedade. Contudo, desde que se tenha presente o sentido

---

eficacia y trascendencia real", (2ª conclusão, Tema II, Congreso Internacional de Derecho Registral – CINDER, *cinder.registradores.org*). Ver Pau Pedrón, *Esbozo de una teoría general de la oponibilidad*, La publicidad registral, Madrid, 2001, pp. 315 a 318.

[41] "Secondo l'artigo 267 del 2.° libro del progetto del' 37 «Si può stipulare il disporre con *efficacia reale* (c.n.) che una persona, indipendentemente dall'esistenza di un fondo proprio, possa derivare per sua utilità o per interesse di un terzo dal fondo altrui un vantaggio che normalmente costituisce il contenuto di una servitù prediale», (A. Belfiore, *Interpretazione e dommatica nella teoria dei diritti reali*, Milano, 1979, pp. 14, 15, nota).

[42] Crê-se, de resto, que não é outro o sentido que as expressões *carácter real* e *natureza obrigacional* assumem no artigo 1306.°, n.° 1, *in fine*.

subjacente, não há inconveniente de maior, até por, na linguagem legal, a sua utilização se fazer com alguma frequência.

VII) Os direitos reais estão seguramente sujeitos a uma taxatividade legal, por força do disposto na 1ª parte do n.° 1 do artigo 1306.° O que significa que não podem os particulares, por negócio jurídico[43], constituir direitos reais não correspondentes aos respectivos modelos legais.

Não há, é certo, nenhum modelo legal etiquetado como direito real, salvo o direito real de habitação periódica, (Decreto-Lei n.° 275/93 de 05 de Agosto).

Embora seja consensual a irrelevância das qualificações legais, (ainda que se reconheça que as nominações legais têm uma relevância qualificativa indiciária[44]), é igualmente consensual que a etiqueta direito real resulta de uma evolução histórico-cultural que a lei, a doutrina e a jurisprudência devem acolher e que, portanto, (e, de facto, a experiência demonstra que de portanto se trata), cristalizam, tanto ao nível construtivo e expositivo, como ao nível sistemático, como ao nível das próprias soluções jurídicas.

No que agora directamente importa considerar, isto implica que tanto o número, como a natureza, como as classes de direitos reais, devam ser determinados pela história e pela evolução juscultural. Pelo que a discussão acerca da natureza real de cada modelo legal que supostamente dela seja susceptível, jamais parte do zero.

Há um conjunto, mais ou menos amplo, de modelos legais sobre os quais se tornou consensual afirmar a sua natureza real. É o caso, designadamente, da generalidade dos chamados direitos reais de gozo – propriedade, usufruto, uso e habitação, superfície, servidão predial e propriedade horizontal, entendendo-se quanto a esta, como parece mais adequado, que se trata de um modelo (próximo mas) distinto da propriedade.

Já em relação aos direitos reais de garantia e, muito especialmente, no que toca aos direitos reais de aquisição, a consensualidade não existe.

De todo o modo, para o que agora interessa, e para o melhor e para o pior, deve reconhecer-se que há uma taxatividade de modelos legais de direitos reais.

---

[43] O que também significa que a referida disposição apenas limita a autonomia privada – à letra, não atinge nem órgãos administrativos nem órgãos jurisdicionais.
[44] Pedro Pais de Vasconcelos, *Contratos Atípicos*, pp. 113-160.

VIII) E deve considerar-se, pelo que fica dito, que há também uma taxatividade, mas não legal[45], de factos registáveis.

Embora sem dúvida se trate de uma taxatividade sui generis e sem ligação intrínseca à taxatividade de modelos de direitos reais.

Se, porventura, se entendesse que somente os factos relativos a direitos reais estivessem sujeitos a registo, não se poderia negar a existência, indirectamente estabelecida, de uma correspondente taxatividade de factos registáveis.

Ao invés, entendendo-se que, tal como resulta da lei, os factos registáveis são aqueles que sejam ou estejam dotados de eficácia real, (isto é, possam produzir efeitos perante quem neles não interveio), independentemente de provocarem alguma vicissitude sobre algum direito real sobre imóvel, é óbvio que a referida associação não pode ser feita.

IX) Fica assim aberta a possibilidade de se considerar a enumeração legal dos factos sujeitos a registo predial como meramente exemplificativa, embora, com certeza, com preocupações de exaustividade. Não será fácil, pois, identificar factos sujeitos a registo que de alguma maneira não se enquadrem na referida enumeração. Mas, não é impossível[46].

Embora existam argumentos legais que permitam sustentar a tese de que a enumeração de factos registáveis contida nos artigos 2.º e 3.º do Código do Registo Predial tem natureza exemplificativa, (especialmente, a indeterminação de conteúdo do disposto no n.º 2, a) e b) do artigo 2.º deste diploma), o que, sobretudo, leva a atribuir tal carácter à referida enumeração é uma razão de rectidão, ou seja, uma razão de Direito.

Retomando o argumento já atrás aduzido, se a eficácia perante terceiros de um determinado facto pressupõe que o mesmo seja susceptível de conhecimento por esses terceiros, sempre que um determinado facto seja dotado de tal eficácia a rectidão impõe que, sendo relativo a imóvel, deva ser publicitado ou, o que é o mesmo, seja registável.

---

[45] Admitindo, pelo menos, a registabilidade de toda a relação *propter rem* modificadora da propriedade, Oliveira Ascensão, *Relações Jurídicas Reais*, Lisboa, 1962, p. 392).

[46] Veja-se, por exemplo, a espécie objecto do Proc. 48/88 – R.P. 3 da DGRN: registabilidade da providência cautelar em que se decide a proibição de alienação imposta ao proprietário de certo prédio, (*Pareceres do Conselho Técnico da Direcção-Geral dos Registos e do Notariado*, vol. II, Lisboa, Associação Sindical dos Conservadores do Registo, 1993, pp. 163-166).

Caso contrário, das duas, uma: ou, apesar da clandestinidade, ainda assim se admite a eficácia perante terceiros de um facto cuja existência não podia ser objecto de conhecimento, em virtude de a respectiva publicitação registal, por não estar prevista, não ter sido efectuada[47]. Ou, a dita clandestinidade determina a impossibilidade de invocação do referido facto perante quem dele não teve conhecimento, novamente em virtude de a referida publicitação não estar prevista[48].

Na primeira hipótese, o Direito é frustrado em virtude da insegurança que assim se institui e reconhece.

Na segunda hipótese, impede-se o recurso, àquele que pretende beneficiar da oponibilidade do facto, aos meios apropriados para dar conhecimento público acerca da verificação de certo facto. Ficará, portanto, dependente da muitíssimo difícil e falível prova da má fé do terceiro em relação ao qual se pretende invocar a eficácia (real) do facto cujo acesso registal não foi autorizado, (por o mesmo não fazer parte da enumeração legal dos factos registáveis).

Quer isto dizer que, em qualquer caso, a solução admitida ou imposta não é a solução razoável.

Tome-se precisamente o exemplo da impugnação pauliana.

Nos termos do n.° 1 do artigo 616.°, "julgada procedente a impugnação, o credor" pode executar os bens objecto da mesma "no património do obrigado à restituição"[49]. Significa isto, segundo o entendimento pre-

---

[47] "A lei pode, (...), para satisfazer determinados interesses relevantes, impor ou permitir a oponibilidade a terceiros de relações que são, na sua estrutura, de carácter obrigacional, por assentarem fundamentalmente num *dever de prestar* e no correlativo *direito à prestação*", (Antunes Varela, *Das Obrigações em Geral*, vol. I, p. 179). Ora, se a inscrição predial dos respectivos factos constitutivos não for admitida corre-se o sério risco de clandestinidade com a consequente insegurança no tráfico. Veja-se o caso típico do contrato de arrendamento, (entendendo-se que o direito de gozo dele resultante tem natureza pessoal), que só é registável se celebrado por prazo (inicial) superior a seis anos, (artigo 2.°, n.° 1, m), do Código do Registo Predial). Há, por isso, quem defenda, (Henrique Mesquita, *Obrigações Reais e Ónus Reais*, Coimbra, 1990, p. 140, nota 19), que, para a generalidade dos contratos de arrendamento, o funcionamento do disposto no artigo 1057.°, (do qual resulta a oponibilidade a terceiro do contrato de arrendamento), supõe que o local arrendado esteja (já) sob o domínio de facto do arrendatário. Assim se assegura um mínimo de publicitação (espontânea).

[48] Que é o que se sustenta através do brocardo mobilia non habent sequelam naqueles ordenamentos que adoptaram a regra possession vaut titre.

[49] Menezes Cordeiro, Direitos Reais, Lisboa, 1979, p. 431.

valecente, que o acto de disposição praticado pelo devedor a favor de terceiro é ineficaz[50] perante o credor impugnante[51]. Ora, se esse terceiro, por sua vez, alienar a outrem ou se um credor do mesmo executar o bem objecto da impugnação, das duas, uma: ou o credor impugnante não pode invocar a decisão judicial obtida contra aqueles que adquiriram direitos a partir do beneficiário do acto impugnado, porque, ao não estar registada, não tinham, nem podiam ter, conhecimento da mesma; ou, ao contrário, o credor impugnante pode invocar a referida decisão judicial contra os adquirentes a partir do beneficiário do acto impugnado, apesar de a existência da mesma não lhes ser cognoscível, por não estar registada.

Qualquer solução é insatisfatória.

E, no mínimo, seria importante admitir a registo a propositura da acção de impugnação pauliana porque assim se garantiriam perante terceiros os efeitos da sentença, nos termos do n.º 3 do artigo 271.º do Código do Processo Civil, sempre que, na pendência da mesma, ocorresse algum acto de disposição praticado pelo beneficiário do acto impugnado.

Entre nós, como tem prevalecido a tese da não registabilidade da impugnação pauliana, é pela primeira solução referida que, tudo indica, se vai optando, (apesar de, habitualmente, isto não ser afirmado com precisão[52]).

---

[50] Proc. 111/92 R.P.4 da DGRN: I. A impugnação pauliana não tem qualquer reflexo na titularidade dos bens objecto do acto impugnado.

Ver Mouteira Guerreiro, A segurança do comércio jurídico, objectivo nuclear do registo predial e comercial, p. 6, geocities.com/capitollhill/rotunda/3579/trabalhos-estudos/Trab_37.

[51] Há quem sustente que a procedência da impugnação apenas confere ao credor impugnante uma pretensão restitutiva (Henrique Mesquita, Anotação ao Acórdão da Relação de Coimbra de 17-01-1995, RLJ, ano 128.º, p. 254). No entanto, a ser só assim, o credor não poderia penhorar, no património do terceiro adquirente, o bem objecto do acto impugnado, como resulta do artigo 818.º Ao invés, deveria penhorar o património desse terceiro, em concorrência com demais credores do mesmo, como qualquer credor comum. O direito à restituição dos bens ao património do devedor implica apenas, as mais das vezes, que o credor "impugnante pode executar os bens alienados como se eles não tivessem saído do património do devedor, mas sem a concorrência dos demais credores deste", (…), e "sem sofrer a competição dos credores do adquirente", (Antunes Varela, Das Obrigações em Geral, vol. II, p. 457).

[52] Pires de Lima-Antunes Varela, *Código Civil Anotado*, Coimbra, 1982, vol. I, p. 602, nota 3, parecem sustentar a primeira solução pois afirmam que "o credor … pode ter a faculdade de impugnar as novas alienações nos termos do artigo 613.º, se se veri-

X) O núcleo dos factos com eficácia real é constituído por aqueles que, por natureza, dela sejam dotados[53]. Como exemplo prototípico teremos os factos constitutivos do direito de propriedade.

Seguem-se os factos que, por força da evolução juscultural, dessa eficácia real foram também dotados – o caso, maxime, dos factos constitutivos dos restantes direitos reais de gozo ou de alguns de garantia, (anticrese, penhor e hipoteca).

Surgem, por fim, aqueles factos aos quais por lei[54] se entendeu atribuir a dita eficácia real – v.g., os factos constitutivos dos direitos reais de aquisição derivados do contrato-promessa ou do pacto de preferência com eficácia real, (artigos 413.° e 421.°).

Significa tudo isto que sempre acaba por existir uma taxatividade de factos registáveis. Só que a mesma não tem natureza legal. Antes é necessário verificar, caso a caso, nos termos que ficam descritos, se o facto em causa está ou não está dotado de eficácia real.

XI) Contra o carácter taxativo da enumeração legal dos factos sujeitos a registo predial acresce um argumento que sempre se invoca quando se afirma a existência de um qualquer numerus clausus, seja a que propósito for: é que nunca se pode saber se a omissão de certa espécie é intencional ou resulta de puro esquecimento ou distracção.

Se é certo que, em determinados casos, a razão subjacente ao numerus clausus é indiferente, como sucede, por exemplo, na enumeração dos modelos de crimes, – dado que a admissão de acções criminosas não etiquetadas poderia não só atingir intoleravelmente direitos humanos básicos, como certamente atingiria a segurança jurídica – noutros, como sucede justamente no elenco dos factos sujeitos a registo predial, a afir-

---

ficarem os respectivos requisitos". O que significa, *a contrario*, que a sentença proferida na impugnação precedente não é oponível a terceiros que tenham adquirido a partir do beneficiário do acto impugnado.

[53] "A publicidade, condicionando apenas a eficácia externa duma situação, não pode ser decisiva quanto à natureza desta", (Oliveira Ascensão, *Relações Jurídicas Reais*, p. 377).

[54] Assim, por exemplo, enquanto o direito de sobreelevação tem entre nós natureza real, na medida em que a lei o integrou no âmbito do direito de superfície, (artigo 1526.°), no Direito Italiano tem sido habitualmente considerado como "um semplice diritto personale (dato che l'elenco dei diritti reali, …, è un elenco chiuso)", (Giovanni Pugliese, *Della superfície*, Commentario del Codice Civile de Scialoja – Branca, Bologna-Roma, 1946, p. 436).

mação de que não há uma verdadeira taxatividade até representa, ao invés, um benefício social, atenta a função que os registos públicos estão vocacionados para desempenhar.

XII) A eficácia real não resulta do registo.

Quer isto dizer que o registo nem dá tal eficácia a factos que substantivamente a não tenham, nem a não realização do registo tira a referida eficácia a factos que substantivamente dela estejam dotados.

Num sistema de registo constitutivo, o acto de registo, fazendo parte componente da facttispecie de que depende a verificação de certa vicissitude, é um elemento sem o qual o facto correspondente está incompleto. Por isso, num sistema deste género, a eficácia real, (ou seja, repete-se, a eficácia perante terceiros), depende da realização do registo na mesma medida em que depende da validade do facto objecto do registo.

Ao invés, num sistema de registo em que a produção dos efeitos perante terceiros está inteiramente fundamentada na próprio facto sujeito a registo, como sucede entre nós, em especial por força do disposto no n.º 1 do artigo 408.º, o acto de registo serve exclusivamente para dar publicidade à verificação desse facto e para anunciar, por presunção, a produção, inteira ou parcial, dos efeitos tipicamente associados à ocorrência de tal facto.

Assim sendo, a eficácia real, num sistema como o nosso, não é atribuída pelo acto de registo.

O registo apenas confirma, apenas torna inatacável, essa eficácia.

O que aparece reiterado pelo que antes se disse na crítica à pretensa taxatividade legal dos factos sujeitos a registo predial: são registáveis os factos relativos a situações jurídicas que, segundo a lei ou segundo a própria natureza dessas situações, sejam dotadas de eficácia real. A eficácia real é uma característica do facto sujeito a registo e não um plus resultante da realização deste.

Aliás, nem poderia ser de outro modo, pois, caso contrário, a atribuição de eficácia real dependeria da vontade daquele que tivesse legitimidade para pedir o registo do facto a que se pretendesse atribuir tal eficácia. Em pura abstracção, esta solução não seria inteiramente irrealista, mas na verdade reconhece-se que, à parte as dificuldades estritamente legais, a falta de um hábito enraizado, entre a população, de aceder ao registo, seja para dar a conhecer, seja para tomar conhecimento, impede a assunção de uma solução deste género.

XIII) Além disso, no essencial, tal solução pouco alcance teria, dado que, não só o núcleo das situações jurídicas susceptíveis de ser publicitadas através do registo é constituído pelos direitos reais, os quais estão indiscutivelmente submetidos a uma taxatividade legal, como também, e talvez principalmente, por a eficácia real se dever considerar uma excepção à regra da liberdade individual e da consequente eficácia relativa dos contratos.

Na realidade, no que toca estritamente aos direitos reais e uma vez que existe consenso em relação à inadmissibilidade dos direitos reais in faciendo, não custa aceitar a ideia de que poderiam estar sujeitos, no que respeita à sua criação, ao princípio da autonomia da vontade[55]/[56].

O disposto no artigo 1306.°, n.° 1, representa assim, na parte respeitante à constituição de direitos reais, uma simples regra de regime jurídico, sem qualquer particular justificação de fundo.

A constituição de um direito real, previsto ou não previsto na lei, implica para terceiros apenas, no máximo, uma proibição de agir, (seja um non facere, seja um pati), a qual, no fundo, não se distingue do dever geral que sobre todos impende de respeitar a esfera jurídica alheia (neminem laedere)[57].

Ao invés, sempre que um facto possa ter efeitos para terceiros consistentes na imposição aos mesmos de um dever de agir, seja um dare, seja um facere, a regra deve necessariamente ser a da inadmissibilidade de tal ocorrência. Caso contrário, estar-se-ia a aceitar a criação de fortes limitações à liberdade individual em violação do princípio da paridade[58] que caracteriza todo o Direito Privado, sem justificação suficientemente gené-

---

[55] Para fundamentar esta afirmação confira-se, muito especialmente, Oliveira Ascensão, *A Tipicidade dos Direitos Reais*, pp. 76 a 82. Ver igualmente A.Belfiore, *Interpretazione e dommatica nella teoria dei diritti reali*, pp. 447 a 609.

[56] Há quem sustente, algo curiosamente, que o sistema do *numerus clausus* de direitos reais se justifica exclusivamente com base em razões ligadas à limitação da responsabilidade do Conservador, pois assim "se aleja el peligro de reclamaciones por causa de una inscripción indebida de las mismas ya que solo son legales las que la ley marca expresamente", (Rajoy Brey, *Registro de la propriedad y administraciones públicas*, p. 11, XIV Congreso Internacional de Derecho Registral – CINDER, *cinder.registradores.org*).

[57] No sentido exactamente inverso, Mota Pinto, *Direitos Reais*, Coimbra, 1971, p. 45.

[58] Cfr., a propósito deste princípio, Pedro Pais de Vasconcelos, *Teoria Geral do Direito Civil*, Coimbra, 2003, pp. 23/24.

rica para tanto. É, de facto, inaceitável, em geral, que alguém por acto próprio constitua obrigações contra terceiro, sem a participação da vontade deste.

De resto, se não é possível, em regra, constituir obrigações contra o próprio autor do facto que as origina, ou seja, se, em regra, não é admitida a autovinculação unilateral com efeitos obrigacionais, (artigo 457.º), é até por maioria de razão que não se pode admitir a heterovinculação obrigacional.

Depõe neste sentido, antes de mais, como se disse, a regra da igualdade formal, ou seja, igualdade de poderes jurídicos entre os sujeitos de Direito Privado: ninguém tem poderes que impliquem supremacia sobre outrem e que possam legitimar a imposição de obrigações contra terceiro, (isto é, contra pessoas que não tiveram participação no acto jurídico do qual emergem ditas obrigações).

Mas, acima de tudo, depõe no referido sentido, a liberdade individual, a qual é certamente um dos principais "direitos, liberdades e garantias" constitucionalmente reconhecidos.

E é facilmente entendível que, se o Estado não pode limitar ou excluir a liberdade individual a não ser nos casos explícita ou implicitamente previstos na Constituição da República, (confira-se, especialmente, o disposto no artigo 27.º da Constituição da República) – o que revela claramente a excepcionalidade dessas limitações – é por maioria de razão que não pode, em regra, um sujeito de Direito Privado impor vinculações de natureza obrigacional a outro sujeito de Direito Privado sem consentimento deste.

E a mesma espécie de argumento serve igualmente para demonstrar que as excepções a essa regra devem também ser ainda menos numerosas e menos intensas do que aquelas que se admitem na relação Estado/cidadão.

Assim, a regra da relatividade dos contratos, (artigo 406.º, n.º 2), não tem fundamento apenas na máxima res inter alios acta, como, acima de tudo, surge como uma consequência necessária do reconhecimento da ideia de que a imposição de obrigações de agir por um sujeito de Direito Privado contra outro sujeito de Direito Privado, através de negócio jurídico no qual este último não tenha intervenção, (ou seja, através de acto perante o qual este último seja terceiro), representa uma intolerável intromissão na sua esfera jurídica, pois constitui, em regra, uma irrazoável limitação da sua liberdade individual.

As excepções admitidas pela lei, a que o n.º 2 do artigo 406.º alude, devem, por conseguinte, enquadrar-se no regime do artigo 18.º da Constituição, e não somente na "vontade" do legislador.

Considerar-se-ão assim sujeitos ao regime do artigo 18.° da Constituição os casos em que a lei admite que um determinado facto jurídico tenha eficácia perante terceiros, no sentido de eficácia obrigacional, quando desses factos derivem obrigações com prestação de dare ou de facere.

Diversamente, quando se trate de factos dos quais resulte a imposição a terceiro de prestações de pati ou de non facere, não se vislumbra qualquer séria restrição à liberdade individual, sempre que, pelo menos, sejam consequência da constituição de um direito real concorrente[59]. Em tal caso, as referidas prestações de pati ou non facere configuram-se como simples consequência do acatamento do dever geral de respeito que a todos incumbe perante a existência e a necessidade de reconhecimento dos direitos de outrem.

Daqui resulta, na sequência, como já antes se sublinhou, não se poder considerar que a regra do numerus clausus de direitos reais tenha uma fundamentação constitucional.

XIV) Assenta-se, por conseguinte, que a eficácia real é um atributo do próprio facto registável.

Pelo que, se é verdade que não existe uma taxatividade legal[60] de situações publicitáveis pelo registo predial, também é verdade que não é a realização do registo que atribui essa característica; limita-se, antes, a reflecti-la. Ou seja, é por a situação ser extra-registalmente dotada de eficácia real que o respectivo facto conformador é registável e, portanto, é por isso que tal situação pode ser publicitada pelo registo.

O registo não dá eficácia real, antes a supõe.

O que quer dizer que a eficácia real é produto do direito substantivo, não do acto de registo.

---

[59] Isto se não se pretende chegar ao exacerbamento do esquema da relação jurídica a que conduz a perspectivação do inter-relacionamento entre diferentes titulares de direitos reais em sobreposição como de verdadeira relação jurídica entre os mesmos. É, de facto, claramente preferível construir tal relacionamento fora do âmbito da relação jurídica em sentido técnico, (artigo 397.°), e, portanto, com recurso apenas à figura do dever genérico de respeito pela esfera jurídica alheia.

[60] Neste sentido, Carvalho Fernandes, *Lições de Direitos Reais*, Lisboa, 2003, p. 116: tomando-se "por referência os direitos a que os factos registáveis respeitam, é manifesto que só factos com eficácia real (constitutiva, modificativa ou extintiva) podem estar sujeitos a registo".

E, como atrás se disse, ou essa eficácia é intrínseca, isto é, identifica por natureza a própria situação registável – como é particularmente evidente no caso do direito de propriedade –, ou essa eficácia é atribuída por lei – como sucede, por exemplo, no caso da promessa (artigo 413.°) ou no caso da preferência (artigo 421.°), com eficácia real, em ambos os casos.

Este ponto de vista prova-se até por uma outra via: a registabilidade das acções, (artigo 3.° do Código do Registo Predial).

Nos termos em que o problema habitualmente se coloca, a respectiva registabilidade depende da sua natureza real[61].

A distinção entre acções com natureza real ou com natureza pessoal não é realizada pela lei, nem, aliás, o respectivo critério distintivo se pode considerar intuitivo, como demonstra o facto de ser hoje quase indiscutível a sujeição a registo da acção de execução específica do contrato-promessa, sendo certo que esta é acção que se destina directamente a obter um acto sucedâneo de uma declaração negocial e que, por isso, só indirectamente, reflexamente, se dirige à produção de uma vicissitude sobre um direito real.

As acções registáveis, e isso pode deduzir-se do exemplo anterior, não são somente aquelas "que tenham por fim … o reconhecimento, a constituição, a modificação ou a extinção de algum" direito real. Ao invés, atendendo até à letra da alínea a), *in fine*, do n.° 1, do artigo 3.° do Código do Registo Predial, são todas aquelas que estejam dotadas de eficácia real, isto é, que tenham eficácia mesmo perante aquele que nela não tenha tido intervenção, independentemente de a lei as nominar, directa ou indirectamente, como factos registáveis[62].

---

[61] É por isso, por exemplo, que, com muito formalismo à mistura, a acção de impugnação pauliana é normalmente havida como não registável, pois é habitualmente havida como acção de natureza pessoal. A correcção desta última qualificação não é impeditiva, porém, da sujeição a registo predial.

[62] Acórdão do STJ de 07/02/1991: I. O registo predial destina-se essencialmente a dar publicidade a situação jurídica dos prédios, tendo em vista a segurança do comércio jurídico imobiliário. II. A norma inserta no artigo 3.°, n.° 1, alínea a), do Código do Registo Predial, que obriga ao registo de determinadas acções, apenas se aplica aquelas em que se peça a declaração de propriedade sobre prédio não inscrito no registo predial ou não registado a favor do autor, carecendo de razão de ser quanto a imóveis já registados a favor deste. III. Nos termos do artigo 342.°, n.° 1, do Código Civil a regra e a de que a culpa se não presume, incumbindo aquele que a invoca fazer a prova da sua existência. IV. A norma inserta no artigo 1029.°, n.° 3, do Código Civil, e uma norma excepcional, insusceptível de aplicação analógica a outros tipos de contratos, designadamente, ao de concessão de exploração de um estabelecimento comercial.

4. Acções reais e pessoais

I) Superest, ut de actionibus loquamur, et si quaeramus, quot genera actionum sint, uerius uidetur duo esse, in rem et in personam, nam qui IIII esse dixerunt ex sponsionum generibuss, non animaduerterunt quasdam species actionum inter genera se rettulisse.

In personam actio est, qua agimus, quotiens litigamus cum aliquo, qui nobis uel ex contractu uel ex delicto obligatus est, id est, cum intendimus DARE FACERE PRAESTARE OPORTERE.

In rem actio est, cum aut corporalem rem intendimus nostram esse aut ius aliquod nobis competere, uelut utendi aut utendi fruendi, eundi, agendi aquamue ducendi uel altius tollendi prospiciendiue, aut cum actio ex diuerso aduersario est negatiua[63]/[64].

II) Quando o formalismo processual implicava a existência de tipos de acções, especialmente individualizadas pelo respectivo nomen para finalidades específicas, assumia extrema importância identificar correctamente a acção que se intentava. É que, num certo sentido, todas as acções tinham processo especial.

Hoje em dia, uma vez que a cada direito corresponde, em princípio, uma acção (artigo 2.º, n.º 2, do Código do Processo Civil), e uma vez que se busca, acima de tudo, a justiça material, (cfr., especialmente, o artigo 265.º-A do mesmo diploma), a recondução da generalidade das acções a um processo comum é uma consequência quase necessária. O que implica a relativa pouca importância que decorre da correcta identificação da acção, já que o que o tribunal deve considerar é aquilo que substancialmente se pretende. Razão pela qual, a identificação da acção apenas determinará, na melhor das hipóteses, a mais fácil e rápida compreensão da sua finalidade[65].

---

[63] Gaio, Inst., 4.1. a 4.3.

[64] Artigo 2.º do Código do Processo Civil de 1876: § 1.º "as acções reais têm por objecto a restituição de coisas mobiliárias ou imobiliárias"; § 2.º "as acções pessoais têm por objecto o cumprimento de obrigações".

[65] Daí que, nas acções possessórias, "se tiver sido requerida a manutenção em lugar da restituição, ou esta em vez daquela, o juiz conhecerá do pedido correspondente à situação realmente verificada" (artigo 661.º/n.º 3, Código de Processo Civil).

III) Assim sendo, na generalidade dos casos, a referência às acções reais serve somente, por um lado, para dar continuidade a uma certa tradição histórica[66], e, por outro, para facilitar a comunicação entre juristas. De qualquer modo, ainda existem certas espécies de acções reais dotadas de um regime substantivo próprio. Nestas, a sua correcta identificação será relevante sempre que, ao menos, um erro na respectiva escolha possa[67] determinar consequências processuais ou substantivas. É o que se passa, designadamente, com as acções possessórias.

IV) As acções reais são, pois, aquelas que se destinam à defesa de um direito real. O traço comum entre todas elas está na respectiva causa de pedir: em todas o fundamento da acção consiste na titularidade de um determinado direito real, (artigo 498.º/n.º 4, Código do Processo Civil[68]).

---

[66] Dentro da qual se identificam, de resto, um número muitíssimo mais extenso de acções do que aquelas que aqui se deixarão referidas (ver, por exemplo, Castán Tobeñas, *Derecho Civil Español, común y foral*, tomo II, *Derecho de Cosas*, vol. I, Madrid, 1987, pp. 195 e segs., ou Santos Justo, *Direito Privado Romano – III (Direitos Reais)*, Coimbra, 1997, pp. 109 e segs.).

[67] Cfr., de todo o modo, a penúltima nota.

[68] Apesar da letra desta disposição identificar a causa de pedir nas acções reais como "o facto jurídico de que deriva o direito real", isso só pode bastar quando não estiver em litígio a titularidade respectiva, que é justamente o que está em discussão, por exemplo, na acção de reivindicação, (artigo 1311.º). Num caso destes, é necessário provar, acima de tudo, a validade do referido facto jurídico, o que pode facilmente implicar que "o facto jurídico de que deriva o direito real" seja constituído por uma sucessão de factos. De resto, mesmo quando não é a titularidade do direito real que está em discussão, continua a ser essa titularidade que constitui a causa de pedir nas acções reais; a prova da mesma é que não necessita ser tão exigente, bastando então a simples demonstração da *provável* existência da titularidade em causa, avaliada por regras de normalidade. Assim, por exemplo, aquele que intenta acção de demarcação, fá-lo por ser proprietário de certo prédio e não por o ter comprado, recebido em doação ou por sucessão, etc.; sendo certo que, precisamente por não estar em litígio a titularidade dessa propriedade, se pode partir do princípio que, pela normalidade, aquele que demonstra beneficiar de uma venda ou de uma doação é titular de um direito sobre a coisa objecto de um destes actos. Cfr. Acórdão do STJ de 14/12/1995: *I. Em acção real fundada na aquisição derivada, o autor tem de alegar factos tendentes a mostrar que adquiriu a coisa por um título e que o direito de propriedade já existia na pessoa do transmitente. II. A simples invocação de um negócio translativo de propriedade não basta para caracterizar a causa de pedir nas acções reais, pelo que o autor, quando não for beneficiado por qualquer presunção legal de propriedade, terá de invocar factos dos quais resulte a aquisição originária por usucapião, por parte dele ou de um transmitente anterior. III. Carecendo a petição inicial da alegação de*

O que pressupõe, portanto, a demonstração de que essa titularidade radica no demandante[69].

Pese embora a inúmera jurisprudência em sentido contrário, não se vê razão para considerar que a referida demonstração não possa ser feita através da presunção derivada do registo, (artigo 7.º, Código do Registo Predial), ou através da presunção derivada da posse, (artigo 1268.º/n.º 1/1ª parte). Que se saiba, a presunção é um meio de prova como outro qualquer, (artigos 341.º e segs.). Assim, somente quando a prova por presunção seja impossível ou a presunção seja ilidida, é que deverá o autor proceder à demonstração positiva da sua titularidade, o que supõe o estabelecimento do chamado trato sucessivo material, (ou seja, supõe a prova da existência, da validade e da eficácia dos sucessivos factos aquisitivos dos quais dependa a prova da existência da titularidade actual na pessoa do demandante).

V) Distinguem-se as acções reais em acções possessórias[70] e acções petitórias.

Destinam-se as primeiras especificamente à defesa da posse. Pressupõem, portanto, a prova do domínio de facto sobre uma coisa.

Destinam-se as segundas, segundo a visão tradicional, à defesa da propriedade, embora, por força do disposto no artigo 1315.º, se devam considerar hoje extensíveis à defesa da generalidade dos direitos reais de gozo, ou, pelo menos em relação à acção de reivindicação, extensíveis à defesa de todos os direitos reais cujo exercício suponha a apreensão material da coisa seu objecto. Pressupõem, portanto, a prova da titularidade de um destes direitos.

---

factos destinados a demonstrar que o direito de propriedade já existia na pessoa do transmitente ou de que o autor tem a seu favor a usucapião, torna-se evidente que a acção não pode proceder, devendo a petição ser liminarmente indeferida.

[69] Acórdão do STJ de 23/11/1999: I. Na acção pessoal de restituição ex contractu a propriedade da coisa é estranha ao processo, enquanto que na acção real de reivindicação o autor prescinde da invocação de qualquer relação obrigacional com o réu. II. A sentença proferida nos termos do artigo 830 do C. Civil produz efeitos ex nunc, que decorrem a partir do seu trânsito em julgado. III. Não produz efeitos quanto ao arrendatário da coisa, terceiro na acção, para afastar a aplicação da norma imperativa que é o artigo 1057 do C. Civil.

[70] Isto naturalmente partindo do princípio que a *posse* é um direito subjectivo de natureza real.

VI) Uma acção é pessoal, diversamente, quando, (traduzindo livre e actualisticamente a passagem de Gaio acima transcrita), se reclama a realização de uma conduta contra aquele que à mesma está obrigado por causa de um contrato ou de um delito – isto é, quando se pretende que este dê, faça ou preste.

É fácil deduzir assim a razão pela qual a actio Pauliana tem sido quase unanimemente qualificada como acção pessoal[71]. Pela óbvia razão de que "o credor tem direito à restituição dos bens na medida do seu interesse"[72]. O que significa que há, portanto, um "obrigado à restituição", (artigo 616.°, n.° 1). Este, o terceiro adquirente, está assim vinculado a uma prestação *de dare*.

VII) Da qualificação da acção de impugnação pauliana como acção pessoal tem-se retirado muito frequentemente o corolário da sua irregistabilidade.

Para efeitos de registo predial, o que importa, porém, como se crê ter já demonstrado, não é qualificação atribuível ao direito, à situação, à acção, etc., cuja registabilidade está em tabela[73], mas é tão somente o alcance da respectiva eficácia.

Ou, por outras palavras, o que está em causa é apenas determinar se o facto que se pretende registar tem ou não tem eficácia real. Isto é, se se trata de um facto cujos efeitos se repercutam ou, no mínimo, se possam repercutir, sobre pessoas nele não intervenientes, ou seja, sobre terceiros.

Para demonstrar este ponto, basta verificar como se afigura hoje indiscutível a registabilidade tanto da acção de execução específica,

---

[71] Cfr. neste sentido, recentemente, o Acórdão de Uniformização de Jurisprudência do STJ de 27/05/2003 ou o Acórdão do Tribunal Constitucional n.° 273/04. Ver, igualmente, o Acórdão do STJ de 13/02/2001: *I. A acção de impugnação pauliana tem natureza pessoal ou obrigacional; da sua procedência não resulta a extinção do direito real adquirido por terceiro nem a sua modificação. II. Não é legalmente admissível o registo desta acção.*

[72] Distintamente, há quem entenda, todavia, que: I. A impugnação pauliana reveste um carácter pessoal, já que os seus efeitos aproveitam apenas ao credor que a tenha requerido, (Acórdão do STJ de 28/03/1996).

[73] Proc. R.P. 30/98.DSJ.CT da DGRN: III. Em sede de Código do Registo Predial está sujeita a registo a acção cujo efeito útil tenha interferência sobre a estrutura objectiva ou subjectiva de um direito real – ou seja, que implique uma alteração do conteúdo ou da estrutura de um direito real –, não relevando que essa acção se funde num direito real ou num direito de crédito.

(artigo 830.°), como da acção de preferência, (artigo 1410.°), quando certo é, pelo menos, que nenhuma delas é qualificável como acção real[74]/[75].

E pelo que antes se disse sobre a registabilidade, não é em virtude de a lei não nominar certo facto como registável que o seu acesso ao registo deve ficar impedido[76]. Tal como não é por certo facto ser registável que a natureza jurídica dos direitos dele emergentes se modifica[77].

5. Eficácia real da actio Pauliana

I) Já acima se disse que para justificar o exercício do direito de execução sobre o património do terceiro "obrigado à restituição", (em relação aos bens objecto do acto impugnado), com prevalência sobre os credores pessoais deste é necessário, pelo menos, para não frustrar as respectivas expectativas de garantia patrimonial, que estes possam conhecer a impugnação procedente.

Há aqui, portanto, um primeiro grupo de pessoas não intervenientes no facto – a acção de impugnação – cujos interesses podem ser afectados pelo conhecimento ou, ao invés, pelo desconhecimento da procedência da impugnação.

Não admitir a inscrição registal da decisão judicial em causa implica reconhecer que se o credor impugnante preferir executar os bens objecto do acto impugnado "no património do obrigado à restituição" (artigo 616.°, n.° 1), deve suportar a concorrência dos respectivos credores pessoais. O que se afigura uma solução muito pouco razoável, especialmente do ponto de vista prático.

Para evitar esta consequência, é necessário aceitar o acesso a registo não só da decisão judicial que dê provimento à impugnação, como também, prévia e provisoriamente, da propositura da acção da qual tal impug-

---

[74] Cfr. a este respeito Henrique Mesquita, *Obrigações reais e Ónus reais*, pp. 215 a 229 e pp. 252 a 264.

[75] Deve reconhecer-se que, tal como a distinção direito real/direito de crédito, não esgota o universo dos direitos subjectivos, tão-pouco a distinção acção real/acção pessoal, (da qual aquela outra é um reflexo histórico), esgota o universo das acções. Longe disso, para ambos os casos.

[76] Em sentido inteiramente contrário ver o Acórdão de Uniformização de Jurisprudência de 27/05/2003.

[77] Henrique Mesquita, *Obrigações reais e Ónus reais*, pp. 252/253.

nação possa resultar, (artigos 3.° e 92.°, n.° 1, a), do Código do Registo Predial).

II) Impugnando-se com êxito o acto dispositivo celebrado entre o devedor e o "obrigado à restituição" e procedendo-se "à restituição dos bens", se o acto impugnado foi anteriormente inscrito no registo predial é necessário cancelá-lo de modo a colocar a realidade registal de harmonia com a realidade extra-registal.

Este cancelamento só pode ser obtido mediante a apresentação da decisão judicial que considerou procedente a impugnação.

Ora, para avisar terceiros da possibilidade de a impugnação proceder e de, consequentemente, a inscrição registal a favor do obrigado à restituição poder ser objecto de cancelamento, deve admitir-se, novamente, a registabilidade da propositura da actio Pauliana. Caso contrário, a acção de impugnação, e a decisão nela obtida, pode vir a revelar-se um acto inteiramente inútil para o credor que a ela recorreu – basta que, entretanto, no decurso da mesma, o "obrigado à restituição" pratique novo acto dispositivo a favor de outrem, (artigo 271.°, n.° 3, do Código do Processo Civil).

III) Mesmo após a obtenção da decisão judicial que considere procedente a impugnação, a sua não admissão a registo impede que o credor impugnante possa retirar o respectivo efeito útil se, entretanto, novamente, o "obrigado à restituição" praticar algum acto de disposição a favor de outrem posterior àquela decisão.

Em tal eventualidade, como de resto já sucedia na hipótese anterior, ou os requisitos da impugnação estão igualmente preenchidos perante o acto de disposição posterior, devendo o credor, em tal caso, impugnar de novo[78]/[79], (artigo 613.°), ou, caso o não possa fazer ou, de todo o modo,

---

[78] Como se entendeu no Acórdão do STJ de 15/01/2004: I. O acto impugnado pela acção pauliana não tem nenhum vício genético, sendo, em si, totalmente válido e eficaz, pois que o devedor, mesmo que carregado de dívidas, não está impedido de dispor dos seus bens: o que ele não pode fazer é, conscientemente, de má fé, prejudicar os credores. II. Por isso, mesmo que triunfantemente impugnado, não deixa esse acto de manter a sua validade e eficácia, apenas sofrendo um certo enfraquecimento: os bens transmitidos respondem pelas dívidas do alienante, na medida do interesse do credor, falando-se, a propósito, de uma ineficácia relativa, uma ineficácia em relação ao credor. III. Tendo o autor formulado o pedido de que seja declarada ineficaz e de nenhum efeito a compra e venda de um prédio urbano que, por escritura pública, foi efectuada entre os réus, a fim de que o prédio

caso o não faça, não lhe resta opção que não passe pela exigência de algum ressarcimento contra o "obrigado à restituição"[80], (artigo 616.°, n.° 2 e n.° 3).

IV) Acresce que a acessibilidade ao registo predial da acção de impugnação pauliana facilitaria, ao menos, a prova de um dos respectivos requisitos[81], o qual é, de resto, na prática, um dos de mais difícil

---

volte ao património do vendedor, de modo a que o demandante possa executar o património deste até à satisfação do crédito que sobre ele detém, e tendo a Relação, em recurso interposto da decisão da 1ª instância, que havia deferido tal pretensão, alterado esta, declarando a compra e venda "ineficaz em relação ao autor na medida do interesse deste, podendo ele executar tal bem no património do comprador, nos termos do art. 616.° e 818.° do CC", é de concluir que a Relação operou apenas uma redução quantitativa em relação ao pedido (excessivo) do autor, limitando-se a reconduzir a decisão da 1ª instância aos justos limites decorrentes da adequada interpretação da norma aplicável, não sofrendo, por isso, de qualquer vício, designadamente o da nulidade a que se reporta o art. 668.°/1.c) do CPC. IV. O consabido carácter pessoal da pauliana e os efeitos meramente obrigacionais que da sua procedência decorrem, levam a concluir que a sentença a julgar a acção procedente possui mera eficácia inter partes, não afectando os eventuais subadquirentes ou os terceiros titulares de direitos sobre os bens transmitidos, em relação aos quais o credor só pode exercer o direito de restituição em acção contra eles intentada dentro do condicionalismo do art. 613.° do CC, se este se verificar.

[79] É claro que esta dificuldade pode ser eventualmente superada se o credor impugnante conseguir obter e registar arresto ou penhora sobre os bens objecto do acto impugnado. Cfr. o Acórdão do STJ de 11/05/2000: *I. Para a impugnação pauliana ser eficaz, produzir o seu efeito útil normal, é preciso que seja também dirigida contra os posteriores adquirentes, com base no artigo 613.°, do Código Civil, configurando-se, pois, a situação como de litisconsórcio necessário passivo. II. Se, porém, o prédio alienado se encontrava penhorado, em execução movida pelo autor da impugnação contra o primeiro alienante, embora o acto esteja registado provisoriamente (por natureza) em virtude de o prédio se encontrar inscrito em nome do primeiro adquirente, e tal registo preceder o da segunda transmissão, deixa de ser necessária a intervenção dos posteriores adquirentes.* Isto supõe, contudo, como acima se disse, que a execução seja imediatamente viável logo após a impugnação.

[80] Afastada a possibilidade da impugnação pauliana pelo facto de o adquirente (de má fé) de um bem do devedor o ter vendido a terceiro (de boa fé) – art. 613.°, n.° 1, alínea b), do Cód.Civil – pode o credor demandar aquele adquirente, com fundamento na responsabilidade civil extracontratual, para dele haver o valor do bem alienado, (Acórdão da Relação do Porto de 11/11/1993).

[81] Quanto à apreciação da prova sobre a verificação desses requisitos cfr. o Acórdão do STJ de 27/03/2001: I. É da competência das instâncias tirar as ilações lógicas do andamento natural das coisas ou da normalidade dos factos, tendo em conta a factualidade

demonstração (e que quantas vezes impede a sua procedência): a má fé[82] do devedor e do terceiro adquirente quando o acto impugnado tenha natureza onerosa[83]/[84], (artigo 612.°, n.° 1, 1ª parte).

---

disponível. II. Ao STJ apenas compete, em tal matéria, verificar da correcção do uso do método. III. Na impugnação pauliana, é em relação à data do acto impugnado que se atende para determinar se dele resulta a impossibilidade, ou o seu agravamento, para o credor, de obter a satisfação integral do seu crédito, ou o Acórdão, também do STJ, de 31/05/2000: I. Na impugnação pauliana, para que se verifique o requisito da má fé basta a prova de que o devedor e o terceiro agiram em perfeita consciência do prejuízo que vão causar ao credor com a realização do acto. II. Dentro de um plano de razoabilidade e normalidade é de concluir pela existência de má fé se se prova que: o prédio, que constituia na prática o único activo do devedor, foi vendido por 15000000, quando o seu valor real era de 40000000 escudos; os compradores são familiares muito próximos dos vendedores, com quem mantêm relações de muita convivência e amizade; os compradores conheciam a situação patrimonial dos vendedores e as dificuldades por que estes estavam a passar, sabiam da existência dos credores da autora e da sua exigibilidade e sabiam, ainda, que, os vendedores tinham recorrido a empréstimos bancários, havendo vários financiamentos vencidos e não pagos.

[82] Acórdão do STJ de 20/06/2000: I. A má fé, ou consciência do prejuízo, apenas, é o pressuposto da viabilidade da impugnação pauliana, para os actos onerosos, nos casos da anterioridade do crédito relativamente ao acto a impugnar pelo credor, nas fronteiras do artigo 612.°, n.°s 1 e 2, do CCIV. II. No caso, porém, da posterioridade desse crédito, a procedência da impugnação tem já, como condição que o acto anterior tenha sido realizado, com dolo, isto é com o fim de impedir a satisfação do crédito do credor, no quadro do artigo 610.°, 2. parte alínea a) do mencionado diploma substantivo. III. Relativamente, contudo, aos actos de natureza gratuita, a impugnação pauliana, procede, sempre, independentemente de boa ou má fé, dos seus intervenientes, conforme o estatuído na 2. parte, do n. 1, do citado artigo 612.°. Ver, igualmente, o Acórdão do STJ de 24/02/1999: I. A impugnação pauliana de actos onerosos exige, além dos requisitos gerais, a má fé. II. Para haver má fé é necessário que o devedor e terceiro tenham a consciência do prejuízo que a operação causa ao credor. III. Tendo sido articulados factos relevantes, para a decisão da causa, que foram desprezados pelas instâncias, deve o Supremo mandar julgar novamente a causa para ampliação da matéria de facto, em ordem a constituir base suficiente para a decisão de direito. Também o Acórdão do STJ de 11/01/2000: I. Na impugnação pauliana de acto oneroso posterior ao crédito do autor, a integração de má-fé não exige uma actuação dolosa, sendo suficiente uma negligência consciente quanto à produção do resultado danoso, ou seja da diminuição da garantia patrimonial do crédito. II. Para tal efeito, torna-se necessária a prova do conhecimento, pelo terceiro, de dívidas da outra parte no negócio, cabendo o ónus dessa prova ao autor. Ou ainda o Acórdão do STJ de 18/10/2001: I. Para integrar o conceito de má fé, para efeito do art. 612.° do C.C., basta a mera representação, o conhecimento negligente da possibilidade da produção do resultado (o prejuízo causado à garantia patrimonial do credor). II. Não é necessário que, ao realizarem o acto,

Na verdade, realizado o registo nos termos do artigo 3.° do Código do Registo Predial, qualquer acto dispositivo posterior estaria sob a presunção de ter sido celebrado de má fé[85] pelo terceiro adquirente.

V) Tanto o Código Civil Italiano – (artigo 2901/4: "L'inefficacia dell'atto non pregiudica i diritti acquistati a titolo oneroso dai terzi di buona fede, salvi gli effetti della trascrizione della domanda di revocazione") – como a Ley Hipotecaria espanhola – (artigo 37/4.°: "Las acciones rescisorias, revocatorias y resolutorias no se darán contra tercero que haya inscrito los títulos de sus respectivos derechos conforme a lo prevenido en esta Ley. Se exceptúan de la regla contenida en el párrafo anterior: (...) 4.° las acciones rescisorias de enajenaciones hechas en fraude de acreedores, las cuales perjudicarán a tercero; a) cuando hubiese adquirido por título

---

o devedor e o terceiro tenham procedido com a intenção de prejudicar o credor. III. Porém, não basta que a precária situação patrimonial do devedor seja do conhecimento deste e do terceiro.

[83] A distinção entre acto oneroso e acto gratuito é gradativa, o que é dificilmente compatível com o critério binário de exclusão/inclusão pressuposto na disposição contida no artigo 612.° Afigura-se, por isso, razoável o critério interpretativo proposto pelo artigo 2901/2 do Código Civil Italiano para definição do acto oneroso para este efeito: "Agli effetti della presente norma, le prestazioni di garanzia, anche per debiti altrui, sono considerate atti a titolo oneroso, quando sono contestuali al credito garantito".

[84] Acórdão do STJ de 26/01/1999: I. A partilha dos bens do casal constitui um negócio oneroso, pelo que a procedência da impugnação pauliana depende da prova da má fé. II. Está suficientemente desenhada a má fé definida no n. 2 do artigo 612.° do CCIV, se ficou provado que: os Réus, ao outorgarem a escritura da partilha não ignoravam que o valor real dos imóveis atribuídos à mulher era superior a valor da quota social que coube ao marido; com a partilha pretenderam retirar do património do marido a parte mais valiosa dos bens do casal, não ignorando nenhum deles que dessa partilha decorria um agravamento de impossibilidade de o Autor obter a satisfação integral do seu crédito. Ver, igualmente, o Acórdão do STJ de 27/03/2001: I. Para se poder considerar preenchido o requisito de má fé do artigo 612.° do Cód. Civil é essencial que o devedor e o terceiro tenham a consciência do prejuízo que o acto causa ao credor, bastando, no entanto, a mera representação da possibilidade da produção do resultado danoso em consequência da conduta do agente. II. O acto da partilha, havendo tornas, não se pode considerar acto gratuito, já que as tornas são uma verdadeira contraprestação em dinheiro da parte dos bens a que, podendo ser exigida por um dos sucessores, este renuncia a favor de outro.

[85] Acórdão do STJ de 27/04/1999: I. Se o credor não lograr provar a anterioridade do seu crédito relativamente ao acto impugnado, a impugnação pauliana terá de improceder. II. A má fé, que se caracteriza pela consciência do prejuízo que o acto impugnado causa ao credor constitui matéria de facto, insindicável pelo Supremo Tribunal de Justiça.

gratuito; b) cuando, habiendo adquirido por título oneroso, hubiese sido cómplice en el fraude") – admitem a registo a chamada acção revogatória.

Ao invés, o artigo 3.° do Código do Registo Predial não admite expressamente a registo a actio Pauliana. Mas também verdade se diga que nenhuma espécie ou tipo de acção aparece aí terminantemente nominada. Além dos já referidos casos da acção de preferência e da acção de execução específica, repare-se que mesmo uma acção tão caracteristicamente real como a negatória[86] com muita dificuldade caberá literalmente na previsão da referida disposição legal.

Todavia, uma vez que a parte final da alínea a) do n.°1 do citado artigo 3.° remete para o artigo 2.°, não se descortina sério obstáculo que impeça a integração da actio Pauliana nas vicissitudes aquisição ou modificação previstas nas alíneas a) e b) do respectivo n.° 1. A primeira, para a hipótese de se proceder a uma efectiva "restituição dos bens" ao património do devedor; a segunda[87], para a hipótese de os bens objecto do acto impugnado ficarem na situação de execução eminente[88] no património do terceiro "obrigado à restituição"[89]/[90].

---

[86] Artigo 949.° do Código Civil Italiano: "Il proprietário può agire per fare dichiarare l'inesistenza di diritti affermati da altri sulla cosa, quando há motivo di temerne pregiudizio. Se sussistono anche turbative o molestie, il proprietario può chiedere che se ne ordini la cessazione, oltre la condanna al risarcimento del danno".

[87] Neste sentido ver Carvalho Fernandes, *O regime registal da impugnação pauliana*, pp. 42-43.

[88] Proc. 65/96.R.P.4 da DGRN: I. O registo de acção tem de ser lavrado sobre o prédio que será onerado em resultado da procedência do pedido.

[89] Razão pela qual a procedência da impugnação pauliana: *III. (...) não conduz ao cancelamento do registo da compra, entretanto, efectuada pelo adquirente,* (Acórdão do STJ de 28/03/1996), ou seja, pelo "obrigado à restituição". No mesmo sentido o Proc. 73/92 da DGRN: *I. A acção pauliana não tem por efeito a anulação do negócio impugnado, que permanece válido, e apenas relativamente ineficaz quanto ao credor. II. Deste modo, a procedência dessa acção não implica uma modificação na titularidade dos bens, objecto do negócio impugnado. III. Subsistindo, pois, registada aquela acção, tal não obsta a que, quanto ao mesmo prédio, possa posteriormente ser lavrado outro registo definitivo de aquisição ou de oneração.*

[90] No sentido de que a *actio Pauliana* está sujeita a registo, ver o Proc. 73/92 da DGRN citado na nota anterior ou o Acórdão do STJ de 28/10/1999: *I. A acção pauliana e a eventual sentença que lhe dê guarida devem, nos termos, gerais, ser registadas, mas este registo não prejudica em nada os registos das transmissões anteriores e, designadamente, o da transmissão impugnada. II. Tais registos permanecem válidos e eficazes, apenas ficando acompanhados pela inscrição da pauliana. III. A acção pauliana não é, portanto, a acção a que se refere o art. 119.°, n.°s 4, 5 e 6, do Cód. Registo Predial.*

VI) É muito frequente a afirmação segundo a qual a irregistabilidade da acção de impugnação pauliana não acarretará inconvenientes de monta para o credor impugnante uma vez que este pode facilmente obter um efeito prático semelhante através do registo de arresto[91].

Desconsideram-se, no entanto, dois aspectos relevantíssimos:

– primeiro, que o arresto pode não ser imediatamente viável ou que ao credor pode o mesmo não interessar;

– por outro lado, que o arresto ou a penhora podem da nada valer contra transmissões ou onerações entretanto efectuadas pelo "obrigado à restituição", se estas forem anteriores ao registo do dito arresto ou penhora[92] e independentemente de aquelas terem também sido inscritas.

VII) A conclusão vai, pois, no sentido de que não só há forte utilidade na realização do registo da acção de impugnação pauliana, como ainda que se não descortinam embaraços legais ao seu ingresso nas tábuas.

Aliás, a menos que a lei proíba terminantemente o acesso ao registo predial de determinado facto, (portanto, a menos que na lei se proceda pela negativa ao elenco dos factos registáveis), não é de aceitar a tese segundo a qual na mesma se contém um numerus clausus de factos registáveis. Ao invés, os factos registáveis serão todos aqueles que estejam dotados de eficácia real – e a decisão proferida no âmbito da actio Pauliana está dotada dessa eficácia.

O disposto no artigo 613.° deve ser entendido, pois, no sentido de que a sua entrada em funcionamento apenas ocorrerá quando a actio Pauliana não tenha sido inscrita, já que em tal caso a decisão obtida é inoponível a todos aqueles que no processo não tenham tido intervenção, (nos termos do artigo 271.°, n.° 3, do Código do Processo Civil).

---

[91] Cfr., por exemplo, o Acórdão de Uniformização de Jurisprudência do STJ de 27/05/2003.

[92] Que é uma consequência, como atrás se assinalou, de pelo n.° 4 do artigo 5.° do Código do Registo Predial se ter adoptado, no entendimento praticamente unânime da jurisprudência, o chamado conceito restrito de *terceiro registal*.

"ENQUADRAMENTO JURÍDICO DAS POLÍCIAS MUNICIPAIS:
Do quadro constitucional ao quadro ordinário"

MANUEL MONTEIRO GUEDES VALENTE
Assistente do Instituto Superior de Ciências Policiais e Segurança Interna
Coordenador da Pós-Graduação em Ciências Criminais da UM de Lisboa
Comissário da PSP

"ENQUADRAMENTO JURÍDICO DAS POLÍCIAS MUNICIPAIS:
Do quadro constitucional ao quadro ordinário"*

"A população está disposta a colaborar com uma polícia que lhe
pareça claramente legítima, ou seja, uma polícia que respeite a legalidade, seja tecnicamente eficaz, cumpra os imperativos morais dominantes e seja eticamente responsável"[1].

GERMANO MARQUES DA SILVA

SUMÁRIO: 1. Considerações gerais; 2. Da construção da *polícia
municipal* face aos princípios enformadores; 3. Do quadro jurídico-constitucional; 4. Lei Quadro – da concepção à fiscalização dos seus actos; 5. Dos agentes de polícia municipal; 6. Conclusão – contributos para uma
nova tipologia de polícia (municipal).

1. Considerações gerais

O estudo que ora apresentamos merece-nos, *ab initio*, dois apontamentos cruciais, um dirigido ao homenageado – Professor Doutor GER-
MANO MARQUES DA SILVA – e outro ao tema *stricto sensu*:

α. a escolha deste tema prende-se em três ordens de razão: por um
lado, a evolução da concepção ou tipologia de POLÍCIA tem, nos

---

* O texto que se publica nesta homenagem ao ilustre e grande Mestre de Direito,
Professor Doutor GERMANO MARQUES DA SILVA, corresponde, em parte, à conferência
proferida na FUNDAÇÃO DR. ANTÓNIO CUPERTINO MIRANDA, na cidade do PORTO,
no dia 2 de Junho de 2004, no seminário subordinado ao tema **«Da Criação, Importância e Objectivos da Polícia Municipal»**.

[1] *Vide* GERMANO MARQUES DA SILVA, *Ética Policial e Sociedade Democrática*,
Edição do ISCPSI, Lisboa, 2001, p. 85.

últimos tempos, sofrido grandes desenvolvimentos – veja-se a alteração ao art. 237.º da CRP operada pela Lei de Revisão Constitucional n.º 1/97, de 20 de Setembro, (4.ª Revisão Constitucional), que aditou os números 2 e 3, sendo que este último se direcciona para a criação das Polícias Municipais, dando-lhe vestimenta constitucional –, cujo mote de interpretação e teorização do sentido de segurança interna e das tarefas ou missões das forças de segurança tradicionais – prescritas ou de base constitucional no art. 272.º da CRP – merecem uma nova e profunda reflexão no seio de um quadro jurídico-constitucional e ordinário e ético; por outro, a ideia de uma POLÍCIA democrática e erigida sob o baluarte da defesa e garantia dos direitos fundamentais e por entre os auspícios do respeito da dignidade da pessoa humana e da vontade popular – fonte de legitimação do poder – deve-se, em muito, ao labor académico-científico e à actividade como cidadão do ilustre Mestre, Professor Doutor GERMANO MARQUES DA SILVA; e, ainda, senão a mais grandiosa, por a sua intervenção pública como «instrumento de justiça» se denotar e engrandecer, insistentemente, com as inúmeras conferências que efectuou, o que, na nossa opinião, nos leva a embalar e trabalhar um texto de uma conferência para homenagear aquele que consideramos como nosso mestre e amigo.

β. falarmos, hoje, de *polícias municipais*, segundo uma perspectiva policial e jurídico-política[2], obriga-nos a ver a quadrilheira toda e não uma só montanha, pois o conjunto faz o todo e dele se aparta na diferença e nele se amalgama para se confundir com a natureza, o objecto e a finalidade. Contudo, não é nossa intenção defender a «dama», mas antes participar na crítica construtiva de uma POLÍCIA quer administrativa, quer de ordem e tranquilidade pública, quer judiciária, quer nacional quer venha a deter natureza territorialmente limitada – local – capaz de cumprir o desiderato da defesa e da garantia dos direitos dos cidadãos – *prima facie* – e da defesa da legalidade e da segurança interna – nacional ou local.

---

2 Com humildade é nosso ensejo aglutinar e acoplar estas três vertentes de estudo em uma só, sem que façamos uma destrinça rectilínea dos vários patamares discursivos e dialécticos, pois procuraremos construir um texto unívoco dentro da diferença.

O intuito deste estudo prende-se com um olhar sereno sobre a problemática destrinça que deve recair sobre o fundamento, a natureza, o objecto e a finalidade das *polícias municipais*[3] face à POLÍCIA no quadro nacional, *i. e.*, procuramos verter nestas próximas páginas algumas considerações que podem ajudar-nos a reflectir um pouco mais sobre que POLÍCIA queremos e cremos melhor para cumprir a *esfíngica tarefa fundamental* do Estado: a segurança e a liberdade fundeada no respeito da dignidade da pessoa humana e, consequentemente, na construção do Homem colectivo.

2. Da construção da *polícia municipal* face aos princípios enformadores

i. A génese das polícias municipais não emerge do Séc. XX, pois a origem da própria polícia em um enquadramento histórico-geográfico prende-se com a sua visualização local e/ou municipal. A sua origem era marcadamente municipal ou citadina: p. e., no séc. XIX, destaca-se a Guarda Real de Polícia de Lisboa e do Porto, que estavam sob o comando do Intendente Geral de Polícia[4]. Não pensemos que se inventou uma nova organização policial, apenas a história se escreve com outros contornos contemporâneos.

A ideia de polícia de proximidade, face ao «espaço» e ao «tempo» contemporâneo[5], parece-nos, retirou do centro da discursividade normativa o pensamento de *descentralização* das tarefas incumbidas ao Estado central e aos serviços dominantes – *in casu* forças de segurança ou POLÍCIA na acepção do art. 272.º da CRP – e ocupou o centro legitimador da decisão política. Contudo, o nascimento das policias municipais ancora na ideia central da democraticidade contemporânea: a descentralização de

---

[3] Que, apesar da sua alma híbrida, consideramos serem diferentes não só em razão da matéria, como também em razão do território, que, face à natureza, permitem consolidar uma ideia própria de polícia municipal.

[4] *Vide* MASCARENHAS BARRETO, *História da Polícia em Portugal*, Braga Editora, 1979, p. 117.

[5] Quanto ao tempo e ao espaço como condicionantes dos estudos científicos, inclusive da polícia, PAULO CAVACO, **"A polícia no direito português, hoje"**, *in Estudos de Direito de Polícia*, Coordenados por JORGE MIRANDA, AAFDL, Lisboa, 2003, p. 72 e FARIA COSTA, "O direito penal e o tempo", *in BFD da Universidade de Coimbra – Volume Comemorativo*, Coimbra, 2003, pp. 1139 e ss..

funções administrativas – que até então eram da competência exclusiva do Estado e passaram a ser confiadas a outras pessoas colectivas territoriais[6] [autarquias locais][7]/[8]. Desta feita, afastamos a ideia de proximidade – termo meramente estratégico-político – como factor jurídico determinante na origem das polícias municipais.

Todavia, a criação de polícias municipais advém do *princípio ideológico da descentralização* – consagrado no n.º 2 do art. 267.º da CRP – baseado quer na ideia de interesses caracteristicamente próprios localizados[9] quer na ideia de que se devem aproximar da comunidade os serviços e de que os cidadãos devem participar no «governo» dos seus interesses[10] – conforme n.º 1 do art. 267.º da CRP. Defendemos que não nos podemos socorrer da ideia de proximidade para fundamentar a criação e a organização de uma polícia municipal, por considerarmos como argumento jurídico-constitucional o princípio da descentralização de funções administrativas, que coabita com o princípio da centralização no teor de incumbência de determinação das condições base sustentáveis da comunidade pelas instâncias estatais supra-ordenadas[11].

---

[6] No sentido da descentralização como filão das polícias municipais, CATARINA SARMENTO E CASTRO, *A Questão das Polícias Municipais*, Coimbra Editora, Coimbra, 2003, p. 184.

[7] Quanto à centralização e à descentralização DIOGO FREITAS DO AMARAL, *Curso de Direito Administrativo*, 2.ª edição, Almedina, Coimbra, 1994, Vol. I, p. 693 e ss..

[8] Quanto à descentralização das tarefas do Estado em outras pessoas colectivas territoriais – contrariamente à centralização, em que «na gestão dos interesses locais» prevalecia «a *hierarquia dos serviços e das competências* de tal modo que os serviços locais e as respectivas chefias» estavam «sempre subordinados aos serviços e às chefias centrais» –, MARCELLO CAETANO, *Manual de Direito Administrativo*, 10.ª Edição (7.ª reimpressão), Almedina, Coimbra, 2001, Vol. I, pp. 248 e ss. e *Princípios Fundamentais do Direito Administrativo*, 2.ª Reimpressão Portuguesa, Almedina, Coimbra, 1996, p. 71. *Hoc sensu* DIOGO FREITAS DO AMARAL, *Op. Cit.*, p. 693 e ss. e GOMES CANOTILHO e VITAL MOREIRA, *Constituição da República Portuguesa Anotada*, 3.ª Edição, Coimbra Editora, 1993, pp. 75 e 76, 927 e 928, e GOMES CANOTILHO, *Direito Constitucional e Teoria da Constituição*, 3.ª Edição, Almedina, Coimbra, 1999, pp. 170 e 343 e ss..

[9] Quanto a este assunto e na linha de pensamento de VIEIRA DE ANDRADE, CATARINA SARMENTO E CASTRO, *Op. Cit.*, p. 186.

[10] *Hoc sensu* CATARINA SARMENTO E CASTRO, *Op. Cit.*, p. 163 e ss.. Refira-se que esta formulação não se encontra em contradição com a formulação da última frase do parágrafo anterior, porque não consideramos o conceito «proximidade» como um tipo jurídico, mas antes um tipo estratégico-político.

[11] *Vide* REINHOLD ZIPPELIUS, *Teoria Geral do Estado*, 3.ª Edição, (tradução de

Questão pertinente é a de saber se no plano conceptual a descentralização se reveste de carácter absoluto originário, *i. e.,* se a prossecução de funções administrativas por parte do serviço municipal é de competência originária ou se de competência subsidiária. Plano de discussão que se nos afigura complexo, mas cujo véu tentaremos descortinar em um ponto próprio.

ii. Outro ponto de atracagem prende-se com a questão do *princípio da subsidiariedade* – consagrado no n.° 1 do art. 6.° da CRP[12] – a par da

---

KARIN PRAEFKE-AIRES COUTINHO sob a coordenação de GOMES CANOTILHO), Fundação Calouste Gulbenkian, 1997, Lisboa, p. 403.

[12] O princípio da subsidiariedade é consagrado com a 4.ª Revisão Constitucional, operada pela Lei Constitucional n.° 1/97, de 20 de Setembro. Como ponto de discussão sobre o princípio da subsidiariedade e a sua interpretação constitucional, retemos as palavras de ALEXANDRE SOUSA PINHEIRO e MÁRIO JOÃO DE BRITO FERNANDES, quando afirmam que "É difícil encontrar *espaço normativo* para o *princípio da subsidiariedade* num Estado unitário. A sua origem e justificação reside no *federalismo* e na consequente *pluralidade constitucional*, como muito bem o atesta o exemplo dos estados Unidos. Uma interpretação aligeirada da *subsidiariedade* na Constituição pode levar à conclusão de que os órgãos do estado exercem de forma residual as suas competências em relação às autarquias locais e às regiões autónomas. É uma tese não só superficial, quanto falsa. As competências dos órgãos das regiões autónomas e das autarquias locais devem ser determinadas de acordo com a Constituição, nomeadamente com as regras de competência para a prática de actos normativos. (...) O *princípio da subsidiariedade* surge na Constituição não como uma realidade jurídica com conteúdo normativo autónomo, podendo, na mais lata das interpretações, operar como apoio hermenêutico ao princípio da descentralização(...), mas como afirmação política apegada a um discurso em voga. A previsão de elementos de linguagem próprios do quotidiano político numa lei fundamental nunca é boa solução". *Vide* ALEXANDRE SOUSA PINHEIRO e MÁRIO JOÃO DE BRITO FERNANDES, *Comentário à IV Revisão Constitucional*, AAFDL, Lisboa, 1999, pp. 43 e 44. Trazemos à colação a posição do Prof. GOMES CANOTILHO, "Em articulação com a cláusula da integração europeia (art. 7.°/6) e o com o princípio do Estado Unitário (art. 6.°/1), o *princípio da subsidiariedade* adquiriu (depois da revisão de 1992, no que respeita à União Europeia, e depois da revisão de 1997, no que se refere à estrutura do Estado Unitário), dimensão estruturante da ordem constitucional portuguesa. O princípio da subsidiariedade densificado a nível das relações Estados-membros/União europeia e do Estado Unitário/regiões autónomas e autarquias locais é expressão de um **princípio geral de subsidiariedade** que pode formalizar-se assim: as comunidades ou esquemas organizatório-políticos superiores só deverão assumir as funções que as comunidades mais pequenas não podem cumprir da mesma forma ou de forma mais eficiente. O princípio da subsidiariedade articula-se com o princípio da descentralização democrática (...)". *Vide* GOMES CANOTILHO, *Direito Constitucional...*, p. 346. Neste sentido de princípio geral da subsidiariedade, REINHOLD ZIPPELIUS afirma que este princípio é um princípio estruturante de exigência de uma maior autodeterminação da comunidade, permitindo que

autonomia das autarquias locais e da descentralização democrática da administração pública. Pois, cumpre-nos esclarecer a nossa opinião quanto à diferenciação e quanto à interligação entre os dois princípios que devem nortear a discussão em torno das polícias municipais.

Como já referimos, o princípio da *descentralização* encerra, em si mesmo, a ideia de chamar à prossecução de funções administrativas do Estado central outras pessoas colectivas, das quais e *in casu* se destacam as autarquias locais. O princípio da *subsidiariedade* encerra a natureza nascente e promotora do exercício dessas funções administrativas, *i. e.*, se essas funções preenchem o quadro de competências originárias ou se revestem a capa da subsidiariedade descendente ou ascendente. Parecem idênticos, mas, digamos, são diferentes na acepção material que se interligam no hífen da concordância operativa do conceito constitucional: a natureza emerge da função a prosseguir e esta pode revestir carácter próprio ou comunal ou carácter impróprio e descentralizado, influenciando dedutivamente aquela. A criação das policias municipais a par do plano operativo político e de orientação do Conselho da Europa[13], imbrica no princípio da *descentralização* de funções administrativa sob o olhar operativo do princípio da *subsidiariedade*.

iii. De relevante discussão é a submissão à crítica dos factores contribuintes da necessidade de criar *ab initio* uma nova estrutura policial: de índole estratégico-política, jurídico e histórico.

Os primeiros factores – estratégico-políticos – advêm da necessidade de responder ao sentimento de medo pela propagação da ideia de aumento de insegurança – pois, discordamos que tenha havido um aumento tal que fomentasse este sentimento por considerarmos que, hoje, existe uma maior visibilidade informativa dos fenómenos criminógenos, o que induz o cida-

---

"quanto mais poder decisório se encontrar nas comunidades inferiores, tanto maior será a medida em que os indivíduos se podem afirmar na vida comunitária" e acrescenta que, como princípio estrutural global, apresenta-se como "um compromisso entre a pluralidade e a auto-realização mais amplas possíveis, por um lado, e a necessidade de constituir uma estrutura global organizativa e uma compensação geral dos interesses, por outro lado". *Vide* REINHOLD ZIPPELIUS, *Op. Cit.*, pp. 159/160. Quanto aos assuntos em discussão, JOSÉ MAGALHÃES, *Dicionário da Revisão Constitucional*, Editorial Notícias, 1999, Lisboa, 187 a 189.

[13] *Vide* recomendação n.° R (95) 12, de 11 de Setembro de1995 e Recomendação n.° R (96) 8, de 5 de Setembro de 1996 do Conselho da Europa, cujo estudo específico se fará de seguida.

dão a conhecer *in momento* o facto criminal e, consequentemente, a ter uma mais consciente visão da insegurança –, associando-se àqueles factores a insuficiência de efectivos nas forças de segurança e o afastamento destas face ao cidadão e a desarmonização da actuação policial em áreas concretas[14]. Como resposta à falta de efectivos colmatou-se com o aumento de efectivos nos quadros das forças de segurança e, como se profetizara, com a criação de polícias municipais, que a jusante veio beneficiar da ideia de proximidade com o cidadão e de harmonização e/ou de acoplamento de determinadas acções – tarefas – que ocupavam em demasia as forças de segurança de âmbito nacional ou estatal. Acompanhamos CATARINA CASTRO ao escrever que "não pode a criação das polícias municipais pretender apenas solucionar um problema de falta de efectivos"[15], pelo que, em nosso entender, vence o ideário estratégico-político da proximidade no nascimento e proliferação de polícias municipais.

No plano jurídico e neste momento da prelecção, há a referir que materializa-se o pensamento do legislador constituinte de que a própria actividade de determinadas tarefas de administração da segurança[17] (interna)[16] – que imbrica com a segurança externa a montante e com as

---

[14] Quanto a este assunto, CATARINA SARMENTO E CASTRO, *Op. Cit.*, p. 165.

[15] *Idem*, p. 166.

[16] Em sentido lato, acompanhamos a tipologia dos Profs. MARCELLO CAETANO e DIOGO FREITAS DO AMARAL de segurança: uma das necessidades colectivas, cuja satisfação *regular e contínua* deve ser provida pela *actividade típica dos organismos e indivíduos* da Administração Pública, *nos termos estabelecidos pela legislação aplicável*, devendo aqueles obter para *o efeito os recursos mais adequados e utilizar as formas mais convenientes*, quer sob *direcção ou fiscalização* do poder político, quer sob o *controle dos tribunais* [*Vide* DIOGO FREITAS DO AMARAL, *Curso de Direito Administrativo*, Almedina, Coimbra, 1996, Vol. I, Págs. 32 e ss.. Itálico nosso]. Quanto a este assunto o nosso *Dos Órgãos de Polícia Criminal – Natureza-Intervenção-Cooperação*, Almedina, Coimbra, 2004, pp. 78 e 79.

[17] Colocamos segurança (interna) entre parêntesis por considerarmos que as policias municipais não preenchem *ab initio* as prerrogativas originárias de segurança interna, podendo com a sua actividade de segurança administrativa contribuir para a prossecução de segurança interna. Desde já avançamos que entendemos que **a segurança interna**, como ou efeito de segurar, de afastar o perigo, surge como tarefa de proteger as pessoas e os valores que constituem a sociedade política, devendo o poder político ser um instrumento juridicamente organizado e tecnicamente estruturado na defesa externa e na defesa da ordem e tranquilidade interna, deve primeiramente ter como fim a realização não ficta, mas real do princípio estruturante de qualquer Estado moderno que é o respeito da dignidade da pessoa humana [285] através da promoção de uma ordem, de uma segurança e de uma tranquilidade públicas, que seja capaz e eficiente na protecção das pessoas contra quaisquer ameaças ou

questiúnculas securitárias locais a jusante – deve ser, por um lado, levada a cabo por pessoas colectivas territoriais distintas do Estado – *descentralização* – e que, por outro lado, há tarefas que prosseguidas por aquelas pessoas colectivas territoriais alcançam os mesmos fins de bem-estar e desenvolvimento organizado em segurança – *subsidiariedade*[18]. Todavia, há acrescentar que, face ao quadro constitucional vigente, a actividade de polícia municipal não pode ultrapassar os limites conceptuais e teleológi-

---

agressões de outrem ou dos próprios poderes públicos que ponham em causa a sua vida, a sua integridade física ou moral, que seja eficaz não só na protecção, como também na promoção do bem-estar material das pessoas, que passa pela protecção dos seus bens, de forma a evitar que sejam danificados ou subtraídos ao seu domínio directo e imediato. Todavia, não olvidamos o n.º 1 do art. 1.º da Lei n.º 20/87, de 20 de Janeiro – Lei de Segurança Interna – no qual se prescreve que segurança interna consiste em «garantir a ordem, a segurança e a tranquilidade públicas, proteger pessoas e bens, prevenir a criminalidade e contribuir para assegurar o normal funcionamento das instituições democráticas, o regular exercício dos direitos e liberdades fundamentais dos cidadãos e o respeito pela legalidade democrática». A segurança, nesta perspectiva, não pode ser encarada unicamente como coacção jurídica e coacção material, mas primordialmente como "uma garantia de exercício seguro e tranquilo de direitos, liberto de ameaças ou agressões", quer na sua dimensão negativa – direito subjectivo à segurança que comporta a defesa face às agressões dos poderes públicos – quer na sua dimensão positiva – direito positivo à protecção exercida pelos poderes públicos contra quaisquer agressões ou ameaças de outrem (*Vide* G. CANOTILHO e V. MOREIRA, *Op. Cit...*, p. 184). Segundo a nossa opinião, foi neste sentido que o legislador Constitucional consagrou o direito à segurança no mesmo número do mesmo artigo (27.º) da Constituição que consagrou o direito à liberdade, funcionando os dois como corolários e fundamento da expressão de todos os demais direitos pessoais, culturais, sociais e económicos. Quanto a este assunto o nosso *Dos Órgãos de Polícia...*, pp. 78 a 80.

[18] Quanto ao princípio da subsidiariedade os nossos estudos *Consumo de Drogas – Reflexões sobre o Novo Quadro Legal*, 2.ª Edição, Almedina, Coimbra, 2003, pp. 87 a 89 [Como afirma Pio XI, na encíclica *"Quadragésimo Anno"*, este princípio é um "importantíssimo princípio da filosofia social", defendendo que "assim como não é lícito retirar aos indivíduos, para o passar à comunidade, aquilo que eles podem realizar por iniciativa e meios próprios, assim também é contra a justiça, representa grave dano e perturba profundamente a recta ordem entregar a uma sociedade maior e de grau mais elevado o que as sociedades menores e de grau inferior são capazes de realizar"; com efeito, toda actividade social deve, por natureza, ajudar os membros do grupo social *(subsidium afferre)* e nunca, pelo contrário, destruí-los ou absorvê-los. A subsidiariedade é a expressão da natureza quer da pessoa como ser individual, quer da sociedade, da "anterioridade e primado da pessoa e da múltipla dimensão social da mesma". Este princípio exprime "a especificidade e indispensabilidade do papel da sociedade – não apenas do Estado, embora muito particularmente dele – relativamente aos seus membros (individuais e colectivos)] e *Escutas Telefónicas – Da Excepcionalidade à Vulgaridade*, Almedina, Coimbra, 2004, p. 55.

cos de uma polícia materialmente subsidiária no plano da segurança interna – actividade constitucionalmente originária das forças de segurança ou POLÍCIA, que, como força capaz de servir os interesses vitais da comunidade politicamente organizada, se apresenta e se impõe como garantia da estabilidade dos bens, mas também como durabilidade credível das normas e de irrevogabilidade das decisões do poder que respeita a interesses justos e comuns[19].

No que concerne ao factor histórico, temos a dizer que assistimos há vários anos e em vários países à criação e à implementação de estruturas policiais de índole «comunal» e, ainda, ao nascimento de novos corpos de polícia municipal e, em outros casos, ao aumento de funcionários agentes de polícia municipal. Contexto ao qual não poderíamos resistir durante muito tempo, pois vivemos em uma pequena aldeia global.

Cumpre, neste porto de abrigo, que se chame à colação dois instrumentos do Conselho de Ministros do Conselho da Europa que cunharam o mote das polícias municipais: a Recomendação n.° R (95) 12, de 11 de Setembro de 1995, sobre Gestão da Justiça Penal, da qual se destacam as recomendações n.° 8 – no que respeita à implementação geográfica de novas instalações – e n.° 13 – no que concerne à especialização e ao desenvolvimento de novas carreiras profissionais com o intuito de obter novos conhecimentos teóricos e práticos; e a Recomendação n.° R (96) 8, de 5 de Setembro de 1996, sobre a Política Criminal em uma Europa em Transformação, da qual se destaca a medida a implementar n.° 8 – no sentido de os estados se encorajarem em desenvolver estratégias de prevenção nos planos locais e regionais.

3. Do quadro jurídico-constitucional

i. Face ao quadro constitucional, consideramos que as polícias municipais são polícias *operativas de contexto espacial delimitado* – município – e *parte integrante* de pessoas colectivas – com autonomia jurídica – distintas do Estado, *i. e.,* enquadram a Administração Autónoma e promovem a *descentralização* administrativa e o ideário do princípio da *subsidiariedade* da prossecução dos fins colectivos – «manutenção da tranquilidade pública e (...) protecção das comunidades

---

[19] Quanto a este assunto o nosso *Dos Órgãos de Polícia...*, p. 79.

locais»[20], conforme n.° 3 do art. 237.° da CRP – através do princípio da cooperação[21].

A CRP é bem clara quanto ao âmbito territorial operativo das polícias municipais – devendo-se ter em referência que o n.° 4 do art. 272.° da CRP prescreve que o regime das forças de segurança [POLÍCIA] é único e «para todo o território nacional»[22] – e à sua dimensão de atribuições e competências de polícia tipicamente administrativa, afastando, desde logo, a vertente judiciária da polícia municipal que se retira do art. 272.° da CRP. Realce-se que, não obstante esta concepção determinativa de polícia, consideramos que a policia municipal é um serviço público de cariz local que desempenha actos de *ius imperii* no canto das suas atribuições e competências que emergem da natureza da pessoa colectiva município ou, nas palavras de CATARINA CASTRO, que exerce «poderes funcionais que visam a satisfação de interesses próprios do município»[23]. Caso contrário, seria ilegítima a tutela administrativa – controlo da legalidade[24] – do poder central sobre as autarquias locais e, por maioria de razão, sobre os seus órgãos e serviços[25].

Sentidos vertidos na Lei Quadro das Polícias Municipais – quer a Lei n.° 140/99, de 28 de Agosto, quer a Lei n.° 19/2004, de 20 de Maio –, da qual resulta que as polícias municipais são «serviços municipais», que «têm âmbito municipal» e que exercem «funções de polícia administrativa»[26].

ii. Da Constituição retira-se que as atribuições[27], as competências[28] e as funções de polícia municipal[29] de que a lei quadro a venha dotar cingem-se, por um lado, ao panorama da cooperação e, por outro, à prossecução da tranquilidade pública e de protecção de pessoas e bens do muni-

---

[20] Negrito nosso.

[21] O n.° 3 do art. 237.° da CRP consagra que «as polícias municipais *cooperam* na manutenção da tranquilidade pública e na protecção das comunidades locais». Quanto ao princípio de cooperação, o nosso *Dos Órgãos de Polícia...*, pp. 209 e ss..

[22] Apesar do Projecto do PS propor que se adita-se, in fine, *sem prejuízo da possibilidade de criação de corpos de polícia municipal*. Vide ALEXANDRE SOUSA PINHEIRO e MÁRIO JOÃO DE BRITO FERNANDES, *Op. Cit.*, p. 562.

[23] *Vide* CATARINA SARMENTO E CASTRO, *Op. Cit.*, p. 399. *Vide* art. 235.° da CRP.

[24] *Vide* art. 242.°, n.° 1 da CRP.

[25] Quanto à tutela administrativa art. 10.° da Lei n.° 19/2004, de 20 de Maio.

[26] *Vide* art. 1.° da Lei n.° 19/2004, de 20 de Maio.

[27] *Vide* art. 2.° da Lei n.° 19/2004, de 20 de Maio.

[28] *Vide* art. 4.° da Lei n.° 19/2004, de 20 de Maio.

[29] *Vide* art. 3.° da Lei n.° 19/2004, de 20 de Maio.

cípio. Quanto ao panorama da cooperação faremos uma análise autónoma de seguida, prendamo-nos, neste porto de discussão, com o fim genérico da actividade da polícia municipal.

Não discordamos de CATARINA CASTRO relativamente à concepção que apresenta quanto à *tranquilidade pública* pertencer ou fazer parte da segurança interna[30]/[31] em sentido lato, quer como elemento componente

---

[30] Quanto à questão da segurança interna o nosso estudo "A segurança como tarefa fundamental do Estado de Direito Democrático", *in Dos Órgãos de Policia Criminal*, Almedina, Coimbra, 2004, pp. 75 a 83.

[31] Quanto à segurança (interna) e como já escrevemos e afirmamos, recordamos que, segundo os Profs. G. CANOTILHO e V. MOREIRA, a segurança, como *garantia de exercício seguro e tranquilo dos direitos, liberto de ameaças ou agressões*, ou seja, mais como *garantia de direitos do que* como *direito autónomo*, nasce com o art. 3.º da Constituição de 1822, na qual se consagra *a ideia de segurança pessoal* em que ao governo competia promover a protecção de *todos para poderem conservar os seus direitos pessoais* [*Vide Op. Cit.*, p. 184]. Quer na sua *dimensão negativa* (protecção contra *os poderes públicos*), quer na sua *dimensão positiva* (protecção contra *agressões de outrem*), o direito à segurança não pode, como bem jurídico tutelado constitucionalmente, ser promovido de forma que viole a prossecução dos direitos pessoais, cujo exercício lhe limitam a sua amplitude baseada no pressuposto da realização do interesse público [Pensamos importante referir que o interesse público deveria ser *o de que cada um tenha as melhores possibilidades de alcançar a satisfação dos seus interesses*. Vide MANUEL FONTAINE CAMPOS, *O Direito e a Moral no Pensamento de Friedrrich Hayek*, UCP – Porto, 2000, p. 106]. O direito à segurança, que deve ser preferencialmente prosseguido pelo Estado, não deve socorrer-se de meios ou medidas de cariz de Estado de Polícia, mas sim de meios que encontram o seu fundamento e a sua causa de existência nos próprios direitos pessoais enraizados na promoção do respeito da dignidade humana. Como direito do cidadão surge como dever do Estado, que, além desta garantia, lhe compete constitucionalmente *garantir os direitos e liberdades fundamentais e o respeito pelos princípios do Estado de Direito Democrático [al. b) do art. 9.º da CRP]*. Pensamos que é nesta perspectiva que o Prof. G. MARQUES DA SILVA fala em limitar as restrições *ao mínimo indispensável, para se poder conciliar o aprofundamento das liberdades individuais com a segurança colectiva* [Vide G. MARQUES DA SILVA, Entrevista, *Polícia Portuguesa,...*]. As liberdades individuais são as respeitantes aos direitos pessoais, que estão *directamente ao serviço da protecção da esfera nuclear das pessoas e da sua vida* [*Vide* G. CANOTILHO e VITAL MOREIRA, *Op. Cit...*, p. 179], cuja protecção não se esgota civilmente, mas se estende a uma tutela penal de alguns desses direitos (direito à vida, à integridade física, à imagem, à reserva da vida privada, ao bom nome e reputação). **O direito à segurança não pode nem deve ser encarado como um direito absoluto do cidadão, nem como uma garantia absoluta de todos os outros direitos**, porque estes podem ser garantidos não só através de uma acção activa do Estado, mas também através de medidas e acções preconizadas pelos próprios cidadãos, que devem ter um papel dinâmico e activo fundamental na prossecução e desenvolvimento

ou similar de ordem pública quer como no sentido de paz, calma e repouso[32]. Todavia, há a relevar para esta concepção o carácter residual espacial e de conteúdo dessa visão de segurança interna *lato sensu*, pois não podemos conceber uma polícia municipal com missão de tranquilidade pública em que qualquer acto de polícia administrativa municipal se enquadre em acto de segurança interna mesmo que em sentido lato. A tranquilidade pública é, em si mesmo, um fim nacional e, por maioria de razão, local, o que nos impele a restringir a essa natureza os actos de polícia administrativa municipal adstritos a atribuições especificas de segurança – *p. e.*, a fiscalização do cumprimento de normas relativas a espectáculos, cuja competência de autorização ou de licença caiba ao município. Pois, caso ultrapasse este limite poder-se-á deturpar o escopo originário constitucional da criação e implementação das polícias municipais, porque entraremos no âmbito da tranquilidade pública *stricto sensu* – *i. e.*, actividade de garantia e de protecção de pessoas e bens face a condutas típicas, ilícitas e culposas [crimes] e de prevenção criminal, prescrita para as polícias dotadas de natureza administrativa, de ordem e tranquilidade públicas e judiciária, melhor, que podem revestir natureza de órgão de polícia criminal, característica que, como temos vindo a defender, só as forças de segurança de panorama operativo nacional e de funções amplas e gerais de segurança interna vestem[33].

Quanto à protecção de pessoas e bens, como actividade administrativa da polícia municipal, acresce uma ornamentação de especificidade geográfica – i. e., veste natureza local ou territorial identificada, determinada e restrita no plano do território nacional – e de cariz municipal – *p. e.*, a vigilância nos transportes público locais [al. *b)* do n.º 2 do art. 3.º da Lei n.º 19/2004, de 20 de Maio] ou a guarda de edifícios e equipamentos públicos municipais [al. *d)* do n.º 2 do art. 3.º da Lei n.º 19/2004, de 20 de Maio]. A própria Lei Quadro consagra que «a competência terri-

---

de um Estado que se quer de Direito e Democrático. Perante esta perspectiva o Estado não se pode arrogar como defensor absoluto dos direitos dos cidadãos com todos os meios técnicos, mesmo que eficazes e eficientes, que possam pôr em causa não só direitos, liberdades e garantias, como ainda o desenvolvimento livre e responsável de uma sociedade. Para mais desenvolvimentos e o contraponto *liberdade*, o nosso *Dos Órgãos de Polícia Criminal...*, pp.108 e ss..

[32] *Vide* CATARINA SARMENTO E CASTRO, *Op. Cit.*, p. 329.

[33] *Hoc sensu* J. DAMIÃO DA CUNHA, *O Ministério Público e os Órgãos de Polícia Criminal no Novo Código de Processo Penal*, UCE, Porto, 1993, p. 102 e ss..

torial das polícias municipais *coincide com a área do município*», só podendo actuar fora da sua jurisdição territorial em situações de flagrante delito e de emergência a solicitação de autoridade municipal competente – conforme art. 5.° No que concerne a este preceito e à cláusula prescrita na parte final do n.° 2 – *mediante solicitação da autoridade municipal competente* –, defendemos que ou se aplica, segundo uma interpretação restritiva, apenas às situações de «emergência de socorro» ou perde qualquer sentido lógico--jurídico uma vez que, quanto à detenção em flagrante delito, qualquer cidadão pode deter outro cidadão por crime punível com pena de prisão. Caso se interprete de modo diferente estamos a retirar ou a esvaziar o conteúdo funcional do agente de polícia municipal.

A tranquilidade e a protecção de pessoas e bens, para que encerre o teor de serviço municipal de polícia, carece do elemento localizante – município **Y** ou **Z** –, sendo neste contexto que poder-se-á falar que aquela actividade ancora no campo da segurança interna *lato sensu*. A própria Lei Quadro revela o cuidado na formulação das funções e das competências desta polícia, ao prescrever, em várias alíneas, a subjugação da promoção da actividade administrativa de polícia municipal à «área da sua jurisdição» [n.° 1 do art. 2.°], à «coordenação com as forças de segurança» [als. *a)* e *b)* do n.° 2 do art. 3.°] e à clausula restritiva «sem prejuízo do disposto na legislação sobre segurança interna e nas demais leis orgânicas das forças de segurança» [n.° 4 do art. 2.°].

Poder-se-á aduzir que a tranquilidade pública e a protecção das comunidades – pessoas e bens – encerram não só uma vertente geograficamente localizante, mas também e por essa razão uma vertente limitativa, pois a sua operatividade identifica-se, determina-se e restringe-se por um lado às atribuições e funções de *cariz descentralizado* e *subsidiário*, não obstante as prerrogativas próprias da autonomia administrativa inerente ao município, jamais podendo alcançar o escopo de função global de POLÍCIA consagrado no art. 272.° da CRP.

iii. O carácter subsidiário da função de polícia municipal enlaça-se principalmente no plano da segurança interna *stricto sensu* – prevenção criminal[34] – e em certas actividades de tranquilidade pública, cuja opera-

---

[34] Quanto ao sentido de prevenção criminal, consagrada no n.° 3 do art. 272.° da CRP, como demonstram os nossos estudos, acompanhamos a dupla função – a de **vigilância** [levada a cabo pela POLÍCIA e que visa evitar que se infrinjam "as limitações

tividade depende, por um lado, dos preceitos da lei de segurança interna e das leis orgânicas e de funcionamento das forças de segurança e, ainda, da legislação penal substantiva e adjectiva, e, por outro, da coordenação com as demais forças de segurança que deve existir na prossecução das suas funções sob pena de não se racionalizar os meios humanos e materiais em um país carente de recursos financeiros.

A vertente subsidiária advém da própria concepção constitucional vertida na forma verbal «cooperam» do n.º 3 do art. 237.º da CRP. Não nos debruçaremos neste ponto sobre o princípio da cooperação, de análise sequente, mas tão só no deslindamento do sentido constitucional limitativo e determinante das funções de polícia municipal. Neste sentido, ALEXANDRE PINHEIRO e MÁRIO FERNANDES, consideram que o carácter subsidiário da actividade de polícia municipal no campo do *ius criminalis* se manifesta no caso de "detenção em flagrante delito na

---

impostas pelas normas e actos das autoridades para a defesa da segurança interna, da legalidade democrática e dos direitos dos cidadãos", sem que alguma vez se deixe de respeitar esses mesmos direitos; *p. e.,* o direito a manifestar-se não pode funcionar como limite do direito de liberdade de circulação dos demais cidadãos, o que implica uma acção de vigilância sobre os que se manifestam de modo a que estes não ponham em causa as normas que regulamentam o direito de manifestação, a legalidade do próprio acto manifestação e os direitos de todos os demais cidadãos] e a de **prevenção criminal** *stricto sensu* [na qual compete à POLÍCIA adoptar "medidas adequadas para certas infracções de natureza criminal", medidas essas que visam a protecção de pessoas e bens, a vigilância de indivíduos e locais suspeitos, sem que se restrinja ou limite o exercício dos direitos, liberdades e garantias do cidadão] – e consideramos que, apesar do legislador ordinário ter prescrito que «os órgãos de polícia municipal têm competência para o levantamento de auto ou o desenvolvimento de inquérito por ilícito de mera ordenação social, de transgressão ou criminal por factos estritamente conexos com violação de lei ou recusa da prática de acto legalmente devido no âmbito das relações administrativas», nos termos do n.º 3 do art. 3.º da lei Quadro – prescrição que, no nosso entender, parece ultrapassar os limites materiais consagrados no n.º 3 do art. 237.º da CRP –, a actividade dos órgãos de polícia municipal não pode estender-se à função de prevenção criminal *stricto sensu* e que, mesmo no âmbito da função de vigilância, consideramos que só é admissível no âmbito das atribuições – art. 2.º da Lei Quadro – e das funções de polícia – art. 3.º da Lei Quadro – locais como *cooperante* na manutenção da tranquilidade pública e na protecção das comunidades. Quanto às funções de prevenção criminal acima descritas, GOMES CANOTILHO e VITAL MOREIRA, *Constituição da República Portuguesa Anotada,* 3.ª Edição, Coimbra Editora, 1993, pp. 956/957 e, na mesma linha de pensamento, os nossos *Regime Jurídico da Investigação Criminal Comentado e Anotado,* 2.ª Edição, Almedina, Coimbra, pp. 28 e 29 e *Dos Órgãos de Polícia Criminal,* Almedina, Coimbra, 2004, pp. 18, 80 e 81.

ausência de autoridade judicial ou entidade policial e solicitar a intervenção de tais entidades"[35].

Se nos recolhermos no n.° 1 do art. 272.° da CRP, verificamos que o legislador quis, constitucionalmente, identificar e determinar a função da polícia ao consagrar que «a polícia **tem** por funções...». Dir-nos-ão que é uma construção abrangente em que também cabe a polícia municipal. Posição que merece alguns apontamentos preliminares para que possamos demonstrar a nossa discordância quanto à função originária.

Primeiramente, o legislador constituinte sentiu necessidade de aditar o preceito das polícias municipais em um artigo inserido nos Princípios Gerais (Capítulo I) do Poder Local (Titulo VIII), da Organização do Poder Político da CRP da (Parte III), conquanto o art. 272.° se insere na Administração Pública (Título IX). Caso entendesse que as funções de «manutenção da tranquilidade pública e (...) protecção das comunidades» fossem de carácter originário *ab initio* das polícias municipais, o prescrito no n.° 3 do art. 237.° estaria vertido no art. 272.° da CRP.

Em segundo lugar, a forma verbal «cooperam» afasta a função originária de «manutenção da tranquilidade pública e (...) protecção das comunidades», pois pressupõe que tal função é da competência originária de outro serviço público, como se verifica no consagrado no art. 272.°, n.° 1 da CRP: «a polícia **tem** por funções...». Esta Polícia – administrativa, de ordem e tranquilidade pública e judiciária – detém o dever próprio e original da prossecução de manutenção da tranquilidade pública e de protecção da comunidade nacional.

Em terceiro lugar, a epígrafe do art. 237.° é «descentralização administrativa», ou seja, a confiança de funções administrativa que até então estavam na esfera do poder central, tais como a tranquilidade pública e de protecção da comunidade (local) obedece ao princípio da descentralização[36]. A pessoa colectiva autarquias locais prossegue interesses próprios, mas em um quadro global nacional, cuja prossecução por aquela polícia se funda no âmbito da cooperação com as forças de segurança, tendo em conta os vectores da subsidiariedade negativa – o que a polícia municipal não deve fazer, *p. e.* o n.° 4 do art. 2.°, o n.° 5 do art. 3.° da Lei Quadro –

---

[35] *Vide* ALEXANDRE S. PINHEIRO e MÁRIO J. DE BRITO FERNANDES, *Op. Cit.*, p. 517.
[36] *Vide* n.° 1 do art. 267.° CRP. Quanto ao princípio da descentralização administrativa, MARCELLO CAETANO, *Manual de Direito Administrativo*, Almedina, pp. 248 e ss.; DIOGO FREITAS DO AMARAL, *Op. Cit.*, pp. 693 e ss.; GOMES CANOTILHO e VITAL MOREIRA, *Op. Cit.*, pp. 75 e 76, 927 e 928.

e os vectores da subsidiariedade positiva – o que a polícia municipal deve fazer, *p. e.* as medidas cautelares de identificação, de revista de indivíduos suspeitos da prática de crime [n.º 4 do art. 3.º da Lei Quadro] ou a sua detenção em flagrante delito e sua entrega imediata ao OPC competente [al. *e)* do art. 4.º da Lei Quadro].

Como se retira do exposto, no âmbito da *prevenção criminal*, os actos da polícia municipal, que não pode exercer funções de órgão de polícia criminal, são subsidiários face à competência originária das demais forças de segurança de âmbito nacional – *p. e.,* PSP, GNR, PJ, IGAE, SEF.

iv. Relevante é a consagração constitucional do princípio da cooperação[37] desde logo com a forma verbal «cooperam» – n.º 3 do art. 237.º da CRP – que se traduziu na Lei Quadro – art. 2.º, n.ºs 2 e 3. Daqui reforça-se a ideia de que os interesses do município não se separam dos interesses de segurança da comunidade nacional, impondo-se não uma sobreposição directiva por parte das forças de segurança ou de subalternização das polícias municipais, mas antes uma relação administrativa de harmonização de intervenção e de exercício articulado na manutenção da tranquilidade pública e na protecção das comunidades (locais) que influenciará a segurança interna nacional, demonstrando-se, desta feita, que "os interesses municipais em matéria de polícia não são de prossecução livre e independente da realização dos interesses nacionais nessa matéria"[38].

A cooperação deve ser entendida quer no plano vertical – em que se aproxima da lealdade para com a hierarquia e se manifesta na coadjuvação a que estão sujeitas as autoridades policiais para com o poder judicial – quer no plano horizontal – face à qual as policiais municipais devem cooperar com as demais forças de segurança e estas para com aquelas sob a égide da reciprocidade, «nomeadamente através da *partilha da informação* relevante e necessária para a prossecução das respectivas atribuições e na *satisfação de pedidos de colaboração* que legitimamente forem solicitados»[39], nos termos dos n.ºs 2 e 3 do art. 2.º da Lei Quadro.

---

37 Quanto ao princípio da cooperação o nosso estudo "Cooperação Policial – Viagem Inacabada!", *in Dos Órgãos de Policia Criminal*, Almedina, Coimbra, 2004, pp. 209 a 240. Quanto a este assunto, Catarina Sarmento e Castro, *Op. Cit.*, p. 401 e ss..

38 *Vide* Catarina Sarmento e Castro, *Op. Cit.*, p. 403.

39 Itálico nosso.

v. O enquadramento da polícia municipal como polícia administrativa[40]/[41] – cooperando na manutenção da tranquilidade pública e na protecção das comunidades locais – levanta o véu da questiúncula sobre a **natureza ou não de órgão de polícia criminal**[42]

Como referimos, encontra-se afastada a possibilidade de actividade de polícia municipal no âmbito da prevenção criminal, ou seja, de polícia promotora de actos de natureza pré-judiciária ou judiciária ou, nas palavras de GERMANO MARQUES DA SILVA, «actos de polícia» ou «pré-processual»[43], não revestindo a caracterização de órgão de polícia criminal, que lhes está vedado *ex lege* – n.° 5 do art. 3.°

A sua actividade é puramente administrativa, não obstante a Lei Quadro consagrar a realização de actos processuais judiciários no plano do direito penal adjectivo típicos dos órgãos de polícia criminal, tais como a identificação e revista de suspeito pela prática de crimes [n.° 4 do art. 3.°], a detenção e entrega imediata de suspeitos quando surpreendidos em fla-

---

40 No sentido da polícia municipal como uma polícia administrativa – que deve actuar em "actividades comerciais, de urbanização, trânsito e ambiente", cuja conexão com as actividades típicas de forças de segurança é de afastar –, ALEXANDRE S. PINHEIRO e MÁRIO J. E BRITO FERNANDES, *Op. Cit.*, p. 517.

41 A actividade de polícia é, *ab initio*, de natureza administrativa, por traduzir o «modo de actuar da autoridade administrativa que consiste em intervir no exercício das actividades individuais susceptíveis de fazer perigar interesses gerais, tendo por objectivo evitar que se produzam, ampliem ou generalizem os danos sociais que as Leis procuram prevenir» [*Vide* MARCELLO CAETANO, *Op. Cit.*, 10.ª Edição, Vol. II, p. 1150], concepção que influenciada pelo art. 18.° Código francês dos Delitos e das Penas de 3 do Brumário do ano IV, a *polícia administrativa* «tem por objecto a manutenção habitual da ordem pública em toda a parte e em todos os sectores da administração geral. O seu fim é, principalmente, o de prevenir os delitos», que por sua vez considerava como *polícia judiciária* aquela que «investiga os delitos que a polícia administrativa não impediu que se cometessem, reúne as respectivas provas e entrega os autores aos tribunais encarregados por lei de os punir» [*Vide* MARCELLO CAETANO, *Op. Cit.*, 10.ª Edição, Vol. II, p. 1153 e *Princípios Fundamentais...*, p. 267].

42 Quanto à concepção de órgão de polícia criminal, o nosso *Dos Órgãos de Polícia Criminal*, Almedina, Coimbra, 2004, pp. 11 e ss.; GERMANO MARQUES DA SILVA, *Curso de Processo Penal*, Verbo, Lisboa/S.Paulo, Vol. I (4.ª Edição), pp. 275 a 284, e no que concerne às medidas cautelares e de polícia, Vol. III (2.ª Edição), pp. 63 e ss..

43 *Vide* GERMANO MARQUES DA SILVA, *Op. Cit.*, Vol. III, p. 63. Na primeira edição, o ilustre professor na 1.ª edição fala-nos de acto «pré-processual», conquanto na 2.ª edição em «actos de polícia», pois não difere na natureza e no sentido de que temos falado, por o acto, quer em uma acepção quer em outra, carecer de apreciação e de validação judicial.

grante delito [al. *e)* do n.º 1 do art. 4.º]. Todavia, a prossecução dos mesmos actos – *p. e.*, a prática de medidas cautelares e de polícia, como o exame, a apreensão, a busca não domiciliária ao local do crime, a apresentação do detido ao juiz de turno – cabe aos demais órgãos de polícia criminal.

Realce merece a disposição do n.º 3 do art. 3.º da Lei Quadro no que concerne à *elaboração de inquérito por ilícito criminal* por factos estritamente conexos com violação de lei no âmbito das relações administrativas ou por recusa da prática de acto legalmente devido também no âmbito das relações administrativas. Por um lado, há a referir que esta nova função de elaboração de inquérito criminal não se encontrava prevista na Lei n.º 140/99 e que, no nosso entender, poderá ultrapassar os limites que o n.º 3 do art. 237.º da CRP, e por outro, a desobediência a que este preceito se refere não se confunde com a falta de «obediência devida a ordem ou mandado legítimos que tenham sido regularmente comunicados e emanados do agente de polícia municipal»[44].

A consignação de desenvolvimento de inquérito por ilícito criminal encontra **um limite iminentemente funcional** – os factos delituosos criminais têm de se prender com as funções de «fiscalização do cumprimento das normas regulamentares municipais», [al. *a)* do n.º 1 do art. 3.º da Lei Quadro], de «fiscalização do cumprimento das normas de âmbito nacional ou regional cuja competência de aplicação ou de fiscalização caiba ao município», [al. *b)* do n.º 1 do art. 3.º da Lei Quadro], e de «aplicação efectiva das decisões das autoridades municipais», [al. *c)* do n.º 1 do art. 3.º da Lei Quadro]. Mas, está de todo em todo afastada a possibilidade de exercício de competências próprias de OPC, devendo o agente de polícia municipal, sempre que detenha em flagrante delito um suspeito da prática de crime punido com pena de prisão, entregar o mesmo de imediato à autoridade judiciária ou a entidade policial, conforme al. *e)* do art. 4.º da Lei Quadro e nos termos do art. 255.º, n.º 1, al. *b)* do CPP. Deste preceito, pode-se retirar que o **agente de polícia municipal não é** para efeitos do Código de Processo Penal **entidade policial**, não podendo ser por maioria de razão OPC.

vi. Outro ponto de relevo é a submissão da actividade de polícia municipal aos princípios constitucionalmente consagrados para a demais

---

[44] Prevista no n.º 1 do art. 4.º da Lei Quadro.

administração pública, tendo sempre presente, por um lado, a prossecução do interesse público (local) e, por outro, o respeito pelos direitos e interesses legalmente protegidos dos munícipes.

As polícias municipais encontram-se, desta feita, subordinadas à Constituição e à lei – n.º 2 do art. 266.º, art. 3.º, n.º 2 e art. 18.º, n.º 1 da CRP – e devem prosseguir os princípios da igualdade – art. 266.º, n.º 2 e art. 13.º da CRP –, da proporcionalidade *lato sensu* ou da proibição do excesso na sua tríplice vertente [adequação; exigibilidade ou necessidade e subsidiariedade; e proporcionalidade *stricto sensu*][45], da justiça, da imparcialidade e da boa fé – art. 266.º, n.º 2 da CRP –, democrático e da lealdade[46] e o pleno respeito e fomento do princípio da liberdade[47].

---

[45] Conforme se retira do art. 16.º da Lei Quadro. Quanto ao princípio da proporcionalidade *lato sensu* ou da proibição do excesso, referimos que é um principio que deve verificar-se quer no plano legiferante quer no plano da interpretação e aplicação das normas desde a actividade de *prima facie* – como a de polícia – até à actividade de decidir quer administrativa quer judicialmente. Neste sentido os nossos, *Dos Órgãos de Polícia...*, pp. 196 e 197, *Regime Jurídico da Investigação Criminal Comentado e Anotado*, 2.ª Edição, Almedina, Coimbra, 2004, p. 64 e *Escuta Telefónicas – Da Excepcionalidade à Vulgaridade*, Almedina, Coimbra, 2004, pp. 53 a 55.

[46] Quanto ao princípio democrático e da lealdade, GERMANO MARQUES DA SILVA, *Op. Cit.*, 4.ª Edição, Vol. I, pp. 66 e ss., *Ética Policial e Sociedade Democrática*, Edição do ISCPSI, 2001, pp. 67 e ss., e o nosso *Dos Órgãos de Polícia...*, pp. 59 a 74.

[47] A liberdade, como conjunto complexo de direitos e de deveres que os homens e as suas instituições definem e proclamam, apresenta-se-nos também como realidade inerente ao ser humano que, como nos ensina o sábio grego [*Apud* JOHN RAWLS, *Uma Teoria para a Justiça,* (tradução de CARLOS PINTO CORREIA), Editorial Presença, Lisboa, 1993, p. 197], detém o sentido do que é justo e injusto e constrói no seu intelecto e na sua materialidade uma concepção de justiça sedimentada em critérios de equidade [Sobre as teorias da justiça veja-se ANTÓNIO BRAZ TEIXEIRA, *Sentido e Valor do Direito*, INCM, 2.ª Ed., 2000, pp. 223 e ss.], que permitirá a edificação de um caminho adequado e equilibrado entre o dogma e a intolerância, fomentando um reducionismo que promova uma visão de mera preferência entre a religião e a moral. Como princípio, inerente a um Estado de direito democrático, a liberdade, sendo um direito natural de todo ser humano que se realiza no seu próprio pensar e age livremente no mundo, que, como ser livre e pessoal, deve exigir "a consagração legal de tudo o que seja indispensável para a realização de cada homem"[*Idem*, p. 210]. Nesta linha de pensamento afirmamos que a liberdade apenas se concretiza quando a justiça, como "insubstancial que de nada depende mas do qual, no mundo jurídico, tudo depende", se enraíza em princípios como os da igualdade e da imparcialidade. O Homem encontra-se quando o princípio da liberdade é rebocado e reforçado com os princípios da ordem, da paz, do respeito pela personalidade individual, da solidariedade, da segurança, funcionando todos em coexistência intrínseca e harmoniosa como

Os princípios que vinculam as forças de segurança devem nortear as polícias municipais que, nos seus actos, infligem restrições ao exercício de direitos, liberdades e garantias dos cidadãos munícipes, que não perdem a categoria de sujeitos desses mesmos direitos só porque a intervenção é administrativa e não penal.

4. Lei Quadro – da concepção à fiscalização dos seus actos

i. O n.° 1 do art. 1.° da Lei Quadro considera as polícias municipais como «serviços municipais especialmente vocacionados para o exercício de funções de polícia administrativa, com as competências, poderes de autoridade e inserção hierárquica». Apresenta-se como um serviço público territorialmente limitado – município a que pertence – com uma especialidade funcional: exercer funções de *polícia administrativa*. Esta concepção delimita a caracterização da polícia municipal e afasta, desde logo, qualquer aproximação ou comparação aos OPC.

Apesar de muitos defenderem que existe um conflito de natureza, consideramos que não se vislumbra qualquer conflito, pois a actividade da polícia municipal só roça as arestas do plano judiciário nos casos estritos do inquérito criminal no âmbito do n.° 3 do art. 3.°, da identificação e revista no âmbito do n.° 4 do art. 3.°, e nos casos de detenção em flagrante delito por crime punido com pena de prisão e a sua entrega imediata a autoridade judiciária ou entidade policial – al. *e)* do art. 4.° da Lei Quadro.

Esta miragem de actividade emerge quer do princípio da necessidade e subsidiariedade positiva – pois, face às circunstâncias factuais e como primeiro passo na manutenção da tranquilidade pública, impõe-se àquelas a aplicação de medidas cautelares até que a entidade competente possa intervir e tomar conta da ocorrência – quer do princípio da cooperação vertical e horizontal activa.

ii. No patamar do exercício de funções de polícia administrativa, compete, prioritariamente, aos municípios fiscalizar «o cumprimento das

---

se de corolários simultâneos se tratassem. A liberdade apresenta-se à POLÍCIA como meta a defender e a alcançar como se lhe impõe constitucionalmente – art. 272.° da CRP - devendo promover todos os actos atinentes a esse cumprimento *ex vi* do art. 3.° conjugado com o art. 18.°, n.° 1 da CRP. Neste sentido os nossos, *Dos Órgãos de Polícia...*, pp. 41 e ss..

leis e regulamentos que disciplinem matérias relativas às atribuições das autarquias e à competência dos seus órgãos», conforme n.º 1 do art. 2.º da Lei Quadro. Fiscalização espelhada ao longo dos artigos 3.º e 4.º, sendo que, como se referiu, há atribuições e competências que estão sujeitas à cláusula de coordenação e de respeito pelas atribuições e competências das forças de segurança.

Como sabemos há normas de âmbito nacional cuja concreção se realiza no plano geográfico local e cuja fiscalização se manifesta mais profícua em um plano estratégico localizado – por meio das policias municipais – promovendo-se a democracia participativa. A prevenção e a vigilância do cumprimento das normas regulamentares que incidem sobre o quotidiano do munícipe poderá a longo prazo consciencializar os responsáveis políticos e a comunidade local da necessidade de construir uma sociedade dentro dos padrões do direito e da cidadania, conduzindo-nos à co-responsabilização.

iii. Como já deixamos patente, a polícia municipal quer na sua natureza própria de atribuição e de competência quer na natureza de cooperação é e deve ser encarada como garante dos direitos dos cidadãos – locais. Esta concepção retira-se desde logo do n.º 3 do art. 237.º da CRP ao consagrar que «as polícias municipais cooperam (...) na **protecção** das comunidades das locais». A protecção engloba, em nosso entender e no respeito pelo princípio da descentralização e da subsidiariedade, não só bens materiais – sendo muitos deles constituintes de direitos fundamentais carreados de tutela jurídico-criminal, como a propriedade –, mas também bens jurídicos pessoais constituintes do núcleo central dos direitos fundamentais pessoais – como a vida, a integridade física, a reserva da intimidade da vida privada, a imagem, a palavra, a honra.

Na actividade de cooperação directa ou indirecta com as forças de segurança – POLÍCIA –, a polícia municipal está vinculada à constituição e à legalidade – n.º 2 do art. 3.º da CRP – e, por conseguinte, aos preceitos constitucionais respeitantes aos direitos, liberdades e garantias – n.º 1 do art. 18.º da CRP. Consideramos, desta feita, que a natureza de cooperação não afasta o ónus de defesa e garantia dos direitos fundamentais do cidadão, pois está-lhes enraizado na sua função de polícia (municipal).

iv. Problema que nos acerca é a fiscalização da legalidade da actividade de polícia municipal e da legalidade na criação, na organização e funcionamento das polícias municipais. Quem é competente para fiscalizar e controlar da legalidade? Como se depreende não está em causa o controlo de mérito, pois este encontra-se vedado constitucionalmente – *a contrario* art. 242.°, n.° 1 da CRP.

Quanto ao controlo do cumprimento legal e regulamentar na criação, organização e funcionamento das polícias municipais são competentes os membros do Governo responsáveis pelas áreas das finanças e das autarquias locais – n.° 1 do art. 10.° da Lei Quadro.

Quanto à actividade de polícia municipal que viole gravemente direitos, liberdades e garantias do cidadão munícipe compete «ao membro do Governo responsável pela **administração interna**, por **iniciativa própria** ou **mediante proposta** do membro do Governo responsável pelas autarquias locais, determinar a investigação» – n.° 2 do art. 10.° da Lei Quadro. Interrogação pertinente é a de se saber se a IGAI pode ou não proceder a esta investigação? Somos da opinião que pode e deve, pois da Lei Quadro não resulta qualquer restrição ou limitação a que a investigação de tais actos ofensivos de direitos possa ser levada a cabo por aquela inspecção.

Mas, temos ainda a referir que se da violação resultar a ofensa a um bem jurídico de tutela jurídico-criminal, o Ministério Público não só pode, como deve, desde que seja crime público, proceder ou ordenar que se proceda à investigação para apuramento da verdade, como recai sobre os outros agentes de polícia municipal o ónus de comunicar esses delitos à autoridade judiciária ou à entidade policial.

Acresce que devemos referir que aos superiores hierárquicos[48], inclusive o presidente da câmara, aos quais cumpre o dever de orientação da actividade de polícia municipal local, cabe o dever de fiscalização e controlo da actividade de função de polícia municipal, devendo promover os respectivos processos disciplinares de acordo com o estatuto disciplinar próprio[49] e comunicar às autoridades competentes as matérias factuais que consignem a prática de um crime.

v. À assembleia municipal, sob proposta da câmara municipal, compete, por *deliberação*, **criar as polícias municipais**, conforme n.° 1 do art. 11.° da Lei Quadro.

---

[48] Quanto aos poderes de fiscalização do superior hierárquico, DIOGO FREITAS DO AMARAL, *Op. Cit.*, pp. 640 e ss., MARCELLO CAETANO, *Manual de Direito Administrativo*, pp. 244 e ss..

[49] *Vide* n.° 1 do art. 19.° da Lei Quadro.

Da *deliberação* deve constar «a enumeração das respectivas competências e a área do território do município» em que serão exercidas – n.° 1 do art. 12.° da Lei Quadro –, e deve formalizar-se através da «aprovação do regulamento da polícia municipal e do respectivo quadro de pessoal», cuja eficácia depende de ratificação por Resolução do Conselho de Ministros e respectiva publicação em Diário da República, conforme n.°s 2 e 3 do art. 11.° da Lei Quadro.

vi. Relativamente ao **financiamento** das polícias municipais, retira-se da Lei Quadro que competirá ao Governo promover as medidas legislativas adequadas e necessárias a dotar os municípios com polícia municipal de meios financeiros que correspondam às necessidades inerentes às *competências efectivamente exercidas*[50].

Retira-se desta lei que a dotação dos meios financeiros depende de cada município e da análise do caso concreto tendo como fio orientador as competências que a polícia municipal exerce de forma efectiva.

5. Dos agentes de polícia municipal

Cabe-nos abordar uma das mais polémicas questiúnculas sobre a polícia municipal, pois, como se retira do exposto, consideramos que os agentes de polícia municipal não podem revestir natureza de Órgão de Polícia Criminal (OPC), apesar de na Lei Quadro se prescrever alguns actos típicos daquele órgão auxiliar ou coadjuvador da Autoridade Judiciária (AJ). Face a esta posição cumpre-nos discretear sobre o posicionamento em termos de atribuições e competência, exercício de autoridade e, consequentemente, o recurso a meios coercivos:

α. a *actividade* desenvolvida pelos órgãos de polícia municipal é *administrativa e de âmbito territorial* – art. 2.°, n.° 1 da Lei Quadro –, *i. e.,* afasta-se a ideia de função ou prossecução de actos processuais penais quer como medidas cautelares e de polícia quer como actos determinados pela AJ;

---

[50] *Vide* art. 13.° da Lei Quadro.

β. todavia, do n.° 3 do art. 3.° afere-se que os órgãos de polícia municipal (OPM) têm competência para levantar auto e/ou desenvolver inquérito por ilícito criminal, mas que tenha por objecto «factos estritamente conexos com violação de lei ou recusa[51] da prática de acto legalmente devido no âmbito das relações administrativas» e o n.° 4 do art. 3.° prescreve que os OPM «podem proceder à *identificação e revista*[52] dos suspeitos no local do cometimento do ilícito» no âmbito de exercício de poderes de autoridade e devem de imediato entregar o detido ou à AJ ou ao OPC competentes[53]. Competências estas, que, face ao preceituado no n.° 3 do art. 237.° da CRP, podem estar feridas de inconstitucionalidade material, pelo que só podem ser vistas como residuais e subsidiárias e, como tal, não lhes confere natureza de OPC, posição corroborada pelo n.° 5 do art. 3.° da Lei Quadro. Desta feita, os agentes de polícia municipal apenas podem, no exercício de poderes de autoridade, desenvolver funções de órgão de polícia municipal;

γ. a *identificação de infractores das normas administrativas*, cuja fiscalização compete aos agentes de polícia municipal, bem como a solicitação de apresentação da documentação de identificação necessária à actividade em curso estão subjugadas ao *princípio da necessidade* – quer para proceder à fiscalização quer para a elaboração do auto referente à infracção – conforme n.° 2 do art. 14.° da Lei Quadro. A identificação estipulada neste preceito não se confunde com a identificação prescrita no n.° 4 do art. 3.° da Lei Quadro, por esta se cingir, única e exclusivamente, ao âmbito de suspeitos da prática de crime, conquanto a identificação prescrita no n.° 2 do art. 14.° da Lei Quadro se cinge aos infractores de normas administrativas a que estão obrigados e sujeitos a fiscalização

---

[51] Quanto à recusa que pode gerar a consignação do crime de desobediência, art. 14.° da Lei Quadro.

[52] Compreende-se, como já referimos, que os OPM façam a revista de suspeito da prática de crime, pois esta enquadra-se, principal e fundamentalmente, no âmbito da revista de segurança ou medida preventiva e, por conseguinte, de preservação de provas materiais ou reais que se perderiam se a revista não fosse efectuada. Quanto às revistas de segurança ou medida preventiva o nosso *Revistas e Buscas*, Almedina, Coimbra, 2003, pp. 15 e ss..

[53] Segue-se o determinado pelo art. 255.°, n.° 1, al. *b*) e n.° 2 do CPP.

camarária, típicas do campo de atribuição e competência da polícia municipal. Pode-se aferir que está vedado aos agentes de polícia municipal a possibilidade de procederem a revista de qualquer infractor no âmbito da função de polícia dentro das suas atribuições e competências administrativas. Contudo, consideramos que os OPM, no âmbito das suas atribuições e competências, podem e devem proceder à apreensão de «objectos que serviram ou estavam destinados a servir para a prática de uma contra-ordenação, ou que por esta forma produzidos, e bem assim quaisquer outros que forem susceptíveis de servir de prova», nos termos do n.º 1 do art. 48.º-A do RGCO;

δ. outro ponto de discussão prende-se com a subjugação do recurso a *meios coercivos* ao princípio da legalidade – «só podem utilizar os meios coercivos previstos na lei», como o uso de arma de fogo [art. 17.º da Lei Quadro] –, ao princípio da proporcionalidade ou da proibição do excesso – «na estrita medida das necessidades decorrentes do exercício das suas funções, da sua legítima defesa ou de terceiros» –, ao princípio da subsidiariedade e, concomitantemente, ao princípio de reserva de lei – a solicitação das forças de segurança territorialmente competentes [GNR ou PSP] para fazer uso de meios coercivos indispensáveis à situação de ordem ou tranquilidade públicas e salvaguarda do interesse público que sejam indisponíveis ou não autorizados para a polícia municipal – nos termos do art. 16.º da Lei Quadro.

Pode-se, em jeito de súmula, referir que os agentes de polícia municipal detêm uma natureza hibridamente esfumada, cujos ramos se alongaram mais do que a raiz e o tronco, no nosso entender, permitiam, criando uma dúvida de actuação diária, que urge solucionar sob pena de a confusão e as 'guerrilhas' se amalgamarem e criarem um 'caos' da tipologia a aceitar e implementar quanto às atribuições e competências de cada POLÍCIA.

6. Conclusão – contributos para uma nova tipologia de polícia (municipal)

i. Do exposto, consideramos que devemos perguntarmo-nos que polícia municipal queremos no futuro: se uma polícia municipal de cariz administrativo, mantendo-se o quadro constitucional actual e a luz ordinária vigente; se queremos uma polícia municipal de cariz administrativo e de ordem e tranquilidade públicas idêntica à PSP e à GNR, dotada de pormenores de polícia judiciária; ou, se pelo contrário, queremos reestruturar as forças de segurança e incluir no lote destas a polícia municipal; ou ainda, se queremos uma polícia municipal de índole fiscalizante. Ou, antes, interrogarmo-nos que POLÍCIA queremos consagrar constitucionalmente nos próximos tempos?

Pensamos que o grande problema actual é permitir que a polícia municipal desempenhe certos actos que roçam o panorama de polícia judiciária e, simultaneamente, vedar-lhes o exercício de funções típicas dos órgãos de polícia criminal, criando-lhes um caminho turbulento em que irão caminhar, cujos acertos colmatar-se-ão com o tempo – manifestação da realeza humana.

ii. Defendemos que a polícia municipal não deve desenvolver funções de órgão de polícia criminal, pois deve apenas cingir-se ao quadro de polícia administrativa dotada de prerrogativas de autoridade, nem deve proceder a inquéritos de índole criminal, nem mesmo quanto *factos estritamente conexos com violação de lei ou recusa da prática de acto legalmente devido no âmbito das relações administrativas*.

Como se depreende da nossa exposição, consideramos que, por um lado, na esteira de ALEXANDRE S. PINHEIRO e MÁRIO J. FERNANDES, "as polícias municipais e as forças de segurança são realidades constitucionalmente diferentes"[54], e que, por outro, a polícia municipal emerge de um quadro jurídico-constitucional de *descentralização* e de prossecução de tarefas sob a égide do princípio da *subsidiariedade* negativa e positiva, jamais se configurando como órgão de polícia criminal, e que aquela está vinculada aos mesmos princípios constitucionais que a demais POLÍCIA, consagrada no art. 272.º da CRP, na defesa e garantia e respeito dos direitos fundamentais dos cidadãos (locais), sem que nos olvidemos de que a *ética policial*, como ensina o Prof. GERMANO MARQUES DA SILVA, que "comunga de toda a problemática que é própria desta e como tal é também a expressão, no contexto policial, de uma ética geral"[55], se deve erigir como exigência natural.

---

54 *Vide* ALEXANDRE S. PINHEIRO e MÁRIO J. E BRITO FERNANDES, *Op. Cit.*, p. 517.
55 *Vide* GERMANO MARQUES DA SILVA, *Ética Policial...*, p. 20.

Bibliografia

AMARAL, DIOGO FREITAS DO, *Curso de Direito Administrativo*, 2.ª edição, Almedina, Coimbra, 1994, Vol. I.

BARRETO, MASCARENHAS, *História da Polícia em Portugal*, Braga Editora, 1979.

CAETANO, MARCELLO, *Manual de Direito Administrativo*, 10.ª Edição (7.ª reimpressão), Almedina, Coimbra, 2001, Vol. I.
– *Princípios Fundamentais do Direito Administrativo*, 2.ª Reimpressão Portuguesa, Almedina, Coimbra, 1996.

CAMPOS, MANUEL FONTAINE, *O Direito e a Moral no Pensamento de Friedrrich Hayek*, UCP – Porto, 2000.

CANOTILHO, GOMES, *Direito Constitucional e Teoria da Constituição*, 3.ª Edição, Almedina, Coimbra, 1999.

CANOTILHO, GOMES e MOREIRA, VITAL, *Constituição da República Portuguesa Anotada*, 3.ª Edição, Coimbra Editora, 1993.

CASTRO, CATARINA SARMENTO E, *A Questão das Policias Municipais*, Coimbra Editora, Coimbra, 2003.

CAVACO, PAULO, **"A polícia no direito português, hoje"**, *in Estudos de Direito de Polícia*, Coordenados por JORGE MIRANDA, AAFDL, Lisboa, 2003.

CLEMENTE, PEDRO, *Da Polícia de Ordem Pública*, Edição do Governo Civil de Lisboa.

COSTA, JOSÉ DE FARIA, "O direito penal e o tempo", *in BFD da Universidade de Coimbra – Volume Comemorativo*, Coimbra, 2003.

CUNHA, J. DAMIÃO DA, *O Ministério Público e os Órgãos de Polícia Criminal no Novo Código de Processo Penal*, UCE, Porto, 1993.

MAGALHÃES, JOSÉ, *Dicionário da Revisão Constitucional*, Editorial Notícias, 1999, Lisboa.

PINHEIRO, ALEXANDRE SOUSA e FERNANDES, MÁRIO JOÃO DE BRITO, *Comentário à IV Revisão Constitucional*, AAFDL, Lisboa, 1999.

RAWLS, JOHN, Uma Teoria para a Justiça, (tradução de CARLOS PINTO CORREIA),Editorial Presença, Lisboa, 1993.

SILVA, GERMANO MARQUES DA, *Ética Policial e Sociedade Democrática*, Edição do ISCPSI, Lisboa, 2001.
– *Curso de Processo Penal*, Verbo, Lisboa/S.Paulo, Vol. I (4.ª Edição), e Vol. III (2.ª Edição).

TEIXEIRA, ANTÓNIO BRAZ, *Sentido e Valor do Direito*, INCM, 2.ª Ed., 2000.

VALENTE, MANUEL MONTEIRO GUEDES, *Dos Órgãos de Polícia Criminal – Natureza-Intervenção-Cooperação*, Almedina, Coimbra, 2004.
– *Consumo de Drogas – Reflexões sobre o Novo Quadro Legal*, 2.ª Edição, Almedina, Coimbra, 2003.
– *Escutas Telefónicas – Da Excepcionalidade à Vulgaridade*, Almedina, Coimbra, 2003.
– *Regime Jurídico da Investigação Criminal Comentado e Anotado*, 2.ª Edição, Almedina, Coimbra, 2004.
ZIPPELIUS, REINHOLD, *Teoria Geral do Estado*, 3.ª Edição, (tradução de KARIN PRAEFKE-AIRES COUTINHO sob a coordenação de GOMES CANOTILHO), Fundação Calouste Gulbenkian, 1997, Lisboa.

SOBRE O CRIME DE TORTURA
NO CÓDIGO PENAL PORTUGUÊS

RUI CARLOS PEREIRA
Mestre em Ciências Jurídicas
Professor no Instituto Superior de Ciências Policiais e Segurança Interna
Professor Convidado na Faculdade de Direito
da Universidade Nova e na Universidade Lusíada

SOBRE O CRIME DE TORTURA
NO CÓDIGO PENAL PORTUGUÊS

I
Introdução

1 – No presente estudo, dedicado ao Senhor Professor Doutor Germano Marques da Silva, com o qual tive o privilégio de trabalhar por ocasião da Reforma do Código de Processo Penal de 1998 e com o qual tenho a honra de compartilhar agora responsabilidades como vogal do Conselho Superior do Ministério Público, analiso algumas questões dogmáticas suscitadas pelo crime de tortura.

Trata-se de um tema cuja escolha se justifica, desde logo, pela circunstância de o Homenageado, que está associado à criação da Escola Superior de Polícia (hoje Instituto Superior de Ciências Policiais e Segurança Interna), se haver dedicado a uma reflexão profunda sobre temas de ética e direito da polícia.

Para além de uma análise sumária do tipo de crime, abordarei essencialmente duas questões que se me afiguram especialmente controversas: a possibilidade de o crime ser cometido por omissão e a delimitação das vítimas, às quais a norma incriminadora exige especiais qualidades.

II

A possibilidade de comissão omissiva do crime de tortura
e outros tratamentos cruéis, degradantes ou desumanos

2 – A equiparação da omissão à acção no âmbito do Direito Penal –

como no âmbito da Filosofia – não é incontroversa[1]. Armin Kaufmann, autor finalista que se dedicou à dogmática do crime omissivo, negava que neste houvesse causalidade e dolo em sentido próprio[2].

Não haveria causalidade, porque o nexo de imputação não se estabeleceria, no crime omissivo, entre a omissão e um evento mas antes entre uma acção potencial (a acção imposta pela Ordem Jurídica e que o agente poderia ter levado a cabo) e um resultado igualmente potencial (que se traduziria na preservação do bem jurídico).

Concretizando: quando se pretende de que *B* morreu por *A* o não ter salvado, está a afirmar-se uma relação de causalidade potencial relativa a uma acção (se *A* tivesse empreendido a acção salvadora, *B* não teria morrido...).

Todavia, apesar de uma parte significativa (ou mesmo a maioria) da doutrina penal negar a causalidade na omissão, é pacificamente aceite que é necessário proceder à imputação objectiva do evento à conduta do agente nos crimes omissivos impróprios ou impuros. Na nossa Ordem Jurídica, tal conclusão decorre da conjugação das normas que prevêem crimes de resultado com o n.º 1 do artigo 10.º do Código Penal, o qual exige que a acção omitida seja adequada a evitar o resultado.

Por outro lado, entendendo-se o dolo como "sobredeterminação" ou "condutibilidade" de um processo causal, chegar-se-á também, inexoravelmente, à conclusão de Armin Kaufmann, que substituiu, no âmbito da omissão, a distinção entre dolo e negligência por uma diferenciação entre omissão consciente e inconsciente.

De todo o modo, a noção tripartida de dolo contida no artigo 14.º do Código Penal português, que favorece a distinção entre os elementos intelectual e volitivo (sobretudo no conceito de dolo eventual, vertido no n.º 3), é facilmente conciliável com a figura da omissão. Na verdade, uma fórmula como "conhecer e querer a realização do facto típico" pode ser

---

[1] Ver, em geral, sobre o debate filosófico e jurídico em torno da omissão, Sousa e Brito, *Estudos para a Dogmática do Crime Omissivo* (diss. de mestrado n.p.), 1966, *passim*. O autor defende, no plano da causalidade, a plena equiparação entre acções ("condições positivas") e omissões ("condições negativas").

[2] Cfr. Armin Kaufmann, *Die Dogmatik der Unterlassungsdelikte*, 1959, p. 87 e ss.. No mesmo sentido, defendendo a "inversão" dos fenómenos (designadamente, no domínio da causalidade) na omissão, se pronuncia Hans Welzel, *Das deutche Strafrecht*, 11.ª ed., 1969, p. 203.

aplicada, indiferentemente, a acções e omissões, dado o seu manifesto pendor normativo.

3 – No plano do direito positivo, será útil recordar que o Código Penal de 1852-86[3] não continha qualquer cláusula geral de equiparação da omissão à acção. Ainda assim, era possível sustentar tal equiparação, nos crimes do resultado, através da fundamentação da posição de garante. Era esta a posição de Eduardo Correia[4] e Figueiredo Dias[5], mas não de Cavaleiro de Ferreira, que fazia depender a equiparação da concreta redacção de cada norma incriminadora, em nome do princípio da legalidade[6].

Neste contexto, o artigo 7.° do Projecto de Parte Geral do Código Penal de 1963 acolheu claramente a orientação que já vinha sendo defendida por Eduardo Correia, mesmo numa perspectiva de direito constituído[7]. E foi esse artigo que serviu de fonte ao artigo 10.° do Código Penal de 1982/95[8].

4 – À luz do Código Penal em vigor – e, concretamente, ante os

---

[3] A referência a um Código Penal de 1852/86 parte do pressuposto de que o formalmente novo Código Penal de 1886, resultante da "Novíssima Reforma Penal" de 1884, não constituiu, no plano material, um verdadeiro Código Penal novo, mas antes uma reforma do Código Penal de 1852. Cfr. Eduardo Correia, *Direito Criminal* (com a col. de Figueiredo Dias), I, 1971 (reimp.), pp. 111-2, e Cavaleiro de Ferreira, *Direito Penal Português, Parte Geral, I,* 1981, pp. 73-4.

[4] Eduardo Correia, *op. cit.,* I, p. 303 e ss.

[5] Figueiredo Dias, *Direito Penal* (sumários), 1975, p. 163 e ss.

[6] Cavaleiro de Ferreira, *op. cit.,* I, p. 245.

[7] O artigo 7.° do Projecto foi debatido em 10 de Janeiro de 1964, na 6.ª sessão da Comissão Revisora. Na Proposta de Lei n.° 221/I, de 21 de Fevereiro de 1979, *D.A.R.,* 2.ª Série, n.° 35, de 21 de Fevereiro de 1979, e *B.M.J.,* n.° 299, Dezembro de 1979, pp. 5-159, o artigo passou a 10.°

[8] Também se julga preferível referir hoje um Código Penal de 1982, visto que o Código Penal de 1995 constituiu uma reforma (ainda que profunda, sobretudo na Parte Especial) do Código Penal de 1982.

No que respeita ao artigo 10.°, observe-se que a versão de 1995 continha um erro claro, uma vez que determinava, literalmente, que seria punido quem evitasse o resultado típico quando pretendia dizer o contrário. Este erro foi corrigido através da Lei n.° 65/98, de 2 de Setembro, que se inspirou num projecto de revisão de 1996 de minha autoria – cfr. "Código Penal: as ideias de uma revisão adiada", sep. da *Revista do Ministério Público,* n.° 71, 1997, pp. 53, 62 e 71. Ver também, sobre isto, Maia Gonçalves, *Código Penal Português. Anotado e Comentado e Legislação Complementar,* 13.ª ed., 1999, p. 101.

n.ºs 1 e 2 do seu artigo 10.º –, a equiparação da omissão à acção depende, hoje, do concurso de três requisitos:

  a) O tipo legal de crime compreender um "certo resultado";
  b) Não ser outra a "intenção da lei";
  c) Recair sobre o omitente um "dever jurídico que pessoalmente o obrigue a evitar esse resultado".

Em primeiro lugar, é indispensável averiguar, num plano puramente abstracto, se o tipo de crime previsto no artigo 243.º, n.º 1, do Código Penal comporta um resultado ou se deve classificar antes como crime de mera actividade.

Na hipótese de o crime ser configurável como de resultado, deverá apurar-se ainda se a intenção da lei, objectivamente expressa, não é contrária à equiparação da omissão à acção (o que depende, em rigor, de não estar em causa um crime de forma vinculada cujo modo de execução seja necessariamente activo).

Já o terceiro e último requisito deverá ser apreciado autonomamente, tendo em conta as concretas circunstâncias em que ocorreram os factos. Só assim, num plano casuístico, se poderá afirmar ou negar a existência da posição de garante – isto é, na linguagem do Código Penal, a existência de "dever pessoal de evitar o resultado típico".

5 – A distinção entre crimes de resultado e crimes de mera actividade é traçada de modo singelo e consensual pela doutrina penal: os primeiros comportam tipicamente um evento espácio-temporalmente distinto da acção (precisamente o resultado), ao passo que os segundos o não comportam[9].

---

[9] Sem variações sensíveis, é este o critério perfilhado pela generalidade da doutrina. Cfr., na literatura penal estrangeira, Maurach/Zipf, *Strafrecht Allgemeiner Teil*, I, 6.ª ed., 1983, p. 272, Günther Jakobs, *Strafrecht. Allgemeiner Teil. Die Grundlagen und die Zurechnungslehre*, 2.ª ed., 1991, p. 168, Claus Roxin, *Strafrecht Allgemeiner Teil*, I, *Grundlagen. Der Aufbau der Verbrechenslehre*, 1992, p. 205, Hans-Heinrich Jescheck e Thomas Weigend, *Lehrbuch des Strafrechts; Allgemeiner Teil*, 5.ª ed., 1996, p. 260, Günter Stratenwerth, *Strafrecht. Allgemeiner Teil*, I, *Die Straftat*, 4.ª ed., 2000, p. 101, Giovanni Fiandaca e Enzo Musco, *Diritto penale. Parte generale*, 1999 (reimp.), p. 167, Santiago Mir Puig, *Derecho Penal, Parte General*, 1995 (reimp.), p. 215. Ver também, no mesmo sentido, na doutrina portuguesa, Eduardo Correia, *op. cit.*, I, p. 286, Cavaleiro de Ferreira, *op. cit.*, I, p. 245, e *Lições de Direito Penal. Parte Geral*, I, *A Lei Penal e a Teoria*

De acordo com esta classificação dicotómica, crimes como o homicídio, o aborto, a ofensa à integridade física, o furto, o roubo, o dano e a burla, entre tantos outros, são crimes de resultado, porque a sua consumação depende, respectivamente, da morte de uma pessoa, da morte de um feto ou embrião, de uma ofensa no corpo ou na saúde, da subtracção ou "danificação"de coisa móvel e alheia ou de um prejuízo patrimonial.

Pode mesmo afirmar-se, sem receio de errar, que, no âmbito de um Direito Penal que elege como objectivo precípuo a defesa de bens jurídicos (artigo 40.°, n.° 1, do Código Penal) e é estritamente limitado pelo princípio da necessidade das penas e das medidas de segurança, da subsidiariedade ou da intervenção mínima (artigo 18.°, n.° 2, da Constituição), a regra é a previsão de crimes de resultado e a excepção é a previsão de crimes de mera actividade – que, com frequente coincidência, constituem também crimes de perigo e, como tal, correspondem a excepcionais antecipações da tutela penal de bens jurídicos[10].

Crimes de mera actividade serão aqueles cujo tipo só requer a realização da acção, como sucede na injúria, na difamação, na falsidade de depoimento ou declaração ou na falsidade de testemunho, perícia, interpretação ou declaração (artigos 180.°, 181.°, 359.° e 360.° do Código Penal)[11].

6 – É certo, todavia, que a distinção entre crimes de resultado e crimes de mera actividade se filia num critério questionável no plano cientí-

---

do Crime no Código Penal de 1982, 1992, p. 95, Figueiredo Dias, op. cit., p. 142, Teresa Beleza, Direito Penal, 2.° 1983, p. 125, e Germano Marques da Silva, Direito Penal Português. Parte Geral, II, Teoria do Crime, 1998, p. 29.

[10] Cfr., neste preciso sentido, o meu O dolo de perigo, 1995, p. 139, e, com desenvolvimento, Faria Costa, O Perigo em Direito Penal, 1992, p. 567 e ss..

[11] A doutrina é mais frugal quando se trata de dar exemplos de crimes de mera actividade, justamente porque, no plano científico, não há acções sem resultados. Estes exemplos são adiantados (relativamente aos casos homólogos do Direito Penal espanhol) por Muñoz Conde e Mercedes García Arán, Derecho Penal. Parte General, 1993, p. 239. A escolha de "crimes de expressão" não é ocasional: a acção só ganha sentido, nestes crimes, à luz de consideração sócio-culturais, sendo conhecida a crítica dirigida a este propósito ao conceito causal-naturalístico de acção (que conceberia o crime de injúria como uma vibração das cordas vocais que provocaria uma agitação da membrana do tímpano na vítima) ou mesmo ao conceito finalista de acção (que, coerentemente, deveria ver o crime como sobredeterminação da vibração das cordas vocais orientada para a agitação da membrana do tímpano). Ver, sobre esta crítica, Claus Roxin, "Contribuição para a crítica da teoria finalista da acção", Problemas Fundamentais de Direito Penal, 1986, pp. 105-6.

fico e filosófico. Na verdade, tal distinção advém de uma concepção positivista de Ciência e radica no entendimento causal de resultado perfilhado, nomeadamente, por David Hume[12].

Ora, a moderna filosofia da linguagem põe em causa este entendimento de resultado. Criticando o conceito causal, Von Wright sustenta, com efeito, que o resultado se deve considerar conexionado logicamente com a acção e que é intrínseco relativamente a ela[13].

O que isto significa, ao certo, é que a descrição de acções humanas (abstraindo de acções básicas, como "levantar um braço" ou "mexer um dedo") se faz sempre através da menção da sua eficácia causal. Assim, quando se refere a acção de "matar", na referência a essa acção está implicada a morte. Mas se, por hipótese, se falar da acção de "disparar" (uma arma), também estará implicado na acção um resultado – agora, o disparo.

Dito de outro modo: ao descrevermos acções, referimo-nos, fatalmente, a resultados – que, por isso, se relacionam logicamente e não causalmente com tais acções e que, também por isso, são intrínsecos e não extrínsecos em relação a elas.

O que se afirmou pode ser, aliás, facilmente comprovado, através da constatação de que inúmeros substantivos de que o legislador penal se prevalece como, por exemplo, "ofensa", "ameaça", "coacção" ou "violação" significam, ambivalentemente, acção ou efeito – de "ofender", "ameaçar", "coagir" ou "violar", respectivamente.

Porém, qualquer resultado pode ser transformado em *consequência* (essa sim, causal e extrínseca), mediante uma descrição alternativa da acção: a morte é o resultado da acção de matar (lógico e intrínseco) mas é a consequência da acção de disparar a arma (causal e extrínseca), cujo resultado é o disparo.

---

[12] David Hume, *An Enquiry Concerning the Human Understanding*, Oxford, Clarendon Press, 1975, Parte I, Secção IV.

[13] Von Wright, Explanation and Understanding, 1971, p. 66 e ss. Em "Crimes de mera actividade", *Revista Jurídica da A.A.F.D.L.*, n.º 1, Out/Dez 1982, pp. 9 a 53, defendi que, em rigor, não há crimes sem resultado. Por isso, os crimes de mera actividade são passíveis de tentativa e mesmo de tentativa acabada, pressuposta a propósito da desistência activa nos artigos 24.º e 25.º do Código Penal, ou de frustração, que era prevista como figura autónoma no artigo 10.º do Código Penal de 1852-86. Todavia, esta afirmação não pode implicar uma ampliação da punibilidade da omissão. Para esse efeito, é vinculativo o entendimento legislativo de que há crimes sem resultado (artigo 10.º, n.º 1, do Código Penal).

Por isso, a concepção lógica de resultado não promove uma miraculosa dispensa das exigências de imputação objectiva (entre a acção e o resultado típicos) formuladas ao aplicador da lei penal. Num crime de homicídio, por exemplo, não se pode prescindir do recurso à teoria da *conditio sine qua non*, à teoria da *causalidade adequada* ou à "teoria do risco" com o argumento de que sem morte não há acção de matar.

Se assim se proceder, incorre-se numa óbvia petição de princípio uma vez que falta demonstrar, precisamente, se houve acção de matar e uma tal demonstração requer o estabelecimento de um nexo de imputação objectiva entre, por exemplo, a acção de disparar a arma e a morte da vítima (consequencial e extrínseca).

7 – No entanto, constituiria grave equívoco – e grosseira violação do princípio da legalidade, consagrado nos artigos 29.º, n.ºs 1, 3 e 4, da Constituição e 1.º do Código Penal – concluir que não há crimes sem resultado, para efeitos de aplicação do artigo 10.º, n.º 1, do Código Penal.

É verdade que, num plano puramente teorético, legislador e intérprete estão em pé de igualdade. O intérprete não está obrigado, obviamente, a considerar que há acções sem resultado por o legislador o asseverar – como não estaria obrigado a considerar que o sol gravita em volta da terra em obediência ao legislador.

Todavia, se o legislador pressupõe uma distinção entre crimes com resultado e sem resultado para delimitar o campo da punibilidade, então o intérprete não pode ignorar os termos dessa distinção nem alargar o âmbito das condutas puníveis, em nome de uma divergência conceptual. Se o fizer, violará grosseiramente o princípio da legalidade e desconsiderará, simultaneamente, a ideia de Estado de direito democrático (artigo 2.º da Constituição), que apresenta como corolário o princípio da separação e interdependência de poderes, nos termos do qual, em matéria penal, a Assembleia da República beneficia de uma reserva relativa de competência legislativa [artigo 165.º, n.º 1, alínea c), da Constituição].

É obrigatório, por conseguinte, considerar que há crimes de resultado, em relação aos quais é possível equiparar a omissão à acção, ao abrigo do n.º 1 do artigo 10.º do Código Penal, e crimes de mera actividade, que apenas podem ser praticados por acção.

Ressalva-se, apenas, a hipótese de a norma incriminadora, ao prever o crime por acção, contemplar, igualmente, uma conduta omissiva, como sucede na violação de domicílio, em que se estatui a punibilidade de quem, "sem consentimento, se introduzir na habitação de outra pessoa ou nela permanecer depois de intimado a retirar-se..." (artigo 190.°, n.° 1, do Código Penal).

Nesta hipótese, todavia, não está já em causa um crime comissivo por omissão (artigo 10.° do Código Penal), mas antes uma omissão própria, com a particularidade de ela ser concebida, tipicamente, como alternativa a um crime de mera actividade.

8 – O crime de tortura e outros tratamentos cruéis, degradantes ou desumanos[14] pode ser indicado como exemplo paradigmático de crime de mera actividade, à luz das considerações precedentes.

Observe-se, antes de mais, que no corpo do n.° 1 do artigo 243.° se prevê a hipótese de o agente "... torturar ou tratar de forma cruel, degradante ou desumana a vítima". Isto é, não se requer que a vítima sofra uma qualquer ofensa, entendida como espácio-temporalmente distinta da acção típica – prevê-se, simplesmente, a conduta típica, abstraindo das suas consequências.

Em reforço desta conclusão, o n.° 3 do artigo 243.° contém uma noção de tortura, tratamento cruel, degradante ou desumano, esclarecendo que se trata do "acto que consista em infligir sofrimento físico ou psicológico agudo, cansaço físico ou psicológico grave ou no emprego de produtos químicos, drogas ou outros meios, naturais ou artificiais com intenção de perturbar a capacidade de determinação ou a livre manifestação de vontade da vítima"[15]. Note-se, novamente, que, para além de se referir expres-

---

[14] Sobre a origem do crime, ver, com desenvolvimento, Lopes Rocha, "A Revisão do Código Penal. Soluções de Neocriminalização", *Jornadas de Direito Criminal. Revisão do Código Penal* (C.E.J.), I, 1996, pp. 97-116. O autor assinala que a nova incriminação (introduzida em 1995) decorre da ratificação, por Portugal, da Convenção contra a Tortura e outras Penas ou Tratamentos Cruéis, Desumanos ou Degradantes. Observa, por outro lado, que a definição de tortura se baseia no artigo 1.° da Convenção das Nações Unidas. E sublinha, ainda, que a noção do n.° 3 do artigo 243.° do Código Penal não distingue entre tortura e tratamento cruel, degradante ou desumana, como o não faz a Convenção das Nações Unidas, mas como tem procurado fazer o Tribunal Europeu dos Direitos do Homem.

[15] Efectivamente, o artigo 1.° da Convenção das Nações Unidas (ratificada pelo Decreto do Presidente da República n.° 57/88, após aprovação, para o efeito, pela Resolução da Assembleia da República n.° 11/88, de 1 de Março) determina, em termos essencialmente idênticos, que, "Para os fins da presente Convenção, o termo 'tortura' designa qualquer acto através do qual sejam infligidos uma dor ou sofrimentos agudos, físicos ou mentais, intencionalmente infligidos a uma pessoa, nomeadamente para obter dela, ou

samente a actos (tal como faz, também, no n.° 2 do artigo 243.°), o legislador abstrai sempre de consequências, dispensando a verificação de ofensa física ou psíquica.

Só no artigo 244.°, ao contemplar uma qualificação, o legislador tipifica crimes de resultado – desde logo na alínea a) do n.° 1, em que se requer a verificação de uma ofensa à integridade física grave – e mesmo crimes agravados pelo resultado – no âmbito do n.° 2, prevê-se a produção negligente (artigo 18.°) do suicídio ou da morte da vítima.

Por outro lado, sendo irrecusável que as várias alíneas do n.° 1 do artigo 243.° prevêem eventos [por exemplo, a alínea a) reporta-se a "confissão, depoimento, declaração ou informação"], é óbvio que a verificação de tais eventos não é objectivamente requerida para a consumação do crime.

O crime é incongruente – "de resultado cortado ou parcial" ou "mutilado em dois actos"[16] – bastando-se, no plano objectivo com a tortura ou

---

de terceira pessoa, informações ou confissões, para a punir por um acto que ela ou terceira pessoa haja cometido ou seja suspeita de o ter cometido, para a intimidar ou pressionar terceira pessoa, ou por qualquer motivo fundado sobre uma qualquer forma de discriminação, quando tais dores ou sofrimentos sejam infligidos por um agente da função pública ou qualquer pessoa que actue a título oficial ou por sua instigação ou com o seu consentimento, expresso ou tácito".

Muito mais recentemente, o Estatuto de Roma do Tribunal Penal Internacional (ratificado pelo Decreto do Presidente da República n.° 2/2002, de 18 Janeiro, após aprovação, para o efeito, pela Resolução da Assembleia da República n.° 3/2002, de 30 de Dezembro de 2001, contemplou também uma noção de tortura, na alínea e) do n.° 1 do artigo 7.°: "Por 'tortura' entende-se o acto por meio do qual uma dor ou sofrimentos graves, físicos ou mentais, são intencionalmente causados a uma pessoa que esteja sob a custódia ou o controlo do arguido; este termo não compreende a dor ou os sofrimentos resultantes unicamente de sanções legais, inerentes a essas sanções ou por elas ocasionadas acidentalmente". Este conceito de tortura é mais amplo do que o contido no artigo 243.° porque prescinde do elemento subjectivo especial da ilicitude (questão em aberto é a de saber se o termo intenção deve ser entendido como dolo directo ou corresponde a todas as modalidades de dolo). Para além disso, a noção de tortura do T.P.I. envolve uma delimitação negativa que se aproxima da formulada pelo n.° 4 do artigo 243.°

[16] Os "crimes de resultado cortado ou parcial" comportam dois resultados, exigindo-se apenas a produção objectiva de um e bastando que o agente pretenda obter o outro. O furto e a burla (artigos 203.°, n.° 1, e 217.°, n.° 1, respectivamente, do Código Penal) são exemplos desta classe de tipos (cfr., sobre isto, Fernanda Palma e Rui Pereira, *O crime de burla no Código Penal de 1982-95*, separata da *Revista da Faculdade de Direito da Universidade de Lisboa*, vol. XXXV, 1994, pp. 321-333). Com efeito, o furto consuma-se com a subtracção de coisa móvel e alheia mas o preenchimento do seu

os outros tratamentos cruéis, degradantes ou desumanos, mas requerendo, ao nível subjectivo, para além do dolo, entendido como "conhecimento e vontade" de realização desses factos, um elemento subjectivo especial da ilicitude: a intenção de obter confissão, depoimento, declaração ou informação [alínea a)] ou de intimidar alguém [alínea c)] ou ainda uma motivação punitiva [alínea b)][17].

Conclui-se, pois, que o crime tipificado no n.° 1 do artigo 243.° do Código Penal constitui um crime de mera actividade. Qual será,na verdade, o "resultado" do crime de "tratamento cruel" especificamente referenciado na acusação e na pronúncia? O próprio "tratamento cruel" que, manifestamente, o legislador menciona como actividade?

Não implica isto que a conduta activa não ocasione evento algum. A classificação de um crime como de resultado (e a possibilidade de equiparação da omissão à acção dela decorrente) é traçada, como se viu, em abstracto, considerando a descrição da norma, e não em concreto, tendo em conta uma qualquer conduta. Como é óbvio, é do resultado típico que se trata e não de uma consequência real da acção quando o legislador, no

---

tipo subjectivo requer, para além do dolo (entendido como conhecimento da alienidade da coisa e vontade de a subtrair), intenção de apropriação. A burla, por seu turno, consuma-se com o prejuízo patrimonial mas integra, como elemento subjectivo especial, uma intenção do enriquecimento ilegítimo.

Os "crimes mutilados em dois actos" possuem uma estrutura típica em tudo idêntica, com a singularidade de comportarem dois actos (não dois resultados): basta a produção objectiva de um e exige-se que o agente pretenda praticar o outro. O crime de falsificação, na modalidade especificamente prevista na alínea a) do n.° 1 do artigo 256.° do Código Penal, pode incluir-se nesta categoria. Com efeito, requer-se que o agente, por exemplo, abuse da assinatura da outra pessoa *para* elaborar documentos falsos (mesmo que não chegue a elaborá-los). *Vide*, sobre estas classificações em geral, por todos, Jescheck/Weigend, *op. cit.*, p. 319.

Curiosamente, o crime do artigo 243.° do Código Penal constitui um *tertium genus* no âmbito da referida classificação. Comporta actos cuja realização objectiva é requerida (corpo do n.° 1) e resultados exclusivamente referidos ao elemento subjectivo especial (alíneas do n.° 1). Assim, em vez de dois actos ou dois resultados engloba um acto e um resultado. O acto tem de ser praticado dolosamente, nos termos gerais dos artigos 13.° e 14.° do Código Penal; o resultado carece apenas de ser intencionado mas não produzido.

[17] Em rigor, na alínea b) do n.° 1 do artigo 243.° (pretensão de "castigar" a vítima), está já em causa um crime em que uma determinada motivação constitui, ela própria, elemento subjectivo especial da ilicitude. Com efeito, não é já de um resultado que se trata, mas sim de um "elemento impróprio da atitude interna" – cfr. Jescheck/Weigend, *op. cit.*, *loc. cit.*.

n.º 1 do artigo 10.º do Código Penal, se refere ao resultado compreendido no tipo de crime.

A recusar-se a um crime como o descrito no n.º 1 do artigo 243.º a classificação de crime de mera actividade, não se vislumbra que outros crimes a pudessem merecer, o que retiraria sentido à delimitação do n.º 1 do artigo 10.º do Código Penal, em clara violação, como se referiu, do princípio da legalidade. Consequentemente, este crime não pode ser cometido por omissão, nos termos do artigo 10.º, n.º 1.

9 – A *ratio essendi* da não equiparação da omissão à acção nos crimes de mera actividade está conexionada com o peso que o desvalor da acção assume nos respectivos ilícitos típicos.

Com efeito, desvalor da acção e desvalor do resultado surgem em proporções equilibradas nos crimes dolosos de resultado, exprimindo a função dúplice da norma incriminadora: determinação de condutas e valoração de bens jurídicos. Contudo, noutras modalidades de crimes, o equilíbrio é rompido – nos crimes negligentes, é óbvio que o desvalor do resultado tem um papel preponderante, enquanto na tentativa, nos crimes de mera actividade e nos próprios crimes de perigo em geral é o desvalor da acção que assume esse papel.

Quando o n.º 1 do artigo 10.º do Código Penal recusa a equiparação da omissão à acção em crimes que não comportem resultado típico, fá-lo justamente porque o desvalor da acção requerido para a afirmação do juízo de tipicidade depende da prática da acção descrita na norma – e não de uma omissão pretensamente equivalente.

10 – Assim se explica, de resto, que o legislador haja também recusado a equiparação da omissão à acção quando "outra for a intenção da lei" (artigo 10.º, n.º 1, do Código Penal).

A indeterminação desta cláusula geral (*mens legis*) só é compreensível, na verdade, à luz das considerações precedentes. Mesmo estando em causa crimes de resultado, a equiparação da omissão à acção estará fora de causa quando a norma incriminadora descrever concretamente o modo (activo) de causação do resultado. Assim, se o tipo de crime descrever o modo de ser objectivo da acção ou os meios utilizados pelo agente – crime de forma vinculada[18] –, a equiparação não será possível.

---

[18] Cfr., sobre esta classe de crimes, a propósito do crime de burla, Palma/Pereira, *text. cit.*, p. 322, e Almeida Costa, em anotação ao artigo 217.º no *Comentário Conim-*

Pense-se, por exemplo, no homicídio cometido por envenenamento, que pode ser qualificado, nos termos das disposições conjugadas do artigo 132.°, n.°s 1 e 2, alínea h), do Código Penal (*id est*, se o agente revelar, em concreto, especial perversidade ou censurabilidade). É óbvio que o agente (investido numa posição de garante) pode assistir à morte da vítima por envenenamento (admita-se que a vítima ingere o veneno por confusão) sem nada fazer para a evitar. Porém, será errado concluir que o agente "envenenou a vítima por omissão", no sentido do artigo 132.° O veneno não foi eleito pelo agente como meio de cometimento do crime – foi-lhe "servido numa bandeja" pelo acaso.

No caso descrito, o agente poderá ser punido por homicídio simples (artigo 131.°) ou até por homicídio qualificado (artigo 132.°) por circunstância *diversa* da utilização do veneno. Erróneo seria, de todo o modo, pretender que ele cometeu um envenenamento por omissão, tendo em conta o que se estatui na parte final do n.° 1 do artigo 10.° do Código Penal.

11 – Apenas se deve admitir uma ressalva ao que acaba de se sustentar quanto aos crimes de forma vinculada: tal como os próprios crimes de mera actividade podem estar equiparados a omissões próprias (é o que sucede, como se viu, no âmbito do crime de violação de domicílio – cfr., artigo 190.°, n.° 1, do Código Penal), também os crimes de forma vinculada podem associar, nas respectivas descrições típicas, condutas activas e omissivas.

É dessa técnica que o legislador se prevalece, aparentemente, ao descrever o crime de exposição ou abandono no n.° 1 do artigo 138.° do Código Penal. Tratando-se de um crime de perigo concreto contra a vida, o crime de exposição ou abandono é um crime de resultado[19]. O resultado

---

bricense do *Código Penal* (Dir. por Figueiredo Dias). *Parte Especial*, II, 199, p. 293. Eduardo Correia referia-se a esta categoria através da designação "crimes de forma específica" – *op. cit.*, I, pp. 305-6. Germano Marques da Silva refere-se a estes crimes como "modais", contrapondo-os aos "crimes causais puros" e negando que possam ser cometidos por omissão – *op. cit.*, pp. 50-1.

[19] Foi Horn quem veio qualificar, precisamente, os crimes de perigo concreto como crimes de resultado – *Konkrete Gefährdungsdelikte*, 1973, p. 11 e ss.. Note-se que já muito antes, a propósito da falsificação da moeda, Beleza dos Santos tinha assinalado, na doutrina portuguesa, que os crimes de perigo podiam comportar resultado típico e por isso se deveriam distinguir dos crimes de mera actividade – "Crimes de moeda falsa", *Revista de Legislação e Jurisprudência*, 66.° ano, 2484, p. 19 e 22. O autor observou que a contrafacção da moeda (de que dependia a consumação do crime previsto no §2.° do

(normativo) é o próprio perigo, cuja comprovação judicial se requer, casu-isticamente, e que pode ser entendido como uma situação de insegurança existencial, em que se não pode predizer a subsistência do bem jurídico (segundo as leis de experiência comum, a vítima poderá morrer e nenhuma lei de "impossibilidade especial" afiança o contrário)[20].

O crime de exposição ou abandono não é, no entanto, um crime de forma livre. Só o seria se a norma incriminadora previsse a conduta de "quem criar perigo para a vida de outra pessoa" abstraindo do modo de criação desse perigo. Diferentemente, no n.° 1 do artigo 138.° exige-se que o perigo contra a vida seja causado através de uma conduta descrita no tipo. Daqui deveria inferir-se que o crime não pode ser cometido por omis-são, por força da parte final do n.° 1 do artigo 10.° do Código Penal[21].

Ora, foi precisamente por essa razão que o legislador, pretendendo criminalizar também a conduta omissiva, a previu expressamente [trata-se do "abandono", descrito na alínea b) do n.° 1 do artigo 138.°], densifi-

---

artigo 206.° do Código Penal de 1852-86) implicava a produção de um evento, mas ainda não a lesão do bem jurídico (que só coincidiria com a colocação a circular de moeda fal-sificada). Neste sentido, até os crimes de perigo abstracto podem comportar resultado típico (não lesivo).

Quanto ao crime de exposição ou abandono – que classifica, precisamente, como crime de perigo concreto e, por isso, de resultado – cfr., Fernanda Palma, *Direito Penal. Parte Especial. Crimes contra as pessoas* (fasc), 1983, p. 115 e ss..

[20] A ideia incerteza existencial (*Daseinungewissheit*) para caracterizar o conceito de perigo foi introduzida por Binding – *Die Normen und ihre Übertretung*, IV, *Die Fahr-lässigkeit*, 1965 (reimp.), p. 400 e ss.. A ideia de perigo concreto associado à possibilidade de produção do dano segundo as leis causais e à explicação da sua ausência como mera obra do acaso deve-se a Horn, *op. cit.*, p. 197 e ss..

[21] Diferente é a opinião de Fernanda Palma (*Direito Penal, Parte Especial, op. cit.*, p. 117 e ss.), que, invocando comentários à norma homóloga do Código Penal alemão (Horn, no *Systematischer Kommentar*, e Jahnke, no *Leipziger Kommentar*), conclui que a exposição pode ser activa ou omissiva e o abandono é forçosamente activo. Na verdade, na exposição é a vítima que sai fora do seu círculo de protecção, podendo o agente acom-panhá-la ou não, enquanto no abandono é o agente que se afasta do círculo de protecção da vítima. Creio, porém, que não é neste plano naturalístico e semântico que se deve tra-çar a distinção, mas sim num plano normativo, porque de conceitos normativos ("elemen-tos de direito do tipo de crime", no sentido do n.° 1 do artigo 16.° do Código Penal) se trata. Ora, numa perspectiva normativa, o abandono é praticado por alguém que, tendo o dever de cuidar da vítima, o não faz. Trata-se, pois, de uma omissão, mesmo que possa ser qualificada de "omissão por fazer", no sentido preconizado por Roxin – "Do limite entre comissão e omissão", *Problemas Fundamentais, op. cit.*, pp. 169-195.

cando até, a propósito de tal conduta, uma posição de garante especial – o dever de "guardar, vigiar ou assistir" a vítima (a pessoa abandonada)[22].

Abstraindo destes casos especiais, pode ter-se como correcto o entendimento de que nos crimes de forma vinculada não é possível equiparar a omissão à acção. Assim, o crime de tortura ou outros tratamentos cruéis, degradantes ou desumanos – que constitui, claramente, um crime de mera actividade e, já por isso, é insusceptível de comissão omissiva – também não poderia ser praticado por omissão por força da parte final do n.° 1 do artigo 10.° do Código Penal. Com efeito, a intenção da lei, objectivamente expressa na descrição activa da conduta típica, é contrária à equiparação da omissão à acção.

12 – Em sentido contrário ao exposto, pronuncia-se expressamente Maria João Antunes, que assevera que "a produção do resultado previsto no tipo legal do crime (do artigo 243.°, n.° 1) pode resultar da *omissão* da

---

22 O alargamento do abandono operado pela Lei n.° 65/98 (que deixou de exigir que a vítima fosse débil em razão da idade, deficiência física e doença), preconizado pelo projecto que elaborei em 1996 ("Código Penal: as ideias de uma revisão adiada", *text. cit.*, pp.65 e 75), reforça este entendimento, visto que o ilícito passa a repousar exclusivamente na "posição de garante especial".

Pronunciando-se criticamente sobre esta alteração, Damião da Cunha, em anotação ao artigo 130.° no *Comentário Conimbricense, op. cit.*, I, 1999, p. 118, afirma que o alargamento é incongruente com o desígnio de protecção de vítimas indefesas que se manifestou, nessa mesma revisão, na agravação de vários crimes contras as pessoas, e que o exemplo de um montanhista que guia uma expedição e abandona um turista criando uma situação de perigo para a vida (que ilustrou a necessidade de reforma em Portugal e, *mais tarde*, também na Alemanha) poderia estar já abarcado na anterior descrição típica. Não tem razão, todavia, quanto a nenhuma das críticas. Na qualificação de crimes contra as pessoas quando cometidos contra vítimas especialmente débeis operada em 1998 (e proposta em 1996) pretendeu-se consagrar a responsabilidade em casos em que ela estava já genericamente prevista (fosse quem fosse a vítima), o que não era, manifestamente, o caso do abandono, em que havia uma brecha na protecção do bem jurídico. Aliás, a configuração de um dever especial do agente do crime de abandono é que se revela incongruente com a exigência de debilidade da vítima. Se o agente tem o dever de não abandonar alguém e o faz criando perigo para a vida da vítima, a sua conduta tem merecimento penal. Quanto à afirmação, não demonstrada, de que o exemplo já cabia na previsão típica, há seguramente um equívoco: se o agente abandona a vítima e esta não é débil em razão da idade, deficiência física ou doença, não há exposição por definição e não havia abandono (antes da revisão de 1998) precisamente por faltar a qualidade típica requerida à vítima. Assim, o exemplo só não vale se Damião da Cunha lograr demonstrar que não é possível conceber, no caso, um abandono.

acção adequada a evitá-lo, sendo o omitente punível quando sobre ele recair um dever jurídico que pessoalmente o obrigue a evitar o resultado"[23].

A autora esclarece mesmo em que circunstâncias um tal crime omissivo será cometido – tratar-se-á da "hipótese de quem, tendo por função a prevenção, perseguição, investigação ou conhecimento de infracções criminais, contra-ordenacionais ou disciplinares, a execução de sanções da mesma natureza ou a protecção, guarda ou vigilância de pessoa detida ou presa, permitir que outras pessoas executem a tortura ou tratamentos cruéis, desumanos ou degradantes, faltando aos deveres que o seu cargo impõe"[24].

Por fim, a autora invoca, em benefício da sua tese, a opinião que Figueiredo Dias teria expendido, em 1993, no âmbito dos trabalhos preparatórios da reforma de 1995[25].

13 – A tese da ilustre penalista de Coimbra merece ponderação, até por constituir a única "opinião impressa" acerca da questão *sub judicio*.

O primeiro reparo que tal tese – cuja formulação se transcreveu por inteiro – merece é este: trata-se, simplesmente, de uma afirmação, mas não de uma demonstração. A autora não aduz argumento algum, limitando-se a descrever uma hipótese e a invocar o entendimento concordante de Figueiredo Dias.

Ora, o primeiro e indispensável passo a dar seria provar, ante o n.º 1 do artigo 10.º do Código Penal, que o crime é de resultado e que a lei não exprime intenção contrária à equiparação. Neste contexto, pressupor (aliás, sem discussão) que a "tortura e os outros tratamentos cruéis, degradantes ou desumanos" constituem, em si mesmos, resultados é incorrer num erro – e numa violação do princípio da legalidade – que já se evidenciou. A ser assim, não haveria crimes sem resultado, a primeira parte do n.º 1 do artigo 10.º ficaria destituída de sentido e o âmbito de punibilidade do crime omissivo seria ampliado *contra legem*.

14 – A própria invocação de Figueiredo Dias parece, de resto, precipitada. Na verdade, este autor sustentou apenas, no âmbito da Comissão de

---

[23] Maria João Antunes, anotação ao artigo 243.º no *Comentário Conimbricense*, *op. cit.*, II, p. 589.

[24] *Id., ibid.*

[25] *Id., ibid.*

Revisão do Projecto do Código Penal, a propósito do crime de omissão de denúncia (presentemente previsto no artigo 245.° do Código Penal), que "para as situações anteriores à prática do facto vale a previsão do artigo 10.°"[26]. E limitou-se a acrescentar que "o que aqui (leia-se, na omissão de denúncia) surge de novo, importante na luta contra a tortura, é a obrigação de denunciar, que o direito português não acolhe em termos gerais: estabelece-se um crime de omissão de denúncia"[27].

A que situações anteriores se refere Figueiredo Dias? A situações descritas nos crimes dos artigos 243.° e 244.°. Ora, as situações previstas nos artigos 244.° correspondem, como se viu, a crimes de resultado e os resultados respectivos poderão, porventura, ser imputados a título de omissão.

Mas, para além disso, o próprio recurso a uma expressão vaga como "situações anteriores"[28] sugere, desde logo, que o autor se não quis comprometer com a afirmação positiva de que o crime do artigo 243.° pode ser cometido por omissão. Situações anteriores podem ser todos os crimes que hajam sido cometidos no decurso da "tortura e dos outros tratamentos cruéis, degradantes e desumanos" (trate-se de ofensas à integridade física simples ou graves ou mesmo homicídios, mas sempre crimes de resultado e de forma livre) e em relação aos quais o agente estivesse investido numa posição de garante.

Aquilo que Figueiredo Dias pretendeu acentuar foi que a punibilidade pelo crime de omissão de denúncia não excluiria a possibilidade de punir o agente, por omissão, por crimes praticados previamente (desde que, evidentemente, estivessem reunidos os requisitos cumulativos dos n.°s 1 e 2 do artigo 10.° do Código Penal). Independentemente de qual seja o entendimento do autor, não parece pertinente inferir que ele defende que o crime do artigo 243.° pode ser praticado por omissão.

---

[26] *Código Penal. Actas e Projecto da Comissão de Revisão* (Ministério da Justiça), 1993, p. 288.

[27] *Id. ibid.*

[28] Observe-se que os restantes comentários ao artigo 245.° do Código Penal aludem apenas a "situações anteriores ao conhecimento do delito" – assim, Leal Henriques e Simas Santos, *Código Penal Anotado*, 2.° vol., 1996, p. 673 –, ou a "situações anteriores à prática do facto" – neste sentido, Maia Gonçalves, *op. cit.*, p. 754 –, sem tomarem a menção de Figueiredo Dias como referência precisa aos crimes dos artigos 243.° e 244.° ou defesa da equiparação da omissão à acção quanto a esses crimes.

Aliás, não teria sentido sustentar que o agente pode ser punido em concurso verdadeiro real pelos crimes de tortura por omissão (por não ter evitado a tortura) e de omissão de denúncia (por não ter denunciado a tortura). Tal tese poria em causa o princípio *non bis in idem* (na hipótese descrita, a omissão de denúncia constitui um verdadeiro "facto posterior não punível") e também,de modo manifesto, o direito do arguido de se não auto-incriminar.

15 – Perguntar-se-á, todavia, se no caso descrito por Maria João Antunes (em que, por exemplo, um guarda deixa um terceiro torturar um preso) o agente não merece punição.

Convirá recordar que o crime previsto no artigo 243.°, n.° 1, do Código Penal constitui um crime específico próprio[29], isto é, um crime cujo cometimento depende da posse de "qualidades ou relações especiais", para recorrer à linguagem do legislador (artigo 28.°, n.° 1, do Código Penal). Todavia, o n.° 2 do artigo 243.° alarga o círculo de autores, incluindo nele o que, "por sua iniciativa ou por ordem de superior usurpar a função referida no número anterior...".

Na hipótese configurada por Maria João Antunes, o *intraneus* (o possuidor da qualidade ou relação especial) serve-se ou, pelo menos, permite ao *extraneus* (aquele que não possui aquela qualidade ou relação) que torture a vítima. Ora, é óbvio que estaremos aqui perante uma situação de comparticipação criminosa num crime por acção [autoria mediata, se o funcionário possuir o domínio da vontade, por coacção moral invencível, erro que exclua o dolo ou a culpa do autor imediato, inimputabilidade do autor imediato ou mesmo por inserção numa estrutura criminosa organizada[30]; instigação, se houve apenas determinação da vontade do autor material; cumplicidade material ou moral se só foi prestado auxílio ao autor].

---

[29] Cfr. Lopes Rocha, *text. cit.*, p. 103, e Maria João Antunes, *text. cit.*, p. 587.

[30] A tese segundo a qual nos casos de organizações criminosas o "mandante" pode ainda ser considerado autor mediato e não apenas instigador foi desenvolvida por Roxin – *Täterschaft und Tatherrschaft*, 7.ª ed., 2000, p. 275 e ss.. A utilidade da tese é evidente num país, como a Alemanha, em que a punição de autor e instigador não é exactamente igual (o instigador pode ser punido menos severamente). Já perante a nossa Ordem Jurídica, que equipara ambas as categorias (pressupondo que ambas constituem formas de "autoria moral"), no âmbito do artigo 26.° do Código Penal, este esforço dogmático constitui uma "benfeitoria voluptuária".

16 – Em tais hipóteses de comparticipação criminosa, são, portanto, aplicáveis as regras de autoria, instigação e cumplicidade consagradas nos artigos 26.° e 27.° do Código Penal, com uma especialidade conhecida: basta que qualquer comparticipante possua a qualidade ou relação especial requerida pelo n.° 1 do artigo 243.° para que todos os demais sejam puníveis pelo crime específico, por força do n.° 1 do artigo 28.°

Esta última norma integra uma cláusula de extensão da tipicidade que, parcialmente, derroga o princípio da acessoriedade limitada[31]. Com efeito, de acordo com tal princípio seria exigível que fosse o autor a possuir a qualidade ou relação especial para que os participantes *stricto sensu* (instigadores e cúmplices) fossem puníveis, uma vez que é o autor, através do seu facto, que preenche o tipo de crime.

Porém, para evitar a "fraude à lei penal", o artigo 28.°, n.° 1, consagra uma ficção de tipicidade: mesmo que apenas o instigador ou o cúmplice possuam a qualidade ou relação especial, considera-se preenchida a hipótese típica e o autor (que poderá ser uma pessoa qualquer) é punível pelo crime específico (próprio ou impróprio).

17 – Do que se afirmou resulta que a hipótese concebida por Maria João Antunes corresponde a uma situação de comparticipação (pelo menos, a título de cumplicidade) num crime por acção e não à prática, por omissão, do crime previsto no n.° 1 do artigo 243.°

De resto, é elucidativo que a autora se tenha socorrido de um caso em que intervém uma pluralidade de agentes. Se a sua tese fosse correcta, seria concebível, diferentemente, um caso em que um autor material singular cometesse o crime omissivo (como sucederá, em relação ao homicídio, se o pai vir o filho morrer afogado e, podendo salvá-lo, nada fizer...).

A natureza do exemplo revela o equívoco em que a autora incorreu: pretendeu afastar a impunidade do agente que se sirva de um terceiro ou permita que ele torture a vítima, impunidade que, na realidade, seria inconveniente no plano da política criminal, olvidando que as normas referentes à comparticipação criminosa e, em especial, o artigo 28.°, n.° 1, do Código Penal inviabilizam esse desfecho em todas as hipóteses concebíveis (mesmo sem necessidade de recorrer à equiparação decretada pelo n.° 2 do artigo 243.°, cuja utilidade prática se confina aos casos de agente

---

[31] Cfr., sobre isto, Teresa Beleza, "Ilicitamente comparticipando", *Estudos em Homenagem ao Professor Doutor Eduardo Correia,* III, 1990, p. 689 e ss..

singular ou de comparticipantes que usurpam – todos – a função referida no n.° 1).

III

A posição de garante no crime de tortura e outros tratamentos cruéis, degradantes e desumanos

18 – Se, em abstracto, o n.° 1 do artigo 10.° se opõe à equiparação da omissão à acção relativamente ao tipo de crime cometido no n.° 1 do artigo 243.° do Código Penal, perde sentido questionar se o agente pode estar investido numa posição de garante – se pode recair sobre ele um dever jurídico que pessoalmente o obrigue a evitar o "resultado" (n.° 2 do artigo 10.°).

Consequentemente, todas as considerações que se fizerem sobre este assunto têm um carácter especulativo: *se* o crime tipificado no n.° 1 do artigo 243.° comportasse resultado típico e *se* a intenção da lei não fosse, quanto a ele, contrária à equiparação da omissão à acção, seria viável fundamentar uma posição de garante?

19 – A afirmação da posição de garante (da não produção do resultado típico) depende, em relação a um determinado crime, de uma análise que há-de passar, forçosamente, por duas fases: em primeiro lugar, será necessário identificar uma fonte ou uma função de garante, num plano abstracto; em segundo lugar, será indispensável reconhecer, em concreto, que o agente, dadas as circunstâncias do caso, estava em condições de evitar a produção do resultado típico, uma vez que só deve quem pode[32].

Segundo o critério (formal) das fontes, é usual identificar posições de garante resultantes da lei, de contrato ou de comportamento perigoso prévio ("ingerência")[33]. Já o "monopólio" de meios de salvamento deve ser rejeitado como fonte da posição de garante, por procurar fundamentar no puro acaso o dever jurídico a que alude o n.° 2 do artigo 10.° e por, simultaneamente, ignorar que o crime (omissivo próprio) de omissão de auxílio

---

[32] Cfr., sobre a delimitação das omissões relevantes, Fernanda Palma, Direito Penal. Parte Geral, II vol., *A Teoria Geral da Infracção como Teoria da Decisão Penal* (fasc. A.A.F.D.L.), p. 68 e ss..

[33] *Id.*, p. 71 e ss..

previsto no artigo 200.° constitui o ponto ómega da intervenção penal baseada num dever geral de solidariedade[34].

De acordo com o critério (material) das funções, a posição de garante pode traduzir-se numa função de protecção do bem jurídico ou de vigilância de uma fonte de perigo. Na primeira categoria, incluem-se as chamadas hipóteses de solidariedade natural (por exemplo, no seio da família), relações comunitárias estreitas (por exemplo, no âmbito de uma união de facto) ou de assunção voluntária da protecção do bem jurídico. Na segunda categoria, enquadram-se as situações de comportamento perigoso prévio, controlo das fontes de perigo (por exemplo, uma máquina fabril) ou vigilância de terceiras pessoas (por exemplo, uma criança ou um interdito por anomalia psíquica)[35].

20 – Tendo em conta a descrição típica do n.° 1 do artigo 243.° do Código Penal, pode concluir-se que a "posição de garante" do agente adviria da lei (segundo a teoria das fontes) e se consubstanciaria num dever de protecção do bem jurídico (de acordo com a teoria das funções) – bem jurídico que engloba, para além da tutela supra-individual da "humanidade", a defesa da vida, da integridade física e moral e da liberdade da pessoa detida ou presa.

Uma tal posição de garante concretizar-se-ia, afinal, na função de prevenção, perseguição, investigação ou conhecimento de infracções criminais, contra-ordenacionais ou disciplinares, "(de)... execução de sanções da mesma natureza ou (de)... protecção, guarda ou vigilância de pessoa detida ou presa", função que delimita o círculo de autores do crime específico próprio nos termos do n.° 1 do artigo 243.° e que é estendida a

---

[34] Sobre a delimitação dos âmbitos de aplicação dos artigos 10.°, n.° 2, e 200.°, n.° 2, cfr. Figueiredo Dias, "A propósito da 'ingerência do dever de auxílio nos crimes de omissão", *Revista da Legislação e Jurisprudência*, 116.°, n.° 3706, p. 18 e ss., Taipa de Carvalho, anotação ao artigo 200.° no *Comentário Conimbricense, op. cit.*, I, p. 851, e Fernanda Palma, *Direito Penal. Parte Geral, op. cit.*, p. 76 e ss. Os autores concordam quanto à aplicabilidade do artigo 10.° no caso de precedente ilícito, fazendo diferenciações mais complexas no caso de precedente lícito (se, por exemplo, o precedente lícito resultar de legítima defesa será aplicável o artigo 200.°, mas se resultar de direito de necessidade será aplicável o artigo 10.°, atendendo a que no primeiro caso a vítima originou a situação de perigo e no segundo caso não o fez).

[35] *Vide*, por todos, sobre as funções da posição de garante, Jascheck/Weigend, *op. cit.*, p. 621 e ss..

situações de exercício ilegítimo da autoridade com merecimento idêntico no n.° 2 do mesmo artigo.

Porém, em termos sistemáticos, o artigo 245.° do Código Penal dificulta a configuração da posição de garante. Prevendo o crime de omissão de denúncia praticado por "superior hierárquico que, tendo conhecimento da prática, por subordinado, de facto descrito nos artigos 243.° ou 244.°, não fizer a denúncia no prazo máximo de três dias após o conhecimento", a norma consagra uma importante restrição.

Na verdade, embora também haja dever de denúncia de colega ou subordinado hierárquico contra colega ou superior hierárquico, nos termos da alínea a) do n.°1 do artigo 242.° do Código de Processo Penal, a violação desse dever não constitui crime ante o disposto no artigo 245.° do Código Penal. Porquê? Porque se entende, justamente, que o colega ou o subordinado hierárquico não possuem as condições de liberdade funcional que justificam a criminalização da omissão de denúncia.

Ora, essas condições de liberdade funcional menos existirão ainda numa situação em que se exigiria um esforço para contrariar uma actividade criminosa na qual o agente não compartícipa a título algum (artigo 243.°, n.° 1) e não apenas a sua denúncia póstuma. Desta sorte, se fosse possível equiparar a omissão à acção nos termos das disposições conjugadas dos artigos 243.°, n.° 1, e 10.°, n.° 1, do Código Penal, dever-se-ia concluir, ainda assim, que não estaria investido na posição de garante o colega ou o inferior hierárquico que não impedisse o cometimento do crime (sem compartícipar nele, repete-se...).

E mesmo quanto ao superior hierárquico que não haja compartícipado no crime cometido pelo inferior hierárquico seria duvidosa a afirmação da posição de garante. O crime autónomo de omissão de denúncia parece ter a pretensão de esgotar, nessa hipótese, a responsabilização penal do superior hierárquico e a punição deste pelos dois crimes é questionável, como se viu, à luz do princípio *non bis in idem* e do direito do arguido de se não auto-incriminar.

IV

A possibilidade de pessoa não detida ou presa ser vítima do crime de tortura outros tratamentos cruéis, degradantes e desumanos

21 – Para além de ser, como se viu, um crime específico próprio, o crime tipificado no n.° 1 do artigo 243.° do Código Penal delimita, igual-

mente, o universo de eventuais vítimas. Vítima do crime – e objecto da acção típica – tem de ser *pessoa detida ou presa* e não qualquer outra pessoa contra a qual sejam praticados os actos descritos na norma – e ainda que tais actos prossigam uma das finalidades referidas nas várias alíneas.

A razão de ser da aludida restrição típica é facilmente apreensível. Na verdade, o crime de "tortura e outros tratamentos cruéis, degradantes e desumanos" não constitui, simplesmente, um crime contra a realização de justiça ou do Estado de direito democrático ou mesmo contra a vida, a integridade física e moral ou a liberdade da vítima. De acordo com a sistematização formal do Código Penal, a conduta típica é configurada como "crime contra a paz e a humanidade" (Capítulo II do Título III da Parte Especial).

Esta classificação do crime está longe de se poder considerar meramente simbólica: a lei penal portuguesa é aplicável a tal crime ainda que praticado fora do território nacional e que o agente e a vítima sejam estrangeiros ou apátridas [artigo 5.º, n.º 1, alínea a), do Código Penal]; no plano processual, para o julgamento do crime serão sempre competentes o tribunal colectivo ou do júri (mediante requerimento), mesmo sendo cominada pena de prisão não superior a cinco anos, *ex vi* de um critério qualitativo inderrogável (artigos 13.º, n.º 1, e 14.º, n.º 1, do Código de Processo Penal).

22 – Aquilo que permite, num plano material, distinguir o crime previsto no artigo 243.º, n.º 1, do Código Penal de um comum crime de ofensa à integridade física ou de coacção, por exemplo, é, desde logo, a circunstância de a vítima se encontrar detida ou presa[36].

Uma pessoa detida ou presa está numa situação de completa desprotecção, é uma vítima particularmente indefesa. Por isso, é especialmente

---

[36] No plano processual, o n.º 8 do artigo 32.º da Constituição, estipula que "são nulas todas as provas obtidas mediante *tortura, coacção, ofensa da integridade física ou moral da pessoa*, abusiva intromissão na vida privada, no domicílio, na correspondência ou nas telecomunicações". No domínio do processo penal, estas provas proibidas são nulas (devendo considerar-se a nulidade insanável, por força das disposições conjugadas do artigo 126.º e parte final do corpo do artigo 119.º do Código de Processo Penal) e não são utilizáveis em nenhuma fase (não podem ser valoradas). Deve entender-se que estas proibições constituem manifestações da tutela de direitos fundamentais – cfr. Costa Andrade, *Sobre as proibições de prova em processo penal*, 1992, p. 209 e ss. –, outro tanto sucedendo, afinal, com a norma incriminadora do artigo 243.º, n.º 1, do Código Penal, no plano substantivo.

grave e censurável que o agente que tem o dever de a guardar (e manter incólume) se aproveite dessa debilidade para a torturar ou lhe infligir outros tratamentos cruéis, degradantes e desumanos.

Alguém que não está detido ou preso pode, obviamente, ser agredido, por exemplo numa esquadra ou num posto policial. Imagine-se, para tanto, que uma testemunha é, precisamente, agredida durante uma inquirição ou que alguém que visita um recluso é agredido para fornecer meios de prova contra esse recluso.

Nestas hipóteses, contudo, não terá sido cometido o crime previsto no n.° 1 do artigo 243.° do Código Penal. Poderão ter sido cometidos, porventura, crimes de ofensa à integridade física, ameaça, coacção ou quaisquer outros, que serão puníveis nos termos das correspondentes normas incriminadoras[37].

---

[37] Observe-se, de todo o modo, que os crimes praticados por funcionário com grave abuso de autoridade foram agravados pela Lei n.° 65/98 (tal como propus no projecto de 1996 – cfr. "Código Penal: as ideias de uma revisão adiada", *text. cit.*, pp. 57, 64 e 75 e ss.), nos casos de homicídio, ofensa à integridade física, coação, sequestro, rapto e tomada de reféns [artigos 132.°, n.° 2, alínea l), 146.°, n.° 2, 155.°, n.° 1, alínea d), 158.°, n.° 2, alínea g), 160.°, n.° 2, e 161.°, n.° 2, respectivamente], em nome da necessidade político-criminal de contrariar formas despóticas de "exercício do poder" e assegurar a incolumidade dos bens jurídicos pessoais dos cidadãos.

Seguindo uma técnica legislativa diferente, o Código Penal alemão contém uma incriminação (o § 340, n.° 1) com o seguinte teor: *"Ein Amtsträger, der während der Ausübung seines Dienstes oder in Beziehung auf seinen Dienst eine Körperverletzung begeht oder begehen lässt, wird mit Freifeitsstrafe von drei Monaten bis zu fünf Jahren bestraft. In minder schweren Fällen ist die Strafe Freiheitsstrafe bis zu fünf Jahren oder Geldstrafe"* – Um funcionário que, durante o exercício do seu serviço ou em relação com o seu serviço, cometer ou permitir que seja cometida uma ofensa à integridade física é punido com pena de prisão de três meses a cinco anos. Nos casos menos graves (aplica-se) pena de prisão até cinco anos ou pena de multa.

Neste caso, como se vê, o legislador previu um crime de ofensa à integridade física especial, agravado em função da qualidade do agente: um crime específico impróprio e não específico próprio como o crime do artigo 243.°, n.° 1, do Código Penal português –, que não suscita especiais problemas dogmáticos: nem é de mera actividade nem é "de resultado cortado" ou "mutilado em dois actos". Cfr., sobre este crime, Kuhlen, anotação ao §340 em *Nomos Kommentar zum Strafgesetsbuch* (org. U. Neumann, I Puppe e W. Schild), que efectivamente o identifica como *"unechtes Amtsdelikt"* – isto é, como crime de funcionário (específico) impróprio.

23 – Pode questionar-se, por exemplo, se uma testemunha não estará numa situação idêntica à de uma pessoa detida ou presa, sendo aplicável, por isso, o n.° 1 do artigo 243.° do Código Penal.

A primeira observação a fazer a um tal entendimento está conexionada com o princípio da legalidade, consagrado nos artigos 29.°, n.°s 1, 3 e 4, da Constituição e 1.° do Código Penal. Não havendo unanimidade na doutrina sobre a proibição de interpretação extensiva não há dúvida de que a aplicação analógica de normas incriminadoras – ou, mais genericamente, de normas penais positivas (normas que geram ou agravam a responsabilidade penal) – é incompatível com o princípio da legalidade[38].

Ora, no caso em análise, não há dúvida de que enquadrar uma testemunha (que está a ser inquirida) no círculo de vítimas traçado pelo n.° 1 do artigo 243.° do Código Penal corresponde a uma "interpretação" que não possui o mínimo de correspondência com a letra da lei, no sentido do n.° 2 do artigo 9.° do Código Civil. "detido" e "preso" são expressões que não englobam, em sentido nenhum, "testemunha".

---

[38] Sobre o sentido da proibição da analogia, ver Sousa e Brito, "A Lei Penal na Constituição", separata dos *Estudos sobre a Constituição*, 2.° vol., 1978, p. 253 e ss. O autor nega a compatibilidade da própria interpretação extensiva com o princípio da legalidade por razões de segurança jurídica, dificuldades de distinção entre aplicação analógica e interpretação extensiva e por identificar uma diferença entre o "sentido possível das palavras" e o "mínimo de correspondência com a letra da lei" com que se basta (para efeitos de interpretação extensiva – ou restritiva) o n.° 2 do artigo 9.° do Código Civil.

Pondo em causa a cientificidade destas categorias (aplicação analógica, interpretação extensiva, elementos literal, histórico, sistemático e teleológico da interpretação, etc....), Castanheira Neves exige, decisivamente, que a interpretação (sempre "criativa do direito", na sua perspectiva) seja "segundo a Constituição" – o que implica o respeito por quatro condições – condição legal, determinação dogmática dos fins, adequação sistemática e garantia de cumprimento do *nullum crimes* – cfr. Castanheira Neves, "O princípio da tegacidade criminal", Estudos em Homenagem ao *Professor Doutor Eduardo Correia*, I, 1984, p. 308 e ss.. O que torna, de todo o modo, pouco clara a eficácia desta crítica à "teoria clássica da interpretação" é a absoluta ausência de exemplos que pudessem, eventualmente, ilustrar discrepâncias de resultados.

Fernanda Palma (*Direito Penal. Parte Geral, op. cit.*, 1994, p. 97 e ss) critica igualmente o "positivismo lógico-analítico" da teoria clássica da interpretação mas elege ainda como critério decisivo "o sentido possível do texto", que pode não coincidir com a "intenção normativa" (como sucederá no exemplo de "furto de uso" de uma *roulotte,* em que é o sentido possível das palavras que se opõe à subsunção do caso na hipótese legal do artigo 208.°, n.° 1, do Código Penal – *id.*, pp. 113-4).

24 – Só a afirmação de uma pretensa "lacuna sancionatória", a existência de igualdade de razões entre o caso previsto na lei e o caso omisso e a aplicação analógica do n.° 1 do artigo 343.° do Código Penal permitiriam alargar o âmbito da incriminação prevista nesta norma e abranger os casos de inquirição de testemunhas. Todavia, uma tal aplicação analógica, genericamente prevista nos n.°s 1 e 2 do artigo 10.° do Código Civil e instrumental do princípio da igualdade entendido em sentido material, é proscrita em Direito Penal.

Em primeiro lugar, esta proibição resulta do próprio carácter fragmentário do Direito Penal, que corresponde ao tributo devido ao princípio da necessidade das penas e das medidas de segurança, da subsidiariedade ou da intervenção mínima (artigo 18.°, n.° 2, da Constituição)[39].

Em segundo lugar, a proibição de analogia é formulada pelo princípio da legalidade, na dimensão primordial deste princípio que visa garantir a fácil cognoscibilidade das normas penais pelos destinatários, sem a qual estarão irremediavelmente comprometidas a função de determinação de condutas das normas de ilicitude e a finalidade preventiva geral das normas incriminadoras.

25 – Mas deve notar-se que, se por absurdo a nossa Ordem Jurídica postergasse o princípio da legalidade e a proibição de analogia *contra reo*, ainda assim se deveria concluir que o crime previsto no n.° 1 do artigo 243.° não poderia ser cometido, por exemplo, contra uma testemunha.

Na verdade, entre o caso previsto na lei e o "caso omisso" não se verifica sequer a igualdade de razões pressuposta pela analogia. É a situa-

---

[39] Por esta razão, Figueiredo Dias, aceitando a existência de obrigações constitucionais explícitas de incriminação, recusa a admissibilidade de obrigações implícitas – cfr. *Questões Fundamentais de Direito Penal Revisitadas*, 1997, pp. 80- 1, e *Temas Básicos da Doutrina Penal. Sobre os fundamentos da doutrina penal. Sobre a doutrina geral do crime*, 2001, p. 59 e ss.. Subscrevendo genericamente este entendimento, formularia apenas duas reservas: a existirem normas incriminadoras, não se me afigura viável (nem congruente com a ordem axiológica constitucional) que não fosse pura e simplesmente tutelado um bem jurídico como a vida humana (isto é, que não se previsse um crime de homicídio, independentemente de se admitir ou não, por exemplo, a licitude da eutanásia e do aborto); por outro lado, em termos de igualdade, não seria sustentável que, por exemplo, fossem criminalizadas condutas contra bens patrimoniais mas não contra a integridade física ou a liberdade. Em todos estes casos, poderá haver inconstitucionalidade por omissão. E essas situações podem ser superadas mediante a descriminação de condutas ou a criação de novas incriminações - mas nunca através da punição sem norma incriminadora.

ção de detido ou preso – e não outra qualquer – que justifica a criação de um crime *sui generis* contra a humanidade – específico próprio, de mera actividade e de "resultado cortado ou parcial" ou "mutilado em dois actos". Quem está detido ou preso não pode defender-se e terá mesmo dificuldades em denunciar o crime, o que justifica a consideração de que se trata de crime especialmente grave e censurável.

Esta razão de ser não está presente quando se trata de uma testemunha, que, após a inquirição, pode abandonar as instalações policiais e apresentar, eventualmente, uma denúncia.

Aquilo que se deve reconhecer é que ainda é detido ou preso, para efeitos de aplicação do n.º 1 do artigo 243.º do Código Penal, quem estiver *ilegalmente* detido ou preso. Assim, a pessoa que estiver ilegalmente privada da sua liberdade (e puder apresentar a providência de *habeas corpus* prevista nos artigos 31.º da Constituição e 220.º e 222.º do Código de Processo Penal) também é vítima potencial do referido crime.

A PROVA TÉCNICO-CIENTÍFICA: AS NOVAS FRONTEIRAS DA LIVRE APRECIAÇÃO?

HUGO ALEXANDRE DE MATOS TAVARES
Licenciado em Ciências Policiais
Subcomissário da PSP

A PROVA TÉCNICO-CIENTÍFICA:
AS NOVAS FRONTEIRAS DA LIVRE APRECIAÇÃO?

«A verdade, a verdadeira verdade, não é nunca aquela que chega até nós. Por mim, convenci-me de que a verdade não entra nas salas dos Tribunais, nem mesmo nos processos de grande repercussão.
Ela fica sempre pelas escadas, ou pelo caminho»[1].

A lição mais marcante e intelectualmente provocante que tive até hoje, aconteceu quando ainda frequentava os bancos do Instituto Superior de Polícia e o Prof. Doutor Germano Marques da Silva ministrava a cadeira de Ética.

No seu copioso e espontâneo tom coloquial e, paradoxalmente, próximo, convivente e familiar, perpassando os horizontes teóricos e práticos numa única realidade, como só a sabedoria vertida da experiência permite, ensinou-me que uma das maiores virtudes do polícia é o culto dos valores e, acima de tudo, a prudência.

E, na verdade, as exigências das decisões do dia-a-dia vêm sustentar e fomentar a validade do ensinamento do meu mestre, que, cada vez mais, assumo como premissa condicional em cada acção.

Personalidade distinta da área da justiça e do ensino, as suas lições foram sempre uma ininterrupta revelação e demonstrativas de uma ímpar cultura de princípios, tolerância, verdade, generosidade e humanismo, evidenciando um respeito académico e intelectual predicativos de uma grande e ímpar personalidade.

---

[1] BENTINI *apud* LUIGI BATTISTELLI, A Mentira nos Tribunais, Colecção Coimbra Editora n.° 3, 1977, p. 9.

§1. No desiderato processual da descoberta da verdade material, enquadrada e limitada por princípios auto-sustentantes e legitimantes do Rechtsstaatliches Verfahren, a testemunha – enquanto «toda e qualquer pessoa capaz que, não havendo sido encarregada, pelo juiz ou investigador, de colaborar, lhe transmite o conhecimento, sensorial ou intelectual, que tem a respeito dos factos controvertidos, em ordem a convencer o julgador ou investigador de que tais factos ocorreram de certa maneira»,[2] – assume-se, entre a plêiade dos diversos participantes processuais penais,[3] numa figura fundamental enquanto meio para a descoberta da verdade.[4]

Muito embora a dinâmica judiciária e as técnicas de investigação tenham iniciado uma trajectória que tende para a secundarização desse meio de prova, suscitada pela persistência de outras, de natureza científica[5], a prova de índole testemunhal continua a assumir-se como um meio

---

[2] AFONSO CASTRO MENDES, «Testemunha», *Polis – Enciclopédia Verbo da Sociedade e do Estado*, Lisboa, Verbo, 1987, p.1198. Não referiremos a extensa quantidade bibliográfica que pretende definir este participante processual mas, a título exemplificativo, cfr. NIKISCH *apud* VAZ SERRA, *Provas*, Lisboa, Procuradoria Geral da República, 1962, p. 521: «Testemunha é aquele que no processo deve depor acerca de factos ou situações concretas que, fora do processo e independentemente deste, foram apercebidas por ele».

[3] «Não sendo um sujeito processual, a testemunha é um participante necessário na realização da justiça. Trata-se de uma necessidade que se volve em dever, tendo em vista a finalidade que essa participação serve: uma finalidade que ultrapassa o mero interesse pessoal da testemunha na punição do culpado, para se transformar no interesse da sociedade na realização da justiça»; ANABELA RODRIGUES, *Justiça Penal Internacional e Protecção de Vítimas-Testemunhas por Meios Tecnológicos*, Ordem dos Advogados, 17 de Junho de 2002.

[4] Delimitam-se, assim, as figuras da testemunha e do perito. Sendo ambos participantes processuais (e não sujeitos processuais), o perito – que fornece a prova pericial – sustenta a sua visão da realidade *a posteriori* através da análise dos vestígios, enquanto que «às testemunhas não se lhe colocam as questões para que as vá observar, antes suscita questões sobre aquilo que percepcionou.», JORGE LOURENÇO MARTINS, *Op.Cit*, p. 29. Esta diferença de posições processuais é objecto do Acórdão do *Supremo Tribunal de Justiça* (*STJ*) de 22 de Fevereiro de 1996, BMJ 454, 1996, onde se determina que, quem exercer funções de perito, ao abrigo do 616.° do CPC, nada obsta que possa depor como testemunha. No mesmo sentido, cfr. Acórdão da Relação de 7 de Outubro de 1997, BMJ 470, 1997.

[5] O problema levantado pela prova testemunhal recordada por KARL LARENZ, *Metodologia da Ciência do Direito*, Lisboa, Calouste Gulbenkian, 1997, p. 339: «o julgador apoia-se em percepções próprias ou, das mais das vezes, em percepções de outras

de prova privilegiado e expressivo em processo penal, em sede de investigação e, sobretudo, na própria audiência de julgamento[6]. A prova é produzida através do depoimento testemunhal, ou seja, «a narração de um facto juridicamente relevante»[7] concretizador de um «acto tendencial e de vontade»[8] ou, por outras palavras, manifestando a voluntas da testemunha, invocando o conhecimento directo dos factos[9]. A prova testemunhal é uma prova pessoal, enquanto deriva de «actos de pessoas, (..) que relatam os factos tal como viram e apreenderam»[10].

Não obstante ser o meio de prova mais recorrente, é comummente aceite como sendo extremamente falível: «a verdade "material" que se busca em processo penal não é o conhecimento ou apreensão absolutos de um conhecimento, que todos sabem escapar à capacidade de conhecimento humano; tanto mais que aqui intervêm, irremediavelmente, inúmeras fontes de possível erro, quer porque se trata do conhecimento de acontecimentos passados, quer porque o juiz terá as mais das vezes de lançar mão de meios de prova que, por sua natureza – e é o que se passa sobretudo com a prova testemunhal –, se revelam particularmente falíveis.[11]

pessoas, que lhe foram comunicadas. Sobre o mesmo tema, BENTHAM *apud* GERMANO MARQUES DA SILVA, *Curso de Processo Penal*, Lisboa, Verbo, 1999, II, p. 136, «as testemunhas são(..)os olhos e os ouvidos da justiça. É por meio delas que o juiz vê e ouve os factos que aprecia».

[6] Em reconhecimento de que a «a prova testemunhal é o mais importante, por mais frequente, meio de prova em processo penal» CAVALEIRO FERREIRA *apud* MARQUES FERREIRA, «Meios de Prova», *O Novo Código de Processo Penal*, Almedina, Coimbra, 1995, p. 234. A este propósito ainda CACHO MILLÁN, «Sobre la prueba de testigos y su protección en el proceso penal español», *Revista Brasileira de Ciências Criminais,* S. Paulo, ano 7, n.º 26, Editora Revista Tribunais, 1995, p.11: *«por ser este el testigo el medio de prueba más utilizado y muchas las sentencias condenatorias basadas fundamentalmente en declaraciones testificales».*

[7] GERMANO MARQUES DA SILVA, *Curso de Processo Penal*, II, p. 135; MANUEL DE ANDRADE *apud* VAZ SERRA, Provas, Lisboa, PGR, p. 497, refere-se "factos pertinentes à causa".

[8] JORGE LOURENÇO MARTINS, *O depoimento Testemunhal em Processo Civil,* Edição do autor, 1988.

[9] «A testemunha é inquirida sobre factos de que possua conhecimento directo e que constituam objecto de prova», art. 128.º CPP. Em conjugação, o art. 138.º n. 1 que impede que o depoimento possa ser feita por procurador, materializando o princípio da imediação.

[10] BENTO GARCIA DOMINGUES, *Investigação Criminal*, Lisboa, 1963, p. 31. No mesmo propósito, CAVALEIRO FERREIRA, *Processo Penal,* I, Lisboa, Danúbio, p. 209.

[11] FIGUEIREDO DIAS, *Op.Cit.*, p. 140. No mesmo sentido, MOURAZ LOPES, Garantia Judiciária no Processo Penal, Coimbra, Coimbra Editora, 2000, p. 76: «meio de prova

Torna-se essencial ergo atender aos vários factores e condicionalismos que devem contender no campo avaliativo, no sentido de confrontar o conteúdo da informação que a testemunha possui.

§2. No Código de Processo Penal de 1929, diferenciavam-se as testemunhas dos declarantes. Estas últimas, não sendo qualificadas tipicamente como testemunhas, podiam depor, mas não afastavam as suspeições que afectavam a credibilidade dos seus testemunhos, podendo ter interesse em encobrir ou alterar a verdade[12] (testis suspecti). No entanto, a política criminal almejava um maior alcance prático: empenhado numa maior extensão aplicativa do princípio da livre apreciação da prova,[13] mormente no eixo processual tocante à prova testemunhal, o legislador aboliu essa distinção[14] e a credibilidade das testemunhas passa a ser apreciado livremente pelo tribunal v.g. a rechtliche beurteilung consagra a prova existente nos autos, bem como as produzidas em audiência, designadamente através da avaliação do próprio comportamento da testemunha durante a inquirição.[15]

O carreamento para o processo de várias testemunhas e a sua articulação com outros meios de prova, permite, por um lado, o reforço das posições de cada parte (prozeBfürender) e, por outro, anuir a comparação e a hetero-fiscalização das provas apresentadas[16]. E, ciente dos naturais cuidados exigíveis na ponderação e apreciação de um depoimento testemunhal único, dar como provado (Als wahr unterstellen) determinado

---

mais utilizado na praxis processual, permitindo algumas manipulações (...)»; Esta problemática fora já abordada em 1834, PEREIRA E SOUSA citado no Acórdão do STJ de 16 de Abril de 1998, BMJ 476, 1998: «Mas a funesta experiência da facilidade com que os homens caem no erro, e se enganam, ou mesmo se entregam à mentira, e à impostura, tem feito que os legisladores hajam acomodado as suas leis à fraqueza da humanidade».

[12] Cfr. 216.° n.° 3, 4, 5 e 6 do CPP de 1929.

[13] Cfr. art. 127.° do Código de Processo Penal, encontrando na prova testemunhal o seu maior campo aplicativo.

[14] Embora o actual CPP tenha dado a possibilidade de recusa de depor aos parentes e afins, cfr. 134.°: «A entidade policial que receber o depoimento deve advertir, antecipadamente, dessa faculdade, constando tal notificação no auto.» (n.° 2)

[15] «O valor da prova não depende da sua natureza (directa ou indirecta), mas fundamentalmente da sua credibilidade», Acórdão do STJ de 8 de Janeiro de 1998, BMJ 473, 1998.

[16] Em princípio, não há limitação na fase de inquérito, mas, na fase de instrução e julgamento já estão definidos os factos constitutivos criminais.

facto com base naquela prova revela-se uma tarefa intrincada, bem como é permitido ao juiz condenar ou absolver alguém baseado na convicção fornecida por um testemunho *ut singuli*: «na verdade, dada a extrema relatividade que tem a prova testemunhal em face da certeza judiciária, uma só testemunha, embora podendo ser suficiente para convencer o juiz, deve ser examinada com toda a atenção».[17] A sua correlação com outros meios de prova é susceptível de criar uma convicção no decidente que pode conduzir à condenação, como também se admite, por outro lado, que a existência de vários testemunhos não conduzam per si e necessariamente à condenação do arguido. Neste sentido, o sistema jurídico-processual erigiu um meio de controlo dessa apreciação, através da indicação dos motivos de facto que fundamentaram a decisão.[18]

No campo jurídico-civil, o artigo 396.º do Código Civil estabelece que a força probatória dos depoimentos das testemunhas será valorada livremente pelo tribunal (vale, portanto, o princípio da livre apreciação da prova). Todavia, os artigos 393.º e 394.º delimitam a força da referida prova, não admitindo, designadamente, a prova por testemunhas quando o facto estiver plenamente provado por documento ou por outro meio com força probatória plena, ou se tiver por objecto quaisquer convenções contrárias ou adicionais ao conteúdo de documento autêntico ou particulares.[19]

No horizonte jurídico-criminal, a prova testemunhal dá abrigo a uma vigência quase plena do princípio da livre apreciação, ou seja, é o tribunal que avalia, positiva ou negativamente, o conteúdo, as condições, as qualidades e possíveis circunstâncias susceptíveis de afectar o depoimento. Contudo, esta vigência não afasta a possibilidade de erro judicial quando a decisão condenatória se sustente exclusivamente com base naquela tipologia probatória.[20] Do mesmo modo se compreendem outrossim as deci-

---

[17] E. ALTAVILLA, *Psicologia Judiciária*, Vol. II, Arménio Amado Editor-Sucessor, Coimbra, s.d. p. 320.

[18] «Temperando-se assim o sistema de livre apreciação das provas com a possibilidade de controle imposta por uma obrigatoriedade de uma motivação racional (...) garantindo-se (...) a credibilidade da justiça», MARQUES FERREIRA, «Meios de Prova»,... p. 239.

[19] Atente-se, todavia, à redacção do Acórdão do Tribunal da Relação de Lisboa de 17 de Dezembro de 1998, BMJ 482 (1999): «As regras constantes dos artigos 394.º e 395.º do Código Civil não têm valor absoluto, sendo admitida a prova testemunhal nos casos em que seja complementar à prova decorrente de circunstâncias objectivas que tornem verosímil uma convenção.

[20] «Rudolph Holton(..)condenado à morte pelo assassinato de uma jovem de 17 anos, em 1986, vai ser agora libertado, depois de se ter concluído que não há material

sões prudentes dos tribunais perante situações de insuficiência da prova testemunhal, sobretudo quando se trata de analisar e confrontar duas testemunhas contraditórias,[21] em submissão ao consensual e basilar princípio *in dubio pro reo*[22].

§3. «A prova testemunhal seria a mais simples e a mais perfeita de todas as provas se se pudesse supor que os homens são incapazes de se enganar e de afastar-se da verdade e da justiça»[23].

O testemunho vai ser avaliado *maxime* pelo julgador em audiência de julgamento – *ex vi* art. 355.° CPP –, mas isso não prejudica que o investigador criminal deva, a montante, examinar a sua fiabilidade – isto é, concluir se o conteúdo informativo que a testemunha detém é relevante e fidedigno, pressupostos fundamentais para a aceitação da matéria produzida – para, posteriormente, conduzir o interrogatório no sentido de colher capazmente a informação[24]. Por outras palavras, trata-se de sindicar «(...)qual a melhor forma de avaliar os resultados obtidos através do testemunho e qual a maneira que melhor permite ajustar ou adequar as perguntas»[25].E isto sobressai, sobretudo, quando o juiz é confrontado por «construções

---

suficiente para a sua condenação. A ausência de provas materiais e a infiabilidade das testemunhas – uma delas confessou que tinha prestado declarações falsas - travaram uma sentença que não permite erros nem dúvidas», *CM*, 26 de Janeiro de 2003.

[21] «Como não há razões objectivas para dar crédito a um em detrimento de outro, torna-se impossível determinar o que efectivamente se passou e em caso de dúvida o tribunal deve decidir sempre de forma favorável ao arguido», Despacho de não pronúncia que determinou o arquivamento no caso Fernando Negrão, ANA ISABEL ABRUNHOSA, Investigações «*Ad Hoc*», *EXPRESSO*, 11 de Novembro de 2000.

[22] «A prova para condenação tem de ser plena, enquanto a dúvida ou incerteza impõe a absolvição», CAVALEIRO FERREIRA, *Op. Cit*, p. 212.

[23] PEREIRA E SOUSA *apud* Acórdão do *STJ* de 16 de Abril de 1998, BMJ 476, 1998.

[24] «A psicologia do inquirido é que condiciona a forma do seu interrogatório», ANTÓNIO ARNAUT, *Iniciação à Advocacia*, Coimbra, Coimbra Editora, 1996, p. 127.

[25] FERREIRA ANTUNES, *Elementos de Investigação Policial*, Sumários ao 4.° ano de Ciências Policiais do ISCPSI, Lisboa, 2002., p. 37. Sobre a mesma temática, «Conduzir o interrogatório é uma arte que exige o conhecimento do temperamento da pessoa interrogada, de maneira a retirar dela o que ela sabe, e só isso, não a deixando alongar-se em considerações sem interesse, produzidas por verbosidade inútil, ou fazendo-a falar quando se apresente disposta a não falar ou a dizer o mínimo», BENTO GARCIA DOMINGUES, *Op.Cit*, p. 44.

alternativas da realidade»,[26] percepções diversas do mesmo facto, colocadas por testemunhas que, por vezes, se contradizem e não existindo
outros meios para o juiz se socorrer e fundamentar a sua decisão judicativa.[27]

Assim, para a aceitação e valoração da matéria testemunhal – e tendo
as regras da experiência como principais norteadoras[28] –, torna-se relevante uma análise dualista, que cuide de considerações – rectior, de condicionalismos endógenos, relativos à percepção do facto, e exógenos, no
tocante à acreditabilidade que a pessoa nos oferece. Concludentemente,
importa, por um lado, aferir a acuidade do conteúdo do testemunho, através da análise cuidada de aspectos relativos à percepção do acontecimento, do grau de cognição e à capacidade de reproduzir aquilo que percepcionou.[29] Cumulativamente, urge atender à credibilidade da própria
testemunha, inferida através da análise de um cortejo de factores que
incluem a posição e a vontade da testemunha, isto é, saber qual é a sua
motivação, se tem algum interesse pessoal em conflito decorrente da posição de testemunha e o correspectivo dever de verdade,[30] ou se existem,
ademais, outros factores que poderão cercear a sua vontade, como a possibilidade de ser ou estar corrompida ou intimidada.[31] Contudo, na ava-

---

[26] HOLMSTROM/BURGESS *apud* FIGUEIREDO DIAS e COSTA ANDRADE, *Criminologia,
O Homem Delinquente e a Sociedade Criminógena*, Coimbra Editora, 1992, p. 539. No
mesmo sentido, s.a. «Aportaciones de las Ciencias Psicologicas a la Valoracion de Prue-
bas», *Criminalia*, Mexico, ano XXXVII, marzo, n.° 3, p. 191: *«La percepción, la califi-
cación juiciosa de lo percibido, el juicio a posteriori, la sugestibilidad mayor o menor, la
pásion, el sentimiento personal de seguridad o inseguridad del momento, indican la ines-
tabilidad de lo que llamamos "realidad"».*

[27] «A justiça da decisão assenta primordialmente na verdade dos factos admitida
como pressuposto da aplicação do direito», CAVALEIRO FERREIRA, *Op.Cit*, p. 203.

[28] «Como a maioria das acções puníveis, no momento do processo, apenas são
apreensíveis pelo tribunal através de diferentes manifestações (ou efeitos) posteriores, são
principalmente as regras da experiência e conclusões logicamente muito complexas que
tornam possível a verificação dos factos», ENGISCH *apud* FIGUEIREDO DIAS e COSTA
ANDRADE, *Op. Cit*. p. 540.

[29] E. ALTAVILLA, *Op. Cit.*, p. 253, propunha a avaliação do testemunho sob dois
vectores: sinceridade (atitude psicológica para dizer aquilo que se sabe e se pensa e é percepcionada através de traços fisionómicos específicos e pela espontaneidade) e veracidade
(correspondência entre o estado subjectivo e a realidade objectiva).

[30] Cfr. 132.° n.° 1 d) do CPP.

[31] Cfr. FERREIRA ANTUNES, *Idem, ibidem*. Sobre a mesma matéria, LUIGI BATTIS-
TELLI, *Op.Cit.*, p.64.: «a maior parte da coisas não verdadeiras, ditas pela testemunha, sob

liação da credibilidade, além de concorrerem variáveis diversas, não podemos ignorar a própria subjectividade valorativa do juiz, decorrente da sua pessoalidade[32] e, sobretudo, a possibilidade deste ser influenciado pelos estereótipos sociais, não se abstraindo dos mecanismos de pré-selecção e valoração do testemunho[33] que obstam à necessidade de «neutralização (...) e isenção perante as partes em litígio»,[34] sob pena de decisões erróneas (unrichtig).

A dificuldade é que a factualidade pretérita já não pode ser perceptível em audiência. Só através do testemunho das pessoas que presenciaram os eventos, recordando-se daquilo que memorizaram, podem tornar presentes. Contudo, «qualquer jurista prático sabe quão inseguras são, as mais das vezes, as declarações das testemunhas: deficiências de percepção, de interpretação e de memória, e também, com frequência, a mais ou menos inconsciente tomada de partido da testemunha.(...)[35].

Neste sentido, compreende-se que o investigador e *maxime* o julgador (pela gravidade da sua acção decisora) estejam precavidos e atentos às «armadilhas que o espírito humano prepara, inconscientemente, a si mesmo».[36] Por conseguinte, a constatação da falibilidade da prova testemunhal é permitida pela interferência de plúrimos factores que poderão pôr em causa a confiança da informação e que deverão ser identificados pelo investigador e pelo julgador para uma valoração capaz do conteúdo do testemunho. Com esse objectivo, não devem aqueles esquecer uma fór-

---

juramento, no Tribunal, são mentiras conscientes e voluntárias, determinadas umas vezes por um fim utilitário, outras por um criminoso acto de solidariedade criminal, outras por um piedoso sentimento de amizade (..), castas, e, as vezes até por um ideal.(...)».

[32] Decorre como característica inalienável de ser humano e ser social.

[33] Desenvolvidamente, K.D. OPP *apud* FIGUEIREDO DIAS e COSTA ANDRADE, *Op. Cit*, p. 550.

[34] LUHMANN *apud* BACELAR VASCONCELOS, *A crise da justiça em Portugal*, Cadernos Democráticos, n.° 3, Gradiva Publicações, 1998, p. 17. No mesmo sentido, MOURAZ LOPES, *Garantia Judiciária no Processo Penal,* Coimbra Editora, 2000, p. 23: «só o juiz, munido do seu múnus de independência e imparcialidade, poderá, por isso, assumir plenamente o papel de garante último dos direitos, liberdades e garantias do cidadão».

[35] K. LARENZ, *Op. Cit.*, p. 409. Sobre a mesma problemática, RIBEIRO DE FARIA, «Prova», *Polis – Enciclopédia do Estado e da Sociedade*, p. 1691: «Pode dizer-se que ela é [a prova testemunhal], pelo menos em certo sentido, uma das provas mais importantes, e tudo isso não obstante a falibilidade a que está sujeita: nem sempre se fazem relatos de boa-fé, nem sempre a memória retém e reproduz fielmente».

[36] LUIGI BATTISTELLI, *Op. Cit.*, p. 89

mula importante: «qualquer percepção é uma análise parcial da situação, de que acentua um aspecto em detrimento dos outros».[37]

§4. BATTISTELI alertava que não havia «maior erro que considerar a testemunha como chapa fotográfica(...)».[38] Se bem que a prova testemunhal se cinge ao relato de eventos percepcionados *quoe percipiuntur per sensum corporis*, é comummente aceite que não oferece totais garantias probatórias devido às contingências sob as quais as pessoas assistem os factos[39] – são os designados factores de deformação da realidade: «cada indivíduo, por serem diferentes os seus aparelhos sensoriais, percepciona de maneira diferente; conforme a personalidade psico-ética fixa mais ou menos intensamente a sua atenção a este ou aquele pormenor, completando, com dados imaginados aqueles que não foram percepcionados ou defeituosamente percepcionados».[40] Ou seja, a prova testemunhal oferece demasiadas oportunidades de ficar viciada, quer por ilusão de óptica na percepção, quer por interferência de emoções, traumas ou inter alia o interesse que lhe despertou o evento, o grau de participação ou envolvimento no facto. Por vezes, corre-se o risco da atenção ficar presa num ponto específico ou numa curiosidade superficial, descurando-se a factualidade relevante e, consequentemente, conduzindo a um testemunho pouco fiel e redutor, embora não haja qualquer elemento volitivo intencional para reproduzir um depoimento impreciso.[41]

Num primeiro momento, em ordem a avaliar a acuidade do testemunho, o julgador deve atender a todos os problemas que são inerentes à

---

[37] WOODWORTH apud ENRICO ALTAVILLA, *Op. Cit*, II, p. 252.

[38] E. ALTAVILLA, *Op. Cit*, II, p. 252.

[39] Exemplo paradigmático a experiência do prof. LIZST em que, perante uma audiência de 60 estudantes de uma aula (ou seja, testemunhas com a mesma idade e o mesmo nível cultural), se simulou um crime e só 10 foram capazes de narrar com exactidão, citado por E. ALTAVILLA, *Op.Cit.*, II, p. 71

[40] E. ALTAVILLA, *Op.Cit*, p. 254 No mesmo sentido, NEVES E CASTRO, *Theoria das Provas*, Porto, Livraria Ernesto Chardron, 1880, p. 11: «Os tribunaes teem experimentado, com especialidade nos processo-crime, grandes provas de falibilidade dos conhecimentos que obtemos pelos nossos sentidos».

[41] *«Even the most honest and objective people can make mistakes in recalling and interpreting a witnessed event; it is the nature of human memory.»*, JANET RENO, *EyeWitness Evidence – A Guide for Law Enforcement*, U.S. Department Of Justice, National Institute of Justice, 1999, p. 5.

memória humana e à percepção.[42] A capacidade de percepção pode ficar afectada devido à existência de factores externos, – v.g. como a distância da testemunha ao acontecimento, a iluminação do local, as sensações cromáticas, o ruído ou as condições atmosféricas, a duração e a velocidade do acontecimento – e internos, designadamente, a própria capacidade física da testemunha (v.g. a existência de alguma contingência física ou psíquica), a casualidade emocional da testemunha, que pode levar à percepção de apenas parte do acontecimento,[43] o grau de «familiarização» com o acontecimento ou ainda a afectação das naturais tendências ou preconceitos da testemunha,[44] bem como o grau de atenção a que estava aquando da presença dos factos (a testemunha pode ficar impressionada com um momento secundário do facto).[45] Complementarmente, além do problema da memorização da factualidade percepcionada, existe o problema da evocação e reprodução dessas memórias, agravado pela demais conhecida demora na realização dos julgamentos relativamente aos factos cometidos,

---

[42] Sobre a vulnerabilidade da percepção e memória, ALBERTO PESSOA *apud* LOURENÇO MARTINS, *Op. Cit.* p. 62: «a imagem que ela [a testemunha] guarda de um dado acontecimento, poderá ir sofrendo sucessivas modificações, devido à imaginação criadora do indivíduo. Bastará que a testemunha medite no caso, isto é, traga a sua imagem mental para a zona de máxima iluminação do campo de consciência, para que uma série de hipóteses, fornecidas pelos raciocínios, venham, pouco a pouco, aparecendo, e o que ficará armazenado no subconsciente será a íntima fusão da imagem do facto observado com estas imagens novas que se lhe foram juntando, para que a própria testemunha acabará por tomar tudo como sendo o resultado da sua observação». No mesmo sentido, «as pessoas, ao relatarem os factos por elas mesmo presenciados, são inconscientemente levadas a integrar na narrativa elementos de fantasia, acrescentando, muitas vezes, outros já não presenciados mas que ouviram referir e de que a sua mente se apropriou como factos vividos», BENTO GARCIA DOMINGUES, *Investigação Criminal*, Lisboa, 1963, p. 43.

[43] « (...) as vítimas e as testemunhas implicadas em actos ou incidentes com a eclosão de violência (acidentes, violações, roubos,...) dificilmente poderão fazer correctas e rigorosas descrições dos suspeitos e dos factos ocorridos: as graves reacções emocionais decorrentes podem provocar perda total ou parcial da memória», FERREIRA ANTUNES, *Op. Cit.* p. 40.

[44] «Os juízos (...) não se fundam sempre (...) somente em percepções e na sua associação em imagens representativas. Trata-se, com frequência, de juízos que assentam numa interpretação da conduta humana, na experiência social ou numa valoração», K. LARENZ, *Op. Cit*, p. 400.

[45] «A testemunha tem antes de mais de ter a percepção sensível dos factos, mas, porque na grande maioria dos casos essa percepção é meramente ocasional, sucede frequentemente que não se apercebe integralmente deles», GERMANO MARQUES DA SILVA, *Op. Cit,.* II, p. 136.

implicativo na afectação da qualidade dos testemunhos: «A experiência mostra que a imediação é inimiga da dilação, pois as impressões e recordações apagam-se ou esvaem-se com o tempo».[46]

Por outro lado, a avaliação e ponderação do testemunho são tarefas ineliminavelmente relevantes, porquanto é exigível que o julgador interprete aquilo que foi reproduzido pela testemunha: «São necessárias ulteriores reflexões sobre se a conduta pode servir a diferentes fins ou se a situação é unívoca. Uma interpretação que era, à primeira vista, evidente pode mostrar-se incorrecta face a um conhecimento mais aproximado das circunstâncias».[47] Daí que ser relevante encaminhar à luz deste texto, um ensinamento basilar neste horizonte temático: duvidar sempre da precisão da memória.[48]

§5. A intervenção dos órgãos de comunicação social na justiça é sustentada pelo direito à informação e pelo princípio da publicidade.[49] Paradoxalmente, compreende alguns riscos, ao surtirem, de modo crescente, interferências prejudicais no decurso dos processos.[50] Fruto de uma «sociedade de consumo mediática» que se «nutre a si mesma ininterruptamente de processos criminais e casos policiais»,[51] levanta, permanentemente, a problematização de questões *inter alia* como o segredo de justiça, a intimidade da vida privada,[52] os julgamentos paralelos, a manipulação e

---

[46] GERMANO MARQUES DA SILVA, *Op.Cit.* p. 90.

[47] K. LARENZ, *Op. Cit.*, p. 401.

[48] «Se me perguntarem um pormenor de uma sala de audiências que frequento há dezenas de anos, é natural que não o saiba precisar. Devemos, pois, ser compreensivos para certas indecisões e lapsos de memória. Quando se pergunta a uma testemunha de que cor era a gravata do arguido, devemos duvidar dela se responder pronta e categoricamente», ANTÓNIO ARNAUT, *Op. Cit*, p. 127.

[49] Cfr. arts. 86.º a 88.º do CPP.

[50] «O nosso tempo lidou com armas de comunicação cujo alcance e efeito não conhecia e desfruiu o que mais devia preservar. Primeiro, destruiu, alegremente, a credibilidade dos políticos; depois destruiu a credibilidade das magistraturas. Minou os fundamentos da autoridade, condenou-se a si próprio», ANTÓNIO PINTO LEITE *apud* J. L. MORAES ROCHA, «Justiça e Comunicação Social: o olhar da jovem Themis», *Sub Judice – Justiça e Sociedade*, n.º15/16, 1999, p. 189.

[51] ANTÓNIO Nunes, *Justiça, Comunicação e Poder*, Livros Horizonte, 2000, p. 92.

[52] «Numa era de espectacularização orgíaca e taumatúrgica da informação, em que os *mass media* invadem os últimos redutos do privado, expondo sentimentos íntimos, convidando ao riso permanente, exortando à domesticação total da violência, dificilmente os tribunais poderão furtar-se às arremetidas das câmaras televisivas.», *Idem*, p. 96

distorção da realidade judicial e a influência exercida sobre os intervenientes processuais, coarctando, inclusivamente, a liberdade de decisão do juiz, vector fundamental da independência judicial que visa proteger de «toda a espécie de pressões, directas ou indirectas, susceptíveis de influenciar a declaração de direito do caso».[53]

Na verdade, assistiu-se a uma viragem na exposição da justiça, colocando-a no ponto de grande visibilidade e, consequentemente, tornando-se num objecto de constante discussão pública.[54] Reconhecida com uma necessidade gerada de uma visão democrática mais apurada, reclamando uma justiça mais pública,[55] o direito à informação, constitucionalmente consagrado, assume e converge, sob a sua tutela, um crescendo de situações.[56] Nesta época onde se vive um verdadeiro «despotismo de opinião»,[57] os media podem ser considerados como «o prolongamento dos tribunais»,[58] enquanto difusores das decisões judiciais; todavia, também

---

[53] FIGUEIREDO DIAS, A «Pretensão» a um Juiz Independente como Expressão do Relacionamento Democrático entre o Cidadão e a Justiça», *Sub Judice – Justiça e Sociedade*, n.º 14, 1999. p. 27.

[54] «Ironicamente, se é que a ironia tem legitimidade para ser aplicada numa análise de causas sérias, tal como o comportamento desviante e anómalo é sempre mais apetitoso objecto de tematização noticiosa, assim os tribunais começaram a concitar maior atenção dos media quando da eclosão da chamada crise da administração da justiça», PAQUETE DE OLIVEIRA, «A Comunicação Social e os Tribunais: do Silêncio ao Rumor», *Sub Judice – Justiça e Sociedade*, n.º 15/16, 1999, p. 23.

[55] Sobre os factores que levaram ao aumento da visibilidade mediática da justiça, cfr. BOAVENTURA SOUSA SANTOS, *Os Tribunais nas Sociedades Contemporâneas*, Afrontamento, Porto, 1996.

[56] *«Une société démocratique a besoin de média libres, qui informent le citoyen. Les média, pour leur part, dépendent du soutien de la justice pour pouvoir remplir leur devoir d'information envers l'intérêt public»*, Conference of the Chief Justices of the Supreme Courts and Attorney-Generals of the Countries of the European Union, Lisbon, 18th-21st May, 1994, *Justice and mass media* in Documentação e Direito Comparado, Procuradoria Geral da República, Lisboa, 1995

[57] BECCARIA *apud* CUNHA RODRIGUES, «Para Onde Vai a Justiça?», *Sub Judice – Direito e Sociedade*, n.º14, 1999, p. 39.

[58] PAQUETE DE OLIVEIRA, *Op. Cit*, p. 27. Sobre esta questão ainda FREITAS DO AMARAL, *Justiça em Crise? Crises da Justiça*, Lisboa, Publicações D. Quixote, 2000, p. 157: «o verdadeiro poder social de indigitação dos criminosos caiu nas mãos do Ministério Público, e uma acusação deste, avidamente aproveitada pela comunicação social, transforma mediaticamente qualquer acusação em condenação antes mesmo de os tribunais se pronunciarem!»

se exige que contribuam para a realização da justiça, inibindo possíveis acções que prejudiquem e conflituam com as exigências do aparelho judicial, designadamente, no que diz respeito à colaboração da descoberta da verdade, na não-interferência na acção investigatória e na não-manipulação das audiências, procurando imiscuírem-se na formulação de juízos pré-concebidos, facilmente assimilados pelo público.

A sensibilidade desta problemática evidencia-se, desde logo, perante a lógica imanente à actividade jornalística: as necessidades de novas notícias não se compaginam com o lento desenrolar dos processos; enquanto o tribunal procura a verdade material através da valoração dos diversos meios probatórios, os órgãos de comunicação social, tendo sempre subjacente uma lógica de produtividade, vêem-se obrigados a ficar "presos" a fontes de informação informais, muitas vezes desconhecidas e de credibilidade duvidosa; por outro lado, na explorações das notícias, não raras vezes se evitam a produção de comentários e críticas tendenciosas.[59]

Relativamente à acção da imprensa e a Justiça, procura-se uma «forma de coabitação no mesmo espaço social»,[60] ou seja, um ponto de equilíbrio de valências: «a incidência dos meios de comunicação social sobre o desenrolar do processo e particularmente sobre a sua tranquilidade e serenidade necessita de ser compaginada com o direito do público a ser informado sobre questões judiciárias».[61] Não obstante, muitas vezes, os media são vistos perigosamente com uma função substituidora, mediatizando e vulgarizando, antecipando as decisões dos tribunais e pré-formando os juízos das pessoas: «Os órgãos de comunicação social percepcionam-se a si mesmos como agentes investidos de peculiar missão objectivadora, suportada por mecanismos auto-legitimadores que se sobrepõem às instituições e rotinas burocráticas estaduais».[62] Por conseguinte, ROXIN apela para uma dupla intervenção garantística: é necessária «la protección de la personalidad» (salvaguarda do arguido de situações potencialmente danosas de cariz patrimonial ou não patrimonial, v. g. vida

---

[59] Alguns riscos da mediatização da justiça foram já apontados por CUNHA RODRIGUES, *Op. Cit*, p. 39: excesso de informação que poderá estigmatizar certos grupos; "sofisticar o conflito e o escândalo; ampliar a espectacularidade da audiência; influência do público e dos meios de prova; possibilitador a fenómenos de adesão do crime.

[60] PAQUETE OLIVEIRA, *Idem, Ibidem*.

[61] CABRAL BARRETO, *A Convenção Europeia dos Direitos do Homem*, Editorial Notícias, Aequitas, 1995, p. 122.

[62] PAQUETE OLIVEIRA, *Idem, Ibidem*.

privada, honra, bom nome), bem como uma «protección autónoma del proceso» (sob pena de falsear a decisão judicial em si mesma).[63]

Esta tensão é sentida particularmente quando existe uma relação directa com as testemunhas de um processo,[64] sendo os órgãos de comunicação social acusados de exercerem uma pressão que é reconhecidamente prejudicial para o funcionamento institucional, bem como para a descoberta da verdade.[65] Com efeito, este problema tem gerado certas antinomias entre a imprensa e as instituições judiciárias e reacções tão polémicas que, a título exemplificativo, na Inglaterra, deu origem a uma proposta de criminalização dos editores de jornais que pagassem às testemunhas para exploração e publicação das matérias, num combate claro ao designado chequebook journalism[66] considerado como um incentivo ao

---

[63] Roxin, «El proceso penal y los medios de comunicación», *RPJ*, Consejo General del Poder Judicial, Madrid, n.º 55, 1999, p. 73.

[64] Recordemos a advertência de Altavilla, *Op. Cit.*, II, p. 277: «quando se trate de um processo importante, de que a imprensa se ocupe muito, este trabalho de preparação pode ser causa de verdadeiras deformações, porque a vaidade, o desejo de ver recordado o seu depoimento, pode levá-lo a forçar as suas recordações, para poder dar esclarecimento que adquiriram importância». E aqui, surge realçado o problema do ciclo vicioso que se estabelece, prejudicial para a fidelidade do testemunho: ao sentir-se pressionada para dizer todas as coisas, mais ela se sente impulsionada a recordar pormenores que pensam que serão importantes. Esses pormenores, muitas das vezes "nubelosos", acabam por ser assumidos com convicção pela testemunha e contaminam a acuidade do seu testemunho. Reflecte-se aqui o aforismo de Rochefoucald: «Nada impede tanto de ser natural como o desejo de parecê-lo».

[65] «Passámos de uma comunicação social-revelação para uma comunicação social vampirizadora dos fins do processo crime: para a qual não há um processo crime para a recolha, o debate e a avaliação das provas, a prisão preventiva torna-se abusiva, as testemunhas transformadas em reles denunciantes, os processos num acumular de denúncias anónimas maldosas, e a Polícia, o MP, o JIC e as regras do processo crime deixaram de existir.(...) A comunicação social tem um limite – o da não perturbação do funcionamento do tribunal, da não manipulação das provas. A comunicação social não é sujeito processual, não pode julgar, nem permitir que julguem não é tanto por causa do princípio da presunção da inocência mas porque tem métodos e fins diferentes do tribunal.», Maria José Morgado, Dossiers PÚBLICO, 15 de Fevereiro de 2003. Relevante ainda sobre este tema o já mencionado estudo exploratório de J. L. Moraes Rocha.

[66] *«Journalists and editors who agree to pay witnesses in criminal trials for their stories will be guilty of a criminal offence which could be punishable by prison. (...) The new law on witness payments would make it an offence to make or receive payments to witnesses or potential witnesses for their stories, or to enter into agreements to make or*

exagero no relato das testemunhas, no sentido de as transformar mais apelativas ao jornais ou mesmo retendo informações à justiça para depois as relatar em exclusivo aos jornais.[67] Por outro lado, não podemos esquecer que a influência poderá ser exercida de forma indirecta: «E não raro sucede, agora já não por culpa dos meios de comunicação social, mas por vaidade dos homens, que os intervenientes processuais frequentemente se distraem dos interesses que devem prosseguir com a sua actuação no processo para cuidarem antes da sua imagem pública, que os meios de comunicação propalam».[68]

Portanto, também aqui se procura uma solução de equilíbrio[69] entre o papel informativo dos órgãos de comunicação social e a serena e imperativa realização da justiça, evitando-se transformar as investigações ou as audiências em espectáculos mediáticos para proveitos económicos e publicitários, em prejuízo dos direitos basilares dos participantes processuais e *maxime* os arguidos que, não raras as vezes, se vêem pré-condenados por uma opinião pública formada pela comunicação social.

§6. *Ab amicis* honesta *petamus.* Na avaliação da credibilidade da prova testemunhal, implica a aferição e ponderação de outro factor que poderá interferir no dever de verdade das testemunhas: a existência de relações de interesse com o arguido de natureza diversa v.g. conluio ou ligação com o arguido envolvido (durchstecherei) que poderá interferir na motivação da testemunha.

Com efeito, existem vários propósitos que podem levar a testemunha a mentir, desde a simpatia ou antipatia pelo arguido, sentimentos de solidariedade, implicações amorosas, rancores pessoais, sentimentos de vingança, ódios ou invejas, vantagens pessoais na prestação do depoimento (argumentum ad crumenan) e, inclusivamente, o próprio desejo de projecção pessoal ou vaidade. Neste sentido, «o valor da prova não depende da sua natureza (directa ou indirecta), mas fundamentalmente da sua credibi-

---

receive payments», «Plan to make media payments to witnesses a criminal offence», *The Guardian*, 6 de Março de 2002.

[67] Sobre o caso Arny, «Os 'media' pagaram declarações de advogados, testemunhas e acusados.(...) A 'dança' dos testemunhos foi também a tribunal. Um dos menores disse, então, ter cobrado 20 mil pesetas para mudar o seu depoimento e declarar que tudo fora montagem da polícia.» *in CM*, 8 de Junho de 2003.

[68] GERMANO MARQUES DA SILVA, *Op. Cit.* p. 89.

[69] Cfr. Conclusões do IV Congresso dos Advogados Portugueses, Maio de 1995.

lidade, pelo que para tal dever-se-ão ter sempre presentes as regras da experiência, sendo que relativamente à prova testemunhal e por declarações, atenta a carga subjectiva inerente, deve o julgador rodear-se de especiais cuidados, aferindo cuidadosamente da idoneidade daquele que depõe ou presta declarações, tendo em vista os seus eventuais interesses na causa, bem como a sua eventual ligação às «partes».[70] Por outro lado, os próprios tribunais e polícias estão cientes desse problema: «tantas vezes as testemunhas depõem motivadas mais pelo desejo de serem prestáveis a um compadre ou amigo, do que pela convicção de estarem a exercer um dever cívico − o de contribuir para que se descubra a verdade material e se faça justiça».[71] Ademais, as ligações ao arguido podem levar a prestação de um testemunho não abonatório v.g. caso Arny, em Espanha, em que as testemunhas se contraditavam e demonstravam uma "aversão" aos arguidos.[72]

Por conseguinte, e sensível a esta problemática, o Código de Processo Penal procurou salvaguardar as pessoas que, pela sua posição e por assumirem a veste de testemunha num processo criminal, as coloca numa situação de dilema entre o dever de verdade (art.132.º n.º 1 d)) e as ligações afectivas com o arguido, que a poderiam levar a mentir voluntariamente.[73] É isto que o legislador procurou acautelar no art. 134.º do CPP, prevendo a possibilidade de recusa de depoimento por parte dos descendentes, ascendentes, irmãos, afins até ao 2.º grau, adoptantes, adoptados e o cônjuge do arguido, sendo que, a entidade competente para receber o depoimento (designadamente os órgãos de polícia criminal), deverá advertir as pessoas dessa prerrogativa, sob pena de nulidade.

Não pretendendo enumerar aqui taxativamente o conjunto de factores que tornam, reconhecidamente, falível e vulnerável a prova testemunhal, enuncia-se, por último, dois outros factores: a possível manipulação

---

[70]   Acórdão de 8 de Janeiro de 1998, BMJ 483, 1998.

[71]   Acórdão do STJ de 16 de Abril de 1998.

[72]   «Segundo o tribunal, [a testemunha] S. B., "não merecia nenhuma credibilidade". B. tinha acusado o juiz de menores R. L. contra quem tinha motivo de animosidade − fora este a decidir a retirada do poder maternal e a interná-lo numa instituição correccional», IGNACIO SALVADOR, «Sexo, Mentiras e Menores», *in CM*, 8 de Maio de 2003.

[73]   «En droit, les conflits de devoirs ne posent pas seulement un problème moral, mais soulèvent encore des difficultés proprement juridiques», THÉO HASSLER, «La solidarité familiale confrontée aux obligations de collaborer à la justice pénale», RSCDPC, Paris, n.º 1, Jan-Mars, edition Sirey, 1983.

e condução da testemunha pelo inquiridor e a especial vulnerabilidade das testemunhas em determinados processos.

§7. «Por isso que as regras legais para a inquirição das testemunhas, consagração da experiência, sejam fundamentais e a própria inquirição seja uma verdadeira arte».[74] A testemunha apresenta-se com um determinado poder cognitivo sobre a matéria judicativa que será aprioristicamente relevante para a descoberta da verdade. Contudo, a prestação do depoimento nem sempre será uma reprodução exacta, mecânica e imparcial dos factos, estando esse depoimento dependente da abordagem que se faz à testemunha.[75] O objecto psicológico do depoimento é a declaração de ciência da testemunha, isto é, a afirmação da realidade tal como ela percepcionou e interpretou. Todavia, o «objecto psicológico está sujeito ao estímulo exercido pela abordagem a fazer sobre objecto material, isto é, aquilo sobre que a testemunha é interrogada e a forma como interrogatório é conduzido durante a inquirição tem extrema relevância nas declarações prestadas pela testemunha».[76] Para termos uma resposta precisa, urge uma pergunta igualmente precisa, isto é, a abordagem teoricamente correcta seria aquela que levasse a testemunha a reproduzir e a reconstituir exactamente os factos (se bem que, como vimos, o problema começa logo na própria percepção da testemunha).[77] O investigador/inquiridor deverá ser capaz de filtrar a informação, ciente das limitações da testemunha e possíveis interpretações pessoais (são correntes os casos em que a teste-

---

[74] GERMANO MARQUES DA SILVA, *Op. Cit.* vol. II, p. 137. A este propósito, VLADIMIR VOLKOFF, O interrogatório, Difusão Editorial, Lisboa, 1990, p. 194: «Interrogar é um desporto isotérico. Quem não o praticou só pode dele fazer uma ideia vaga e falsa. É por isso que na escola de polícia não há um curso de interrogatório: a coisa só se aprende na prática, e eu próprio seria de todo incapaz de te explicar o maquinismo.»

[75] «(...) o acusado, ofendido ou testemunha não é um disco que regista e reproduz mecanicamente, de modo a repetir identicamente a sua narração; submetido a (...) fatigante interrogatório, ou a vários interrogatórios sucessivos, estimulado por quem o interroga, acaba por cair, fatalmente, em qualquer inexactidão, em qualquer contradição, cuja contestação lhe cria, com a preocupação de se sentir suspeitado da mentira, uma perturbação, um sentimento de cansaço, que o tornam cada vez menos apto para resistir à vontade do inquiridor», ALTAVILLA, *Op. Cit.*, I, p. 432.

[76] J. LOURENÇO MARTINS, *Op. Cit.* p. 61.

[77] «Saber ouvir um depoimento e saber interrogar para o esclarecer pressupõe objectividade, para não influenciar indevidamente o depoimento», CAVALEIRO FERREIRA, *Op. Cit*, p. 227.

munha inicia e baseia o seu testemunho no próprio julgamento antecipado dos factos, não se reportando apenas àquilo que assistiu), de modo a extrair matéria relevante para a investigação ou para a produção de prova.

O Código de Processo Penal, no artigo138.° – em articulação com o art. 128.° – estabeleceu uma plêiade de regras na inquirição das testemunhas, constituindo uma previsibilidade garantística: quer os inquiridores, quer os inquiridos conhecem os limites que estabelecem o que pode, ou não, ser questionado e o seu *modus faciendi*.[78] Irrenunciavelmente, a inquirição recairá sobre factos que a testemunha tem conhecimento directo e que constituam objecto de prova. O depoimento é um acto pessoal e não podem ser formuladas questões que possam afectar espontaneidade e a sinceridade das perguntas, inter alia as perguntas sugestivas,[79] as impertinentes (sem propósito), as que incutem uma ideia falsa para obter a resposta ou as que contêm promessas falsas ou ameaças, sob as quais o inquirido se sente incitado ou coagido a responder.[80]

Por conseguinte, o inquiridor, em ordem a não contaminar a prova testemunhal, deve evitar lançar mão de quaisquer meios enganosos[81] *mala fide* e de utilizar questões que, disfarçadamente, obriguem a testemunha a

---

78 O objecto de depoimento no processo penal cinge-se no *Quis, quid, ubi, quibus auxillis, quo modo, quando?* (ou os sete W's dourados *Wer, Was, Wo, Womit, Wie, Wann, Warum,* KARL ZLINDEN *apud* MAIA GONÇALVES, *Código de Processo Penal anotado*, Almedina, Coimbra, 1998, p. 245.)

79 As perguntas sugestivas são um modo bastante eficaz de abalar o conteúdo testemunhal. A este propósito, LUIGI BATTISTELLI, *Op. Cit.*, p. 83: «embora sabendo-se na verdade, se deixa assaltar, por efeito de uma sugestão imprevista, pela dúvida de estar em erro e acaba por se pronunciar em sentido perfeitamente contrário àquilo que, inicialmente, era a sua convicção.». No mesmo sentido, E. ALTAVILLA, *Op. Cit.* p. 273, «uma pergunta deve ser estímulo para excitar uma recordação, não uma sugestão que imponha a própria convicção». Repare-se que, inclusivamente, as perguntas que apenas implicam uma resposta sim/não podem ser sugestivas.

80 Cfr. ainda 139.° CPP.

81 Todos aqueles meios que desencadeiam mecanismos de coacção, entre as quais, as que fazem uma «exploração fraudulenta do erro», v.g. a manifestação ou indução dolosa e activa do erro, o aproveitamento erro já existente, uma acção ou omissão que não dissipe o erro – ligado à táctica de interrogatório, como o uso expressões astutas e enganosas próprias da sub-cultura da actividade dos investigadores). Nestas condições enquadram-se as situações em que, por exemplo, se dá falsas informações sobre questões de direito e de facto, a existência de provas (v.g. testemunhas ou escutas telefónicas) que comprometem o arguido ou ainda a existência de um co-arguido que já confessou», COSTA ANDRADE, *Sobre as Proibições de Prova em Processo Penal*, Coimbra Editora, 1992, p. 221.

optar face a duas opções de resposta ou que a levem a aceitar determinados factos como verdade (encaminham e manipulam a prova)[82]. Deve atender-se à forma como as questões são colocadas, no que toca à entoação, aos gestos, à mímica, que podem levar a testemunha a reiterar os pontos de vista subtilmente impostos pelo inquiridor.[83]/[84]

§8. Por último, não raros são os casos em que as testemunhas procuram, naturalmente, erigir defesas, mentindo sobre todas as circunstâncias que possam, receosamente, constituir indícios contra si. Ademais, seja pelo fundado receio de perigo de vida – derivado da especial relevância do testemunho em processos complexos (represálias) –, pela experiência traumatizante do recordar das vivências testemunhadas, seja apenas pela própria solenidade de prestar o depoimento em tribunal ou em sede policial, criando um ambiente hostil, seja pelo interesse de não ser envolvido num processo por razões de honra ou bom nome, seja pela própria personalidade da pessoa que se sente total ou parcialmente inibida e constrangida na prestação dos testemunhos, omitindo ou refugiando-se numa alegada falta de memória, em prejuízo da descoberta da verdade.[85]

§9. «Não é possível que a Defesa exerça o seu papel se não tiver condições mínimas para averiguar quem é a testemunha, o que é o seu passado e o seu presente, quais as suas motivações e valores, qual o seu histórico

---

[82] «(..) a mentira se cobre, frequentemente, com a máscara da inocência, que é preciso retirar com alguma habilidade para mostrar o seu rosto verdadeiro», ANTÓNIO ARNAUT, *Op. Cit.,* p.96.

[83] Cfr. FERREIRA ANTUNES, *Op. Cit.* e KEPAK, «Les méthodes et les procédés techniques appliqués lors de l'élaboration du jugement pénal», *RIDP*, n.°1, 33ème année, 1er trimestre, 1962, Paris, Recueil Sirey.

[84] Não podemos deixar de referir a problemática inerente à redução dos depoimentos a escrito. Levantar-se-á, porventura, o problema daquilo que foi escrito não reflectir as ideias da testemunha mas sim o ponto de vista do inquiridor, desvirtuando o conteúdo da testemunha. Sobre essa temática, LUIGI BATTISTELLI, *Op. Cit.,* p. 81. Sobre a pertinência deste tema, cfr. ainda BENTO GARCIA DOMINGUES, *Op. Cit.,* p. 44, «O descrédito da prova testemunhal anda muito associado à deficiência da redacção dos depoimentos, à sua equivocidade ou imperfeita lógica discursiva».

[85] «As nossas testemunhas nem sempre são as mais explícitas, porque entram na sala com um natural instinto de defesa. Cabendo-nos iniciar o interrogatório, devemos dar-lhe tempo para serenar o espírito, com perguntas inócuas.», ANTÓNIO ARNAUT, *Op. Cit*, p. 127.

perante a Justiça(...)»[86]. Com este propósito, emerge nesta problemática o instituto da Contradita.[87] Consistindo na invocação, desencadeada pela parte contrária de quem apresenta a testemunha[88] – podendo, para tal, oferecer prova testemunhal e documental sobre o visado – de qualquer circunstância, exterior ao depoimento, almeja abalar a credibilidade do depoimento, procurando afectar a razão de ciência invocada ou diminuir a fé que ela possa merecer, sendo livremente apreciada e valorada *in fine* pelo julgador: «Quando se contradita uma testemunha faz-se um ataque, não ao depoimento propriamente dito, mas à pessoa do depoente. Não se diz que o depoimento é falso, que a testemunha mentiu; alega-se que, por tais e tais circunstâncias exteriores ao depoimento, a testemunha não merece crédito. Só quando a contradita é dirigida contra a razão de ciência invocada pela testemunha é que as declarações desta são postas em causa, mas ainda aqui não se atacam directamente os factos narrados pelo depoente, mas tão só a fonte de conhecimento que ele invocou».[89] O STJ, através de acórdão proferido em 13 de Outubro de 98, considera que é susceptível de incitar a contradita com base na diferença de testemunhos entre processo de inquérito e audiência.

Além da contradita, outro contributo que poderá ser dissuasor da mentira voluntária em tribunal é a gravação do depoimento em audiência em julgamento. Considerando o artigo 101.º n.º 2 do Código de Processo Penal, é perfilhado por vários autores a necessidade e as vantagens inerentes ao registo magnético da prova produzida em julgamento, mormente o depoimento da testemunha em audiência de julgamento, sem que isso

---

[86] José Miguel Judice, «Investigação Não Corre Riscos», *CM*, 23 de Agosto de 2003.

[87] Cfr. 640.º e 641.º do Código de Processo Civil. Cfr. ainda Ana Prata, *Dicionário Jurídico*, Almedina, Coimbra, 1998, p. 270: «Faculdade de a parte, contra quem é apresentada uma testemunha, reagir contra a credibilidade desta, invocando qualquer facto susceptível de pôr em dúvida a fé que o seu depoimento deve merecer. A contradita pode fundamentar-se em factos respeitantes à vida ou costumes da testemunha, ao interesse directo que ela tenha na decisão da causa, a suborno, ou presunção deste, de que tenha sido objecto ou no desconhecimento ou insuficiente conhecimento que tenha dos factos sobre os quais versou o seu depoimento. Em princípio, a contradita destina-se a abalar o mérito do conjunto do depoimento e não apenas de uma parte dele (..)».

[88] Em processo civil, será negada a contradita de testemunha arrolada por ambas as partes, cfr. Acórdão do *TRP* de 20 de Fevereiro de 2002.

[89] Acórdão do *TRP* de 23 de Junho de 1998 e Acórdão do *TRL* de 26 de Junho de 1990.

obste à realização do princípio da oralidade e de imediação.[90] *Hoc sensu*, visaria «(...) auxiliar o tribunal que efectua o julgamento a rememorar a produção de prova (...) acautelando precipitações ou desvios verbais dos vários intervenientes e também prevenir os depoimentos mentirosos das testemunhas pelo receio de posterior reprodução e confronto».[91] A oralidade fornece flancos a críticas relativas à margem de liberdade na apreciação da prova, predicada, por vezes, de arbitrária. Daí que, este princípio em nada obsta à documentação e registo da prova produzida em audiência, servindo, neste sentido, de controlo. Por outro lado, como referido acima, esse registo assume um efeito dissuasor extremamente relevante no quadro tipificado pelo art. 360.° do Código Penal, relativamente ao crime de prestação de falso testemunho.[92]

---

[90] Princípios relativos à forma dos actos processuais. O princípio da oralidade, sob égide do art.32.° n.° 5 da CRP, determina que «só as provas produzidas ou discutidas oralmente na audiência de julgamento podem servir de fundamento à decisão», pois se considera que a oralidade pode ser um contributo importante para a descoberta da verdade, mormente a apreciação pelo tribunal de todas as reacções de quem está a ser inquirido: «Através do diálogo e da reacção dos depoentes (*o papel engana, sem se ruborizar*), das perguntas directas e das respostas espontâneas, mais facilmente se alcança a verdade dos factos» GERMANO MARQUES SILVA, *Curso de Processo Penal*, I, p. 89. Assim, não se pode olvidar que «a contrariedade processual pressupõe discussão e esta só existe verdadeiramente quando se processa de forma oral, promovendo-se um controlo pelo povo através da sua publicidade», GUEDES VALENTE e outros, *Lei e Crime – O Agente Infiltrado vs. Agente Provocador*, Coimbra, Almedina, 2001, p. 100. Por seu turno, o princípio de imediação implica três consequências: em primeiro lugar, impõe que o decisor tenha obrigatoriamente assistido à produção de prova; em segundo lugar, dever-se-á dar primazia aos meios de prova que tenham uma relação directa com os factos probandos (afastando, o mais possível, a testemunha de ouvir dizer, cópias de documentos..); por último, a audiência seja feita no mais curto espaço de tempo possível. Sobre o mesmo princípio, escreve FIGUEIREDO DIAS, «relação de proximidade comunicante entre o tribunal e os participantes no processo, de modo tal que aquele possa obter uma percepção própria do material que haverá de ter como da sua decisão», *apud* MARQUES FERREIRA, *op. cit.*, p. 233. Para atestar a vigência deste princípio, cfr. 128.° n.° 1, 129.°, 130.°, 140.° n.° 2, 145.° n.° 3, 355.° CPP.

[91] GERMANO MARQUES DA SILVA, «Registo da Prova em Processo Penal», *Estudos em Homenagem a Cunha Rodrigues*, I, Coimbra Editora, 2001, p. 802.

[92] Dita o referido artigo, no seu n.° 1: «Quem, como testemunha(...), perante tribunal ou funcionário competente para receber como meio de prova, depoimento, relatório, informação ou tradução, prestar depoimento, apresentar relatório, der informações ou fizer traduções falsos, é punido com pena de prisão de 6 meses a 3 anos ou com pena de multa não inferior a 60 dias.»

Iniludivelmente, o juramento também constituiu fonte de considerações por diversos autores, como uma forma disponível de intimidação das testemunhas, pretendendo afastá-las de quaisquer intenções de prestar um falso testemunho.[93] Prevista actualmente no art. 91.° do Código de Processo Penal, e prestado unicamente perante a autoridade judiciária competente, foi já advogado que o juramento deveria ter um cariz religioso, pois, dessa forma, persistiria uma garantia mínima de que a testemunha prestava depoimento sob juramento em algo que pertencia aos seus referentes culturais e pessoais (crenças), atenuando a probabilidade de mentir.[94] Contudo, essa conjectura foi afastada, pois considera-se, actualmente, que o juramento se reveste de uma formalidade simbólica, cujo sentido é procurar estimular a testemunha a dizer a verdade.[95]

Ao lado deste elenco, emerge também a ameaça legítima das consequências jurídico-penais e jurídico-processuais da ordenação normativa. Estas acções dissuasivas não se enquadram nas ameaças inadmissíveis previstas pelo artigo 126.°, em especial no n.° 2, al. e). As medidas reputadas como legalmente admissíveis são aquelas que apenas constituem advertências ou chamadas de atenção para as consequências jurídico-penais do comportamento da testemunha ao longo do interrogatório. Não se procura constranger a testemunha ou inibi-la, mas tão-somente reafirmar as regras legais estabelecidas e a previsibilidade da correspectiva aplicação da medida sancionatória em caso de conduta juridicamente censurável. Isto acaba, por seu lado, por ter uma função de protecção da própria testemunha – na medida em que fica esclarecida relativamente à actuação do tribunal, afastando, inclusivamente, quaisquer suspeitas de arbitrariedade –, e, ao mesmo tempo, uma função preventiva, ao procurar evitar um comprometimento lesivo para a testemunha.

Ao lado destas medidas que deverão ser utilizadas pelo julgador a valorar correctamente a matéria probatória, próprias do contexto processual, não se prejudicam outras, que poderão ser tomadas a montante. Em particular, os órgãos de polícia criminal, assumindo logo uma função fil-

---

[93] Repare-se que o artigo 360.° n.° 3 determina: «Se o facto for praticado depois de o agente ter prestado juramento e ter sido advertido das consequências penais a que se expõe, a pena é de prisão até 5 anos ou de multa até 600 dias».

[94] ALBERTO PESSOA *apud* JORGE MARTINS, *Op. Cit.*, p. 63.

[95] Tendo em conta a salvaguarda dos direitos fundamentais das testemunhas, no caso de serem Testemunhas de Jeová, constará do auto que estas não prestaram juramento mas que se comprometeram, formalmente, a dizer a verdade.

trante e valorativa das provas jurídico-processualmente relevantes, ao nível das investigações preliminares (análise da denúncia, procedimentos cautelares relativamente ao local do crime para preservação da prova, isolando-a das restantes, primeiro contacto com a testemunha) e ao nível da investigação em sede de inquérito (preparação material do interrogatório, análise da postura da testemunha, condução das perguntas, coerência do depoimento, bem como todos os procedimentos essenciais para eventuais reconhecimentos).

§10. «Deve reconhecer-se que é tempo de os tribunais — e quem a eles recorre em busca da justiça — procurarem libertar-se, dentro das possibilidades legais, do «império» da prova testemunhal, certamente a mais contingente de todas as provas.»[96]

As condenações baseadas univocamente na prova testemunhal fizeram levantar, historicamente, várias vozes críticas, apontando para o perigo das condenações sustentadas por matéria probatória extremamente falível, não atingindo o raiar do *beyond reasonable doubt*.

A investigação criminal, ciente dessas críticas da experiência histórica, redimensionou-se e procurou nortear-se no sentido de «criar um sistema de prova judiciária que pela sua natureza possa permitir ao juiz decidir com segurança e sem qualquer erro das sentenças que produz»,[97] em busca de meios probatórios que não estivessem tão sujeitos à subjectividade da prova testemunhal, cabendo ao positivismo científico a génese do esforço da cientificidade na área probatório-criminal.

Com o desenvolvimento na área científica nos últimos tempos,[98] assistiu-se à evolução de novas técnicas na área da investigação criminal, designadamente a análise de ADN (Ácido Desoxirribonucleico) – «técnica que permite identificar o indivíduo com base numa sequência de nucleótidos descrita como *DNA fingerprinting*.»[99] – que chegou mesmo a ser determinante na correcção de algumas decisões judiciais.[100] Por-

---

[96] Acórdão STJ de 16 de Abril de 1998, BMJ 476, 1998.
[97] FRANCISCO MOITA FLORES, «A Prova Judiciária», *in* CM de 16 de Fevereiro de 2002.
[98] Foi em 1985 que, primeiramente, se aplicou o ADN na investigação.
[99] SUSANA COSTA, p. 27.
[100] *«Recent cases in which DNA evidence has been used to exonerate individuals convicted primarily on the basis of eyewitness testimony have shown us that eyewitness evidence is not infallible.»*, JANET RENO, *Idem, Ibidem.*

quanto, além de permitir provar a inocência de um arguido, pode a contrario *sensu* incriminá-lo, acusando a sua presença no *locus delicti* (tatort) e o seu envolvimento directo no facto.[101] As polícias de investigação criminal, conscientes do peso deste meio probatório, apelam, de modo crescente, a meios que possibilitem o carreamento para os processos de provas mais técnicas, mais científicas, que conferirão um maior grau de veracidade e de idoneidade às provas apresentadas, abandonando a preferência pela refutável prova testemunhal.[102] Isto significa que se caminha, gradativamente, para uma visão subsidiária ou apensatória da prova testemunhal em função das evidências científicas, tendo o Código de Processo Penal de se assumir como a instância reguladora da articulação das várias provas.[103] Mas o resultado científico implicará uma limitação na apreciação livre do juiz? Ou, por outras palavras, emergirá o perigo silencioso do perito substituir-se materialmente ao decidente?

Em primeiro lugar, é líquido que, aprioristicamente, a prova pericial não está sujeita às contingências ineliminavelmente próprias da prova testemunhal, contanto que o perito[104] – que se presume, cumulativamente, que seja qualificado para a apreciação da matéria (qualifizeit) e tenha realizado o exame segundo as regras do *technisches verfahren* – não constitui parte no processo ou assume qualquer interesse na causa, pautando-se pela imparcialidade (unparteilichkeit) na descoberta da verdade material.

Por outro lado, se o contributo da cientifização probatória se revela fundamental e decisiva, – «os exames hematológicos oferecem uma prova

---

[101] Através da recolha, no local do crime, de vestígios como sangue, saliva, urina, sémen, cabelo ou tecidos sendo isoladas e analisadas, em Portugal, no Laboratório Nacional de Polícia Científica.

[102] «A incorporação de novos saberes técnico-científicos tem servido para materializar a prova, retirar-lhe a ganga subjectiva incrustada na prova testemunhal e só quem desconhece por completo a história da investigação criminal é que ignora o que tem sido o esforço para entregar ao processo crime níveis de objectividade quase absolutos.», FRANCISCO MOITA FLORES, «Escutas e Segredos», *CM* de 27 de Julho de 2003.

[103] «*Les lois de procédure pénale doivent prévoir les conditions que doit remplir la preuve pour être estimée suffisante. On accordera une plus grande valeur probatoire à la preuve par indices qui conduit à la verité avec une plus grande probabilité scientifique*», CARRANCA Y TRUJILLO, RIDP, Paris, 33ème anée, n.° 2, Recueil Sirey, 1962.

[104] Cumulativamente, «na prestação de declarações, é dada ao perito a possibilidade de consulta de notas, documentos ou elementos bibliográficos e os instrumentos técnicos que necessite para a consecução do seu útil contributo probatório», MANUELA NETO, *Do julgamento,...*p. 186.

muito segura da realidade em causa, sendo de elevado grau de rigor»[105] – tal não é significante, contudo, da irrefutabilidade (unteugbar), de uma prova científica absolutizante e esgotante, afastando as demais provas.[106] O tribunal, «com os olhos postos na realidade social»,[107] segundo as regras da experiência e sensível aos avanços científicos e aos seus contributos na área jurídica, não é indiferente perante as duas tipologias probatórias e aceita o «valor prevalente»[108] da prova científica, em homenagem ao reconhecimento da mais-valia que constitui a análise laboratorial para alcançar um grau maior de certeza,[109] mesmo quando existem demais provas em contrário: «não é facilmente aceitável que um tribunal despreze um resultado positivo de 99,99 % e resolva em sentido contrário com base em provas convencionais».[110] A decisão do juiz sustentada num resultado

---

[105] Acórdão do *STJ* de 10 de Outubro de 2002.

[106] «Note-se que a palavra «certeza» não figura no vocabulário dos cientistas, certamente mais humildes do que os juristas, em cujo discurso com frequência se detectam proclamadas «certezas». Acórdão de 16 de Abril de 1998, BMJ 476, 1998.

[107] «De todas as filosofias – diz-se – a mais poderosa (no sentido de a mais concreta) é o direito, o qual não serve para se filosofar a si própria abstracta e divagantemente, sem os olhos postos na realidade social que tem de lhe estar dentro», LUSO SOARES, *A Decisão Judicial e o Raciocínio Tópico-Abdutivo do Juiz,* p. 95.

[108] Acórdão do *STJ* de 16 de Abril de 2002. No mesmo sentido, «à medida que se for generalizando o recurso às provas biológicas e for ganhando crédito o trabalho das instituições encarregadas da sua execução, crescerá a necessidade de vincular o juiz civil às conclusões técnicas dos peritos, ressalvada a sua competência para controlar a base factual em que assentou o juízo científico», GUILHERME DE OLIVEIRA, *Estabelecimento da Filiação*, Coimbra, Almedina, 1993, p.20. A prova científica «desperta e merece um grau de confiança que se sobrepõe àquele outro meio de prova», Acórdão do *STJ* de 16 de Abril de 2002.

[109] «A grande eficácia dos novos meios técnicos contrasta muito com os velhos métodos da prova testemunhal que, aliás, no domínio das acções de investigação de paternidade se torna especialmente apaixonada e mentirosa» GUILHERME DE OLIVEIRA *apud* Acórdão do *STJ* de 6 de Dezembro de 2000. Ainda o mesmo acórdão refere, citando GUILHERME DE OLIVEIRA: «Daí que, se é certo que os exames laboratoriais hematológicos não possam ser tomados como verdade absoluta, não é menos certo que, em face do estado de avanço da ciência nesta matéria, não podem deixar de ser tidos como meio probatório privilegiado com vista a alcançar-se a prova do vínculo biológico nas acções de investigação de paternidade, sem esquecer o seu contributo para elevação do grau de probabilidade de a decisão corresponder ao facto real, o que, com apelo à prova testemunhal, sobretudo nesta matéria, tantas vezes é inatingível».

[110] GUILHERME DE OLIVEIRA *apud* Acórdão do *STJ* de 6 de Dezembro de 2000. Nos casos de investigação de paternidade, quando os resultados laboratoriais indicam uma

científico e no parecer dos peritos (sich auf sachverständige berufen) é, à luz da experiência da *rechtspraxis,* razoável, mas não afastando a observação globalizante e ponderada de todos os condicionalismos envolventes. Será esta livre apreciação da prova que, mesmo em face de resultados científicos que direccionam a decisão, não cessará de persistir, um «resíduo incómodo»,[111] um inevitável risco da arbitrária decisão humana? «O seu papel (juiz) poderá estar a ser cada vez mais condicionado pelos resultados das perícias e pelos depoimentos das porta-vozes da prova científica. Desta forma, a perícia vai ganhando terreno, instalando-se nos diversos ordenamentos jurídicos, transgredindo fronteiras e tornando a apreciação das provas num elemento que depende, cada vez mais, da averiguação científica da verdade».[112]

A busca incessante e, por vezes, tempestiva, da verdade deslumbra essa descoberta da cientificidade judiciária, mas, como nos lembrava LARENZ, não se pode admitir, apesar dos esforços e inovações, que a apreciação livre do juiz desapareça na plenitude. Complementarmente, a prova científica não pode – nem deve – ser vista como um instrumento ilimitadamente seguro para todos os casos. Se assim considerássemos, o perito (sachverständige) substituiria, naturalmente, o juiz e o resultado científico ficaria tutelado com uma pré-valorização probatória, num neo-retorno à presunção legal de provas e à sua supra-infra-ordenação. Considera-se que a prova laboratorial deve ser complementada pelas restantes meios de prova existentes,[113] pois aquela carece de força probatória

---

probabilidade de 99,99%, corresponde a paternidade praticamente provada, cfr. Acórdão do *STJ* de 10 de Outubro de 2002. Relevante ainda FÁTIMA PINHEIRO, «Contribuição do Estudo do DNA na Resolução de Casos Criminais», *Revista do Ministério Público,* 74, ano 19, 1998, p.152: «As conclusões devem concluir as comparações das características genéticas dos vestígios com as mesmas características do suspeito ou suspeitos e vítima. Se os perfis de DNA do vestígio e do suspeito coincidirem, podem ser do mesmo indivíduo. Alternativamente, o perfil genético do vestígio pode coincidir com o de qualquer outro indivíduo tirado ao acaso da população. Por isso, uma das formas mais usadas para valorizar a prova é a determinação da probabilidade de coincidência (p M), que consiste em calcular o número de indivíduos da população cujo perfil genético seja idêntico ao do vestígio e suspeito».

[111] K. LARENZ, *Op. Cit,* p. 415.

[112] SUSANA COSTA, *A Justiça em Laboratório...* p. 51.

[113] «Na investigação da paternidade, a probabilidade laboratorial deve ser complementada pela restante prova produzida, que será tanto mais simples quanto a proximidade da certeza se alcança.», Ac. do *STJ* de 11 de Março de 1999.

plena[114]. É certo que, no sistema vigente, o resultado laboratorial acaba por fornecer um juízo de probabilidade[115] que é apreciado e valorado livremente pelo tribunal, quase da mesma maneira que a prova testemunhal.[116] É certo que as suas indicações possuem, ineliminavelmente, uma força especial,[117] mas é certo também, que a ciência, por vezes, chega a resultados contraditórios[118] e que os cálculos de probabilidade não são predicativos da uma segurança infinita, não sendo constitutivos de *unwiderlegbare vermutung:* «mesmo em relação a cada momento não se pode nem deve ter como indiscutível quer o conhecimento científico quer a sua interpretação quer o seu resultado»[119]. O *sachverständigengutachten* não implica univocamente ou condiciona forçosamente a decisão do juiz, mas antes se perspectiva como um instrumento auxiliar, com uma funcionalidade subsidiária na ponderação global do decidente.

Ademais, a tendência crescente da prevalência da prova científica na apreciação judicial não fica isenta de críticas:[120] se, por um lado, parece que peritos tendem declinar qualquer hipótese de erro humano na realização dos exames, é irredutível a debilidade do uso de estatísticas de probabilidade para justificar as decisões judiciárias, sob o risco de se assumir

---

[114] «Tal exame, não sendo lucipotente, em temos absolutos, situa-se no mencionado grau que atinge a raia da certeza, sem contudo lá chegar. Quando esta certeza for alcançada, perde razão de ser a essência do objecto deste tipo de acção de investigação. Por enquanto, tal ainda não ocorreu pelo que o exame é insuficiente, havendo ainda uma margem de erro de 473 milésimas. Assim, sempre a probalidade laboratorial deve ser complementada pela restante prova produzida. Esta será tanto mais simples quanto a proximidade da certeza se alcança», Acórdão do STJ de 29 de Setembro de 1999. No mesmo sentido, cfr. Acórdão do STJ de 18 de Junho de 1996, BMJ 458, 1996.

[115] A avaliação *Second Generation Multiplex* calcula uma probabilidade de 1: 50 000 000 (1 em 50 milhões de indivíduos).

[116] «A prova assenta na certeza subjectiva da realidade do facto, ou seja, no (alto) grau de probabilidade de verificação do facto, suficiente para as necessidades práticas da vida.», ANTUNES VARELA *et alia, Manual de Processo Civil*, p. 436.

[117] «Os exames hematológicos constituem meio de prova privilegiado, na investigação de paternidade, apesar de a sua força probatória ser fixada pelo tribunal», *Idem, ibidem..*

[118] «Provou-se, segundo o exame hematológico realizado no Instituto de Medicina Legal de Coimbra, por um lado, um grau de probabilidade de paternidade de 99,999987% e, por outro, que o réu é azoospérmico», Acórdão do STJ de 16 de Abril de 2002.

[119] *Idem, ibidem.* No mesmo sentido, «os exames laboratoriais (hematológicos) não possam ser tomados como verdade absoluta», Acórdão do TRP de 1 de Julho de 2002.

[120] Cfr. SUSANA COSTA, pp. 53 e ss.

como fiáveis resultados falsos. Precisamente pela inadequação na fundamentação de decisões condenatórias em resultados de instrumentos estatísticos é que se reclama a apreciação de demais provas corroborantes daquele resultado.

O peso da prova científica tem vindo, justificadamente, a aumentar no processo penal, sem que isso represente a renúncia e o fim da prova testemunhal que «será um meio por vezes precário mas sempre, todavia, necessário».[121] Do mesmo modo, a existência de uma prova técnica, enunciando o resultado de uma análise laboratorial, não implica infalivelmente a sujeição do decidente no mesmo sentido. As provas devem ser concatenadamente avaliadas e apreciadas na sua totalidade, segundo o critério fundamental da livre convicção do juiz. A prova científica é um elemento logicamente relevante que contribui e auxilia na formação da convicção do decidente, em conjugação intencional com as demais provas existentes no processo. *Hoc sensu*, não representará uma fronteira ou um limite na livre apreciação do juiz. Caso contrário, estaríamos a anuir num retorno dissimulado a uma prova legal, que, por supra-infra-ordenação legal implicaria a sua colocação no epicentro da avaliação probatória, desconsiderando as restantes. Relembrando as palavras de LARENZ, existe uma «irredutível margem de apreciação da prova»,[122] ou, como advertia CALAMENDREI, «*solo del choque de las librés opiniones puede nacer, ante su mesa, la chispa mágica de la verdad.*»

---

[121] BENTO GARCIA DOMINGUES, *Op. Cit*, p.43.
[122] K. LARENZ, *Op. Cit.* p. 413.

CIÊNCIAS POLICIAIS

O PARADIGMA DA POLÍCIA PRIVADA

PEDRO JOSÉ LOPES CLEMENTE
Doutor em Ciências Políticas
Professor do Instituto Superior de Ciências Policiais e Segurança Interna
Subintendente da PSP

O PARADIGMA DA POLÍCIA PRIVADA

I. Exórdio: Razão de Ser

"Que a função policial não existe para perseguir o cidadão."
(MANUEL DIAS LOUREIRO)[1]

Num contexto cultural marcado pelo efémero alienante e pelo relativismo ético, facilitador da «*conjura contra a vida*»[2], representa uma honra ímpar participar na homenagem ao Professor Doutor Germano Marques da Silva, um cidadão insigne e um intelectual de eleição. Com recolhimento e a melhor das minhas aptidões, passo a tecer, seguidamente, algumas afirmações escritas, juntando-me, assim, aos demais autores, certamente mais capazes e nesse preito já empenhados. Oxalá, o meu engenho corresponda à essência da lição ético-penal recebida do homenageado.

Segundo o livro da vida, *"Nem só do pão vive o Homem"*[3], importa, pois, cultivar o espírito, descortinando os arcanos da natureza poli-

---

[1] A Política de Segurança Interna, ed. Ministério da Administração Interna, Lisboa, 1995, p. 21.
[2] João Paulo II, *O Evangelho da Vida*, Carta Encíclica «Evangelium Vitae» sobre o valor e a inviolabilidade da vida humana, Editora Rei dos Livros, Lisboa, 1995, p. 31.
[3] *Evangelho Segundo São Mateus* (4,4).

cial: *felix qui potuit rerum cognoscere causas*. Para tanto, relembrei-me do pensamento do homenageado sobre a hermenêutica do instituto policial, traduzido em palavras incisivas e perenes, como sejam: "*a multiplicidade proteiforme das actividades individuais perigosas não permite que as leis prevejam todas as circunstâncias em que as autoridades policiais hajam de actuar e os modos pelos quais devam fazê-lo.*"[4]

Este texto navega entre o azimute da polícia pública e o nadir da polícia privada, com uma particular acuidade sobre a concessão de funções policiais aos particulares. Nisso teve-se em conta a emergência do Estado pós-social, numa perspectiva co-produtora da segurança e de afirmação da dignidade transcendente da pessoa humana, desde a concepção e até à morte.

O verbo move o mundo. Os escritos ficam e as palavras voam: *verba volant, scripta manent*. Significativamente, Jesus Cristo[5] apenas escreveu uma vez sobre a areia e do que escreveu não ficou notícia, mas sua mensagem perdura desde então, escrita pelos seus discípulos no Novo Testamento.

A mensagem depende do entendimento de cada destinatário e jamais da intenção do escritor. Ciente disso, ei-la então – *fiat lux*.

II. As utopias e os desafios

"O presente é complexo e o futuro é radicalmente incerto."
(ADRIANO MOREIRA)[6]

Num mundo ideal, nada justifica a existência da polícia. De facto, a cidade de Deus não tem polícia. Contudo, a polícia está omnipresente na cidade dos Homens, porque no coração humano habitam o Eros (vida) e o Thanato (morte). Infelizmente, a experiência humana demonstra que a ética não impede o assassínio diário de Abel por Caim.

---

[4] Germano Marques da Silva, *A Ordem Pública e os Direitos Fundamentais – A Polícia e o Direito Penal*, revista Polícia Portuguesa, n.° 82, Julho-Agosto/1993, ed. CG/PSP, Lisboa, p. 3.

[5] *Evangelho Segundo São João* (8,6).

[6] *Insegurança sem Fronteiras: o Martírio dos Inocentes*, Terrorismo, coordenador Adriano Moreira, Livraria Almedina, Coimbra, 2004, p. 131.

Para além do bem e do mal, vive a miragem da libertação absoluta e, sobretudo, o império do mais forte. O resultado tem sido dor e sangue, ao longo da história humana. Ao passar para além do bem e do mal, como propunha Nietzsche, em 1886, o Homem abandona todas as referências espirituais e aproxima-se, de forma suicidária, da besta apocalíptica: a ausência de valores induz à coisificação do ser humano, no fundo, à desumanização da vida: *"As sociedades têm que confrontar-se com os seus demónios e que aprender a dominá-los pela educação, pela cultura, pelo civismo e pela solidariedade."*[7]

O exílio dos valores cristãos já conduziu à ditadura do proletariado e ao holocausto judaico. Agora, o egoísmo materialista, aliado ao falso profetismo do admirável mundo novo, procura quer a substituição da família natural (monogâmica e heterossexual) pela união livre, independentemente do sexo dos parceiros, quer a legitimação do aborto livre e quer ainda a justificação do terrorismo transnacional islâmico. Sem fogueira e com mansidão, o ser humano tende a descobrir a luz da verdade, embora haja quem prefira a mentira cómoda à verdade incómoda: *"ao mal não se responde com o mal, mas com a boa acção; afogando o mal em abundância de bem."*[8]

O Homem jamais pode abandonar a árvore do conhecimento do bem e do mal. Só o sentido do bem, aplicado à vida quotidiana, permite a plenitude da cidadania, por isso, a polícia serve o bem-comum. Num evento criminógeno, o agente policial preocupa-se também com a apoio à vítima e não apenas em deter o autor do delito. Numa situação extrema, o elemento policial chega mesmo a proteger o violador da fúria justiceira da grei, para que a justiça siga o seu caminho. Certamente, a polícia é a fronteira entre o vício e a virtude.

O actual paradigma científico considera o ser humano *"como um sistema biopsicosssocial"*[9], logo o nível biológico – do genético ao fisiológico – sobressai na abordagem do comportamento humano aditivo, incluindo o criminal, sem preconceitos ideológicos. Os factores biológicos

---

[7] José Narciso da Cunha Rodrigues, *Liberdade e Segurança*, Revista Portuguesa de Ciência Criminal, n.° 3/1994, ed. Aequitas e Editorial Notícias, Lisboa, p. 320.

[8] Josemaría Escrivá, *Cristo que Passa – Homilias*, 3.ª edição, Edições Prumo, Lisboa, 1983, p. 318.

[9] Cristina Queirós, *A importância das abordagens biológicas no estudo do crime*, Biopsicossociologia do comportamento desviante, Separata da Revista do Ministério Público n.° 69, Lisboa, 1997, p. 38.

aparecem como um dos níveis da personalidade do sujeito autopoiético, de acordo com Cândido Agra, sem esquecer que *"a Biologia nada pode desculpar."*[10]

A expansão do dia técnico, derivada da manipulação da electricidade, altera o quotidiano da cidade, na medida em que dilata o tempo de luz e sobredimensiona os aspectos subjectivos da insegurança relacionados com a escuridão. Com o prolongamento artificial do dia, gera-se uma nova sociabilização do prazer e do convívio. A noite tende a despertar as pulsões humanas mais atávicas, quebrando-se as máscaras diurnas.

A associação das trevas ao comportamento desviante obrigou à criação da primeira polícia portuguesa, em 12 de Setembro de 1383, na cidade de Lisboa, dedicada ao policiamento nocturno da urbe: o Corpo de Quadrilheiros. Ainda hoje, o guarda-nocturno[11] vigia a urbe, durante a noite, embora não seja uma autoridade policial.

Ninguém *"entregou gratuitamente parte da própria liberdade visando o bem comum"*[12], logo a necessidade de segurança constrangeu os Homens a cederem parte da sua liberdade. Desse modo, as prerrogativas da autoridade policial emanam da parte de liberdade cedida. Cada indivíduo coloca no depósito público a porção mínima que baste para induzir os restantes a defendê-lo. Enfim, o contrato social estende-se à conse-cução da finalidade securitária. Com a divisão do trabalho no seio da sociedade humana, a satisfação da necessidade de segurança recai, principalmente, nas forças policiais.

A polícia, um facto quase divinal para uns e um dado de somenos relevância para outros e uma presença imprescindível para quase todos, integra a civilização humana contemporânea. Todavia, *"Among the institutions of modern government, the police occupies a position of special interest: it is at once the best know and the least understood."*[13] Na pólis, a polícia surge, nas sábias palavras de Aristóteles, como *"le soutien de la*

---

[10] Op. cit., p. 49.

[11] Art. 1.°, Anexo, do Decreto-Lei n.° 316/95, de 28 de Novembro; art. 12.°, da Portaria n.° 394/99, de 29 de Maio.

[12] Cesare Beccario, *Dos Delitos e das Penas*, 1764, trad. Lucia Guidimici e Alessandro Berti Contessa, Livraria Martins Fontes Editora, São Paulo, 1991, p. 45.

[13] Egon Bittner, *Florence Nightingale in pursuit of Willie Sutton: A theory of the Police*, 1974, Policing, volume I, edited by Robert Reiner, Dartmouth Publishing, Aldershot, 1996, p. 155.

vie du peuple, le premier et plus grand des biens".[14] Essa lição formata o carácter público da polícia (administrativa e judiciária), desde a Revolução Francesa (1789).

Além de ser uma agência de conformidade social, dotada de capacidade coactiva, a polícia é um factor de civilidade. Indubitavelmente, a satisfação das expectativas da grei obriga a que o agente policial tenha simultaneamente *"a sabedoria de Salomão, a coragem de David, a paciência de Job, a liderança de Moisés, a delicadeza do Bom Samaritano, a estratégia de Alexandre, a fé de Daniel, a diplomacia de Lincoln, a tolerância do Carpinteiro de Nazaré"*[15] e, por último, a ciência de Galileu. Este é o rosto da polícia cidadã, numa sociedade democrática *"marcada pela ideia de risco"* e espectadora da relativização *"dos poderes estaduais"*[16], aproximativa do paradigma *governace without government.*

Hodiernamente, a actividade de polícia é tanto proibitiva, como construtiva.[17] Isso significa que os actos de polícia são não só ablativos, mas também ampliativos da esfera dos direitos pessoais do cidadão. A instituição policial desempenha também uma actividade positiva de prestação a favor do particular, cuja situação legítima importa proteger, daí que um dos objectivos da Polícia de Segurança Pública seja *"contribuir para a formação e informação em matéria de segurança dos cidadãos"*[18].

No Estado normativo-racionalista vigora o princípio da legítima defesa policial do particular – a heterotutela – e o primado do interesse público orienta a acção policial na defesa do bem-comum, cuja actividade da polícia pública contribui para a recondução do valor da segurança ao axioma antropológico, afirmativo da dignidade humana.

---

[14] Aristóteles, *Ética*, Livro VII, apud Jean-Marc Berlière, *Le Monde des Polices en France*, Éditions Complexe, Bruxelles, 1996, p. 10.

[15] Volmer, apud S. Reid, *Crime and Criminology*, ed. Holt and Rinehart and Winston, New York, 1979, p. 373, apud Jorge de Figueiredo Dias e Manuel Costa Andrade, *Criminologia - O Homem Delinquente e a Sociedade Criminógena*, reimpressão, Coimbra Editora, Coimbra, 1992, pp. 463-464.

[16] José Pedro Fernandes, *Dicionário Jurídico da Administração Pública*, vol. VI, ed. autor, Lisboa, 1994, p. 404.

[17] Paulo Daniel Peres Cavaco, *A Polícia no Direito Português, Hoje*, Estudos de Direito de Polícia, 1.º Volume, Seminário de Direito Administrativo de 2001/2002, regência de Jorge Miranda, ed. Associação Académica da Faculdade de Direito de Lisboa, Lisboa, 2003, p. 103.

[18] Art. 2.º, n.º 2, alínea f), da Lei de Organização e Funcionamento da Polícia de Segurança Pública, aprovada pela Lei n.º 5/99, de 27 de Janeiro.

E a polícia privada? Resta a dúvida, se isso se afigura também viável com uma polícia privada ou, seguindo a terceira via, com a privatização parcial da função policial. De modo singelo, a lavoura deste texto pretende tão-só ser um contributo para a formulação da resposta à dúvida existente na alma de cada cidadão.

III. A invenção da polícia

> *"só o homem inova e se transcende"*
> (JOSÉ ADELINO MALTEZ)[19]

A criatura inspira-se no criador: o Homem é um ser criativo. O imaginário humano consegue rasgar novos horizontes.

A vida social oscila entre a inércia e a revolução. Contudo, a polícia não se reduz ao imobilismo. Na Europa, a instituição policial afirma-se *"comme un des laboratoires de la modernisation de l'administration de l'État."*[20] Deste modo, implementa-se a administração inteligente para que não haja a separação entre o pensamento e a acção. A polícia portuguesa tem sido um laboratório de experiências, destacando-se, recentemente, o aprofundamento do modelo democrático de investigação criminal[21] das Forças de Segurança: *"A sociedade vai pedir cada vez mais uma eficácia extrema no combate ao crime."*[22]

Sob o lema *«mais e melhor afectação de pessoal ao policiamento»*, sucedeu, entre 1992 e 1995, uma reforma profunda da arquitectura do sistema de segurança pública, por iniciativa do XII.º Governo constitucional da III.ª República, a qual extinguiu a Guarda Fiscal[23], em 1993. Com

---

[19] *Princípios de Ciência Política – Introdução à Teoria Política*, ed. Instituto Superior de Ciências Sociais e Política, Lisboa, 1996, p. 45.

[20] Jean-Jacques Gleizal, *La Police en France*, Presses Universitaires de France, Paris, 1993, p. 101.

[21] Art. 3.º, n.º 6, da Lei n.º 21/2000, de 10 de Agosto, na redacção do artigo único do Decreto-Lei n.º 305/2002, de 13 de Dezembro.

[22] Manuel Monteiro Guedes Valente, *Regime Jurídico da Investigação Criminal*, Comentado e Anotado, 2.ª edição revista e aumentada, ed. Almedina, Coimbra, 2004, p. 48.

[23] Art. 3.º, n.º 1, alíneas b) e c), do Decreto-Lei n.º 373/93, de 20 Setembro, alterado pela Lei n.º 21/2000, de 10 de Agosto.

efeito, esse Governo pôs em marcha um profundo processo de remodelação das Forças de Segurança, sob a alçada do Ministro da Administração Interna, Manuel Joaquim Dias Loureiro (31/10/1991 a 28/10/1995). A finalidade pretendida era a modernização do sistema policial de segurança pública, eliminando, quer a sobreposição de Forças de Segurança na maioria dos concelhos, quer as distorções na distribuição territorial dos agentes policiais, de acordo com a população e o risco de insegurança locais. Em relação à concentração das forças policiais, esse ideário teve por base a conjugação dos princípios estratégicos da economia de forças e da concentração de meios, no tempo e no espaço, com vista a aumentar a eficácia da luta contra o crime.[24]

Desde então, emergem novas realidades, como a constituição da polícia municipal[25] em diversas autarquias locais e a difusão do modelo de polícia proximidade[26]. Entretanto, o conceito estratégico de defesa nacional[27] entronca na noção de segurança interna. Por tudo isso, urge rever a arquitectura do sistema de segurança em Portugal, nascido em 1987, num período ainda dominado pela guerra-fria. Esse é o grande desafio dos próximos anos.

Para vencer tal desafio, é preciso modernizar o sistema nacional de segurança pública, pelo que interessa rever o conceito de segurança interna, excessivamente amplo, e alargar o universo de forças e serviços considerados de segurança a outros serviços policiais, inclusive à Polícia Florestal, além de confirmar o papel subsidiário das Forças Armadas, fora do estado de sítio – do patrulhamento marítimo à protecção bioterrorismo. Na reformatação do sistema de segurança pública importa ter em conta a partilha da oferta da segurança com outros actores sociais, numa perspectiva de contratualização local, e a municipalização do serviço policial – o lema *"municipaliser la sécurité"*[28] marca o espaço da União Europeia. De

[24] Pedro José Lopes Clemente, *Da Polícia de Ordem Pública*, Governo Civil de Lisboa, Lisboa, 1998, pp. 56-62.
[25] Pedro José Lopes Clemente, *A Polícia em Portugal*, policopiado, Instituto Superior de Ciências Sociais e Políticas, Lisboa, 2000, pp. 295-299.
[26] Paulo Valente Gomes, *Modelos de Policiamento*, Separata da Revista Polícia Portuguesa n.º 128, Março/Abril de 2001, Direcção Nacional da PSP, Lisboa, pp. 1-4.
[27] Parágrafos n.ºs 6.1, 6.4, 8.2 e 9.5, do Conceito Estratégico de Defesa Nacional, aprovado pela Resolução do Conselho de Ministros n.º 6/2003, de 20 de Dezembro, publicada no Diário da República n.º 16, I série-B, de 20/01/2003.
[28] François Dieu, *Politiques publiques de sécurité*, ed. L'Harmattan, Paris, 1999, p. 14.

acordo com legislador constitucional, *"as polícias municipais cooperam na manutenção da tranquilidade pública e na protecção das comunidades locais."*[29]: *"les polices municipales doivent être un complément de la police nationale"*[30]. Todavia, a lei continua a vedar aos municípios o exercício das actividades previstas na legislação sobre segurança interna[31].

Entretanto, a evolução da polícia continua em marcha. Porventura, uma das próximas etapas a percorrer tem a ver com a reflexão sobre a recomposição do quadro de pessoal das Forças de Segurança, numa perspectiva de policiamento de proximidade, de modo a representarem uma sociedade cada vez mais multicultural. Com isso tenciona-se reforçar o clima de confiança entre a polícia e as minorias visíveis e estruturantes da comunidade nacional, sem cair na tentação da constituição de uma polícia étnica[32] (de eficácia duvidosa) ou no absurdo da discriminação positiva em função da orientação sexual, religiosa ou mesmo política: no caldeirão da diversidade humana da cidade, a polícia étnica[33] aparece como uma via ilusória a rejeitar, conquanto seja aconselhável estimular a incorporação nas forças policiais de indivíduos afectos às minorias étnicas, com elevada representatividade populacional a nível nacional. Além disso, é ainda de ponderar a criação de uma autoridade com poder funcional directo sobre todos os serviços policiais, na cidade de Lisboa, baseada no modelo da prefeitura de Paris.[34]

Eclecticamente, a cada agente de polícia incumbe a construção da paz cívica na cidade humana: *"vence antes o mal com o bem."*[35]

---

[29] Art. 237.º, n.º 3, da CRP; art. 2.º, n.º 2, da Lei n.º 140/99, de 28 de Agosto.

[30] Jean-Jacques Gleizal, op. cit., p. 43

[31] Art. 2, n.º 3, da Lei n.º 140/99, de 28 de Agosto.

[32] Renée Zauberman – René Lévy, *La Police Française et les Minorités Visibles: les contradictions de l'Ideal Republicain*, Politiques, Polices et Justice au bord du futur, textes réunis par Yves Cartuyvels, Françoise Digneffe, Alvaro Pires et Philippe Robert, collection Logiques Sociales, Série Déviance et Société, ed. L'Harmattan, Paris, 1998, p. 295.

[33] Simon Holdaway, *The Racialisation of British Policing*, MacMilan Press, Hampshire, 1996, pp. VII e 204.

[34] Noël Ducroisic, *La police nationale aujourd'hui*, Éditions Lavauzelle, Panazol, 2000, p. 55.

[35] *Carta aos Romanos* (12,21).

IV. A ideia de polícia

*"A polícia constitui o símbolo mais visível do sistema formal de controlo,
o mais presente no quotidiano dos cidadãos."*
(JORGE DE FIGUEIREDO DIAS E MANUEL DA COSTA ANDRADE)[36]

Por força do contrato social, celebrado em prol do bem-comum, a
cidade dos Homens ergue o instituto policial: *"La garantie des droits de
l'homme et du citoyen nécessite une force publique: cette force est donc
instituée pour l'avantage de tous, et non pour l'utilité particulière de ceux
à qui elle est confiée."*[37] Todavia, a dinâmica social molda incessante-
mente a ideia de polícia: *"never was golden age of police-society relations"*[38].

A polícia detém uma dupla valência. No plano conceptual, a noção
de polícia em sentido funcional designa *"l'ensemble des dispositions léga-
les relatives à l'exercice de certains droits ou l'ensemble des pouvoirs
réglementaires attribués par ou en vertu de la loi aux autorités administratives et qui leur permettent d'imposer des limites à l'exercices de droits
et libertés individuelles afin de maintenir l'ordre public."*[39] Enquanto, a
polícia em sentido orgânico engloba *"les personnes et les services publics
légalement investis de veiller au respect des lois et arrêtés, et chargés
d'exécuter des missions de police."*[40]

Numa perspectiva operacional, o grande desafio é criar uma definição de polícia, sem ser em termos dos seus fins, conforme tende a visão
normativa. Por outras palavras, *"the police cannot be satisfactorily defined
in terms of its ends. A proper definition of police it must be based on its*

---

[36] *Criminologia – O Homem Delinquente e a Sociedade Criminógena*, op. cit.,
p. 443.

[37] Article XII, de la Déclaration des Droits de l'Homme et du Citoyen, texte adopté
par l'Assemblée Nationale à la séance du lundi de 24 de août de 1784.

[38] R. Reiner, *The Politics of Police*, Brighton: Wheatshoof, 1985, apud Nigel G.
Fielding, *The Police and social conflict – rhetoric and reality*, The Athlone Press, London,
1991, p. 28.

[39] Christian de Valkeneer, *Police et Public – Un Rendez-vous Manque?*, La Charte,
Bruxelles, 1988, p. 6.

[40] Christian de Valkeneer, *Le Droit de la Police – la Loi, l'Institution et la Société*,
ed. De Boeck – Université, Bruxelles, 1991, p. 14.

means.[41] Isto assume uma dimensão inovadora, na medida em que à polícia já se consigna o combate à incivilidade. *"Les incivilités sont vécues par la population comme une rupture radicale du lien social."*[42] Através do policiamento de proximidade, procura-se prevenir os comportamentos incivilizados, que, sem terem necessariamente uma moldura penal, contribuem, em grande medida, para a instauração de um clima de inquietação no seio da população. *"A coté de ses fonction classiques (...), la police modernisée doit désormais promouvoir le civisme."*[43]

Além de ser um serviço público, a polícia é uma subfunção técnico--administrativa do Estado. A função policial surgiu antes da instituição policial. Aquela não se esgota nesta. Igualmente, as Forças de Segurança prosseguem tarefas sem natureza policial, como seja o apoio à vítima de crime.

As instituições podem ter essencialmente funções policiais – é o caso da PSP[44] – ou ter acessoriamente funções policiais – é o caso duma Câmara Municipal[45], através da polícia municipal – ou ter excepcionalmente funções policiais – é o caso da Polícia Militar[46], relativamente à fiscalização de viaturas particulares a circular nas vias sob jurisdição militar. Diversas entidades privadas possuem poderes de polícia, cujo exercício faz-se sem prejuízo da prossecução das competências das autoridades policiais públicas – é o caso da empresa Caminhos de Ferros Portugueses (CP): *"A guarda e vigilância dos caminhos de ferro pertence tanto aos agentes da autoridade pública como aos agentes da empresa."*[47]

Sob o lema «*menos Estado, melhor Estado*», soam os clarins a favor da minimização do Estado e, logo, em prol da libertação da sociedade civil: o Estado-providência cede lugar ao Estado-regulador, induzindo à

---

[41] Carl B. Klockars, *The Idea of Police*, vol. 3 - Law and Justice Series, Sage Publications, London, 1985, pp. 8-9.

[42] Sebastian Roché, *La Société Incivile - Qu´est-ce que est l´insecurité*, Editions du Seuil, Paris, 1996, p. 9.

[43] Op. cit., p. 76.

[44] Art. 2.°, n.° 1, da Lei de Organização e Funcionamento da Polícia de Segurança Pública, aprovada pela Lei n.° 5/99, de 27 de Janeiro.

[45] Art. 7.°, n.°s 1, alínea d), e 2, do Código da Estrada, aprovado pelo Decreto--Lei n.° 114/94, de 3 de Maio, com a redacção dada pelo art. 6.°, do Decreto-Lei n.° 2/98, de 3 de Janeiro.

[46] Art. 2.°, n.° 2, do Decreto-Lei n.° 49045, de 7 de Junho de 1969.

[47] Art. 53.°, do Regulamento da Exploração e Polícia dos Caminhos de Ferro, aprovado pelo artigo único, do Decreto-Lei n.° 39780, de 21 de Agosto de 1954.

emergência da sociedade-providência: a privatização da Administração Pública não representa uma realidade nova, embora se manifeste, hoje, de forma mais intensa e multiforme. Para tanto, o ideário liberal pugna pela passagem à esfera privada dum vastíssimo leque de tarefas administrativas, ainda prosseguidas por vários serviços públicos. Obviamente, o particular (pessoa singular ou colectiva) fica, a título precário, com a execução do serviço, enquanto o Estado demo-liberal[48] mantém a titularidade e o poder de fiscalização do serviço prestado.

Nos dias de hoje, a ideologia do mercado livre propaga-se até aos confins mais recônditos da Terra: o ter seduz o ser. Na praça pública defende-se, crescentemente, a privatização de muitas parcelas da função policial. Entre a maravilha e o abismo, a via é estreita e escorreita, mas o caminho faz-se andando, à luz da transcendente dignidade da pessoa humana.

V. A privatização da polícia

"O homem só desperta quando distingue o bem do mal.
Só se encontra a si próprio quando, pelos seus actos,
decidiu para onde quer ir."
(KARL JASPERS)[49]

Com a lavorada do terceiro milénio, acabaram-se os catecismos ideológicos que prometiam a felicidade quase imediata sobre o planeta Terra

---

[48] Art. 267.°, n.° 6, da Constituição da República Portuguesa.
[49] *Iniciação Filosófica*, 7.ª edição, Colecção Filosofia e Ensaios, Guimarães & C.ª Editores, Lisboa, 1981, p. 59.

e, em vez disso, semearam muitos ventos de injustiça: *"o próprio Satanás, se disfarça em anjo de luz."*[50] Contudo, a fé num mundo melhor sobreviveu à queda da ideologia comunista: *"o comunismo regressa ao futuro."*[51] Há-de ainda sobreviver à sombra terrorista da besta, alimentada por um fundamentalismo bárbaro, seja nacionalista, seja religioso – a existência de mártires não confirma *per si* a veracidade de uma causa.

Após a queda do muro de Berlim, em 9 de Junho de 1989, resta o capitalismo social, pelo que acelera-se o fenómeno de privatização funcional da Administração Policial nas sociedades democráticas, marcadas pelo legado político ocidental de raiz judaico-cristã. No euromundo, a privatização das funções de polícia enquadra-se no processo de privatização das atribuições da Administração Pública. Desse modo, o movimento de privatização atinge também a Administração Policial, ainda que em menor vulto, salvo o sector da polícia judiciária – monopólio incontestável do Estado de Direito. Todavia, o ideal da investigação democrática da criminalidade concede já à defesa do arguido a possibilidade de participar na investigação probatória da verdade,[52] pelo que se impõe a regulamentação da actividade privada de investigação criminal.

A polícia administrativa tem por sujeitos activos os agentes da Administração Pública e por sujeitos passivos os destinatários ou administrados (pessoas singulares ou colectivas). Com a privatização, os particulares passam a sujeitos activos, todavia, o primado do interesse público continua a presidir à actuação destes, enquanto factor de legitimação, à imagem da legitimação do serviço público, enformada no primado do interesse público e jamais no interesse particular.

Nesse registo, entende-se a privatização da Administração Pública como *"o exercício por privados ou particulares, de funções de natureza administrativa"*[53]. Bem entendido, a polícia consiste num *"modo de actividade administrativa"*[54], logo passível de privatização. Contudo, nem

---

[50] São Paulo, *2.ª Carta aos Coríntios* (11,14), op. cit., p. 1529.

[51] António Sousa Lara, *Vem aí o comunismo*, jornal A Capital, de 14/12/1999, Lisboa, p. 2.

[52] Manuel Monteiro Guedes Valente, op. cit., p. 36.

[53] Paulo Otero, *Coordenadas Jurídicas da Privatização da Administração Pública*, Os Caminhos da Privatização da Administração Pública, Coimbra Editora, Coimbra, 2001, p. 36.

[54] Marcello Caetano, *Princípios Fundamentais do Direito Administrativo*, 1.ª reimpressão portuguesa, Livraria Almedina, Coimbra, 1996, p. 277.

toda a actividade policial pode ser exercida por particulares, face à necessidade de garantir a defesa efectiva dos direitos fundamentais do cidadão, sobretudo do mais vulneráveis e sem recursos económicos avultados.

Até hoje, só certas funções de polícia administrativa foram alvo de privatização, enquanto os serviços públicos de polícia administrativa mantém-se na esfera da soberania do Estado pós-social democrático. Por isso mesmo, não há polícia privada em Portugal, mas, existem várias instituições particulares, detentoras de certos poderes de autoridade policial.

A passagem do Estado-providência ao Estado-parceiro reflecte-se, assim, na função policial. Por um lado, o direito cinegético enforma uma situação de atribuição de certas actividades policiais aos particulares – é o caso dos Guardas Florestais Auxiliares[55], submetidos ao direito laboral comum e contratados para a fiscalização da caça numa determinada zona cinegética. Igualmente, certas pessoas colectivas privadas recebem vários atributos próprios da função policial, por isso, a ANA – Aeroportos de Portugal[56], uma sociedade anónima de capitais públicos, detém poderes de autoridade pública, no que tange à protecção das suas instalações e do seu pessoal e à execução coerciva das decisões da sua administração, incluindo o recurso à força pública.

Perante a crescente transferência de actividades da Administração Pública para o sector privado, o cidadão comum questiona-se, legitimamente, sobre os limites do movimento privatizador da acção policial. Relativamente a Portugal, a lei constitucional impede a privatização das actividades administrativas, cuja prossecução possa restringir os direitos fundamentais: há sempre um mínimo de condição humana a garantir pelo Estado, face às suas prerrogativas de execução prévia, típica da actividade administrativa.

Irrefutavelmente, na área das garantias fundamentais do cidadão *"não pode a actuação, tipicamente administrativa, ser privatizada."*[57] É uma exigência de cidadania. A protecção dos direitos e liberdades fundamentais do cidadão consiste numa tarefa irrenunciável do Estado[58].

---

[55] Art. 40.º, n.º1, da Lei n.º 173/99, de 21 de Setembro; art. 142.º, n.ºs 4 a 7, do Decreto-Lei n.º 227-B/2000, de 15 de Setembro.

[56] Art. 14.º, n.º 1, alínea g) e J), do Decreto-Lei n.º 404/98, de 18 de Dezembro.

[57] José António Vilhena Pereira da Costa, *A Privatização dos Serviços de Polícia Administrativa*, Estudos de Direito de Polícia, 2.º Volume, Seminário de Direito Administrativo de 2001/2002, regência de Jorge Miranda, ed. Associação Académica da Faculdade de Direito de Lisboa, Lisboa, 2003, p. 353.

[58] Art. 9.º, alínea b), da Constituição da República Portuguesa.

Ninguém pode ser prejudicado ou mesmo privado de qualquer direito pessoal em função da sua condição sócio-económica,[59] pelo que só ao Estado-aparelho, através da polícia pública, centrada no cidadão e não na miragem do lucro, cabe defender o núcleo irrenunciável dos direitos do Homem, em especial dos concidadãos numa situação de maior vulnerabilidade à acção criminógena. Por imperativo constitucional, só à polícia[60] pública, mais concretamente às Forças de Segurança[61], cabe a promoção dos direitos fundamentais do cidadão, no âmbito da actividade de segurança interna[62], pelo que as respectivas competências nunca devem ser objecto de privatização e muito menos aquelas instituições podem ser entregues ao domínio privado, sob pena de colapso da comunidade política.

Nesse exacto sentido, a guarda-à-vista[63] de suspeito da prática de crime (condução ao posto policial mais próximo para identificação) e a revista[64] do mesmo para descobrir e preservar a prova do delito incumbem às autoridades policiais e nunca aos privados, ainda que equiparados a agentes de autoridade para certos efeitos, nomeadamente a fiscalização da validade do título de transporte, porquanto visa-se salvaguardar os direitos pessoais do cidadão. Na verdade, uma guarda-à-vista representa uma detenção material, logo uma privação da liberdade[65], e a revista[66] deve respeitar a dignidade pessoal do visado.

No limiar da realização do campeonato europeu de futebol – Euro 2004 –, o decisor político opta radicalmente pelo princípio civilista da gestão da segurança do espectáculo desportivo,[67] reproduzindo a lição inglesa, na medida em que atribui ao promotor[68] do espectáculo o dever primordial de zelar pela segurança dos espectadores dentro do recinto des-

---

[59] Art. 13.º, n.º 2, da Constituição da República Portuguesa.
[60] Art. 272, n.º 1, da Constituição da República Portuguesa.
[61] Art. 14.º, n.º 2, alíneas a) e c), da Lei n.º 20/87, de 12 de Junho.
[62] Art. 1.º, n.º 1, da Lei n.º 20/87, de 12 de Junho.
[63] Art. 250.º, n.º 6, do Código do Processo Penal.
[64] Art. 251.º, n.º 1, do Código do Processo Penal.
[65] Art. 27.º, n.º 3, alínea g), da Constituição da República Portuguesa.
[66] Art. 175.º, n.º 2, do Código do Processo Penal.
[67] Gonçalo Ramalho, *Futebol e Polícia – Necessidade de Mudança*, Separata da Revista Polícia Portuguesa n.º 130, Julho/Agosto, Direcção Nacional da PSP, Lisboa, pp. 10-13.
[68] Art. 17.º, n.º 1, alínea a), da Lei n.º 16/2004, de 11 de Maio.

portivo, enquanto as Forças de Segurança[69] desempenham um papel
supletivo numa situação de normalidade, embora possam reassumir
imediatamente a responsabilidade do serviço de segurança no recinto desportivo, quando a falta dela implique a existência de risco para os espectadores. O Estado cede a primazia à iniciativa privada, não obstante
manter a titularidade, incluindo o poder de avocar a todo momento. É mais
um sinal dos novos tempos e uma faceta inovadora do Estado-parceiro.

Inicialmente, o legislador começa por admitir a revista[70] aos espectadores pelos assistentes de recinto desportivo, aquando do controlo de
acesso, com o fim de impedir a entrada de objectos proibidos, como as
armas de fogo[71], muito embora essa revista nunca possa restringir o exercício de direitos fundamentais[72] dos visados. Com isso pretende-se proteger a integridade física dos demais espectadores, prevenindo a ocorrência
de manifestações de violência associada ao desporto. A revista executada
pelos assistentes de recinto desportivo aos espectadores constitui apenas
uma medida administrativa de prevenção e segurança, ou seja, uma
medida cautelar de polícia administrativa, por conseguinte, esse tipo de
revista administrativa distingue-se da revista[73] para efeitos penais, aplicável pelos órgãos de polícia criminal, aquando da detenção de alguém em
flagrante delito, por crime a que corresponda pena de prisão. No plano da
legislação infraconstitucional, em particular do Código de Processo Penal,
as *"medidas cautelares e de polícia constituem actos necessários e urgentes para preservar os meios de prova da prática de crime e são da
competência dos órgãos de polícia criminal"*[74], entre as quais se conta a
revista, logo a aplicação desse tipo de medida está vedada aos assistentes
de recinto desportivo.

Muito embora não seja agente de autoridade, o assistente de recinto
desportivo procede à revista, mesmo que não haja suspeita fundada. Essa

---

[69] Art. 20.º, n.º 3, da Lei n.º 16/2004, de 11 de Maio.

[70] Art. 6.º, n.º 5, do Decreto-Lei n.º 35/2004, de 21 de Fevereiro; art. 12.º, n.º 1, da Lei n.º 16/2004, de 11 de Maio.

[71] Art. 1.º, n.º 1, da Lei n.º 8/97, de 12 de Abril.

[72] Art. 5.º, alínea a), do Decreto-Lei n.º 35/2004, de 21 de Fevereiro.

[73] Art. 174.º, n.º 4, alínea c), do Código do Processo Penal.

[74] Rui Pereira, *Os desafios do terrorismo: A Resposta Penal e o Sistema de Informações*, Informações e Segurança, coordenação Adriano Moreira, Prefácio, Lisboa, 2004,
p. 502.

revista faz-se, contudo, no pressuposto do consentimento[75] presumido do espectador e, *a fortiori*, sob o imperativo de respeitar a dignidade[76] deste. *Nec plus ultra*, a aplicação desta medida legal testa a bondade da ideia subjacente. Na prática, a competência conferida aos assistentes de recinto desportivo para efectuar revistas atribui-lhes um estatuto de quase agente de autoridade, isto é, à indústria de segurança privada outorga-se-lhe, pela primeira vez, uma função de polícia administrativa. Decerto, outras mais seguir-se-ão num futuro próximo.

Inexplicavelmente, o privado parece poder mais que o público, porque os agentes das Forças de Segurança só podem realizar revistas[77] tendentes a detectar a introdução de objectos proibidos nos recintos desportivos, quando hajam suspeitas fundadas disso. Ciente desse paradoxo, o legislador permite agora aos agentes das Forças de Segurança efectuar a revista[78] dos espectadores, independentemente de suspeita, sem, todavia, revogar o regime anterior de pendor mais restritivo. O novo regime de prevenção da violência associada ao desporto atribui, assim, à força policial um poder de revista idêntico à segurança privada[79] nos recintos desportivos. *Quiçá*, ganha a segurança, sem perder a liberdade.

Paralelamente, o decisor político português produziu um regime temporário para o Campeonato Europeu de Futebol de 2004 – EURO 2004, vigente apenas de 1 de Junho a 11 de Julho, em Portugal, no qual se permitia a realização da revista de prevenção e segurança aos adeptos pelos agentes das Forças de Segurança fora do recinto desportivo, designadamente nos locais públicos, onde houvesse uma aglomeração de adeptos[80] com comportamentos perturbadores da ordem pública. No silêncio da lei temporária, quanto à revista no interior do recinto desportivo, deduzia-se que a vontade do legislador se reportava à aplicação do regime comum de prevenção da violência desportiva.

Numa palavra, a produção privada da segurança aparece como solução complementar e nunca como receita milagrosa e universal.

---

[75]   Art. 39.º, n.º 1, do Código Penal; art. 174.º, n.º 4, alínea b), do Código do Processo Penal.
[76]   Art. 175.º, n.º 2, do Código do Processo Penal.
[77]   Art. 5.º, da Lei n.º 8/97, de 12 Abril.
[78]   Art. 12.º, n.º 2, da Lei n.º 16/2004, de 11 de Maio.
[79]   Art. 12.º, n.º 1, da Lei n.º 16/2004, de 11 de Maio.
[80]   Art. 31.º, alínea b), da Lei Orgânica n.º 2/2004, de 12 de Maio.

VI. A seguridade privada

"Oh que grandes esperanças me dá esta sementeira!"
(Padre António Vieira)[81]

A saber, o florescimento da indústria de segurança privada resulta da expansão dos espaços privados acessíveis ao público, maiormente na área comercial: *"entreprises et citoyens riches se tourneraient vers le marché pour se protéger contre une croissance exponentielle de prédations ou d'atteintes à la propriété et de la progression du sentiment d'insécurité corrélative, parce que l 'État serait défaillant, restrictions budgétaires obligent."*[82] Hoje, a indústria de seguridade privada apresenta uma pluralidade de ofertas, incluindo o condomínio fechado para os estratos sócio-económicos mais elevados. Obviamente, tal fenómeno não representa um regresso à era pré-policial, nem uma transfiguração da época pós-policial.

O ideal securitário enforma a vida citadina, obcecada com os efeitos da delinquência. Aliás, na sociedade actual mediatiza-se o comportamento criminógeno e explora-se as falhas do sistema policial público. Por isso mesmo, as Forças de Segurança esforçam-se por atingirem níveis óptimos de eficácia e qualidade, com uma baixa relação custo-benefício, conquanto o valor estratégico da segurança pública não esteja subjugado à exacta observância do critério financeiro, dado o interesse público subjacente.

Ao contrário da polícia administrativa de ordem pública, vocacionada primacialmente para a vigilância em geral, a indústria de segurança privada encontra-se naturalmente vocacionada para a vigilância especial, dado que a sua missão principal tem a ver com a protecção de um objecto específico – por exemplo: a vigilância de clientes num supermercado para impedir furtos. Todavia, as polícias públicas levam constantemente a cabo missões de vigilância especial – por exemplo: a protecção duma testemunha[83] ameaçada.

---

[81] *Sermão da Sexagésima*, colecção Páginas Exemplares/2, Diabril Editora, Lisboa, 1976, p. 25.
[82] Frédéric Ocqueteau, *La Sécurité Privée en France – État des Lieux et Questions pour l'Avenir*, Les partages de la sécurité, Les Cahiers de la Sécurité Intérieure n.º 33, Institut des Hautes Études de la Sécurité Intérieure, Paris, 1998, p. 107.
[83] Arts. 20.º, n.º 1, alínea d), e 21.º, alínea b), da Lei n.º 93/99, de 14 de Julho; art. 9.º, do Decreto-Lei n.º 190/2003, 22 de Agosto.

Naturalmente, existem áreas exclusivas da acção das polícias públicas. A lei portuguesa proíbe todas as actividades das empresas privadas de segurança que colidam com o desempenho das funções próprias das autoridades policiais.[84] Na verdade, há limites às actividades das empresas de segurança privada, as quais não devem interferir nas áreas da competência exclusiva das polícias públicas, com vista à protecção efectiva dos direitos fundamentais do cidadão, como sejam a concretização dum mandado judicial[85] e a identificação de um suspeito na via pública[86].

Progressivamente, o legislador tem vindo a mudar o quadro legal, para possibilitar ao sector privado uma maior intervenção na co-produção da seguridade, reduzindo os riscos sociais e dando resposta à procura particular. Partindo desse ponto de vista, a segurança pessoal de altas entidades, nacionais ou estrangeiras, sujeitas a situações de ameaça relevante, pertence à PSP[87]. Mas, uma inovação sucedeu, em 1998, com a concessão legal ao sector privado da faculdade de exercer a actividade de protecção pessoal[88] de clientes, sem prejuízo da competência exclusiva em matéria de segurança pessoal atribuída à PSP.

Em Portugal, o funcionamento de uma empresa de segurança privada sujeita-se sobretudo à fiscalização[89] das Forças de Segurança, mediante solicitação da Secretaria-Geral do Ministério da Administração Interna. Nisso manifesta-se, por excelência, a capacidade de controlo estatal, a que a indústria de segurança privada está sujeita, por imperativo legal. Todavia, urge repensar o modelo de fiscalização vigente: uma solução pode ser a criação, no seio das Forças de Segurança, de brigadas especializadas na inspecção da indústria de segurança privada.

De acordo com a lei, as empresas de segurança, em Portugal, não possuem, actualmente, qualquer estatuto de autoridade pública, logo os seus empregados não usufruem nenhumas prerrogativas funcionais inerentes à qualidade de agente de autoridade pública. Para o Estado português, os elementos das empresas de segurança possuem direitos exactamente iguais aos demais cidadãos, porém, a lei impõe-lhes vários deveres

---

[84] Art. 5.º, alínea a), do Decreto-Lei n.º 35/2004, de 21 de Fevereiro.
[85] Art. 115.º, n.ºs 1 e 2, do Código do Processo Penal.
[86] Art. 250.º, n.º 1, do Código do Processo Penal.
[87] Art. 2.º, n.º 4, da Lei de Organização e Funcionamento da Polícia de Segurança Pública, aprovada pela Lei n.º 5/99, de 27 de Janeiro.
[88] Ex-art. 2.º, n.º 1, alínea d), do Decreto-Lei n.º 231/98, de 22 de Novembro.
[89] Art. 31.º, do Decreto-Lei n.º 35/2004, de 21 de Fevereiro.

especiais, nomeadamente: a prestação às Forças de Segurança[90] de toda a colaboração solicitada.

Em suma, o cosmo da segurança pública nunca se confunde com a esfera da segurança privada, por esta carecer do vínculo de autoridade pública policial, embora as actividades de segurança privada contribuam subsidiariamente para uma prevenção mais eficaz da criminalidade.

VII. A problemática das polícias privadas

"the preventive police is a myth"
(DAVID H. BAYLEY)[91]

A privatização total dum serviço policial revela-se uma ideia herética na era pós-modernista, talhada pela herança hobbesiana. Mesmo no euro-mundo, ninguém quis seguir a via da privatização total da função policial, porque, presentemente, a actividade policial configura, ainda, uma forma de afirmação do Estado soberano. Ao invés, a delegação de certas parcelas da função policial em diversas entidades afectas, ou à administração, local e periférica, ou ao sector privado, acontece frequentemente, sendo uma realidade histórica e actual, amplamente consensual e de cariz contratual.

Com a institucionalização da polícia municipal, não se abre também a porta à privatização futura desse serviço autárquico, logo, à constituição de polícias privadas locais, porque, num Estado de Direito, a administração estatal local é a entidade mais indicada para prosseguir o interesse público, salvaguardar os direitos fundamentais do cidadão e deter os meios coercivos, conquanto o sector privado possa desempenhar um papel supletivo ao nível da indústria da segurança privada. Na verdade, tal possibilidade está afastada pela lei: ao serviço municipal de polícia[92], criado pela Assembleia Municipal e na dependência orgânica do Presidente da Câmara Municipal, com capacidade coactiva e dotado de pessoal com o estatuto de funcionário público autárquico, cabe a fiscalização das leis e regulamentos que disciplinam as matérias autárquicas, pelo que são um

---

[90] Art.17.º, n.º 1, do Decreto-Lei n.º 35/2004, de 21 de Fevereiro.
[91] *Police for the Future*, Oxford University Press, Oxford, 1994, p. 3.
[92] Art. 1.º, n.º 1, da Lei n.º 19/2004, de 20 de Maio.

organismo da edilidade. Assim, a polícia municipal pertence ao reino da *res publica*, sendo uma polícia privativa da edilidade.

Apesar da inexistência, em Portugal, de polícias privadas, certas empresas públicas detêm alguns poderes de autoridade pública. Assim, diversos funcionários das empresas públicas usufruem da equiparação a agentes de autoridade. Isso acontece com o pessoal[93], sem estatuto de funcionário público, das empresas municipais com a incumbência da fiscalização do estacionamento de duração limitada na via pública municipal, o qual está equiparado, por lei, a agente de autoridade administrativa policial – é o caso dos fiscais da Empresa Municipal de Estacionamento Limitado, em Lisboa.

Apesar da inexistência, em Portugal, de polícias privadas, certas empresas particulares, concessionárias de transportes colectivos de passageiros, usufruem de alguns atributos de autoridade policial[94], ao nível da fiscalização dos bilhetes dos utentes, numa situação de igualdade com as empresas pública do sector de transportes colectivos de passageiros. É de realçar que os agentes de fiscalização de empresas, públicas e privadas, exploradoras de serviços públicos de transportes colectivos de passageiros, devidamente ajuramentados, são considerados, para todos os efeitos, como agentes de autoridade pública, no exercício dessa actividade específica.[95] E os agentes ajuramentados dos Caminhos-de-Ferro Portugueses (CP) são equiparados aos agentes da autoridade pública[56], no exercício da sua função de fiscalização, em particular os revisores.

Em conclusão, constitui tarefa essencial do Estado zelar pela segurança pública e assegurar o exercício pleno dos direitos e liberdades fundamentais.

---

[93] Art. 1.°, n.° 2, do Decreto-Lei n.° 327/98, de 2 de Novembro.

[94] Art. 1.°, do Decreto-Lei n.° 108/78, de 24 de Maio; art. 2.°, n.° 1, alínea d), primeira parte, do Decreto-Lei n.° 190/99, de 18 de Julho.

[95] Art. 1.°, do Decreto-Lei n.° 110/81, de 14 de Maio.

[96] arts. 54.°, n.° 2, alínea c), e 55.°, do Regulamento da Exploração e Polícia dos Caminhos de Ferro, aprovado pelo artigo único, do Decreto-Lei n.° 39780, de 21 de Agosto de 1954.

VIII. A esfera da tutela privada

"os cidadãos constituem a força pública passiva para a guarda das pessoas,
dos bens nas localidades urbanas e rusticas"
(JOSÉ XAVIER MOUZINHO DA SILVEIRA)[97]

Nos tempos modernos, o recurso às formas privadas de segurança parece um anacronismo bizantino, porventura um resquício do feudalismo europeu. Em termos históricos, o monopólio público da força nasceu associado à emergência do Estado absoluto, consolidando-se com o Estado constitucional. Aliás, a primeira instituição policial moderna, em Portugal, a Intendência-Geral da Polícia da Corte e do Reino[98], emergiu em pleno reinado de Dom José I. Hoje, o monopólio da força no Estado de Direito democrático tem como objectivo a garantia dos direitos fundamentais dos cidadãos, tornando-se inadmissível a existência de milícias populares.

O primado da legítima defesa reflecte-se na actividade da Administração Pública. Nas ordens jurídicas primitivas dominava o princípio de autodefesa. Com a evolução da sociedade política, o princípio de autodefesa sofreu uma crescente limitação, desde as Ordenações Filipinas (1603)[99]. Mas, nunca foi completamente excluído da ordem jurídica, nem da cultura popular. Mesmo no Estado contemporâneo, no qual a centralização dos meios coercivos contra a ilicitude atinge o grau máximo, *"subsiste um mínimo de autodefesa. É o caso da legítima defesa."*[100] Portanto, a legítima defesa particular representa a excepção, embora seja mais antiga e comum das causas de justificação.

A centralização do poder coercivo eliminou as milícias armadas privadas. Primeiramente, o monopólio público da força manifestou-se ao nível das forças militares e, só depois, ao nível das forças policiais, daí falar-se em força pública. Assim, aplicou-se à letra a visão de Nicolau

---

[97] Autor do Proémio ao Decreto de 16 de Maio de 1832, apud António Pedro Ribeiro dos Santos, *O Estado e a Ordem Pública - As Instituições Militares Portuguesas*, ed. Instituto Superior de Ciências Sociais e Políticas, Lisboa, 1999, p. 104.

[98] Alvará com força de Lei de 25 de Julho de 1760.

[99] Do homicídio, Título XXXV, Livro V, *Ordenações Filipinas*, 1603, ed. Fundação Calouste Gulbenkian, livro V, Lisboa, 1985, p. 1226-1230.

[100] Hans Kelsen, *Teoria Pura do Direito*, 6.ª edição, Arménio Amado Editora, Coimbra, 1984, p. 68.

Maquiavel sobre a criação da milícia nacional, com capacidade coactiva, quão instrumento de paz pública: *"On voit par expérience que seuls les principes et les républiques armées font de três grands progrès, et que les armes mercenaires ne font jamais rien de bon."*[101]

O Estado hodierno reserva para si o monopólio do uso da força, por conseguinte, os particulares ficam proibidos de recorrer à vindicta privada. O contrato social estabelecido entre o Estado e os cidadãos confere àquele o monopólio da força. Mas, *"compromete-se a usar o seu monopólio da força de um modo legítimo e proporcionado e, bem assim, a garantir a liberdade e a segurança dos cidadãos."*[102]

Ocasionalmente, a vigência do contrato social sofre perturbações decorrentes da eclosão de situações-limite, enformadas constitucionalmente no direito à resistência[103]. Indubitavelmente, todas as situações-limite merecem uma consagração expressa no ordenamento jurídico nacional, desde a legítima defesa penal[104] de terceiro por outrem, até à detenção em flagrante delito[105] de um criminoso por um particular. O direito de resistência é o instituto constitucional que legitima a autotutela de direitos. Mesmo em sede cível, da acção directa[106] à legítima defesa[107] pode-se usar a força privada, sendo certo que só ao tribunal[108] compete reconhecer *a posteriori* a legitimidade e, sobretudo, a legalidade do acto. O reconhecimento das situações excepcionais não invalida a ideia basilar de que ao Estado cabe a administração da violência legítima.

De acordo com a lei portuguesa, *"a ninguém é ilícito o recurso à força, com o fim de assegurar o próprio direito,"*[109] salvo nos casos de autodefesa e dentro dos limites previsto na lei. No caso de autodefesa, a esta dever-se-á seguir o recurso aos meios coercivos normais, ou seja, à coercibilidade pública. A força coerciva pertence à propriedade do Estado

---

[101] Nicolas Machiavel, *Le Prince*, 1513, apud Gérard Chalind, *Anthologie Mondiale de la Stratégie*, ed. Robert Laffont, Paris, 1990, p. 622.

[102] Rui Carlos Pereira, *A actividade de segurança privada e os seus limites*, Segurança Privada – Actas do 1.º Seminário (1998), ed. Secretaria Geral/Ministério da Administração Interna, Lisboa, 1999, p. 35.

[103] Art. 21.º, da Constituição da República Portuguesa.

[104] Art. 32.º, do Código Penal.

[105] Art. 255.º, n.º 1, alínea b), do Código do Processo Penal.

[106] Art. 336.º, n.º 1, do Código Civil.

[107] Art. 337.º, n.º 1, do Código Civil.

[108] Art. 2.º, n.º 2, do Código do Processo Penal.

[109] Art. 1.º, do Código do Processo Civil.

e a autotutela ou tutela privada assume um carácter residual. Na ausência da tutela pública, os particulares podem actuar coercivamente, a fim de defender os seus próprios direitos: *"o particular actua em legítima defesa, por sua conta e risco."*[101]. De qualquer modo, o uso da coercibilidade, tanto pública, como privada, sujeita-se sempre aos critérios de proporcionalidade e de adequação e de necessidade, sob pena do acto coercivo cair na esfera ilícita, sancionada pela lei.

Na visão hobbesiana, semente da teoria moderna do Estado, a passagem do Estado de natureza ao Estado civil, ou melhor, do Estado apolítico ao Estado político ocorre quando os indivíduos renunciam ao direito de cada um usar a própria força, para confiá-la a um corpo especial, o qual, doravante, fica a ser a única entidade autorizada a usar a força contra eles, em nome do bem-comum. Portanto, a desmonopolização do poder coactivo significa sempre o fim do Estado. Por isso mesmo, Max Weber[111] afirmou: *"Por Estado se há de entender uma empresa institucional de carácter político onde o aparelho administrativo leva avante, em certa medida e com êxito, a pretensão do monopólio da legítima coerção física, com vista ao cumprimento das leis."*

O poder político segue a via da privatização do risco: todo o cidadão vive, hoje, numa sociedade de risco. Todavia, existe o perigo do Estado privatizar excessivamente o dever de salvaguarda da segurança interna, diluindo-se a fronteira administrativa entre o público e o privado.

De facto, a salvaguarda da segurança não é já um atributo exclusivo do Estado. Em certos casos, o Estado permite que a protecção pessoal e patrimonial seja assegurada por entidades particulares – das instituições de crédito às discotecas. No fundo, o Estado reserva o monopólio do uso da força, mas não possui o monopólio de satisfação da necessidade colectiva de segurança. Hodiernamente, a segurança é um bem escasso e o aparelho policial não consegue garantir a defesa dos cidadãos em todas ocasiões delituosas, daí o apelo público à crescente auto-responsabilização dos particulares.

O direito fundamental à segurança assume duas dimensões: uma dimensão positiva e uma dimensão negativa. A dimensão positiva da segurança traduz-se num direito à protecção de cada concidadão, através dos

---

[110] José Oliveira de Ascensão, *O Direito – Introdução e Teoria Geral*, ed. Fundação Calouste Gulbenkian, Lisboa, 1977, p. 67.

[111] Apud Norberto Bobbio, *A Política*, <u>Dicionário da Política</u>, vol. 2, 3.ª edição, Editora Universidade de Brasília, Brasília, 1985, p. 956.

poderes públicos, contra as agressões ou ameaças de outrem, enquanto, a dimensão negativa consubstancia-se num direito subjectivo à seguridade, ou seja, num direito de defesa perante as eventuais agressões dos poderes públicos – o direito de resistência aplica-se também aos actos injustos da Administração Pública.

Agora, a dimensão positiva da segurança não é já realizada exclusivamente pelos poderes públicos, porquanto, *"as entidades privadas concorrem, subsidiariamente, através de actos instrumentais e localizados, para a concretização da dimensão positiva do direito à segurança."*[112] À imagem das instituições públicas, as entidades privadas estão vinculadas ao respeito da dimensão negativa do direito à segurança, porquanto todo o cidadão tem direito a resistir em relação às eventuais agressões pelos poderes privados.

Enfim, a força privada auxilia a força pública, nunca a substituindo.

IX. As milícias populares

> *"A Polícia não é inimiga da liberdade:*
> *é uma garantia das liberdades individuais."*
> (MARCELLO CAETANO)[113]

O Estado de Direito consagra o princípio da *"legítima defesa policial de particulares"*[114]. Mas, o fenómeno das milícias ofusca ainda a pós-modernidade: afinal, as milícias populares traduzem uma ruptura do contrato social.

Para o poder político, só se justifica haver a força pública armada, consequentemente, a lei[115] portuguesa proíbe a existência de milícias privadas, armadas e militarizadas. Mesmo na versão de vigilância voluntária anti-crime, a milícia revela-se sempre um abcesso no Estado de Direito

---

[112] Gomes Canotilho e Vital Moreira, *Constituição da República Portuguesa anotada*, 3.ª edição, Coimbra Editora, Coimbra,1993, p. 184.

[113] *Princípios Fundamentais do Direito Administrativo*, op. cit., p. 267.

[114] Américo A. Taipas de Carvalho, *A legítima Defesa*, Coimbra Editora, Coimbra, 1995, p. 325.

[115] Art. 46.°, n.° 4, da Constituição da República Portuguesa; art. 18.°, n.° 3, da Lei da Defesa Nacional e das Forças Armadas, aprovada pela Lei n.° 29/82, de 11 de Dezembro.

democrático: *"Because of an inadequate justice system and the violent nature of american frontier life, many people had few qualms about taking the law into their own hands."* A verdadeira via passa pela aplicação da lei, através dos agentes da força pública: *"What makes vigilantism different from responsible citizen action is that it operates in opposition to formal legal norms."* [116] A vigilância cívica anti-crime nunca substitui a força pública, na prevenção social da ilicitude.

Num mundo mediático, a propagação da ideia de insegurança gera uma grande angústia na grei: *"o medo do crime é percebido como um mero reflexo da realidade criminal."* [117] A comunicação social amplia situações pontuais de criminalidade local, transformando-as em acontecimentos nacionais. Deste modo, generaliza-se a ideia de insegurança e abre-se caminho aos actos de justiça privada, que são totalmente inaceitáveis num Estado de Direito Social. Sem dúvida, há um grande desfasamento entre o sentimento de insegurança e a realidade: existem situações em que o sentimento é muito exagerado em relação aos factos. Portanto, é preciso separar a factualidade do sentimento.

A sensação de insegurança atinge toda a gente, até o criminoso. Contudo, se cada pessoa deixa de fazer o pretendido, com receio de ser vitimizada, ela contribui para o agravamento da situação. Quanto menos a população abandonar certa área urbana, maior será o nível de segurança urbano, pois, se uma zona citadina é abandonada, então alguém a ocupará, se calhar a franja mais marginal da sociedade. A melhor forma de evitar o abandono é não exagerar a existência de um clima de insegurança. Todo o cidadão precisa de viver a cidade, com os seus prós e contras: o risco faz parte da vida urbana: a regra é a seguridade geral e a excepção a insegurança, localizada e pontual. Vale mais sensibilizar o cidadão para a necessidade de investir na sua autoprotecção, do que aumentar-lhe o receio de vitimização.

Devido ao empolamento do sentimento de insegurança, irrompem ciclicamente as milícias populares, aqui e acolá. Na verdade, cada milícia popular pretende ser uma brigada local de polícia privada e, se necessário for, um tribunal particular de justiça.

---

[116] Apud Robert Trojanowiz, *Community policing a contemporary perspective*, 2ª edition, Anderson Publishing, Cincinnati, 1998, p. 38.

[117] Carla Machado, *Crime e Insegurança – Discursos do medo, imagens do «outro»*, Editorial Notícias, Lisboa, 2004, p. 20.

Nunca o inocente deve ser culpado, só o próprio. Por norma, na explosão de acções justiceiras o povo comporta-se de maneira cega e apaixonada, raiando por vezes os limites do irracional. Ora, as paixões cegas geram grandes males.

Quantas vezes, o povo prefere a realização da justiça distributiva em vez da aplicação da justiça procedimental. Com efeito, as relações humanas no interior da colectividade não se reduzem à aplicação fria da lei. É preciso escutar a voz popular genuína, sem cair na tentação do linchamento público do réu: nem terrorismo popular, nem indiferença da Administração Pública aos anseios populares.

Quando os cidadãos se organizam em grupos de autodefesa, vulgo milícias populares, estas viram-se sempre para o alvo mais fraco, imediato e fácil de identificar, materializado no pequeno consumidor-traficante, por ser uma actividade criminógena geradora do sentimento de insegurança. A adopção desta perspectiva conduz à violência gratuita sobre os pequenos criminosos e deixa os grandes criminosos impunes à fúria popular. Na verdade, as grandes redes de traficantes não temem as milícias populares, porque não têm medo das fisgas. O mundo da criminalidade organizada receia apenas a intervenção das forças policiais.

O fenómeno das milícias populares regista uma certa desagregação dos sistemas de controlo social nas urbes e ocorre nos locais mais flagelados pelo tráfico de droga. A coesão social nas urbes diminuiu de tal forma que, em consequência disso, as milícias populares raramente subsistem mais do que uma semana – o tempo suficiente para a limpeza sumária das ruas e a mobilização dos meios policiais para o local.

Numa palavra, a existência de milícias populares nunca se justifica no Estado de Direito, porém, a esse mesmo Estado cabe garantir a segurança pública, minimizando as fontes de insegurança que afectam o cidadão, a começar pelas incivilidades perturbadoras da vida social.

X. Epílogo

"O nosso governo chama-se democracia,
porque a administração serve os interesses da maioria e não de
uma minoria."
(PÉRICLES)[118]

No horizonte político não se deslumbra uma decisão favorável à privatização da polícia pública, vulgo Forças de Segurança, ou à criação duma polícia privada em Portugal. Isso decorre da independência da política de segurança interna, face às regras do mercado livre, no que tange à protecção dos direitos fundamentais, maiormente a impossibilidade legal de privar qualquer cidadão do seu direito à segurança, em razão da sua menor condição social.

Apesar de reconhecer o contributo relevante das empresas de segurança privada, o Estado português não se demite da sua posição de principal actor da segurança pública, porquanto os organismos de segurança privada servem basicamente determinados grupos minoritários e, por mor disso, ao Estado compete garantir a segurança de todos os cidadãos e dos seus respectivos patrimónios, através das Forças de Segurança. Desse modo, o aparecimento das polícias privadas em Portugal não ocorrerá nos próximos lustros, contudo, a indústria da segurança privada registará um desenvolvimento de vulto.

Em conclusão, *"o papel do Estado na segurança é fundamental, para não dizer insubstituível. Pode ser completado, mas é insubstituível – é a chamada «função hobbesiana do Estado»."*[119] O papel insubstituível do Estado, através da polícia pública, deve-se ao facto da segurança ser um instrumento que possibilita ao concidadão a fruição dos direitos, liberdades e garantias fundamentais. *Quod erat demonstrandum.*

Aqui fica o ideal, entregue aos Homens de boa-vontade. Assim seja para todo o sempre...

---

[118] *Discurso de Péricles*, Legado Político do Ocidente (o Homem e o Estado), coordenação de Adriano Moreira, Alejandro Bugallo e Celso Albuquerque, 2.ª edição, ed. Academia Internacional da Cultura Portuguesa, Lisboa, 1988, p. 27.

[119] Manuel Dias Loureiro, op. cit., p. 73.

O MODELO DE POLÍCIA DE NOVA IORQUE:
Um caso de Sucesso

PAULO JORGE VALENTE GOMES
Secretário Geral Adjunto do Gabinete Coordenador de Segurança do MAI
Subintendente da PSP

O MODELO DE POLICIAMENTO
DE NOVA IORQUE: UM CASO DE SUCESSO?

«Ne tournons pas nos regards vers l'Amérique
servilement les institutions
qu'elle s'est données,
mais pour mieux comprendre celles qui nous conviennent,
moins pour y puiser des exemples que des enseignements,
pour lui emprunter les principes plutôt que le détail de ses lois ».

ALEXIS DE TOCQUEVILLE,
De la Démocratie en Amérique (1835-1840)

INTRODUÇÃO

Num momento em que passa uma década sobre a implementação do tão propalado "milagre de Nova Iorque", desenvolvido sob os auspícios dos não menos mediáticos *Mayor* Rudolph Giuliani e o seu Comissário de Polícia William Bratton, parece-nos oportuno analisar, em traços gerais, o conjunto de factores que estiveram por detrás do sucesso do Departamento de Polícia (NYPD), fazendo um balanço sobre a eficácia dos seus resultados e as consequências menos positivas.

Sem dúvida que, sob a batuta desses dois líderes, a cidade de Nova Iorque mudou para melhor, do ponto de vista da tranquilidade, da segurança e da qualidade de vida, quer aos olhos dos nova-iorquinos, quer aos olhos dos turistas e dos investidores.

A transposição, para o serviço policial, dos conceitos e práticas da moderna gestão empresarial – desde a liderança responsável e autónoma, à gestão eficaz e eficiente dos recursos, passando pela rigorosa avaliação da performance da organização –, tendo como pano de fundo a teoria do "broken windows", estiveram na base de uma quebra sem precedentes do crime violento, que ainda hoje perdura.

No entanto, importa sublinhar que a eficácia policial, traduzida nos excelentes resultados das estatísticas criminais e no ambiente de segurança que hoje se vive nas ruas, foi atingida, não poucas vezes, à custa do sacrifício de direitos, liberdades e garantias dos cidadãos – a começar pelos mais marginalizados. Um preço que o cidadão europeu dificilmente aceitaria pagar, mesmo num tempo de insegurança, de medo e de incerteza, em que actualmente vivemos.

Também neste exemplo mundialmente reconhecido como um caso de sucesso, está em jogo o difícil equilíbrio entre a liberdade e a segurança, entre a garantia dos direitos fundamentais e a eficácia policial.

1. O departamento de polícia de Nova Iorque (NYPD)

O NYPD é um dos maiores departamentos de polícia municipal, cobrindo os cinco distritos da cidade: Manhattan, o Bronx, Brooklyn, Queens e Staten Island, o que representa 320 milhas. Dispondo de um orçamento anual superior a 2,5 biliões de dólares, tem mais de 38 000 polícias uniformizados, de todas as categorias, e aproximadamente 9 000 funcionários civis. Trinta e nove por cento dos membros uniformizados são mulheres e membros de minorias étnicas, um número que tem tido um crescimento sustentado na última década.

1.1. *Missão*

A missão do NYPD traduz-se na melhoria da qualidade de vida na cidade de Nova Iorque, trabalhando em parceria com a comunidade, e, no respeito dos direitos constitucionalmente consagrados, aplicar as leis, assegurar a paz, reduzir o medo, e garantir um ambiente seguro.

1.2. *Valores*

Em parceria com a comunidade, o NYPD pugna pela:

- protecção da vida e dos bens dos cidadãos e aplicar a lei com imparcialidade;
- luta contra o crime, quer prevenindo, quer perseguindo com determinação os infractores;

- manutenção de um padrão de integridade superior ao que geralmente é esperado dos outros, porque assim esperam dos polícias; e
- valorização da vida humana, respeito pela dignidade de cada pessoa e prestação do serviço com cortesia e civilidade.

1.3. *Organização*

O Comissário da Polícia, que dirige a instituição, é nomeado por um período de cinco anos e responde directamente perante o *Mayor*. Os outros dois dirigentes de topo são o Comissário Adjunto, que é um civil, e o Chefe do Departamento, o posto uniformizado mais elevado no serviço.

Incluídos na estrutura organizacional do NYPD, existem nove grandes Gabinetes[1]. Sob a dependência do Gabinete dos Serviços de Patrulha, os cinco bairros de Nova Iorque estão divididos em oito divisões, que, por sua vez, estão subdivididas em setenta e seis esquadras. O Metro e os grandes bairros sociais são patrulhados por doze Secções de Trânsito e nove Áreas de Serviço de Polícia de Habitação Social.

2. Estratégias de redução da criminalidade

2.1. *Generalidades*

Desde 1994, o NYPD tem-se empenhado numa acção estratégica, de larga escala, ao nível de todo o Departamento, contra a criminalidade e as questões que afectam a qualidade de vida na cidade de Nova Iorque. A abordagem do Departamento, orientada para a prevenção criminal, fez com que a cidade atingisse os melhores níveis de segurança e tranquilidade dos últimos trinta anos e cotou Nova Iorque como a metrópole mais segura dos Estados Unidos, de acordo com estatísticas recentes do FBI. Dados de 2000 revelam uma redução de 57,23% na criminalidade global em Nova Iorque, desde 1993. Para o mesmo período, o número de homicídios na cidade caiu 65,18%, tendo os roubos, assaltos a residências e furtos de veículos registado decréscimos semelhantes.

---

[1] Gabinetes: Serviços de Patrulha; Detectives; Combate ao Crime Organizado; Transportes; Justiça Penal; Assuntos Internos; Pessoal; e Serviços de Apoio.

**Quadros da evolução do crime violento em Nova Iorque
(1993-2000)**

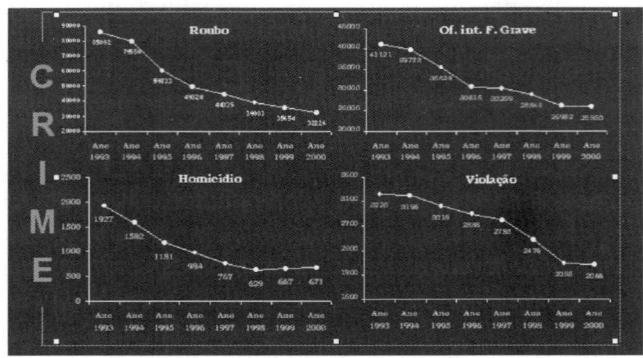

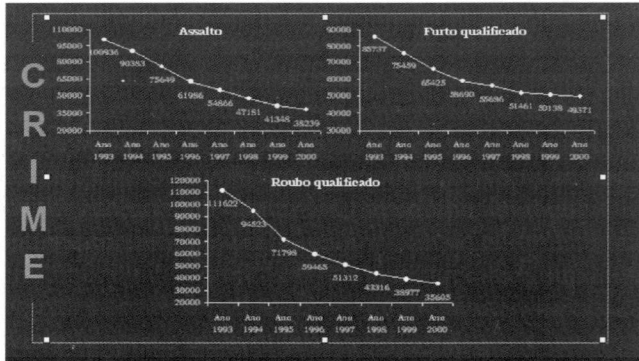

Fonte: Relatório Compstat, Departamento de Polícia de Nova Iorque, 2001.

Esta redução histórica da criminalidade está directamente ligada a mudanças inovadoras no comando e direcção, que compreendem o desenvolvimento de um sistema de responsabilização dos dirigentes operacionais, os quais passam a dispor de todas as ferramentas necessárias para uma melhor análise das tendências da criminalidade.

A análise criminal comparada, numa periodicidade semanal, mensal e anual, conhecida como COMPSTAT, tem permitido ao NYPD redistribuir eficazmente os recursos disponíveis para o combate à criminalidade violenta e tem sido um factor-chave para a implementação, pelo Departamento, de novas estratégias de combate à criminalidade. O NYPD também tem desenvolvido e implementado numerosas estratégias de combate a determinados crimes menores, que, dantes, atormentavam os bairros da cidade. Analisemos ambas as vertentes com mais pormenor.

2.2. *O processo "COMPSTAT"*

2.2.1. *Considerações gerais*

O relatório semanal Compstat e os relatórios dos comandantes sobre o Perfil das suas Esquadras, as reuniões sobre a estratégia criminal e o rigoroso emprego destes princípios de redução da criminalidade a todos os níveis da organização, contribuem no seu todo para facilitar uma estratégia de gestão que devolveu a autoridade, a responsabilidade e a autonomia ao nível operacional.

Estas alterações dos contornos e do contexto da autoridade, responsabilidade e autonomia no seio do NYPD reflectem as tendências dominantes em outras organizações policiais americanas e revelam a necessidade dessa devolução e realinhamento.

Ao longo das últimas décadas, os dirigentes de várias Polícias favoreceram e implementaram um modelo crescentemente centralizado de organização e controlo.

Com o surgimento do denominado "modelo profissional", as organizações policiais criaram unidades especializadas para lidarem com problemas específicos (e muitas vezes temporários), enquanto os dirigentes tentavam manter um controlo apertado sobre a direcção e objectivos das actividades dos funcionários.

Esta tentativa de especialização das funções policiais fundava-se nas teorias de gestão predominantes, que elegiam as estruturas organizacionais e de supervisão rígidas como a chave da eficiência – teorias que funcionaram razoavelmente em linhas de montagem e em outras organizações privadas altamente rotinadas, mas menos eficazmente em grandes organizações de serviço público, com um mandato alargado para a prossecução de um vasto leque de objectivos sociais. Como conchas no casco de um navio, estas unidades especializadas justapostas e duplicativas, cresceram em torno da estrutura organizativa e atrasaram o seu progresso.

As estruturas de responsabilidade hierárquica da organização geraram muitas regras administrativas, muitos regulamentos burocráticos, protocolos operacionais e excesso de papéis. Estas estruturas de responsabilidade formal pareciam ser muito importantes para responder às preocupações dos dirigentes, mas os agentes policiais que de facto prestavam um serviço ao público viam nelas pouco valor ou utilidade, considerando-as frequentemente como desnecessárias e onerosas.

Esta dinâmica – emergente de duas esferas de interesse e de actividade distintas e incompatíveis – contribuiu para o surgimento de duas culturas ocupacionais distintas no seio da organização: polícias de rua e de estado-maior. Em resultado disso, o NYPD carecia de uma focagem central e de unanimidade de propósitos, uma vez que os dois grupos tinham agendas diferentes e abordavam os problemas criminais segundo perspectivas diferentes.

Este modelo altamente centralizado também dispersou pessoal e outros recursos, bem como a atenção relativamente àquilo que devia ser a grande prioridade da organização: a redução da criminalidade e a melhoria da qualidade de vida dos cidadãos. Inicialmente, no entanto, este modelo não resultou na prática, porque ignorava uma realidade fundamental da Polícia contemporânea.

Pela sua natureza, o trabalho policial é uma actividade extremamente complexa, na qual a grande maioria das actividades dos agentes policiais ocorre em circunstâncias exigentes e em situações altamente ambíguas, em que a supervisão directa, o acompanhamento e o controlo dos dirigentes pura e simplesmente não são possíveis. Os dirigentes policiais de uma grande instituição, servindo uma população numerosa e diversificada, simplesmente não podem esperar abarcar ou dominar todas as subtilezas e *nuances* inerentes ao serviço que a Polícia presta ao nível do cliente final.

Com o surgimento do policiamento de proximidade, a necessidade de aumentar a autonomia dos agentes ao nível mais baixo da hierarquia tornou-se mais premente, e as estruturas rígidas e expectativas do modelo profissional tornaram-se ainda mais incongruentes.

Na cidade de Nova Iorque e noutros locais, as organizações tentaram resolver esta discrepância reforçando directamente os poderes dos agentes de patrulha, segundo a ideia de que todo o agente deve, na essência, ser chefe do seu giro, responsável pela coordenação ou pela prestação directa de virtualmente todos os serviços de Polícia dentro dessa esfera de responsabilidade. Em muitos aspectos, este esforço acrescido no sentido de forçar a implementação do policiamento de proximidade foi ineficaz, uma vez que assumiu ingenuamente que todo o jovem agente patrulheiro possuía os conhecimentos, experiência e sageza necessários para utilizar judiciosamente a considerável autonomia e autoridade que lhes foram conferidas. Além disso, reduziu efectivamente aos supervisores e aos oficiais superiores o papel de suporte e diminuiu a sua autoridade para gerirem, dirigirem e controlarem as actividades dos polícias de bairro.

Nos últimos anos, o Departamento de Polícia de Nova Iorque evoluiu do saber tradicional da gestão policial e modificou a ideologia convencional do policiamento de proximidade, para reconhecer que, em ordem a que a instituição seja eficaz na redução da criminalidade e na resposta às necessidades da comunidade, muitas decisões operacionais devem ser tomadas pelos comandantes ao nível de Esquadra.

Estes comandantes estão, de longe, em melhor posição que os executivos do Quartel-General para apreciarem e responderem às necessidades particulares das suas comunidades e para dirigirem os esforços dos 200 a 400 agentes que gerem.

Além disso, também estão em melhor posição que os polícias de bairro para compreenderem e harmonizarem as políticas da instituição com as dinâmicas sociais que ocorrem nas suas áreas geográficas de responsabilidade.

Para operacionalizar este princípio, as políticas do NYPD sofreram uma revisão no sentido de reforçar os poderes dos comandantes de Esquadra e aumentar significativamente a sua autoridade, responsabilidade e autonomia, bem como o grau de controlo que exercem sobre o seu pessoal e outros recursos.

O corolário dessa autoridade, responsabilidade e autonomia reforçadas é uma responsabilização acrescida.

2.2.2. *O Relatório COMPSTAT*

Com uma periodicidade semanal, o pessoal de cada uma das 76 esquadras do Departamento faz uma compilação de uma síntese estatística das queixas-crime, detenções e autuações verificadas nessa semana, bem como uma recapitulação escrita dos casos mais significativos, tendências criminais e actividades da Polícia. Estes dados, que incluem as horas e locais específicos em que ocorreram os crimes e as acções policiais, são remetidos à Unidade Compstat do Chefe do Departamento, onde são coligidos e carregados para uma base de dados de toda a cidade. Um computador analisa os dados e produz-se um relatório Compstat semanal.

Este relatório engloba as queixas-crime e as detenções ao nível de cada Esquadra, Distrito e de toda a cidade, e apresenta um sumário conciso destes e de outros indicadores de desempenho. Estes dados são apresentados em termos de última semana, último mês e último ano, com comparações relativamente à actividade do ano anterior. Os comandantes de Esquadra e os executivos do topo do Departamento podem facilmente detectar tendências criminais curtas e longas, bem como desvios e anomalias, e podem facilmente estabelecer comparações entre comandos.

Importa referir que o relatório Compstat semanal e as reuniões sobre estratégia criminal não se centram apenas no combate à criminalidade violenta, mas também compreendem dados sobre o número de incidentes com armas de fogo e vítimas de disparos, bem como detenções por uso e porte de arma de fogo e actividade sancionatória em geral.

Ao longo da história da Polícia moderna, os dirigentes policiais enfatizaram os sete maiores crimes do Índice do FBI (homicídio qualificado e homicídio doloso, violação qualificada, roubo agravado, ofensas à integridade física agravadas, furto por arrombamento, roubo e furto de veículo a motor), quase excluindo outros indicadores de criminalidade, violência e desordem. A prioridade conferida aos crimes graves constitui uma afronta à teoria do "broken windows", articulada por James Q. Wilson e George Kelling.

Esta teoria está na base de grande parte do sucesso do NYPD na redução da criminalidade, enquanto sustenta que, menosprezando-se as infracções e os crimes menores, passa-se a mensagem de que esses desvios sociais serão tolerados, conduzindo finalmente a crimes mais graves e a um maior sentimento de insegurança da população, bem como a uma maior decadência social. Detendo ou acoimando aqueles que se empenham na prática dessas transgressões menores e em atentados à qualidade de vida, consumindo álcool ou urinando na via pública, praticando mendicidade agressiva, tocando rádio com o volume excessivamente alto, praticando a prostituição ou tendo comportamentos desordeiros, está-se a dissuadir esses comportamentos, ao mesmo tempo que se faz passar uma mensagem de intolerância para com outras incivilidades que dilaceram o tecido social.

Um policiamento assertivo restaura um sentimento de ordem e de civismo na cidade e quebra o ciclo sinergético que conduz ao crime violento, ao aumento do sentimento de insegurança e a uma maior degradação urbana.

Recolhendo estes dados da actividade policial, tal como são reflectidos nas coimas e nas detenções, o Departamento está em melhores condições para aferir o seu desempenho global e para avaliar o desempenho dos seus quadros intermédios na prossecução dos objectivos principais da instituição.

A Unidade Compstat também desenvolve e prepara outro instrumento importante de medição do desempenho: os relatórios dos comandantes sobre o perfil das suas esquadras. Estes relatórios também são actualizados semanalmente e permitem aos dirigentes superiores escrutinar o desempenho dos comandantes numa panóplia de variáveis de gestão. Os perfis definidos pelos comandantes são compilados por divisões, esquadras, secções de trânsito, áreas de polícia de habitação social e unidades especializadas de investigação ao nível de esquadra, como as equipas de detectives, de assaltos e de estupefacientes.

Estes formulários de perfil reúnem um conjunto de dados críticos de desempenho relativos quer a funções operacionais específicas da esfera de responsabilidade de cada unidade, quer as qualificações do indivíduo que a comanda. Todos os perfis fornecem informação sobre a data de nomeação e anos no posto dos comandantes de unidade, a sua formação inicial e especializada, a sua avaliação de desempenho mais recente e as unidades que comandou anteriormente. Cada perfil reúne estatísticas não criminais, como o tempo de trabalho suplementar efectuado pelos membros da unidade, o número de veículos policiais acidentados, os níveis de absentismo devidos a doença ou agressões de que foram vítimas em serviço e o número de queixas de civis dirigidas contra membros da unidade.

A acrescer aos dados sobre a demografia da comunidade local e sobre o pessoal aí colocado, os Perfis definidos pelos comandantes de esquadra ou de distrito de patrulha fornecem informação importante sobre áreas específicas de responsabilidade de comando, incluindo a incidência da violência doméstica e chamadas rádio sem fundamento, bem como a actividade sancionatória. Os perfis definidos pelos comandantes relativamente às unidades de investigação criminal contêm informação sobre processos abertos e concluídos, o número e postos do pessoal nomeado e os seus níveis de absentismo, e actividades operacionais como o número de interrogatórios de suspeitos e o número de mandados de busca executados pelos membros da brigada. A acrescer ao número de crimes violentos, contra-ordenações e detenções efectuadas, o perfil do comandante da brigada de estupefacientes da esquadra indica o número de informadores confidenciais registados, o número de operações de compra de longo termo conduzidas e o número de relatórios de informações sobre a droga recebidos, investigados e encerrados.

Estes dados permitem aos executivos de topo acompanhar cuidadosamente e avaliar o modo como os comandantes motivam e dirigem os recursos humanos e como abordam os grandes problemas de gestão. Os comandantes também sabem que estão a ser avaliados de acordo com os mesmos critérios objectivos utilizados na avaliação dos seus pares, e podem monitorizar e comparar o seu próprio sucesso na realização dos objectivos de desempenho fixados.

2.2.3. *A Sala COMPSTAT*

O NYPD começou a realizar reuniões semanais sobre a Estratégia de Controlo da Criminalidade, em Abril de 1994, como forma de aumentar o fluxo de informação entre os executivos e os comandantes das unidades operacionais, com particular ênfase para o fluxo de informação sobre o controlo do crime e a qualidade de vida.

Na linguagem vernácula do Departamento, estes *briefings* têm a designação de reuniões COMPSTAT (Estatísticas Computorizadas), dado que muitas das discussões se baseiam em análises estatísticas contidas no relatório Compstat semanal.

As reuniões têm lugar entre as 7 e as 10 horas da manhã, duas vezes por semana, no Centro de Controlo e Comando, uma sala de conferências com alta tecnologia, situada no Quartel-General. Nestas reuniões estão presentes todos os comandantes de esquadra, de secção de trânsito, de polícia de bairro social e de unidades operacionais de uma determinada divisão, incluindo os comandantes de unidades de investigação especializadas dependentes das esquadras. Uma vez que a estrutura organizacional do Departamento divide a cidade em oito divisões (Sul de Manhattan e Norte de Manhattan, Norte de Brooklin e Sul de Brooklin, Norte de Queens e Sul de Queens, Bronx e Staten Island), todo o comandante de esquadra ou de unidade operacional pode esperar ser convocado para fazer a sua apresentação na reunião de estratégia criminal uma vez por mês, em média.

Também estão presentes na sala os representantes dos respectivos gabinetes do Ministério Público, instituições parceiras envolvidas em actividades policiais (por exemplo, organizações federais, estaduais e da cidade de Nova Iorque), os coordenadores de estratégia criminal de outras divisões, pessoal do gabinete de Assuntos Internos e oficiais de uma diversidade de unidades de apoio e auxiliares que não desempenham directamente funções policiais (tais como o Gabinete de Assuntos Jurídicos e a Divisão de Gestão de Sistemas de Informação).

Esta configuração de participantes reforça uma abordagem de equipa na resolução de problemas e garante que a criminalidade e os problemas da qualidade de vida identificados durante a reunião possam ser imediatamente discutidos e rapidamente atacados através do desenvolvimento e implementação de soluções criativas e globais. Uma vez que os dirigentes superiores estão presentes nas reuniões e podem imediatamente empenhar os seus recursos, os obstáculos e demoras que ocorrem frequentemente em organizações burocráticas fortemente estruturadas também tendem a ser minimizados.

De entre as potencialidades da alta tecnologia disponível no centro de comando e controlo, destaca-se o mapa digitalizado, que apresenta dados sobre a criminalidade, as detenções e a qualidade de vida num conjunto de formatos visuais que incluem cartas, gráficos e tabelas comparativos. Através da utilização do software MAPINFO e de outra tecnologia informática, a base de dados Compstat pode ser acedida e um mapa com inserção virtual de qualquer combinação de locais onde foram praticados crimes e/ou detenções, "zonas quentes" da criminalidade e outra informação relevante podem ser instantaneamente projectadas nos grandes écrans de projecção de vídeo do Centro. Simultaneamente, podem também ser projectados cartas, tabelas e gráficos comparativos.

Estas apresentações virtuais são um auxiliar útil e altamente eficaz para o relatório Compstat de criminalidade comparada, uma vez que permite aos comandantes de esquadra e aos executivos superiores a identificação instantânea e a exploração das tendências e padrões, bem como as soluções para os problemas da criminalidade e da qualidade de vida.

Durante a sua apresentação, os executivos superiores colocam frequentemente aos comandantes questões minuciosas sobre a criminalidade e as detenções efectuadas, bem como sobre casos e iniciativas particulares que eles levaram a cabo para a redução da criminalidade e os atentados à qualidade de vida. Os comandantes devem conseguir demonstrar um conhecimento pormenorizado dos problemas da criminalidade e da qualidade de vida existentes no seu comando e devem conseguir desenvolver tácticas inovadoras e flexíveis. Quando os padrões ou tendências criminais ultrapassam os limites da área da esquadra, cada comandante deve estar apto a explicar como está a trabalhar com outros comandantes de unidade em estratégias conjuntas para atacar o problema.

Os comandantes encontram frequentemente problemas complexos que atravessam os limites territoriais das suas esquadras ou que não são facilmente atacados através de meras medidas policiais e que requerem uma abordagem integrada, recorrendo a pessoal, especialidades e recursos de diversos comandos ou unidades. Dado que os comandantes destas outras unidades estão habitualmente presentes na reunião Compstat, os executivos podem também atentar nos problemas que atravessam as zonas de jurisdição e avaliar de que modo os comandantes desenvolvem tácticas integradas.

As reuniões semanais Compstat são apenas uma faceta do sistema global do Departamento, através da qual se faz a monitorização e avaliação do seu desempenho. Foram instituídos, em todos os níveis da organização, sistemas e processos de avaliação semelhantes ou afins. Eles incluem os briefings pré-Compstat dirigidos por cada comandante de divisão, para a preparação da reunião no Quartel-General, as reuniões de equipas de responsáveis ao nível de cada esquadra, dirigidas pelos comandantes de esquadra, e os projectos de avaliação da estratégia conduzidos pelos oficiais que frequentam o Instituto de Administração da Polícia, da Escola de Gestão Empresarial da Universidade de Columbia.

Além disso, o Comissário de Polícia reúne com o Mayor todas as semanas para lhe apresentar um *briefing* sobre as actividades e desempenho do Departamento, fornecendo ao Mayor um relatório formal que compreende a maior parte dos dados contidos no relatório Compstat.

Finalmente, uma grande parte dos dados Compstat e outros indicadores de desempenho são fornecidos ao público através da sua inclusão no relatório da Administração do Mayor. Este relatório e o relatório preliminar editado no quarto mês do ano civil, fornecem dados comparados e detalhados sobre o desempenho de todas as instituições dependentes do Mayor da cidade.

O sucesso deste sistema de controlo estratégico e das Estratégias de Controlo da Criminalidade e Qualidade de Vida são evidenciados pelo tremendo declínio das taxas de criminalidade verificado desde 1993 e que ainda persiste na actualidade. Esse declínio deve-se, por seu turno, a uma aplicação uniforme, eficiente e eficaz de quatro princípios básicos de redução da criminalidade.

2.2.4. *Princípios de Redução da Criminalidade*

i. *Sistema de Informação Precisa e Atempada*

Uma vez que a Polícia deve responder com eficácia à criminalidade e aos eventos criminais, os funcionários a todos os níveis da organização devem ter um conhecimento preciso sobre quando ocorrem determinados tipos de crimes, como e onde estão a ser cometidos e quem são os autores.

A probabilidade de uma resposta eficaz ao crime aumenta proporcional-
mente em relação ao aumento da precisão desta informação criminal.

ii. Tácticas Eficazes

São prudentemente concebidas tácticas eficazes para se atingir o
desejado resultado da redução da criminalidade, sendo as mesmas desenvolvidas após o estudo e análise da informação coligida pelo sistema de
informação precisa e atempada. Por forma a evitar uma mera deslocação
da criminalidade e dos problemas da qualidade de vida, e tendo em vista
introduzir alterações constantes, estas tácticas devem ser globais, flexíveis
e adaptáveis às variações das tendências da criminalidade que se identificam e monitorizam.

iii. Rápida afectação do pessoal e dos outros recursos

Uma vez desenvolvido um plano táctico, serão prontamente alocados
os agentes e outros recursos necessários ainda que alguns planos tácticos
possam apenas envolver, por exemplo, pessoal de patrulha, a experiência
provou que a maior parte dos planos eficazes exigem que o pessoal de
diversas unidades e com funções distintas trabalhe em equipa para a resolução do problema. Uma resposta viável e global para um problema criminal ou de qualidade de vida exige em geral que o pessoal de patrulha,
os investigadores e o pessoal de apoio reúnam a sua especialização e
recursos para um esforço coordenado.

iv. Acompanhamento e avaliação rigorosos

Como em qualquer acção orientada para a resolução de problemas,
um processo contínuo de rigoroso acompanhamento e avaliação é absolutamente essencial para garantir que os desejados resultados são de facto
atingidos. Esta componente da avaliação também permite ao Departamento avaliar a viabilidade de respostas tácticas específicas e incorporar a
experiência adquirida nos subsequentes esforços de desenvolvimento de
tácticas.

Sabendo até que ponto funcionou uma táctica em relação a um crime
específico ou a um problema de qualidade de vida, e sabendo que elementos específicos da resposta táctica se revelaram mais eficazes, estaremos em melhores condições de construir e implementar respostas eficazes

para problemas idênticos no futuro. O processo de acompanhamento e avaliação também permite reafectar recursos para fazer face aos desafios decorrentes de um novo problema.

2.3. *Estratégias Criminais*

Desde Abril de 1994, o NYPD tem desenvolvido e introduzido Estratégias de Controlo da Criminalidade como forma de resolver o crime e os problemas da qualidade de vida em toda a cidade.

Individual e colectivamente, estas estratégias globais definem o percurso que o Departamento está a seguir, tendo por objectivo a redução da criminalidade e a melhoria da qualidade de vida dos residentes e visitantes da cidade de Nova Iorque. Cada estratégia foi desenvolvida após uma cuidadosa análise do alcance e dimensão dos problemas que visa resolver. Ainda que as metas, objectivos e métodos específicos que o Departamento utiliza estejam claramente definidos, as estratégias e iniciativas têm sido cuidadosamente elaboradas por forma a permitir aos comandantes de esquadra e de divisão a flexibilidade de que necessitam para responderem de forma eficaz.

As estratégias e iniciativas do Departamento são as seguintes:

I. Apreender as armas ilegais nas ruas de Nova Iorque;
II. Reduzir a violência juvenil nas escolas e nas ruas;
III. Afastar os traficantes de droga de Nova Iorque;
IV. Quebrar o ciclo da violência doméstica;
V. Reocupar os espaços públicos de Nova Iorque;
VI. Reduzir os crimes relacionados com automóveis;
VII. Erradicar a corrupção e a indisciplina: consolidar a integridade no NYPD;
VIII. Reocupar a rede rodoviária de Nova Iorque;
IX. Pugnar pelo lema da instituição: Cortesia, Profissionalismo e Respeito; e
X. Capturar os indivíduos procurados pela Justiça.

2.3.1. *Estratégia de policiamento comunitário*

Tomemos como exemplo relevante o documento estratégico aprovado para 1997 – *Estratégia 97, Policiamento de Proximidade por Objec-*

tivos – através do qual o Comissário do NYPD se propunha continuar na mesma linha de sucesso, orientando os esforços para aquelas áreas e indivíduos que mais contribuem para aumentar as taxas de criminalidade da cidade de Nova Iorque.

Os seus objectivos eram:

• eliminar manchas endémicas de violência que são responsáveis pelo maior número de incidentes com armas de fogo, homicídios, assaltos e agressões;
• desmantelar associações criminosas, especialmente bandos violentos de traficantes de droga, que devastam comunidades e semeiam o medo nos bairros; e
• prender fugitivos conhecidos, indivíduos que violaram as saídas precárias ou decisões judiciais de protecção e outros cujo desrespeito flagrante da lei e contínua reincidência ridicularizam o sistema de justiça penal e abalam a estrutura de uma sociedade civilizada.

O documento enunciava depois uma série de medidas destinadas a responder às grandes preocupações dos bairros da cidade de Nova Iorque:

1) os crimes contra o património, designadamente os assaltos e os furtos de automóveis, bem como as incivilidades, que afectam negativamente a qualidade de vida da maioria das pessoas; e
2) as armas ilegais, a droga e o crime violento de rua, que criam uma atmosfera de medo e desordem.

Por forma a atingir estes objectivos, as iniciativas previstas visavam:

• Focalizar os recursos para maximizar a redução do crime;
• Expandir a utilização de tecnologias inovadoras que possam melhorar o acesso à informação e ampliar o campo de acção dos agentes policiais; e
• Melhorar a formação e aumentar o nível de especialização do pessoal em áreas como a recolha de impressões digitais e a investigação criminal.

2.3.2. *Plano de Acção sobre Segurança Rodoviária e Qualidade de Vida*

Para o ano de 1998, o *Mayor* de Nova Iorque assumiu um compromisso para com os seus munícipes: uma missão-chave do Departamento de Polícia em 1998 seria a melhoria da qualidade de vida de todos os nova-iorquinos. O Plano de Acção do Departamento em matéria de Segurança Rodoviária/Qualidade de Vida enunciava esta missão e o modo como o Departamento iria levá-la a cabo. Como parte desta missão, o Departamento comprometeu-se a prosseguir duas metas importantes.

A primeira era a redução do número de acidentes rodoviários, de feridos e de vítimas mortais. O Departamento prosseguiria esta meta protegendo os condutores e os peões dos:

- Aceleras, utilizando equipamento de radar e operações policiais focalizadas nas ruas, e não apenas nas estradas principais;
- Aqueles que ignoram os semáforos vermelhos e os sinais de stop, realizando operações policiais selectivas contra esses infractores;
- Os condutores embriagados, conduzindo operações policiais intensivas de controlo da taxa de alcoolemia, incluindo operações-stop, e aplicando com rigor uma política de tolerância-zero contra os adolescentes que conduzem e consomem álcool em infracção às leis estaduais;
- Taxistas que excedem a velocidade ou conduzem de forma perigosa, utilizando o radar e a fiscalização dirigidos especificamente aos táxis;
- Ciclistas que conduzem de forma perigosa nas faixas de rodagem ou nos passeios, levando os agentes da esquadras e do Gabinete de Transportes a aplicarem com rigor o Código da Estrada e os regulamentos sobre a condução de velocípedes; e
- Condutores que fazem *rallies* nas ruas, realizando operações policiais específicas em locais identificados de corridas de carros.

A segunda meta era tornar os bairros de Nova Iorque mais seguros, mais limpos e mais tranquilos, mediante a redução de:

- Ruídos, através de esforços de policiamento selectivo em residências e estabelecimentos ruidosos, alarmes de automóveis e clubes;

- Ingestão de álcool na via pública e venda de álcool a menores, aplicando com rigor as leis e regulamentos sobre a venda e consumo de bebidas alcoólicas;
- Prostituição de rua, mediante um policiamento específico através das esquadras e da Divisão de Costumes;
- *Graffitis*, através de um esforço de policiamento pela Unidade de Graffitis e pela Unidade de Vandalismo da Divisão de Circulação; e
- Mendicidade agressiva, através de um esforço de policiamento pelo pessoal das esquadras, juntamente com a Unidade de Relações com os Sem-Abrigo, para garantir que os sem-abrigo tenham acesso a um albergue e a tratamento médico e psiquiátrico.

2.4. *Programas de prevenção criminal*

2.4.1. *Generalidades*

Os programas de prevenção criminal assentam, em boa medida, na prevenção primária e secundária da delinquência juvenil.

Em termos organizativos, as questões da prevenção criminal são atribuição de um dos Comissários-Adjuntos, o Comissário-Adjunto para os Assuntos Comunitários. Sob a sua dependência, funciona uma Divisão de Juventude, especificamente vocacionada para a prevenção da delinquência juvenil.

A Divisão tem a seu cargo a implementação e coordenação de um conjunto de programas e de iniciativas de prevenção, dirigidos a crianças e jovens de todas as idades.

O objectivo comum a todos estes programas e iniciativas é a formação e mobilização da juventude nova-iorquina para a resistência ao crime e à violência, propondo-se a sua ocupação em actividades saudáveis.

2.4.2. *Programas de Prevenção da Delinquência Juvenil*

São, essencialmente, nove os programas de prevenção que integram a actividade desta Divisão:

I. Programa DARE (*Drug Abuse Resistance Education*);
II. Programa GREAT (*Gang Resistance Education and Training*);
III. Academia Juvenil de Polícia;

IV.   Programa de Liderança Juvenil;
V.   Secção de Processos de Menores;
VI.   Liga Desportiva da Polícia (*Police Athletic League*);
VII.   Programas/Projectos Especiais;
VIII. Programa Estival de Emprego Juvenil; e
IX.   Unidade de Coordenação dos Exploradores Policiais Urbanos.

3. Balanço final: um caso de sucesso?

Como em qualquer modelo, projecto ou iniciativa, e em jeito de balanço final, poderemos elencar um conjunto de aspectos positivos e negativos do "milagre de Nova Iorque", sendo que tanto uns como outros podem servir de lição para outros modelos de policiamento, tendo sempre presente a necessidade de adequação à realidade política, jurídica, social e cultural de cada país.

3.1. *Aspectos positivos*

Cumpre destacar um conjunto de princípios que, pela sua validade e eficácia comprovadas estatisticamente nos últimos anos, deverão ser objecto de estudo e reflexão.

Desde logo, ao nível da gestão da organização, foi decisiva, desde 1994, a ideia da realização de reuniões semanais sobre a Estratégia de Controlo da Criminalidade. Estas reuniões enquadram-se numa estratégia global de gestão que visa aumentar a responsabilidade ao mesmo tempo que confere aos comandantes locais uma autonomia considerável, proporcionando-lhes os recursos necessários para uma gestão adequada dos seus comandos. Tal garante que eles ficam a par da criminalidade e das condições da qualidade de vida nas suas áreas de responsabilidade, e que as Estratégias do Departamento em matéria de Criminalidade e Qualidade de Vida são integralmente implementadas em toda a organização. As reuniões também funcionam como fórum de comunicação no sentido ascendente (apresentação dos problemas no terreno) e lateral (intercâmbio de tácticas bem sucedidas de redução da criminalidade).

O processo permite aos dirigentes superiores uma monitorização cuidadosa das questões e actividades no terreno, uma avaliação das competências e eficácia dos comandos intermédios, e uma alocação adequada dos recursos necessários para a redução da criminalidade e a melhoria do desempenho da Polícia.

O sucesso deste sistema de controlo estratégico e das Estratégias de Controlo da Criminalidade e Qualidade de Vida é evidenciado pelo tremendo declínio sustentado das taxas de criminalidade, verificado desde 1993. Esse declínio deve-se, por seu turno, a uma aplicação uniforme, eficiente e eficaz de quatro princípios básicos de redução da criminalidade: sistema de informação precisa e atempada; tácticas eficazes; rápida afectação do pessoal e dos outros recursos; e acompanhamento e avaliação rigorosos.

O processo Compstat representa verdadeiramente uma revolução no modo como as organizações policiais são geridas, e esta abordagem revolucionária tem sido adaptada para utilização em muitas outras instituições policiais nacionais e estrangeiras. Se bem que o processo seja revolucionário, deve ser salientado que ele também é evolutivo – o NYPD continua a ajustar, refinar e aperfeiçoar o processo, por forma a responder eficazmente às novas solicitações e exigências com que a Polícia se defronta.

No plano operacional, o NYPD desenvolveu, nos últimos anos, por um lado, uma estratégia operacional de combate à criminalidade mais violenta, designadamente: armas ilegais; violência juvenil; tráfico de droga; violência doméstica; crimes relacionados com automóveis; e execução de mandados de captura; e, por outro lado, também tem desenvolvido e implementado numerosas estratégias de combate a determinados crimes menores, que, dantes, atormentavam os bairros da cidade.

Assim, foi definido para 1998, tomado como exemplo ilustrativo, um plano de acção dirigido especificamente aos problemas da segurança rodoviária e da qualidade de vida, que prevê um vasto leque de medidas e acções onde a tolerância-zero é a palavra de ordem.

Esta opção estratégica vem, aliás, na linha da teoria do "broken windows", segundo a qual o factor desencadeador da criminalidade e da violência nos bairros das cidades são as incivilidades, os crimes menores e os atentados à qualidade de vida dos residentes. Este clima de "paz podre" gera um sentimento de tolerância social e institucional e de crescente impunidade dos delinquentes que os estimula à prática de actos cada vez mais violentos.

Torna-se, assim, necessário, a partir de determinado momento crítico, e como forma de restabelecer uma paz e tranquilidade sustentáveis, adoptar uma estratégia policial de tolerância-zero face às condutas aparentemente menos censuráveis – incivilidades que atentam contra a segurança rodoviária e a qualidade de vida –, mas que são o factor que mais contribui para o sentimento de insegurança das populações.

A evocação das razões do "milagre nova-iorquino" limita-se normalmente às estratégias de repressão dos autores de pequenos crimes e incivilidades. Pela sua visibilidade e pelas reacções que provocou, a política de detenções e de buscas e revistas sistemáticas acabou por eclipsar, em certa medida, o impacto da revolução organizacional que a Polícia de Nova Iorque conheceu na década de 90. No entanto, os inegáveis sucessos obtidos pelo NYPD no seu braço de ferro contra o crime explicam-se, em grande parte, pela implementação de reformas estruturais fortemente inspiradas na gestão empresarial e tornadas possíveis pela afectação de um crescente volume de recursos financeiros (o orçamento do NYPD passou, entre 1990 e 1998, de 1,6 para 2,5 biliões de dólares). Esta equação: mobilização + descentralização + responsabilização + tecnologia + comunicação, permitiu, de algum modo, trazer a Polícia de volta ao seu trabalho, apoiando fortemente várias alavancas culturais susceptíveis de garantirem o envolvimento dos agentes, a todos os níveis da hierarquia, nas estratégias de Guiliani e Bratton.

A política de repressão sistemática dos pequenos delitos não podia senão encontrar um eco extremamente favorável junto dos polícias de terreno, que se sentiram cada vez mais como os combatentes do crime e confrontados, no quotidiano, nas ruas, com os cidadãos e as consequências visíveis da insegurança e da generalização das incivilidades.

Para além da inscrição do actor policial nas lógicas repressivas conformes, no seu conjunto, às representações que ele tem do seu trabalho e às expectativas da população, a administração Giuliani esforçou-se igualmente por corresponder, através de acções simbólicas e de mensagens explícitas, à necessidade de estima e de apoio profissionais dos polícias. O objectivo era o de dar a impressão aos agentes quer faziam as patrulhas, as detenções, as buscas e revistas, que eles beneficiavam do apoio não só dos moradores como do conjunto da hierarquia, no topo da qual se encontrava o mais alto magistrado da cidade.

As observações efectuadas no seio do NYPD confirmaram, em geral, esta adesão dos polícias a uma reforma estrutural que podia analisar-se como uma etapa importante em termos de profissionalização e que lhes dava, no quotidiano, a impressão de uma restauração da sua autoridade, da sua eficácia e do seu prestígio.

Também do lado do cliente, foram claros os apoios da generalidade da população da *Big Apple* relativamente às iniciativas do NYPD durante a década de 90. Um inquérito realizado em 1996 revela que 73% dos habitantes tinham uma opinião favorável da sua Polícia local, contra apenas 37% em 1992. Tais valores indicam que, apesar de uma certa hostilidade em relação à forte personalidade do Mayor Giuliani, aliada a uma certa animosidade contra o NYPD, nomeadamente depois dos emblemáticos casos Louima e Diallo, rodeados de acusações de racismo e de excesso no uso da força, o que é facto é que as novas estratégias de policiamento responderam às expectativas de todos, inclusivamente daqueles que, nos bairros populares e mais desfavorecidos de Harlem, Bronx ou Brooklin, independentemente da sua origem étnica ou nacional, aspiravam a ver as suas ruas limpas de traficantes, vendedores ambulantes e prostitutas, mendigos e sem-abrigo.

3.2. *Aspectos negativos*

Esta guerra declarada contra o crime deu lugar a muitas controvérsias em relação ao custo particularmente elevado da "tolerância-zero", em matéria de direitos fundamentais.

A administração Giuliani foi sendo progressivamente acusada de ter provocado uma ruptura com a lógica de pacificação dos costumes policiais encorajada pelos seus predecessores, em matéria de luta contra os desvios policiais, nomeadamente o emprego excessivo da força.

Na busca da máxima eficácia operacional na luta contra o crime, talvez o caso mais emblemático desses excessos policiais praticados seja o famigerado caso ocorrido em Novembro de 1998 e que vitimou Amadou Diallo, um imigrante da Costa do Marfim morto à queima-roupa, com 42 tiros, à porta de sua casa, por agentes de uma brigada que investigava vários crimes de violação alegadamente praticados por um suspeito negro, naquela área da cidade.

As críticas virulentas, de vários sectores políticos e sociais, contra as práticas da Polícia de Nova Iorque, fundam-se no aumento considerável do número de queixas apresentadas contra agentes policiais, durante a administração Giuliani (3 580 em 1993 e 4 769 em 1997).

Além disso, a multiplicação dos controlos, detenções, buscas e revistas, revelou-se particularmente selectiva, ou seja, normalmente baseada em preconceitos raciais. Um relatório do Procurador-Geral do Estado de Nova Iorque, de Dezembro de 1999, demonstrou que, ao longo de 1998 e no primeiro trimestre de 1999, os negros, que representam 25,6% da população da cidade, constituíam 50,6% das pessoas controladas, sendo 33% latinos (23,7% da população) e apenas 12,9% brancos (43,4% da população), de tal modo que os negros eram seis vezes mais controlados que os brancos e os latinos quatro vezes mais.

Em meados de 2000, um outro relatório, de uma instância federal encarregada da protecção dos direitos fundamentais (United States Commission on Civil Rights), referiu existirem "fortes indícios" da existência de procedimentos discriminatórios na Polícia de Nova Iorque, em matéria de controlos de identidade, detenções, buscas e revistas, sublinhando a necessidade de implementação de um mecanismo independente de controlo para investigar os casos mais graves de excessos policiais, resultantes da política de "tolerância-zero".

Em finais da década, mais de 20 mil reclusos cumpriam penas de prisão até um ano, numa cidade prisional especialmente construída para o efeito numa ilha da cidade de Nova Iorque. A grande maioria desta população prisional cometera crimes relacionados com a qualidade de vida, como a mendicidade agressiva, o consumo de álcool na via pública ou a prostituição. Durante este período, e de forma algo artificial, essas incivilidades e pequenos delitos que geram insegurança e afectam a qualidade de vida dos nova-iorquinos ficam aparentemente resolvidos. Usando uma imagem metafórica, dir-se-ia que, dessa forma, se optou por varrer o problema para debaixo do tapete.

Resta, pois, saber até que ponto as questões estruturais desta população marginal são realmente atacadas, ou, por outras palavras, até que ponto os sistemas prisional e de reinserção social conseguem verdadeiramente cortar um ciclo infindável de pequena delinquência e marginalidade, contribuindo de forma mais positiva para uma verdadeira melhoria da qualidade de vida dos habitantes de Nova Iorque, promovendo a inclusão.

4. Reflexão final

Descritos os dois lados desta história de sucesso, uma derradeira reflexão nos ocorre: uma Polícia obcecada com a eficácia e com a contínua redução dos índices da criminalidade, tendo ao seu serviço as mais modernas técnicas de gestão e as mais avançadas tecnologias de informação, só cumprirá verdadeiramente a sua nobre missão quando conseguir encontrar, no quotidiano, na rua e nos gabinetes, o necessário equilíbrio entre a eficácia e o respeito pelos direitos fundamentais ou, por outras palavras, entre a segurança e a liberdade, pautando-se sempre por critérios de qualidade do serviço.

Bibliografia recomendada

KELLING, George & COLES, Catherine, *Fixing Broken Windows – Restoring order and reducing crime in our communities*, Touchstone, New York, 1997.
GIULIANI, Rudolph, *Liderar*, Quetzal, Lisboa, 2003.
BRATTON, William & KNOBLER, Peter, *Turnaround: How America's Top Cop Reversed the Crime Epidemic*, Random House, New York, 1998.

AS REFORMAS DOS SISTEMAS E DAS ORGANIZAÇÕES POLICIAIS

JOSÉ FERREIRA DE OLIVEIRA
Mestre em Administração e Políticas Públicas
Assistente do Instituto Superior de Ciências Policiais e Segurança Interna
Subintendente da PSP

AS REFORMAS DOS SISTEMAS
E DAS ORGANIZAÇÕES POLICIAIS

SUMÁRIO: Introdução – As reformas dos sistemas e das organizações policiais – O policiamento de proximidade/ /comunitário – O caso espanhol: o novo modelo de policiamento no Corpo Nacional de Polícia – O caso português: o lento processo reformador – O caso francês: a Polícia Nacional face ao desafio da proximidade – As reformas policiais em Portugal – O policiamento de proximidade em Portugal – Algumas ideias sobre o sistema de segurança interna – Alguma bibliografia essencial, sobre a temática apresentada

INTRODUÇÃO

No momento em que a reforma do Estado e da Administração Pública foi colocada, em Portugal, no centro do debate político, a necessidade de iniciar um processo semelhante nas polícias ganhou uma maior pertinência.

As diversas experiências internacionais de reforma policial, que na opinião de muitos autores, colocaram as organizações, alvo de mudança, na charneira do processo reformador da Administração Pública, adoptaram processos reformadores de âmbito e natureza diversificada, contudo, na sua generalidade, elegeram os modelos de polícia de proximidade e de polícia orientada para a resolução dos problemas, enquanto arquétipo enformador de todo o processo de mudança. A reforma no Corpo Nacional de Polícia, em Espanha e da Polícia Nacional, em França, é bem elucidativo na nossa afirmação anterior.

Em Portugal, desde 1974, que as reformas nas forças policiais têm uma natureza, essencialmente micro e normativo, sendo direccionadas para o interior das próprias organizações, através de constantes alterações às respectivas leis orgânicas. Raramente o seu alcance, vai além da própria organização e, quando assim não é, o processo revela tibiezas nos objectivos que visa alcançar, de que é exemplo o processo normativo que alterou o funcionamento do Gabinete Coordenador de Segurança.

Sabemos que os sistemas e as instituições policiais nos países democráticos são impulsionados para a mudança, sobretudo por via da vontade política, em resposta à pressão das populações que querem uma resposta adequada das polícias aos problemas do crime e da insegurança.

O presente texto procura abordar, resumidamente, do ponto de vista da política pública as reformas nos sistemas e nas organizações policiais, apontando os exemplos da Espanha, França e Portugal. Por último, lançamos algumas ideias daquilo que julgamos que deverá ser a evolução do sistema de segurança interna português.

A insegurança e o crime, enquanto factores desencadeadores das reformas

É sabido que a insegurança e o crime, porque limitam o exercício dos direitos de cidadania, estão, hoje em dia, no centro do debate político e são o principal desencadeador das políticas que conduzem a transformações nos sistemas e nas organizações policiais.

Os diversos estudos empíricos, disponíveis nalguns países ocidentais, apontam para um aumento da criminalidade violenta e dos crimes contra a propriedade a partir dos anos 50. Também, os inquéritos de vitimação colocam o crime como uma das principais preocupações dos cidadãos. As estatísticas policiais, nas últimas três décadas, mostram que a criminalidade aumentou na maioria dos países industrializados na casa dos 5% ao ano, duplicando todos os 12 a 14 anos.

Para além da criminalidade objectiva, os vários estudos e inquéritos de opinião têm dado conta da existência de um sentimento de insegurança, que se desenvolve num plano psicológico, produzindo sentimentos de medo pessoal e de preocupações securitárias.

Várias razões são invocadas para explicar o aumento do crime e da insegurança. Uns atribuem-na a causas que se relacionam como o processo de globalização, que provocou a dissolução das solidariedades sociais e a ruptura dos mecanismos de confiança social. Outros invocam a crise económica e o processo de urbanização, que contribuiu para a redução das formas de vigilância e solidariedades tradicionais. Outros autores dão ênfase à forma com o Estado tradicional manteve o monopólio da segurança, afastando, irremediavelmente, os cidadãos da sua própria defesa, contribuindo assim, para a proliferação de cidadãos apáticos e desmobilizados perante a insegurança. Outra explicação, pouco convencional, para o fenómeno do aumento do crime e do sentimento de insegurança, prende-se com o fenómeno das designadas incivilidades. Esta tese salienta a relação de reciprocidade entre a delinquência e o sentimento de insegurança através da introdução de um terceiro elemento, denominado *Broken Windows* (vidros partidos).

As reformas dos sistemas e das organizações policiais

Animados por um processo mais lato de reforma do Estado e da Administração Pública os sistemas e as organizações policiais, nalguns países ocidentais, têm sido sujeitos a um conjunto de iniciativas reformadoras que podemos subdividir, entre reformas macro e micro. São exemplo de reformas macro, as iniciativas de atribuição de tarefas de segurança pública aos níveis infra-nacionais, nomeadamente aos municípios; uma coerente e articulada territorialização dos subsistemas de segurança de acordo com o mapa demográfico e criminal; uma adequada redefinição dos patamares políticos e administrativos de coordenação e tutela dos subsistemas policiais ao nível nacional e local; uma necessária articulação dos centros de *expertise* de forma a por em comum saberes, competências, meios e infra-estruturas.

As iniciativas de natureza micro são, nomeadamente aquelas que dizem respeito à implementação de novas práticas, de novos processos, de novas missões, de um novo modelo de organização policial, de novos arquétipos de gestão das organizações (Gestão por objectivos); de novos processos de gestão dos recursos humanos (liderança, motivação e avaliação).

Como as mudanças não se produzem sem que existam factores, que pela sua natureza determinem essas reformas, existe todo um conjunto de factores externos e internos que concorrem para a necessidade da adopção de reformas macro e micro. Relativamente aos factores externos, desta-camos a forte demanda de segurança, associada à pequena e média criminalidade e à provada inaptidão do modelo tradicional de polícia na prevenção do crime e a crescente criminalidade transnacional, nomeadamente, o crime organizado, o terrorismo, o tráfico de droga e as redes clandestinas de tráfico de pessoas.

Quanto às causas internas destacamos, nomeadamente, a necessidade de aperfeiçoamento democrático dos sistemas policiais e a importância do reforço do seu controlo interno e externo; a excessiva burocratização, centralização e opacidade dos processos; os meios financeiros escassos; a profissionalização e especialização das organizações policiais que as afastou do terreno e das suas missões de prevenção; a cultura no interior das organizações policiais que tende a desvalorizar as funções de prevenção em detrimento das actividades de investigação criminal e de manutenção da ordem; a falta de procedimentos de gestão de recursos humanos que avaliem o mérito em detrimento da simples antiguidade; uma descoordenação dos subsistemas policiais.

Os especialistas são unanimes em reconhecerem que um dos desafios à acção policial, passa por reconsiderar a sua ligação à comunidade, salientando, que as novas estratégias policiais baseadas nos paradigmas do policiamento comunitário são as que melhor vão ao encontro dessas prioridades.

Estamos face a uma reorientação dos sistemas e das organizações no sentido de encontrar um modelo que seja mais eficaz no combate ao crime e ao sentimento de insegurança, e que, em termos processuais, se adapte a uma nova governabilidade da segurança, na qual a polícia é necessariamente uma actor preponderante, mas não o único. Fala-se assim, da emergência de um novo *Management* policial, no qual, a polícia deve ocupar-se, apenas, da gestão do risco, deixando assim, para os cidadãos uma maior responsabilidade pela sua segurança. Resta saber os riscos que uma solução desta natureza poderá comportar!

O policiamento de proximidade/comunitário

As primeiras reformas organizacionais de natureza micro, utilizando como arquétipo reformador o modelo do policiamento comunitário foram prosseguidas, nos anos setenta, pelos Estados anglo-saxónicos, detentores de sistemas policiais descentralizados. Os Estados da Europa continental, na sua quase generalidade, só enveredaram por este novo modelo nos anos noventa. É de salientar, que os principais estudos relativos ao policiamento comunitário ou de proximidade apareceram, em primeiro lugar, nos Estados Unidos, destacando-se os artigos: de James Wilson e Georges Kelling, intitulado Broken Windows; de George Kelling, relativo à experiência de Kansas City sobre a patrulha preventiva; de Herman Goldstein, sobre o policiamento pela resolução de problemas e o estudo de Skogan, respeitante ao impacto da polícia de proximidade nos bairros.

Muito embora, a adopção deste tipo de policiamento de proximidade possa parecer recente, alguns autores remontam o seu aparecimento à Polícia Metropolitana de Londres, fundada por Robert Peel em 1829, porque se tratava de uma polícia que baseava a sua intervenção numa base consensual, sem poderes especiais (policing by consent). Um dos princípios enunciados por Peel, e que ilustra a actuação da polícia londrina, era que " a polícia é o público e o público é a polícia".

O policiamento comunitário, no dizer dos autores, é mais do que uma alteração táctica das práticas policiais, trata-se, acima de tudo, de uma filosofia e de uma estratégia organizacional, que pretende uma nova parceria entre as pessoas e a polícia. É um novo conceito que propõe uma nova abordagem filosófica, organizacional e operacional da polícia no meio urbano, cujas ideias base, residem no trabalho em parceria com a colectividade, com o objectivo de melhor gerir a criminalidade, a ordem pública, assim como o desenvolvimento de programas de prevenção do crime.

Dentro de uma ampla filosofia do policiamento de proximidade, insere-se um outro paradigma designado por policiamento orientado para a resolução de problemas. A polícia orientada para a resolução dos problemas tem dois objectivos fundamentais. Em primeiro lugar, apurar e analisar as causas dos problemas que tenham uma incidência sobre a criminalidade, em segundo lugar, desenvolver acções eficazes para resolver de forma permanente esses problemas. Assim, o fim último deste tipo de práticas, é evitar a repetição indefinida das mesmas intervenções policiais de natureza pontual, relativamente a um problema que persiste.

Tendo por base o modelo analítico supra referido, importa perceber a forma como as reformas macro e micro têm vindo a ocorrer em países como a Espanha, França e Portugal.

O caso espanhol: o novo modelo de policiamento no Corpo Nacional de Polícia

Podemos afirmar, que a polícia espanhola acompanhou o processo de transição política de um regime ditatorial para um regime democrático, iniciado em 1978, ao transitar de um modelo de polícia autoritária para uma polícia democrática. Diremos que o actual sistema policial espanhol, herdado desse processo democrático, reflecte a tripla divisão do Estado.

A Lei dos Corpos e Forças de Segurança, de 1986, iniciou, o que podemos designar como, uma reforma macro, ao criar:

- Um nível policial pertença do Estado central, composto por duas organizações policiais, uma delas de natureza civil, designada de Corpo Nacional de Polícia (ao unificar a Polícia Nacional com o Corpo Superior de Polícia), com atribuições territoriais nas cidades com mais de 20.000 habitantes, outra de natureza militar, através da manutenção da Guarda Civil com competências nas localidades com menos de 20.000 habitantes;
- Um nível policial autónomo, sediado nas comunidades autónomas, composto actualmente, por três forças policiais (a Polícia Autónoma Basca, a Polícia Foral de Navarra e a Polícia Autónoma da Catalunha);
- E um nível policial local, sediado nos municípios, composto por cerca de 1.700 corpos de polícia.

Podemos caracterizar o sistema, como pluralista e semi-descentralizado.

Num patamar de reformas micro, diremos que as orientações reformadoras no Corpo Nacional de Polícia, na linha do policiamento de proximidade, chegaram com algum atraso, relativamente a alguns países europeus. Foi apenas, a partir do ano de 1996, que a Direcção Geral da Polícia adoptou por uma linha estratégica na base desse novo paradigma.

A polícia de proximidade foi assim definida, como todo o trabalho policial de proximidade desenvolvido no bairro em íntima conexão com a comunidade.

Contudo, o processo reformador a que foi submetido o Corpo Nacional de Polícia foi muito mais amplo, tendo por base o programa "Polícia 2000", implementado em 1999. Este programa foi definido como um conjunto harmónico de actuações e procedimentos dirigidos à organização policial, no sentido de a adequar às demandas de segurança dos cidadãos; à actualização dos sistemas e procedimentos de trabalho e à incorporação e optimização dos recursos necessários.

Esta reforma organizacional foi concebida por um grupo de *experts,* exteriores à instituição e implementada em três fases distintas. Para que o processo se iniciasse, foi necessário preencher à partida uma série de condições, de que se destaca, a entrada em funcionamento da polícia de proximidade, uma adequada dotação em meios financeiros e logísticos e uma necessária formação. Destaca-se o facto desta reforma organizacional ter encontrado como factor de legitimação o paradigma da polícia de proximidade. Encontrando assim, um bom argumento de cidadania para levar a cabo a alterações necessárias.

Este programa reformador assenta em três pilares base, o da proximidade, o da especialidade e o da coordenação. De acordo com o enunciado preambular, que implementou este arquétipo, pretende-se modernizar e adequar as estruturas organizativas do Corpo Nacional de Polícia a um novo modelo policial de proximidade quanto à territorialidade, e de especialidade quanto à supraterritorialidade.

Assim, na arquitectura do modelo, a territorialização da segurança aparece como uma área privilegiada de intervenção. O programa "Polícia 2000", adoptou uma nova divisão do território distinta da anterior, onde passaram a operar os diferentes actores formais e informais e a polícia. Privilegiou-se os comissariados locais e de distrito, dotando-os, em teoria[1], de pessoal e meios para assumirem a totalidade dos serviços de segurança na sua área de responsabilidade e criando no seu seio novas áreas territoriais (sectores e subsectores), onde funciona o Módulo Integrado de Proximidade (MIP) e opera o polícia de proximidade.

Uma das grandes inovações do programa é a adopção da gestão por objectivos. Os objectivos estratégicos são a melhoria da qualidade dos serviços, o aumento do grau de satisfação dos cidadãos e a redução da delinquência. Para que o modelo funcione foram seleccionados, ao nível de cada unidade de polícia de proximidade, três indicadores, que são a variação do nível de delinquência no sector, os contactos e informações pertinentes recolhidos pelos agentes e a qualidade do serviço prestado. Um agente policial no seu sector só poderá influenciar em 70% a sua própria actividade, os restantes 30% dependem do trabalho das outras unidades vizinhas. Diga-se que este sistema de produtividade aplicado à Polícia, insere-se num processo mais lato de modernização da Administração Pública, que a partir de 1998 implementou um sistema de avaliação do rendimento da administração geral do Estado.

---

[1] De salientar que o Corpo Nacional de Polícia, tem-se vindo a debater, nos últimos cinco anos, com um decréscimo de quase 6.000 efectivos, o que, acarreta elevadas lacunas nos dispositivos territoriais.

O caso francês: a Polícia Nacional face ao desafio da proximidade

O sistema policial francês caracteriza-se pelo seu centralismo e dualismo. Este modelo expandiu-se pelos diversos países da Europa continental, consubstanciando-se na existência de duas forças com funções policiais, ou seja, uma polícia nacional de cariz civil e uma Gendarmerie de cariz militar, ambas dependentes do poder central. As duas forças dependem funcionalmente do Ministro do Interior, algo que, não acontecia até Maio de 2002, data a partir da qual, a Gendarmerie deixou de estar debaixo da tutela funcional do Ministro da Defesa.

Esta última medida, é em nosso entender, um bom exemplo de uma mudança de alcance macro, dado que, ao colocar sob a mesma tutela funcional as duas forças policiais, permitirá estabelecer no curto/médio prazo uma melhor coordenação territorial, dos meios, dos processos e das práticas. Esta medida consubstanciou-se, desde o início, na criação dos Grupos de Intervenção Rápida (brigadas de polícia, composta por gendarmes e polícias nacionais).

Quer a Polícia Nacional, quer a Gendarmerie encontram-se desconcentradas por todo o território nacional. A Gendarmerie assegura as tarefas de segurança pública, nas pequenas localidades, ao passo que a Polícia Nacional exerce as mesmas competências nas cidades de maior dimensão (+ 10.000 habitantes).

Quando à adopção do modelo de polícia de proximidade, muito embora, essa noção tenha aparecido nos discursos sobre polícia, logo a partir dos anos de 1988 e 1989, o termo polícia de proximidade acaba por se impor mais tarde. É apenas, a partir do ano de 1990, que as circulares internas fazem referência à polícia de proximidade, e que o conceito começa a expandir-se no discurso administrativo e político.

Em concreto, o projecto de polícia de proximidade desencadeado na Polícia Nacional francesa foi decidido em Janeiro de 1999, no Conselho de Segurança Interior, inserindo-se na linha da política de segurança traçada no colóquio de Villepinte, em Outubro de 1997, pelo então primeiro-ministro Leonel Jospin. Nesse quadro, e em complemento das políticas de parceria relativas à segurança, concretizadas em 1997, por via da criação dos Contratos Locais de Segurança (CLS), o Conselho de Segurança Interior decidiu implementar a polícia de proximidade. De acordo com a sua doutrina de emprego, é uma polícia que se preocupa prioritariamente com a segurança quotidiana dos cidadãos, e que, dessa forma, é capaz de responder à pequena e média criminalidade geradora de insegurança.

A implementação territorial do projecto nas circunscrições servidas pela Polícia Nacional francesa decorreu durante um período de três anos e apresenta-se como um processo metódico, progressivo e realizado numa base consensual com os diferentes parceiros internos e externos à organização. Paralelamente ao projecto, foram postas em marcha, um conjunto de medidas de acompanhamento que tornaram possível a sua concretização, nomeadamente, um plano de formação inicial e contínua sobre polícia de proximidade, uma redistribuição do pessoal para missões de policiamento de proximidade e por último a aquisição de meios materiais em quantidade e qualidade para levar a cabo essa reorganização (edifícios, mobiliário, meios auto, computadores etc.).

Também aqui, a polícia de proximidade não se limita a uma nova organização territorial ou a uma reorganização da *îlotage* (patrulha), trata-se de uma nova doutrina de emprego, com missões, práticas e uma organização renovada, que se articula à volta de três objectivos principais, cinco modalidades de acção e sete modalidades de trabalho. Relativamente aos três objectivos, a polícia de proximidade deverá ser uma polícia, que sabe antecipar e prevenir as dificuldades, que deve conhecer bem o seu território e ser conhecida pelos seus habitantes, que deve responder às expectativas da população em matéria de segurança.

As cinco novas modalidades de acção da polícia de proximidade passam por uma acção policial levada a cabo em territórios bem identificados, nomeadamente, nos sectores e nos bairros, por um contacto permanente com a população, devendo traduzir-se numa relação com o público assente num diálogo permanente, favorecido por horários flexíveis e por uma parceria activa, no quadro dos Contratos Locais de Segurança, por uma polivalência do agente policial de proximidade cuja missão passa a ser mais valorizada, por uma maior informação aos cidadãos, por uma maior responsabilização de cada elemento policial e, por último, por um serviço policial de qualidade.

No quotidiano, a relação entre o polícia de proximidade e os cidadãos passa, sobretudo, pelos contactos regulares que os polícias de proximidade forem capazes de cultivar, o que, na prática, nem sempre é fácil, quando inseridos nos denominados *quartiers difficiles.*

Tratando-se a Polícia Nacional de uma organização profissionalizada nas áreas da *police judiciaire* e do *mantien de l'ordre,* uma observação atenta, permite constatar que o projecto polícia de proximidade só adquiriu um importante sucesso inicial, devido, por um lado, ao forte impulso político por parte do ministro do interior e do primeiro-ministro e, por outro lado, ao apoio de uma parte importante dos quadros policiais. Dado que, os factos provam que a generalidade dos polícias não estavam preparados para o embate cultural que se produziu na fase inicial, e que tem vindo a esbater-se ao longo do tempo.

O caso português: o lento processo reformador

O sistema policial português é um sistema centralizado, militarizado e pluralista. É centralizado, porque todas as forças dependem directamente do Governo central, é militarizado, porque até 1999, as duas grandes forças de segurança, isto é, a Polícia de segurança Pública (PSP) e a Guarda Nacional Republicana (GNR) devido à sua estrutura normativa e cultural assumiam uma natureza militarizada[2], é designado de pluralista, porque é composto por uma pluralidade de forças policiais, donde se destacam três forças com funções de polícia e de segurança pública, ou seja, a Polícia de segurança Pública, a Guarda Nacional Republicana e a Polícia Judiciária. Embora esta última tenha, essencialmente, funções de polícia judiciária.

À semelhança do sistema francês, estamos neste momento face a duas grandes forças de segurança, a GNR de natureza militar, com atribuições, essencialmente nas áreas rurais e a PSP com uma estrutura normativa de natureza civil e com atribuições nas áreas urbanas.

Para fazer face a esta pluralidade de forças e serviços, onde se inserem para além das referidas, o Serviço de Estrangeiros e Fronteiras e a Polícia Marítima, foi previsto um Gabinete Coordenador de Segurança, na Lei de Segurança e Interna, regulamentada por força do Decreto-Lei n.° 61/88 de 27 de Fevereiro, que tinha por tarefa primordial coordenar técnica e operacionalmente os diversos serviços. Apesar da sua aparente necessidade, este organismo, dado a não institucionalização de um secretariado permanente e a inexistência de um quadro permanente de oficiais de ligação das forças e serviços de segurança, até meados de 2001, nunca chegou a exercer uma missão efectiva, funcionando, durante muito tempo, como um local privilegiado para a troca de contactos informais. Face a

---

[2] Note-se que, desde o princípio do século XX, os quadros superiores de ambas as forças foram oficiais do exército. De referir ainda, que se manteve até 1996 a obrigatoriedade legal do comandante-geral da polícia (actual director nacional), ser um oficial general das forças armadas ou um superintendente-chefe da polícia

este diagnóstico este gabinete foi recentemente reformulado, tendo sido instituído um secretariado permanente e um grupo de oficiais de ligação. Este gabinete teve na base da preparação dos planos de actuação conjunta, assim como dos esquemas de cooperação destinados ao Euro 2004. Pelos estudos empíricos, a que nos foi possível aceder, julgamos que este tipo de organismos estão mais vocacionados, para este tipo de eventos do que para uma acção de coordenação rotineira e constante das forças policiais.

Do nosso ponto de vista, apesar das diversas intervenções normativas, que ocorreram após 1974 (com incidência nas leis orgânicas e estatutos das diferentes forças, na Lei de Segurança Interna, na criação de um Gabinete Coordenador de Segurança e na definição de competências, através da Lei de Investigação Criminal), nunca existiu uma verdadeira reforma do sistema policial, de modo a evitar sobreposições e descoordenações. Apesar das mudanças que se operaram gradualmente nas forças de segurança, verifica-se a inexistência de uma orientação política clara, relativamente àquilo que deve ser o sistema policial e as organizações que o compõem, levando a que os actores institucionais estejam mais virados para lógicas intra-organizacionais, do que, para o serviço à comunidade. Nesta falta de estratégia, comum a todas as forças e serviços de segurança, assistimos em todo o processo de reforma legislativa, a uma pressão corporativa, que tem expressão, numa efectiva tendência para a diferenciação estatutária (ao nível dos direitos) entre as diversas forças e serviços e no próprio interior das forças acarretando disfunções organizatórias e sistémicas graves.

As reformas policiais em Portugal

Não se pode afirmar, na base dos critérios estabelecidos supra para o modelo de policiamento de proximidade, que Portugal tenha implementado um projecto de polícia de proximidade, apesar do termo ter entrada no discurso político a partir de 1995. É disso exemplo, a alocução proferida na Escola Superior de Polícia em 18 de Dezembro de 1995, pelo então Ministro da Administração Interna, Alberto Costa, ao salientar que é necessário "Valorizar no modelo policial português as ideias de proximidade, de comunicação e de relacionamento mais estreito entre a polícia e os cidadãos, não pode ser mero efeito de retórica. À luz da experiência contemporânea, tem de ser uma concreta orientação de reforma."

Apesar do desenvolvimento de alguns projectos na linha do policiamento de proximidade e da realização de algumas acções de natureza voluntariosa, nalgumas subunidades da polícia, esta nova estratégia não tem tido expressão nas organizações policiais, que continuam a agir, na sua generalidade, de acordo com um policiamento tradicional de natureza reactiva. As políticas de segurança implementadas nos últimos anos, são caracterizadas em geral, pelo seu gradualismo e pela sua natureza, essencialmente micro e normativa, pela sua descontinuidade e estão condicionadas e limitadas pela falta de uma estratégia global para o sistema policial. No essencial, essas políticas têm sido dirigidas, segundo lógicas internas, ao sistema e às polícias, no sentido da resolução de questões estatutárias e aperfeiçoamento de modelos de participação interna que há muito deveriam ter sido resolvidos, de que é exemplo, a questão sindical na PSP.

Ao estudarmos as diferentes políticas prosseguidas em Portugal, na área da segurança interna, desde 1974, podemos classificá-las segundo três eixos distintos:

- De 1974 a 1981, em políticas de segurança e consolidação do Estado de direito democrático;
- De 1981 a 1995, em políticas de reafirmação da segurança interna;
- De 1995 a 2002, em políticas de segurança pública.

As primeiras políticas, após o período conturbado de 1974, tinham como objectivo prioritário o reforço da autoridade democrática e a preservação da ordem pública. Além disso, abrangeram ainda o combate anti-terrorista e o início da luta contra o tráfico e consumo de droga. As políticas desenvolvidas, de 1981 a 1995, foram dirigidas, sobretudo, à modernização legislativa do sistema de segurança interna e das forças e serviços de segurança, passando pelo reforço dos novos quadros orgânicos e estatutos de pessoal das forças e serviços (PSP, GNR, PJ, SEF), pela lei de segurança interna, pela criação da Escola Superior de Polícia, pelo reforço dos quadros de pessoal da PSP, GNR e PJ, pela extinção da Guarda-Fiscal, pelo regime de direitos sócio-profissionais na PSP, pela preocupação por uma adequada territorialização (substituição da PSP por forças da GNR nalguma localidades) e pela concentração de efectivos em Lisboa e Porto.

A principal política do XII Governo Constitucional (1991-1995), no campo da segurança, pode ser caracterizada como uma política de redistribuição e de substituição de efectivos. Estas mudanças estavam animadas por uma lógica economicista, de racionalização e territorialização do efectivo, tendo sido anunciadas no dia 20 de Outubro de 1992, pelo então Ministro da Administração Interna, Dias Loureiro, na Assembleia da República. De acordo com o programa declarado, tratava-se de uma reestruturação que visava a melhoria na articulação entre as forças e serviços de segurança, através da eliminação das duplicações, da redefinição das missões e da redistribuição do dispositivo. A operacionalização do plano passou pela extinção da Guarda Fiscal e a sua integração na Guarda Nacional Republicana; pela transferência de localidades da PSP para a GNR; pela expansão do dispositivo nas áreas da grande Lisboa e grande Porto e Setúbal, através do reajustamento dos limites urbanos e pela concentração policial nas divisões em Lisboa e Porto.

Tratou-se, em nosso entender, de uma iniciativa reformadora que não assentava em nenhum modelo de reforma policial conhecido, e que, apresentava como vantagens razões de natureza essencialmente interna, nomeadamente, a diminuição de custos, a substituição de esquadras degradados por novas instalações, um maior enquadramento e controlo do pessoal policial, uma maior racionalização de tarefas administrativas, uma maior adaptação dos efectivos às necessidades operacionais e uma melhor gestão operacional. Anunciava como desvantagens razões de natureza externa, incidente nas relações entre a polícia e o cidadão, porque ao incorporar o fecho de algumas esquadras de bairro suscitou o sentimento do afastamento da polícia em relação à população local. Esta concentração apresentou ainda como desvantagem o facto de ter criado uma certa desresponsabilização dos quadros intermédios da polícia, que ao deixarem de ter a responsabilidade por uma determinada área territorial, viram diminuída a sua autonomia operacional.

Quanto às políticas para as áreas da segurança desenvolvidas pelos governos do Partido Socialista (XIII e XIV Governos Constitucionais) a partir de 1995 podem ser classificadas em três eixos distintos. Um eixo relativo à modernização e controlo das forças de segurança (efectivos e meios), um eixo referente à implementação de programas de segurança dirigidos a determinados problemas específicos (escola segura, segurança a idosos, comércio seguro, vítimas) e outro respeitante à territorialização da segurança, através da criação das polícias municipais.

O programa político do Partido Socialista, em 1995, enunciava medidas de proximidade da polícia em relação aos cidadãos, a criação das polícias municipais e dos chamados Conselhos Municipais de Segurança, a criação de um Instituto de Ciências Policiais e de Segurança Interna, o lançamento de uma política integrada de prevenção da delinquência, através da criação de estruturas de parceria e a actualização dos estatutos das forças de segurança, no sentido do aprofundamento dos valores civilistas dessas instituições policiais.

A partir desta data as forças de segurança foram colocadas na agenda política. À semelhança das primeiras reformas adoptadas em França em 1982, também em Portugal, as primeiras mudanças começaram pela questão da formação das forças de segurança. Nesse sentido é criado um grupo de avaliação, composto por algumas entidades exteriores às polícias, que elaborou um relatório, onde são feitas algumas recomendações, relativamente aos níveis de ensino, métodos de ensino, conteúdos, recrutamento de formadores e avaliação de ensino.

Para além da formação, importa salientar ainda um conjunto de medidas de natureza normativa, na linha da modernização do sistema e das organizações policiais. Destaco o Decreto-Lei n.° 2-A/96 de 13 de Janeiro, que permitiu a nomeação de um civil para a direcção da polícia, a institucionalização da Inspecção-Geral da Administração Interna, que veio apontar lacunas ao nível dos processos e dos meios em vigor nas forças de segurança, permitindo aperfeiçoar os métodos e as práticas, a consagração normativa da PSP, como força de natureza civil, através da publicação da Lei n.° 5/99 de 27 de Janeiro, a regulação do exercício da liberdade sindical na PSP pela Lei n.° 14/2002 de 19 de Fevereiro, a aprovação de um estatuto disciplinar da GNR, deixando de se aplicar o regulamento de disciplina militar, a adopção de um código deontológico do serviço policial para as forças de segurança (PSP e GNR) pela Resolução do Conselho de Ministros n.° 37/2002 de 28 de Fevereiro

O programa do XV Governo Constitucional para a área da administração interna previa um conjunto de medidas, que passavam, nomeadamente, pela definição de uma estratégia de combate à criminalidade, que envolvesse os diferentes parceiros, a definição de medidas concretas que garantissem uma eficaz articulação entre as forças de segurança, a reorganização das forças de segurança através da clarificação do seu estatuto e a implementação de medidas de aproximação da polícia ao cidadão.

Em 2004, podemos afirmar que a quase totalidade das propostas enunciadas no programa do XV Governo não foram cumpridas. Assim, o XVI Governo Constitucional mantém, no essencial, a mesma linha programática.

O policiamento de proximidade em Portugal

Muito embora o termo policiamento de proximidade tivesse entrado no discurso político em 1995, passando a integrar o léxico policial, este modelo de organização e de novas práticas policiais, ainda está longe de ser uma realidade nas organizações policiais portuguesas.

O policiamento de proximidade, tal como foi entendido a partir de 1996, pelo Ministério da Administração Interna, consiste num conjunto de programas de segurança orientados para determinados problemas concretos, nomeadamente, para os grupos sociais mais vulneráveis aos fenómenos de insegurança, designadamente, crianças, idosos e vítimas de crimes. Estas iniciativas foram concebidas e "pilotadas", na sua generalidade, nos gabinetes ministeriais, sendo atribuída às forças policiais a incumbência de disporem de efectivos para as executar. Concluímos, que por detrás do policiamento de proximidade, tal qual foi entendido em Portugal não resultou uma estratégia que envolvesse as organizações policiais como um todo.

Em 9 de Abril de 2003, o anterior Ministro da Administração Interna, anunciou o que designou por segurança solidária e policiamento comunitário. Esta política tinha como objectivo conter a criminalidade com o contributo de todos os sectores da sociedade, especialmente o governo, as forças de segurança, as autarquias e as organizações da sociedade civil. A estratégia de acção previa que os programas de acção a implementar se centrariam nas principais áreas de exclusão social, com elevados índices de criminalidade. As linhas prioritárias, de acordo com o texto ministerial, passavam por uma política integrada de prevenção da criminalidade, pelo fortalecimento das parcerias formais, pelo trabalho conjunto de todos os organismos e pela participação activa dos cidadãos.

Diga-se que esta política não passou de um mero enunciado de boas intenções.

Algumas ideias sobre o sistema de segurança interna

Numa base puramente especulativa sobre o sistema de segurança interna, julgamos que as reformas macro devem clarificar o modelo dualista, isto é, a existência de duas forças, uma de cariz marcadamente civil e uma de cariz militarizado, ambas detentoras de níveis de resposta semelhantes. Por exemplo, não faz sentido que após uma reorganização do dispositivo territorial da PSP e da GNR, a população servida por cada uma das forças, veja diminuído, o seu grau de segurança.

Entendemos também, que as polícias municipais a existirem devem assumir plenamente, competências no âmbito da circulação rodoviária e devem ser clarificados os "canais" de relacionamento com as forças nacionais.

Num modelo dual, entendemos que todas as forças e serviços de segurança devem estar sob a tutela de um único Ministério, neste caso, do Ministério da Administração Interna. Julgamos importante, à semelhança de que acontece em outros países europeus, nossos congéneres, a existência de um órgão nacional e local coordenador e dinamizador dos diferentes serviços que têm competências de segurança. Ao nível nacional, pensaríamos num director de segurança interna, ao nível local, num coordenador de segurança, tarefa que poderia caber ao actual governador civil, ocorrido o necessário processo reformador.

Com a definição prévia, das atribuições de cada um dos níveis (nacional e local) e de cada uma das forças, a articulação e constituição do novo sistema de segurança, deveria passar pela existência de uma Polícia Nacional, que integrasse a actual Polícia de Segurança Pública, Polícia Judiciária e Serviço de Estrangeiros e Fronteiras (núcleo de investigação e fiscalização) e uma força militarizada, resultante da actual Guarda Nacional Republicana renovada.

Os ganhos, em nosso entender, passariam, em primeiro lugar, por um aumento da segurança dos portugueses, dado que, desta forma, mais fácil se tornaria a articulação entre os diversos saberes policiais (segurança pública, investigação criminal, manutenção da ordem), interligados pela informação policial, tão importante nos dias de hoje. Mais facilmente se conseguiria a articulação dos centros de *expertise* e, dessa forma, o domínio do conhecimento, no ensino e correcção das práticas policiais, aos diversos níveis hierárquicos, através da investigação científica. Não é de descurar, os ganhos de eficácia e eficiência policial e de custos que tal solução acarretaria, sobretudo ao nível das tecnologias de informação e dos meios humanos e materiais.

O Sistema Integrado das Redes de Emergência e Segurança de Portugal, no domínio das tecnologias da informação e comunicação é um bom exemplo, do que devia ser feito noutras áreas de actividade das forças de segurança.

Os perigos de uma tal solução, poderão segundo alguns, passar por uma excessiva concentração de poder. Não partilhamos dessa ideia. Pensamos que, a segmentação de uma polícia nacional, por actividades (segurança pública, investigação criminal) e um adequado controlo interno e externo obviaria essa questão.

Quanto à implementação das reformas micro, somos apologistas da implementação de projectos de reforma, na base do paradigma do policiamento de proximidade, (porque dirigidas aos cidadãos), e a concretização de modelos de gestão, na base da gestão por objectivos.

Os modelos organizativos baseados na gestão da qualidade total são também um óptimo contributo aos clientes internos e externos das organizações policiais, com recentemente constatámos numa visita ao Corpo Nacional de Polícia espanhol.

Alguma bibliografia essencial, sobre a temática apresentada

ARBOLEDAS, José Ramón P. (2000), "Cambio Social y Cambio en la Organización, el caso del Cuerpo Nacional de Policía", In Seguridad Pública Y Policía en el Comienzo del Siglo XXI, Publicaciones de la Fundación Policía Española.

BARBEAU, Serge e al. (1998), La police professionnelle de type communautaire– stratégique en résolution de problèmes à la Sûreté du Québec, Montréal, Éditions Mériden.

BARBEAU, Serge e al. (1998), La police profissionnelle de type communautaire et l'approche stratégique en résolution de problèmes á la Sûreté du Québec, Normandeau, André (éd.) Une Police Profissionnelle de Type Communautaire, Montréal, Éditions Méridien.

BAYLE, Jean-Louis Loubet del, (1981), "La Police dans le Système Politique" in Revue française de Science Politique, Paris, n.° 3, volume 31.

BAYLE, Jean-Louis Loubet del, (1992a), La Police – Approche Socio--Politique, Paris, Montchrestien.

BAYLE, Jean-Louis Loubet del, (1992b), "Unité et Diversité Dans l'Histoire Des Polices Européennes," Les Cahiers de la Sécurité Intérieure, IHESI, N.° 7, Paris.

BAYLE, Jean-Louis Loubet Del, (2001), "Délinquance des Jeunes – Police et évolution du Contrôle Social", in Revue Internationale de Criminologie et de Police Technique et Scientifique, n.° 3, Genève.

BAYLEY, David H, (1998), "What Works in Policing" in Bayley, David H. (éd.), What Works in Policing, New York, Oxford University Press

BAYLEY, David H. (1991), «Note de recherche sur la comparaison internationale des polices», in Les Cahiers de la Sécurité Intérieure, Paris, IHESI. N.° 7.

BAYLEY, David H. (1994), Police for the Future, Oxford University Press, New York.

BECK, Ulrich, (2001), La société du risque, Paris, Alto Aubier (trad.)

BIGO, Didier (1996), Polices en Réseaux – L'expérience européenne, Paris, Presses de Sciences Po.

BRATTON, william J., (1997), "Crime is Down in New York City: Blame the Police", Dennis, Norman, (éd), Zero Tolerance, Policing a Free Society, London, IEA Health and Welfare Unit.

BRODEUR, Jean-Paul (1999), "Police et prévention au Canada et au Québec" in Les Cahiers de la Sécurité Intérieure, by IHESI. N.° 37, 3. trimestre (Paris).

BRODEUR, Jean-Paul, (1998), "L'évaluation des programmes d'intervention sécuritaire", Ferret, Jérôme et Ocquetou, Fréderic, (éd.), Évaluer la Police de Proximité? Problèmes, concepts, méthodes, Paris, La documentation Française.

BRODEUR, Jean-Paul, (1998), "Une Police Taillée Sur Mesure:Une Réflexion Critique", in Normandeau, André (ed.), Une Police Professionnelle de Type Communautaire, Vol. II, Montréal, Méridien.

BRODEUR, Jean-Paul,(1991), "La Police: mythe et realité", in Les Cahiers de la Sécurité Intérieure, Paris, IHESI, n.° 6.

BRODEUR, Jean-Paul,(1994), "Police et Coercition," in Revue Française de Sociologie, Volume XXXV-3, Paris, juillet-septembre.

BRODEUR, Jean-Paul,(1997), "La Police en Amérique du Nord: Modèles ou effets de Mode?" in Les Cahiers de la Sécurité Intérieure, Paris, IHESI, n.° 28.

CARRAZ, Roland e HYEST, Jean-Jacques (1998), Une meilleure répartition des effectifs da la police et de la gendarmerie pour une meilleure sécurité publique, Paris, Rapport au Premier-Ministre.

CHALOM, Maurice,(2001), "Sentiment d'Insécurité et Police de Proximité: un Rendez-Vous Manqué", in Revue Internationale de Criminologie et de Police Technique et Scientifique, n.° 1, Genève.

COING, H. e MEUNIER, (1980), Insecurité urbaine: une arme pour le pouvoir?, Paris, Anthopos.

COMELLIER, Danielle (1997), La Police de proximité – guide d'application, Otawa, Direcção das Relações Comunitárias, Sûreté du Québec

COSTA, Alberto (1996), Para a Modernização da Actividade Policial, MAI,

COSTA, Alberto (2002), Esta (não) é a minha polícia, Lisboa, Notícias Editorial.

CRAWFORD, Adam, (1998), "Culture managériale de l'évaluation et responsabilités", Ferret, Jérôme et Ocqueteau, Frédéric (éd.), Évaluer la Police de Proximité? Problèmes, concepts, méthodes, Paris, La Documentation Française, p. 51-82.

DÍAZ, Enrique Díaz (1999), "Aproximación a una estructura de las comisarías locales y de distrito" Ciencia Policial, Madrid, Instituto de Estudios de Policía, n.º 48, Mayo-Junio.

DIEU, François, (1999), Politiques Publiques de Sécurité, Paris, L'Harmattan.

DIEU, François,(2001), "Aperçu Sur Les Expériences Françaises de Police de Proximité." Revue Internationale de Criminologie et de Police Technique et Scientifique, n.º 3, Genève.

DIEU, François,(2002), "Une réforme attendue depuis cinquante ans" in Fígaro, 17 de Maio, in www.lefigaro.fr/france/20020517.FIG0014.html

Direcção das Relações Comunitárias (1997), "La Police de Proximité-Une valeur ajoutée á la desserte policière", Otawa, Direcção das Relações Comunitárias, Sûreté du Québec

Dirección Geral de la Policía (2000), Policía 2000- I-Texto Resumen, Madrid, Dirección Geral de la Policía

Dirección Geral de la Policía (2001), Policía 2000- II-La Especialidad Policial, Madrid, Dirección Geral de la Policía Dirección Geral de la Policía

EISNER, Manuel, (2001), "Modernization, self-control and lethal violence", in Brit. Journal Criminol., 41.

ELIAS, Norbert, (1973), La civilisation des mœurs, Calmann-Lévy.

ELIAS, Norbert, (1985), A Condição Humana, Lisboa, Difel.

ERICSON, Richard V. e HAGGERTY, Kevin D., (1997), Policing the Risk Society, Oxford, Clarendon Press.

ESTEVES, Alina Isabel Pereira, (1999), A Criminalidade na Cidade de Lisboa, Lisboa, Edições Colibri.

FERRET, Jérôme et MAFFRE, Philippe, (2000), "L'usage de la notion de police de proximité en Espagne. Indice d'une mutation inachevée", in Les Cahiers de la Sécurité Intérieure, Paris, IHESI. N.º 39, 1er trimestre.

Forum Européen pour la Sécurité Urbaine (FESU) (1996), Police d'Europe & Sécurité Urbaine, Saragoça, Forum Européen pour la Sécurité Urbaine.

GAMA, António, (1990) "urbanização difusa e territorialidade local" in revista crítica de ciências sociais, n.° 34.

GATTO, Dominique, THOENIG, Jean Claude, (1993), La Sécurité Publique à l'épreuve du terrain. Paris, Éditions L'Harmattan.

GLEIZAL, Jean-Jacques; DOMENACH, J. Gatti; Journès, C., (1993), La Police – Le cas des démocraties occidentales, PUF, Paris.

GOLDSTEIN, Herman (1990), Problem-Oriented Policing, New York, McGraw-Hill Inc.

Gurr, Ted Robert, (1989), « Historical Trends in Violent Crime: An Overview » in Gurr, Ted Robert (ed.), Violence in America, London, Sage Publications.

HOLDAWAY, Simon (1993), "Modernité, rationalité et baguette de pain: quelques propos sur la gestion de la police en Europe" in Les Cahiers de la Sécurité Intérieure, Paris, IHESI. N.° 14, août-octobre, pp. 21-36.

HOLDAWAY, Simon (1996), "Changes in urban policing" in Reiner, Robert, Volume I, Policing, Aldershot, Dartmouth.

JANKOWSKI, Barbara (1993), «La police de proximité: regard de la recherche sur un nouveau style de police», in Les Cahiers de Sécurité Intérieure, Paris, IHESI, N.° 13

JOHNSTON, Les, (1998), "Late Modernity, Governance, and Policing. Brodeur", in Brodeur, Jean-Paul (ed.), How To Recognize Good Policing, London, Sage Publications.

KELLING, George L., Coles, CATHERINE M., (1996), Fixing Broken Windows, Restoring Order and Reducing Crime in our Communities, New York, A Touchstone Book – Published by Simon & Schuster.

KELLING, George L., Tony Pate, and Duane Dieckman, Brown, Charles E., (1991), "L'Experience de Kansas-City Sur la Patrouille Préventive", in Les Cahiers de la Sécurité Intèrieure, IHESI, N.° 5, Paris.

LAGRANGE, H.,(1995), La Civilité à l'épreuve, Crime et Sentiment d'Insécurité, Paris, Presses Universitaires de France.

LOURENÇO, Nelson e Lisboa, Manuel, (1998a), "Dez anos de crime em Portugal. Análise longitudinal da criminalidade participada às polícias (1984-1993)" in Cadernos do Centro de Estudos Judiciários, Lisboa, Gabinete de Estudos Jurídico-Sociais, Centro de Estudos Judiciários,

LOURENÇO, Nelson e Lisboa, Manuel, (1998c) "Representações da Violência", in Cadernos do CEJ, Gabinete de Estudos Jurídico-Sociais-MJ-CEJ, N.° 2/91, Lisboa.

MAI (1997), Relatório do Grupo de Avaliação de Ensino e dos Processos de Formação no Domínio das Forças e Serviços de Segurança, MAI, 1997.

MAI, (2000 a), Policiamento de Proximidade-Parcerias e Mediação, Lisboa, MAI-CCFFSS.

MENDES, Miguel (2001), "Policiamento: há um modelo ideal?" in Separata da Revista Polícia Portuguesa, n.° 128, Ano LXIV.

Ministère de l'Intérieur (2000), Guide Pratique de la Police de Proximité, Paris, Ministère de l'Intérieur, La Documentation Française Ministério da Administração Interna, (1999), Relatório de legislatura 1995 a 1999, Lisboa, MAI.

MONET, Jean Claude, (1993) Polices et Sociétés en Europe, Paris, La Documentation Française.

MONJARDET, Dominique, (1996), Ce que fait la police, Paris, Éditions la Découverte.

MOORE, Mark H. e TROJANOWICZ, Robert C. (1988/2000), "Corporate Strategies for Policing", in Oliver, Willard M., Community Policing – Classical Readings, London, Prentice-Hall.

MURPHY, Cristopher, (1998), "La police et la résolution de problèmes: un manuel pratique", in Normandeau, André (ed.), Une Police professionnelle de type communautaire, Vol. I, Montréal, Méridien.

NORMANDEAU, André e LEIGHTON, Barry, (1992), "La police communautaire en Amérique", in Revue Internationale de Criminologie et de Police Technique, 1/92, Genève.

OLIVEIRA, José Ferreira (2003), "Os modelos de policiamento e as políticas de segurança: a emergência do policiamento de proximidade" in Juan Mozzicafreddo, João Salis Gomes e João S. Batista, Ética e Administração, Oeiras, Celta.

POLLARD, Charles, (1998), "Zero Tolerance: Short-term Fix. Long-term Liability?". Dennis, Norman, (éd.), Zero Tolerance, Policing a Free Society, London, IEA Health and Welfare Unit,

ROBERT, Philippe et Pottier, MARIE-Lys, (1997), "Sur l'insécurité et la délinquance", in Revue Française de Science Politique, Presses de Sciences Po, Volume 47, n.° 5, Paris, octobre.

ROBERT, Philippe et Pottier, MARIE-Lys, (1997a), "On ne se sent plus en sécurité", in Revue Française de Science Politique, Presses de Sciences Po, Volume 47, n.° 6, Paris, Décembre.

ROCHÉ, Sebastian, (1993), Le sentiment d'insécurité, Paris, PUF.

ROCHÉ, Sebastian, (1996), La Société Incivile, Paris, Éditions du Seuil.

ROCHÉ, Sébastian, (1998a), Sociologie politique de l'insécurité, Paris, PUF.

ROCHÉ, Sébastian, (1998b), "Expliquer le sentiment d'insecurité. Pression, exposition, vulnérabilité et acceptabilité", in Review of Revue Française de Science Politique, Presses de Sciences Po. Volume 48, n.º 2, Paris, avril.

SHERMAN, Laurence, (1997), "Policing for Crime Prevention", in Report to the United States Congress, Preventing Crime: What Works, What Doesn't, What's Promising, National Institute of Justice.

SKOGAN, Wesley G. (1990) Disorder and Decline: Crime and the Spiral of Decay in American Neighborhoods, NeW York, Free Press.

SKOGAN, Wesley G., (1994/1998), "La Police Communautaire Aux États-Unis", in Normandeau, André (éd.) Une Police Professionnelle de Type Communautaire, Vol. I, Montréal, Méridien.

SPARROW, Malcolm K., (1988/2000), "Implementing Community Policing", Oliver, Willard M. (éd.), Community Policing – Classical Readings, New Jersey, Prentice Hall.

SPELMAN, William et ECK, John E., (1986), "Le maintien de l'ordre par l'étude des problèmes", in Revue Internationale de Criminologie et de Police Technique et Scientifique, Genève, N.º 4, oct-déc.

Sûreté du Québec (1997), "Sûreté du Québec – bien plus qu'une simple présence policière ", in Folheto de Apresentação da Polícia de Proximidade, Montréal, 1997

Sûreté du Québec (1997a) "Le Comité d'Action Communautaire – la police de proximité, pour agir ensemble!" in Folheto de Apresentação da Polícia de Proximidade, Montréal, 1997

TISNERAT, Alain, (1998), Politique de la Ville, Lyon, ENSP.

TORRES, Maria do Rosário e al. (2000), Avaliação do Programa "Escola Segura", Lisboa, IGF, IGE e IGAI

TROJANOWICZ, Robert e BUQUEREAUX, Bonnie, (1994), Community Policing: how to get started, second edition, Cincinnati, Anderson Publishers,

TROJANOWICZ, Robert, (1990), Community Policing: a contemporary perspective, Cincinnati, Anderson Pub.

TROJANOWICZ, Robert, VICTOR Kappeler, LARRY Gaines, and Bonnie Buquereaux, (1990), Community Policing: a comtemporary perspective, Cincinnati, Anderson Publishers.

TUPMAN, Bill e TUPMAN, Alison, (1999), Policing in Europe – Uniform in Diversity, Exeter, Intellect.

VOURC'H, Catherine e MARCUS, Michel, (1996), Polices d'Europe & Sécurité Urbaine-Synthèse des Travaux, Saragosse, Fórum Européen pour la Sécurité Urbaine, Ministério de Justicia e Interior.

WACQUANT, Loïc, (1998a), "La tentation pénale en Europe", in Actes de la Recherche des Sciences Sociales, Seuil, 124, Paris.

WACQUANT, Loïc, (1998b), "L'ascension de l'État pénal en Amérique", in Actes de la Recherche des Sciences Sociales, Seuil, 124, Paris

WACQUANT, Loïc, (2000), As Prisões da Miséria, Oeiras, Celta.

WILSON, James Q. (1978), Varieties of Police Behavior, London, Harvard University Press

WILSON, James Q. e GEORGES L. Kelling, (1982), "Broken Windows – The police and neighborhood safety", in The Atlantic Montthly, Volume 249, March

WILSON, James Q. e KELLING, Georges, (1982/1998), "La police et la sécurité du voisinage: les vitres cassées", in Normandeau, André (ed.), Une Police professionnelle de type communautaire, Vol. Tome I, Montréal, Méridien.

ZIEGLER, Jean, (1999), Os Senhores do Crime, Lisboa, Terramar

CRIMINALIDADE TRANSNACIONAL ORGANIZADA: ORGANIZAÇÃO, PODER E COACÇÃO

LUÍS FIÃES FERNANDES
Mestre em Estratégia
Assistente do Instituto Superior de Ciências Policiais e Segurança Interna
Subintendente da PSP

CRIMINALIDADE TRANSNACIONAL ORGANIZADA: ORGANIZAÇÃO, PODER E COACÇÃO*

1. Introdução

A investigação académica sobre a criminalidade organizada depara-se com consideráveis problemas relativos à objectividade e confiança dos dados existentes. O Conselho da Europa reconheceu tal problema ao afirmar *"It is difficult to ascertain, not only the existence of criminal organisations, but also their features, including their modus operandi. A better knowledge of how such organisations are operating is essential for fighting them effectively. That knowledge should be shared amongst member States."* [1]. Os problemas começam, desde logo, com a falta de dados "(...) intelligence and information is incomplete and fragmented." [2], e com a classificação de segurança de algumas das fontes.

---

* Este texto de homenagem tem a sua génese na comunicação "Criminalidade organizada e a investigação criminal", apresentada na sessão de encerramento do Congresso do Processo Penal realizado no Instituto Superior de Ciências Policiais e Segurança Interna, em 24 e 25 de Março de 2004.

[1] COUNCIL OF EUROPE, Committee of experts on criminal law and criminological aspects of organised crime, *Specific Terms of Reference,* adopted by the Committee of Ministers at their 587th meeting on 1 April 1997.

[2] COMMISSION OF THE EUROPEAN COMMUNITIES, Joint report from Commis-

No entanto, apesar do exposto anteriormente, os dados existentes indicam que a partir do final dos anos 1960 o fenómeno da criminalidade organizada transnacional começou a manifestar-se de forma sistemática nas diferentes sociedades, com o consequente, e cada vez maior, impacto económico, social e político. O fim da guerra-fria, a globalização e a evolução tecnológica, são apenas alguns dos factores que o agudizaram. Hoje, factores como a desterritorialização, a cada vez maior sofisticação de *modus operandi* e a diversificação das actividades das organizações criminosas, a par da crescente simbiose entre a criminalidade organizada transnacional e o terrorismo, contribuem para que esta seja considerada uma ameaça ao Estado.

A natureza do Estado e o funcionamento das instituições são hoje considerados determinantes no risco representado pelas actividades da criminalidade organizada. Os Estados de direito democráticos, com forte legitimidade e transparência, têm características que dificultam a emergência e a expansão das organizações criminosas. Nestes Estados, as organizações criminosas, apesar de continuarem a alimentar a procura de certos bens ou serviços, enfrentam, normalmente, um sistema administrativo eficiente e um sistema judicial actuante, obrigando-as a manterem um elevado grau de clandestinidade[3].

Nos Estados em que a legitimidade daqueles que detêm o poder político é fraca e em que os sistemas administrativo e judicial são inoperantes é frequente a associação de tal situação a elevados níveis de actividade da criminalidade organizada[4]. Quando à falta de legitimidade se associa a incapacidade de projectar o poder do Estado, quer no centro, quer a periferia, estão criadas as condições para a substituição, ainda que temporária, das autoridades estatais, por actores não estatais, geradores de poder social (organizações não governamentais, guerrilhas, etc.)[5]. Nestas circunstâncias, o Estado poderá apenas ter capacidade para controlar as actividades lícitas e ilícitas em pequenas partes do seu território, ao mesmo tempo que

---

sion services and EUROPOL, Brussels, *Towards a European strategy to prevent organised crime*, 2001.

[3] COUNCIL OF EUROPE, *Organised crime situation report 2001*, Strasbourg, December 2002, p. 10.

[4] *Idem, ibidem.*

[5] GROS, Jean-Germain, *Trouble in paradise: crime and collapsed states in the age of globalization*, The British *Journal of Criminology*, Vol 43 (1), Winter 2003, p. 64.

entra em colapso o controlo hierárquico sobre os seus agentes (judiciais, administrativos, etc.), criando-se as condições favoráveis à proliferação da corrupção.

A situação agrava-se em Estados assolados por conflitos étnicos, pela desordem civil, a subversão ou o terrorismo, onde estão criadas as condições para um aumento da actividade da criminalidade organizada, como foi o caso da Bósnia-Herzegóvina, da Albânia ou da Colômbia.

2. A organização

A *Convenção Contra a Criminalidade Organizada Transnacional*, adoptada pela Assembleia Geral das Nações Unidas, a 15 de Novembro de 2000, assinada por Portugal a 12 de Dezembro de 2000 e ratificada pelo Decreto do Presidente da República n.° 19/2004, de 2 de Abril, no seu artigo 2.° define grupo criminoso organizado *"como um grupo de 3 ou mais pessoas, formado de maneira não fortuita para a prática imediata de uma infracção e cujos membros não tenham necessariamente funções formalmente definidas, podendo não haver continuidade na sua composição nem dispor de uma estrutura desenvolvida, existindo durante um período de tempo e actuando concertadamente com a finalidade de cometer um ou mais crimes graves[6] ou infracções estabelecidas na convenção com a intenção de obter, directa ou indirectamente, um benefício económico ou outro benefício material."*

O fenómeno *criminalidade organizada transnacional* está intrinsecamente ligado às organizações que actuam nos diversos mercados (lícitos/ilícitos). O comportamento da organização não pode ser totalmente entendido recorrendo apenas às teorias criminológicas tradicionais pois estas têm, normalmente, por objecto de estudo o indivíduo. Por esta razão, o comportamento grupal terá que ter uma abordagem diferente. Quando em grupo, os criminosos actuam de acordo com uma determinada matriz social, pelo que o grupo será um importante factor na criminalidade.

---

[6] A Convenção define "crime grave" como o acto que constitua uma infracção punível com uma pena privativa de liberdade não inferior a 4 anos ou com pena superior.

Discorrer sobre as organizações implica analisar a sua estrutura, o seu conjunto social, considerando também os indivíduos, os papéis e os modelos de comportamento, isto é, abordando a colectividade e a cultura da mesma. Importa referir que entre as organizações criminosas e não criminosas existem alguns pontos em comum, no entanto as organizações criminosas são distintas das outras, desde logo, pelos fins e pelos meios escolhidos para os atingir.

Etimologicamente o termo *"organização"* deriva do grego *organon*, que significa instrumento ou utensílio, sendo que *"Por «organizações» entendem-se os grupos constituídos por uma ordenação de papéis (ou por uma coordenação de processos explícitos) no interior de uma colectividade mais ampla, da qual eles são um elemento da estrutura (...)"*[7]. De uma forma mais simples *"Uma organização é um conjunto de pessoas que estão combinadas em virtude de actividades orientadas para fins comuns"*[8]. Esta definição abrange uma diversidade de organizações, as quais são inseparáveis das funções que cumprem, podendo executar simul-taneamente várias funções, pelo que a maioria das organizações são multifuncionais[9].

As organizações distinguem-se dos grupos formados espontanea-mente, pois são dotadas de processos formalmente estabelecidos e são constituídas tendo em vista certos objectivos colectivos. Uma organização é caracterizada por participantes que se submetem aos objectivos da mesma, em maior ou menor grau, em busca de um fim comum que por sua vez requer, normalmente, a conquista da submissão de pessoas ou grupos externos a ela[10].

A criminalidade organizada transnacional pode manifestar-se de várias formas. A sua variação está directamente relacionada com o tipo de actividade desenvolvida, com as condições políticas, económicas e sociais, com o ordenamento jurídico, com a efectividade do sistema judi-cial e administrativo, bem como com a estrutura das próprias organiza-ções.

Perante a complexidade de factores que influenciam as organizações, o recurso às tipologias revela-se essencial pois permitem o agrupamento

---

[7] DUVERGER, Maurice, *Sociologia da Política*, Almedina, Coimbra, 1983, p. 207.

[8] RUSSEL, Bertrand, *O poder, uma nova análise social*, Fragmentos, Lisboa, s.d., p. 105.

[9] DUVERGER, Maurice, *op. cit.*, p. 205.

[10] GALBRAITH, John Kenneth, *Anatomia do Poder*, Difel, Lisboa, s.d., p. 71.

das organizações com características idênticas em determinados tipos, possibilitando conceber estratégias específicas de prevenção e combate aos grupos de acordo com o seu "tipo". Por outro lado, do ponto de vista académico, permite um quadro de referência para a recolha e tratamento da informação referente às organizações, permitindo o ordenamento da mesma e, quando necessário, desenvolver novos "tipos".

2.1. Uma tipologia das organizações criminosas

As tipologias a que vamos fazer referência são muito simples. A vantagem que decorre da apresentação de uma tipologia é que a "classificação" tende a agrupar fenómenos semelhantes e a reduzir assim a grande variedade e complexidade da realidade a um certo número de "tipos". Assim, dentro das organizações criminosas vários tipos se podem distinguir[11], sendo tal distinção baseada na génese, actividade, permanência no tempo e padrões operacionais[12]:

a) Organizações tradicionais[13] estas organizações baseiam-se numa estrutura fortemente hierarquizada e na existência de rígidos códigos de conduta e de disciplina. A sua estrutura está ligada à génese e contexto histórico em que foram criadas. São organizações multifuncionais na medida em que se dedicam a uma diversidade de actividades ilegais e legais.

Nestas organizações a solidariedade entre os membros é muito forte. Regra geral possuem um núcleo forte e centralizador, composto por elementos que raramente se envolvem directamente nas actividades criminosas. A decisão estratégica é formulada neste núcleo, ao qual se ligam todo o tipo de especialistas e conselheiros. Num segundo nível situam-se outros elementos permanentes, os quais não têm qualquer poder de decisão. Estes

---

[11] UNITED NATIONS GENERAL ASSEMBLY, *International cooperation in combating organized crime,* 16 December 1996, (A/RES/47/87). Esta tipologia está de acordo com a adoptada pela Interpol.

[12] VOURC'N, Catherine; MARCUS, Michel, *Police Forces in Europe & Urban Safety,* European Forum For Urban Security, France, 1996, p. 42.

[13] KENDALL, Raymond E., *Interpol et la lutte conte la criminalité organisée transnationale,* p. 233 in LECLERC, Marcel, coord., *La criminalité organisée,* Institut des Hautes Etudes de la Securité Intérieur, Paris, 1996.

elementos podem ser os chefes de determinados grupos que operam em certas áreas de serviços e limitam-se a transmitir as ordens do núcleo e a coordenar a actividade dos operacionais. Os membros, a este nível, podem estar directamente envolvidos em determinados crimes. Num último nível encontram-se os operacionais.

A este "tipo" pertencem as organizações de origem italiana (como a Cosa Nostra, a Camorra, a N'drangheta, etc.), as organizações de origem chinesa, como as Tríades, e as organizações japonesas, como as Yakuza.

b) Organizações profissionais especializadas, estas organizações especializam-se num ou vários tipos específico de actividade criminosa. A sua estrutura é flexível, de grande volatilidade e de grande dinamismo. Os seus membros podem pertencer, ao mesmo tempo, a mais que uma organização. Estas organizações são constituídas pela interacção de diversos "nódulos", em que cada um desempenha uma tarefa definida dentro de um processo global, por exemplo, nas redes de furto e viciação de viaturas automóveis, existe um "nódulo" que apenas furta as viaturas, outro encarregue de falsificar documentos, outro de alterar a viatura e, eventualmente, um outro encarregue de a comercializar.

c) Pode ainda identificar-se um terceiro tipo de *organização oportunista*[14], podendo ter como base de formação a identidade étnica, cultural, nacional ou parentesco. Esta base de formação é muito importante, na medida que vai fornecer a estrutura de ligação aos países de origem, formando assim extensas redes que se prolongam muito para além das fronteiras nacionais. Estes grupos exploram a base da sua formação, isto é, exploram o facto de pertencerem a uma determinada etnia ou falarem um dialecto particular para obstarem à penetração das autoridades na sua "rede de actividades". Note-se, no entanto, que estas organizações não excluem a pertença de membros de outras nacionalidades ou etnias, desde que exista "confiança" entre todos os membros, a qual é fundamental neste tipo de organizações. A sua estrutura é extremamente simplificada e com grande capacidade de adaptação ao meio ambiente e com elevada resistência à acção das autoridades policiais. Estas organizações constituem-se para explorar uma determinada oportunidade de gerar lucros, por intermédio de actividades ilegais.

---

[14] KENDALL, Raymond E., *op. cit.*, p. 234.

A tipologia que acabamos de apresentar não é fechada, desde logo porque é preciso ter presente a evolução e adaptação das organizações e o consequente aparecimento de novos "tipos". A realidade mostra que tipos perfeitos, tal como os referidos, não existem. O que se verifica são múltiplas variações e combinações dos"tipos" apresentados.

Depois da tipologia referente ao tipo de organizações, cabe agora analisar a estrutura das organizações

Estrutura organizacional

Para compreender como as organizações se estruturam é necessário entender a forma como as mesmas funcionam, nomeadamente quanto às suas partes componentes, as funções que desempenham e a forma como essas funções se interrelacionam. Em termos conceptuais dois grandes tipos de estruturas podem ser identificados – as organizações hierarquizadas e as redes – os quais, que para além de estarem dependentes de factores já mencionados, são influenciadas pelo número de níveis e hierarquia existente:

a) Organizações de tipo hierárquico
Qualquer organização assenta num modelo mais ou menos hierárquico[15]. Nestas burocracias[16], o poder distribui-se de maneira complexa entre os diferentes participantes, numa pirâmide de graus verticais entrecruzando-se com repartições horizontais.

As organizações burocráticas apresentam algumas características particulares: vários graus de hierarquia, divisão do trabalho, ocupação do posto de trabalho em função das qualificações, relações impessoais, elevado número de regulamentos e comunicação entre o topo da hierarquia e a base pela forma escrita.

No caso das organizações criminosas, algumas destas características, como é natural, não se verificam (como p. ex. a comunicação pela forma escrita). No entanto, existem algumas características que têm aplicação,

---

[15] DURVERGER, Maurice, *op. cit.*, p. 208.
[16] Max Weber considerava a forma de organização burocrática como a forma de atingir o mais elevado grau de racionalidade e eficiência, considerando-a superior a qualquer outra forma organizativa, quer em precisão e estabilidade, quer em disciplina.

como a existência de um controlo centralizado, o qual possibilita a criação de economias de escala em certos mercados ilícitos, a exploração de monopólios em mercados menos acessíveis à concorrência e a interiorização das externalidades negativas, resultantes do uso da violência. A isto acrescenta-se uma melhor gestão dos riscos inerentes às suas actividades e um acesso mais fácil a novos mercados, nacionais e internacionais.

Apesar das vantagens identificadas, algumas características, em virtude da natureza das organizações criminosas, representam vulnerabilidades: ao nível do número de membros, pois quanto maior o número, maior o risco; ao nível da comunicação (os canais de comunicação podem estar "sob escuta") e cadeia de comando (quanto mais extensas maior a vulnerabilidade)[17]. A centralização do "comando" é outra das vulnerabilidades, na medida em que a organização torna-se dependente do conhecimento e da decisão dos chefes, desperdiçando o conhecimento e a iniciativa dos restantes níveis hierárquicos, os quais têm um melhor conhecimento do ambiente local, dos seus riscos e oportunidades[18]. Neste tipo de organizações, a neutralização do(s) chefe(s) implica quase sempre a neutralização da organização.

Nas burocracias mais complexas, os líderes têm relações familiares, étnicas ou de nacionalidade. Nestas organizações os líderes raramente se envolvem directamente nas actividades ilícitas, utilizando a cobertura de "homens de negócios" ou "empresários". São eles que, explorando a aparência de legalidade, estabelecem os contactos com a economia legal. As decisões da organização são apoiadas por especialistas (advogados, economistas, peritos em computadores, peritos em finanças, etc.). Nestas organizações existem ainda elementos responsáveis pela segurança da organização (actividades e recursos) e dos seus líderes e suas famílias. Estes elementos são também responsáveis pela supervisão dos restantes elementos da organização. Num nível intermédio encontram-se os responsáveis pelas actividades da organização, embora não tendo grande capacidade de decisão, têm, ainda assim, alguma autonomia. No último nível estão os operacionais, aqueles que cometem os actos criminosos. O número de elementos neste nível não é estático, flutuando de acordo com as necessidades da organização.

---

[17] COUNCIL OF EUROPE, *Organised crime situation report 2001*, p. 12.

[18] ABADINSKY, Howard, *Organized Crime*, Nelson-Hall Publishers, Chicago, 1997, p. 15.

O modelo organizativo que hoje se pode considerar como "paradigma tradicional" *teve* origem no relatório da *Task Force on Organized Crime*[19] de 1967 para a *U.S. President's Commission on Law Enforcement and Administration of Justice*. É neste relatório que Donald Cressey apresenta uma definição, hoje considerada tradicional, de criminalidade organizada, a qual repousa na descrição de um modelo de organização hierárquica, monopolista de base étnica, composta por famílias de origem italiana[20] (sicilianas ou de descendência siciliana), coordenadas por uma comissão.

Mais tarde, Cressey expandiu esse modelo descrevendo na sua obra *Theft of a Nation: The structure and operations of organized crime in America*, de 1969, uma organização hierarquizada, com divisões de trabalho, funcionando como uma sociedade secreta. O seu "modelo" foi duramente criticado por vários autores, nomeadamente por Albini, afirmando que *"Cressey, then, has given us a model and legacy of looking at the phenomenon of organized crime in america. It was a model that stemmed from his limited, descriptive definition of the phenomenon"*[21].

Nesta sequência, e ao longo dos anos, têm sido apresentados modelos alternativos ao modelo burocrático de Cressey. Um destes modelos apresenta uma organização baseada no tipo de dominação patrimonialista, nos laços entre "padrinho" e "afilhado". É uma organização centrada nas relações familiares e na rede de "amigos"[22]. O padrinho é visto como factor de segurança e como fonte de benefícios e privilégios, factores que estão associados ao facto do "padrinho" deter uma importante concentração de recursos patrimoniais, poder de decisão e de uso da violência.

O "afilhado", em troca, demonstra obediência, lealdade e respeito, cumprindo com as suas obrigações, cedendo outro tipo de recursos, como apoio político ou determinadas "facilidades". O "padrinho" controla um determinado território e sobre as actividades ilícitas detém controlo absoluto. Os criminosos que não façam parte da sua "rede" de contactos são obrigados a pagar um tributo a título de "protecção"[23].

---

[19] Nesta task force também participaram Ralph Salermo, Robert Blakey, Charles Rogovin, Rufus King e Thomas Schelling.

[20] CRESSEY, Donald R., *The functions and structure of criminal syndicates*, p. 14 *in* RYAN, Patrick J.; RUSH George E., ed., *Understanding organized crime in global perspective*, Sage publications, London, 1997.

[21] ALBINI, Joseph L., *Donald Cressey's contributions to the study of organized crime*, An evaluation, p. 25 *in* RYAN, Patrick J.; RUSH George E., ed, *op. cit.*

[22] ABADINSKY, Howard, *op. cit.*, p. 14.

[23] *Idem, ibidem*, p. 16.

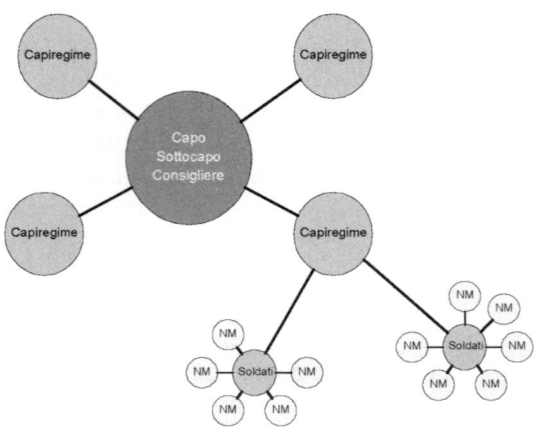

FIGURA 1 – Modelo tipo de organização patrimonial

Esta figura[24] representa uma organização criminosa, baseada numa *famiglia* que cria à sua volta uma rede clientelar. No seu centro encontra-se o patrono e chefe *(capo)*, o segundo na linha de comando *(sottocapo)* e o conselheiro *(consigliere)*. À volta de cada capo encontram-se os seus "afilhados" e clientes *(capiregime)*. À volta deste encontram-se os elementos *(soldati)* que estão no nível hierárquico mais baixo, mas que ainda pertencem à *famiglia* e que mantêm com os *capiregime* uma relação do tipo "padrinho-afilhado". Ao redor destes distribuem-se outros (NM) que não pertencem à *famiglia,* mas que ainda mantêm com os *soldati* uma relação do mesmo tipo. Cada *capo,* de cada organização, mantém laços com os capi de outras famílias[25].

Este tipo de organização apresenta problemas de controlo[26] quando a distância geográfica entre o patrono e o protegido aumenta. Outro problema com que a organização se debate é gerado pelo facto de serem organizações territorialmente fixas, onde o seu poder repousa no reconhecimento da autoridade do *capo* sobre certo território, sendo este reconhecimento apoiado por uma rede de relações pessoais. A sua expansão e

---

[24] Figura adaptada de ABADINSKY, Howard, *op. cit.*, p. 19.

[25] ABADINSKY, Howard, *op. cit.*, p.17.

[26] *Idem, ibidem*, p. 14.

sobrevivência está assim restrita ao território que o *capo* e a sua rede de "protegidos/clientes" podem controlar. O controlo do território é importante para a sobrevivência da organização, desempenhando a intimidação e a violência um papel muito importante para tal objectivo. Este controlo permite manter os seus mercados, controlar a micro-criminalidade local e manter a coesão social, assegurando uma protecção reforçada contra as investidas das autoridades.

Algumas famílias da Camorra impõem uma total proibição de uso e consumo de heroína nos territórios controlados pelas mesmas. Tal atitude pode parecer ilógica, sobretudo tendo em atenção o capital gerado pelo comércio de estupefacientes. Mas analisemos as suas razões: a heroína, naqueles que a consomem, gera uma forte dependência, podendo esta transformar qualquer consumidor num potencial informador da polícia, o que constituiria uma ameaça para a organização.

Para além desta razão, outros benefícios existem. Segundo o ponto de vista das organizações criminosas, ao expulsarem os consumidores de drogas dos seus territórios, as organizações livram-se de indivíduos que estão sempre a precisar de dinheiro para satisfazer o seu desejo por droga e que para tal se dedicam a diversos tipos de crime. Ao evitarem a pequena criminalidade[27], as organizações criminosas evitam que a polícia intervenha no seu território para a combater. Para além destes factores, a organização ganha, relativamente à comunidade local, uma aura de protectora, obtendo o apoio e a cumplicidade desta.

Organizações deste tipo encontram-se principalmente nas grandes economias mundiais e actuam sobretudo nos grandes centros urbanos, onde se encontram os principais mercados. É também nos grandes centros urbanos que se encontram os interfaces entre os meios de transporte internacionais e onde as comunicações são mais fáceis. Devido à grande densidade populacional destes centros, o anonimato produz uma boa cobertura e favorece a expansão das actividades criminosas.

Na prática, e dentro do modelo hierárquico, verifica-se a existência de vários tipos de estrutura. *O Global programme against transnational*

---

[27] Note-se que é a pequena criminalidade — roubos por esticão, assaltos a pessoas, etc. — que maior insegurança causa às comunidades e as leva a reclamar a presença da polícia.

organized crime[28] das Nações Unidas apresenta uma tipologia baseada na estrutura dos grupos, tendo por base os *Results of a pilot survey of forty selected organized criminal groups in sixteen countries*[29]. Os dados apresentados neste relatório referem-se a uma amostra de 40 grupos. Apesar destes 40 grupos não constituírem uma amostra representativa, os dados obtidos[30] deixam antever algumas pistas sobre a estrutura dos grupos.

O relatório indica que dos grupos analisados, cerca de um terço (13) dispõe de uma estrutura hierárquica rígida, apresentando a seguinte tipologia:

Hierarquia padrão[31] – este é o tipo de estrutura organizacional mais comum na amostra, sendo caracterizada pela existência de um único chefe e uma clara cadeia de comando. A este tipo pode estar subjacente uma forte identidade social ou étnica. Nestas estruturas existe uma relativa definição de tarefas.

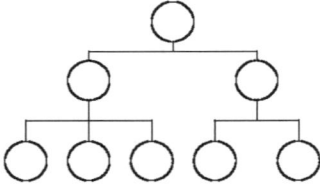

FIGURA 2 – Exemplo gráfico de uma hierarquia padrão
(o símbolo ° representa um indivíduo).

O controlo de determinadas áreas geográficas desempenha um papel muito importante para os grupos com este tipo de organização. A este tipo

---

[28] Este programa destina-se a monitorar as tendências globais de evolução da criminalidade organizada transnacional e identificar o risco global representado por este tipo de criminalidade com o objectivo de adoptar medidas preventivas.

[29] UNITED NATIONS OFFICE ON DRUGS AND CRIME, *Results of a pilot survey of forty selected organized criminal groups in sixteen countries,* September 2002.

[30] Trata-se de uma análise comparativa de dados relativos a 40 organizações criminosas, em 16 países. É importante considerar as referências a este relatório num contexto em que os dados disponíveis continuam a apresentar grandes lacunas. Os dados foram obtidos pela aplicação de um questionário com cerca de 50 variáveis agrupadas em 10 grandes grupos: estrutura, dimensão, uso da violência, identidade social e étnica, actividades, operações transnacionais, corrupção, influência política, penetração na economia legal e alianças entre grupos.

[31] UNITED NATIONS OFFICE ON DRUGS AND CRIME, *op. cit*, pp. 34-35.

de estrutura está associado um sistema de disciplina interna e a existência de um "código de conduta". O número de membros situa-se, em média, entre os 10 e os 50, sendo a violência um instrumento essencial para as suas actividades. Este tipo de estrutura foi identificada em certos grupos originários da China e da Europa de Leste (Rússia, Bulgária, Lituânia, Ucrânia).

Hierarquia regional[32] – este tipo apresenta características idênticas ao tipo anterior. Neste modelo, as "delegações" regionais da organização têm alguma autonomia na gestão dos assuntos diários. Em certos casos assemelha-se a um modelo de "franchising", em que as "delegações" regionais pagam um tributo à organização principal de modo a poderem utilizar o nome da mesma, o qual permite-lhes aumentar a sua influência e condicionar a acção dos grupos rivais.

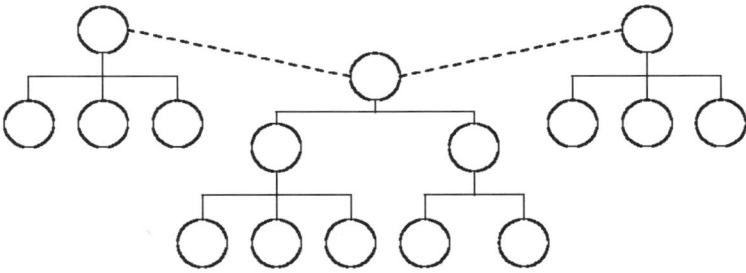

FIGURA 3 – Exemplo gráfico de uma hierarquia regional.

Neste tipo de estrutura existe uma cadeia de comando a partir da organização central e as directivas provenientes desta suplantam as locais. O nível de disciplina interna é elevado. São organizações com múltiplas actividades, com um número de membros relativamente elevado e onde a violência desempenha um papel essencial na prossecução das suas actividades.

As organizações identificadas no estudo com uma estrutura semelhante a este "tipo" são os clubes de motards do tipo "hell's angels", as organizações do tipo yakuza, como a Yamaguchi-Gumi, no Japão e as organizações italianas.

---

[32] *Idem, ibidem*, pp. 35-37.

Associação hierarquizada[33] – neste modelo verifica-se a existência de uma associação de grupos criminosos com uma "direcção" comum. Os grupos constituintes desta associação podem apresentar uma diversidade de estruturas, sendo a mais frequente do tipo "hierarquia padrão". É um modelo onde as organizações têm múltiplas actividades, diversidade geográfica e elevado número de membros. Este tipo de modelo organizativo resulta da associação de grupos criminosos para partilhar determinados mercados ou para efeitos de regulação de conflitos inter-grupos.

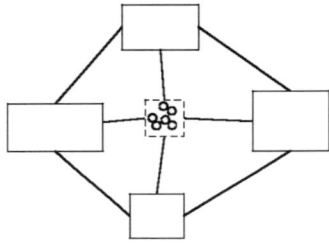

FIGURA 4 – Exemplo gráfico de uma associação hierarquizada
(o símbolo ☐ representa uma organização).

A "direcção" pode constituir uma simples estrutura de unificação – tendo os grupos uma elevada autonomia – ou assumir um papel de controlo mais rígido. Este tipo de modelo organizacional apesar de ser constituído por vários grupos é percebido interna, e externamente, como uma única organização, constituída por uma diversidade de partes. Este modelo é raro e apresenta algumas vulnerabilidades, nomeadamente um elevado potencial de competição interna, podendo ser explorada de forma vantajosa pelas autoridades.

b) As "redes"
As redes são o fruto da revolução operada nos meios de comunicação e nos computadores, a qual está a ter enorme impacto na forma como as organizações se estruturam, *"In the post-modern age networks are becoming a dominant organisational form due to their efficiency and effectiveness in contemporary society. Networks are flexible and adapta-*

---

[33] *Idem, ibidem*, pp. 37 -39.

ble, which enables a quick response to new market opportunities and adjusted law enforcement actions. Criminal networks expand across borders and into the licit world and prove to be highly resistant to traditional law enforcement attacks" [34].

As redes representam uma forma inovadora, flexível e eficiente, baseada essencialmente na competência criminal. Esta nova forma de organização é baseada na existência de pequenos nódulos (singulares ou colectivos) que comunicam e coordenam as suas actividades, sem necessidade de um centro coordenador, ou seja, mesmo neste tipo de organização a hierarquia pode estar presente, só que a informação fluí livremente de e para qualquer ponto da rede.

A neutralização de qualquer nódulo não inviabiliza a continuação das actividades por parte dos restantes. Isto deriva sobretudo do facto dos nódulos só conterem a informação necessária à interacção com os nódulos aos quais se encontram ligados. Esta ligação não é necessariamente permanente, podendo os nódulos "desacoplarem-se" da rede sempre que exista uma ameaça à sua existência. Estes nódulos têm a capacidade de sobreviver autonomamente e de se ligarem e constituírem uma nova rede, distinta da anterior.

O relatório sobre os *Results of a pilot survey of forty selected organized criminal groups in sixteen countries* [35], apresenta, no âmbito das denominadas redes a seguinte tipologia:

Grupo central [36] – este modelo pode ser considerado como fazendo a ponte entre as organizações burocráticas, hierarquizadas e as redes, podendo ser definido como constituído por um grupo nuclear, com um número limitado de membros, não excedendo as 20 unidades e relativamente coeso, à volta do qual se encontra um determinado número de organizações e de indivíduos, os quais por vezes trabalham em conjunto, em função da actividade criminal. O grupo nuclear pode ter as tarefas divididas entre os seus membros, podendo dedicar-se a uma única actividade ou a um número limitado, delas. A identidade social ou étnica é praticamente inexistente e a disciplina é mantida pelo número reduzido de membros.

---

[34] COUNCIL OF EUROPE, *op. cit*, p. 15
[35] UNITED NATIONS OFFICE ON DRUGS AND CRIME, *op. cit.*
[36] *Idem, ibidem*, pp. 39 – 41.

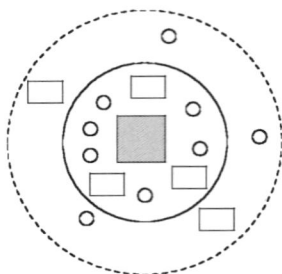

FIGURA 5 – Exemplo gráfico de um grupo central.

A violência não desempenha um papel relevante neste modelo de organização, sendo a mesma usada apenas para o benefício de um número limitado de membros. Estes grupos normalmente não têm qualquer designação, quer interna, quer externamente.

Na prática verifica-se a existência de determinadas actividades criminais controladas por um pequeno grupo de indivíduos, ao redor dos quais se dispõe outros indivíduos ou organizações. Os membros podem entrar e sair livremente do grupo, de acordo com as suas capacidades e tendo como referencial o quadro de oportunidade de realizar lucro nos mercados ilegais, o qual guia a actividade do grupo. Trata-se de um modelo eminentemente oportunista.

Encontra-se este tipo de modelo no tráfico de seres humanos, em que se verifica o envolvimento de elementos de variadas nacionalidades, correspondendo aos países que fazem parte da rota de tráfico, cada um com uma tarefa específica na actividade criminal. O relatório anteriormente citado indica que este tipo de estrutura é cada vez mais frequente, devido às vulnerabilidades apresentadas pelas estruturas hierarquizadas, sendo a estrutura adoptada por algumas organizações colombianas e italianas.

Rede[37] – estas estruturam-se a partir das actividades de determinados indivíduos chave, os quais se relacionam com outros de uma forma situacional, em razão da actividade criminosa desenvolvida. Os nódulos da rede organizam-se em torno de determinadas acções criminosas ou mercados. O seu sucesso repousa nas competências e desempenho dos diferentes nódulos.

---

[37] *Idem, ibidem*, pp. 41-43.

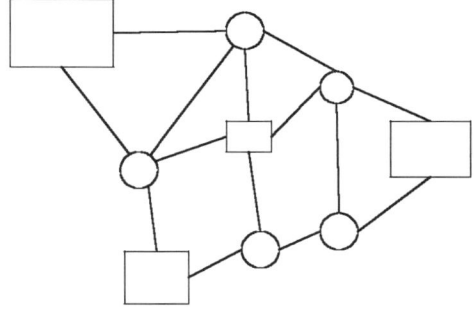

FIGURA 6 – Exemplo gráfico de uma rede.

A lealdade e as ligações pessoais são essenciais para a manutenção das ligações entre os nódulos. Na rede existem nódulos que assumem um papel de maior relevância do que outros, devido às suas competências e contactos.

A violência pode ser instrumental ou acidental, na medida em que as redes repousam sobretudo nas capacidades e competências dos seus nódulos. As redes representam uma realidade fluida e transitória, organizando-se em torno de certos nódulos, dissolvendo-se e reconstituindo-se de acordo com as actividades criminosas.

No relatório anteriormente referido, dos 40 grupos analisados, apenas 4 apresentavam uma estrutura deste tipo. No entanto o relatório afirmar tratar-se de uma realidade em crescimento pelo que o número poderá ser maior devido ao potencial de resistência às investigações policiais. Mesmo nas situações em que certos nódulos são neutralizados pela acção das autoridades, a rede reorganiza-se, substituindo os nódulos neutralizados, e retoma as suas actividades.

Dentro das redes é ainda possível identificar diversos tipos[38]:

a) Cadeia. Exemplos típicos desta forma de organização são as redes de imigração clandestina. Os imigrantes vão passando, de forma sequen-

---

[38] LESSER, Ian O., et al., *Countering the new terrorism*, RAND, Santa Monica, 1999, p. 49.

cial, por sucessivos elos de uma cadeia de contactos individuais. A informação, antes de chegar ao último nódulo da cadeia, tem de passar por todos os nódulos intermédios.

FIGURA 7 – Em cadeia

Nas redes de tráfico de seres humanos as distâncias a percorrer, na maioria das vezes, são muito grandes, pelo que os riscos também são elevados, sobretudo tendo em consideração que o sucesso da operação repousa no sucesso de cada uma das fases anteriores. Um qualquer incidente numa fase pode determinar o insucesso da operação ou mesmo a neutralização da própria organização. Quanto menor o número de elementos envolvidos maior a probabilidade de sucesso[39].

b) Estrela. Este tipo de organização encontra o seu exemplo nos cartéis colombianos. Nestes, um grupo de agentes liga-se a um ponto central, sendo que para comunicar entre si têm de, obrigatoriamente, que passar pelo núcleo central.

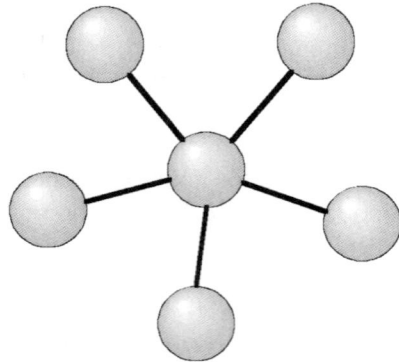

FIGURA 8 – Em estrela

---

[39] ZHANG, Sheldon; CHIN, Ko-lin, *The declining significance of triad societies in transnational illegal activities, The British Journal of Criminology,* Vol 43 (3), Summer 2003, Oxford University Press, p. 478.

c) Rede total. Nesta forma de organização, os pontos que constituem esta rede estão em permanente contacto entre si e cada um deles pode comunicar com os restantes. Este é o modelo de organização que apresenta maiores problemas de realização prática, pois baseia-se na existência de intensas interacções entre os vários nódulos. É uma estrutura plana, sem um centro de controlo, altamente descentralizada, apostando na autonomia e iniciativa dos nódulos que compõe a rede.

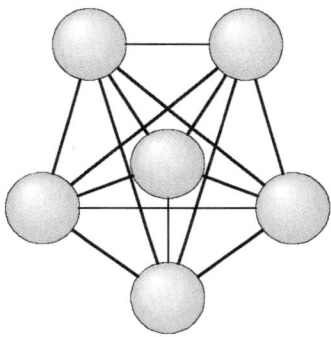

FIGURA 9 – Em rede total

Cada um dos nódulos pode representar um indivíduo ou um grupo, podendo, ou não, apresentar um certo grau de especialização. Os limites da rede assim formada podem estar definidos ou, pelo contrário, estarem ligados a outras redes, constituindo organizações globais e complexas.

É importante considerar que as redes operam, principalmente, com base nas facilidades oferecidas pelas novas tecnologias de comunicação, não necessitando de manter contacto físico ou de qualquer proximidade étnica ou cultural. Estas "redes" têm como áreas de actividade potencial as relacionadas com os crimes económicos, crimes informáticos e espionagem industrial. A coesão é mantida pela expectativa do lucro decorrente da continuidade da associação e das competências técnicas dos seus membros, aliada a um baixo risco.

Poderemos concluir que a estrutura adoptada visa explorar as inúmeras oportunidades de lucro. Mas, mais que a sua estrutura, a sua "desterritorialização" aproveitou todas as potencialidades oferecidas pelas novas oportunidades decorrentes da globalização e da evolução tecnológica. Hoje é impossível, relativamente a algumas organizações, identificar claramente a sua "base", o local onde se encontra a sua "sede".

Considerando o exposto nos pontos anteriores, podemos apresentar o seguinte quadro[40] síntese, comparando as organizações tradicionais com as organizações emergentes:

	Organizações tradicionais	Organizações emergentes
Estrutura organizacional	• Organização hierarquizada, com uma clara linha de comando e controlo. • Divisão clara de tarefas. • Número de membros de algumas dezenas a centenas.	• Organização não hierarquizada, funcionando com base na colaboração para "operações" específicas. • Divisão clara de tarefas • Número reduzido de membros (3 a 5 indivíduos).
Identidade de grupo e dos membros	• O recrutamento é feito com base nas relações de lealdade e nas competências dos membros. • Normalmente existem rituais iniciáticos e códigos de conduta (tríades, yakuza). • A ligação com a organização dura toda a vida do membro, existindo um forte sentido de pertença. • São organizações multi-geracionais.	• Associação casual (contactos e lealdade pessoal ou relação familiar). • Os membros são seleccionados com base nas competências e na capacidade de fornecer certos serviços ou bens. • Não existem quaisquer ritos ou códigos. • A pertença à organização é limitada no tempo e situacional, de acordo com a maximização do lucro.
Características operacionais	• Territorial, de âmbito local ou regional. • Baseia-se em relações do tipo patrimonialista, com o objectivo de gerar lucros a longo prazo. • Destinada a permanecer para além da vida dos seus membros. • Monopolista	• Não territorial, transnacional. • Baseia-se na capacidade de iniciativa e de correr riscos dos membros. • As relações são pessoais • Pequena duração no tempo
Uso da violência	• Normalmente o uso da violência é estrutural e a corrupção é usada de forma sistemática. • A violência é usada para resolver conflitos inter-organizações, tentando atingir o domínio territorial e de mercado pela eliminação da concorrência. • A violência é ainda usada para obrigar ao cumprimento dos "contractos", coagir as certas vítimas e disciplinar os membros.	• A violência não é estrutural. Normalmente apenas se destina a garantir a segurança das operações ou obrigar ao cumprimento de determinado "contracto". • A corrupção é baseada em contactos pessoais fortuitos.

QUADRO 1 – Quadro comparativo das principais características das "organizações tradicionais" com as "organizações emergentes".

---

[40] Quadro adaptado de ZHANG, Sheldon; CHIN, Ko-lin, *op. cit.*, p. 484.

　　As novas formas de organização permitiram uma maior flexibilidade na forma de actuação e uma maior facilidade e rapidez de adaptação ao meio ambiente, criando redes complexas de organizações e indivíduos interligados. Estas permitiram expandir as actividades para outros espaços geográficos, para além da sua localização original. A figura seguinte representa um modelo baseado neste tipo complexo de redes:

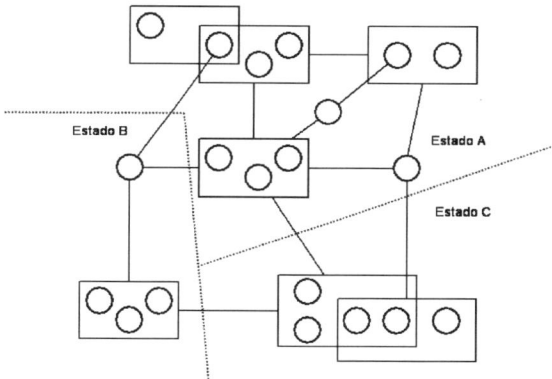

FIGURA 10 – Organizações transnacionais em rede

Legenda:

○	Indivíduo
[○○]	Organização criminosa
—	Associação entre indivíduos e/ou organizações

　　Tratando-se de organizações multifuncionais, até as mais especializadas acabam por ter outras actividades para além do seu "core business", como é o caso das organizações colombianas as quais, para além do tráfico de estupefacientes, também executam falsificações de documentos.

　　As organizações que optaram por uma especialização encontram-se organizadas verticalmente, centrando as suas actividades em determinados mercados ou no fornecimento de determinados bens ou serviços específicos. A especialização visa fazer face à concorrência de outras organizações criminosas e ao risco decorrente das autoridades. A especialização constitui ainda uma vantagem competitiva, pois aumenta a eficiência da organização e baixa os "custos" de produção, distribuição e venda dos bens e serviços, que são controlados pela organização.

Existe uma clara ligação entre a especialização e a localização e origem geográfica das organizações criminosas. Exemplos de organizações que optaram pela especialização podem ser encontrados nos cartéis colombianos, nas organizações galegas, no tráfico de cocaína para a Europa, e nas organizações curdas e turcas que traficam, quase exclusivamente, heroína para o mesmo destino. Para estas últimas, a especialização surge como natural. A proximidade geográfica da sua origem com as áreas de produção da matéria-prima (ópio), aliada à existência de uma forte comunidade de emigrantes curdos e turcos na Europa, proporciona aos traficantes bons canais de distribuição[41].

Outras organizações adoptaram uma estrutura horizontal, optando pela diversificação, escolhendo participar, ainda que em pequena escala, numa série de mercados, fornecendo uma variedade de bens, serviços e "clientes". A aposta na diversificação é característica das organizações de tipo tradicional. Para estas organizações qualquer tipo de oportunidade de gerar lucros é explorada. As organizações de origem russa são um exemplo de organizações que apostam na diversificação. Estas, em virtude da sua origem e posição geográfica, traficam para a Europa heroína, cocaína, armas de fogo, seres humanos e exportam da Europa, para outros destinos, viaturas automóveis e drogas sintéticas[42].

Determinadas actividades, devido ao seu carácter de "especialização" e à sua natureza temporal limitada, são por vezes desenvolvidas por pequenos grupos, que possuem o conhecimento e a especialização para tais actividades, num regime de "subcontratação" para uma outra organização. Estes pequenos grupos constituem os nódulos de redes que funcionam em autogestão ou então são coordenados por um "centro coordenador" situado na área geográfica de origem do nódulo.

Este tipo de estruturas e de funcionamento conduz a uma maior distância entre os líderes das organizações criminosas e os operacionais, aqueles que cometem os actos criminosos. Esta realidade dificulta o trabalho das autoridades na medida em que é muito difícil comprovar a ligação existente entre os líderes da organização e as actividades criminosas dos operacionais[43].

---

41 Savona, U. Ernesto, *Organized criminality in Europe. A descriptive analysis*, Transcrime working paper n.° 16, December 1997.

42 *Idem, ibidem.*

43 *Idem, ibidem.*

Ao nível da estrutura, não é demais afirmar, verifica-se a inexistência de um tipo único. Em última análise, a realidade, com a sua complexidade, demonstra que existem múltiplos e variados tipos de estruturas organizacionais, estando estas relacionadas com as características dos membros que a compõem, as condições ambientais, o tipo de actividade desenvolvida, a área geográfica de actuação e com a sua génese.

3. A viabilidade das organizações

As organizações criminosas têm por fim principal o lucro – podendo utilizar o mesmo como factor influênciador e condicionar do poder político – actuando para isso a nível local, nacional, regional e global, em variados mercados de bens e serviços, lícitos e ilícitos[44]. De facto os *"Criminal groups have establish international networks to better carry out their activities both in licit and illicit markets by employing sophisticated strategies and diverse modi operandi. As a result, they are able to infiltrate the financial, economic and political systems of countries all over the world"*[45].

Em termos de comportamento, as organizações criminosas manifestam um complexo conjunto de atitudes e valores, bem como de um corpo de normas, ainda que informal, destinadas a manter a coesão interna e a disciplina, tendo por base um sistema de recompensas e punições. A disciplina, por vezes, é reforçada pelo facto dos membros pertencerem a um determinado grupo étnico. No seio da organização existem determinados membros com a tarefa específica de zelar pela segurança e pela obtenção de informações, quer sobre as autoridades, quer sobre eventuais arrependidos e concorrentes. Tendo em consideração a natureza destas organizações, a clandestinidade, o secretismo e o controlo da informação são valores fundamentais.

---

[44] A investigação científica sobre os mercados ilegais concluiu que estes estão sujeitos a princípios de mercado similares aos dos mercados legais. A actividade económica ilegal também está sujeita ao mesmo tipo de dinâmica da oferta e da procura encontrada na economia legal (cf. COUNCIL OF EUROPE, *op. cit.*, p. 12.)

[45] UNITED NATIONS OFFICE FOR DRUG CONTROL AND CRIME PREVENTION, United Nations Interregional Crime and Research Institute, Vienna, *Global studies on organized crime,* February 1999, p. 4, § 1.

É com base na confiança e nas relações familiares, étnicas ou afinidades de nacionalidade que as organizações se expandem transnacionalmente: *"A favourable environment for organised crime can have a cultural basis, through the functioning of criminal networks as an alternative social system or the existence of important bonding mechanisms based on trust, ethnicity or family ties. It is argued that ethnic networks have played a significant role in the development of transnational organised crime. Transnational ethnic networks greatly facilitate the creation of network structures for criminal activities and this is even more reinforced in situations where immigrant groups have not been fully integrated in their adopted society"*[46]. São eles que constituindo a diáspora se encarregam de fazer a organização crescer para além das fronteiras nacionais.

O crescimento das organizações criminosas, em termos geográficos, apresenta uma vulnerabilidade importante, pois à medida que se expande geograficamente, menor é o poder de supervisão directa exercido sobre os seus membros e maior o potencial de quebra de disciplina e segurança. A vulnerabilidade à acção das autoridades torna-se maior. As organizações de base familiar e étnica, tem uma competitividade muito maior que as restantes organizações, pois os problemas de circulação da informação e segurança estão, à partida, resolvidos.

Para certos tipos de organizações (sobretudo do tipo tradicional), as áreas geográficas de intervenção estão directamente relacionadas com a existência de comunidades locais de determinada etnia, raça, nacionalidade ou família. São estas comunidades locais que fazem a ponte entre o exterior e o interior do território.

Para as organizações de tipo tradicional, a cobertura territorial e o controlo directo das actividades varia de forma inversamente proporcional à distância do local onde as mesmas têm a sua origem, tendo de efectuar alianças com outras organizações de forma a colmatar tal vulnerabilidade.

Devido à sua implantação geográfica, algumas organizações são policentricas, enquanto reflexo do carácter local, nacional e regional da actividade criminosa. Este policentrismo é também uma forma de garantir o controlo de certos fluxos ou de certos processos de produção, desde o nível local ao global.

A capacidade de crescimento da organização pode ser condicionada pela sua capacidade de gerar receitas. Ao contrário de uma organização

---

[46] COUNCIL OF EUROPE, *op. cit.* p. 15.

comercial legal, que pode contrair empréstimos bancários ou entrar no mercado bolsista para se financiar e crescer, as organizações criminosas têm de recorrer ao branqueamento de capitais.

Neste ponto é importante realçar que as organizações criminosas ao entrarem nos mercados legais — o funcionamento de uma economia de mercado é baseada num conjunto das regras que todos os agentes económicos conhecem e obedecem — não só não seguem as mesmas regras, como viciam o jogo da competição, pondo de fora os concorrentes legais, desempenhando a clandestinidade o papel de factor redutor do risco decorrente da acção das autoridades sobre a organização criminosa e suas actividades. Tal distorção pode resultar do recurso a instrumentos normalmente não disponíveis, em condições de mercado normal, como a violência ou a extorsão.

Os mercados mais vulneráveis estão situados em Estados em que as suas instituições e o seu poder de regulamentação é débil. Quanto mais débil é o Estado, mais fácil se torna para as organizações criminosas operarem nesses mercados e realizar elevados lucros[47]. É claro que a entrada de organizações criminosas no mercado afasta o investimento lícito e o Estado deixa de cobrar os impostos devidos, não podendo recolher os fundos necessários à criação e melhoria das infra-estruturas.

A infiltração pode ainda fazer-se por meio do mercado de valores mobiliários. Ao investir o excesso de capital, por exemplo na Bolsa, na aquisição de posições de domínio em certas empresas, a organização criminosa pode passar a laborar de forma lícita e lucrativa, dispondo ao mesmo tempo de um meio para branquear os capitais provenientes das suas actividades ilícitas. Como é natural, também este tipo de infiltração cria distorções importantes. Enquanto que uma empresa legalmente constituída tem de contrair empréstimos para se financiar, pagando juros, as empresas controladas pelas organizações criminosas financiam-se a partir dos capitais provenientes das actividades ilícitas, não contraindo empréstimos, não pagando os juros, podendo vender os seus produtos a baixo preço, tornando-se mais competitiva que as suas concorrentes.

A manipulação das regras de mercado pode também acontecer por via do mercado de trabalho. As organizações criminosas, em virtude de controlarem as redes de imigração clandestina, oferecem e utilizam mão-

---

[47] SAVONA, Ernesto, U., *op. cit.*

-de-obra a preços abaixo do mercado, competindo de forma irregular com as empresas legalmente constituídas. Por outro lado, como as organizações criminosas controlam a mão-de-obra, controlam o comportamento dos trabalhadores, evitam greves ou outros tipos de reivindicações, que normalmente as empresas têm que resolver.

A sobrevivência da organização criminosa está directamente relacionada com o equilíbrio que consegue estabelecer entre os esforços das autoridades em combate-la, nomeadamente com a tentativa de recrutar informadores entre os seus elementos e a capacidade de manter o secretismo, o controlo da informação e a lealdade dos seus membros. O equilíbrio é estabelecido, quer através da punição severa da cooperação com as autoridades, quer através da repartição dos "lucros" pelos seus elementos.

Fundamental na manutenção do equilíbrio é a adopção de um conjunto de práticas, tais como:

- *Capacidade de adaptação* a alterações no ambiente/mercado, a qual pode ser demonstrada pelos seguintes exemplos:
- – Os traficantes colombianos, em resposta ao combate à produção da folha de coca, e numa tentativa de diversificarem o seu mercado, começaram a produzir heroína, sendo a Colômbia um dos maiores produtores mundiais deste opiáceo. O tráfico de droga tornou-se tão volumoso e diversificado que as autoridades apenas têm um efeito marginal sobre o mesmo. A peculiaridade do tráfico de drogas, no caso a cocaína, em parte explica o seu próprio sucesso: os preços em cada fase, na longa cadeia que vai desde a apanha da folha de coca até à grama de cocaína vendida na rua, são determinados, principalmente, pelo risco inerente a este comércio. É devido a este risco que o preço de um quilo de cocaína pura aumenta milhares de vezes entre a colheita da folha e a venda ao consumidor.
- – O cartel de Medellin começou por desenvolver um modelo de produção de cocaína em larga escala, baseado na construção de grandes laboratórios de processamento de coca, junto aos vales onde era produzida a folha de coca. Este tipo de modelo de produção envolvia um grande risco pois, quando os laboratórios eram detectados pelas autoridades, eram destruídos, juntamente com grandes quantidades de droga já processada. Assim, como forma de evitar as autoridades e diminuir o risco de detecção, os laboratórios passaram a ser pequenas unidades espalhadas por extensas áreas, por

vezes situados nos países vizinhos, como a Venezuela, Brasil ou Equador[48].

- *Gestão do risco,* demonstrada *"for example, through specialisation and cooperation with legal and illegal partners, poly-criminal activities, infiltration of the legal economy and the formation of loose alliance. They may furthermore recruit specialists and partners from among groups of society not fully integrated, such as ethnic minorities"*[49]. Acresce ainda que a adopção de uma mistura de estrutura compartimentalizada e de várias formas de associação. A base principal da estrutura, como forma de reduzir os riscos, assenta em laços familiares ou étnicos. A redução dos riscos é ainda, no caso do tráfico de cocaína, operada pelo monopólio da distribuição aos "retalhistas", obrigando-os a pagar adiantado, ou ao fornecimento de uma garantia (muitas vezes sob a forma de um imóvel ou um familiar próximo).

- *Fornecimento "just in time",* uma vez que o maior valor acrescentado, num negócio ilegal, só é realizado no final do ciclo quando o mesmo é disponibilizado aos consumidores, torna-se uma vantagem competitiva manter um fornecimento constante desse mesmo serviço, com um rigoroso controlo sobre a rede de distribuição, stocks (armas, vídeos, CD's de música ou software pirateados, drogas, veículos, etc.) e canais de transporte, de forma a minimizar o efeito das perdas por acção das autoridades. Este, por exemplo, foi um dos factores de sucesso do cartel de Cali.

- *Desenvolvimento de novos produtos e de novos mercado,* como demonstra o sucedido no final dos anos 1980 na Colômbia. Em virtude da queda do preço da cocaína no mercado norte americano,

---

[48] A repressão, ao fragmentar a indústria da cocaína, e ao encorajar a inovação por parte dos traficantes, tornou o combate ainda mais difícil. Antigamente o "comércio" desenrolava-se da seguinte forma: depois de recolhidas, as folhas da coca eram processadas no local da recolha e a pasta era transportada para os E.U.A., em pequenos aviões, onde era refinada. O "negócio" era controlado por um número limitado de "empresários" que controlavam as operações a partir de Medellin ou Cali. A fragmentação de todo o circuito fez com que os traficantes peruanos exportassem directamente a cocaína para os colombianos, em vez da pasta semi-processada. Tal mudança de atitude — novas áreas de cultivo, fragmentação do processo de produção/venda — parece ser a resposta às medidas de combate ao tráfico.

[49] COUNCIL OF EUROPE, *op. cit.,* p. 19.

devido a uma saturação do mesmo, os cartéis colombianos efectuaram um redireccionamento das suas operações, começando a explorar o mercado europeu, ao mesmo tempo que se lançavam na cultura da Papaver somniferum[50] e na produção de heroína.

- *Utilização e adaptação de novas tecnologias,* evolução esta que se verificou sobretudo nos meios de transporte concebidos e construídos por algumas organizações, como por exemplo veículos semi-submersíveis[51]. A inovação também se verifica ao nível da selecção das melhores espécies de plantas produtoras, no caso da produção da cocaína. Tradicionalmente as folhas de coca colombianas apresentavam má qualidade, pelo que este problema foi contornado através da importação, do Peru, de arbustos de coca. Estes produzem folhas de grande qualidade, permitindo a produção de uma maior quantidade de pasta. Os métodos de processamento da pasta de coca também foram melhorados, com vista a um maior rendimento.

Na área do uso de meios de comunicação, as mesmas utilizam o que de mais sofisticado existe, como é comprovado pelo desmantelamento, em 1997, de um avançado centro de telecomunicações, no valor de 10 milhões de dólares, em Bogotá, Colômbia, pertencente a um cartel, e que era usado para manter contacto permanente, via satélite, com os navios, aeronaves e membros, em qualquer parte do mundo[52].

A sobrevivência das organizações também se encontra ligada a eventuais alianças. As alianças são uma forma racional das organizações criminosas reagirem às oportunidades e aos riscos, confirmada pelas investigações *"Research suggests that criminal markets mostly operate in a disorganised way and are characterised by multiple actors working together in complex and unpredictable ways forming loose alliances whene-ver a job has to be done."*[53]. As alianças podem aumentar a eficiência e reforçar a posição das organizações, relativamente à concorrência no mercado.

---

[50] É a partir desta planta que se extrai o ópio, e que por um processo de purificação se obtém a heroína.

[51] Uma forma de transporte da cocaína consistia no uso de veículos semi-submersíveis e de submarinos, de fabrico próprio ou de fabrico soviético. Este tipo de transporte foi especialmente utilizado entre o norte da Colômbia e a costa de Porto Rico.

[52] RAUFER, Xavier, *Nouvelles menaces criminelles, nouveaux terrorismes, Reveu Internationale de Police Criminelle,* n.° 474-475, 1999, p. 40.

[53] COUNCIL OF EUROPE, *op. cit.,* p. 12.

Existem determinados factores que combinados podem promover a efectivação de alianças. São factores[54] de ordem sistémica, organizacional, económica e de risco, como afirma Phil Williams *"(...) strategic alliances permit them [organizações criminosas] to co-operate with, rather than compete against, indigenously entrenched criminal organisations. Moreover, these alliances enhance the ability of TCOs [Transnational Criminal Organisations] to circunvent law enforcement agencies, facilitate risk sharing and make it possible to use existing distribution channels"*[55]. Estes factores estão relacionados com a existência de conflitos, e com a inevitável propagação da violência; com a existência de vulnerabilidades na organização, nomeadamente a existência de "arrependidos"; com mudanças na procura, redução de recursos ou decorrentes da necessidade de especialização; e com a percepção que a organização tem dos riscos decorrentes da acção das autoridades.

As alianças entre organizações criminosas poderão visar essencialmente:

a) *Responder à emergência de mercados globais*[56]. Os mercados globais são formados pela "soma" dos mercados locais, que se tornam cada vez mais homogeneizados. Os mercados "locais" são extremamente importantes para as organizações que procuram obter grandes lucros a longo prazo, através do aumento da sua competitividade e da sua posição de mercado, relativamente a potenciais concorrentes.

Uma das formas de melhorar a posição no mercado é tentar ganhar novos sectores dentro desse mercado ou conquistar novos mercados. Esta forma de actuação é normalmente facilitada através da cooperação com outras organizações criminosas já estabelecidas no mercado ou no sector que pretende conquistar. Esta estratégia de cooperação traz vantagens importantes na medida em que a organização recém chegada se aproveita do conhecimento do mercado e das condições locais, ao mesmo tempo que evita um concorrente.

---

54 SAVONA, U. Ernesto, *op. cit.*

55 WILLIAMS, Phil, *Transnational criminal organisations and international security*, pp. 327-328 in ARQUILLA, John; RONFELD, David, *In Athena's camp: Preparing for conflict in information age*, RAND, Santa Monica, 1997.

56 *Idem, ibidem.*

É claro que esta aliança tem custos. A organização que se encontra no mercado vai exigir algo em troca, que pode ser uma participação na organização recém chegada ou uma parte do mercado que se torna mais lucrativo com a diversidade de novos produtos. Para a aliança se manter é necessário que exista um benefício mútuo.

b) *Entrada em mercados altamente controlados ou em que existam fortes obstáculos à entrada de novas organizações*[56]. A formação de uma aliança com uma organização já presente no mercado é um dos meios de contornar os eventuais obstáculos. Uma organização recém chegada tem vários problemas a resolver, nomeadamente acesso aos canais de distribuição, em função da cobertura e qualidade, bem como problemas de retaliação, por parte dos seus concorrentes. A concorrência com as organizações criminosas presentes no mercado resulta do facto de que à medida que o mercado cresce a taxa de crescimento diminui.

c) *A neutralização de um rival potencial ou real.* A cooperação parece ser a resposta mais racional a mercados altamente competitivos. A cooperação através de alianças estratégicas pode revelar-se a melhor ferramenta na neutralização de rivais, pelo poder conquistado através de alianças.

d) *Potenciar as oportunidades e diminuir os riscos*[57]. O esforço financeiro de algumas organizações criminosas para entrarem em novos mercados requer, por vezes, grande disponibilidade de capital e fontes de financiamento, sendo que a aliança representa um meio de reduzir os riscos e alcançar objectivos que nenhuma organização poderia, por si só, alcançar. A organização recém chegada tem ainda a oportunidade de trocar "know-how" com a organização já estabelecida. Determinadas vulnerabilidades existentes podem ser neutralizadas, pela reunião dos recursos de várias organizações.

e) *Redução da imprevisibilidade dos mercados,* permitindo uma especialização e divisão de tarefas, sobretudo se as alianças forem

---

[56] *Idem, ibidem.*
[57] *Idem, ibidem.*

formadas com os fornecedores de matéria-prima. Desta forma é possível obter condições vantajosas na aquisição das matérias-primas e garantir o fornecimento da organização.

As alianças podem ser de dois tipos — estratégicas ou tácticas — e variar desde a total integração de uma organização criminosa noutra, até alianças pontuais e de duração definida. As alianças tácticas sucedem com frequência no tráfico de droga, onde determinadas organizações se aliam para explorar, por exemplo, determinada rota de tráfico.

A aliança que se estabeleceu entre alguns traficantes colombianos, pertencentes aos cartéis, e as organizações criminosas mexicanas, na introdução da cocaína nos E.U.A. pode ser considerada um exemplo de aliança táctica. As organizações mexicanas forneciam aos cartéis um serviço altamente especializado baseado no seu conhecimento da fronteira com os EUA e nas suas infra-estruturas de transporte. A aliança tinha vantagem para ambas as partes: os cartéis confiavam o transporte dos seus bens a quem tinha a melhor possibilidade de evitar a polícia, por seu lado as organizações mexicanas participavam na "indústria da cocaína", fazendo lucros significativos. Uma vez nos Estados Unidos, a droga era entregue novamente a traficantes colombianos.

Podemos apontar como outro exemplo de aliança táctica, a aliança que se estabeleceu entre a Cosa Nostra e o Cartel de Cali, no início dos anos 90. Em virtude do mercado de cocaína nos Estados Unidos estar saturado e o risco representado pelas autoridades norte americanas ser elevado, os colombianos aliaram-se aos sicilianos como forma de conquistar um novo mercado. Para tal, utilizaram as redes de distribuição e comercialização de heroína já montadas pelos sicilianos, passando tais redes a distribuir cocaína, em vez de heroína. Para os sicilianos esta aliança também teve aspectos positivos. A posição das organizações sicilianas no tráfico de heroína, no mercado norte americano, estava a ser suplantada pelas organizações asiáticas, sendo que esta aliança deu a possibilidade às organizações sicilianas de reconquistarem a sua posição no mercado de heroína norte americano

As alianças estratégicas verificam-se quando delas decorre uma modificação substancial da posição da aliança face aos concorrentes e face ao risco representado pelas autoridades às suas actividades, por exemplo pela resolução de determinadas vulnerabilidades que a organização apresentava. Os cartéis colombianos podem ser considerados como uma forma de aliança estratégica, onde a posição de cada uma das organizações do cartel saiu reforçada, tornando a actividade de todas elas mais eficiente.

Esta aliança abarcava todas as áreas do comércio da droga: transporte, logística, laboratórios e segurança.

A realidade mostra que nem todas as alianças funcionam bem. Existem elementos críticos, que por vezes se tornam dominantes e que contribuem para a extinção das alianças. Alguns destes elementos críticos centram-se nas diferenças culturais, em práticas divergentes ou incompatíveis, na diferença de prioridades da aliança, na existência de lucros assimétricos e na preponderância de um dos parceiros relativamente aos outros, podendo aquele abandonar a aliança por ter capacidade de sobreviver sozinho.

Os cartéis de Medellin e Cali tiveram uma intensa cooperação nos anos 80, no entanto, nos finais da década, entraram praticamente em guerra. A cisão deu-se fundamentalmente por visões conflituantes sobre o uso da violência. Enquanto que o cartel de Medellin a usava com grande intensidade, tendo optado por uma estratégia de confronto com o Estado, o cartel de Cali preferia uma abordagem mais indirecta, investindo na corrupção de autoridades chave. A diferença cultural também foi um dos factores fracturantes, na medida em que a maioria dos chefes do cartel de Cali, além de se dedicarem ao tráfico de cocaína, mantinham, ao mesmo tempo, negócios na economia legal. Em comparação, os chefes do cartel de Medellin eram homens sem formação, originários dos bairros pobres.

Face a esta realidade, cabe às autoridades identificar os factores críticos das alianças entre organizações criminosas e explorar esses factores de forma a criar clivagens na própria aliança e assim levar à neutralização da aliança e/ou das organizações que a compõem.

4. Poder e coacção

Vários autores são unânimes em afirmar que as organizações representam uma nova fonte de poder[59], resultante da sua influência na economia e na política. A organização, na sua configuração moderna, tem acesso ao que Galbraith denomina de "poder condicionado". O poder condicionado[60] pode ser definido como o *"(...) produto de um continuum que*

[59] GALBRAITH, John Kenneth, *op. cit.*, p. 145.
[60] Como exemplo de poder condicionado explícito poderíamos apontar o que é exercido através da publicidade.

*parte da persuasão objectiva visível, até ao ponto em que aquilo que o
indivíduo, no contexto social, foi levado a acreditar se torne, para ele
intrinsecamente correcto (...)"*[61]. A maioria das organizações é criada
para exercer este poder, que pode ser explícito ou implícito e resulta da
aceitação da autoridade e da submissão à vontade alheia. É o resultado de
uma preferência positiva daqueles que se submetem.

Mas as organizações dispõem ainda de outros tipos de poder, como
o "poder condigno" e o "poder compensatório". Segundo Galbraith, estas
duas formas de poder, juntamente com o "poder condicionado", são exercidas por todas as organizações, independentemente do seu carácter.

A característica mais marcante do "poder condigno" e "compensatório" é a sua objectividade e visibilidade[62]. A diferença entre estes dois
tipos de poder é a diferença entre a recompensa negativa e positiva. O
"poder condigno" obtém a submissão do indivíduo com a aplicação da
coacção física, ou outra, para o fazer renunciar à sua própria vontade e evitar o sofrimento. O "poder compensatório", pelo contrário, oferece uma
recompensa suficientemente vantajosa ou agradável para que o indivíduo
renuncie à sua própria preferência.

A organização criminosa, enquanto fonte de poder[63], apresenta ainda
outras características:

a) Simetria bimodal, entre o poder interno e externo, a qual implica que as organizações exijam aos seus membros um rigoroso condicionamento interno para obter o máximo resultado externo. *"A relação
entre as expressões internas e externas do poder dentro da organização
podem ser vistas na burocracia governamental (...) e no crime organizado. (...) Um indivíduo ou grupo que busca o poder organiza-se e aí
recorre automaticamente à persuasão. (...) A mafia e outras organizações criminosas obtêm poder externo pela ameaça ou aplicação do
poder condigno, e este é também usado internamente para assegurar a
submissão dos seus próprios membros (...)"*[64]. Desta forma, do exercício interno do poder advém a capacidade da organização impor a sua
vontade externamente, pelo que existe uma directa relação entre a força

---

[61] GALBRAITH, John Kenneth, *op. cit.*, p. 45.
[62] *Idem, ibidem*, pp. 21 e 30.
[63] *Idem, ibidem*, p. 72.
[64] *Idem, ibidem*, pp. 76 - 80.

e o grau de confiança que inspira o seu poder externo e a profundidade e firmeza da submissão interna.

b) *Acesso aos instrumentos de imposição*, uma organização é forte quando tem acesso eficaz a todos os três instrumentos de coerção: punição, compensação e condicionamento. A capacidade de uma organização obter submissão depende das outras fontes de poder (personalidade e propriedade), e dos instrumentos do poder (condicionamento implícito e explícito, poder compensatório e condigno) que mobiliza.

c) *Quantidade e diversidade de metas que procura alcançar, "(...) o terceiro factor que influência o poder da organização é o número e a diversidade de objectivos. Se os objectivos são numerosos e variados, tanto as fontes como os instrumentos de imposição terão, para um dado efeito, de ser maiores do que se aqueles forem poucos e específicos"* [65]. Os grupos com um único objectivo ou com objectivos limitados, quanto ao número, são mais eficientes do que os grupos que prosseguem múltiplos objectivos.

A realidade e a ilusão do poder está sempre presente quando este repousa na organização uma vez que *"(...) não é algo simples, cristalino."* [66]. A diferença entre a realidade e a ilusão, resulta do jogo de forças entre a organização, que procura conquistar e ampliar o seu poder, e os outros que resistem à submissão a esse poder.

As organizações criminosas dispõem dos instrumentos necessários à aplicação do seu poder, tendo todas as características necessárias ao exercício dos vários tipos de poder identificados por Galbraith. Na aplicação do seu poder, as organizações podem utilizar diversas formas de coacção:

• *A coacção extra-organização* é aplicada contra a sociedade em geral, e contra os poderes públicos em particular. Esta coacção é usada como forma de condicionar os poderes públicos e de exercer o controlo sobre determinado território, podendo assumir várias formas e intensidades. Vários exemplos podem ser identificados, como a violência contra as autoridades portuguesas, durante o ano de 1998, por parte das tríades de

---

[65] *Idem, ibidem*, p. 84.
[66] *Idem, ibidem*, p. 87.

Macau, com incêndios, atentados bombistas e assassinatos e a violência dos atentados praticados pela máfia contra o Estado Italiano, pelo assassinato, entre outros, de Giovanni Falcone, em 23 de Maio de 1992, e de Paolo Borselino, em 19 de Junho de 1992.

A Colômbia foi, e em certa medida ainda o é, paradigmático deste tipo de coacção. Os mass media chamaram-lhe "as guerras da cocaína", tendo estas custado a vida a políticos, jornalistas e pessoas inocentes. No período de 1989-1990, o número de mortos foi de cerca de 600, incluindo 107 mortos resultantes de um atentado à bomba contra um avião. As próprias autoridades reconheceram a existência de um "braço armado" pertencente ao cartel de Medellin, responsável por conduzir as "operações militares". Só num dia (8 de Novembro de 1992) 33 bombas explodiram em Medellin. O conflito entre os cartéis e o Estado agudizou-se de tal forma que em Janeiro de 1993, Escobar anunciou a criação de um exército popular com a denominação de "Antioquia Rebel Movement". Este conflito só baixaria de intensidade mais tarde, com a morte de Escobar.

• *A coacção inter-organizações* é dirigida às organizações concorrentes que constituam uma ameaça à hegemonia ou ao monopólio em determinado território ou mercado. É uma coacção destinada apenas a manter ou a melhorar a posição de determinada organização num dado território ou num dado mercado. Como exemplo note-se o caso da Itália, onde a violência da máfia foi sobretudo evidente entre 1986 e 1991. Durante este período, o número de homicídios mais que dobrou, principalmente na Sicília e Calábria. A violência que caracterizou este período foi de tipo inter-organizacional, uma vez que estes assassinatos ocorreram sobretudo em consequência da luta entre organizações.

• *A coacção intra-organização* é apenas usada com o fim de assegurar a sobrevivência da organização. Destina-se a manter a disciplina e é dirigida contra os membros da organização, e por vezes também à sua família. Esta coacção é aplicada com o recurso a meios de intimidação subtis ou então utiliza formas directas e brutais de violência física, como o assassinato. Este tipo de comportamento está documentado sobretudo nas organizações de tipo tradicional como as tríades e os cartéis.

O recurso à coacção – inter e intra-organizacional — deve-se à necessidade da organização impor uma determinada ordem ou sanção. A necessidade de usar a violência física, como forma de coacção extrema, pode levar à criação de unidades/grupos, dentro da organização especialmente destinados à aplicação da violência, como foi o caso do *"Murder, Inc"*[67].

O recurso à violência privada decorre da impossibilidade de recurso, por parte das organizações criminosas, ao poder público para defesa dos seus interesses. Por outro lado, a aplicação da violência por parte destas, desafia o próprio Estado, enquanto depositário do monopólio da violência organizada.

O uso, ou a ameaça de uso, da violência é uma das característica das organizações criminosas, documentada no relatório *Results of a pilot survey of forty selected organized criminal groups in sixteen countries*. De acordo com o mesmo, para 23, das 40 organizações, a violência desempenha um papel essencial[68], sendo que para as restantes tem um papel moderado (10) ou pequeno (7).

As organizações criminosas, na administração destes vários tipos de coacção, têm à sua disposição dois tipos de acção: acções directas e acções indirectas. Os dados empíricos indicam que a acção indirecta é usada preferencialmente nas áreas dos "negócios" legais, de expansão ou instalação em novas áreas de negócios. O recurso a este tipo de acção deve-se principalmente:

- à necessidade de manter as actividades e a sua presença em segredo e de não chamar sobre si a atenção;
- à possibilidade de manipular os órgãos de comunicação social, podendo ser um meio privilegiado de desinformação e de combate a políticas desfavoráveis;

---

[67] Durante os anos 20 e 30, do século XX, grupos mais ou menos complexos dedicavam-se ao contrabando e distribuição de bebidas alcoólicas provenientes do Canadá enormes lucros e os seus principais chefes – como Johnny Torrio, Big Jim Colosimo, "Lucky" Luciano ou Al Capone – ganham enorme notoriedade. Mas à medida que as organizações criminosas cresciam em tamanho e em número, também crescia a intensidade dos conflitos entre as mesmas. A necessidade de manter a paz entre as várias organizações (e assim aumentar os lucros de cada uma) levou à criação de um cartel nacional composto por diversas organizações criminosas. Este cartel denominado "Murder, Inc." dispunha de um corpo próprio de seguranças destinado a manter a paz entre as várias organizações e a impor as decisões do "conselho de administração" do mesmo. Cf. NASH, Jay Robert, *World Encyclopedia of Organized Crime*, Zane Publishing, Inc. and Crime Data Research News Service, s.l., 1995 (CD-Rom).

[68] UNITED NATIONS OFFICE ON DRUGS AND CRIME, *Results of a pilot survey of forty selected organized criminal groups in sixteen countries*, p. 23.

- à possibilidade de corrupção, sendo uma das tácticas utilizadas a penetração e infiltração das instituições[69]. Tem efeitos de elevado valor acrescentado, permitindo tirar partido do efeito surpresa, não levantando hostilidades imediatas. A existência, em determinados países, de políticos e autoridades diversas facilmente corruptíveis, permite um significante condicionamento das actividades do Estado. Uma das características da criminalidade organizada transnacional parece ser a sua capacidade de, por vezes, aproveitar uma certa "colagem" ao poder político como forma de beneficiar da sua protecção, dando-lhe em troca fundos para campanhas ou apoios expressos em votos, sobretudo quando a organização é composta maioritariamente por determinada etnia;
- à economia global e aos seus mercados, os quais são muito mais permeáveis a tácticas de dissimulação do que a ataques directos, com denúncia dos objectivos e da verdadeira natureza dos seus "negócios".
- ao não recurso à violência que, não sendo usada, provoca apenas reacções moderadas à sua actividade e consegue obter, por vezes, a complacência das comunidades.

Com este tipo de acção as organizações pretendem assegurar o máximo de liberdade de acção e reunir o máximo de apoios, quer provenientes da criminalidade comum local, quer de organizações congéneres com as quais tenham alianças, quer ainda do apoio tácito dos sectores da sociedade mais carenciados. As suas actividades podem ainda reunir o apoio tácito de certas figuras públicas e de certos Estados, que utilizam estas organizações em apoio da sua própria estratégia.

À medida que as organizações vão desenvolvendo a sua acção, os seus adversários, quer sejam organizações rivais, quer seja o Estado, têm a sua capacidade de manobra reduzida e perdem a iniciativa. Entretanto estas organizações vão reforçando a sua capacidade, desenvolvendo novas actividades e novos modos de actuação de forma a fraccionar os recursos do Estado.

---

[69] Segundo o UNITED NATIONS OFFICE ON DRUGS AND CRIME, *Results of a pilot survey of forty* selected *organized criminal groups in sixteen countries*, para cerca de 18 grupos a corrupção foi identificada como essencial à prossecução da sua actividade primária.

Com o fim de concretizar os seus objectivos, utilizam acções de natureza variada:

- Política[70], com o recurso a grupos de pressão existentes, financiando determinadas campanhas eleitorais de determinados partidos, pela corrupção de elementos que se encontram em pontos-chave da administração pública;
- Económica, devido à sua capacidade de acumulação de capital podem, nos mercados ilícitos, controlar o fornecimento de determinados bens e/ou serviços e, eventualmente, manipular o seu preço. Nos mercados lícitos, apresentam uma elevada competitividade, baseada nas suas fontes de financiamento e diversidade de aplicações. O uso de determinadas formas de coacção, sobre concorrentes, também contribui para tal vantagem competitiva;
- Psicológica, esta forma de coacção é usada para espalhar o terror, quer entre os seus membros, com o fim de manter a disciplina e reforçar a lealdade, quer entre os elementos que não pertencem à organização, mas que se encontram ligados a esta por determinados "favores", sendo "reféns" dos laços criados e vítimas de chantagem. A pressão constante, associada a uma certa intimidação, é uma forma de manter determinados "canais" operacionais.

A *acção directa* é usada, sobretudo, no confronto com organizações rivais, pelo controlo de parcelas territoriais, sendo que algumas organizações (por exemplo, a Cosa Nostra) manifestam grande capacidade de coacção, levando mesmo, em casos extremos, a conflito aberto com o Estado. O recurso à violência física é feito quando outras formas de coacção falham ou quando existe necessidade da organização coagir um número maior de agentes para além daqueles que são o alvo imediato da sua acção, ou seja quando existe a necessidade de enviar uma "mensagem".

As organizações, devido às suas características, apostam numa complexa rede de factores que potenciam o seu poder, e do qual fazem parte:

---

[70] Segundo o UNITED NATIONS OFFICE ON DRUGS AND CRIME, *op. cit.*, para cerca de 14 grupos foi identificado o exercício da influência política a nível local ou regional. No entanto, para a maioria não foi identificado o exercício de qualquer influência política (cf. p. 26).

- *Organização multifuncional,* factor que resulta da flexibilidade da própria estrutura, permitindo-lhe o desempenho de múltiplas funções;
- *Desterritorialização,* factor directamente relacionado com a transnacionalização das organizações e a racionalidade de evitar a fixação permanente a determinado território;
- *Estrutura flexível e adaptável,* factor relacionado com a adopção de formas organizacionais competitivas e resistentes à acção das autoridades;
- *Capital,* factor relacionado com a disponibilidade de recursos económicos consideráveis. O capital induz o desenvolvimento de uma determinada forma de coacção, a qual é usada para conquistar e manter mercados e territórios;
- *Coacção,* materializada no uso sistemático de diversas formas, as quais podem ir desde a simples pressão até à violência física. Certas organizações criminosas comportam-se como quase-governos[71], estabelecendo as suas regras e administrando a coacção, numa determinada área.
- *Capacidade de integração nas estruturas políticas, sociais e económicas,* factor relacionado com a capacidade de infiltrar e manipular determinados actores de natureza diversa. O uso efectivo deste factor pode garantir a impunidade da organização face às acções das autoridades, e a mesma pode neutralizar a acção das autori-dades.

A capacidade de combinar estes factores resulta da própria polivalência das organizações criminosas. A ameaça destas organizações é tanto maior quanto maior for a sua capacidade de acumular capital e de aplicar formas distintas de coacção, transformando-as em poderosos grupos de pressão na sociedade e na política.

Cada factor, nesta complexa rede de relações, está intimamente ligado aos restantes e cada um induz o desenvolvimento dos outros, e todos se reforçam mutuamente. A figura seguinte pretende colocar a descoberto a complexa rede de relações que se estabelece entre os vários factores.

---

[71] FIORENTINI, Gianluca; PELTZMAN, Sam, ed., *The economics of organized crime,* Cambridge University Press, Great Britain, 1995, p. 4.

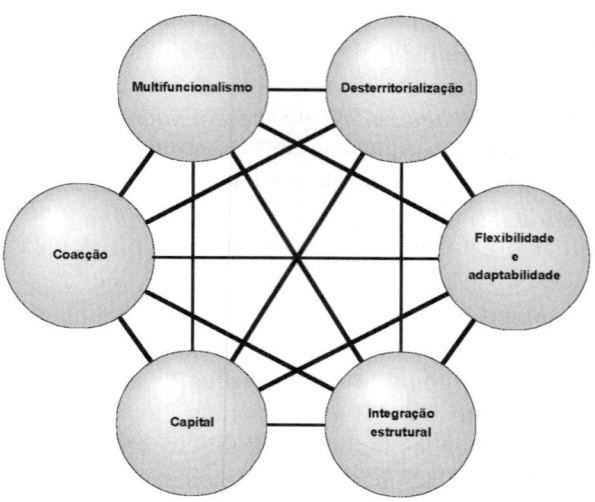

Figura 11 — Rede de poder

Esta rede dá consistência e contém os factores que constituem os:

- *Centros nodais da organização criminosa,* que são pontos de intersecção de subsistemas que constituem a estrutura de poder, a partir da qual a capacidade das organizações deriva, permitindo-lhes liberdade de acção e capacidade para evitar a acção das autoridades. Este conceito está de acordo com o centro de gravidade identificado por Clausewitz "(...) um centro de movimento e poder de que tudo irá depender; e é contra esse centro de gravidade do inimigo que deve ser dirigido o golpe concentrado de todas as forças."[72].
- *Pontos críticos da organização criminosa* são constituídos pelos subsistemas, que são vulneráveis à acção das autoridades, e cuja degradação ou neutralização conduzirá à quebra dos centros nodais.

---

[72] Clausewitz, Carl Von, *Da Guerra*, Europa-América, s.l, s.d, p. 289.

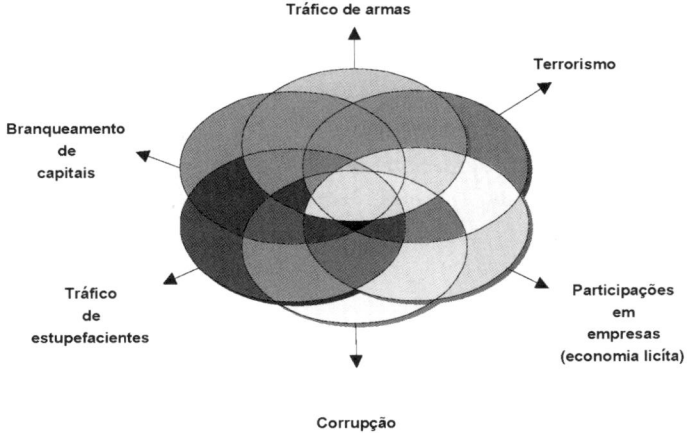

Tráfico de armas

Terrorismo

Branqueamento
de
capitais

Tráfico
de
estupefacientes

Participações
em
empresas
(economia licíta)

Corrupção

FIGURA 12 — Centros nodais e pontos críticos da organização

De acordo com o exposto, o subsistema "tráfico de droga" interliga-se com o subsistema "branqueamento de capitais", o qual irá converter o capital, com origem criminosa, em capital lícito e interligar-se com o subsistema "participação em empresas", penetrando e infiltrando a economia legal. Por outro lado, o subsistema "branqueamento de capitais" interliga-se com o subsistema "corrupção", podendo a organização, através deste subsistema, apoiar determinadas forças políticas, conquistando influência política.

O subsistema "corrupção" e "branqueamento de capitais" são fundamentais para a expansão e integração das actividades criminosas nas estruturas do Estado e da sociedade civil. A corrupção é um subsistema indispensável, destinado a conseguir a protecção das autoridades para as actividades e membros da organização. Este tipo de "influência" é particularmente importante no condicionamento de certas actividades de prevenção e combate à criminalidade, mas também ao nível da função legislativa, evitando a aprovação de regulamentação que possa afectar os interesses e objectivos da organização. A corrupção pode ainda ser essencial na obtenção de informação classificada sobre as operações policiais planeadas ou sobre investigações em curso, permitindo à organização adoptar as contra-medidas necessárias. A Figura 12 é apenas um exemplo e como tal estão apenas apresentados alguns subsistemas.

A combinação do resultado destes subsistemas pode levar ao desenvolvimento de uma estrutura económica e política, integrada no Estado e na sociedade, baseada em meios legítimos.

Pelo exposto torna-se claro que um dos objectivos fundamentais das autoridades deve ser o combate ao branqueamento de capitais, em virtude deste condicionar decisivamente o poder das organizações criminosas. Um combate efectivo ao branqueamento de capitais contribuirá inevitavelmente para a desarticulação e neutralização dos centros nodais.

5. Conclusão

Actualmente, nos vários *foruns* onde o problema da criminalidade organizada transnacional é debatido, duas perspectivas distintas sobre a ameaça colocada pela criminalidade organizada transnacional às funções do Estado podem ser identificadas: uma pessimista, que dramatiza o fenómeno considerando-o "a ameaça", como forma de galvanizar a atenção do público e mobilizar recursos para o combate ao mesmo; uma optimista, que considera a criminalidade organizada transnacional um fenómeno idêntico aos demais tipos de criminalidade.

Na nossa opinião, qualquer uma destas perspectivas avalia mal o fenómeno quanto aos seus contornos e efeitos. A perspectiva pessimista sobreavalia o fenómeno, elevando-o à condição de ameaça única, não distinguindo, a maioria das vezes, a criminalidade organizada transnacional do terrorismo. Organizações com objectivos diferentes são tratadas como uma ameaça única e global o que é, no mínimo, conceptualmente impróprio.

Por outro lado, a perspectiva optimista, identifica as organizações criminosas como uma "mera" associação de criminosos, não considerando a dinâmica apresentada por estas organizações e o factor "transnacional", que potencia a ameaça.

Possivelmente, a perspectiva correcta estará situada entre ambas. De facto, o fenómeno da criminalidade organizada transnacional é uma ameaça actual, a par do terrorismo, da proliferação de armas, entre outras. Por outro lado, a minimização das consequências da criminalidade organizada transnacional prejudica gravemente o estudo sério do fenómeno, na medida em que o toma como algo já conhecido, aplicando fórmulas de combate tradicionais, não deixando espaço à inovação. Uma percepção incorrecta do fenómeno poderá contribuir para a formação de políticas e estratégias de resposta mal informadas e, consequentemente, ineficazes.

Independentemente das perspectivas, a realidade demonstra que as organizações criminosas transnacionais são agentes racionais, constituindo-se como fontes de poder, exercendo o "poder condicionado" sobre o Estado e sobre a sociedade em geral. De facto, as actividades da criminalidade organizada transnacional, as formas de organização, actuação e integração nas estruturas da sociedade e do Estado constituem uma ameaça real aos fins que o mesmo prossegue, colocando em risco a sua segurança e a sua soberania.

A globalização, o desenvolvimento tecnológico e a resposta dos Estados irão marcar a evolução futura do fenómeno. As organizações criminosas de tipo tradicional irão continuar a ser os principais agentes no âmbito nacional mas, mesmo estas irão, e estão, a adoptar estruturas e procedimentos mais adequados ao ambiente de actuação transnacional. Estas organizações continuarão no futuro a ser os maiores fornecedores de bens e serviços ilícitos, sendo de prever uma maior especialização das mesmas.

Neste processo de evolução é possível que cada vez mais se verifique uma maior inter-relação entre as actividades ilícitas e lícitas, dificultando as actividades de investigação criminal. Os dados actualmente existentes permitem concluir que a criminalidade organizada transnacional evolui, adapta-se e enraíza-se na sociedade, procurando responder à procura, sempre crescente, dos seus bens e serviços.

O poder, os objectivos e o impacto das actividades destes novos "actores" obriga o Estado a reagir, empenhando todos os seus recursos no combate aos mesmos. A eficácia no combate só pode ser atingida se perspectivada de uma forma integral, quer quanto à mobilização de várias áreas políticas e de vários sectores da sociedade, quer quanto aos meios e formas de coacção a utilizar.

VIOLÊNCIA POLICIAL, CONCEPTUALIZAÇÃO E METAMORFOSES.

JOSÉ CARLOS BASTOS LEITÃO
Assistente do Instituto Superior de Ciências Policiais e Segurança Interna
Subintendente da PSP

VIOLÊNCIA POLICIAL, CONCEPTUALIZAÇÃO E METAMORFOSES.

1. Introdução

O estudo e compreensão da violência usada pela polícia ajuda-nos a situar o papel social da polícia dentro do sistema de controlo social moderno e constitui um dos pontos mais controversos nas sociedades democráticas de estilo ocidental. Ciclicamente, a comunicação social coloca na agenda das preocupações públicas a violência policial, que constitui uma das formas mais visíveis do desvio policial, flutuando entre uma aceitação cúmplice e a condenação intolerante. Apesar da exposição pública dada pela mediatização do tema, o certo é que continua a ser ignorado pelo meio académico, apesar do seu estudo ser um excelente ponto de partida para o estudo sociológico da polícia e num contexto mais lato, das próprias dinâmicas sociais modernas.

Difícil de conceptualizar, o seu estudo tem que ser feito a partir da investigação americana, a qual nos fornece visões multifacetadas, ainda que bastas vezes contaminadas ideologicamente e culturalmente e cuja análise faz perceber uma evolução e o acompanhamento longitudinais e paralelos em relação às escolas sociológicas e à sociologia do desvio.

Desde o estudo pioneiro de Westley realizado no início da década de 50 muito se tem evoluído na análise do desvio e da violência policial. A vasta literatura americana disponível passa em revista um conjunto vasto de paradigmas explicativos sobre o tema, mas quase sempre numa perspectiva micro negligenciando os contextos de evolução social que de forma indirecta acabam por influenciar o desvio policial. É preciso recorrer à literatura europeia para tentar contextualizar o desvio policial dentro de dinâmicas sociais enformadoras dos vários paradigmas micro disponibilizados pelas escolas americanas.

Deste modo, tentar-se-á equilibrar este estudo partindo de uma análise macro longitudinal das principais condicionantes do desvio ao longo do século vinte, num triângulo que inclui a criação e evolução das polícias modernas, a sua inserção no sistema mais vasto da evolução da ideologia de controle social, e por fim uma análise das evolução produzida pelas alterações decorrentes da transformação da modernidade nas últimas três décadas.

Numa segunda metade do artigo, far-se-á uma análise mais fina sobre os principais paradigmas explicativos micro da violência policial tendo em especial atenção as perspectivas situacionais e ocupacionais, em particular no que respeita à subcultura policial.

De fora ficam ainda duas perspectivas dominantes na literatura relativamente ao modo como a ideologia normativa legal e a estruturação orgânica das policiais influenciam o desvio e a violência policial. Por limitações de espaço, omitiu-se igualmente uma análise critica dos estudos empíricos existentes, os quais fornecem igualmente pistas importantes para este estudo.

Sem querer esgotar o assunto, espera-se que a condensação de vários ângulos de visão sirva para fazer uma leitura introdutória do tema que coloque em crise análises causa-efeito dominantes na opinião pública, mostrando a importância que este ponto privilegiado de observação tem para o estudo do desvio policial e para analisar as relações sociais mais vastas em que a polícia participa quotidianamente.

2. Conceitos

O desvio policial é normalmente problematizado na abundante literatura sobre a matéria através da listagem do conjunto de práticas ou omissões não conformes com as normas e regulamentos formais, com o sentido ético do exercício da autoridade, com o conjunto de expectativas externas frequentemente colocadas sob a forma de pressões e finalmente em contraposição à subcultura policial prevalecente.

Enquanto conceptualização, dir-se-á que utilizando esta parametrização outras profissões podem ser abarcadas. De facto, assim é. No entanto, o que torna tão importante a análise, contextualização e conceptualização do desvio policial é o de se tratar da organização que após a revolução industrial quase ganhou a exclusividade do "monopólio do uso da força legítima do Estado" (Weber, citado por Bayle, 1992:31); de ser a organização com a maior diversidade de papéis e funções nas sociedades modernas e de ser na definição de Egon Bittner (1990:249), a primeira instituição a invocada em cenários em que "algo que não deveria estar a acontecer e acerca do qual alguém deveria, já, fazer alguma coisa".

A fonte mais comum destas análises encontra-se na literatura americana onde frequentemente se encontram a par da designação de desvio, outras expressões tais como "police wrongdoing", "police misbehaviour", "misconduct", "excessive" ou "unnecessary use of force" e "police brutality". Algumas delas acabam mesmo por definir melhor os propósitos de quem as utiliza do que o seu objecto. No entanto, uma expressão sobressai de entre todas – "police violence". A violência policial tem sido a expressão mais vulgarizada pelos Media referindo-se normalmente ao uso da violência física ilegítima ou excessiva por parte da polícia.

Na opinião pública, reflectida pelos Media, a violência policial tem claramente uma conotação negativa. A expressão assim utilizada remete para o uso da força policial fora dos limites legais da proporcionalidade entre a infracção às normas por um indivíduo ou grupo e a resposta da força pública. Apela para a ilegitimidade das acções policiais. No entanto, a polícia tem a faculdade decorrente do seu mandato legal de aplicar a força dentro dos limites dos princípios e das normais legais e normalmente fá-lo. No limite da legitimidade legal, a violência policial entra-nos pelos monitores de televisão em expressões de violência física absoluta, e.g. a reposição da ordem pública aquando das grandes manifestações públicas de movimentos sociais. A polícia é o principal instrumento utilizado pelo Estado moderno industrial e pós-industrial nas sociedades de tipo ocidental e nas democracias contemporâneas para a distribuição da força legítima sempre que a mesma se justifique. Egon Bittner (1990:131), diz mesmo que faz mais sentido definir a polícia como "um mecanismo para a distribuição da força coerciva não negociável usada de acordo com o conhecimento intuitivo de exigências situacionais". No que respeita ao estudo do desvio policial, o que está em causa não é saber se a força pode ou não ser usada, mas saber se o seu uso é razoável, adequado e proporcional.

Tal como o refere Klockars (1996), "a polícia não necessita invocar a lei para usar a força, ainda que possam decidir usar a força para invocar a lei; nem precisam de obter o consentimento prévio do queixoso ou daqueles em que tiverem que a usar; há mesmo poucas, se algumas, ocasiões em que alguém tem o direito de resistir ao uso da força, mesmo quando a polícia não o faz de forma apropriada". Mais problemático se torna se pensarmos que um tal julgamento apenas se pode fazer *post facto*, já que a maior parte dos conceitos jurídicos de controle da força pública legítima são normalmente ambíguos e susceptíveis de se alterarem de acordo com as perspectivas sociais e políticas de quem os observa e julga. Numa segunda análise, a observação é condicionada pela avaliação do facto que levou ao uso da força e neste caso o percurso individual dos intervenientes e dos observadores pode constituir nova fonte de ambiguidade e de incerteza sempre que os polícias têm que usar da força.

Os conceitos legais de força, ordem pública, legítima defesa, excesso de legitima defesa e suspeito, só para citar alguns são normalmente analisados à luz de outros conceitos jurídicos igualmente subjectivos como oportunidade, proporcionalidade, adequação, previsibilidade, etc.. Deste modo não admira a afirmação de Waddington "the use of force places police officers in an anomic situation: on the one hand, they are duty-bound to do so and such action may be celebrated. On the other hand the division between lawful and unlawful use of force is decidedly unclear and the penalties for error can be draconian" (1999:150). Agindo muitas vezes em situações em que os limites legais são invocados, as acusações de violência ilegítima acabam assim por ser percepcionadas pelos polícias como uma contingência ou uma consequência não controlável.

As dimensões e formas do desvio policial.

As expressões normalmente utilizadas identificam três dimensões de interpretação distintas: a noção de desvio, a noção de ilegalidade policial e a noção de violência policial. Neste último conceito incluiremos apenas as formas de violência física ilegítima incluindo o uso excessivo da força e a brutalidade policial. Desta forma, pretendem-se identificar situações em que a polícia usa níveis de força desproporcionais em reacção a acontecimentos, mas também situações em que a polícia usa voluntariamente a força proactivamente, por exemplo como sanção ou punição, para extorquir provas ou mesmo para repor uma certa normalidade situacional fora dos limites legais.

A definição de violência, tal como outras designações aplicadas para definir padrões de comportamento social ou factos sociais não é fácil. No entanto, por necessidades de operacionalização, utilizar-se-á o conceito de violência definido por Gabe et al. (2001, BJC), como um conjunto de comportamentos [legalmente] ilegítimos ou socialmente inaceitáveis física e verbalmente, os quais sejam percepcionados ou visem fins ameaçadores. Ainda assim, a fronteira entre força legítima e violência permanece algo ambígua. Westemarland (2001:256) citando Macfarlane sugere que a força envolve uma ameaça latente e por vezes violência, enquanto esta é necessária de tempos a tempos para dar credibilidade à ameaça.

O uso excessivo da força frequentemente substituído na literatura por uso desnecessário da força é o resultado de deficiências de formação profissional ou de exigências situacionais. Utilizando esta noção, Skolnick e Fyfe (1993:20) afirmam que o uso desnecessário da força resulta da inaptidão ou insensibilidade do agente, o qual, de boa-fé, enfrenta dificuldades e das quais acaba por ter que usar a força para delas sair, argumentando ainda que a força desnecessária resulta de um erro motivado pela boa-fé. Na mesma linha de pensamento Waddington reafirma: "the abuse of force arises out of normal policing which brings officers to the invitational edges of this form of corruption" (1999:149). Ao contrário, Skolnick e Fyfe definem brutalidade como um acto consciente e venal cometido por policias que normalmente acabam por passar por grandes aflições para esconder as suas condutas (p. 19). A diferença entre os dois parece ser uma questão de escala e intensidade, sendo o uso excessivo da força fruto de circunstâncias situacionais e a brutalidade uma escolha pessoal de entre outros modos de acção possíveis.

Numa segunda dimensão, o conceito de "wrongdoing" refere-se a comportamentos ilegais e é definido por De Lint (1992) como "qualquer acto cometido por organizações ou pessoas agindo em nome de uma organização que prevarique, transgrida e que seja punível pelas normas administrativas, civis ou criminais". Este nível apela para uma visão normativa legal sendo esta pouco adequada, porque redutora, a uma análise sociológica mais vasta. Encarnando os limites legais impostos à acção policial, deixa de fora todas as condicionantes informais que sobre si recaem. Neste caso falamos da corrupção para obter proveitos de ordem pessoal ou profissional, de favorecimento pessoal fechando os olhos a factos tipificados na lei criminal ou contra-ordenacional, do forjar de provas ou na infracção disciplinar às normas internas.

Na terceira dimensão de análise, surge a expressão desvio policial enquanto noção mais abrangente de inclusão das formas de desvio policial. A definição mais consistente é avançada por Kappeler, Sluder e Alpert afirmando que o "desvio policial pode ser melhor compreendido no contexto de um sistema multifacetado que inclui normas internas, externas e informais acerca das quais os actores sociais decidem escolher independentemente entre acções e sobre os quais o público – igualmente independentemente – faz julgamentos sobre a adequação e correcção (appropriatness) dessas escolhas" (1998:19).

Mas não só o público faz julgamentos. Os próprios actores – os polícias – exercem uma pressão latente ou mesmo expressa quando os seus pares divergem dos padrões internos vigentes, em particular no que respeita ao sistema de valores comummente aceites, o qual raramente se confina aos padrões escritos. A cultura policial tende a enfatizar os valores da solidariedade e camaradagem como forma de enfrentar o perigo e a vulnerabilidade, os quais estão sempre presentes mesmo em situações de aparente controle da situação por parte da polícia. Do ponto de vista prático o polícia pode agir em conformidade com as normas legais e expectativas sociais e simultaneamente estar sujeito a sanções ou censura por parte dos seus pares. Neste sentido o público de Kappeler e al. pode ter que incluir não só aqueles que habitualmente produzem ou co-produzem actos idênticos.

Além de englobar as restantes dimensões, esta definição chama a atenção para um factor informal o qual pode ser externo e interno, salientando-se neste a perspectiva ocupacional, enquanto externamente sobressaem as expectativas sociais, políticas e jurídicas. Assim visto, os actos não são desviantes *per se,* nem sequer por estarem previstos normativamente. Eles são desviantes consoante a perspectiva do observador ou dos actores intervenientes, se não se adequarem aos códigos informais tanto dos intervenientes na interacção como daqueles que observam e produzem julgamentos sobre se um acto é próprio ou impróprio, se existe conformidade em relação às normas internas e externas, formais e informais, incluindo-se nestas o conjunto de expectativas que recaem sobre o acto e o actor num determinado contexto.

Nesta dimensão poderemos incluir formas de desvio não-criminais e não-disciplinares, e ainda assim ética e deontologicamente censuráveis, que não seriam possíveis não fosse o estatuto de autoridade do agente.

Um estudo etnográfico realizado por Westmarland (2001:524) apresenta quatro categorias de violência no que respeita às motivações. Em primeiro lugar a violência pode surgir como um efeito não desejado em que a situação se complica com a presença policial, e recurso à violência é inevitável; a segunda categoria apresenta a violência como uma forma de punição ou sanção; a terceira apela para a violência como vingança; e a finalmente a violência pode servir para salvar a face, em casos que os procedimentos regulamentares tenham sido desrespeitados.

Seja qual for a abordagem, a conceptualização e contextualização do desvio policial, tal como o desvio em geral, acaba sempre por ser limitado e influenciado pelo ângulo de observação em que nos colocarmos.

3. O contexto em que o desvio ocorre

Numa primeira análise o desvio deve ser contextualizado de forma longitudinal relativamente à sua dinâmica desde o aparecimento das funções de polícia modernas, onde se terá em conta o papel social desempenhado pelas polícias desde a sua génese até às sociedades contemporâneas. Lateralmente, é pertinente analisar não só as alterações do mandato, mas também as principais questões que se levantam no mandato actual. Espera-se que a análise longitudinal ajude a perceber o desvio policial e forneça pistas para a definição do papel e das funções policiais contemporâneas, particularmente em contraposição à evolução da modernidade, sendo o caso mais típico a coacção psicológica no sentido de levar alguém a adoptar uma determinada conduta.

3.1. *A perspectiva histórica – uma análise micro longitudinal*

As polícias profissionais, surgidas em meados do séc. XIX em plena revolução industrial foram uma resposta do Estado à evolução de um novo modelo social gerado na segunda metade do séc. XVIII e sobretudo o reconhecimento de uma entidade, sujeito de direitos e fonte de legitimação do próprio Estado e da sua governação – o povo e o cidadão.

A pioneira do novo modelo de polícia profissional autónoma foi a Metropolitan Police de Londres. Uma instituição polémica. A nova instituição proposta ao Parlamento inglês por Sir Robert Peel surgia em 1829 com a dupla finalidade de proceder à colecta de impostos e trazer alguma ordem no contexto urbano londrino, momentaneamente desordenado e caótico com a afluência de mais gente em busca da prosperidade prometida pela revolução industrial.

Peel visava resolver o novo problema de ordem pública urbana, intolerável na sociedade vitoriana, para o qual a solução de controle social mais comum na altura, o recurso a vigilantes pagos a soldo de alguns lordes e senhores influentes, não mostrava capacidade de acalmar os frequentes tumultos que avassalavam Londres. A nova polícia tornada necessária pelas contingências sociais, provocava ainda assim cepticismo nas classes dominantes que desconfiavam da perda de poderes de imposição da força e sua consequente centralização nos poderes públicos. Sabendo o ambiente político que o rodeava, Peel propôs a criação de uma força policial de estilo militar, disciplinada, sujeita a normas formais, cujos actos eram controlados pelos tribunais, e com obediência clara a uma cadeia de comando responsabilizável perante condutas não conformes com o estatuto policial. Por outro lado, Peel sabia que a sua polícia não poderia impor-se pela força dos recursos, e assim engendrou um estilo de intervenção baseado na persuasão, conselho e consentimento e apenas como último recurso o uso da força. A máxima da nova polícia seria "the police is the public and the public is the police".

Estava-se em pleno século XIX e o grande problema da ordem social segundo Cohen (1995:5) era de "como conseguir um grau de organização e regulação consistente com certos princípios morais e políticos sem um excessivo grau de controle puramente coercivo".

Peel sabia bem que a nova polícia de ordem pública não poderia impor-se pelo uso da força, e assim a estratégia era a comunhão de interesses com o público, sendo que a sua autoridade proviria da adesão voluntária à norma legal e aos regulamentos vigentes. Como remate da sua política de comunhão de interesses e mútua compreensão, os seus policias seriam recrutados de entre as classes que seria preciso controlar – as classes desfavorecidas. A polícia localizada, com forte integração social, controlada pela classes dominantes política e judicialmente e agindo dentro dos limites do bom pai de família, favorecia o controle social em sentido lato e prometia ser eficaz em termos de governabilidade. O modelo londrino vai-se alastrando por toda a Inglaterra e em 1870 existiam 220 "constabularies" (Jones e Newburn, 2002).

Atentos à solução britânica, a maior parte dos países ocidentais no eixo América do Norte Europa foram durante toda a segunda metade do século dezanove e primeira metade do século vinte criando as suas polícias autónomas e profissionalizadas[1]. Desde o manifesto de Peel até à década de 50, o modelo de polícia pública ganhou terreno no sistema de atribuições policiais administrativas do Estado em termos de aumento de pessoal, atribuições e intervenção espacial mas particularmente em termos simbólicos (*idem*, p. 135).

Do processo de gestação destes instrumentos de controle, ressalta a natureza organizacional militarizada com códigos de conduta disciplinadores, fortes cadeias de comando hierarquizadas e dotadas de formação específica para o uso da força legítima.

A evolução policial no mundo ocidental seguiu em passos diferentes consoante os contextos políticos e sociais, ainda que mantendo as características fundamentais no que respeita às características organizacionais e aos *modus operandi*. Quanto à sua legitimação os processos foram bastante divergentes consoante os contextos sociais e políticos. No eixo norte-europeu e anglo-saxónico a legitimação policial sempre teve em conta a forte autonomia das comunidades locais em que o reconhecimento por parte do Estado da importância da auto-regulação, dispensa em grande medida a aplicação coerciva das leis e normas exteriores à comunidade. Nestes, o Estado tentou tradicionalmente restringir o uso das forças administrativas, entre as quais a própria polícia sendo que de certo modo são as próprias comunidades que legitimam a acção policial, sendo o seu mandato condicionado pelas necessidades da sociedade civil.

No eixo mediterrâneo as atribuições e exigências dos Estados politicamente organizados determinaram a função policial administrativa. As polícias mantiveram-se centralizadas e autoritárias, ligadas à função de controlo político social, e à sobrevivência das soluções políticas da gover-

---

[1] Canadá, 1830-1845, Portugal, Polícia Cívica 1867, Estados Unidos, Nova Iorque, 1844. Na Europa mediterrânea, a influência francófona tinha propiciado a aparição de forças de carácter militar com competências de defesa do Estado. Embora tivessem algumas competências de polícia, dificilmente podem ser comparadas às polícias para-militares de estilo civil, e de acção confinada à lei. Durante o século dezanove no eixo mediterrânico as funções policiais eram asseguradas pelas entidades administrativas através de diversos organismos. A ordem pública era sobretudo assegurada pela força militar. A vigilância pública era assegurada por indivíduos recrutados pelos poderes locais sem carácter profissional altamente discricionários na acção e praticamente sem supervisão judicial.

nabilidade. As comunidades, organizadas em forças políticas, depositaram a legitimação do uso da força no Estado e na lei esperando que este assumisse a função policial de regulação dos actos com relevância social.

No eixo anglo-saxónico, particularmente nos Estados Unidos a polícia prosseguiu num caminho de profissionalização e autonomização em relação aos poderes políticos locais. Tal autonomização é apontada como efeito de um quadro de corrupção e tráfico de influências sentido no inicio do século vinte e terá conduzido a uma crescente alienação social das comunidades, cuja relação de confiança e proximidade constituía o elemento mais seguro da credibilidade e eficácia policial para manter a paz social, a tranquilidade pública e o crime em níveis aceitáveis.

Não será alheio a esta atitude de distanciação o tipo de controle social com raízes na primeira metade do século XIX, o qual via o indivíduo como um actor receptor de normas e papéis e cuja não conformidade acarretaria a intervenção dos mecanismos formais de controle de forma reactiva. Sempre que os actores se desviassem do seu papel existiria a susceptibilidade de intervenção de controles formais para os pôr na ordem (Cohen, 1995:5). O Estado era forte e omnipresente e debaixo do chapéu da racionalidade legal universal todos se poderiam sentir seguros aceitando e aderindo ao consenso.

É provável que a atitude coerciva policial desta época fosse um reflexo de um contexto mais lato de controle social vigente, e que a alienação social decorrente de factores internos[2] e de factores externos[3], seria responsável pelas dificuldades de legitimação social da acção policial.

Seriam necessárias as convulsões sociais da década de 60 nos Estados Unidos – movimento anti-vietname, movimento dos direitos cívicos pela igualdade de direitos raciais, o movimento hippie, movimentos feministas –, e na Europa – movimentos estudantis na Europa do sul em 1968, e as manifestações mineiras em 1972 e principalmente os conflitos raciais

---

[2] como a excessiva burocratização das estruturas, a autonomia funcional alimentada por um discurso profissional penalizante da cooperação e integração no meio social, a hierarquização, a verticalização e a especialização funcional baseada no modelo taylorista da organização do trabalho, pouco flexível a novos problemas e a excessiva confiança no factor tecnológico – o aparecimento do rádio, do carro e das soluções informáticas

[3] O crescimento das cidades, o enfraquecimento dos meios de controle informal, a explosão demográfica, e o fulgor do Estado Providência

de Brixton em 1982 na Inglaterra –, para questionar o papel da polícia na sociedade. Os movimentos sociais de sessenta provocam a viragem dos sistemas de controlo social, questionando os modelos de repressão existentes. Controle produz o desvio, era então o catecismo, não é o desvio que leva ao controle (Cohen, 1995:6). Estas convulsões mostraram que a relação entre a polícia e as comunidades, especialmente as mais desfavorecidas, se tinha deteriorado ao ponto de culpabilizar directamente a polícia pelos graves conflitos urbanos da altura, particularmente no que respeita à brutalidade com que a polícia actuava na reposição da ordem pública.

Recorrendo novamente a Cohen (1995:6), "os próprios agentes de controlo social – os mesmos que operavam a máquina – começam a escrutinar os seus próprios papéis[4]." Mais uma vez, a viragem ocorrida durante a década de 70 no estilo e no mandato policial, até então quase exclusivamente voltado para a manutenção da ordem e controle criminal, teve na sua génese a consciência de que a polícia se tinha tornado num meio de imposição do controle, utilizando a força e a legitimação estatal, mais do que num meio de regulação harmoniosamente inserido no meio social. No centro desta viragem estava a constatação de que a violência utilizada pela polícia, embora legitimada pela lei e pelo Estado se encontrava desenquadrada das expectativas sociais sobre a sua acção.

3.1.1. *A viragem da modernidade – Uma análise macro*

Giddens (2000) defende que continuamos na era da modernidade criticando as interpretações pós-modernas da realidade contemporânea. Ainda assim, parece ser aceite pela maior parte dos autores que a modernidade experimentou alterações profundas no último quartel do século vinte. Ao nível policial as alterações foram profundas na sua legitimação social, na atitude perante as alterações situacionais, no mandato legal e apenas a estrutura organizacional parece resistir, ainda que ocasionalmente alguns pilares tradicionais experimentem metamorfoses significativas.

---

4 Segundo Sherman (1980) o "Sociological Abstracts" listava 75 artigos sobre polícia no período 1959-68 e 323 entre 1969-1978. Por outro lado, é a partir da década de 60 que a polícia começa a ensaiar de forma discreta novas soluções de patrulhamento urbano (Weathritt, 1991; Sherman, 1973).

3.1.2. *O alargamento do mandato policial*

Seria de supor uma maior limitação dos poderes policiais como consequência da constatação decorrente da reacção policial aos tumultos sociais da década de 60, mas o intenso debate político alimentado pela crescente atenção académica[5] da viragem da década, levou a que o mandato policial fosse expandido, passando a incluir novos serviços policiais[6] a juntar às tradicionais funções de ordem pública e controle criminal. Os novos serviços e uma mudança de estilo, tentaram, por vezes de forma radical, uma reaproximação aos princípios de Peel, em que a integração e apoio das comunidades é o verdadeiro barómetro da legitimação policial. Para marcar a mudança, convencionou-se chamar ao anterior modelo Policiamento Reactivo enquanto aos novos modelos se aplicaram terminologias sugestivas como Policiamento Comunitário, Policiamento Orientado para o Problema ou na versão continental europeia, que apenas apareceria em várias velocidades a partir da segunda metade da década de 80, Policiamento de Proximidade. Não atendendo neste momento aos conceitos que cada um representa, a tentativa de prestar mais atenção às expectativas das comunidades representa a assunção do fracasso do controle policial pelas máquinas administrativas e pela sua regulamentação legal e procedimental. Não podendo continuar a impor a racionalidade legal de forma violenta, o Estado procura controlar os excessos policiais, particularmente no que respeita ao uso excessivo da força através de uma maior integração social policial. Ainda que os novos modelos pareçam corresponder às expectativas políticas e sociais do último quartel do século XX, novos problemas surgem no horizonte da diversidade, desestruturação e descontextualização social pós industrial, em que o conceito de comunidade é problemático e os fenómenos de exclusão e violência urbana empurram a Polícia e o Estado para soluções reactivas e repres-

---

5 É na transposição da década de 60 para a década de 70 que surgem alguns dos trabalhos pioneiros na área da criminologia e da sociologia policial que ainda hoje merecem referências na maior parte dos trabalhos científicos nesta área. A descoberta da discricionaridade funcional (Reiss, 1971; Goldstein, 1963), o questionar das tácticas policiais (Kelling, 1974), a discussão acerca da natureza das funções de polícia (Banton, 1964; Bittner, 1973) ou o debate acerca dos diferentes estilos de policias (Wilson, 1968) são exemplos claros do interesse em analisar os sistemas de controle social a partir do subsistema policial.

6 Quais? Ver meu artigo revista.

sivas. Tal como lembra Bayley (1991:225-237) é bem possível que o novo estilo policial corresponda a mais uma adaptação da polícia às condições sociais, e que a aproximação seja no sentido da integração dos valores das classes dominantes na tentativa de controlar os desfavorecidos. Mais uma vez a polícia estaria subtilmente a policiar pelos dominantes contra os dominados. "[O policiamento comunitário], poderia tornar-se aplicável à classe média abastada e formada, enquanto os mais desfavorecidos e excluídos seriam sujeitos ao modelo de policiamento reactivo tradicional (p. 233)". Ou nas palavras de Matza (1969:194) "a legalidade para os bons cidadãos e a imposição da ordem para os criminosos conhecidos" ou para os suspeitos habituais.

3.1.2.1. Sociedade disciplinadora e sociedade de controle

Outro ponto de vista parece agora emergir à medida que a polícia vai adaptando o seu mandato à condições de vida real numa óptica pós-industrial ou de modernismo radical como afirma Giddens (1990). A evolução da legitimação do mandato policial flutua na transição de uma sociedade de ameaças em que os desviados, os outros, são legalmente categorizados tornando o papel policial relativamente mecanicista, para uma sociedade de riscos em que "nós" e os "outros" são noções não diferenciáveis e a separação e categorização dos papéis desempenhados é problemática. As primeiras correspondem a sociedades disciplinares em que o controle é exercido através de instituições disciplinadoras bem definidas e com identidade própria – a escola, a igreja, a fábrica, a vizinhança – cada qual tentando moldar o indivíduo, gravando-lhe competências comportamentais duradouras de auto-contenção, auto-controle e de auto-análise, ou reflexidade, na acepção de Giddens (1990:25), que gerem a conformidade.

A sociedade moderna industrial aparecia aos olhos dos agentes de controle de uma forma ordenada e impunha-se *per se* aos actores controlados. Num tal sistema, é fácil compreender o crescimento das solicitações, em número e em diversidade, ao sistema de justiça criminal e à polícia intervindo na "normalização" e correcção, o qual só tem paralelo no crescimento do próprio sistema. Não será por acaso que as polícias e os tribunais se encontram entre o grupo de organizações mais pesadas do aparelho do Estado Providência. "O processo de profissionalização do sistema de controle social, começado em meados do século dezanove é uma história de contínua expansão e diversificação (Cohen, 1985:161)."

Existem numerosos factores que explicam as alterações do sistema de controle social que se estão a verificar contemporaneamente. Nelson Lourenço e Manuel Lisboa (1991:9) a propósito da evolução da violência nas sociedades modernas citam, J.-C. Chesnay (1992) o qual aponta o fortalecimento do estado, o decréscimo da ecassez alimentar, a revolução demográfica e o aumento dos níveis de instrução. Continuando, Lourenço e Lisboa, introduzem a tese de Norbert Elias (1975) segundo a qual as sociedades ocidentais teriam passado da violência livre, não controlada, para sociedades onde a centralização do exercício da força no Estado medeia os conflitos de forma efectiva (Lourenço e Lisboa, 1991:10) tornando o uso da força "não necessário, nem útil, nem mesmo possível" (Elias, 1975:195, citado por Lourenço e Lisboa, 1991:10). O processo civilizacional segundo Elias, em paralelo com a diferenciação social e o monopólio da violência militar e policial, terão levado à diminuição da violência social e que o auto-constrangimento substitua o constrangimento externo ao indivíduo.[7]

Todavia, a sociedade moderna encontra-se num estádio de mudança e o processo civilizacional é tudo menos homogéneo. Mesmo os circuitos de inclusão modernos não conseguem responder com eficácia aos circuitos de exclusão, formados entre outros pelas subculturas urbanas, pelos excluídos do progresso económico, pelos excluídos sociais, etc. Apesar de tudo, os "outros" persistem. O velho sistema de classes é cada vez menos útil à polícia para exercer o controle com base nas antigas alianças entre classes dominantes e polícia (Fielding, 1991:2). Neste período de desmantelamento do Estado Providência, um vândalo pode ser um corretor bolsista, um vândalo um jogador com contratos fabulosos, um pedófilo ser um pai de família socialmente respeitado, e um sem-abrigo alguém com formação académica, complicando o cenário do controle social formal em que o papel dos bons e maus, bem como os seus comportamentos, eram previsíveis e adequados à correspondente representação social.

A própria natureza da norma legal se encontra numa fase evolutiva em que a transformação progressiva dos meios de controle sancionatórios e disciplinadores, pós-facto, baseados numa racionalidade legal formal, na neutralidade da lei, dão lugar a modelos de controle que evitem

---

[7] Há um autor que afirma isto dando exemplos da forma violenta pela qual a polícia resolvia os seus problemas no principio do século.

a produção do dano, baseados numa racionalidade legal subjectiva associada à regulação discricionária. Sendo esta um modo efectivo de facilitar a regulação administrativa, trouxe novas responsabilidades à polícia já que faz pender a balança da legitimação dos seus actos para as comunidades, logo menos escrutinável hierárquica e legalmente (Coterrel:1992).

3.1.2.2. Controle do risco

Beck (1994), emprega a noção de sociedade de risco para designar uma fase de evolução da sociedade moderna na qual os riscos sociais, políticos, ecológicos e individuais gerados pela dinâmica de renovação "se soustraient de plus na plus aux instances de contrôle et de securité de la societé industrielle" (citado por Robert, 19??). Giddens afirma que "a noção de risco teve origem na compreensão de que os resultados inesperados podem advir das nossas próprias acções, e não dos acasos da natureza", como se verificava nas sociedades tradicionais (1998:21). É assim um produto da modernidade. Beck situa o inicio desta fase da modernidade nos anos setenta. Na verdade a sociedade de risco é uma sociedade de novos riscos comportando a miséria urbana, a fragilização das relações sociais, a insegurança objectiva e o sentimento de insegurança fazendo surgir a consciência de riscos não personalizáveis ou pessoalmente imputáveis que alteram a consciência de ameaça conhecida, imputável, personalizável, típica da modernidade industrial.

Não será por acaso que o subsistema de controlo policial assume desde esta época uma maior complexidade quanto aos papéis desempenhados em sintonia com os sistemas de controlo formal. O controle social do fim de século sente-se incomodado e desconfortável pela visibilidade da repressão a céu aberto, à luz do dia, exposto à nova realidade da explosão comunicacional a baixo custo. O sistema refina-se e a governabilidade passa a ser mantida recorrendo a meios mais subtis. Humaniza-se o discurso e a acção policial colocando-lhe mais limites formais e encorajando a sua integração no meio social. No entanto, de forma progressiva, cada cidadão vai tendo o seu nome inscrito em centenas de bases de dados, das quais as policiais até não assumem especial relevância, não fosse o efeito estigmatizante que continuam a comportar. Bancos, sistema de saúde, seguros, segurança social, empresas privadas, semi-públicas e públicas, escolas, tribunais, polícias, entre outros subsistemas, detêm suficiente informação sobre nós para garantir a conformidade. Mais do que os instrumentos tradicionais disponíveis no estado providência – a escola, a igreja, o mercado de trabalho assente numa profissão para toda a vida. Socorrendo-se da noção de violência simbólica definida por Bordieu (1977:190-197), Manning (1995:357-363) realça que a polícia contemporânea elaborou um discurso mais elaborado da noção de segurança, alterando a legitimação do controle exercido do crime de rua urbano, predatório e anti-propriedade para a concepção de uma sociedade de riscos, sem que as ameaças sejam identificáveis e personalizáveis. Neste contexto, a polícia assume um papel mais vasto e intangível de colectores de informação, através das novas filosofias de policiamento e gestores do risco, abraçando novas áreas tecnológicas ligadas ao tratamento informático de dados pessoais e.g. recolha e análise forense da informação física e genética. Ericson e Haggerty (1997), constatam que à medida que a sociedade se encontra mais fragmentada, a polícia tem assumido um papel mais amplo e que foge à tradicional manutenção da ordem e do controle criminal. A expansão do seu mandato e em consequência o aumento das fontes de informação permitem à polícia alimentar outros organismos nas suas tarefas de controle e vigilância. Assim, muito do conhecimento que a polícia tem do território, factores de risco concretos e grupos de risco acaba de forma directa ou indirecta por ajudar outros organismos encarregues de organizar as nossas vidas e participação social tais como a saúde, os seguros, segurança social, alguns sectores de financeiros e mesmo o sector da educação. A assunção de que vivemos numa sociedade de riscos opera numa lógica negativa que tende mais a acentuar o medo colectivo e a distribuição social do "mau", do que a do "bem". Ericson e Haggerty afastam-se da noção de que a polícia é um instrumento de controle social encarregue de resolver conflitos entre o bem e o mal, solicitando-nos que, ao invés, compreendamos que a vida quotidiana inevitavelmente nos coloca perante situações de risco nas mais diversas áreas. A polícia mais do que a tradicional visão de combatente do crime é um instrumento da sociedade de comunicação encarregue de processar informação e gerir o risco.

Na sociedade de controle, ao contrário da sociedade disciplinar, o desvio passa a ter categorias socialmente toleráveis, porque mais abrangente e diversificado, mas alarga os seus horizontes a novas categorias de desviados. Numa visão extremista Cohen (1995:7), afirma: o controle social assumiu-se kafkiano, um terreno paranóico em que as coisas nos são feitas, sem sabermos quando, por quem, e porquê, ou mesmo se nos estão a ser feitas." Relativizando o tom conspirativo usado, a afirmação ajuda-nos a compreender o sentido da mudança experimentado nesta fase da modernidade pós-industrial.

Os contornos da sociedade de risco aparecem ainda um pouco difusos, mas é natural que a alteração das condições sociais provoque por parte da polícia a assunção de novos papéis e consequentemente novas formas de desvio. No entanto, é preciso não esquecer novos fenómenos desviantes, em particular aqueles que resistem a ser incluídos na tipificação penal, como a solidificação da violência urbana, da violência juvenil, dos criminosos sexuais, e do exército de marginalizados do progresso económico e do mercado de trabalho, os quais fazem flutuar as respostas institucionais entre um discurso inclusivo de tolerância e impulsos repressivos através da adopção de políticas securitárias.

3.2. *A análise micro da literatura do desvio policial*

Embora a análise macro contribua para a compreensão de paradigmas mais latos que de forma directa ou indirecta influenciam o desvio policial, tem-se que se recorrer à aos factores micro para analisar a violência policial ou o uso desnecessário da força. A variedade de análises existentes torna aconselhável empreender um esforço de sistematização, dividindo-se para o efeito a análise em três grande grupos, recorrendo à tipologia apresentada por Uildriks e Mastrigt, (1981:16)[8]: perspectiva individualista, situacional e organizacional.

3.2.1. *A perspectiva individualista*

Individualmente, a questão que se coloca segundo Uildriks e Mastrigt, é porque razão uns policias utilizam a violência e outros não (p. 16) o que nos leva à análise dos traços de personalidade desenvolvidos profissionalmente. A hierarquia policial esforça-se por reafirmar que os casos conhecidos de violência policial são esporádicos não podendo generalizarse. Uma segunda vertente argumenta que a representação social da profissão policial atrai indivíduos à procura de aventura, perigo, do uso da força

---

[8] Os autores basearam-se num segundo autor – Friedriech – embora este por sua vez tenha adaptado a categorização apresentada por Sherman (1980), o qual propunha cinco tipos de análises possíveis: individual, situacional, organizacional, comunitária e legal.

física e do domínio de técnicas para o uso da violência. A investigação tem dado atenção a outras características individuais como o sexo, a idade, o nível de instrução, a raça, o conservadorismo e o autoritarismo. No geral, as teorias que tentam explicar a violência exercida pelos polícias através dos traços psicológicos têm merecido pouco crédito e não ajudam à resposta inicial da razão pela qual alguns polícias são mais violentos que outros.

3.2.2. *A perspectiva situacional*

A perspectiva situacional tem por base o ambiente em que a violência ocorre. A questão principal é porque razão os polícias usam a força numas situações e noutras não (Uildriks e Mastrigt, 1991:17). A este respeito a investigação tem-se preocupado com a interacção exercida com categorias da população mas também com o efeito que os territórios, o espaço, tem na moldagem da atitude policial quando confrontada com ambos.

3.2.2.1. Violência e Populações

Quanto à primeira, existe um vasto leque de pesquisa e chama a atenção de que os polícias não distribuem a força aleatoriamente por todos os segmentos da sociedade, sendo mais provável encontrar queixas de minorias étnicas, dos jovens e dos marginalizados económica e socialmente, como os ciganos, os sem-abrigo, as prostitutas, do que dos segmentos mais abastados. A escola marxista tem procurado explicar a violência policial como um instrumento de preservação do poder e do controle de uma classe sobre: o acesso restrito a recursos limitados; sobre todo o sistema de controle político desses recursos e sobre a classe que acaba por dotar classe dominante desses recursos (Robinson e Scaglion, 1987). Klockars (1985) interpreta esta visão argumentando que o enfoque policial não é tanto o de controlar a classe pobre. Na sua perspectiva, a polícia fornece serviços aos pobres, já que este segmento é estatisticamente responsável pela maioria das solicitações à polícia, e desta forma causando os maiores problemas à ordem dominante e aos valores legais por ela definidos. Neste contexto a segmentação, a selecção de pessoas que rejeitam as normas de várias formas, é justificável porque a ameaça criminal é mais intensa, criando-se assim as condições para legitimar a vigilância e o controle policial mesmo em situações em que não tenha sido produzido nenhum facto criminal.

Este processo é rotulado por Choongh (1998) de Modelo Disciplinador Social[9] o qual tem por fim a reprodução da ordem social, contrastando com o modelo de racionalidade legal cuja retórica pressupõe o controle criminal.

A critica mais contundente ao modelo classista de Klockars é assumida por Manning (1995) afirmando que embora a categorização estabelecida pela polícia institua os pobres como os clientes ou suspeitos habituais, a violência assume na modernidade contemporânea um carácter mais simbólico, alterando o foco do controle policial de modo a abarcar outras populações e interesses que não só os pobres. Nos novos domínios podem assim incluir-se a intrusão mais frequente em círculos privados como a família, a adesão ao combate a problemas sociais tradicionalmente arredados do combate policial, as parcerias com outros organismos e o consequente aumento de da recolha e processamento da informação, a grande extensão dos poderes de vigilância sobre as pessoas e sobre o espaço público.

Ambos os argumentos são respeitáveis e partem da análise empírica do ambiente onde a violência policial é gerada, mas do ponto de vista do polícia de rua, a argumentação suscitada por Manning não ajuda a resolver problemas práticos da manutenção do *status quo* e da imposição de uma certa moralidade, embora seja reveladora de que a polícia se está a adaptar às novas condições geradas pela sociedade de controle.

3.2.2.2. Violência e Espaço

Um segundo ponto, a representação que a polícia faz dos territórios onde trabalha, condiciona a sua forma de actuação, e também aqui a categorização se produz num sentido de auto-protecção, que auxilia o polícia a adoptar a atitude adequada à situação, até porque o sentido de normalidade definido é em grande parte resultante da associação entre espaço e potenciais agressores ou suspeitos. Espaços degradados, onde a polícia é chamada a normalizar algo-que-não-deveria-estar-a-acontecer, são mais susceptíveis de respostas reactivas, agressivas e de reposição da ordem, enquanto espaços controlados, não representados como perigosos, são susceptíveis de uma intervenção legalista, com respeito pelas garantias constitucionais dos intervencionados, e em que a polícia estará mais disponível para uma estratégia de resolução de problemas, através da adopção de um

---

[9] Social Disciplinary Model, no original.

estilo de *peace-keeping*. A grande ameaça para a integridade profissional pode surgir quando alguém não integrável nesta lógica está na hora errada, no sítio errado, já que o território, determinará a atitude de partida orientadora da acção policial.

Voltando à questão da interacção com os outros, um dos paradigmas mais vezes repetidos na literatura está relacionada com a forma como a polícia alimenta a construção social da sua autoridade. Enquanto a tese psicológica de que os polícias têm como característica pessoal o autoritarismo, parece ter falhado, um paradigma explicativo interacionista acolheu a simpatia da comunidade cientifica. No processo de interacção, o polícia, por razões dramaturgicas e de auto-protecção, tende a usar a violência na medida da colaboração ou desafio percepcionado. Ainda assim, a violência só será efectivamente usada, dentro ou fora dos limites legais, se o polícia não tiver a adesão das partes envolvidas à sua autoridade, ou se tiver perdido o controle da situação, ou estiver na iminência de o perder.

Um terceiro argumento, relativamente pouco explorado surge do estudo empírico de Phillips e Smith (2000) baseado na teoria da estruturação de Giddens. Os autores analisaram as queixas formuladas por cidadãos à autoridade de controle da acção policial na Austrália. O estudo visava a confrontação dos dados com a teoria de Giddens, particularmente " no papel que as variáveis tempo e espaço têm na geração de encontros conflituosos" entre polícia e civis, bem no conceito de "consciência prática" (Giddens, 1987:145, citado por Phillips e Smith, 2000:481). Os autores concluem que eventualmente por razões dramaturgicas a polícia tem tendência a actuar de forma mais agressiva em espaços públicos tendendo o conflito a ser exacerbado quando se tem em conta a variável tempo combinada com espaço, em que o antagonismo é mais evidente no período nocturno. Enquanto a polícia vê a noite, sobretudo se associada a certos espaços públicos como uma zona de perigo e riscos latentes, em que personagens ameaçadores e incidentes perigosos podem emergir, há uma tendência para que o lazer apenas possa ter lugar na noite, já que o dia está ocupado com o sucesso profissional, enquanto período de libertação onde as restrições da luz do dia podem momentaneamente e parcialmente ser esquecidas. Phillips e Smith, tentam desta forma explicar a natureza mais violenta dos contactos polícia-cidadãos no período nocturno associado ao espaço público, dando assim cabimento ao paradigma estruturalista de Giddens.

3.2.3. *A perspectiva ocupacional*

Numa perspectiva ocupacional, ou seja, a forma como os factores internos, ocupacionais, tais como organização do trabalho e cultura estão relacionados com a violência policial, a existência de uma subcultura policial é apontada pela maioria dos autores como um dos factores mais condicionantes do desvio policial. A organização do trabalho tem em conta a forma como as burocracias policiais, baseadas em estruturas hierárquicas e formas de organização centralizadas e pouco flexíveis e numa lógica meritocrática funcionam em prejuízo da adaptação ao social e às constantes alterações do meio.

3.2.3.1. Cultura Policial

Ainda que a organização do trabalho seja importante, é sobre a cultura policial que a maior parte dos autores centra as suas análises explicativas da violência policial. Strecher (1995)[10] recorre a Oscar Lewis que definia cultura como "padrão de vida transmitido de geração em geração". Talcott Parsons apresentava a interacção como ocorrendo entre pessoas "whose relation to their situations, including each other, is defined and mediated in terms of a system of culturally structured and shared symbols" (1951)[11] Ou seja, a relação entre as pessoas e a forma como estas enfrentam as situações é realizada no contexto de um sistema de símbolos partilhados e estruturados. Visto de uma outra perspectiva, a cultura corresponde à "informação colectiva pela qual a sociedade se tenta organizar a si própria" (Ball, 1978:69)[12]. Strecher, faz notar que em qualquer sociedade pluralista existe uma cultura dominante cujos valores, costumes e processos que regulam o comportamento de cada indivíduo e estabelece as fronteiras da conformidade. Qualquer grupo minoritário que difira marcadamente em comportamento provoca uma decisão do grupo maioritário.

Subcultura refere-se a uma parte da população que partilha, subscreve e participa nas linhas gerais do sistema social mas cujos conceitos, crenças, hábitos, vestuário, habitações ou instituições exibem padrões característicos que os distingue dos outros. A subcultura tem um atributo

---

[10] Original publicado em 1971 e reproduzido em Kappeler, 1995, p. 207-223.
[11] *Op. Cit.* Strecher, 1995:212
[12] *Op. Cit.* Shearing, 1992:364

de persistência; reproduz-se a si própria através das gerações (Strecher, 1995).

Definida por Shearing (1992) a subcultura policial pode ser vista como encorporando a sabedoria colectiva policial, passada de geração para geração através de um processo de integração e validação. A subcultura seria assim um instrumento que habilita os policias a planear e avaliar cursos de acção partindo do ponto onde os outros polícias se encontram alimentada por uma tradição de oralidade que se impõe aos regulamentos meticulosamente divididos num sem número de capítulos, secções e alíneas, reflectindo e tentando corrigir décadas de erros, asneiras, escândalos e críticas públicas.

Para Strecher subcultura policial é em primeiro lugar definida como um conjunto de assunções entre os policias – assunções acerca do seu trabalho e dos seus papéis enquanto polícias. Em segundo lugar existe coerência e consistência entre as perspectivas policiais acerca do seu papel na organização policial (responsabilidades, deveres, direitos e privilégios). Resumindo, a subcultura policial será a soma organizada das perspectivas policiais relevantes para o papel da polícia (p. 215).

Na perspectiva cultural a maior parte das análises identifica a subcultura policial como moldando as características de personalidade individuais as quais condicionariam o uso excessivo da força. Estes autores definem normalmente a subcultura policial a partir de características ocupacionais, para a construção da noção de subcultura policial. Uma segunda perspectiva, vê a subcultura policial como um reflexo da cultura dominante, que na interacção quotidiana com outras subculturas não incluídas nos valores, padrões e comportamentos do grupo maioritário, provocam colisões e falta de comunicação. Estas são frequentemente manifestadas na forma de violência individual e colectiva. Sem mudar o contexto social em que a polícia opera, a sua cultura é perpetuada e as reformas minadas (Waddington, 1999:110).

3.2.3.1.1. As análises micro

As análises micro centram-se na existência de traços culturais no interior das organizações policiais que determinam condutas violentas ou más práticas policiais. Os seus defensores afirmam que estas são geradoras de características organizacionais identificadas muitas das vezes através de uma lógica de antagonismo, suspeição e perigo permanente, expresso ou latente, o qual gera uma barricada na relação polícia-público. Tal atitude resulta no isolamento policial, na solidariedade, o clima de segredo e numa atitude agressiva ou hostil nos processos de interacção. Nesta vertente, a subcultura policial é apresentada como algo de subterrâneo, chegando-se mesmo a assumir a existência de um código informal, contrastante com os estatutos legais, que pauta as relações internas dos membros da subcultura profissional, moldando a personalidade dos novos recrutas e de todos aqueles que ousarem a não conformidade com o conjunto de regras informais vigente (Van Maanen 1978:227; Stoddard, 1995, in Kappeler, 1995, Skolnick e Fyfe, 1994:90). Tudo isto temperado com um culto do autoritarismo, machismo, cepticismo e sentido de missão legitimado pela possibilidade latente de recorrer à força não negociável. A cultura policial seria assim como um escudo para pressões e perigos potenciais exteriores à organização, o que tornaria a polícia isolada de todos os grupos sociais, insular em relação à sociedade, verdadeiros *outsiders* morais, a fina-linha-azul entre o caos e a ordem, entre os que vandalizam e infringem a ordem social e os seus símbolos – os outros – e os bons cidadãos inocentes e desprotegidos.

Estes autores fazem notar que ser polícia é sobretudo assumir uma identidade social. James Ahern, um antigo chefe de polícia assevera que "no dia em que um novo recruta entra na academia de polícia deixa a sociedade para trás para integrar uma profissão que é mais do que um emprego, passa a definir o que ele é (...) por todos os anos vindouros ele será sempre um polícia." (citado por Skolnick e Fyfe, 1994:91). Recorrendo a Durkheim, Skolnick e Fyfe fazem lembrar que embora a nossa cultura seja proeminente em formar as nossas concepções de moralidade as nossas concepções de "bem" e "mal" são sobretudo moldadas pelos grupos mais restritos a que pertencemos e prosseguem na citação "Morality is complete (...) only to the extent that we feel identified with those different groups in wich we are involved – family, union, business, club, political party, country, humanity"[13].

Westley (1970)[14] via o comportamento policial como o resultado das atitudes policiais enquanto grupo profissional. Deste modo, os policias tinham incorporado na sua cultura ocupacional características como o

---

[13] Durkheim, E. (1961), Moral education: A study in the theory and application of the sociology of education, p. 80, New York, Free Press.

[14] O estudo empírico qualitativo foi realizado no final da década de 40. Os primeiros escritos conhecidos de Westley datam do início da década de 50, e após vinte anos publicou esta obra.

segredo e a visão "nós-outros" antagónica e conflitual em que o público era visto pela polícia como um inimigo. Para Westley, esta atitude serviria para racionalizar os comportamentos violentos ilegítimos.

Mais tarde Skolnick (1966) argumenta que a profissão policial, caracterizada pela presença permanente do perigo, autoridade, e eficiência (...), combinam na geração de respostas cognitivas e comportamentais distintas (p. 42). Fragmentando "os outros" de Westley, Skolnick retorna à categorização social para explicar que os polícias percebem certos grupos como "potenciais agressores" cuja diferença exteriorizada pela mera aparência ou por comportamentos e atitudes é profissionalmente percepcionada como prelúdio de violência.

Esta vertente, de longe a mais popular na literatura anglo-saxónica, tende a reproduzir-se, repetindo muitas vezes o mesmo ângulo de visão. Por outro lado, apela quase exclusivamente para a análise das relações polícia-cidadão e polícias-grupos de cidadãos, numa lógica "nós-eles" mas deixa por verificar os contextos em que a polícia intervém entre classes, categorias ou cidadãos, sejam as partes de status semelhantes ou não. A polícia é vista como culturalmente homogénea, não reconhecendo subculturas distintas de acordo com os diferentes subsistemas policiais. A relação com o público é quase sempre analisada de uma forma dicotómica "nós-eles", sendo que o público é muitas vezes assumido como um ente único ou então é dividido entre bons e maus, não esquecendo as visões de raiz marxista em que a classe dominante se impõe sobre as classes desfavorecidas, através da vertente policial.

Shearing (1992)[15] põe em causa a metáfora do "público inimigo" afirmando que ao contrário, a polícia tende a agir de forma diferenciada e selectiva através da categorização que faz dos diversos grupos com quem interage. Para este autor, a polícia não assume o público enquanto entidade universal, nem divide o público em classes tal como é defendido na teoria marxista (p.352). Na sua pesquisa empírica, verifica que a polícia faz uma bifurcação social distinguindo entre o "público" e uma outra classe alvo da acção policial na tentativa policial de ajudar o público – ou seja, no calão policial americano a escumalha (scum), e no calão policial português "os mitras". Os mitras são criminosos, delinquentes, e constituem uma ameaça para o público, para a sociedade.

---

[15] *Op. Cit.* 1977, do mesmo autor.

"The scum were troublemakers who impelled the public to seek police assistance. In supporting the public, the police controlled the scum" (Shearing, 1992:354).

Prosseguindo na sua argumentação, Shearing afirma que esta divisão da sociedade em duas classes antagonistas possibilita à polícia gerar uma autêntica teoria social disponível para usar no seu trabalho diário de identificação de situações e construir alternativas de acção como resposta.

Bordua e Reiss (1967) apresentam uma explicação mais moderada afirmando que a polícia tende a usar de autoridade excessiva e de níveis de hostilidade desnecessários em situações socialmente ambíguas, para assegurar a conformidade. Não sendo possível definir situações sociais ambíguas pode-se especular definindo-as como estando fora do limiar "normal", numa perspectiva situacional, ou seja, que a situação não possa ser contraposta ao quadro de representação que o polícia faria para aquela situação no contexto.

Este argumento é revisitado por Bittner (1990) o qual argumenta que a função policial não é mais do que um "mecanismo para repartir pela sociedade uma força justificada pela situação" a qual é condicionada pela necessidade de a sociedade e o Estado disporem de alguém – a polícia – para enfrentar situações em que "algo-que-não-deveria-estar-a-acontecer-e-que-alguém-tem-que-fazer-,já,-alguma-coisa." Ambos os argumentos justificam o uso da violência policial legitima através do apelo à função policial em situações de emergência, no entanto, a maioria das situações enfrentadas pela polícia não estão situadas na fronteira do "normal", como sugerido por Bordua e Reiss, assim como nem todas as acções policiais são justificáveis situacionalmente, argumento central utilizado por Bittner. Fugindo das perspectivas micro, MacInnes afirma que a característica dominante dos policias é um conservadorismo arraigado e a paixão pelo convencional, mais do que o crime em si mesmo os policiais desaprovam o desleixo, a desordem, o invulgar, o não normal (1962:74)[16].

Muir (1977), acrescenta um novo ângulo de análise, generoso para a polícia, ao considerar que a acção policial de rua tem uma faceta política (p.45) capaz de compreender o sofrimento humano e tendo a capacidade moral de assumir a contradição entre objectivos justos e os meios coercivos disponíveis. A polícia agiria assim como um mecanismo de regulação moral enquanto que a violência excessiva que por vezes ocorre, significa-

---

[16] *Op. Cit.* Skolnick e Fyfe, 1994:94

ria que os seus agentes não teriam as características morais e a integridade necessária para o exercício da profissão.

3.2.3.1.2. Os diferentes estilos de polícia

Não existe nenhum paradigma que só por si lance luz sobre a complexidade da acção policial. A literatura americana tende a dramatizar as características ocupacionais desviantes, sendo difícil transportá-la para a realidade europeia e sobretudo para a realidade portuguesa. Ainda assim é possível que muitas das características ocupacionais apresentadas estejam presentes em subgrupos profissionais.

É preciso notar que muitas destas características se referem ao polícia fardado em patrulha, a condição em que se encontram cerca de cinquenta a sessenta por cento dos profissionais de polícia na maior parte das organizações policiais ocidentais.

Um dos pontos menos explícitos da investigação empírica está relacionado com a assunção de que os patrulheiros são, só por si, culturalmente homogéneos. Desta forma os paradigmas teóricos tornam-se relativamente mais fáceis de construir. Seria mais difícil construi-los se o universo policial tivesse que ser categorizado. O autor que em primeira mão lançou este aspecto para a discussão cientifica foi Wilson (1968) dividindo o universo policial em três estilos: o legalista, o vigilante e o prestador de serviços. No primeiro tipo encontram-se aqueles que balizam as suas acções estritamente pela letra da lei, normalmente afectos a funções ligadas à repressão criminal; no segundo tipo temos aqueles que escrutinam a realidade à procura de desvios à normalidade, predominantemente preocupados com a manutenção e reposição da ordem pública e em terceiro lugar os prestadores de serviço os quais estão mais vocacionados para tarefas de apoio, assistência e de ajuda comunitária e social. Distinções entre polícia rural e urbana ou sublinhando a existência de três níveis hierárquicos desde o comando, passando pelas chefias intermédias e a base executante. E também nestes últimos são feitas distinções de acordo com o conteúdo funcional de cada grupo, e.g entre policiais nomeados para trabalho de proximidade e patrulheiros generalistas. E dentro destes poder-se-á dividir aqueles que operam em subúrbios degradados das grandes metrópoles e os que trabalham em espaços caracterizados pela estabilidade social e pela ausência de desordem. Além destas poderíamos ainda considerar o grupo encarregue da investigação criminal, as sub-unidades organizadas de forma militar ou os grupos de intervenção rápida que diariamente integram uma parte importante das respostas policiais de emergência.

A conceptualização apresentada, bem como as agregações analíticas propostas têm um interesse relativo, servindo apenas para chamar à discussão que os polícias dificilmente podem ser entendidos vistos como uma entidade una e homogénea. As organizações policiais contemporâneas têm um mandato vasto e assumem uma grande latitude de funções e papéis. A forma de os encarar varia situacionalmente, socialmente, de acordo com os momentos políticos e históricos bem como com alguns factores internos. Diferentes papéis e funções requerem estilos de polícia diversificados para garantir os ideais de conformidade e normalidade, os quais se sustentam em níveis diferentes de legitimação. A pesquisa disponível não esclarece este ponto de vista, incutindo a ideia de generalização no que respeita ao universo policial. Avisadamente, Waddington (1999:105) chama a atenção que a noção de subcultura encontrada na maior parte das análises não é mais do que uma forma de interpretar a realidade procurando conferir coerência a actividades frequentemente dispares. O principal problema consiste em tornar coerentes realidades inconciliáveis, através da agregação do que dificilmente pode ser agregado, ou dividindo o indivisível.

É possível que o uso da força ilegítima não se distribua de igual forma pelo universo policial e que deste modo não possamos falar de uma subcultura policial mas de várias subculturas, as quais interagindo formam um sistema de valores por vezes conflituante na medida em cada subcultura assenta em níveis de legitimação próprios, na resposta a papéis sociais distintos. Saber qual a subcultura dominante de entre estas é uma tarefa difícil, eventualmente inatingível.

3.2.3.1.3. Choque de culturas

O argumento de Strecher é relativamente simples, partindo do pressuposto de que a existência de uma subcultura policial embuida dos valores da cultura dominante convencional e composta maioritariamente pelos seus iguais, sempre que toca com subculturas com quem interage, as quais têm dificuldades em incluir os valores dominantes, provoca choques culturais e ausência de comunicação efectiva. Sem comunicação efectiva, as subculturas não se encontram – elas colidem.

Essa decisão consiste na escolha entre a aplicação rígida do controle social segundo as normas dominantes, ou se segundo um outro padrão mais abstracto. (Strecher, 1995:208). Os polícias, encarregues de manter um nível de ordem mínimo, enfrentam um dilema. Quando os valores convencionais da maioria são alterados ou mais frequentemente antagonizados, a polícia é chamada. Não será por acaso que a polícia trabalha normalmente dentro de subculturas ou nas suas fronteiras, onde os valores sociais e legais maioritários prevalecem de forma pouco harmoniosa.

Sykes e Clark (1992) refutam a teoria de que haja uma personalidade ocupacional, uma subcultura de autoritarismo, violência, de antagonismo, desconfiança e discriminação. Ao invés avançam com um paradigma que explica as relações interpessoais polícia-cidadãos na perspectiva que as relações sociais pressupõem que os intervenientes estão na posse do mesmo código, conhecem as regras, e as posições relativas dos actores em presença. Para estes autores, as regras nos encontros polícia cidadão incluem a assunção de que a polícia tem legitimidade por simbolizar a lei, no sentido que Weber lhe deu. Da parte do cidadão é esperado que use da deferência requerida reconhecendo a legitimidade legal e moral da polícia. Deste modo, a deferência para com a autoridade implica o estabelecimento imediato de um estatuto de respeitabilidade. Se o cidadão recusa deferência ao agente policial, um símbolo da autoridade social, pode estar a anunciar abertamente a sua renúncia a esperar deferência por parte do agente.

Tal como afirma Goffman "to be pointedly refused an expected act of deference is often a way of being told that open insurection as begun (1956:480)". Mais do que a lei, a autoridade deve ser mantida a todo o custo, enquanto suporte fundamental da ordem, pois a autoridade é o principal recurso invocado quando têm que lidar com incidentes (Waddington, 1999:63).[17]

Sykes e Clark prosseguem afirmando que embora seja esperado que a deferência seja recíproca, ou seja que o agente respeite a deferência assumida voluntariamente, ambos os actores aceitam a regra de que o policia não use do mesmo grau de deferência que o cidadão falando-se assim de uma deferência assimétrica na manutenção do status. Os autores recorrem a Goffman para explicar que nos encontros polícia e classes de status inferior, estes tendem a não adoptar, por diversas razões, uma atitude deferente e se dentre estas é percepcionada uma intenção de desafiar a regra, agindo como um transgressor, então é de esperar que a resposta do agente seja proporcional ao desafio percepcionado, podendo por vezes ir para além dos limites legais da acção policial a que o cidadão tem direito. A este

---

[17] Skolnick e Fyfe (1993:102) citando um estudo de Reiss e Black (1968) fazem notar que no total de incidentes de força excessiva utilizada pela polícia por si observados, cerca de metade ocorreram quando as vitimas desafiaram a autoridade policial verbalmente e destes cerca de quarenta por cento acabaram por não resultar na aplicação de uma medida legal, como por exemplo a detenção, que justificasse o uso excessivo da força.

grupo dos desfavorecidos Waddington (1999) junta os jovens e as minorias éticas. Juntos, os três formam o grupo preferencial da acção e das operações policiais. Agindo neste universo a polícia cumpre os seus desígnios de manter as pessoas e a dissensão no seu lugar, dentro dos limites da ordem situacional e do conceito de ordem legal necessário à sobrevivência do Estado.

4. Conclusão

> "The police routinely use socially disapproved means
> of achieving socially desirable ends."
>
> (Waddington, 1999:158).

As organizações policiais modernas surgidas no início do século dezanove acompanharam de perto as tendências mais globais da modernidade e das filosofias de controle social vigentes até à década de 60/70. Enquanto meios de controle formal de imposição coerciva da força, o Estado confiou nas polícias uma parte importante das suas funções de vigilância, controle e repressão criminais. As polícias alimentaram durante o reinado dos estados securitários do século vinte, através de um discurso de exclusividade, o inatingível fim de garantir a paz social, a ordem pública, e o controle criminal. As próprias burocracias policiais incorporaram os valores e a retórica oficial, assumindo-se a si próprias, e alimentando a representação socialmente construída da fina-linha-azul entre a ordem e o caos, a anomia social.

As alterações da modernidade, que já haviam determinado a génese das polícias modernas, dos modelos de controle formal e informal bem como a assunção demonstrada cientificamente de que a legitimação policial, outrora equilibrada entre a regulação formal da racionalidade legal e regulação social assente em práticas discricionárias, se havia deslocado para a primeira, que levou a alterações rápidas tanto no discurso como no mandato policial.

As convulsões sociais do último quartel do século vinte, vieram colocar em crise o papel do estado securitário, e à semelhança da maioria das suas organizações, as policias viram acentuar as criticas que já se vinham sentindo desde a década de cinquenta nos Estados Unidos. O impacto do rumo da modernidade não se produziu de igual forma por todo o mundo ocidental, mas o certo é que as últimas décadas do século vinte trouxeram à tona as dificuldades reais de posicionamento e atitude policial perante a crise das sociedades disciplinadoras e do estado providência e do advento das sociedades de controle as quais admitem com maior dificuldade a violência a céu aberto e "televisionável" por parte do Estado.

Numa outra dimensão, negligenciando as dificuldades conceptuais, o desvio e a violência policial são, numa análise longitudinal, conceitos em permanente mutação. Mesmo numa perspectiva transversal são observáveis flutuações entre a tolerância e a intolerância, entre a emoção e a racionalidade, ou noutra dimensão, entre as interpretações sociológicas e a racionalidade legal.

O estudo do desvio e da violência policial tem que ser contextualizado em termos de tempo, da situação, espaço, bem como do ângulo escolhido pelo observador. Destes quatro pontos de vista, e de cada um deles, depende a tipificação de um determinado acto policial como desviante ou não. A polícia tem de agir em contextos espacialmente diversificados e socialmente heterogéneos.

Para enfrentar o conjunto de riscos pessoais, profissionais, legais e sociais situacionalmente possíveis, cada polícia tem que se socorrer de uma gama limitada de ferramentas com as quais procura diminuir a probabilidade de ser sancionado.

De entre estes, salientam-se as normas legais que lhe conferem autoridade coerciva para desempenhar a sua função e que legitimam formalmente os seus actos. Em segundo lugar, a aceitação e legitimação social são facilitadas com o conhecimento e o posicionamento relativo das populações e dos territórios com quem interage, mesmo quando eles não estão de acordo com as normas legais e profissionais. Por último, surge a aceitação dos valores culturais da profissão, ou mais propriamente do grupo profissional a que pertence, os quais lhe permitem contar com a solidariedade dos seus pares quando os limites legais e a conformidade com os valores sociais tenham sido ultrapassados.

Desta forma, um polícia age sempre dentro de um sistema de valores formais e informais, externos e internos que o ajudam a lidar com as expectativas e os interesses frequentemente conflituantes e mesmo antagónicos.

Numa outra dimensão, o estudo do desvio policial passou de uma perspectiva inicial que assumia o público como uma entidade única, vítima dos preconceitos e da forma deturpada como a polícia o assumia, para paradigmas mais vastos em que as relações policias-cidadãos são analisadas ou de uma forma funcionalista, em que os comportamentos e as interacções são o resultado de uma função policial vastamente dominada pela necessidade, por vezes meramente dramatúrgica, de imposição da ordem legal, ou de uma forma interaccionista em que os comportamentos dos actores presentes têm em conta as relações de poder entre si, através de uma análise casuística situacional, moldada pela representação que cada um faz de si próprio e do outro. Nestas perspectivas mais recentes, o público não é um só, nem é dividido em classes, nem sequer pode ser dividido entre o "bom pai de família" e os "mitras". O público é um sistema complexo em que a velha repartição em estratos sócio-económicos já não ajuda na condução das acções policiais na reposição da normalidade.

Mais do que uma questão marginal, este é um aspecto que carecerá de maior cuidado analítico no futuro. Manning (1995:362), afirma: "Os policias não servem o «governo do dia», os pobres ou os ricos. Eles aplicam violência, e como a definição desta se vai alterando, podemos contar com a polícia para a aplicar desde as classes marginais às classes dominantes. O trabalho policial está a mudar e implica novas formas de monitorização e vigilância criadas pelo Estado."

É assim possível que a visão tradicional que admite uma sagrada aliança entre classes dominantes e polícia enquanto instrumento de manutenção de poder, esteja a ser redefinida, acompanhando as alterações mais globais da sociedade de risco e as alterações produzidas nos sistemas de controle formais nas últimas décadas. Se o "processo civilizacional" de Norbert Elias for efectivo, é de supor uma intolerância cada vez maior a formas de violência policial, mas em sentido contrário, temos que supor que à crescente mediatização do fenómeno criminal, e ao alastramento das respostas securitárias, a opinião pública e os poderes políticos poderão responder com maior pressão sobre soluções policiais mais duras.

A polícia flutuou durante os últimos trinta anos entre a subtileza da prevenção (ex: programas de proximidade social, processos sancionatórios reparadores), e as estratégias duras repressivas, onde se coloca novamente a pressão do grupos dominantes sobre os dominados (ex: políticas de tolerância zero, criminalização de condutas anti-sociais, imputabilidade criminal mais precoce). É ainda cedo para verificar qual das dimensões tradicionais da polícia – reguladores sociais, controle político da governabilidade, gestores de risco, imposição da lei –, ganhará ascendente. Todas têm interesse na determinação do tipo de desvio de que estaremos a falar no futuro. Se de respostas violentas de reposição da ordem, de imposição da lei e garantia da governabilidade pelos grupos dominantes ou se de um papel mais difuso, agindo em parceria com outros organismos, partilhando as responsabilidades do controle e alterando a discussão do desvio policial para um eixo menos visível e ainda assim omnipresente. Em qualquer dos casos, o desvio policial andará sempre ligado a um conjunto de factores externos à organização policial, assumindo assim mais o carácter de consequência do que fim, sendo de supor que o mandato, a atitude policial e a forma como a polícia é socialmente representada, estarão ligadas ao contexto social e ao papel que o Estado irá assumir. É possível, que em vez de uma transformação se trate apenas de uma evolução, e que associados à expansão de papéis e funções policiais surjam novos tipos de desvio.

Bibliografia

BAYLEY, D. H. (1991), Community Policing: A Report From the Devil's Advocate, in J.R. Greene e S. D. Mastrofsky (eds.), Community Policing, Rethoric or Reality, p. 225-237, New York: Praeger.

BECK, U. (1992), Risk Society: Towards a new modernity, London: Sage.

BITTNER, E. (1990), Aspects of Police Work, Boston: Northeastern University Press.

COHEN, S. (1985), Visions of Social Control, Cambridge: Polity Press.

CHOONGH, S. (1998), Policing the dross: a social disciplinary model of policing, British Journal of Criminology, n.° 38/4:623-634.

COTTERRELL, R. (1992), Sociology of Law, Butterworths.

DOWES, D. e ROCK, P. (1988), Understanding Deviance: A guide to the sociology of crime and rule breaking (2.ª ed.), Oxford: Clarendon Press.

ERICSON, R. e HAGGERTY, K. (1997), Policing the risk society, Oxford: Clarendon Press.

FIELDING, N. (1991), The police and Social conflict, London: Athlone.

GABE et al. (2001), Researching Professional Discourses on Violence, British Journal of Criminology, n.° 41:460-471.

GIDDENS, A. (2000), As consequências da modernidade, (4.ª ed., 1.ª reimp.), Oeiras: Celta Editora.

JONES, T. e NEWBURN, T. (2002), The transformation of policing? Understanding current trends in policing systems, British Journal of Criminology, n.° 42:129-146.

KAPPELER, VE, Sluder, RD, & ALPERT, GP (1998), Forces of deviance: Understanding the dark side of policing (2.ª ed.), Prospect Heights, IL: Waveland Press.

KLOCKARS, C. B. (1985), The Idea of Police, Law and Criminal Justice Series, vol. 3, Newbury, CA: Sage Publications.

KLOCKARS, C.B. (1996), A Theory of Excessive Force and Its Control, in Geller, W.A. & Toch, H. (Eds.) Police Violence: Understanding and Controlling Police Abuse of Force. New Haven: Yale University Press.

de Lint, W. (1992), Inclusionary Strategies, in K.R.E. McCormick e L.A. Visano (eds.), Understanding Policing, p. 597-622, Toronto: Canadian Schlars' Press.

LOUBET del Bayle, J.L. (2001), Vers une monopolisation policière du contrôle social, Cahiers de la securité intérieure, n.° 44:207-225, Paris: Institute des Hautes Études de la Securité Intérieure.

LOURENÇO, N., Lisboa, M. (1991), Representações da Violência, Cadernos do CEJ n.° 2/91, Lisboa: Centro de Estudos Judiciários, Ministério da Justiça..

MANNING, P. (1977), Police Work: The social organization of policing, Cambridge: The MIT Press. (1995), Violence and Simbolic Violence, in V.E. Kappeler (ed.), The police and Society: Touchtone readings, p. 357-363, original de 1993, Prospect Heights, IL.: Waveland Press.

MATZA, D., (1969), Becoming Deviant, Englewood Cliffs, NJ: Prentice--Hall.

MUIR, W.K. (1977), Police, Streetcorner politicians, The University of chicago press, Chicago.

PHILLIPS, T. e SMITH, P. (2000), Police violence occasioning citizen complaint: an empirical analysis of time-space dynamics, British Journal of Criminology, n.° 40: 480-496.

ROBERT, P. (2001), Le citoyen, le Crime et l´État, Sociologie et Sociétés, Vol. 33-n.° 1, Groupe européen de recherches sur les normativités [www.erudit.org/erudit/socsoc/v33n01/robert/robert.pdf], disponível em 03.04.2002.

ROBINSON, C.D. e SCAGLION, R. (1987), The origin and evolution of the police function in Society : notes toward a theory, Law and Society Review, n.° 21, p. 109-153 in R. Reiner, ed. (1996), Policing, vol. II, p. 3-47, The International Library of Criminology, Criminal Justice and Penology, Aldershot: Darthmouth Publishing.

ROSE, N. (2000), Government and Control, British Journal of Criminology, n.° 40:321-339.

SHEARING, C.D. (1992), Subterranean Processes in the Maintenance of Power: an examination of yhe mechanisms coordinating police action, in K.R.E. McCormick e L.A. Visano (eds.), Understanding Policing, p. 349-369, Toronto: Canadian Schlars' Press.

SHERMAN, L.W. (1980), Causes of Police Behavior: The current State of quantitative research, Journal of research in crime and deliquency, Janeiro, p.69-100, in R. Reiner, ed. (1996), Policing, vol. II, p. 99- -130, The international library of criminology, Criminal Justice and Penology, Aldershot: Darthmouth Publishing.

SKOLNICK, J.H e Fyfe J.F.(1993), Above the Law: Police and the Excessive Use of Force, New York: The Free Press.

SKOLNICK, J.H. (1966), Justice Without Trial: Law enforcement in democratic society, New York: Wiley

STODDARD, E. R. (1995), The Informal Code of Police Deviancy: A Group Approach to blue collar crime, in V.E. Kappeler (ed.), The police and Society: Touchtone readings, p. 185-206, Prospect Heights, IL.: Waveland Press.

STRECHER,V.G. (1995), People Who Don´T Even Know You, in V.E. Kappeler (ed.), The Police and Society: Touchtone readings, p. 207-223, adaptado do original de 1971, Prospect Heights, IL.: Waveland Press.

SYKES R., Clark J., (1992), A Theory of Deference Exchange in Police-Civilian Encounters, in McCormick K., Visano L. (ed.) (1992), Understanding Policing, Toronto: Canadian Scholar's Press.

UILDRIKS, N.e van Mastrigt, H. (1991), Policing Police Violence, Boston: Kluwer Law.

VAN Maanen, J. (1995), Kinsmen in Repose: occupational perspectives of patrolmen, in V.E. Kappeler (ed.), The police and Society: Touchtone readings, p. 225-242, original de 1978, Prospect Heights, IL.: Waveland Press.

WADDINGTON, P.A.J. (1999), Policing Citizens: Authority and rights. London: UCL Press.

WESTLEY, W.A. (1970), Violence and the police, a sociological study of law, costum and morality, Cambridge: The MIT Press.

WESTMARLAND, L. (2001), Blowing the Whistle on Police Violence, Gender, Ethnography and Ethics, British Journal of Criminology, n.° 41:523-535.

WILSON, J.Q. (1968), Varieties of Police Behavior, The Management of Law and Order in Eight Communities, Cambridge: Harvard University Press.

A VIDEOVIGILÂNCIA E O DIREITO À IMAGEM

ÉLIA MARINA PEREIRA CHAMBEL
Assistente do Instituto Superior de Ciências Policiais e Segurança Interna
Subcomissário da PSP

A VIDEOVIGILÂNCIA E O DIREITO À IMAGEM

SUMÁRIO: Introdução; 1. A Videogilância na Realidade Portuguesa; 2. Direitos Fundamentais / Direito à Imagem; 3. A Videovigilância e o Direito à Imagem; 4. Considerações Finais

Antes de entrarmos nos objectivos que nos propomos alcançar, não poderemos deixar de mencionar que é para nós uma grande honra fazer parte de tão merecida Homenagem. O nosso trabalho apresentado, de uma forma simples, não alcançará a sublimidade de uma tão vasta e grandiosa obra como a do nosso ilustre Professor Doutor GERMANO MARQUES DA SILVA, contudo não nos quisemos apenas cingir ao silêncio.

De forma humilde iremos abordar um tema que julgamos ter alguma pertinência no contexto da nossa realidade social, focando a nossa atenção na problemática da violação de direitos fundamentais – em especial o Direito à Imagem, subjacentes ao tema da videovigilância. Acerca desta abordagem muito haveria a dissertar, contudo apraz-nos cingir a discussão à demonstração da violação do direito à imagem, direito fundamental, quando estamos perante a aplicação da videovigilância em locais públicos de domínio comum.

Ao longo do caminho que nos propomos fazer, incluímos uma entrevista que queremos aqui realçar, parte do alicerçar das nossas ideias relativamente ao tema que aqui vai ser desenvolvido. Não precisaríamos de dizer qual o nome do entrevistado, uma vez que, todos sabemos que o Professor Doutor GERMANO MARQUES DA SILVA foi e continua a ser uma das maiores bases em várias áreas das normas legais do nosso direito português. Com toda a gentileza, que lhe é característica, o Professor Doutor GERMANO MARQUES DA SILVA, concedeu-nos a sua opinião acerca de um tema tão melindroso como a videovigilância, pelo que, nesta honrosa homenagem, queremos que fique aqui marcado o nosso singelo agradecimento.

INTRODUÇÃO

Nós, muitas vezes, não temos consciência do perigo que a aplicação de certas tecnologias acarreta, pois as novas tecnologias influenciam o comportamento humano, podendo-o alterar de forma negativa em determinadas acções.

As novas tecnologias permitem o melhoramento da condição de vida de cada um de nós. A videovigilância vulgarizou-se no mundo tecnológico, introduzindo-se diariamente nas nossas vidas, atracando, para uns consequências positivas e, para outros, consequências negativas e mais gravosas sem que tenham essa percepção. Impressionantemente, nem sempre as pessoas têm consciência dos limites aplicados quando estamos perante várias realidades fulgases e hinóspitas, porque sem pedir permissão para entrar, gradualmente, a videovigilância, tem vindo a ter um desenvolvimento expansionista na nossa sociedade.

A videovigilância não é uma tecnologia, no seu pleno desenvolvimento, revolucionadora em termos de uma solução eficaz para colmatar as falhas de um meio complexo e problemático, da sociedade em geral, e das instâncias de controlo, apresentando-se como uma descoberta plena de virtualidades. A violação de direitos fundamentais pela videovigilância deve ser entendida, cada vez mais, como uma verdade real, apesar de encoberta.

As pessoas sempre tiveram uma natural curiosidade em experimentar novas tecnologias, pois esperam que da parte delas surja a solução da resolução dos vários problemas do seu dia-a-dia, contudo esquecem-se que um presente nem sempre mostra felicidade, por vezes pode estar envenenado.

Nós pretendemos questionar uma tecnologia, que, apesar de já ser uma realidade na sociedade e a todos abrange, se encontra do perigosamente camuflada. Sabemos que, quando o nível de aceitação relativamente a algo, é bom, torna-se difícil de a contradizer.

Posto isto, teremos, respeitosamente, a ousadia de afirmar que a videovigilância é uma tecnologia "envenenada", mas de um veneno que poderá atingir cada ser humano na sua mais digna vivência em sociedade, violando a condição de se ser cidadão, detentores de direitos fundamentais e invioláveis.

1. A Videogilância na Realidade Portuguesa

1.1. *Noção de Videovigilância*

No dia-a-dia apercebemo-nos de que existem situações, em que, mesmo não querendo, estamos permanentemente a ser alvo de observação, análise e critica. Por mais que se queira fugir, de uma vida baseada em permanente publicidade dos nossos hábitos diários, torna-se muito complicado. Poderá mesmo ser considerado como uma reserva impossível, quando nós nos apercebermos que a causa maior de todo este ambiente é a constante ficção da realidade, consubstanciada em actos de perca da privacidade individual, tendo por isso que apontarmos como uma das consequências da videovigilância a permanente intromissão na esfera da nossa vida privada e ofensa à nossa imagem.

À partida a videovigilância tem uma implicância directa com a privacidade e a imagem de cada um de nós. Como ponto de partida e para uma melhor compreensão, podemos repartir a palavra videovigilância, em duas noções: a primeira «vídeo» e a segunda «vigilância».

Da noção de «vídeo» pouco há a esclarecer, pois, apesar de ser uma tecnologia recente, contudo, já muitos de nós lidamos diariamente com ela. É entendida por todos, como uma tecnologia moderna que utiliza um sistema de captação de imagens através de um aparelho mecânico.

A «vigilância» é entendida como "uma operação inteligente para adquirir informação acerca das actividades, das associações e do comportamento de um indivíduo ou de um grupo de indivíduos"[1]. Existe «vigilância» quando estamos perante a recolha de vários dados acerca de um determinado indivíduo ou de indivíduos ou de algum acontecimento, tendo em vista o bem público: Segurança. Na vigilância, um dos factos a realçar, e que mais tarde iremos desenvolver, é que esta vigilância deverá

---

[1] GIOVANNI MANUNTA, *International Course Cranfield University* – RMCS Shrivenham, 1997, p. 5

ser sempre explorada por alguém credenciado para adquirir essa informação, sob pena de incorrer na violação de direitos.

Podemos, assim, considerar a vigilância como um corolário técnico da prossecução da necessidade colectiva – segurança – prosseguida pelas Forças de Segurança. Esta vigilância tem, contudo, de obedecer a comandos constitucionais e a comandos ordinários, sob pena de provocarmos uma violação de direitos fundamentais: imagem e reserva da intimidade da vida privada, consagrado no n.º1 do art. 26.º da CRP.

Acompanhamos o PROF. DR. GERMANO MARQUES DA SILVA, quando nos diz que "num sistema onde se estão a aprofundar os direitos fundamentais da liberdade, as restrições têm de ser limitadas ao mínimo indispensável, para se poder conciliar o aprofundamento das liberdades individuais com a segurança colectiva. Mas, não podemos nunca tender para uma segurança absoluta, uma segurança que fosse determinada por uma vigilância tão apertada, porque é desnecessário"[2]. A vigilância nunca poderá superiorizar-se aos direitos liberdades e garantias para ressalvar o máximo a seu fim como protecção do direito à segurança.

Partindo da junção das duas noções, "Vídeo" e "Vigilância", obtemos a noção de Videovigilância. A Videovigilância, conhecida também por Circuito Fechado de Televisão[3], é uma tecnologia recente que através de uma vigilância visual por meio de uma monitorização capta ou, até mesmo, poderá gravar uma variedade de acontecimentos e actividades, pertencentes ao dia-a-dia de cada cidadão. O sistema de Videovigilância é basicamente constituído por uma ligação fixa de comunicações entre câmaras e monitores.

As imagens que se obtêm através das câmaras, apenas dizem respeito a uma determinada artéria, pois só é possível captação das imagens com a implementação das câmaras nessa mesma artéria. As câmaras e as imagens obtidas são controladas e manipuladas por uma observação remota, através de um indivíduo habilitado para o efeito.

As características apresentadas pela Videovigilância são inúmeras, sendo a sua aplicação vastíssima, contudo, de uma forma simplificada, é um sistema que, para poder funcionar, terá de ter uma câmara e um circuito fechado de televisão, que permitam a gravação sequencial ou

---

[2] *Vide* Entrevista em Anexo I.
[3] Esta designação surge da expressão inglesa: *"Closed Circuit Television (CCTV)"*.

simultânea de várias imagens dos vários locais que se pretendem visionar, por períodos de tempo determinados. As câmaras podem ser inúmeras conforme o número de locais que se pretende visionar e podem abranger uma área de visionamento de 360.°, permitindo uma gravação de toda a área circundante. A capacidade do seu zoom possibilita o visionamento de pequenos objectos ou pormenores a grandes distâncias.

Esta tecnologia pode ser utilizada desta forma, porque, com o evoluir dos tempos, os sistemas electrónicos, circuitos integrados e de microprocessadores, e as programações transmitidas foram evoluindo. Só com estas capacidades foi possível criar este sistema de segurança que substitui algumas características da capacidade humana, nomeadamente a permissibilidade de estar em vários locais, a grandes distâncias, captando todos os pormenores das imagens que se pretende visionar.

A videovigilância é, assim, a vigilância de uma variedade de acontecimentos ou de actividades, através da captação de imagens por câmaras, que são visionadas em monitores e que, simultaneamente, podem ser gravadas, podendo todo o sistema ser manipulado, apenas, por um operador.

1.2. *Âmbito da Aplicação da Videovigilância*

A Videovigilância é uma tecnologia que, pelas suas características, acabou por ter uma boa aceitação por parte de muitos cidadãos[4], quer seja aplicado no domínio público, ou, no privado. No domínio público verifica-se uma vasta aplicação por parte de organizações e entidades públicas. No entanto, no domínio privado, a sua evolução também um acentuado crescimento, uma vez que qualquer indivíduo no seu uso privado pode fazer o uso desta tecnologia. Mas, apesar das várias evoluções que este sistema já sofreu, de dia para dia assiste-se a uma constante procura do seu aperfeiçoamento, verificando-se um alargamento no domínio da sua aplicação.

Em Inglaterra, por ser o país onde surgiu pela primeira vez esta tecnologia, a sua evolução é a mais avançada, verificando-se, o uso deste sistema em vários locais sob várias perspectivas e com variados fins. Para melhor percepcionarmos a sua aplicação, aprofundaremos qual o seu âmbito, e para tal, iremos fazer a distinção entre os vários tipos de locais.

---

[4] Veja-se o estudo de campo no nosso "A Videovigilância em Locais de Domínio Público de Utilização Comum" (Dissertação Final de Curso) ISCPSI, Lisboa, 2000, cuja consulta se pode efectuar na biblioteca do Instituto.

É importante que se refira qual a distinção dos diversos locais para que se possa mais á frente entender que este sistema poderá levantar alguma questões polémicas que são de todo importante fazer referência.

A Videovigilância pode ser usada ser aplicada perante várias vertentes, importa portanto, fazer a distinção dos vários tipos de locais existentes. Faremos a distinção dos vários locais, segundo a classificação dada pelo Comissário MANUEL VALENTE[5], com a qual concordamos. Desde logo os locais resumem-se a dois grandes grupos: os Locais Públicos e os Locais Privados.

Os Locais Públicos são em regra, todo o espaço livre e em que todo o indivíduo poderá circular com toda a liberdade, podemos afirmar que é pertença de todos. Para melhor entendermos vamos partir de um exemplo, quando estamos num jardim público, estamos numa área a que todos têm livre acesso, pois, podemos passar livremente naquele local quando quisermos. Entende-se, assim, por local público: a "área que diz respeito à massa geral dos habitantes de uma localidade, por pertencer a um povo, /../ é de uso e domínio de todos (ex.: fonte pública, passeio público)". Mas, os locais públicos podem-se dividir em locais de Utilização Comum, de Utilização Condicionada e de Utilização Estrita ou Reservada.

Os locais de Domínio Público de Utilização Comum são todos os locais públicos de livre circulação, sem qualquer tipo de restrição pessoal[6], em que as pessoas podem circular sempre que quiserem sem necessidade

---

[5] *Vide* MANUEL M. G. VALENTE, *Órgãos de Polícia Criminal,* Almedina, 2004, pp. 104 e ss.

[6] O carácter público de utilização comum dos locais adquire-se pela afectação de lugar à utilidade pública, ou, como afirmavam OTTO MAYER, COQUET, WALINE e MARCELLO CAETANO, **"por virtude da sua especial adaptação a um fim de utilidade pública, seja por via de confirmação natural, seja por causa das obras que sofreram, seja pela sua importância histórica ou científica"**. Seguindo MARCELLO CAETANO, a **"afectação é o acto ou prática que consagra a coisa ou produção efectiva de utilidade pública"**, logo deve existir um **"uso directo quando cada indivíduo pode tirar proveito pessoal da coisa pública"** e uso imediato **"quando os indivíduos se aproveitam dos bens sem ser por intermédio dos agentes de um serviço público, por exemplo, a circulação pelas estradas nacionais"**. Podemos considerar, pelo exposto, que um local de domínio público de utilização comum é aquele que está afecto **"a um fim de utilidade pública inerente, derivado de ele ser, desde tempos imemoriais, destinado ao uso de todas as pessoas"** cuja utilização deve ser directa e imediata pelo público (qualquer indivíduo), **"não se tornando, pois, necessário que tenha sido apropriado ou produzido por uma pessoa colectiva de direito público e que esta haja praticado acto de administração, juris-**

de justificar a sua conduta, desde que não se compagine com a prática de crime. Os locais de Domínio Público de Utilização Condicionada podem ser utilizados por qualquer pessoa, mas mediante determinadas restrições, ou seja, só tem acesso aqueles locais quem se sujeitar a determinadas condições, que fazem parte do nosso dia-a-dia, da nossa rotina diária[7]. Quanto aos locais de Domínio Público de Acesso Restrito ou Rreservado, oferecem-se os que, apesar de pertencerem ao domínio público, encerram em si uma dimensão privada do utilizador, como por exemplo o gabinete de Ministro.

Quanto ao local de Domínio Privado pode-se considerar o local vedado ao público em geral. Este tipo de locais caracteriza-se por ser: "o que não é público, particular, individual, íntimo, proibido"[8], i.e. o que é individual ou pertence a um grupo restrito. Mas dentro dos locais privados podemos fazer uma distinção entre os locais de Livre Acesso ao Público, os locais de Acesso Condicionado e de Acesso Restrito ao Público.

Nos locais de Domínio Privado de Livre Acesso Público, apesar de local privado, todas as pessoas podem frui-los, mas a sua permanência está sujeita às condicionantes desses locais, sendo a sua permanência só possível mediante um período preestabelecido[9]. No local de domínio privado de acesso condicionado, só é permitida a fruição mediante o respeito das condicionantes: preço mínimo, modo de vestir[10]. Por fim temos os locais de Domínio Privado de Acesso Restrito, que são os locais de total impedimento de entrada ao público, são locais de privacidade máxima[11].

A videovigilância, dada a sua vasta aplicação, a possibilidade de ser adquirida e implementada por qualquer cidadão, a sua constante evolução

---

dição ou consagração". Vide o nosso, A Videovigilância em Locais de Domínio Público de Utilização Comum (Dissertação Final de Curso) ISCPSI, Lisboa, 2000, cuja consulta se pode efectuar na biblioteca do Instituto.

[7] Por exemplo as Escolas e Faculdades, o Porto de Lisboa, as Esquadras de Policia, as Auto-Estradas, etc.., ou seja, só mediante uma inscrição, pagamento ou causado por um motivo justificativo se tem o acesso a este tipo de locais.

[8] AA, *Dicionário Universal da Língua Portuguesa*, Texto Editora, p. 1211.

[9] Por exemplo os Centros comerciais que apesar de serem privados, todas as pessoas que queiram podem ter acesso à sua superfície, contudo sujeitam-se as restrições do local, como por exemplo à sua hora de encerramento.

[10] Por exemplo: os Autocarros, Discotecas, Estádios de Futebol, etc..

[11] Onde se enquadra o domicilio, escritório particular, para cujo acesso ou há permissão do titular do direito ou se impõe que exista as circunstâncias do art. 174.°, n.° 4 do CPP ou até mesmo, uma situação de legitima defesa ou do estado de necessidade.

e aperfeiçoamento e o incremento da sua implementação, poderá trazer problemas de variada índole, devido à impossibilidade de limitação intransponível entre os vários locais.

A limitação entre os vários locais torna-se impossível com a utilização da videovigilância, porque é um sistema, que pelas suas características, poderá facilmente transpor a barreira que separa um local público de um privado. É este o ponto de partida que vai de encontro à fundamentação da nossa problemática relativamente à implementação da videovigilância nos vários locais existentes.

1.3. *Meio de Prevenção*

Nesta breve apresentação, pretendemos demonstrar que a nossa atitude perante a temática videovigilância é, como já se disse, a possibilidade de existir violação de um dos direitos consagrados constitucionalmente, como fundamentais – o Direito à Imagem. A videovigilância surge da necessidade de colmatar um dos mais mediáticos problemas existentes na nossa sociedade: o Sentimento de Insegurança.

Durante o evoluir das sociedades este sentimento de insegurança sempre foi sentido no seio das comunidades. Desde os primórdios, surge a necessidade da existência de normas reguladoras dos vários factores desconcertantes do normal funcionamento das comunidades. O sentimento de insegurança surge da realidade imposta pelo fenómeno criminógeno, mais concretamente, pelas consequências originadas pelo crime[12].

A videovigilância é o resultado de uma constante e rápida mutação de novas tecnologias, as quais não devem ser dissociadas da grandeza da natureza humana, condição inerente à existência de cada um de nós, pois comungam, igualmente, de questões problemáticas inseridas na sociedade actual. A dignidade humana nunca se poderá fragilizar por situações de carácter inovador, por serem obscuras e duvidosas e se basearem em reminiscências de mentalidades credoras de possuir um conhecimento resoluto e eficaz perante questões permutáveis, irreversíveis e irresolúveis no decurso dos tempos.

---

[12] *Vide* J. FIGUEIREDO DIAS, *Temas Básicos da Doutrina Penal – Sobre os Fundamentos da Doutrina Penal Sobre a Doutrina Geral do Crime*, Coimbra Editora, 2001.

A consciência perante o problema do sentimento de insegurança deverá ser clara e objectiva, aliada indissociável de uma permanente observação das causas e consequências das práticas sociais. O indivíduo nunca deverá ser visto como um ser objecto, mas antes possuidor de um carácter subjectivo, aglotinador de novas experiências, associadas a um permanente evoluir de culturas sociais.

O poder da tecnologia deverá ser sistematicamente ajustado a uma realidade vivida, mas nunca se poderá superiorizar à condição de pessoa humana. Constitucionalmente exige-se um respeito pela dignidade humana levada ao expoente máximo, e socialmente perpetua-se a necessidade da pessoa humana.

O conflito permanente entre a segurança e o respeito pelo direito à imagem requerem um estudo esclarecido, com vista a uma apropriada resolução desta problemática. Encontramo-nos, portanto, perante a exigibilidade do cumprimento do respeito da dignidade humana, face a determinadas circunstâncias complexas da dogmática criminal.

Sociedades perfeitas não existem e, consequentemente, no seu evoluir há uma indubitável complexidade, pois, têm uma necessidade crescente de encontrar novos meios resolutos para ao seus problemas. Os níveis de segurança existentes numa sociedade é uma das maiores preocupações dominantes na mentalidade social, implicando uma desenfreada procura para o equilíbrio do bem-estar individual. Contudo, a forma como as sociedades estão organizadas não se pode ter uma visão individualista dos problemas de cada indivíduo, mas sim uma visão global, visando uma melhoria geral das condições da vivência social.

Nas sociedade modernas, espera-se que o interesse privado não seja superiorizado ao interesse público, evitando-se o provocar do seu desequilíbrio, nem este deve ser absolutizado. Não queremos com isto dizer que se deverá prejudicar uma das funções do Estado que visa a prossecução de certas necessidades colectivas: a garantia da segurança perante o exterior, da justiça e da paz civil à promoção do bem-estar, da cultura e da defesa do ambiente[13]. Uma das principais tarefas do Estado Português é a promoção da defesa nacional, procurando garantir a segurança da sociedade em geral, visando a protecção de preocupações ou

---

[13] *Vide* JORGE MIRANDA, *Manual de Direito Constitucional – Actividade Constitucional do Estado,* Tomo V, 2.ª Edição, Coimbra Editora, pp. 7-8.

necessidades colectivas as quais não se podem descurar por podermos cair no risco do desmoronamento da nossa sociedade[14].

A Videovigilância tem a sua origem em Inglaterra, não só por ser um dos países mais desenvolvidos da Europa, mas também devido às suas constantes preocupações diárias geradas pela prática de actos terroristas. Com o evoluir dos tempos este país foi cada vez mais aperfeiçoando tal tecnologia e, após chegada à conclusão de resultados positivos, foi espalhado por todo o país em vários locais com aplicações diversas, tendo em vista a prevenção de actos criminosos. Mas, não é só a Inglaterra que sofre de problemas como o terrorismo, sendo que, posteriormente, o sistema da videovigilância foi utilizado noutros países, como, p. e., a Espanha. Outros países há que apesar de não terem problemas com actos terroristas aplicam este sistema como meio de prevenção criminal principalmente no domínio privado de acesso livre, de acesso condicionado e de acesso estrito ou reservado – e no domínio público – de acesso condicionado e de acesso restrito ou reservado[15].

2. Direitos fundamentais / direito à imagem

2.1. *Bem Jurídico Fundamental*

Reflectindo um pouco sobre a história, podemos verificar que a consagração de direitos fundamentais evolui espacio-temporalmente, por um lado, variam no espaço porque assiste-se à evolução dos Estados Constitucionais, já que, como todos sabemos, inicialmente, nem todos os Estados tinham a noção do sentido de liberdade e de direitos do Homem, por

---

[14] O Estado Português procura garantir o normal funcionamento de uma sociedade visando a protecção de preocupações comunitárias como: a Unidade, a Soberania e Independência da Nação; a Integridade de Pessoas e Bens; o Bem-Estar e Prosperidade da Nação; a Unidade do Estado e o Normal desenvolvimento das suas Tarefas; a liberdade da acção política dos Órgãos de Soberania; e o normal funcionamento das instituições democráticas no quadro institucional. *Vide A Defesa De Portugal*, Ministério da Defesa Nacional, 1994, pp. 37-38 e o art. 7.º, 8.º e 9.º da CRP.

[15] Como se depreende da nossa posição a videovigilância, por enquanto e apesar de existirem opiniões a favor de câmaras de vídeo em locais públicos de acesso livre ou comum, têm-se restrigido, excepto o caso do Castelo de Guimarães e o Parque das Nações, a domínio público de acesso condicionado e de acesso restrito ou reservado.

outro, variam no tempo, de acordo com o evoluir das sociedades através tempos até aos dias de hoje[16]. Contudo, não podemos ficar estanques no nosso pensamento, uma vez que as sociedades estão em constante evolução e, por isso, os direitos fundamentais já não serão os mesmos de hoje.

A noção de liberdades públicas ou direitos fundamentais surge primariamente em Inglaterra, no ano de 1628, com a publicação da "Petição dos Direitos", vindo a reforçar algumas das ideias já contidas na Magna Carta[17], seguindo-se, no ano de 1689, a publicação da Declaração de Direitos[18]. Em seguida, a ideia do constitucionalismo passa para os países como a América[19] e a França, onde se destaca, em 1789, a célebre Declaração dos Direitos do Homem e do Cidadão[20], sendo mais tarde reformulada através de Convenções Universais.

Em Portugal, assiste-se à promulgação da primeira Constituição em 23 de Setembro de 1822, emergente fundação liberal. Nos seus artigos a ideia de liberdade e direitos pessoais é bem clara, onde, por exemplo, se

---

[16] *Vide* CRISTINA M. M. QUEIROZ, *Direitos Fundamentais (Teoria Geral)*, teses e monografias 4, Coimbra Editora, 2002, p. 49.

[17] A *Magna Charta Libertat* um foi outorgada, em 1215, por João Sem-Terra. Seguidamente fora várias vezes confirmada por sucessivos reis. No seu n.°2 deixa bem clara a noção de direitos e liberdades individuais: "Concedemos também a todos os homens livres do reino, por nós e por nossos herdeiros, para todo o sempre, todas as liberdades abaixo enumeradas, para serem gozadas e usufruídas por eles e seus herdeiros, para todo o sempre". *Vide* Jorge Miranda, *Textos Históricos do Direito Português*, Imprensa Nacional – Casa da Moeda, 2.ª Edição, 1990, pp. 13-16.

[18] Segundo Douglas na sua obra Griswold afirmava que as disposições contidas no *Bill of Rights*, já previa o direito à privacidade. Desde cedo considerou que os direitos do homem são inalienáveis, pois derivam do criador e não de um legislador ou tribunal. (*Vide* Cristina M.M. Queiroz, *Direitos Fundamentais (Teoria Geral)*, teses e monografias 4, Coimbra Editora, 2000, p. 55).

[19] O primeiro texto surge em 1776, com a Declaração de Direitos de Virgínia, onde claramente da secção I se lê: «Todos os homens são por natureza igualmente livres e independentes e têm certos direitos inatos de que, quando entram no estado da sociedade, não podem, por nenhuma forma, privar ou despojar a sua posteriroridade, nomeadamente o gozo da vida e da liberdade/../». (Trad.: JORGE MIRANDA, *Textos Históricos do Direito Português*, Imprensa Nacional – Casa da Moeda, 2.ª Edição, 1990, pp. 31-53. Segue-se em 1776, a Declaração de Independência dos Estados Unidos da América e, em 1787, a sua Constituição.

[20] No seu artigo 1.°, é clara a noção da liberdade individual e da protecção dos direitos: "Os homens nascem e são livres e iguais em direitos/../. (Trad.: Jorge Miranda, *Textos Históricos do Direito Português*, Imprensa Nacional – Casa da Moeda, 2.ª Edição, 1990, pp. 57-59).

pode verificar pela leitura do seu art.1.°: "A Constituição Política da nação Portuguesa tem por objecto manter a liberdade, segurança e propriedade de todos os portugueses", e do seu art. 2.°: "A liberdade consiste em não serem obrigados a fazer o que a lei não manda, nem a deixar de fazer o que ela não proíbe /../"[21]. Com a revolução do 25 de Abril, surge a actual Constituição da República Portuguesa (CRP), de 1976.

Surge em 10 de Dezembro de 1948, a Declaração Universal dos Direitos do Homem. Só em 9 de Março de 1978, pelo aviso do Ministério dos Negócios Estrangeiros, onde se determinava que a aplicação do art. 16.° da CRP, no que respeita: "/../ os preceitos constitucionais e legais relativos aos direitos fundamentais devem ser interpretados e integrados de harmonia com a Declaração Universal dos Direitos do Homem /../"[22], a Declaração Universal dos Direitos Humanos é transparente para o direito interno[23].

No nosso ordenamento jurídico português, o direito à imagem é tido como um direito fundamental, tal como se consagra no artigo 26.° da CRP, direito este que, como anteriormente se disse e adiante demonstraremos, a Videovigilância pode violar directamente.

Os direitos fundamentais legitimam o Estado de Direito Democrático, pelo que todo Ele se encontra vinculado ao respeito, defesa, e garantia e promoção – n.° 1 do art. 18.° da CRP – daqueles direitos que se admitem restrições que a Constituições consagre – p. e., o art. 27.°, art. 34.°, art. 32.° da CRP –, cuja prossecução se reincidice no respeito pelos príncipios de legalidade, tipicidade, proporcionalidade lato sensu, da pressunção do interesse público e do interesse particular, de boa fé, de justiça, em suma do respeito da dignidade da pessoa humana[24].

---

[21] Trad.: JORGE MIRANDA, *Textos Históricos do Direito Português*, Imprensa Nacional – Casa da Moeda, 2.ª Edição, 1990, pp. 137-195.

[22] JORGE BACELAR GOUVEIA, *Textos Fundamentais de Direito Internacional*, Editorial Notícias, 2.ª edição revista, pp. 23-30.

[23] Sendo que, como *ius cogens,* não seria necessário transpô-la para o Direito Interno.

[24] Quanto a este assunto, MANUEL M. G. VALENTE, *Escutas Telefónicas,* Almedina, Coimbra, 2004, pp. 49 e ss.

2.2. *Da tutela jurídica do direito à imagem*

a) Perspectiva Mecânica

Com a Revisão Constitucional de 1989, o direito à imagem ficou na constituição portuguesa como direito fundamental, inserido no título II, referente aos direitos liberdades e garantias, especificamente no art. 26.° da CRP: "A todos são reconhecidos os direitos /../ à imagem /../". Não há dúvidas relativamente à sua tipificação como direito fundamental pessoal constitucionalmente protegido.

A reforçar a ideia de que a imagem é pertença de cada indivíduo e, por isso mesmo, é tido como um direito pessoal, podemos analisar o art. 37.° da CRP, o direito à liberdade de expressão e informação, sob outra perspectiva. Este comando constitucional consagra que "todos têm o direito de exprimir e divulgar livremente o seu pensamento pela palavra, pela imagem ou por qualquer outro meio", i. e., podemos aferir que cada indivíduo põe e dispõe da sua imagem como quiser e que outros podem utilizá-la para expressão e informação, sendo que jamais esse uso pode ferir o conteúdo e a essência do direito à imagem consagrado no n.° 1 do art. 26.° da CRP. A protecção, deste direito reforça-se com o n.° 2 do art. 37.° da CRP que estipula: "O exercício destes direitos não pode ser impedido ou limitado por qualquer tipo ou forma de censura", mas há a reter que quem exercer o direito de expressão e informação através da imagem não pode fazê-lo com ofensa ao bem jurídico «imagem» da pessoa, sob pena de cometer o crime p. e p. pelo art. 199.° do CP.

O art. 79.° do Código Civil (CC), tutela o direito à imagem: "o retrato de uma pessoa não pode ser exposto, reproduzido ou lançado no comércio sem o consentimento dela". Mas, a imagem, ao contrário de outro direitos, que cessam com a morte da pessoa, o legislador foi mais além no que respeita a esta protecção. No art. 79.°, n.° 1, refere que depois da morte a autorização para a divulgação da imagem compete "/../às pessoas designadas no n.° 2 do art. 71.° do CC[25], segundo a ordem nele indicada", ou seja, os familiares mais próximos.

Digamos que podemos considerar que o art. 79.° do CC é a junção clara dos dois artigos, uma vez que, por lado, prevê a protecção do "retrato

---

[25] Os familiares mais próximos segundo o art. 71.°, n.° 2, são considerados "o cônjuge sobrevivo ou qualquer descendente, ascendente, irmão, sobrinho ou herdeiro do falecido".

de uma pessoa", ou seja, a imagem, tal como vem previsto no art. 26.° da
CRP, e, por outro lado, prevê "não pode ser exposto /../ sem o consentimento dela /../", tal como previsto no art. 37.° da CRP ao mencionar que
cada um é livre de exprimir o seu pensamento pela imagem.

Apesar de no art. 79.°, n.° 2, referir casos excepcionais onde não é
necessário o consentimento da pessoa para a retratar, como os casos que se
justifiquem pela sua "notoriedade, o cargo que desempenhe, exigências de
polícia ou de justiça, finalidades científicas, didácticas ou culturais, ou
quando a reprodução da imagem vier enquadrada na de lugares públicos,
ou na de factos de interesse público ou que hajam decorrido publicamente",
a sua divulgação tem limites. Desde que, na imagem ao ser reproduzida
"resultar prejuízo para a honra, reputação ou simples decoro da pessoa
retratada", como previsto no art. 79.°, n.° 3, é proibida a sua reprodução.

A imagem não pode ser analisada individualmente de outros direitos
fundamentais, uma vez que, quando é violado o direito à imagem outros
direitos por inerência, são também directa ou indirectamente atingidos: o
direito ao bom nome e reputação (honra), violação da intimidade da vida
privada, e livre deslocação[26].

b) Perspectiva Psiquíca

A imagem, como afirma Comissário MANUEL VALENTE "não é apenas
a visualização física de uma pessoa, cujo tacto se possa efectuar, como
acontece nas fotografias, nos filmes, nas caricaturas, nas pinturas"[27], pelo
que o direito à imagem deve ser encarado não só numa "perspectiva material de violação de ser fotografado ou filmado e exposto sem consentimento
(...), mas em uma perspectiva emergente da cognição psico-intelectual"[28].

A imagem que fica retida na nossa mente sobre qualquer objecto ou
acontecimento que estejamos a presenciar, passa por um mecanismo de
sensações através dos nossos órgãos e depois nós conseguimos reflectir
qual a nossa percepção. A esteira de ENRICO ALTAVILLA, a sensação refere-
se a "um acontecimento qualquer, exterior à nossa personalidade (fenó-

---

[26] Sobre o assunto ver desenvolvimento no ponto 4.

[27] *Vide* M. G. VALENTE, *Da Publicação da Matéria de Facto – Das Condenações
nos Processos Disciplinares*, Instituto Superior de Ciências Policiais e Segurança Interna,
2000, p. 89.

[28] *Vide* M. G. VALENTE, *Escutas Telefónicas, – Da Excepcionalidade à Invulgari-
dade,* Almedina, 2004, p. 104.

meno físico), quando tem lugar na esfera da nossa actividade sensorial, torna-se o estímulo que determina a sensação (fenómeno fisiológico); a sensação, transformada em facto consciente, dá lugar à percepção (fenómeno psicológico)"[29]. Uma imagem quando exposta frente à nossa visão é retida na nossa mente e automaticamente através da nossa sensação, ficamos com uma determinada percepção acerca dessa mesma imagem.

A imagem é "o reflexo da realidade na nossa psique, é a percepção fixada na nossa recordação e é, portanto, rica em ecos sensoriais /../ a imagem é o mundo exterior que penetra em nós e que a representação é a sua recordação, tal como nós a exteriorizamos"[30]. A sensação que podemos percepcionar através da leitura de uma determinada imagem pode ser boa ou má, dependendo da forma como a nossa psique a analise e exteriorize. Como o ser humano não é igual, tem diferentes percepções perante uma determinada imagem, tal como afirma ENRICO ALTAVILLA: "o mundo exterior chega ao nosso eu, tal como os órgãos dos sentidos no-los apresentam, variando, por isso, não só de indivíduo para indivíduo, mas até no mesmo indivíduo em cada momento da sua existência."[31].

Do exposto pode-se aferir que, sempre que, uma imagem é visionada a percepção e a opinião acerca de uma imagem difere de indivíduo para indíviduo[32], pelo que o legislador protegeu o direito à imagem apenas em uma perspectiva mecânica, que, no fundo e em parte, tutela a percepção ou a imagem psico-intelectual, para evitar que se ofendam os direitos ao bom nome e reputação (honra), consagrados no n.° 1 do art. 26.° da CRP.

A perspectiva psíquica da imagem induz-nos a considerar que a protecção do direito à imagem não pode ser apenas a protecção da simples imagem mecânica, mas também de todos as implicâncias que tal violação possa vir a ter. Facilmente percebemos que o direito à imagem está associado a outros direitos, uma vez que a violação do direito à imagem implica indirectamente a violação de outros direitos: bom nome e reputação.

---

[29] *Vide* ENRICO ALTAVILLA, *Psicologia Judiciária – O Processo Psicológico e a Verdade Judicial*, Tradução de Fernando Miranda, 4.ª Edição, Almedina, Vol. I, 2003, p. 20.

[30] *Idem*, p. 47.

[31] *Idem*, pp. 19-21.

[32] Em termos práticos se por exemplo um jornalista ao ficar com uma imagem de uma pessoa ao lado de uma outra, ao publicar a notícia pode tecer variadíssimos comentários acerca do que aquelas duas pessoas poderiam estar a fazer juntos. E como sabemos muitos casos existem que não correspondem à total veracidade dos factos, adulterando-os, é aquilo que nós chamamos de difamação.

Quando nos referimos à Videovigilância, verificamos que quando se viola o direito à imagem e que indirectamente, se violam outros direitos fundamentais, como por exemplo o direito ao bom nome e reputação (honra), violação da intimidade da vida privada[33].

3. A Videovigilância e o Direito à Imagem

3.1. *A Implicação da Videovigilância no Direito à Imagem*

A Videovigilância implica com o gozo e exercício do direito à imagem e como o direito à reserva da intimidade da vida privada. Contudo, o nosso estudo prende-se com a problemática do direito à imagem.

A Videovigilância utiliza subsistemas que implicam directamente com o direito à imagem, pela tecnicidade que envolve toda a utilização do sistema. Facilmente se entende a razão porque há uma implicância tão visível, pois o próprio sistema em si se baseia na captação de imagens. A videovigilância de forma simples resume-se na sua base à utilização de uma câmara que em permanência está ligada a um monitor e através de meios técnicos consegue-se captar as imagens de uma determinada artéria ou sobre determinado facto. Neste sistema, está implicitamente constatado, que a imagem é um dos principais factores a ter em conta na videovigilância, e por isso mesmo importa saber até que ponto poderá ou não este direito ser violado.

As pessoas que geralmente têm acesso aos sistemas de vigilância estão ligadas aos ramos da segurança privada ou policial. Muitas vezes, para que se consiga obter resultados proveitosos no combate ao crime, é preciso recorrer a vigilâncias ao longo da investigação criminal. A pergunta que se lança desde já é saber "qual o tratamento feito às imagens recolhidas"[34].

Se o sistema por si só não consegue dar cobro a todas as situações, sendo por isso necessário a presença humana para controlar já estamos perante o que se pode considerar uma falha no sistema. A captação ao ser

---

[33] *Hoc sensu* MANUEL M. G. VALENTE, *Videovigilância,* in Dos Órgãos de Polícia Criminal, Almedina, 2004, pp. 112-115.

[34] Como se questiona o Prof. GERMANO MARQUES DA SILVA, conforme em Anexo a entrevista realizada ao Professor Doutor GERMANO MARQUES DA SILVA, 2000.

feita através da manobração do ser humano deixa-nos com margem para dúvidas quanto à sua competência ao visualizar essas imagens.

A constituição enuncia e protege os direitos fundamentais e determina a garantia a que cada um deles é atribuída. A constituição consagra, entre outros, os direitos ao bom nome e reputação, à imagem, à reserva da intimidade da vida privada e familiar (art. 26.° n.° 1), a garantia contra a utilização abusiva de informações relativas às pessoas e famílias (art. 26.° n.° 2 e art. 35.°).

Quando falamos de Videovigilância, sabemos que existem câmaras que estão a captar imagens de um determinado facto ou de uma pessoa. Dependendo do juízo de valor de quem está a captar essas imagens e o seu uso ilícito, pode-se estar a violar direitos pessoais relacionados com a dignidade da pessoa humana, mais especificamente o direito ao bom nome e à sua reputação, à imagem, à reserva da vida privada e familiar, à protecção contra a utilização abusiva de informações relativas às pessoas e famílias[35].

3.2. *Meio de Obtenção de Prova/Colisão de Direitos*

Os direitos fundamentais, segundo o seu objecto ou conteúdo, podem-se classificar em: Direitos Pessoais, que são os correspondentes à autonomia, à liberdade e segurança da pessoa; Direitos Sociais, que surgem com o facto de cada indivíduo viver inserido numa sociedade, visando objectivos de promoção, de comunicação e cultura; e por fim, Direitos Políticos que respeitam a uma ideia de participação na vida pública e política do país[36].

Dentro desta classificação interessam em particular, para o âmbito do nosso trabalho, os direitos pessoais, pois estes têm a sua essência no indivíduo, na pessoa como agente singular, os quais protegem os atributos caracterizadores da sua personalidade moral e física e têm a sua fonte ética

---

[35] Como afirma o MESTRE LUÍS FÁBRICA[730] "se não forem respeitados os requisitos do art. 18.° da CRP., estamos a violar direitos liberdades e garantias, acabamos por invadir o fundamental da esfera da vida da pessoa que é a liberdade". Assistente de Direito Constitucional das Faculdades de Direito da Universidade Católica e da Universidade de Lisboa.

[36] *Vide* JORGE MIRANDA, *Manual de Direito Constitucional*, Almedina, Vol. IV, p. 91.

na dignidade da pessoa humana[37]. Neles estão incluídos o direito à vida (art. 24.°, da CRP), à integridade moral e física (art. 25.°, da CRP), à identidade pessoal, ao desenvolvimento da personalidade, à capacidade civil, à cidadania, ao bom nome e reputação, à imagem , à palavra, à reserva da intimidade da vida privada e familiar, à protecção legal contra quaisquer formas de discriminação (art. 26.° da CRP), à liberdade e segurança (art. 27.°, da CRP), à liberdade de consciência, da religião e de culto (art. 41.° da CRP) e à deslocação e emigração (art. 44.° da CRP).

A garantia dos direitos fundamentais e a limitação do poder político respeitam o princípio da proporcionalidade *lato sensu*, que se subdivide em três princípios: o da *necessidade,* supõe a existência de um bem juridicamente protegido e devido a determinados condicionalismos, exige uma intervenção ou decisão; o da *adequação,* os meios têm de justificar os fins, ou seja, teremos de utilizar certas providências que se justifiquem ser os pretendidos para resolver a situação, sem se recorrer a exageros; o da *racionalidade* ou *proporcionalidade strico sensu* implica uma medida justa, o órgão competente tem de analisar bem a situação, para que não sejam cometidos exageros ou falhas. As normas que limitam direitos têm de respeitar o garantia dos princípio para que se consiga de modo correcto interpretá-las e atingir os fins pretendidos[38].

Poderemos afirmar que a Videovigilância é um meio eficaz na obtenção de provas a nível criminal, contudo não nos podemos esquecer de que há outros interesses igualmente protegidos constitucionalmente além do direito à segurança. Poderíamos pensar que a Videovigilância é uma medida de segurança que o Estado encontrou para obtenção de provas.

A proibição do meio de prova só existe se por meio de prova, pois a Videovigilância não é um meio de obtenção de prova tipificado na lei, logo qualquer prova adquirida por videovigilância é proibida por atípica e ilegal, excepto quando face ao conflito de direitos releva salvaguardar o mais valorado ou quando se pode inocentar alguém com uma imagem adquirida por Videovigilância ou quando se impõe por razões de estado de necessidade.

Ao contrário de outros países, como a Espanha, em que o terrorismo é visto como uma séria ameaça à segurança do regime democrático e se

---

[37] *Idem*, p. 181.

[38] O Princípio da proporcionalidade é um dos pressupostos a que legislador terá de obedecer quando legisla sobre uma matéria que, pela sua natureza, irá restringir direitos, liberdades e garantias.

restringem alguns direitos fundamentais em Portugal tal não acontece[39]. Por isso quando se fala em *adequação, proporcionalidade* e *necessidade* é tendo em conta a realidade que se vive em Portugal, e só depois se pode restringir os direitos fundamentais.

Ao utilizarmos o sistema de videovigilância terá de existir um fundamento adequado, necessário e proporcional à sua aplicação. Apenas deverá visar a prevenção de acções criminosas e não outros fins que possam colidir com os direitos fundamentais consagrados na CRP.

4. Considerações finais

a) Implicância Jurídica da Videovigilância

Por tudo aquilo que já vimos anteriormente a videovigilância é um sistema que pelas suas características poderá dar azo á violação de direitos fundamentais. A par da criminalidade, cada vez mais crescente e violenta, aparecendo a qualquer hora, em qualquer lugar, capaz de fragilizar os pilares do equilíbrio da sociedade, tentou-se, através do sistema da Videovigilância, encontrar uma solução eficaz e duradoura.

Contudo, a criminalidade não consegue ter fim, pois com a complexidade das estruturas sociais não é através de tecnologias que se consegue chegar á solução para o seu *términus*. Não podemos criar a ilusão de que a evolução das sociedades tem a sua plenitude de equilíbrio pela procura de um perfeccionismo de novas tecnologias e sistemas inovadores. Ao criar esta ilusão apenas ficaríamos com sociedades monitorizadas, robotizadas[40] e sem qualquer intervenção humana. O exagero da relevância dada ás tecnologias destrói a capacidade humana de autoproteger-se e mesmo perder a sua autoconfiança, tal como nos diz B. F. SKINNER: "Ao verificarmos que não dispomos de quaisquer meios eficazes para materializar tais medidas, nós próprios podemos sofrer uma crise de convicção ou

---

[39] *Vide* JOSÉ MIGUEL SARDINHA, *O Terrorismo e a Restrição dos Direitos Fundamentais em Processo Penal*, Coimbra Editora, p. 43.

[40] Como afirma MANUEL M. G.VALENTE " A restrição da sociedade, que começa pela subjulgação do homem à máquina, é o caminho para o desmoronamento da riqueza humana: o pensamento". *Vide* MANUEL M. G. VALENTE, "Videovigilância", *in Op. Cit*, p. 105.

perda de confiança, o que somente poderá obviar-se com o retorno á fé nas capacidades inatas do homem /../"[41].

A Videovigilância, por um lado, não tem uma efectiva eficácia ao combate à criminalidade, e, por outro, deparamo-nos com a possibilidade de violação de direitos fundamentais e, até mesmo, o surgir de novos tipos de criminalidade: extorsão.

A Constituição da República Portuguesa consagra como princípio fundamental do Estado de Direito a dignidade da pessoa humana ao lado da soberania popular. Como afirmam os professores GOMES CANOTILHO e VITAL MOREIRA "a dignidade da pessoa humana fundamenta e confere unidade aos direitos fundamentais",[42] obstando "a uma densificação valorativa que tenha em conta o seu amplo sentido normativo-constitucional", devendo conduzir todo o pensamento e estrutura do Estado à "rejeição de concepções transpessoalistas do Estado e Nação ("tudo pela Nação nada contra a Nação", "tudo pelo o Estado nada contra o Estado"), onde os fins do Estado adquirem substantividade da própria pessoa humana"[43].

A constituição proclama não só a dignidade da pessoa humana, como "um valor autónomo e específico inerente aos homens em virtude da sua simples personalidade"[44], mas também uma República que se erige na conceptualização do homem como um sujeito de poderes e de relações de domínio e não como um mero objecto dos poderes do Estado[45].

A dignidade da pessoa humana efectiva-se com o reconhecimento dos direitos da personalidade consagrados no n.° 1 do art. 26.° da CRP, que estão "directamente ao serviço da protecção da esfera nuclear das pessoas e da sua vida". Continuando na esfera de GOMES CANOTILHO e VITAL MOREIRA, há direitos de personalidade que, além de gozarem de protecção civil, gozam de protecção penal e constituem "igualmente limites de outros direitos fundamentais"[46], quem devassar a vida privada de outrém viola o direito fundamental da reserva da vida privada do ofendido, cujo direito é tutelado constitucional, civil e penalmente. Este direito é um limite ao direito de livre expressão e pensamento (art. 37.° CRP).

---

[41] *Vide* B. F., SKINNER, Para Além da Liberdade e da Dignidade, edições 70, 2000, p. 14.

[42] *Vide* GOMES CANOTILHO e VITAL MOREIRA, *Constituição da República Portuguesa Anotada*, Coimbra Editora, 3.ª Edição, 1993, pp. 58 e 59.

[43] *Ibidem.*

[44] *Ibidem.*

[45] *Ibidem.*

[46] *Ibidem*, p. 179.

No uso maléfico da Videovigilância, poderá ser afectado directamente o direito à imagem e indirectamente o direito ao bom nome, à reputação e à reserva da intimidade da vida privada e familiar, aos quais a lei ordinária deve proporcionar garantias efectivas contra a utilização abusiva ou contrária à dignidade humana das informações sobre os cidadãos e as suas famílias (n.º 2 do art. 26.º da CRP).

Podemos considerar estes direitos de personalidade como "corolários do princípio da dignidade humana"[47], cuja restrição não pode ser por motivos políticos e terá de obedecer aos pressupostos e requisitos dos n.º 2 e 3 do art. 18.º da CRP..

A Videovigilância, que, como afirma Comissário MANUEL VALENTE, também poderá indirectamente restringir o direito de livre deslocação (art. 44.º da CRP), a ser implementada em locais de domínio público, terá de obedecer a regras na sua implementação para fomentar a dignidade da pessoa humana.

A Videovigilância pretende realizar o direito à segurança, consagrado na Constituição como "garantia do exercício seguro e tranquilo dos direitos, liberto de ameaças ou agressões". Prosseguindo a partilhar da doutrina dos professores GOMES CANOTILHO e VITAL MOREIRA, o direito à segurança na sua dimensão positiva traduz-se " num direito positivo à protecção através de poderes públicos contra agressões ou ameaças de outrem"[48], melhor, a videovigilância poder-se-á enquadrar como um meio dos poderes públicos de garantir uma protecção eficaz dos outros direitos que estejam a ser ameaçados.

No Código Penal prevê que "quem sem consentimento e com a intenção de devassar a vida privada das pessoas, designadamente a intimidade da vida familiar ou sexual: captar, fotografar, filmar, registar ou divulgar imagem das pessoas ou de objectos ou espaços íntimos" (art. 192.º, n.º 1, alínea b)), e "quem sem consentimento, utilizou permitir que se utilizem as gravações de palavras proferidas por outra pessoa e não destinadas ao público, mesmo que lhe sejam dirigidos, fotografar e filmar outra pessoa, mesmo em eventos que tenha legitimamente participado e utilizar ou permitir que se utilizem fotografias ou filmes referidos na alínea anterior, mesmo que licitamente obtidos é punido com pena de prisão de 1 ano ou

---

[47] *Vide* MANUEL M. G. VALENTE, *"Da Publicação de Matéria de Facto nos Processos Disciplinares da P.S.P." in Polícia Portuguesa*, n.º 121.

[48] *Vide* GOMES CANOTILHO e VITAL MOREIRA, *Op Cit.*, p. 184.

com pena de multa até 240 dias"(art. 199.º, n.º 1, alínea a) e b), e n.º 2, alínea a) e b)). Podemos aplicar estes artigos à videovigilância, uma vez que há a utilização de filmagens.

O Código de Processo Penal proíbe as provas que ofendam a integridade moral das pessoas, ou seja, as provas obtidas por meios que perturbem a liberdade de vontade ou de decisão das pessoas, podendo as mesmas serem utilizadas com o fim exclusivo de proceder contra os agentes que as obtiveram, conforme estipula o seu art. 126.º

b) A Videovigilância e a Violação do Direito à Imagem

O fundamento que foi dado à implementação da videovigilância para garantir o direito à segurança por parte do Estado a todos os cidadãos tem de ser visto com algumas reservas, porque, por um lado, não podemos como enuncia o Comissário Manuel Valente[49] "absolutizar o direito à segurança e, por outro, "não podemos destruir um património histórico que levou anos e derramou sangue na sua edificação", i. e., os direitos fundamentais pessoais.

Como consigna o art. 29.º do Tratado da União Europeia (TUE), a prioridade máxima que deve ser dada no combate da criminalidade é a prossecução de uma boa política de prevenção. Na política de prevenção é sempre tido em conta que não nos devemos esquecer de que as medidas a adoptar nunca deverão violar os direitos fundamentais, deve-se antes procurar um equilíbrio entre o combate à criminalidade eficaz e a protecção e garantia da liberdade e direitos fundamentais.

O princípio do desrespeito da dignidade da pessoa humana é considerado como Lei suprema, pelo que com a utilização abusiva do videovigilância este princípio pode ser violado indirectamente com a violação do direito à imagem, cuja violação pode ocorrer em locais públicos como em privados.

Caso se implemente a Videovigilância em Locais de Acesso Livre e Comum ter-se-á de respeitar as imagens que delas se obtêm para minorar os efeitos nefastos e os perigos inerentes ao uso indevido das gravações efectuadas, de desmoronarmos a catedra dos direitos fundamentais: o Ser Humano.

Queremos também deixar presente que muito do que aqui se disse foi baseado em algumas das ideias do nosso ilustre Professor Germano Marques da Silva e por isso desde já o nosso "MUI OBRIGADO POR TÃO VALIOSAS OBRAS" .

---

[49] *Vide* MANUEL VALENTE, "Videovigilância" in op.cit, pp.108 e 109.

ANEXO

ENTREVISTA AO PROF. DOUTOR GERMANO MARQUES DA SILVA

1. Na sua opinião, qual é o limite de criminalidade mais praticado em Portugal?

Os crimes mais praticados em Portugal, segundo rezam as estatísticas, são os crimes patrimoniais, sendo os mais significativos os furtos. Vêem quase logo a seguir os crimes de difamação e injúria, em que somos dos primeiros na Europa...

2. Em termos de investigação criminal, a polícia é detentora de todos os meios necessários para a sua eficácia?

A resposta é necessariamente complexa. Nunca ou muito poucas vezes se poderá afirmar que as polícias, quaisquer polícias do mundo, são detentoras de todos os meios para a sua eficácia na luta contra a criminalidade. A criminalidade é um fenómeno em constante mudança, adaptando-se ao tempo e às circunstâncias e, em regra, vai à frente dos meios de prevenção e de combate.

Os meios de combate à criminalidade são sempre limitados quantitativa e qualitativamente, mas também a eficácia não é um valor absoluto. A eficácia das polícias é um valor, um objectivo a prosseguir, mas há outros valores que frequentemente com ela entram em conflito e algumas vezes s lhe sobrepõem. Há limitações aos meios de intervenção policial, mesmo no campo limitado da investigação criminal, que põem acima da eficácia na descoberta dos crimes e dos criminosos outros valores, nomeadamente o respeito pela superior dignidade da pessoa humana.

Em resposta directa à sua pergunta, sempre lhe direi que considero insuficientes os meios materiais e humanos de que, em geral, dispõem as polícias para enfrentar a criminalidade moderna. Sobretudo as corporações policiais que a partir de 1988 foram solicitadas a realizar acções de investigação criminal (PSP e GNR) não estavam suficientemente preparadas para essa missão, sobretudo em meios humanos tecnicamente preparados.

3. Será que a implementação da videovigilância em Portugal contribuirá para melhoria na investigação criminal e consequentemente um melhor combate ao crime?

Sim e não. O problema da videovigilância tem essencialmente uma função de prevenção. É assim a modos do polícia de giro... A sua simples presença previne a criminalidade.

A questão é muito complexa porque pode colidir facilmente com os direitos das pessoas. Um sistema de videovigilância generalizado é extremamente perigoso para a salvaguarda da reserva da vida privada.

Repare que já agora acontece que quando passa na "via verde"; a sua localização em um determinado momento é possível, fica registada. Se vai a uma "boite"; e paga com o cartão, fica registada a hora em que esteve naquele local. Se vai a um restaurante, o pagamento com o cartão de crédito fica igualmente registado. Se tivermos a videovigilância generalizada qualquer dia não daremos um passo sem que os nossos actos fiquem registados em vídeo. Onde fica o nosso espaço de liberdade? Vai namorar para o jardim e tem o olho electrónico a vigiar e registar; vai viajar e na estação fica registada a sua passagem, etc., etc.. Pode ser demais. É preciso ter muito cuidado.

É evidente que, como disse no princípio, um sistema generalizado de vigilância electrónica facilita a prevenção da criminalidade, mas à custa da restrição do nosso espaço de liberdade. É preciso encontrar o equilíbrio razoável, proporcional aos interesses que cumpre acautelar.

4. A ordem jurídica portuguesa, tal como se encontra hoje, permite o uso deste meio de investigação como meio de prova?

A videovigilância não é propriamente um meio de investigação, mas sobretudo instrumento de prevenção. Como regra não deve ser permitida generalizadamente como instrumento de investigação, mas parece-me que é de admitir como meio de prevenção, voltada para o futuro e não para investigar o passado. Nessa medida, enquanto instrumento de prevenção, a videovigilância parece-me ser um importante instrumento auxiliar da polícia, na sua actividade própria de prevenção da criminalidade, não tanto na repressão.

5. Mas nós temos uma legislação que permite a utilização desta videovigilância?

O nosso sistema é um sistema aberto, que permite, como regra, todos os meios de prevenção e investigação que não colidam com os direitos fundamentais das pessoas. A intimidade e privacidade das pessoas é um valor a que a ordem jurídica portuguesa dá muito relevo e tem vindo a acentuar-se na jurisprudência e na doutrina o reforço da privacidade de cada um. O que não pode é fazer videovigilância às escondidas, porque então não estaremos verdadeiramente a prevenir a prática de crimes, mas a produzir prova antecipada de quaisquer eventuais infracções que podem nunca ocorrer.

6. A utilização deste meio sem autorização do juiz de instrução terá implicações processuais ou até criminais para os órgãos de polícia criminal que dele faz uso?

Como já referi a videovigilância é sobretudo um meio de prevenção e não um meio de investigação. Pode equiparar-se às filmagens e às fotografias. Se violadoras da vida privada são proibidas e pode constituir crime, nos termos do art. 199º do Código Penal.

Penso, porém, que é necessário esclarecer. A videovigilância utilizada como meio de prevenção, devidamente publicitada de modo a que as pessoas saibam que a sua imagem está a ser videoregistada pode ser utilizada depois como prova. Não vejo que haja qualquer proibição legal.

7. Não o incomoda o facto de nas grandes superfícies comerciais ser vigiado por sistemas de videovigilância?

Não. Preocupa-me é a utilização posterior das gravações. Esse tipo de vigilância tem carácter preventivo, equipara-se à presença de guardas para evitar os furtos e danos frequentes. É sobretudo com essa finalidade, de prevenção, que a sua utilização se legitima.

Desde que haja avisos da existência da vigilância electrónica e que os registos só sejam utilizados para esse fim, não me incomoda nada. Penso que é uma necessidade do nosso tempo, infelizmente....

8. Como deve ser feito o controlo das imagens filmadas?

Só nas situações em que haja suspeita de prática de crimes é que as imagens gravadas podem ser visionadas e deverão ser destruídas logo que a situação esteja esclarecida.

9. E se as imagens só fossem visionadas com a autorização do juiz?

Receio que se tenha de ir tão longe. A partir do momento que a videovigilância é pública, bem publicitada, nada me repugna que possa ser utilizada para esclarecer situações de eventual criminalidade. Não creio que possa considerar-se desproporcional o uso deste meio de prevenção em razão da finalidade que se pretende alcançar. Quando se verificar desvio no fim, quando as gravações forem usadas ilicitamente, então o utente sofrerá as consequências. Por isso que se me afigure absolutamente legítimo o uso das gravações vídeo como meio de prova na investigação criminal, desde que os meios tenham sido instalados com a finalidade primária da prevenção. Se assim não fosse pouca utilidade teriam e não seria razoável sempre que existisse uma qualquer suspeita ter de pedir autorização ao juiz para visionar a gravação.

10. Mas o facto de ser filmado na via pública, muitas das vezes gera problemas de direitos fundamentais?

É evidente e por isso é que não se admite uma videovigilância generalizada em lugares públicos. É sempre o mesmo problema, o da reserva da privacidade, que pode perfeitamente ocorrer em lugares públicos. É preciso que a limitação da privacidade se justifique, que seja proporcionada ao mal que se pretende evitar. É preciso ter em conta que os registos resultantes da vigilância electrónica podem ser cruzados com outras informações e então é a vida privada que fica inteiramente exposta. Há um aspecto muito grave na vida do nosso tempo de informação. No dia em que se souber tudo sobre os outros é quase impossível encontrar qualquer espaço para a liberdade. Eu tenho o direito de circular livremente pelas ruas, de frequentar jardins e outros locais. Torna-se necessário sempre que a vigilância não esmague a minha reserva, a minha liberdade. Imagine um sistema de videovigilância instalado num jardim onde nada ou quase nada há para furtar ou para danificar. Um sistema de videovigilância num local desses não tem qualquer justificação, porque não impede o crime, que não é previsível aconteça em termos que por necessidade de prevenção justifique a instalação do aparelho, mas a sua instalação impede actos inteiramente lícitos, mas que são reservados, que não interessa serem conhecidos por ninguém além dos próprios. Namorar, por exemplo!.

Temos de acautelar até ao limite do razoável o nosso espaço de liberdade. Da mesma forma que seria intolerável pôr um polícia atrás de cada cidadão para vigiar os passos que dá, tudo que faz, não é aceitável um qualquer sistema que substitua o polícia de forma ainda mais eficiente. Apetece-me mesmo dizer que é preciso algum espaço para a transgressão... que não ponha em causa a segurança colectiva e individual que ao fim e ao cabo é condição para o pleno exercício de grande parte dos direitos fundamentais.

Bibliografia

Livros

ALTAVILLA, Enrico, Psicologia Judiciária – *O Processo Psicológico e a Verdade Judicial,* tradução de Fernando Miranda, 4.ª Edição, Almedina, Vol. I, 2003.

CANOTILHO, Gomes e MOREIRA Vital, *Constituição da República Portuguesa Anotada,* Coimbra Editora, 3.ª Edição, 1993.

DIAS, Figueiredo, *Temas Básicos da Doutrina Penal – Sobre os Fundamentos da Doutrina Geral do Crime,* Coimbra Editora.

GOUVEIA, Jorge Bacelar, *Textos Fundamentais de Direito Internacional,* Editorial Notícias, 2.ª Edição Revista.

MANUNTA Giovanni, *International Course Crandfield University* – RMCS Shrivenham, 1997.

MIRANDA, Jorge, *Manual de Direito Constitucional – Actividade Constitucional do Estado,* Tomo V, 2.ª Edição, Coimbra Editora.

MIRANDA, Jorge, *Manual de Direito Constitucional,* Almedina, Vol. IV.

MIRANDA, Jorge, *Textos Históricos do Direito Português,* Imprensa Nacional – Casa da Moeda, 2.ª Edição, 1990.

QUEIROZ, Cristina M.M., *Teoria Geral, teses e monografias* 4, Coimbra Editora, 2002.

SARDINHA, José Miguel, *O Terrorismo e a Restrição dos Direitos Fundamentais em Processo Penal,* Coimbra, Editora.

SKINNER, B.F., *Para Além da Liberdade e da Dignidade,* Edições 70, 2000.

VALENTE, Manuel M.G., *Órgãos de Polícia Criminal,* Almedina, 2004.

VALENTE, Manuel M.G, *Escutas Telefónicas,* Almedina, Coimbra, 2004.

VALENTE, Manuel M.G, *Da Publicação Da Matéria de Facto – Das Condenações nos Processos Disciplinares,* ISCPSI.

Documentos

A.A., Dicionário Universal da Língua Portuguesa, Texto Editora.

CHAMBEL, Élia Marina Pereira , *A Videovigilância em Locais de Domínio Público de Utilização Comum,* (Dissertação Final de Curso), ISCPSI, Lisboa, 2000.

CIÊNCIAS SOCIAIS E POLÍTICAS

A PERSISTÊNCIA DO RACISMO

ADRIANO MOREIRA
Presidente do Conselho Nacional de Avaliação do Ensino Superior
Professor Emérito da Universidade Técnica de Lisboa

A PERSISTÊNCIA DO RACISMO

A ordem mundial reorganizada pela ONU, com frequentes cedências dos princípios à inevitabilidade de não poder discutir-se com os factos, tinha, entre os valores de referência, terminar com o colonialismo ocidental e, em consequência, com uma mitologia de discriminações raciais.

Tratava-se de uma simplificação do problema, que deliberadamente ignorava, ou remetia para diferentes capítulos das preocupações assumidas pela organização, a estrutura social interna de numerosíssimos Estados, quer dos que dinamizaram a elaboração dos estatutos da ONU, quer dos que ali viriam a tomar assento, libertos de soberanias externas colonizadoras.

No primeiro caso estavam a URSS e os EUA, a primeira pela subordinação de vários grupos étnicos, alguns com a natureza de nações, ao poder centralizador e imperial de Moscovo; os segundos, em vésperas de verem despertar os movimentos de luta pela igualdade de índios, negros, porto-riquenhos, e hispânicos, que já neste século XXI tiveram a expressão mais significativa no facto de, pela primeira vez na história do Estado, o Senado ter escutado uma intervenção política em castelhano.

Entre os Estados que nasceram para a vida internacional na sequência da descolonização destaca-se como exemplo a União Indiana com o sistema de castas que vai recuando perante o avanço da democratização.

Tão evidente era o desafio ao ideário da ONU, que não conseguiu encontrar para as minorias europeias um regime mais equitativo, mais protector do que o instalado pela desaparecida Sociedade das Nações, que a UNESCO em 1950 incluiu, entre as seus primeiros grandes inquéritos, identificar os mitos raciais que afligem secularmente as sociedades civis e a paz entre os Estados, procurando definir uma pedagogia capaz de abrir caminhos para a eliminação do flagelo.

Entre as inquietações que animaram essa histórica intervenção, avultaram como referências maiores quer o Holocausto dos judeus pelo nazismo durante a guerra de 1939-1945, quer a expressão mais condenada da intervenção colonizadora ocidental que era África do Sul em regime de *apartheid*.

A Declaração Universal de Direitos Humanos servia de referência normativa suprema, desenvolvida nos chamados Twin Covenants de 1966 – Pacto Internacional sobre os Direitos Cívicos e Políticos, e Pacto Internacional sobre os Direitos Económicos, Sociais e Culturais.

São muitos os inegáveis progressos conseguidos para implementar este modelo observante, mas é excessivo o desastre que ainda aflige a Humanidade em consequência de uma variedade de interesses que viciosamente procuram legitimar-se pela renovação dos mitos raciais.

Recordamos que a listagem da UNESCO incluía o mito judaico, o mito ariano, o mito do negro, o mito do mestiço, e que em relação a qualquer deles não era infelizmente difícil identificar quebras da paz da sociedade civil ou entre Estados.

Depois, genocídios numerosos, quer na Europa envolvendo a Bósnia-Herzégovina, a Croácia, o Kosovo, em suma a dissolução da Jugoslávia, quer na África devastando populações no Burundi, no Rwanda, no Sudão, sendo esta uma breve invocação de apenas algumas componentes do desastre.

É neste panorama alarmante, que violências que desafiam e excedem as capacidades disponíveis para assegurar uma paz razoável, dão origem à organização de institutos novos como o Direito de Ingerência a favor da protecção dos direitos humanos, com referência maior na intervenção no Golfo (1991), e sobretudo no Kosovo quando a NATO assumiu uma legitimidade privativa, muito apoiada no conceito de Mitterrand: "a obrigação de não-ingerência termina no ponto exacto em que nasce o risco de não-assistência".

Os fundadores da ONU, por vezes chamados os poetas dos dividendos da paz, deixaram formulado um modelo observante que recolhe uma tábua de valores inspirada nos conceitos da terra casa comum dos homens, e da igual dignidade de todos os homens, sem diferenças de etnia, cultura ou religião.

O projecto descolonizador eliminava, no plano dos princípios, o conceito euromundista que definia o resto do mundo como sendo composto de povos ou atrasados ou selvagens, que se propunha moldar como se fossem a cera mole à disposição das intervenções ocidentais.

Os factos, que parecem tão frequentemente obedecer a uma lógica profunda que escapa à lógica aparente das pilotagens políticas, multiplicaram as recusas aos princípios, e até fizeram emergir mitos raciais de sinal contrário aos que orientaram os pilotos da descolonização da ONU, doutrinando uma superioridade étnica, cultural e até religiosa que levou a ensombrar a perspectiva da polemologia do século XXI, com a previsão de Huntington, largamente objecto de avaliação, de que os conflitos deste milénio em que estamos serão sobretudo entre áreas culturais diferenciadas pela fé. O alarme causado pela intervenção armada de Bin Laden, que para muitos analistas fixou o 11 de Setembro de 2001 como um ponto de viragem da história, e que procurou causar o levantamento do cordão muçulmano, de Gibraltar à Indonésia, contra os ocidentais, deu alento aquela previsão.

Na lógica do alarme, as atenções ocidentais, e particularmente europeias, fixaram-se quer na definição possível das ameaças externas aglomeradas no conceito integrador de terrorismo, quer na instabilidade interna eventualmente derivada do regresso do modelo cosmopolita à sociedade civil em mudança.

Talvez seja indicado começar por este último fenómeno, muito dominado pela teologia de mercado que deu velocidade às imigrações desordenadas que se verificaram no espaço europeu.

Tratou-se de a evolução da União Europeia, partindo da definição de uma livre circulação de pessoas, capitais e mercadorias, para construir um mercado único, e assumir-se como um pólo de referência da globalização, tornar evidente uma carência de mão-de-obra relacionada quer com a decadência demográfica, quer com uma atitude de desemprego selectivo.

Tornou-se assim não apenas num centro de oferta de trabalho que atrai a imigração por necessidade própria, mas também numa referência de qualidade de vida que desequilibra essa procura porque as correntes migratórias, incontroladas, são movidas pela fuga à miséria política e económica dos territórios de origem.

Podemos alinhar como factores convergentes, no sentido de tornar complexa a mudança das sociedades civis europeias pelo menos as seguintes: a evolução da União Europeia para entidade política, animada pelo princípio da subsidiariedade; esta evolução, ao mesmo tempo que conserva a territorialidade dos Estados em perda de soberania, desterritorializa a sociedade civil, que avança para um modelo de transfronteiriça e transnacional, por vezes incerta quanto à identificação do poder regulador que a deve orientar; a teologia de mercado potencializa o movimento pela recepção, como se disse por vezes incontrolada, das imigrações vindas do sul e do leste, com padrões culturais divergentes das áreas a que se destinam, e por isso originando o aparecimento das chamadas colónias interiores, de que os turcos são exemplo na Alemanha, de que os 15 milhões de muçulmanos instalados na Europa dão prova, fenómeno a que correspondem os bairros degradados de africanos que se encontram próximos das nossas inquietações.

O modelo de sociedade nacional, que foi a ambição europeia realizada com sacrifícios e lutas seculares, que os 14 Pontos de Wilson pretenderam mundializar, o modelo em que assentavam valores como o patriotismo, o serviço militar obrigatório, a Nação em armas, a vigilância em relação aos povos vizinhos considerados inimigos potenciais, regressa em muitos lugares ao modelo que foi medieval, de que as Ordenações do Reino de Portugal mantiveram notícia até à revogação liberal, das sociedades cosmopolitas.

Este cosmopolitismo das sociedades civis em processo de redefinição, deve ser agora avaliado tendo em consideração a proposta de modelo político cosmopolita que a proposta Constituição Europeia anuncia ao pretender admitir a Turquia entre os seus Estados membros, devendo contar ainda com a fragmentação a absorver da antiga Jugoslávia, e mantendo uma discreta intenção a ponderar no que toca ao Norte de África.

Talvez não tenhamos ainda assumido claramente esta dimensão do cosmopolitismo, designadamente na evolução europeia em curso e que mais directamente nos respeita, mas o tema é importante, é desafiador, exige ponderação urgente.

Talvez não seja necessário insistir na ligação da mitologia racial com estes desenvolvimentos, mas talvez seja indispensável estar atento à evidência de que alguns deles estão manifestos em temas que interessam à sociedade europeia.

Lembrarei apenas, de exemplo, que em mais de um lugar renascem atitudes de conflito com a política de Israel, que está a provocar a diluição da memória do Holocausto que mobilizou a opinião pública europeia e mundial a seu favor, porque cresce a inquietação com os reflexos da questão da Palestina no terrorismo mundial; e para além das hipóteses de Huntington, a dificuldade crescente que as sociedades civis europeias, e a sociedade europeia transnacional em que nos estamos a converter, defrontam para alinhar, em termos concretos, as políticas de integração e de assimilação dos milhões de imigrantes que vieram para ficar.

Designadamente entre nós, as colónias interiores existem, sobretudo formadas por africanos, a condição precária de enquadramento está necessariamente entre as causas da violência que perturbam a manutenção e fortalecimento de uma sociedade de confiança, as diferenças étnicas assumem o habitual papel identificador, os mitos raciais tendem para reanimar.

Terminarei abordando um dos conflitos e alarmes mais significativos e inquietantes dos últimos tempos.

Foi importante a intervenção de Kofi Annam no World Economic Forum, em Davos, na reunião anual que decorreu entre 21 e 25 de Janeiro último, onde a questão do Iraque pareceu sublinhar todas as declarações feitas, a começar pelo Ministro Jack Straw do Reino Unido. Formalmente uma entidade privada, o Forum pareceu avaliar a guerra, a ocupação, e as responsabilidades de reorganização, como um acidente à margem do globalismo económico, e não como um derivado lógico daquela orientação.

A intervenção do Secretário-Geral, sem expressamente o dizer, parece claramente entender que o globalismo económico também está envolvido, e por isso não deixou de recordar a intervenção que tivera em 1999, antes do confronto em Seatle com os adversários do modelo.

No texto dessa data, as advertências sobre a urgência de rectificar o globalismo económico no sentido de promover uma sociedade global de confiança, foi uma nota principal: "nos mercados nacionais a confiança é baseada na partilha de valores comuns... Mas no mercado global, as pessoas ainda não têm essa confiança. Até que a obtenham, a economia global será frágil e vulnerável...".

De facto então, e agora, foi o tema da reinvenção da governança que preencheu o discurso, partindo de uma visão do mundo em mudança que, com frequência crescente, vê desafiar a lógica das relações inter-estaduais pela lógica das relações inter-mercados, e crescer o que alguns chamam o terceiro espaço.

Neste caso, a questão é a das redes que fizeram emergir outros actores da vida internacional, indo além das Organizações Não Governamentais – ONG's para assumirem a natureza de poderes erráticos desafiantes das soberanias. Tal como aconteceu com a Al Qaeda que se levantou a exigir igualdade aos próprios EUA.

Verificando que, mais uma vez, as intenções detectáveis não levam necessariamente à harmonia, a pedagogia do Secretário-Geral pretende despertar pilotagens que evitem a subida aos extremos de fracturas.

Fracturas e confrontos que parecem objectivos estratégicos de movimentos tendo por variável comum as queixas contra a alienação: foram casos como os do neutralismo contra a submissão estratégica à ordem dos Pactos Militares; da geografia da fome contra as sociedades afluentes; da área dos 3AA (Ásia, África, América Latina) contra a cidade planetária do Norte do mundo.

Cinco anos depois da sua primeira intervenção, o Secretário-Geral vem declarar o seguinte: "Hoje, não apenas o ambiente económico global, mas também o clima de segurança global, e a condução efectiva das políticas internacionais, tornaram-se largamente menos favoráveis à manutenção de uma ordem global estável, equitativa, e baseada em normas".

Não é de estranhar que o globalismo do passivo da ordem global económica em desenvolvimento tenha expressão com acento tónico mais agudo no World Social Forum. Este, reunido em Bombaim, pediu compromisso activo para com todos os seres humanos que pouco possuem, necessitam de muito, mas são povos mudos.

Não é muito apegado a subtilezas diplomáticas o discurso corrente do Secretário-Geral, e neste caso parece fácil ler que o poder está repartido entre os Estados em perda de função, e os vários movimentos das sociedades civis transnacionais onde nascem poderes efectivos que actuam, mas não correspondem ao envelhecido conceito de entidades privadas. E por isso a circunstância, por vezes anárquica, da vida internacional, exige uma reinvenção da governança, conceito que começou a circular pela década de oitenta do século passado.

No fundo é um apelo realista a uma acção convergente das forças políticas internas em pactos de regime, à busca de definição de um espaço intergovernamental especialmente marcado pelas competências reformuladas do Conselho de Segurança, à governação contratualizada dos interesses comuns da Humanidade, da sociedade cosmopolita e transnacional que vai enquadrando todos os povos e culturas.

Uma pilotagem assumida, participada e normativizada entre gestão do Estado, gestões da sociedade civil, e gestões responsáveis pelas dimensões sociais da globalização. Tendo como valores de referência a prevenção da segurança mundial e o desenvolvimento humano sustentado.

Embora exija uma crescente e minuciosa especificação de responsáveis intervenientes, de objectivos, e de recursos, a reinvenção da governança, pela via contratualizante, é por agora a mais clara formulação de uma proposta para evitar que progridam as áreas problemáticas. O que exige um centro de referência, que no panorama actual continua a estar apenas na ONU, esta a exigir que os Estados concordem urgentemente na reformulação.

REFLEXÕES SOBRE O ADÁGIO ERASMISTA
"DVLCE BELLVM INEXPERTIS"

ARTUR ANSELMO DE OLIVEIRA SOARES
Professor Catedrático da Universidade Nova de Lisboa
e do Instituto Superior de Ciências Policiais e Segurança Interna

REFLEXÕES SOBRE O ADÁGIO ERASMISTA
"DVLCE BELLVM INEXPERTIS"

De todos os Adágios de Erasmo (e escreveu sobre mais de quatro milhares), o comentário ao provérbio *Dulce bellum inexpertis* – ou " Adágio 3001" – é, sem dúvida, um dos mais conhecidos e mais actuais. Aparece pela primeira vez, em estado embrionário, na edição de 1508 e surge depois, muito aumentado e refundido, nas edições impressas por Froben, em Basileia, em 1515, 1523 e 1526.

O tema, particularmente grato ao espírito irenista de Erasmo, seduzia-o desde que, ao aproximar-se dos 40 anos, empreendera a sonhada viagem a Itália. Aqui, entre 1506 e 1509, assistira à entrada triunfal das tropas do papa Júlio II em Bolonha, facto que o levaria a compor o Antipolemus (texto infelizmente perdido), bem como o Iulius Exclusus, panfleto que alguns autores também lhe atribuem e no qual o papa guerreiro é excluído sumariamente da entrada na corte celestial. À mesma linha ideológica do Adágio 3001 pertence ainda a Querela ou Querimonia Pacis, editada em 1517, pranto em louvor do pacifismo pontifício e da evangelização dos povos paganizados.

Comemoram-se este ano cinco séculos sobre a data em que Juliano della Rovere, o belicoso papa Júlio II, abriu o seu atribulado pontificado: de facto, foi no dia 31 de Outubro de 1503 que se iniciaram dez longos anos de agitação, com o objectivo de tornar os Estados da Igreja a potência dominante da cristandade. Todo o pontificado de Júlio II é uma sucessão de guerras militares e diplomáticas, a que só a morte do papa, em 1513, começa a pôr termo. As esperanças de paz voltam-se agora para o novo pontífice, Leão X, e Erasmo, por seu lado, jamais deixará de fazer tudo o que lhe parece oportuno para levar o sucessor de Júlio II a adoptar uma política conciliatória com os Estados cristãos.

Diz-se que, tendo de posar para o escultor encarregado de eternizar a sua figura de papa-imperador numa estátua em Bolonha, Júlio II teria dito ao artista: "Nada de livros na mão, porque não sou humanista; põe-me antes uma espada na mão." Erasmo detesta e censura o papa cesáreo, "muitíssimo digno do seu nome Júlio". Entende que o pontífice prejudica as letras e toda a vida espiritual com as absurdas lutas intestinas na Itália. E desabafa:

> Vim para Itália estudar grego, mas a guerra é devastadora. O papa prepara uma expedição contra os venezianos. Entretanto, não se estuda nas universidades, porque não há aulas.

É neste ambiente tumultuoso que, ao longo de treze meses, Erasmo se consagra à revisão dessa verdadeira enciclopédia da Cultura Clássica que constituem os Adágios. Depois, dirige-se para Veneza, onde ainda não soam as trombetas da guerra movida por um papa indomável. Acolhem-no os braços fraternos de Aldo Manúcio, que em 1508 imprimirá o Adagio-rum pinceps, no qual o futuro adágio 3001 aparece pela primeira vez, com escassas cinco linhas.

A ideia que "a guerra só é doce para aqueles que a não fizeram" (ou "não a conheceram") é um topos clássico. Surge num fragmento de Píndaro (o n.º 110 da colectânea de Teubner), no qual o autor das Olímpicas, cuja vida decorre na transição do século VI para o século V a. C., acrescenta ao provérbio estas palavras: "…. Mas quem conhece a guerra sente, logo que dela se aproxima, um horror extremo". Cerca de mil anos depois, o historiador latino Vegécio (que viveu nos fins do século IV e princípios do século V, isto é, no auge da decadência do Império Romano do Ocidente) afirma na sua obra *De re militari:* "Não confies demasiado no jovem soldado que deseja bater-se, porque o combate só é doce para aqueles que não sabem o que isso seja" (ed. Plantiniana, Leide, 1608, liv. III, cap. XII, p. 64).

No seu comentário, Erasmo começa por lembrar que a juventude está muito mais predisposta a aceitar o desconhecido do que os homens maduros, aos quais a experiência ensinou a desconfiar de tudo quanto é incerto: citando a Retórica de Aristóteles, lembra que a experiência das acções que comportam perigos e desgraças faz nascer o medo e a hesitação. Ora – continua Erasmo – se há negócios humanos de que importa fugir, o pior de todos é a guerra: nada de mais ímpio, de mais calamitoso e indigno do homem e, por maioria de razões, do cristão. Sem poupar ninguém – pagãos e cristãos, laicos e padres, bispos e príncipes, novos e velhos, as multidões tolas, os jurisconsultos e os teólogos –, Erasmo espanta-se da facilidade com que, no seu tempo, por toda a parte, se fazem guerras abomináveis:

> Que flagelo, que calamidade, que Fúria fez penetrar pela primeira vez no espírito do homem a necessidade, até então somente animal, capaz de levar este ser pacífico criado para a paz e a benevolência – o único que a natureza gerou para a salvação de todos –, a deixar-se tomar por uma loucura tão bestial e por violências tão delirantes que o conduzem ao massacre geral?

Depois de se acentuar que o Homem, ao contrário dos outros animais, é o único ser da criação que não foi feito para a violência, Erasmo, na melhor linha de princípios humanistas, afirma que Deus pôs o homem neste mundo como uma réplica d'Ele próprio, para que, como divindade terrestre, por assim dizer, vele pela salvação de todos:

> Proinde Deus in hoc mundo uelut simulacrum quoddam sui constituit hominem, ut ceu terrenum quoddam numen saluti prospiceret omnium.

Vale a pena, talvez, fazer aqui um parêntesis para acentuar como está errada a visão de um antropocentrismo sem Deus, que vemos a cada passo repetida nos compêndios escolares a propósito do Renascimento e do Humanismo. De facto, os textos de Erasmo, o maior de todos os humanistas, mostram-nos constantemente, como sucede no passo citado, que não há qualquer oposição radical entre os conceitos de Antropocentrismo e Teocentrismo, mas tão-somente, da parte dos humanistas, um novo modo de encarar o homem como criatura de Deus. E se Deus é bondade, não haveria Ele de pôr no homem o melhor de Si próprio, a ponto de o mesmo homem poder vir a ser como Deus?

Ao contrário dos animais, que apenas lutam contra animais de espécie diferente, os seres humanos batem-se contra outros seres humanos. "Estamos constantemente em guerra" – sublinha Erasmo:

> Nação contra nação, reino contra reino, cidade contra cidade, príncipe contra príncipe, povo contra povo, e – coisa que os próprios pagãos consideram ímpia – aliado contra aliado, parente contra parente, irmão contra irmão, filho contra pai; enfim – mais atroz ainda – há cristãos que fazem a guerra a outros cristãos.

Pior: invoca-se o nome de Deus para que abençoe a guerra. Esta é glorificada em discursos de frades, de teólogos, de bispos, e todos estes padres não hesitam em associar o nome de Cristo a uma empresa tão diabólica: exércitos cristãos levam para a guerra o símbolo sagrado da cruz, fazendo de Cristo o espectador que abençoa este sacrilégio:

> Porquê levar Cristo para a guerra, se estaria melhor em qualquer outra parte, nem que fosse num lupanar? O apóstolo Paulo indigna-se que haja processos entre cristãos, que eles se desentendam e recorram a um juiz; mas que diria ele se nos visse a combater por toda a terra, pelos motivos mais fúteis, com mais selvageria do que os pagãos, mais crueldade que os bárbaros? Pior ainda: que diria ele se visse que os instigadores e exortadores da guerra são precisamente os representantes do Papa, do Papa que deveria ser o grande pacificador e cuja saudação ao povo é um voto de paz?

O veredicto de Erasmo parece claro: é uma loucura recorrer às armas da guerra, que causam tanto tumulto, tantas penas, tantas despesas, tantas calamidades, sendo certo que se pode adquirir a concórdia com muito menos riscos e perdas. Haverá coisa melhor do que a amizade? Nada, claro está. Ora, que outra coisa é a paz senão uma amizade entre muitos homens?

Já se escreveu (penso, concretamente, em Thomas Quoniam, o mestre bordalês dos estudos erasmianos, autor de uma obra publicada em 1934) que Erasmo fazia assentar o seu pacifismo irrepreensível na defesa das humaniores litterae, uma vez que estas só florescem em tempo de paz. Nenhuma dúvida a tal respeito. Basta ler um passo do Adágio 3001 para verificarmos que assim é:

> Em tempo de paz – proclama Erasmo – tudo se passa como se uma primavera maravilhosa brilhasse sobre os bens sociais: os campos são cultivados, os jardins verdejam, os rebanhos pastam, constroem-se casas, as cidades cobrem-se de novos edifícios, restauram-se as mansões arruinadas, ampliam-se umas e embelezam-se outras, as fortunas crescem, os prazeres saciam-se, as leis mantêm todo o seu vigor, o civismo floresce, o zelo religioso aumenta, a justiça prevalece, a humanidade ganha vigor, as artes manuais brilham, os pobres encontram mais trabalho, a opulência torna-se esplêndida, os estudos desenvolvem-se, a juventude forma-se, os velhos gozam de uma reforma pacífica, as raparigas casam-se sob bons auspícios, os audazes prosperam, os malvados causam menos estragos.

Em contrapartida, quando a guerra se desencadeia, tudo se enche de pavor, de luto, de queixas, de lamentos, e, naturalmente, não há mais lugar para os estudos.

Sem referir o nome de Júlio II, é óbvio que Erasmo pensa no pontí-fice-imperador-guerreiro quando alude aos papas que fizeram guerras e as aprovaram. Trata-se, felizmente, de excepções. Convém não esquecer – acentua Erasmo – que "os papas são, em primeiro lugar, homens". E, tocando a corda mais sensível – representada, na cristandade, pelo espírito de cruzada contra os Turcos –, não hesita mesmo em condenar todas as acções militares a favor da cristianização dos infiéis. "Mal vai a religião cristã – afirma – se a sua salvação depende de tais remédios". E, em jeito de director da consciência cristã, interroga:

> Se queremos levar os Turcos a Cristo, não o façamos exibindo rique-zas, nem tropas, nem forças. Que eles vejam em nós não apenas o nome mas também os distintivos certos dos cristãos: uma vida pura, o desejo de fazer o bem mesmo aos inimigos, o desprezo do dinheiro, o esquecimento da gló-ria, o pouco valor dado à vida; que eles reconheçam a doutrina admirável que se contém numa existência assim. É com estas armas que submetere-mos os Turcos.

Noutro ponto do seu libelo contra a guerra, chega mesmo a declarar: "Prefiro um verdadeiro Turco a um falso cristão".

A terminar, Erasmo contrapõe ao belicismo de Júlio II o papel de pacificador que estaria reservado a Leão X, exortando o novo pontífice a seguir os exemplos de Salomão e de Cristo. Quem convive com os textos humanísticos, porém, não pode deixar de ver nos elogios prodigalizados a Leão X uma advertência a todos os sucessores da Barca de Pedro: "Que Júlio possua a glória da guerra, que ele fique com as suas vitórias, com os seus triunfos magníficos" – concede Erasmo, para logo se interrogar:

> E quais são as actividades que convêm ao Papa? Não é a pessoas da minha estirpe que compete responder, mas sempre direi o seguinte: a glória deste vencedor, por brilhante que tenha sido, está ligada à perda de muitas vidas e a numerosos sofrimentos dos homens.

Discreto como sempre, Erasmo bem sabia, quando necessário, deixar cair o seu recado de paz.

NOTA – Servimo-nos da edição do *Dulce bellum inexpertis* publicada por Yvonne Rémy e René Dunil-Marquebreucq na colecção «Latomus», vol. VIII (Berchem-Bruxelles, 1953).

DIREITOS DO HOMEM E REGIMES POLÍTICOS EM PORTUGAL DESDE A IMPLANTAÇÃO DA REPÚBLICA (1910)[745]

ANTÓNIO JOSÉ FERNANDES
Professor Catedrático da Universidade do Minho
Reitor da Universidade Moderna do Porto

DIREITOS DO HOMEM
E REGIMES POLÍTICOS EM PORTUGAL
DESDE A IMPLANTAÇÃO DA REPÚBLICA (1910)

Sumário: Introdução: 1 – Período de Vigência da I República (1910--1926): 2 – Do Golpe de Estado de 28 de Maio à Implantação da III República (1926-1974): A Constituição de 1933: 3 – Da Instauração da III República aos Nossos Dias (1974-2004): A Constituição de 1976: Conclusão: Bibliografia

INTRODUÇÃO

Ao propormo-nos analisar os direitos do homem e os regimes políticos em Portugal desde a implantação da República (1910) colocaram-se-nos algumas dúvidas que suscitaram diversas interrogações. E as primeiras delas foram as seguintes: Porquê proceder a uma investigação sobre esta temática? Não estará já tudo explicado? Será pertinente e terá algum interesse desenvolver um estudo sobre direitos do homem e regimes políticos em Portugal no século XX? E, reflectindo sobre estas interrogações, muitas outras foram surgindo.

Qual a evolução do reconhecimento e consagração dos direitos do homem em Portugal, a partir da implantação da Primeira República? De que modo os direitos humanos foram consagrados nas Leis Fundamentais portuguesas, desde a Constituição de 1911 à Constituição de 1976? E como se processou (e processa) a sua efectiva aplicação e salvaguarda?

Terão as diferentes conjunturas, decorrentes da preponderância de diversificadas concepções do mundo e da vida, contribuído do mesmo modo para a definição e reconhecimento dos direitos do homem em Portugal no século XX?

Quais os modelos de relacionamento do indivíduo com o poder político que vigoraram neste período da nossa história? E qual a interacção regimes políticos/ direitos humanos na vigência das três Repúblicas Portuguesas?

Neste período da nossa história, os direitos humanos assentaram sempre nos princípios da igualdade e da universalidade?

A estas interrogações procuramos responder de forma sistemática nas páginas seguintes deste estudo, que estruturámos em três partes correspondentes a três períodos sucessivos: Período de Vigência da I.ª República; do Golpe de Estado de 28 de Maio à Implantação da III República; e da Instauração da III República aos nossos dias.

1. Período de Vigência da I República (1910-1926):

A Constituição de 1911

O descontentamento popular face ao "*Ultimatum* inglês", instigado e aproveitado pelos Republicanos, os desentendimentos nos partidos monárquicos e as consequentes agitações e perturbações do sistema monárquico–constitucional criaram condições favoráveis à afirmação do republicanismo e à implantação da República.

Embora uma certa concepção republicana do mundo e da vida possa remontar a 1820, "foi só nos meados do século XIX que o Republicanismo surgiu como doutrina claramente expressa e com repercussão popular" (Marques, 1975, 65). No entanto, como força política, o Republicanismo foi sempre marginalizado pelos dois grandes partidos do rotativismo monárquico até 1893, data em que se aliou aos Progressistas contra os Regeneradores Hintze Ribeiro e João Franco.

A acção republicana fez-se sentir, pela primeira vez, na revolta de 31 de Janeiro de 1891, como forma de protesto contra a inércia do Governo face ao "*Ultimatum*" da Inglaterra, que humilhara os Portugueses. A partir dessa altura, o Republicanismo incrementou a sua propaganda política e soube aproveitar- se das contradições surgidas no seio dos grandes partidos monárquicos, que tiveram por corolário a proliferação de grupos parlamentares e a ditadura de João Franco, a convite do Rei D. Carlos, em Maio de 1906.

Enquanto o enfraquecimento do parlamentarismo e a incapacidade monárquica se ia acentuando, os republicanos redobravam os seus ataques contra a Monarquia, a Igreja e os Jesuítas, os partidos monárquicos, a corrupção política e os grupos oligárquicos. Contudo em, 21 de Janeiro de 1908, fracassou a tentativa revolucionária republicana; mas, em 5 de Outubro de 1910, os republicanos conseguiram derrubar a Monarquia e proclamaram a Primeira Republica Portuguesa. Nesse mesmo dia foi nomeado um Governo provisório que concentraria todos os poderes até à elaboração da nova Constituição Política.

Presidido por Teófilo Braga, o Governo provisório publicou numerosos decretos com força da lei, através dos quais introduziu um conjunto de reformas consideradas necessárias para realizar a mudança da forma de Estado e cimentar as ideias subjacentes ao programa republicano, que consistiam essencialmente: na defesa do sufrágio universal e da eleição directa das assembleias legislativas; na instauração de um sistema de governo parlamentar de assembleia e no incremento da descentralização administrativa; no combate à influência do Clero na vida pública e na separação da Igreja e do Estado; na liberdade de consciência e prática religiosa, reconhecendo a igualdade de todos os cultos; e no desenvolvimento do cooperativismo.

Um dos decretos publicados pelo Governo de Teófilo Braga foi o Decreto de 5 de Abril de 1911, que regulamentava as eleições para a Assembleia Nacional Constituinte. E, em Maio desse ano, por sufrágio secreto, facultativo, directo e de lista completa, foi eleita a Assembleia Constituinte, cuja composição integrava 229 deputados republicanos, 3 independentes e 2 socialistas.

A Assembleia Nacional Constituinte iniciou os seus trabalhos em 19 de Junho de 1911, e, após longa discussão durante 55 reuniões, aprovou a nova Constituição, em 18 de Agosto do mesmo ano, começando a vigorar três dias depois, data da sua publicação (21 de Agosto de 1911).

A Constituição de 1911, que vigorou formalmente até 11 de Abril de 1933, embora de facto a sua vigência tenha cessado em 9 de Junho de 1926, e foi suspensa por dois curtos períodos correspondentes às ditaduras de Pimenta de Castro (1915) e de Sidónio Pais (1917-18), consagrava, logo no seu art. 1.°, a forma de Estado republicana – uma República Constitucional; e, no art. 5.° estabelecia o principio da soberania nacional, e o princípio da divisão clássica dos poderes, ao dispor que "a soberania reside essencialmente em a nação", que é exercida pelos órgãos que detêm os três poderes clássicos: o poder legislativo que é da competência do Congresso da República; o poder executivo que é atribuído ao Presidente da República e ao Ministério; e o poder judicial que é prerrogativa dos Tribunais.

Compreendendo apenas 87 artigos repartidos por 7 Títulos, a Constituição de 1911 é o texto mais curto de todos os textos constitucionais portugueses. No entanto, apresenta características inovadoras que merecem ser sublinhadas.

Em primeiro lugar, a Constituição instituiu uma forma de Estado republicana, como já referimos atrás.

Em segundo lugar, restaurou a supremacia parlamentar, definindo um sistema de governo de assembleia, dado que atribuía ao Congresso, composto pela Câmara dos Deputados[1] e pelo Senado,[2] competências legislativas, financeiras, de fiscalização política e electivas, fazendo dele o órgão central do poder do Estado, com poderes para eleger o Presidente da República (art. 26.º) e destitui-lo por deliberação aprovada por dois terços dos seus membros reunidos em sessão conjunta (art. 46.º) e para designar um presidente do Ministério responsável pela política geral do Governo, sendo este e os demais ministros obrigados a comparecerem nas sessões do Congresso, perante o qual respondiam pela sua acção política.

Em terceiro lugar, consagrou a igualdade social, abolindo os privilégios de nascimento, os foros de nobreza e os títulos nobiliárquicos; e consignou o laicismo, estabelecendo a igualdade e liberdade de todos os cultos, colocando a religião católica em pé de igualdade com quaisquer outras.

Em quarto lugar, consagrou o princípio da livre associação e o direito de constituir organizações políticas, o que facilitava a liberdade de criação de partidos. Por isso, e porque as leis eleitorais garantiam às minorias uma significativa percentagem de lugares (22%-27%), nos quase dezasseis anos de vigência da Primeira República, apareceram e desapareceram numerosos partidos políticos. De resto, a análise dos resultados das eleições legislativas, entre 1910 e 1926 mostram-nos que, tanto na Câmara dos Deputados como no Senado, estiveram sempre representados diversos partidos; mas também nos indica que o Partido Democrático (Republicano) obteve a maioria absoluta dos lugares em quatro dos oito actos eleitorais em que participou, e que somente nas eleições de 1921 conquistou

---

[1] A Câmara dos Deputados era composta por representantes eleitos, por sufrágio directo e restrito (censitário e capacitário), em número que variou entre 142 e 166, devendo ter 25 ou mais anos de idade.

[2] O Senado era formado por representantes dos distritos e das províncias ultramarinas, maiores de 35 anos, também eleitos por sufrágio directo e restrito, num total que variou entre 63 e 73 membros.

menos de 40 % do lugares da Câmara dos Deputados. Assim, o sistema de partidos da Primeira República pode classificar-se de sistema multipartidário de partido dominante. Aliás, o Prof. Oliveira Marques refere-se do seguinte modo ao sistema de partidos da Primeira República: "A estrutura básica do sistema partidário republicano desde 1910 incluía um grande e bem organizado partido de centro–esquerda – o Partido Democrático, oficialmente arreigado à designação tradicional de Partido Republicano Português (PRP) – múltiplos grupos marginais que nasceram, cresceram, declinaram e se sumiram consoante as circunstâncias e as personalidades que os dirigiam" (1975, 71).

Não obstante o Partido Democrático ter desfrutado da maioria absoluta dos lugares nas duas Câmaras parlamentares, durante mais de metade do período de vigência da República, e de uma significativa maioria relativa, no restante período do tempo, não conseguiu impedir a quase permanente instabilidade política e governativa: em dezasseis anos realizaram-se nove eleições legislativas, constituíram-se quarenta e cinco governos, oito dos quais caíram em sequência de rebeliões armadas ou de crimes políticos, e os oito Presidentes da República não conseguiram terminar os seus mandatos.

Sendo todos os órgãos da Direcção do Estado – Presidente da República, Parlamento e Governo – legitimados, directa ou indirectamente, pela expressão da vontade popular (embora o corpo eleitoral fosse bastante restrito face ao conjunto da população de maior idade eleitoral), o regime político que vigorou na Primeira República pode qualificar-se como um regime de democracia representativa.

Vigorando um regime democrático, à excepção de dois pequenos períodos de ditadura (1915 e 1918), aos quais já fizemos referência, era natural que os princípios da dignidade, da liberdade e da igualdade estivessem plasmados no texto constitucional e orientassem a produção legislativa. E, na verdade, a Constituição de 1911 contemplava estes princípios no seu Título II, ao tratar dos direitos e garantias individuais. No art. 3.° enumeravam-se os direitos e garantias do indivíduo, "combinando fórmulas oitocentistas (como as várias liberdades, a segurança individual e o direito de propriedade) com princípios mais tipicamente republicanos, entre os quais o da igualdade social – definida como a rejeição de todos os privilégios derivados do nascimento, dos títulos de nobreza e das próprias ordens honoríficas – e o do laicismo – expresso pela igualdade e liberdade para todas as religiões, secularização dos cemitérios públicos, neutralidade religiosa em matéria de ensino nas escolas públicas, proibição de todas as ordens religiosas de se estabelecerem em Portugal e registo civil obrigatório e exclusivo" (Marques, 1975, 80). Além disso, o n.° 37 do art. 3.° consagrava o direito de resistência a quaisquer ordens que infringissem as garantias individuais.

Todavia, a prática legislativa, no que concerne aos direitos políticos, olvidou os princípios acima referenciados. Com efeito, preocupado em preparar, através da educação, um corpo consciente de cidadãos e em evitar o caciquismo tradicional, o Republicanismo rejeitou o sufrágio universal imediato. E, embora tenha terminado com a base censitária, a lei eleitoral de 1911 manteve várias das restrições da Monarquia Constitucional, ao conceder o direito eleitoral activo apenas aos indivíduos maiores de 21 anos que soubessem ler e escrever e fossem chefes de família havia mais de um ano; e o resultado destas disposições fez subir o número de eleitores de 700.000 para cerca de 850.000, o que era muito pouco se tivermos em conta que a população portuguesa se cifrava, nessa data, em 5.547.708. Aliás, o corpo eleitoral não perfazia mais do que 20,5 % da população de maior idade eleitoral (mais de 21 anos). Note-se que a lei eleitoral atribuía o direito de voto aos indivíduos que soubessem ler e escrever e fossem chefes de família havia mais de um ano; e, tendo em conta esta disposição, a médica Carolina Beatriz Ângelo, viúva e mãe, apareceu a votar nas eleições para a Assembleia Constituinte, em Maio de 1911, invocando a qualidade de chefe de família. O resultado deste acontecimento traduziu-se na alteração da lei eleitoral, reconhecendo o direito de voto apenas a homens. Além disso, o código eleitoral de 1913 retirou o direito de voto aos chefes de família analfabetos e aos militares no activo, restaurando, assim, o sufrágio capacitário e fazendo com que o corpo eleitoral se reduzisse para 400.000 eleitores numa população que se aproximava dos 5.600.000 de habitantes; e a lei eleitoral de 1915 atribuiu o direito de voto aos indivíduos que soubessem ler e escrever, incluindo os militares, fazendo aumentar o corpo eleitoral par 471.000 eleitores. O efeito destas duas disposições eleitorais foi reduzir o corpo eleitoral relativamente a 1911, passando a perfazer cerca de 10,0% da população de maioridade eleitoral, em 1913, e 11,2%, em 1915. Entretanto, a lei eleitoral de 1918 estabeleceu o direito eleitoral activo para todos os indivíduos do sexo masculino maiores de 21 anos, e o número de eleitores inscritos subiu para 900.000. Porém, a lei eleitoral de 1919 restabeleceu as restrições anteriores e, por isso, nas eleições de 8 de Novembro de 1925, apenas se encontravam recenseados 574.260 eleitores, os quais não perfaziam mais do que 14,0 % da população com mais de 21 anos de idade.

Estes factores evidenciam claramente que os direitos políticos – os direitos de cidadania – não eram consignados a todos os Portugueses que haviam atingido a idade legalmente estabelecida para poderem participar na escolha dos seus representantes. As leis eleitorais da Primeira República, ao estabelecerem restrições ao direito eleitoral activo, com base no sexo e na instrução, consagravam uma distinção entre cidadãos activos (eleitores) e cidadãos não activos (a grande maioria de população adulta), e negavam, assim, os princípios da dignidade, da liberdade e da igualdade.

2. Do Golpe de Estado de 28 de Maio à Implantação da III República (1926-1974): A Constituição de 1933

A instabilidade político–governativa e a incapacidade dos governantes para incrementar políticas reformistas capazes de retirar o país do atraso económico e social em que se encontrava[3] contribuíram para precipitar os acontecimentos que levaram à queda do regime instituído pela revolução republicana.

A necessidade e urgência de se proceder a uma reforma profunda dos hábitos políticos já haviam sido reconhecidos por muitos dirigentes políticos, mesmo pelos partidários da República. E o Exército e a Marinha mostravam-se cada vez mais impacientes.

Por outro lado, as cisões produzidas em todos os partidos políticos mais importantes, nos últimos anos da Primeira República, e a criação de tantos partidos quantas as facções dissidentes, juntamente com a incapaci-

---

[3] A situação de Portugal nos finais da Primeira República foi caracterizada do seguinte modo por Albert- Alain Bourdon: "À beira do abismo, Portugal não era mais do que um país perturbado pelas insurreições, pelas greves, pelos assassinatos. A incapacidade de governos instáveis e de um parlamento dividido para elaborar reformas e para as aplicar agravava o atraso cultural e técnico. O analfabetismo era geral, as estruturas sociais estavam estagnadas. Num Estado essencialmente rural e agrícola, a subprodução mantinha uma fome latente e um nível de vida muito baixo, face aos quais a emigração para o Brasil e para a Venezuela não constituía senão um remédio provisório. A massa camponesa permanecia totalmente à margem da vida política, e o feudalismo dos grandes proprietários de terras constituía um obstáculo tanto para a integração do povo na vida nacional como para a valorização intensiva do património económico da nação. Perante uma tal situação, eram numerosos os que, sob a influência do sucesso do "fascismo" na Itália e do "riverismo" em Espanha, proclamavam a necessidade de instaurar uma ditadura" (1973,177).

dade governativa, desacreditaram os partidos políticos junto do eleitorado, levando os agricultores, industriais e comerciantes a organizarem-se no campo político e a apresentarem candidatos seus nas eleições de 1925, sob a designação "União dos Interesses Económicos", e estimularam muitos cidadãos a candidatarem-se como independentes nessas eleições.

A esta ordem de razões juntava-se o sucesso de Mussolini e da ideologia fascista em Itália (1922) e da ditadura de Primo de Rivera (1923) em Espanha.

Estes diversos factores levaram as Forças Armadas (Exército e Marinha) a desencadear um Golpe de Estado, em 28 de Maio de 1926, na sequência do qual destituíram o Presidente da República e o Chefe de Governo, dando início à instauração de uma ditadura militar.

O Governo Militar, instituído pelos vencedores da sublevação de 28 de Maio, dissolveu o Congresso da República por Decreto de 9 de Junho de 1926, e concentrou em si todos os poderes exercidos anteriormente pelo Parlamento e pelo Ministério (Governo), pondo termo à vigência, de facto, da Constituição de 1911. Passou a legislar mediante decretos com força de lei; e o seu presidente exerceu as funções de Presidente da República até 25 de Março de 1928, data em que o novo Chefe de Estado foi eleito, por sufrágio universal e directo. Esta eleição correspondeu à ratificação plebiscitária da revolução iniciada com o Golpe de Estado de 28 de Maio.

Todavia, no Movimento que derrubou a Primeira República, coexistiam duas tendências com perspectivas diferentes: os adeptos de uma encaravam a ditadura como uma forma transitória de resolver os problemas nacionais, tendo em vista permitir o restabelecimento da democracia e da actividade partidária; enquanto os outros preconizavam a instauração de um novo regime político, que veio a definir-se como autoritário e corporativo, apartidário, antiparlamentar e antidemocrático. Foi esta segunda tendência que prevaleceu; e nela se fundam a Constituição de 1933 e o regime de ditadura legal que deu corpo ao denominado Estado Novo – a Segunda República Portuguesa.

Eleito Presidente da República em Março de 1928, o General António Óscar de Fragoso Carmona nomeou, em 18 de Abril desse ano, José Vicente de Freitas presidente do Ministério, para o qual entrou, como ministro das Finanças, o Dr. Oliveira Salazar, que viria a apresentar o projecto da Constituição de 1933.

Em 5 de Julho de 1932, o ministro das Finanças assumiu a Presidência do Ministério, e, em Fevereiro do ano seguinte, foi publicado o Decreto n.º 22229, pelo o qual o Projecto de Constituição da República Portuguesa foi submetido a referendo nacional,[4] em 19 de Março de 1933. A Constituição então aprovada entrou em vigor em 11 de Abril desse ano e prolongou a sua vigência por mais de quarenta anos, precisamente até 25 de Abril de 1974, data em que novamente as Forças Armadas derrubam o Governo, assumem o poder e apresentam o Programa do Movimento das Forças Armadas à Nação Portuguesa. Segundo alguns historiadores, como o Prof. Oliveira Marques, "o novo texto constitucional reflectia um compromisso nítido entre os princípios demo-liberais e as tendências do tipo integralista-fascista-autoritário, expressas em muitos decretos governamentais promulgados a partir de 1926, e entre república e monarquia" (1977, 304). Por outro lado, a Constituição de 1933 caracterizava-se essencialmente por definir um regime corporativista, por conceder ao governo extensos poderes legislativos e por instituir um órgão técnico (Câmara Corporativa) com funções consultivas de relevante importância para a tomada de decisões políticas.

Baseada na experiência da ditadura militar, de onde retirou a tendência presidencialista e a faculdade legislativa do Governo, e nos programas dos Governos da ditadura com o compromisso de instituírem um regime corporativista; e tendo por fontes a Carta Constitucional, a Constituição de 1911 e ainda a Constituição de Weimar, a Constituição da Segunda República Portuguesa (de 1933) definiu, como órgãos supremos do Estado, o Chefe do Estado, a Assembleia Nacional e o Governo, e estruturou os poderes e competências de cada um destes órgãos por forma a sediar o poder no Presidente da República. Com efeito, a Constituição atribuía ao Presidente da República vastos poderes relativamente aos outros órgãos da Direcção do Estado: podia nomear e demitir livremente o Presidente do Conselho (art. 81.° e n.° 1.° do art. 107.°); conceder e retirar a sua confiança ao Governo, perante si exclusivamente responsável[5]; dissolver a Assembleia Nacional quando assim o exigissem os interesses superiores da Nação, convocá-la extraordinariamente, dirigir-lhe mensagens, conceder-lhe poderes constituintes, abrir solenemente a primeira sessão de cada legislatura (art. 81), e usar o veto suspensivo relativamente aos projectos

---

[4] O referendo traduziu-se nos seguintes resultados: 1292864 votos a favor, 6910 votos contra e 666 votos nulos, contando as abstenções como votos concordantes.

[5] De acordo com o disposto no art. 112.° da Constituição de 1933, o Governo era da exclusiva confiança do Presidente da República e a sua manutenção em funções não dependia do destino que tivessem as suas propostas de lei ou de quaisquer votações na Assembleia Nacional.

da lei aprovados por este órgão legislativo (art. 98.°). Além disso, os actos do Presidente da República, salvo a nomeação e demissão do Presidente do Conselho, as mensagens dirigidas à Assembleia Nacional e a renúncia ao cargo, deviam ser referendados pelo Governo (Presidente do Conselho e Ministro ou Ministros competentes) (art. 82.° e n.° 1.° do art. 109.°).

Parece, portanto, que o texto constitucional de 1933, ao prescrever a eleição do Chefe de Estado por sufrágio directo dos cidadãos eleitores (art. 72.°), apontava para um sistema de governo presidencialista, ou, pelo menos, semipresidencialista.

Acontece, porém, que a competência do Chefe de Estado para dissolver o Parlamento, e a sua incompetência legal para dirigir a governação do país (existindo um Governo com competência própria), aliada à impossibilidade de agir sem a colaboração do Presidente do Conselho de Ministros, que referendava quase todos os seus actos, impedem que o sistema de governo do "Estado Novo" possa ser qualificado de presidencialista ou mesmo de semipresidencialista.

Por outro lado, os reduzidos poderes, mesmo legislativos, atribuídos à Assembleia Nacional, perante a qual o Governo não era politicamente responsável, não permitem que o sistema possa ser qualificado de parlamentar, sendo, pelo contrário, nitidamente antiparlamentar.

De facto, a prática política do Presidente do Conselho de Ministros, que chamou a si a governação efectiva do país e reduziu o Presidente da República a uma magistratura representativa e eventualmente arbitral, fez deslocar a sede efectiva do exercício do poder para o Chefe de Governo, instituindo, assim, um sistema de governo de chanceler. O Presidente do Conselho tornou-se efectivamente o responsável pela política geral do país; e, embora constitucionalmente tivesse que dar conta da política do Governo ao Presidente da República (art. 108.°) e merecer a confiança deste, a evolução do regime corporativista fez dele a principal figura do Aparelho do Estado, concentrando nas suas mãos um excessivo poder, a tal ponto que a eleição do Chefe de Estado dependia mais do Presidente do Conselho de Ministros do que o próprio Governo dependia do Presidente da República.

O sistema de governo de chanceler teve a particularidade de impedir que tivesse aplicação plena o disposto no n.° 14 do art. 8.°[6] e no

---

6 O n.° 14 do art. 8.° estabelece que constituem direitos, liberdades e garantias individuais dos cidadãos portugueses... "a liberdade de reunião e associação".

art. 24.°[7] da Constituição de 1933, que pressupõe a admissibilidade de criação de partidos políticos. De facto, contrariando a interpretação exaustiva das cláusulas constitucionais acima referidas e concretizando a sua concepção de liberdade individual e de organização partidária, que se traduzia na substituição do partido pela associação, o Presidente do Conselho proibiu (1935) todos os partidos políticos e associações secretas, aceitando apenas uma "união de todos os Portugueses", caracteristicamente crismada de "União Nacional" e apresentada como não sendo um partido e opondo-se mesmo aos partidos.

Embora concebida como uma associação de características antipartidárias, a União Nacional tornou-se, desde a sua criação, no partido do Governo. Era um partido extremamente monolítico que não contemporizava com os seus adversários nem tolerava aqueles que não perfilhassem as ideias do integralismo ou do fascismo.

Muitos monárquicos e católicos filiados na União dos Interesses Económicos nos finais da Primeira República e mesmo alguns liberais reviram-se no partido do Governo e sustentaram e apoiaram a política do "Estado Novo". Todavia, a União Nacional, monolítica e inflexível, nunca conseguiu integrar as correntes de pensamento do centro--esquerda e da esquerda, que se constituíram em oposição clara ao regime ditatorial.

Apesar de quase sempre neutralizada e actuando a maior parte das vezes na clandestinidade à volta do clandestino Partido Comunista e, depois de 1945, do Movimento de Unidade Democrática (MUD), a oposição causou alguns sobressaltos ao regime Salazarista, designadamente na época das eleições presidenciais de 1949 e 1958[8]. Aliás, o receio de que um candidato democrata atraísse o consenso da maioria do eleitorado, não obstante a sistemática fraude eleitoral, levou os autores da revisão constitucional de 1959 a decidirem que o Presidente da República passaria a ser eleito por um "colégio eleitoral" composto pelas duas assembleias legislativas (Assembleia Nacional e Câmara Corporativa), por representantes dos municípios e por delegados dos conselhos legislativos do ultramar. A eleição do Presidente da República passava, doravante, a fazer-se no seio da

---

[7] O art. 24.° prescreve que "os funcionários públicos estão ao serviço da colectividade e não de qualquer partido ou organização de interesses particulares...".

[8] Em 1949, o MUD apresentou o General Norton de Matos às eleições presidenciais, e, em 1958, a oposição apresentou o General Humberto Delgado.

família da União Nacional, sem o povo saber o suficiente de quem era escolhido nem conhecer a maioria dos que o escolhiam.

Durante quase toda a vigência da Segunda República apenas foi permitida a existência legal de um único partido – a União Nacional –, mais tarde (1971) denominada Acção Nacional Popular (ANP). E, apesar de ter sido permitido à Comissão Democrática Eleitoral (CDE) e à Comissão Eleitoral da Unidade Democrática (CEUD) concorrerem às eleições legislativas de 1969, isso não veio alterar as características do sistema partidário – um sistema monopartidista –, pois o partido do Governo continuou a deter todos os lugares do Parlamento.

Embora desde a sua entrada em vigor, em 11 de Abril de 1933, a Lei Fundamental da Segunda República Portuguesa fosse entendida, na prática, como uma Constituição semântica, as necessidades do aperfeiçoamento da dinâmica do regime político por ela legitimado implicaram algumas alterações e quatro revisões do texto original.

Nos termos do seu art. 176.º, a Constituição podia ser revista de dez em dez anos, podendo essa revisão ordinária ser antecipada de cinco anos desde que dois terços dos deputados assim o deliberassem; e, de acordo com o disposto no n.º 4 do art. 81.º, o Chefe do Estado podia tomar a iniciativa de revisões extraordinárias. Assim, e tendo em consideração que o Governo entendeu que a primeira Assembleia Nacional a eleger nos termos da nova Constituição deveria ter poderes constituintes, a Constituição de 1933 sofreu pequenas alterações na primeira legislatura da Assembleia Nacional (1935-1938) e foi revista em 1945, 1951, 1959 e 1971.

A primeira revisão constitucional, feita pela Lei n.º 2009, de 17 de Setembro de 1945 traduziu-se praticamente no aumento do número de membros da Assembleia Nacional, passando de 90 para 120.

A segunda revisão foi feita em 1951 pela Lei n.º 2048, de 11 de Junho desse ano, e através dela foram integradas no texto constitucional as disposições que formavam o Acto Colonial e suprimidas algumas disposições finais e transitórias que se tornaram supérfluas.

A terceira revisão iniciou-se em Fevereiro de 1959, em consequência das eleições presidenciais do ano anterior, e terminou com a aprovação da Lei n.º 2100, de 29 de Agosto de 1959, mediante a qual foi aumentado para 130 o número de membros da Assembleia Nacional e alteradas as disposições relativas à eleição do Presidente da República, que deixou de ser feita por sufrágio universal e passou a competir a um colégio eleitoral restrito, cuja composição já fizemos referência nas páginas anteriores.

A quarta revisão constitucional ocorreu em 1971 mediante a aprovação da Lei n.º 3/71, de 16 de Agosto, e as modificações introduzidas traduziram-se essencialmente: no aumento do número de deputados para 150; na consagração constitucional de regiões autónomas; na declaração expressa da não existência de discriminação racial e na supressão de algumas restrições à igualdade dos sexos; na redução do texto constitucional de 181 para 143 artigos.

As revisões da Constituição não alteraram em quase nada as disposições constitucionais relativas aos direitos, liberdades e garantias individuais constantes do seu art. 8.º, nem se desviaram da orientação ideológica consubstanciada no texto original de 1933, no Acto Colonial, no Estatuto do Trabalho Nacional e no Programa da União Nacional. E daí que os direitos do homem e as liberdades fundamentais, mesmo os que foram plasmados no referido art. 8.º da Lei Fundamental, tenham esbarrado em diversas barreiras legais que o regime lhes erigiu em cumprimento da própria Constituição e não hajam encontrado condições favoráveis ao seu respeito efectivo, protecção e salvaguarda. Se não vejamos:

a) O n.º 4 do art. 8.º dispõe que "a liberdade de expressão sob qualquer forma" é um direito dos cidadãos portugueses; mas o n.º 2 do mesmo art. 8.º determina que "leis especiais regularão o exercício da liberdade de expressão do pensamento (...) devendo impedir preventiva ou repressivamente a perversão da opinião pública na sua função de força social e salvaguardar a força moral dos cidadãos". E sabe-se como as leis especiais decretadas instituíram e preservaram a censura à imprensa e aos outros meios de comunicação, tais como o teatro, o cinema, a rádio e a televisão, de tal forma que, "em todas as casas, nenhuma palavra ou imagem podia ser publicada, pronunciada ou difundida sem prévia aprovação dos censores" (Marques, 1977, 299). E também se tem conhecimento de quantos não foram os escritores e editores portugueses que viram os seus livros proibidos e confiscados e as suas editoras e tipografias assaltadas e destruídas pelos executores das determinações do Governo destinadas a evitar "a perversão da opinião pública e a salvaguardar a força moral dos cidadãos", como rezavam as disposições constitucionais, só porque ousaram expressar livremente o seu pensamento. Aliás, muitos escritores, por uma razão ou por outra, foram detidos sob a acusação de delitos políticos ou de atentados aos costumes. Pois basta atentarmos no seguinte texto de José Amaro Dionísio para percebermos os efeitos das tais leis especiais previstas no n.º 2 do art. 8.º da Constituição de 1933.

"No primeiro caso a lista vai de Maria Lamas e Rodrigues Lapa a Urbano Tavares Rodrigues – preso três vezes – de Alves Redol, Alexandre Cabral, Orlando Costa, Alexandre O` Neil, Alberto Ferreira e António Borges Coelho a Virgílio Martinho, António José Forte e Alfredo Margarido ou os mais novos Carlos Coutinho, Carlos Loures, Amadeu Lopes Sabino, Fátima Maldonado, Hélia Correia, e Raul Malaquias Marques. Augusto Abelaire, Manuel da Fonseca e Alexandre Pinheiro Torres estiveram igualmente detidos às ordens da PIDE (Polícia Internacional de Defesa do Estado) em 1965, na sequência da atribuição do prémio da Sociedade Portuguesa de Escritores ao romance "Luuanda", do angolano Luandino Vieira. Abelaire, Fonseca e Torres integravam o júri que decidiu o prémio a Luandino, preso no Tarrafal, e a SPE foi assaltada e extinta. Julgados em plenário foram ainda, por causa do livro "Poesia Erótica e Satírica", Natália Correia, Ary dos Santos, Mário Cesariny, Ernesto Melo e Castro, Luiz Pacheco e o editor Fernando Ribeiro de Melo. Condenados com multas e prisão remível. Os dois últimos voltaram ao plenário para outro julgamento, o da tradução e publicação da "Filosofia de Alcova" de Sade, que juntou no mesmo processo Herberto Helder e o pintor João Rodrigues. Condenados também com multas e prisão remível. Maria Teresa Horta, Maria Isabel Barreno e Maria Velho da Costa desceram por sua vez à barra do Tribunal por causa das "Novas Cartas Portuguesas" (*in* Escritores na Prisão, Grande Reportagem, Julho de 1993).

b) O n.° 14 do art. 8.° estabelece que "a liberdade de reunião e associação" é um direito dos cidadãos portugueses; mas o n.° 2 do mesmo art. 8.° dispõe que "leis especiais regularão o exercício da liberdade de reunião e de associação". E sabe-se como as leis especiais decretadas preservaram (?) essa liberdade, dando continuidade ao pensamento de Salazar expresso nos seus discursos de 1930 e de 1934, nos quais rejeitou os conceitos de liberdade individual e de organização partidária, reafirmando que o movimento de Maio "tendia a proscrever definitivamente o liberalismo, o individualismo e as lutas partidárias e sociais. E, em conformidade com esses discursos, em 1935 proibiu todos os partidos políticos e associações secretas, aceitando apenas a "União Nacional"; e mais tarde foram proibidas todas as reuniões em lugares públicos, com receio de que reuniões de mais de dois ou três indivíduos se destinassem a conspirar contra o regime político em vigor, e também só foi permitido que os trabalhadores se associassem respeitando o Estatuto Nacional do Trabalho e obedecessem às determinações do Instituto Nacional de Trabalho e Previdência.

c) O art. 5.° estipula que "o Estado Português é uma República unitária e corporativa, baseada na igualdade dos cidadãos perante a lei, no livre acesso de todas as classes aos benefícios da civilização e na interferência de todos os elementos estruturais da Nação na vida administrativa e na feitura das leis". Mas o n.° único do mesmo art. 5.° acrescenta que "a igualdade perante a lei envolve (...) a negação de qualquer privilégio de nascimento, nobreza, título nobiliárquico, sexo ou condição social, salvas, quanto à mulher, as diferenças resultantes da sua natureza e do bem da família...". E sabe-se como as diferenças resultantes da natureza da mulher e das exigências do bem da família foram plasmadas em várias leis decretadas pelo regime ditatorial – corporativista. E também se tem consciência de que o articulado da própria Constituição prescreve a preservação dessas diferenças, pois o art. 19.° dispõe que "pertence privativamente às famílias o direito de eleger as juntas de freguesia; mas o seu d único acrescenta que "este direito é exercido pelo respectivo chefe". Aliás, estas disposições constitucionais permitiram manter em vigor o disposto no Decreto com força de lei n.° 19 694, de 5 de Maio de 1931, que reconhecia o direito do voto às mulheres diplomadas com cursos superiores ou secundários, enquanto, para os homens, exigia que soubessem ler e escrever, até à entrada em vigor da lei eleitoral n.° 2015, de 28 de Maio de 1946, que, embora mais permissiva, continua a manter requisitos diferentes para os homens e para as mulheres fazerem parte do corpo eleitoral que elegia a Assembleia Nacional. De resto, só em Dezembro de 1968, a Lei n.° 2137 proclamou a igualdade dos direitos políticos do homem e da mulher seja qual for o seu estado civil; mas, no que concerne às eleições locais, permaneceram as desigualdades, continuando a ser apenas os chefes de família os eleitores das Juntas de Freguesia, até que o Decreto-Lei n.° 621/A/74, de 15 de Novembro, aboliu todas as restrições baseadas no sexo quanto à capacidade eleitoral activa e passiva dos cidadãos portugueses.

Estas observações mostram claramente que a Constituição de 1933 era um documento mais preocupado com a imagem do que com a realidade do sistema político português. Era, por conseguinte, uma Constituição semântica, à qual o Prof. Adriano Moreira se referiu nos seguintes termos: "o ponto mais conhecido é que, consignando um regime instaurado militarmente e definindo como figura principal o Chefe de Estado, ninguém duvidava de que o poder estava no Presidente do Conselho, que decidia o provimento do Presidente da República e dialogava directamente, até à conspiração de 1961, com as forças armadas. Daí por diante as coisas passavam-se diferentemente, mas o poder nunca esteve onde a Constituição o dizia (...). Tudo isto é o processo político de uma Constituição semântica, isto é, uma colecção de palavras destinadas a compor uma imagem, mas com escassa ligação à realidade" (1977, 87).

O desrespeito do regime ditatorial-corporativista do chamado "Estado Novo" pelos princípios da igualdade e da liberdade está bem patente no sistema eleitoral vigente durante a Segunda República Portuguesa. De facto, até 1945, somente a União Nacional propunha candidatos à Assembleia Nacional e à Presidência da República; e, depois dessa data, todos os lugares sujeitos a sufrágio foram ocupados pelos candidatos do partido do Governo. Além disso, as dimensões do corpo eleitoral foram pouco ampliadas ao longo de quarenta anos, passando de 1300 000 eleitores, em 1933, para cerca de 1500 000, em 1973, enquanto a população do país aumentou de 6 360 347, em 1930, para 8 123 310 habitantes, em 1970. Significa isto que a percentagem de indivíduos com direito a voto relativamente à população de maioridade eleitoral baixou de 29,2%, em 1933, para 26,4%, em 1973.

O regime de ditadura legal que vigorou sob os auspícios da Constituição de 1933 compreendia muitos elementos comuns aos regimes fascistas, como a Legião Portuguesa, a Mocidade Portuguesa, a Polícia de Vigilância e de Defesa do Estado (PVDE), denominada Polícia Internacional e de Defesa do Estado (PIDE) a partir de 1945; e assentava nos princípios inerentes à concepção fascista do mundo e da vida, tais como o princípio da irracionalidade e da emotividade que apela aos elementos irracionais, sentimentais e incontroláveis do homem em todas as relações humanas; o princípio do elitismo segundo o qual as elites das sociedades politicamente organizadas tem o direito e o dever de governarem as massas inorganizadas; o princípio da desigualdade humana, que considera que os homens são superiores às mulheres, os soldados superiores aos civis e os membros do partido (da União Nacional) superiores aos que não estão nele filiados; e o princípio do binómio amigo-inimigo, segundo o qual, nas relações políticas, não existem opositores, nem adversários, mas sim inimigos, que são todos aqueles que não comungam dos ideais prosseguidos pelo regime ditatorial-fascista.

Por conseguinte, o período correspondente à vigência da Segunda República não foi favorável à consagração, protecção e salvaguarda dos direitos do homem. E, por isso, foram numerosos os intelectuais portugueses que se viram forçados a viver no exílio; e foram também numerosos aqueles que enchiam as prisões por cometerem o crime de não comungarem da mesma concepção do mundo e da vida professada pelos detentores do poder e dirigentes do regime.

3. Da Instauração da III República aos Nossos Dias (1974-2004): A Constituição de 1976

O regime ditatorial corporativista, instituído pela Constituição de 1933, consolidado e preservado pela "Ordem Salazarista", que se fundamentava na economia de auto-subsistência, foi-se fechando dentro de si mesmo, isolando-se quase completamente da convivência internacional.

A derrota do fascismo italiano e do nacional-socialismo alemão na II Guerra Mundial contribuiu para o isolamento do salazarismo, que, na Europa, apenas ficou a contar com o apoio ideológico do franquismo. E, em África, o processo de descolonização, iniciado pela Grã-Bretanha e continuado pela França, estimulou a organização de movimentos de libertação em Angola, Guiné e Moçambique, enquanto nas conferências afro-asiáticas e pan-africanas se condenava energicamente o colonialismo português.

Estes acontecimentos, juntamente com a pressão do grande capital urbano sobre o Governo no sentido de este facilitar e proteger os investimentos nacionais e estrangeiros, colocaram o regime perante problemas novos, que implicavam uma profunda alteração na ordem tradicional salazarista. Mas a sua rigidez não lhe permitiu adaptar-se às novas circunstâncias. E, durante toda a década de 1960, a poderosa estrutura do salazarismo foi ruindo progressivamente, ao mesmo tempo que aumentava o descontentamento, particularmente no seio da Forças Armadas, e se intensificavam os ataques da oposição, provenientes sobretudo do estrangeiro onde uma boa parte dela se havia exilado.

Entretanto, no seio das Forças Armadas, foi-se organizando um movimento (MFA) destinado a exigir do Governo melhores salários e regalias sociais com vista a restaurar o seu prestígio, que se vinha degradando sobretudo em consequência das lutas de África. Porém, o Governo continuava surdo às reivindicações dos militares, enquanto o Movimento da Forças Aramadas (MFA) ia ganhando cada vez mais consistência e apoios. E a evolução dos acontecimentos nos primeiros meses de 1974 precipitou a intervenção dos militares nos assuntos políticos: derrubam o Governo em 25 de Abril desse ano e procedem imediatamente à alteração do regime político. Pretendem, por conseguinte, instaurar um regime democrático e pluralista, onde todas as correntes de opinião possam exprimir os seus pontos de vista e organizarem-se com vista a participar na vida política do país; e com esse objectivo apresentaram um programa à Nação Portuguesa (Programa do MFA) com a finalidade de democratizar o país, descolonizar as províncias ultramarinas e desenvolver económica e socialmente a Nação. De acordo com o Programa do MFA, o exercício do poder político era, de imediato, competência de uma Junta de Salvação Nacional, até à formação de um Governo Provisório Civil, substituindo o Presidente da República, o Governo e o Conselho de Estado, que eram destituídos, e a Assembleia Nacional, que era dissolvida; e ao Governo Provisório competia preparar as condições para eleger uma Assembleia Nacional Constituinte, no prazo de doze meses, por sufrágio universal, directo e secreto.

Entretanto, o Golpe de Estado de 25 de Abril de 1974 depressa se transformou em Revolução, devido à dinâmica revolucionária que os acontecimentos de 28 de Setembro de 1974 e de 11 de Março de 1975 imprimiram ao processo iniciado com o Golpe de Estado. E a evolução da conjuntura ultrapassou os princípios enunciados no Programa do MFA, que passou a ser constantemente desvirtuado. A descolonização não se faz à luz dos princípios nele inseridos e as convulsões políticas e militares não foram evitadas, ao contrário do que estava previsto. Assim, os Governos Provisórios sucederam-se em curtos espaços de tempo (foram constituídos seis Governos em pouco mais de dois anos) e as dificuldades em os formar aumentaram cada vez mais.

Após, a convulsão de 11 de Março de 1975, a Junta de Salvação Nacional foi substituída pelo Conselho da Revolução, que passou a ser o órgão detentor do poder político-militar. E, enquanto no campo militar se travavam lutas de bastidores para ascender à mais elevada hierarquia política (Conselheiro da Revolução), os partidos políticos, já constituídos e legalizados, procuram atrair o eleitorado com o fim de captar votos nas eleições para a Assembleia Constituinte. Entretanto, aproxima-se a data das eleições, marcadas para 25 de Abril de 1975, e o MFA, que não desejava perder o comando da Revolução, propõe aos partidos políticos uma plataforma de acordo constitucional, à qual devia obedecer a elaboração da futura Constituição, qualquer que fosse o resultado eleitoral. A plataforma de acordo constitucional foi assinada pelos principais partidos políticos e tornada pública pelos órgãos de comunicação em 10 de Abril de 1975, ficando conhecida como o primeiro Pacto MFA-Partidos.

O primeiro Pacto MFA-Partidos estabelecia, como órgãos de soberania, o Presidente da República, o Conselho da Revolução, a Assembleia do MFA[9], a Assembleia Legislativa, o Governo e os Tribunais, sendo o Presidente da República, por inerência, Presidente do Conselho da Revolução e Comandante Supremo das Forças Armadas, mas designado por um colégio eleitoral restrito, formado pela Assembleia do MFA e pela Assembleia Legislativa, que perfaziam no total 490 eleitores. Este Pacto MFA-Partidos, a ser respeitado na elaboração do texto constitucional, instituiria um "regime semi-democrático" e um "sistema directorial militar", dado que a Assembleia do MFA não resultava da manifestação da vontade popular através de eleições livres e directas, e o Conselho da Revolução ocupava uma posição dominante (posição de tutela sobre os outros órgãos legislativos e executivos) na estrutura dos órgãos do Aparelho político do Estado.

Eleita em 25 de Abril de 1975, por sufrágio universal, directo e secreto, como estava previsto, a Assembleia Constituinte iniciou os seus trabalhos em 2 de Junho desse ano, mas o seu funcionamento foi perturbado e interrompido por várias vezes durante o Verão de 1975. Algumas vezes foi tentado o boicote à elaboração da Constituição e à aprovação de diversos artigos por certas forças políticas, pelo simples facto do articulado do texto, que parcialmente ia sendo aprovado, não se coadunar com o figurino da Constituição que desejavam ver aprovada e promulgada. Aliás, assistiu-se mesmo ao sequestro dos deputados e dos membros do VI Governo Provisório em S. Bento, enquanto as manifestações de rua entoavam slogans alusivas à tomada do poder pela força.

Os apelos demagógicos à ditadura do proletariado, que então se faziam, suscitaram a adesão ideológica de uma facção do MFA, que acreditava estarem criadas as condições para tomar completamente o poder e estabelecer um regime totalitário e opressor. Porque – como sublinhou Leão Tolstoi – "quando um Governo é derrubado pela violência e a autoridade passa para outras mãos, essa nova autoridade não será de modo algum menos opressora do que a anterior. Pelo contrário, obrigada a defender-se dos seus inimigos exasperados pela derrota, será ainda mais cruel e despótica do que a sua predecessora, como sempre tem acontecido em períodos de revoluções" (1899, 183).

---

[9] A Assembleia do MFA seria constituída por 240 representantes das Forças Armadas, sendo 120 do Exército, 60 da Armada e 60 da Força Aérea, entre os quais se contavam obrigatoriamente os membros do Conselho da Revolução.

A tentativa ensaiada durante o Verão de 1975 com vista a conquistar o poder culminou com os acontecimentos de 25 de Novembro desse ano, os quais se traduziram na derrota militar dos radicais e na restauração do jogo democrático subjacente ao espírito do 25 de Abril e ao Programa do MFA.

Estas contingências tornaram necessária a revisão da plataforma da acordo constitucional MFA-Partidos, pois os militares democratas não concebiam que, numa democracia, o Presidente da República fosse escolhido por um colégio restrito. Por isso, no mês de Dezembro de 1975, o Conselho da Revolução apresentou aos partido políticos uma nova plataforma de acordo constitucional – 2.º Pacto MFA-Partidos – que, após dois meses de negociações, acabou por ser assinado pelos principais partidos políticos (PS, PPD/PSD, PCP, CDS e MDP/CDE), em 27 de Fevereiro de 1976.

O segundo Pacto MFA-Partidos distingue-se do primeiro em vários aspectos essenciais: retirou da estrutura do Aparelho do Poder do Estado a Assembleia do MFA, mantendo no entanto o Conselho da Revolução; prescreveu que o Presidente da República seria eleito por sufrágio universal, directo e secreto, ao qual atribuiu amplos poderes de controlo político do Executivo; consagrou a responsabilidade política do Governo perante o Presidente da República e a Assembleia Legislativa; atribuiu ao Conselho da Revolução poderes mais limitados, mas suficientemente amplos para desempenhar as funções de um Conselho de Estado (Conselheiro do Presidente da República), de um Tribunal Constitucional e de órgão político e legislativo em matéria militar.

O modelo estrutural do Aparelho do Poder do Estado definido pelo 2.º Pacto MFA-Partidos foi transposto pelos constituintes para o texto da Constituição, que foi aprovado em 2 de Abril e entrou em vigor em 25 de Abril de 1976. tal modelo era complexo e ambíguo. Complexo, porque postulava uma emaranhada teia de relações entre os diversos órgãos de soberania; ambíguo, porque não era passível de semelhança com nenhum dos modelos de sistema de governo existentes e conhecidos.

De facto, a Constituição de 1976 instituiu um sistema político de governo suis generis, que não se identifica com nenhum dos sistemas de tradição histórica (parlamentar, de convenção, presidencialista e semipresidencialista), pois do seu articulado decorre que a sede do poder residia no Conselho de Revolução, visto conferir-lhe uma supremacia política relativamente aos outros órgãos de soberania, fazendo dele a instituição política do Estado sem o consentimento da qual o poder não está disponível. Por isso se diz que a Constituição da República Portuguesa (CRP) de 1976 define (definia) um sistema de governo híbrido, que não é parlamentar nem presidencialista, e muito menos é um sistema de convenção ou assembleia, e também não se identifica com o sistema semipresidencialista que tem vigorado em França desde 1958. Pela simples razão de consagrar um órgão de soberania de índole militar – o Conselho da Revolução – a Lei Fundamental de 1976 definiu um modelo novo de sistema político de governo, um sistema de governo híbrido, portador de elementos típicos dos sistemas presidencialistas (eleição do Chefe de Estado por sufrágio universal, directo e secreto, e separação de poderes e de funções); dos sistemas parlamentares (responsabilidade política do Governo perante o Parlamento e faculdade de dissolução deste pelo Chefe de Estado) e dos sistemas directoriais militares (consagração de um órgão directorial militar – o Conselho da Revolução – com competências legislativas em matéria militar e de fiscalização política da actividade dos outros órgãos de soberania).

A CRP de 1976 previa o período de vigência sem poder ser alterada, entendido este como uma fase transitória do processo revolucionário iniciado com o Golpe de Estado de 25 de Abril de 1974; mas admitia a sua revisão decorrido o período da Primeira Legislatura[10]. E tal como estava previsto, em 12 de Agosto de 1982, foi aprovada pela Assembleia da República a Lei Constitucional n.° 1/ 82, que entrou em vigor após a sua promulgação em 24 de Setembro desse ano, e a qual consumou a primeira revisão de CRP de 1976.

A revisão constitucional de 1982 alterou a estrutura do Aparelho do Poder do Estado: reduziu para quatro os órgãos de soberania – Presidente da República, Assembleia da República, Governo e Tribunais – expurgando do texto constitucional o Conselho da Revolução e criando em sua substituição o Conselho de Estado, ao qual atribuiu apenas competência consultiva; instituiu o Tribunal Constitucional como garante do respeito

---

[10] O art. 286.° da CRP prescrevia a primeira revisão constitucional nos seguintes termos:

"1. Na II Legislatura, a Assembleia da República tem poderes de revisão constitucional, que se esgotam com a aprovação de lei de revisão.

2. As alterações da Constituição terão de ser aprovadas por maioria de dois terços dos Deputados presentes, desde que superior à maioria absoluta dos Deputados em efectividade de funções, e o Presidente da República não poderá recusar a promulgação da lei de revisão".

pela constitucionalidade das leis e dos actos administrativos, em substituição da Comissão Constitucional que funcionava sob a dependência do Conselho da Revolução; alargou as competências da Assembleia da República, tanto em matéria legislativa, como em matéria electiva e de fiscalização política (redução de duas para uma monção de censura necessária para derrubar o Governo); modificou o sistema de relações entre os órgãos da Direcção do Estado (Chefe do Estado, Parlamento e Governo).

Em suma, as alterações introduzidas pela primeira revisão constitucional modificaram legalmente o regime político e o sistema político de governo. O regime político tornou-se verdadeiramente democrático, uma vez que a formação de todos os órgãos da Direcção do Estado é determinada pelo resultado da manifestação da vontade popular através do sufrágio universal, directo e secreto; e o sistema de governo deixou de integrar o elemento directorial militar, passando a comportar apenas variáveis dos sistemas presidencialistas e dos sistemas parlamentares, pelo que pode ser qualificado como um sistema político de governo misto de preponderância parlamentar.

Até ao presente (2004), a CRP de 1976 sofreu mais quatro revisões constitucionais, respectivamente, em 8 de Julho de 1989 (Lei Constitucional n.º 1/89), em 25 de Novembro de 1992 (Lei Constitucional n.º 1/92), em 20 de Setembro de 1997 (Lei Constitucional n.º1/97), e em 12 de Dezembro de 2001 (Lei Constitucional n.º 1/2001). Mas nenhuma delas alterou a estrutura do Aparelho do Poder do Estado, nem as regras que orientam as relações entre os órgãos de soberania, nem tão pouco os princípios e as normas que definem a forma republicana do Estado e o regime político democrático e pluralista. E também nenhuma das revisões constitucionais alterou os direitos e as liberdades fundamentais dos Portugueses consagrados originalmente no texto constitucional de 1976. Pelo contrário, algumas delas acrescentaram-lhe alguns direitos políticos que decorrem da evolução do processo de integração europeia, como sejam: o direito de protecção diplomática e consular das autoridades dos Estado membros da União Europeia nos países onde Portugal não tem representação diplomática; o direito eleitoral activo e passivo nas eleições autárquicas e para o Parlamento Europeu em qualquer país da União Europeia; e o direito de petição ao Parlamento Europeu e de recurso ao Provedor de Justiça da União Europeia.

A Constituição da República Portuguesa (CRP) estabelece no art. 2.º que "a República Portuguesa é um Estado de direito e democrático". O que significa que o Estado Português, enquanto organização político–jurídica da sociedade, está sujeito à lei e garante aos Portugueses liberdade e segurança no exercício dos direitos pessoais, civis, políticos, económicos, sociais e culturais nela consagrados.

Por isso, a CRP dedica a sua Parte I, ao longo de 68 artigos, à consagração dos direitos e deveres fundamentais dos cidadãos portugueses, atribuindo ao Estado Português uma dupla responsabilidade: salvaguardar o respeito pelos direitos de liberdade (liberdades pessoais, civis e políticas); e garantir a satisfação dos "direitos a", direitos económicos, sociais e culturais, evitando que qualquer instituição ou quaisquer membros da comunidade ponham em causa estes direitos.

Por conseguinte, a CRP consagra tanto os "direitos de" (direitos da 1.ª geração) – direitos pessoais, civis e políticos – como os "direi-tos a" (direitos de 2.ª geração) – direitos económicos, socais e culturais – e estabelece a obrigação e o dever de salvaguardar e respeitar estes direitos.

a) **Direitos e Liberdades Pessoais, Civis e Políticos**

A CRP contempla um conjunto de liberdades que se articulam em dois tipos de direitos: os direitos e liberdades de natureza pessoal; e os direitos e liberdades de participação política, constitutivos da ordem democrática consignada e subjacentes à dimensão do conceito de cidadania.

A designação de liberdades é sinónimo de direitos de liberdade – direitos pessoais e liberdades individuais – os quais compreendem:

O direito à vida e à integridade física e moral (artigos 24.° e 25.°);
O direito à identidade pessoal, à capacidade civil, à cidadania, ao bom nome e reputação, à imagem, à palavra e à reserva da intimidade na vida privada e familiar (artigo 26.°);
O direito à liberdade e segurança (artigo 27.°);
O direito de resistência (artigo 21.°);
O direito à inviolabilidade do domicílio e da correspondência (artigo 34.°);
O direito de constituir família, de contrair matrimónio e de manter e educar os filhos(artigo 36.°);
O direito à protecção e sigilo de dados pessoais face à utilização da informática (artigo35.°);

O direito de liberdade de expressão e de informação (artigo 37.°);
O direito de liberdade de consciência, de religião e de culto (artigo 41.°);
O direito de deslocação e de emigração (artigo 44.°);
O direito de reunião e de manifestação (artigo 45.°);
O direito de liberdade de associação (artigo 46.°);
O direito de liberdade de escolha da profissão e acesso à função pública (artigo 47.°).

Os direitos fundamentais consagrados na CRP compreendem não só os direitos pessoais (naturais) e as liberdades individuais que lhes estão subjacentes como também os direitos associados ao *status activus* – ao estatuto de cidadão – isto é, os direitos políticos e os direitos económicos, sociais e culturais, como, de resto, já atrás havíamos sublinhado.

No seu art. 4.°, a CRP estipula que "são cidadãos portugueses todos aqueles que como tal sejam considerados pela lei ou por convenção internacional". Portanto, é cidadão português o detentor da qualidade de cidadão nacional, aquele que usufrui do estatuto de cidadania. E a cidadania surge como um *status* caracteristicamente pessoal, que acompanha o seu titular – o cidadão – onde quer que ele se encontre. Por conseguinte, o direito à cidadania, previsto no art. 26.° da CRP, significa o direito à qualidade de cidadão português, sendo esta qualidade extensiva aos cidadãos oriundos da União Europeia (EU) e dos PALOP, desde que preenchidos os requisitos legais.

Cidadão é, pois, todo aquele que toma parte nos negócios públicos da cidade, da comunidade, do Estado, beneficiando de um estatuto e de um posicionamento face ao poder político, que lhes permitem participar, directa ou indirectamente, no seu exercício. Logo, o cidadão – o *Homo Politicus* – deve dispor de mecanismos e de procedimentos para participar, directa ou indirectamente, na tomada de decisões que compete ao poder político. E, por isso, a CRP confere ao cidadão português:

O direito de se reunir e de se manifestar (artigo 45.°);
O direito de constituir associações (artigo 46.°);
O direito de participar na vida pública (artigo 48.°);
O direito de sufrágio (artigo 49.°);
O direito de constituir ou participar em associações e partidos políti-

cos e de através deles concorrer democraticamente para a formação da vontade popular e a organização do poder político (artigo 51.°);

Os direitos de petição[11] e de acção popular (artigo 52.° e Lei n.° 43/ 90, de 10 de Agosto).

b) Direitos Económicos, Sociais e Culturais

Como sublinhámos nas páginas anteriores, a CRP define no seu art. 2.°, o Estado Português como um Estado de direito e democrático. Porém, no art. 81.°, acrescenta-lhe um outro adjectivo, ao preceituar que "incumbe prioritariamente ao Estado promover o aumento do bem-estar social e económico e da qualidade de vida do povo, em especial das classes mais desfavorecidas"; adjectivo esse que qualifica o Estado Português como um Estado do bem-estar social. E daí que a CRP contemple um conjunto de direitos, cuja aplicação e observância exigem, não uma abstenção, mas sim uma intervenção do Estado. São os direitos económicos, sociais e culturais.

Assim, nos termos da Constituição, todos os Portugueses gozam dos seguintes direitos:

b) 1. Direitos Económicos:
Direito ao trabalho (artigo 58.°);
Direito à garantia de emprego (artigo 53.°);
Direito a criar comissões de trabalhadores (artigo 54.°);
Direito à liberdade sindical (artigo 55.°);
Direito à greve (artigo 57.°);
Direito à qualidade dos bens e serviços consumidos (artigo 60.°);
Direito à iniciativa privada, cooperativa e auto-gestionária (artigo 61.°);
Direito à propriedade privada (artigo 62.°).

b) 2. Direitos Sociais:
Direito à segurança social (artigo 63.°);
Direito à protecção da saúde (artigo 64.°);
Direito a uma habitação condigna (artigo 65.°);

---

[11] O direito de petição traduz-se na faculdade de apresentação de um pedido ou de uma proposta a um órgão de soberania ou a qualquer autoridade pública, no sentido de que tome, adopte ou proponha determinadas medidas.

Direito à qualidade de vida e ambiental (artigo 66.°);
Direito à protecção da família (artigo 67.°, 68.°, 69.° e 70.°).

b) **3. Direitos Culturais:**
Direito à educação, à cultura e à ciência (artigo 73.°);
Direito ao ensino com garantia de igualdade de oportunidades de acesso e êxito escolar (artigo 74.°);
Direito à cultura física e ao desporto (artigo 79.°);
Direito à criação e fruição intelectual, artística e cultural (artigos 42.° e 78.°).

Além dos direitos e liberdades consagrados na Constituição da República Portuguesa, os cidadãos portugueses gozam também dos direitos e das liberdades plasmados nas cartas, convenções, declarações e pactos internacionais, subscritos pelos órgãos competentes do Estado Português. E isto graças ao regime democrático e pluralista instaurado a partir de 25 de Abril de 1974.

É certo que Portugal já é membro da Organização das Nações Unidas (ONU) desde 1955, e que a Declaração Universal dos Direitos do Homem foi aprovada em 10 de Dezembro de 1948 pela Assembleia Geral desta Organização; mas os Pactos Internacionais do Direitos Civis e Políticos e dos Direitos Económicos e Sociais, da responsabilidade da ONU, só entraram em vigor em Março de 1976. E também só depois de vigorar o regime democrático no nosso país é que Portugal foi admitido nos clubes das democracias europeias protectores dos direitos do homem e das liberdades fundamentais, aderindo ao Conselho da Europa em 1976, e à Comunidade Europeia em 1986, e ratificando a Convenção Europeia de Salvaguarda dos Direitos do Homem e das Liberdades Fundamentais em 1978.

CONCLUSÃO

As reflexões feitas ao longo das páginas anteriores permitiram-nos chegar a algumas conclusões que consubstanciam respostas às interrogações formuladas na introdução deste estudo, e que a seguir explicitamos.

Os ideais filosóficos e políticos, que se desenvolveram na Europa e determinaram as conjunturas favoráveis, ou desfavoráveis, à consagração e salvaguarda dos direitos do homem e das liberdades fundamentais, reflectiram-se naturalmente em Portugal.

Da revolução liberal (1820) até ao final da I República (1926), a concepção liberal do mundo e da vida orientou, de modo geral, o exercício do poder político. E daí que as Constituições Monárquicas (de 1822 e 1838) e a Carta Constitucional (1826) proclamassem os direitos de liberdade, de segurança individual e de propriedade, mas quase não fizessem referência aos direitos económicos e sociais, e que a Constituição Republicana (de 1911) mantivesse a enumeração desses direitos, acrescentando-lhes o direito de resistência a quaisquer ordens que infringissem as garantias individuais, o laicismo traduzido na igualdade e liberdade para todas as religiões e na neutralidade religiosa em matéria de ensino nas escolas públicas, e o princípio da igualdade social que rejeita todos os privilégios decorrentes do nascimento, dos títulos nobiliárquicos e das ordens honoríficas.

Do Golpe de Estado de 28 de Maio de 1926 à implantação da III República (1974), os direitos do homem sofreram uma regressão em virtude de ter sido instituída uma ditadura de facto (ditadura militar) e de esta ter evoluído para uma ditadura legal, com a aprovação e entrada em vigor da Constituição (de 1933). E, embora a Constituição enumerasse, no seu art. 8.°, os direitos, liberdades e garantias individuais dos Portugueses, as leis especiais adoptadas nos termos da própria Constituição e a prática política do regime, traduzidas na instauração da censura, na proibição do exercício da liberdade de reunião e associação e na perseguição aos que manifestavam opiniões divergentes e contestavam o regime e o funcionamento do sistema, não permitiram que os princípios da liberdade, da igualdade e da dignidade fossem efectivamente respeitados e os direitos humanos plenamente usufruídos.

Da instauração da III República até aos nossos dias (2004), os direitos humanos adquiriram, em Portugal, total reconhecimento e mais protecção, graças ao regime democrático instituído na sequência do Golpe de Estado de 25 de Abril de 1974. Com efeito, a Constituição de 1976 dedica 78 artigos, que integram a sua primeira parte, à proclamação dos direitos e dos deveres fundamentais dos cidadãos portugueses, enumerando os direitos pessoais, civis e políticos e os direitos económicos, sociais e culturais; e contempla a criação de um Provedor de Justiça, com vista a receber queixas relativas ao desrespeito dos direitos constitucionalmente consagrados, examiná-las e agir em conformidade, a fim de que os direitos sejam protegidos e salvaguardados. Por outro lado, a instauração do regime democrático permitiu a Portugal inserir-se no «clube das democracias europeias» – o Conselho da Europa – e ratificar a Convenção

Europeia de Salvaguarda dos Direitos do Homem e das Liberdades Fundamentais, submetendo-se à jurisdição do Tribunal Europeu dos Direitos do Homem, instância jurídica competente para garantir o respeito pelos direitos consagrados na respectiva Convenção, bem como aderir à Comunidade Europeia e participar nas Conferências sobre Segurança e Cooperação na Europa, que deram lugar, em Outubro de 1990, à Organização de Segurança e Cooperação na Europa (OSCE), da qual é membro integrante. Além disso, Portugal ratificou a Convenção Internacional sobre os Direitos da Criança, a Convenção sobre todas as Formas de Discriminação da Mulher, a Convenção sobre a Condição dos Refugiados, a Convenção Internacional sobre a Prevenção do Crime de Genocídio, a Convenção Internacional sobre todas as formas de Discriminação Racial e o Estatuto do Tribunal Penal Internacional, fazendo parte do grupo de países que defende intransigentemente o pleno respeito pelos princípios que garantem a efectiva aplicação dos direitos do homem e das liberdades fundamentais.

Bibliografia

Livros

BOURDON, Albert- Alain – "História de Portugal", Coimbra, Liv. Almedina, 1993

DIONISIO, José Amaro – "Escritores na Prisão", *in*: "Grande Reportagem", Julho de 1993.

FERNANDES, António José – "Os Sistemas Político – Constitucionais Português e Espanhol (Análise Comparativa), Lisboa, Europa Editora, 1991.

GALTUNG, Johan – "Direitos Humanos: Uma Nova Perspectiva", Lisboa, Instituto Piaget, 1998.

HAARCHER, Guy – A Filosofia dos Direitos do Homem", Lisboa Instituto Piaget 1997.

MARQUES, A. H. Oliveira – "A Primeira República Portuguesa", 2.ª ed. Lisboa Livros Horizonte, 1975 "História de Portugal", II Vol., 4.ª ed., Lisboa, Palas Ed., 1977.

MARTINS, Alberto – "Novos Direitos do Cidadão", Lisboa, Pub. Dom Quixote 1994.

MOREIRA, Adriano – "Novíssimo Príncipe", Braga, Editorial Intervenção, 1977.

TOLSTOI, Leão – "The Kingdom of God is Within You", 1899.

Documentos

Constituição Portuguesa de 1911
Constituição Portuguesa de 1933
Constituição Portuguesa de 1976
I Pacto MFA – Partidos de 10 de Abril de 1975
II Pacto MFA – Partidos de 27 de Fevereiro de 1976

PROBLEMÁTICA DA MEDIDA EM PSICOLOGIA

ARTUR ROCHA MACHADO
Professor do Instituto Superior de Ciências Policiais e Segurança Interna
e do Instituto Superior de Línguas e Administração

PROBLEMÁTICA DA MEDIDA EM PSICOLOGIA

Não sabemos o que medimos, ignoramos se é legítimo quantificar e calcular a partir dos resultados obtidos e o que significam os resultados tão pouco o conhecemos.

THORNDIKE

Não há ciência senão quando a medida pode intervir.

HENRI PIÉRON

INTRODUÇÃO

O presente texto aborda a problemática da aplicação da medida em psicologia bem como o significado e valor que pode ser atribuído ao resultado dos testes no contexto do exame psicológico. Apesar de tudo, este continua a ser um método de avaliação individual usado em diferentes situações como selecção de pessoal, orientação profissional e diagnóstico psicológico/clínico etc. Trata-se de um método de avaliação de aplicação corrente, mas nem sempre da forma mais ajustada e plausível.

Reconhece-se, de facto, que se usa e abusa do exame psicológico porque se aceitam as suas conclusões como se reflectissem uma avaliação objectiva e completa do indivíduo examinado sem tão pouco problematizar a relatividade da medida usada e o valor do resultado obtido. E, o que é mais grave, nem sequer se questiona o significado do "número" que expressa o valor de uma aptidão, de um interesse ou de um traço de personalidade. É certo que há, numa posição mais reticente, porventura extrema, quem recuse liminarmente o valor intrínseco do exame psicológico sobretudo pela sua inadequação à realidade para que pretende avaliar. Sabe-se também, que o exame psicológico funciona por vezes de forma adversa destinando-se a eliminar concorrentes. Torna-se, por isso, obstáculo ao ingresso numa carreira, porventura de sucesso e factor de negação do valor individual, gerando instabilidade e descrença auto-individual.

A experiência já demonstrou que o exame psicológico pode ser um entrave à iniciativa e criatividade individual. Convém a propósito realçar que os testes psicológicos que o integram não foram idealizados para medir a criatividade. Esta escapa-lhes. E é por isso que, para muitos, não passa de uma pura perda de tempo, não admitindo sequer que seja o instrumento de avaliação que, em mais curto espaço de tempo, fornece maior quantidade de informações acerca do examinado. É ainda de referir que os indivíduos que obtêm os melhores resultados nos testes psicológicos nem sempre são os que mais gostam de trabalhar e que mais sucesso obtêm, facto que evidencia a insuficiência do exame das aptidões como método exclusivo de avaliação. Na verdade, a motivação individual e o projecto pessoal são fundamentais para o êxito.

As considerações tecidas relevam a importância do problema da "Medida em Psicologia" e do seu significado pela influência que têm na interpretação do resultado do exame psicológico. Este não terá, por certo, o valor que uns lhe querem atribuir nem a irrelevância e o desprezo a que outros o querem votar. Nem uns nem outros terão a razão total. Haverá, certamente, uma postura intermédia capaz de promover a conciliação. Não se deve ignorar que a medição em psicologia assume um relevo particular porque age sobre variáveis contínuas, escapando à métrica do tipo comummente utilizado. Além disso, não se medem atitudes, interesses, aptidões ou traços de personalidade, mas sim as suas manifestações objectivas, inferindo-se a partir desse facto a sua natureza, expressão e intensidade. Fazem-se, portanto, medições indirectas.

É destes assuntos que se ocuparão as páginas seguintes.

1. Aspectos epistemológicos e metodológicos da psicologia.

1.1 *O carácter nomotético da Psicologia*

A Psicologia é uma ciência nomotética porque procura extrair "leis", não só a partir de relações quantitativas, de algum modo constantes e exprimíveis sob a forma de funções matemáticas, mas também como factos gerais que se traduzem por meio de uma linguagem corrente mais ou menos formalizada.

Para o psicólogo (como acontece com o sociólogo, o etnólogo, o linguista, em relação às suas ciências) estudar casos individuais é fazer psicologia diferencial. Mas as suas investigações testemunham claramente uma preocupação de generalidade e de estabelecimento de leis, a tal ponto que a psicologia não é só a ciência do indivíduo, mas do homem em geral, do "indivíduo" enquanto Universal, (embora possa, em certas circunstâncias, interessar-se sobretudo pelos casos individuais e pelo seu estudo experimental e teórico), o que constitui a orientação actual da investigação psicológica.

Os primeiros problemas postos à psicologia experimental, tais como a discriminação sensorial, o estabelecimento de limiares de sensibilidade, a influência de vários factores na sensibilidade, apontavam para o estabelecimento de princípios e leis gerais e não propriamente para a extensão e natureza das diferenças inter-individuais. A preocupação seguinte, se por um lado progrediu no sentido de uma investigação aplicada baseada na psicologia diferencial, por outro lado aprofundou as raízes epistemológicas da psicologia enquanto ciência. Assim se compreende que Piaget afirmasse ser impossível dissociar a psicologia da epistemologia. Quando o psicólogo ultrapassa o estudo de determinado nível de desenvolvimento do adulto ou do adolescente e se ocupa da génese e formação das funções cognitivas e das transformações da inteligência humana, tem de se interrogar como se adquirem os conhecimentos, como crescem, como se organizam e se reorganizam.

Assim como qualquer outra ciência nomotética, a Psicologia comporta, pois, investigações acerca dos fenómenos que se desenrolam segundo uma dimensão "histórica". No caso do desenvolvimento do indivíduo, trata-se de um desenrolar de factos históricos que se repetem e que permitem verificações experimentais de tal modo que o seu objectivo continua a ser a procura de leis sob a forma de "leis do desenvolvimento".

1.2. Conceito e unidade de "medida"

Um dos problemas mais complexos que a psicologia tem de resolver e que é aliás extensivo às outras ciências humanas, é o da medição em si própria, ou seja, o grau de precisão do conhecimento dos próprios factos observados.

A precisão e a concisão máximas na comunicação são conseguidas por meio de asserções numéricas ou quantitativas. Se se recorre ao número, não é por qualquer preconceito que se dá primazia à quantidade, mas por que o número contém em si uma estrutura rica, a inclusão de classes que permite a classificação e a ordem que caracteriza as seriações, o que lhe dá um valor instrumental ímpar.

Para além deste problema e implícito nele, o que o torna mais difícil de encarar, está o problema da constituição de "unidades". A grande dificuldade da Psicologia, como das outras ciências do homem, é a ausência de unidades de medida. E embora o método dos testes, por exemplo, forneça dados chamados métricos, porque incide no único aspecto mensurável das condutas – a resultante das reacções – não se pode falar em unidades de medida.

Que significado terá, por exemplo, a retenção por um indivíduo de 10 palavras em 15 ou a realização de 30 questões em 40, num teste de inteligência?

Embora não tendo dominado o problema da medição no sentido de uma redução completa ao número e aos sistemas de medida, a psicologia está na posse de dados estatísticos e estruturas lógico-matemáticas qualitativas que lhe permitem dar resposta ao problema atrás enunciado, não só no sentido de lhe fornecer uma explicação, como suficiente para lhe permitir certa previsão dos fenómenos.

Sublinha-se que data dos finais do séc. XIX a primeira aplicação de métodos matemáticos à psicologia. O primeiro nome que surge é o de Fechner ao traduzir numa fórmula matemática a Lei de Weber de que "o menor aumento perceptível de intensidade do estímulo é uma fracção constante da intensidade inicial".

Já no séc. XX seguiu-se Spearman (cujo trabalho fundamental data de 1904) e mais tarde Thurstone que dedicou toda a década de 1920-1930 ao estudo dos problemas da medida. Por isso, Spearman e Thurstone podem ser considerados os verdadeiros precursores da teoria matemática aplicada à medida em Psicologia, todavia limitada, durante largos anos, ao estudo dos testes em psicometria.

1.3. *Dificuldades epistemológicas*

A psicologia, para se tornar ciência, abandonou não só o estudo do "eu" como expressão imediata da alma, mas também o método introspectivo, para adoptar a tendência comparatista. Para o efeito percorreu um longo caminho e nele intervieram comparações sistemáticas entre o normal e o patológico, o adulto e a criança, o homem e o animal. Este ponto de vista acabou por prevalecer na psicologia científica, pois a consciência só pode compreender-se inserida no conjunto da "conduta", o que supõe métodos de observação e de experimentação.

Foi um esforço árduo, pois tratando-se de uma ciência do homem, aliás seu objecto de estudo em diferentes dimensões, encontrou-se na posição particular de ser ao mesmo tempo sujeito e objecto o que levantou problemas de difícil solução. A situação foi particularmente agravada pelo facto do sujeito que observa ou experimenta em si próprio ou no outro, poder ser influenciado pelos fenómenos observados ou estes serem fonte de modificação para o observador.

Como realça Piaget, a «dificuldade epistemológica central das ciências do homem, a de ser ao mesmo tempo sujeito e objecto, prolonga-se por estoutra, a de que, sendo o objecto, por seu turno, no sujeito consciente dotado de linguagem falada e de múltiplos simbolismos, a sua objectividade e condições prévias de descentração tornam-se difíceis e muitas vezes limitadas».

As dificuldades inerentes a esta "situação circular" do sujeito e do objecto transparecem claramente no método introspectivo, em que o sujeito é modificado pelo objecto a conhecer, como reciprocamente se modificam os fenómenos observados.

1.4. *A Psicologia diferencial e o método comparativo*

Uma das formas de remediar a insuficiência metodológica foi "descentrar" a própria introspecção, para empregar a palavra usada por Piaget, isto é, comparar os sujeitos entre si, face a problemas bem delimitados. Construiu-se assim, uma espécie de "introspecção provocada" que permitiu uma comparação sistemática.

Esta medida aplicou-se no domínio da psicologia diferencial, o que significa que se adoptou como método a observação das diferenças entre os indivíduos, comparados segundo diversas dimensões. Assim, foi possível proceder à comparação de estados sucessivos de um determinado desenvolvimento (psicologia genética), comparação de grupos diferentes de indivíduos convenientemente escolhidos (psicologia diferencial) ou comparação de animais de espécies diferentes (psicologia animal). Esta experimentação, que se inseriu sempre no âmbito da psicologia experimental, utilizou como meio o método matemático – estatístico, que lhe forneceu uma linguagem mais precisa e que lhe permitiu condensar as informações colhidas.

Efectivamente, quando se comparam indivíduos ou grupos de indivíduos, pode-se ordenar esses indivíduos ou a média desses indivíduos e, por vezes, calcular as diferenças estabelecidas entre eles. Este tipo de trabalho é próprio da psicologia diferencial e pertence ao método comparativo. Pode analisar-se os resultados de vários testes realizados por um grupo de indivíduos e considerar que não constituem variáveis psicológicas diferentes, evidenciando pelo contrário, um factor comum entre si. De igual modo se pode, a partir da comparação de resultados obtidos por um único indivíduo submetido a uma série de testes, obter correlações que permitam entender o seu comportamento.

Estes exemplos permitem evidenciar a utilização do método comparativo, método que se insere no domínio dos métodos objectivos, pois permite o controlo das hipóteses e dos dados resultantes da experimentação. Esta constatação permite distinguir o conhecimento baseado na intuição (pseudo científico) que é incontrolável e não verificável, do conhecimento baseado na experimentação.

A descoberta da psicologia das diferenças inter-individuais deve-se a Galton, adepto entusiasta das teorias evolucionistas, que imprimiu à nova psicologia uma feição muito característica. Confrontado com o problema das diferenças inter-individuais e persuadido da crescente degeneração da raça humana, desde a civilização grega, o seu grande objectivo foi atentar a favor da sua regeneração substituindo a selecção natural por uma selecção inteligente. Este projecto passava pela medida das aptidões humanas, isto é, por averiguar as possibilidades de cada um. Estava dada a partida para a criação de métodos, técnicas e instrumentos que permitissem a avaliação das potencialidades individuais. Foi aliás neste pressuposto, que surgiram os "testes psicológicos", instrumentos rápidos de medida e de aplicação possível a um universo bastante numeroso de indivíduos.

Para concretizar e objectivar a sua investigação, Galton serviu-se da estatística, tendo sido o promotor da sua aplicação à psicologia, particularmente no respeitante à utilização de certos métodos de pesquisa como o método das correlações, por exemplo. Descobriu "sur les tas", como diz Paul Fraisse, que a medida em psicologia não tem zero nem unidade própria. Por isso não pode fazer apelo senão a comparações sobre a distribuição estatística das medidas ou resultados.

1.5. Método estatístico: objectivo e processo

A natureza dos problemas postos à "psicologia diferencial" constrangeram-na a utilizar o método estatístico para tratamento de resultados.

O grau de desenvolvimento de uma característica individual não pode ser avaliado senão por relação com o desenvolvimento médio dessa mesma característica na amostra da população de que o indivíduo faz parte.

Uma pontuação directa (bruta) em qualquer teste psicológico carece de significado. Afirmar que um indivíduo resolveu correctamente 15 problemas num teste de raciocínio aritmético ou que memorizou 20 palavras no espaço de 1 minuto, nada diz acerca do nível de cada uma dessas funções.

O objectivo principal do método estatístico é o de organizar e sintetizar os dados quantitativos com vista a facilitar a sua compreensão.

Uma lista de 169 resultados obtidos num teste de inteligência (n=169) apresenta um aspecto desordenado. O tratamento estatístico desses resultados através de uma distribuição de frequências, passa a conferir-lhes significado.

O resultado final de um teste pode ser apresentado de forma gráfica seja por meio de um histograma ou de um polígono de frequências ou de outro modo qualquer. A representação visual é mais atractiva, pois traduz os factos numéricos, muitas vezes abstractos e de difícil interpretação, de forma concreta e facilmente compreensível, isto é, conjuga quantidade e qualidade.

Efectivamente, a visualização dos resultados de um teste psicológico permite compreenderem facilmente o seu sentido e significado. Assim, se os resultados do teste se concentram na extremidade superior da escala, ele é certamente fácil. Mas se se concentram na extremidade inferior é porque é muito difícil. Quando o teste é adequado ao nível das aptidões/capacidades do grupo, os resultados tendem a distribuir-se simetricamente em torno da média (ou seja, aproximam-se da curva normal de probabilidades).

1.6. *O Método dos testes e a psicologia diferencial*

A psicologia diferencial é essencialmente uma psicologia comparativa que adopta vários métodos, sendo o principal ou mais corrente o método dos testes (psicológicos). Trata-se de um instrumento essencial de análise e avaliação, cujo valor assenta em três características importantes: o grau de objectividade das suas observações, que pode ser controlado, o tratamento estatístico que permite que cada resultado individual seja compreendido e valorizado em função de um conjunto e o seu carácter analítico.

Quanto ao primeiro, é indispensável que o resultado de um teste não dependa do seu utilizador (o psicólogo). O material utilizado deve ser definido de forma precisa. O processo de aplicação está objectivamente fixado. As instruções de realização são rigorosas. Por isso a forma de corrigir, de notar e de avaliar os resultados não deixa margem para a apreciação subjectiva do observador ou avaliador. O rigor do método dos testes psicológicos é evidente quando comparado com outros processos de observação e avaliação utilizados, como por exemplo, o dos exames de natureza escolar, pois a sua construção, o sistema de aplicação, a sua correcção e notação obedecem a normas estandardizadas.

Piéron, menciona no seu livro "Examen et Docimologie", vários estudos que denunciam a emergência de uma equação pessoal na avaliação de um mesmo exercício escrito ou oral, afirmando que o mesmo exer-

cício visto por professores diferentes ou pelo mesmo professor em ocasiões diferentes, obtém avaliações diferentes. A psicologia científica não
permite tal variação mesmo quando implica uma atitude subjectiva. As
divergências entre os observadores são consideradas como "erro", que é
tratado e trabalhado estatisticamente conduzindo ao verdadeiro valor da
observação. O estudo dos diversos factores de erro de observação constituiu aquilo que se denominou fidelidade (ou garantia) de um teste. Um
teste oferecerá tanta mais garantia, quanto menos for afectado por factores
de "erro". Diversos processos de análise desta qualidade ou característica
são postos à disposição do psicólogo, tais como a repetição do teste passado algum tempo (teste-reteste), a aplicação de testes análogos (formas
paralelas), a comparação dos resultados obtidos pelo mesmo sujeito em
duas séries de questões extraídas do mesmo teste (garantia de bi-partição).

O rigor do teste psicológico advém também do facto das suas observações se exprimirem sob forma numérica. Número de respostas certas e
erradas. Número de "faltas" ou seja, ausência de resposta. Tempo gasto na
sua execução. Quantidade de trabalho desenvolvido num dado período de
tempo. Como escreve Reuchelin, é uma observação "à medida".

Esta asserção é particularmente verdadeira quando se trata de testes
de aptidões, de inteligência, de interesses ou de personalidade. Não é
necessariamente tão evidente quando se trata das técnicas projectivas.

É uma constatação observável que os indivíduos diferem uns dos
outros sob múltiplos aspectos, cabendo à psicologia diferencial medir
essas diferenças, que identifica através do termo "dimensão". Este problema equaciona a necessidade de uma diferenciação não apenas global
(escola de Binet), mas de maior sensibilidade discriminativa, incidindo
sobre os factores diferenciadores (tese de Piéron).

Esta questão é importante, porque, na prática, em psicologia não se
podem comparar várias medidas, sem se saber o que se está a comparar,
isto é, se se trata ou não da mesma dimensão.

2. A medida em psicologia

2.1. *O conceito geral de medida*

O conceito de "medida" é usado em diversos sentidos e contextos,
tanto na literatura filosófica como científica. Em geral, a medida é definida

como "uma expressão comparativa de dimensões e quantidades" ou, mais precisamente, como "a expressão de uma relação entre unidade de medida. Em sentido amplo poderá ser vista como a atribuição de números a objectos (acontecimentos ou situações), de acordo com determinada regra. Medir é, pois, conhecer uma quantidade por meio de uma medida, o que permite:

• Comparar uma realidade com outra da mesma natureza tomada como padrão;
• Estabelecer uma relação entre os objectos comparados;
• Expressar os resultados em termos quantitativos.

A medida é um instrumento de padronização através do qual se assegura a equivalência entre objectos de origens diversas, tornando possível fazer discriminações mais subtis e consequentemente, descrições mais precisas.

É porém de realçar que a medida não é um fim em si. A sua validade científica só pode ser apreciada numa perspectiva instrumentalista dentro da qual se indagam os fins que pretende servir, o papel que lhe cabe desempenhar numa dada situação experimental e as funções que lhe cabem na investigação.

Só se pode falar em medida quando certas propriedades das coisas estabelecidas pela experimentação, são postas em correspondência com certas propriedades dos números. Como refere Reuchlin nestas circunstâncias é estabelecida uma espécie de isomorfismo entre as propriedades escolhidas para as coisas e para os números, de tal modo que o resultado de certas operações práticas sobre os números permite prever o resultado de operações isomórficas praticadas sobre as coisas.

2.2. *O conceito de medida em psicologia*

O conceito de medida não é controverso quando se trata da medida física. Mas em psicologia o termo "medida" não é tão pacífico, porque rapidamente se assinalam:

• Problemas e limites impostos à medida psicológica;
• A forma assumida pelos resultados;
• As operações permitidas pelos dados colhidos.

Então o que significa "medir" em Psicologia? O que significa um QI de 120 em relação a um outro QI de 60? É possível medir em psicologia? Se o intelecto não é mensurável e se, como dizem os filósofos, só se pode medir aquilo que tem extensão, então como se pode tentar medir aquilo que não tem pontos de apoio, nem força material?

Estas são algumas das perguntas que se podem formular ao colocar-se o problema da medida em psicologia.

É necessário deixar bem claro que não é o espírito que se mede, mas os resultados da sua actividade. São os "produtos" da inteligência que podem ser medidos. Da inteligência que Bergson considerou "criadora de utensílios" e que se define no essencial pela acção que exerce no mundo exterior. Sendo assim, é possível calcular a extensão da resposta a uma excitação exterior, como é permitido dar expressão numérica às realizações psíquicas através de testes psicológicos. Isto porque tais realizações se executam em situações estandardizadas que permitem estabelecer comparações.

2.3. *Base teórica do "número" em Psicologia: dos resultados às diferenças.*

O aparecimento de diferenças entre os indivíduos submetidos a experiências em laboratório por Wundt, levou Mc Keen Cattell à ideia de medir estas diferenças com um objectivo essencialmente prático. Baseado nos princípios estatísticos de Galton, criou uma técnica, que ele próprio denominou "teste", que consistia na realização de uma tarefa idêntica por um grupo de indivíduos. A avaliação feita permitia descrever numericamente os resultados. Os números assim obtidos eram considerados em certo sentido como a "medida" de uma característica psicológica.

A atribuição de números aos diferentes resultados, fundamentava-se no princípio de que a tarefa proposta era tal que os indivíduos não a cumpriam todos da mesma maneira ou no mesmo espaço de tempo. Definido o grau de "dificuldade" para cada um dos resultados possíveis, a medida da característica psicológica de determinado indivíduo depende da dificuldade na obtenção do resultado na realização da tarefa.

A medida de uma aptidão, traço de personalidade, interesse ou atitude fundamenta-se no resultado obtido no teste considerado globalmente, isto é, nas respostas fornecidas a várias questões e não apenas a uma questão. Esta constatação exige que o teste seja homogéneo, estando esta homogeneidade ligada não apenas ao conteúdo do teste, mas também à forma de apresentação das questões e ao grau de dificuldade dos seus itens.

2.4. *A exigência cientifica e funcional da quantificação*

Perante a dificuldade de esboçar a construção de uma métrica adequada à psicologia, pode perguntar-se se esta ciência será capaz de alcançar a "realidade" (psicológica) e explicá-la de modo científico e rigoroso ou se deverá contentar-se com o chegar a ela apenas através de comportamentos decorrentes das operações dessa realidade sem grande preocupação de expressar os resultados em termos quantitativos. Este é o problema da psicometria ou o problema da possibilidade de observação e registo da manifestação de uma característica de modo mais ou menos rigoroso. É, em suma, o problema da quantificação.

Mas tanto como "ciência pura" ou como ciência "aplicada", a psicologia pretende compreender o indivíduo. E "compreender" o indivíduo é constatar nele a presença de várias características. E é registando os comportamentos ou "efeitos" que se pode relacionar o tipo e forma de intervenção dessas características (traços de personalidade ou aptidões).

Para conhecer o indivíduo de modo mais exacto e completo, já que, como escreve Thorndike, nunca se pode conhecer inteiramente uma pessoa porque não se pode descrever tudo, há que:

* Definir a qualidade que se pretende medir;
* Determinar a série de operações que permite a manifestação do atributo em causa;
* Estabelecer uma série de processos ou definições para traduzir as observações em proposições quantitativas.

Só assim é possível extrair conclusões precisas das experiências. O comportamento das pessoas varia de indivíduo para indivíduo. Sem a possibilidade de quantificar os modos típicos do comportamento, os resultados de quase todas as experiências apresentariam dados contraditórios e confusos. A quantificação permite conhecer melhor a densidade da variável analisada numa determinada pessoa.

2.5. *Natureza dos dados psicológicos*

O desenvolvimento da medição em psicologia foi retardado, em parte, por alguns mal-entendidos acerca da natureza desta matéria e em parte por se considerar a psicologia numa perspectiva eminentemente filosófica. E. Kant afirmara que não seria possível existir uma ciência psicológica porque os dados básicos não poderiam ser observados e medidos. Foram exactamente concepções deste género que levaram à divisão dos fenómenos psicológicos em físicos e mentais, numa tentativa de explicar uns e outros pela sua interacção. Trata-se de um ponto de vista lógico mas infeliz, como escreve Nunnally, que levou à procura de inúteis argumentos acerca das conexões entre o mental e o físico.

Todos aqueles factos que podem ser vistos, ouvidos, tocados ou experimentados em comum podem ser medidos, desde que observáveis. E a sua evidência é tal que pode ser examinada por outros. Parece trivial dizer que a sensação individual de satisfação, de gosto, de alegria, não é passível de investigação científica. Mas que a informação do indivíduo acerca do seu grau de satisfação é um legítimo dado científico. É que esta distinção força o investigador a encarar problemas difíceis e complexos sobre a natureza dos seus dados.

A resposta do indivíduo é sempre a resposta de um "indivíduo" e jamais se poderá provar que realmente "gosta" ou "sente" do que diz gostar ou sentir e no grau em que exprime esse gosto ou essa sensação. Dispõe-se apenas da informação do indivíduo e é com este dado básico que se vai lidar.

Os "dados" fornecidos pela medida nada têm de absoluto. São obtidos a partir de um indivíduo concreto empenhado numa acção definida que não é exercida no vazio, mas num contexto que está longe de ser neutro. É em função da situação em que o sujeito está envolvido que os dados psicológicos podem e devem ser interpretados.

2.6. *Significado do "número" como expressão de uma medida psicológica*

Os aspectos referidos, permitem agora encarar o problema do significado que revestem os resultados obtidos seja num teste ou em qualquer outro instrumento de medida psicológica. A pontuação directa ou bruta da execução de um indivíduo, proporcionada por estes instrumentos, pode ser o número de respostas dadas correctamente ou o tempo gasto na execução de uma tarefa, o número de manifestações de determinado comportamento ou de escolha de um determinado objecto.

Estas pontuações podem dar origem a interpretações erradas se não se atender ao padrão de medida com que devem ser comparadas.

As medidas psicológicas não permitem a mesma leitura que as medidas físicas. Estas podem ter um ponto zero e as suas unidades serem iguais. Em psicologia, porém, não há zeros absolutos. Então o que significará o resultado zero num teste de inteligência? Que esse indivíduo é desprovido totalmente de inteligência? Ou mesmo que um zero num teste de matemática significa que os conhecimentos desse indivíduo se reduzem a zero?

As pontuações directas nada nos dizem do nível de uma aptidão ou de um traço de personalidade. A forma de saber do valor desta pontuação é comparar o indivíduo com um grupo de referência convertendo as pontuações directas em pontuações derivadas. Estas passam a representar a posição do indivíduo em relação a um grupo de referência.

Para compreender o significado de um resultado bruto, há, pois, necessidade de recorrer a uma informação complementar, a uma referência, a uma norma ou a um critério.

A fim de determinar mais precisamente a posição de um indivíduo em relação à amostra de que faz parte, a pontuação directa é reduzida a uma pontuação relativa. Uma comparação directa nada dirá. Poderá mesmo induzir em erro. Mas uma pontuação derivada dirá em qual dos testes é melhor, ou se é bom em todos.

Existem várias formas de converter as pontuações directas (brutas), de forma a garantir as exigências de compreensão dos resultados em psicologia atrás enunciados. As pontuações dos testes pertencem essencialmente a dois tipos principais: percentílicas e padronizadas. A abordagem explicativa destas representações quantitativas embora relevante não é por agora desenvolvida.

3. Medida física *versus* medida psicológica

3.1. *Da simplicidade da medida física à complexidade da medida psicológica*

A orientação psicométrica procurou obter uma avaliação quantitativa dos aspectos isolados de uma execução. Thorndike (1874-1949), resumiu os fundamentos filosóficos desta preocupação do seguinte modo: "Se alguma coisa existe, existe em certa quantidade, se existe em certa quantidade, pode ser medida". Nesta afirmação está pressuposta a possibilidade de equiparação entre as leis que regem a quantificação dos fenómenos de psicologia e as que regem a quantificação dos fenómenos da física, já que se consideram os traços de personalidade como "coisas" cujas dimensões se podem medir, do mesmo modo como se pode medir o volume e o peso de um objecto ou a amplitude e frequência de uma onda luminosa.

Em todos os níveis da investigação psicológica se utilizam observações quantificadas, pois:

• Mede-se a amplitude e a velocidade do influxo nervoso que percorre as fibras nervosas;
• Conta-se o número de influxos que atinge o centro nervoso respectivo, num determinado período;
• Avalia-se quantitativamente o desenvolvimento intelectual do indivíduo, os seus interesses, etc.;
• Adopta-se o número para descrever as atracções e as repulsas manifestadas num grupo de crianças para comparar, por exemplo, as atitudes de uma população face a problemas de natureza racial.

Estes métodos não se ficam por considerações teóricas ou meramente investigatórias. São largamente utilizados para fins práticos, nos domínios mais diversos da Psicologia Industrial, Escolar, Clínica ou em problemas como os da selecção, de orientação escolar e profissional, de diagnóstico de patologias diversas, etc.

Há preocupações epistemológicas presentes, por exemplo no carácter de simplicidade e de unicidade das coisas físicas, incompatível com a complexidade e ambiguidade fundamentais de toda a observação psicológica. Não há igualdade entre dois indivíduos. Por isso dois observadores apreendem aspectos diferentes do mesmo indivíduo. A precisão da linguagem numérica aplicada às "coisas" fixas e simples do físico é inadequada às coisas da psicologia, quer se trate do indivíduo, quer da colectividade.

Enquanto na medida física se podem usualmente obter resultados muito fidedignos, por três razões básicas:

• As características físicas podem ser medidas directamente;
• Os instrumentos usados para obter as medidas são muito precisos;
• As características medidas são relativamente estáveis.

Em psicologia tal não acontece. A medida psicológica é muito menos fidedigna e precisa que a medida física. E isto porque:

* A medida psicológica é uma medida indirecta. Para medir a estabilidade emocional ou o grau de motivação é preciso medir o comportamento e, indirectamente, inferir o grau da característica possuída pelo indivíduo.
* O grau de precisão e garantia dos instrumentos de medida é menor e baseia-se na dedução legítima de que a pessoa inteligente ou com "jeito" para a mecânica, a pessoa emotiva ou extrovertida responde às situações artificiais (estímulos), do mesmo modo como se comporta ou comportará na vida real.

De facto o "material" de que é feito o instrumento de medida não oferece a mesma garantia de fidelidade da medida física.

* A estabilidade da medida de uma característica psicológica é uma questão de grau. Nenhum resultado obtido pelo mesmo indivíduo em ocasiões diferentes é totalmente estável. As fontes de variação são múltiplas como já se referiu.

A consequência deste artificialismo manifesta-se particularmente na descontinuidade entre o homem "objecto de medida" e o homem "real", descontinuidade que, segundo M. Reuchlin, poderá explicar os fracassos ou os êxitos relativos dos métodos da psicologia aplicada, fundados sobre elaborações quantitativas.

3.2. *Características da expressão numérica da medida em psicologia*

Tentou já mostrar-se o significado do "número" enquanto expressão da medida de carácter psicológico. Referiu-se que o número em Psicologia apenas reflecte uma "ordem" entre resultados e, em alguns casos, igualmente o "intervalo" que os separa, partindo de um pressuposto de ordem teórica que garante esta possibilidade e como tal tomado como hipótese de trabalho. Mas o número com que se opera não é o número gozando da totalidade das suas propriedades. A sua função aditiva, por exemplo, não foi considerada, por ser incongruente quando referida à medida psicológica.

Ao abordar-se a "expressão numérica dos resultados em Psicologia" há, pois, que compreender em que sentido se está a usar o número. A compreensão do significado do número nas diferentes escalas utilizadas é importante, para apreensão completa do seu significado e enquanto expressão, por exemplo, de um percentil, de uma nota T ou de uma nota Z (classe normalizada padronizada).

4. Interpretação dos resultados em psicologia: a "norma" e a "amostra"

Como se referiu, o resultado bruto de um teste psicológico não significa praticamente nada. Há que referenciar esse resultado a um resultado médio ou típico (a norma), para que tal resultado bruto adquira um significado. A norma é, pois, o resultado médio ou típico obtido por uma amostra específica num determinado teste. Qualquer norma, seja qual for o modo como se expresse, está limitada à amostra da população a partir da qual foi derivada. Portanto, as normas de modo algum são absolutas, universais ou permanentes. Representam somente a execução naquele teste, ou seja, o nível de rendimento obtido pelos indivíduos que constituem o grupo normativo (amostra).

O termo "Norma" aparece com um duplo significado ou sentido:

• Norma como grupo referência;
• Norma como resultado médio típico de um determinado teste e obtido por uma amostra definida. Esta amostra é a base da constituição das normas, devendo ter-se em atenção o seu desenvolvimento e aplicação.

Para se obter uma boa amostra deve considerar-se:

• O seu tamanho – isto é, deve ser suficientemente grande para oferecer estabilidade. A estabilidade permite afirmar que se se utilizar outra amostra obtida por processo semelhante se obteriam resultados semelhantes;
• A sua representatividade – isto é, a amostra tomada abrange um determinado número de factores característicos da população em geral. As categorias ou factores considerados são, normalmente, o sexo, a idade, o nível sócio-profissional, o nível cultural, o lugar de residência, tomadas nas proporções equivalentes às da população em geral, de forma a constituir uma representação adequada da população;

- A homogeneidade da amostra – isto é, o grupo que constitui a amostra deve obedecer às variáveis definidas pelos objectivos da prova;
- A actualidade – esta característica da amostra pretende realçar que a mudança que ocorre no mundo em que se vive e que afecta sobretudo a educação, provocando a rápida desactualização das normas, deve ser obtida recentemente, o que lhe dá, por isso, um valor limitado no tempo;

Estas quatro exigências servem para realçar a dificuldade de obtenção de normas adequadas a toda uma população, sendo por isso raros os testes que apresentam valores característicos da população em geral. Opta-se, portanto, por definir a população da forma mais restrita, apresentando normas de aplicação limitada. Estas, são resultados médios ou valores obtidos a partir da medição efectuada em determinado grupo (amostra) representativo de uma determinada população.

As normas reflectem, portanto, o grau de desenvolvimento (psíquico ou físico) da amostra, cujas condições e oportunidades favoráveis nem sempre são satisfatórias. Também os testes, como qualquer outro instrumento de medida, medem as dimensões e funções tais como se revelam nas condições reais, não dando ao psicólogo uma indicação do que deveria ser, mas daquilo que realmente é.

CONCLUSÃO

As dificuldades enunciadas em relação à medida aplicada à Psicologia, provam como pode ser falível a decisão fundamentada em indicadores quantitativos, por si mesmo volúveis. É, todavia, de realçar, que a Psicologia é uma ciência em construção, por isso nem a sua métrica, nem o seu processo de aplicação são obras acabadas. A medida tem um carácter relativo e, porventura, mutável. Trata-se também de uma medição indirecta que utilizando instrumentos com as limitações já referidas, visa a avaliação de traços ou aptidões nem sempre estáveis ou bem definidos. O grau de intensidade da característica que está a ser medida pode também mudar ao longo do tempo. Há ainda que considerar que o valor dos testes depende da observância de determinadas condições relacionadas com a sua construção (conteúdo, forma de apresentação, sistema de aplicação, correcção, notação e tratamento estatístico que permitam compreender os resultados), com o seu grau de garantia e validade e com as condições de aplicação.

Bibliografia

ANASTASI, Anne – Testes Psicológicos, Aguilar, Madrid, 1980
BONBOIR, Anne – O Método dos Testes em Pedagogia, Companhia Edit. Nacional, 1974.
CAMBON, J. – La Mèthode de Tests, Bulletin de Psychologie, n.° 233, 1964.
CRONBACH, L.J. – Fundamentos de la Exploracion Psicológica, 2.ª Ed. Bib. Nueva, Madrid
FAVERGE, J.M. – L'Emploi des Méthodes Statistiques, in Traité de Psychologie Appliquée
FERRATER, Mora – Dicionário de Filosofia, Editora Sudamericana, Buenos Aires, 1968.
FRAISSE, P. – L'Evolution de la Psychologie Experimentale, in Traité de Psychologie Èxperimentale, tomo I, PUF, Paris, 1976.
FREEMAN, F. – Teoria e Prática dos Testes Psicológicos, Fundação C. Gulbenkian, 1976.
GARRET, H. – A Estatística na Psicologia e na Educação, 2 volumes, Editora Fundo de Cultura, Rio de Janeiro, 1962.
HAYS, W.L. – Quantificação em Psicologia, Herder, S. Paulo, 1970.
JARDILLIER, P. – L'Organisation Humaine des Estreprises, PUF, Paris, 1965.
KAPLAN, A. – A Conduta na pesquisa, Herder, S. Paulo, 1969.
LAMBER, M. R. – Cours de Statistique, in Bulletin de Psychologie, tomo XIX, 1967.
LEWIN, J. – Estatística Aplicada a Ciências Humanas, Editora Harper, Row do Brasil, 1978.
MAIER, N. – Psicologia Industrial, edições Rialp, Madrid, 1975.
MARQUES, J. Ferreira, O Problema da Validade em Psicologia Diferencial, Edição da Faculdade de Letras de Lisboa, Lisboa, 1971.
MEHRENS, W. e LEHMANN, I. – Testes Padronizados em Educação, EPU, S. Paulo, 1978.
MUCCHIELLI, R. L – L'Examen Psychotechnique, 3.ª ed., Paris, s/d.
NICK, E. e KELLNER, S. – Fundamentos de Estatística para as Ciências do Comportamento, Edições Renes, Rio de Janeiro, 1971.

NUNNALY, J. – Introduction to Psychological Measurement, Mcgraw-Hill. Tóquio 1970.

PIAGET, J. – A Situação das Ciências do Homem no Sistema das Ciências, Livraria Bertrand, Lisboa, 1971.

PIAGET, J. – Qu'est-ce la Psychologie? In Bulletin de Psychologie n.º 348, 1980.

PICHOT, P. – Les Tests Mentaux, Que sais-je?, PUF, Paris, 1967.

PIÉRON, H. – Ciência e Técnica dos Exames, Moraes Editora, Lisboa, 1977.

REUCHLIN, M. – La Mesure en Psychologie, in Traité de Psychologie Expérimentale, vol.1, PUF, Paris,1976.

REUCHLIN, Maurice – Les Méthodes Quantitatives en Psychologie, PUF, Paris, 1962.

REUCHLIN, M. – La Méthodes des Tests, in Bulletin de psychologie, 1958, n.ºs 144-145.

REUCHLIN, M. – Os Métodos em Psicologia, Moraes Editora, Lisboa, 1979.

SELLIER, J.L. – Les Tests, le Comprendre et y Répondre, Retz, paris, 1973.

TYLER, L. – Testes e Medidas, Zahar Editora, Rio de Janeiro, 1966.

O CARIMBO ESTÁ COM A SENHORA DOUTORA! OU, DA NECESSIDADE DA ASSUNÇÃO POR PORTUGAL DE RESPONSABILIDADES CONSEQUENTES NO PROCESSO DE DESENVOLVIMENTO DO CONTINENTE AFRICANO

MARIA JOSÉ CASTELLO-BRANCO
Mestre em Direito
Acessora da Provedoria de Justiça

O CARIMBO ESTÁ COM A SENHORA DOUTORA!
OU, DA NECESSIDADE DA ASSUNÇÃO POR PORTUGAL DE RESPONSABILIDADES CONSEQUENTES NO PROCESSO DE DESENVOLVIMENTO DO CONTINENTE AFRICANO

SUMÁRIO: 1. Razão de ser; 2. Objectivos; 3. Nota metodológica; 4. Enquadramento; 5. Conceito de Ajuda Pública ao Desenvolvimento; 6. Ajuda Pública ao Desenvolvimento em matéria educativa; 7. Entidades institucionais intervenientes; 8. Análise fenomenológica da estrutura; 9. Resistências, Inovação e Leaders; 10. Motivação para a mudança; 11. Processo de mudança entre todos os actores de negociação; 12. Conclusões

1. Razão de ser

O Professor Doutor Germano Marques da Silva, tinha como missão na década de 70 a tarefa de ensinar Direito Penal a uma centena de alunos – tão jovens que nós éramos! – que tendo aulas de Direito Penal às 8.00h da manhã, sentiam-se mais tentados com aulas das 9.30h.

Lástima.

O Direito Penal era explicado pelo Professor Doutor Cavaleiro de Ferreira, na sua vertente mais sensível e era traduzido pelo Professor Germano, na sua vertente mais humana.

Este contributo não tem nenhum ponto de contacto com Direito Penal, mas reflecte algo que o Professor Germano nos ensinou: o gosto de fazer o melhor possível o nosso trabalho, o gosto de investigar, o gosto pelas ideias novas.

É por isso, que quis fazer parte desta homenagem, retribuindo, passados tantos anos, embora de forma muito simples, essas horas que ajudaram a ver a Vida.

2. Objectivos

O presente trabalho faz parte de um conjunto de estudos destinados a estudar a política de cooperação na área da educação e a contribuir para a sua definição.

Estes estudos iniciaram-se quando, incidentalmente, intervim, no processo de construção do "Centro de Língua Portuguesa de Luanda-Angola", adiante designado por "Centro". Passei assim, de espectadora mais ou menos atenta às questões relacionadas com a cooperação, a interventora, se bem que na perspectiva do simples funcionário público: não tendo estado envolvida no processo de decisão, situação na qual se encontram a maioria dos executores das políticas públicas, foi necessário e particularmente grato, ir descobrindo as envolventes deste processo.

Aproximei-me, portanto, do paradoxal e apaixonante mundo da ajuda pública ao desenvolvimento, permitindo-me analisar numa perspectiva de coerência entre ajuda ao desenvolvimento e políticas sectoriais,[1] questões tão díspares quanto as opções estruturais de constituição de Escolas Portuguesa ou da sua formalização, as implicações interministeriais no regime estatutário dos agentes de educação na cooperação[2], a possibilidade de entrosamento dos três subsistemas presentes na Educação para o ensino português no estrangeiro – o subsistema denominado ensino português no estrangeiro, em sentido restrito, regulamentado e previsto em

---

[1] Que constitui um dos critérios de avaliação de projectos ou programas de ajuda ao desenvolvimento propostos pelo Comité de Auxílio ao Desenvolvimento da OCDE (CAD).

[2] Como exemplo, a necessidade de uniformização de regras mínimas aplicáveis a contratados por ONG em acções de cooperação e suas implicações no regime de concursos para recrutamento e selecção de pessoal docente. Veja-se o caso da contagem de tempo de serviço. Claramente a Administração Educativa tem procurado corresponder ás necessidades da política de cooperação nacional, através da contagem de tempo de contratados por ONG.

normativos autónomos[3], o subsistema de escolas europeias, também previsto em regulação autónoma[4] e o subsistema a que poderíamos chamar de ajuda pública ao desenvolvimento – de forma a constituir um corpo único ou intercomunicável, ou a participação das Organizações não governamentais neste processo[5].

É no âmbito do subsistema de ajuda pública ao desenvolvimento que se insere o processo de construção do Centro, procedendo ao reconhecimento de que "a educação ocupa hoje um lugar central nas políticas conducentes à criação e ao reforço entre a estabilidade macro-económica e a reforma estrutural por um lado, o crescimento, a luta contra a pobreza e as desigualdades, por outro"[6].

E é precisamente, nesta situação que detectamos, em especial, a necessidade de coordenação, definida como o estabelecimento de coerência entre vários centros de decisão[7], acentuando-se a sua componente

---

3 Decreto-lei n.° 13/98 de 24-01, que aprova o regime jurídico dos docentes de ensino português no estrangeiro, o Decreto Regulamentar n.° 4-A/98, de 06-04, que estabelece as normas aplicáveis ao concurso para preenchimento dos lugares de docentes de ensino português no estrangeiro, Decreto-lei n.° 30/99 de 29-01, que define o regime de coordenação do ensino português no estrangeiro; o Despacho conjunto n.° 677/99 (2ª série) 12-08-1999 que revê os vencimentos dos professores de ensino de português no estrangeiro e o Despacho Conjunto n.° 896/99 de 20 Outubro, que fixa até à regulamentação do disposto no artigo 8.° do Decreto-lei n.° 13/98, de 24 de Janeiro, o suplemento de instalação, previsto no artigo 9.° do mesmo diploma, no valor correspondente a duas remunerações mensais do docente constante das tabelas salariais do ensino português no estrangeiro, deduzidas dos montantes auferidos pelo docente, em igual período, na escola de origem.

4 Despacho conjunto n.° 300/98, 22 de Abril, que determina a aplicação ao pessoal docente em serviço nas escolas europeias a partir de 1 de Setembro de 1989, quanto ao respectivo destacamento, o disposto no Estatuto do Pessoal Docente das Escolas Europeias cfr. Decreto 1/97 de 3 de Janeiro de 1997. V. ainda Aviso 47/2003 de 7 de Fevereiro.

5 Actualmente regidas pela Lei n.° 66/1998, de 14 de Outubro. A questão das ONG coloca em evidência um problema que ultrapassa a dimensão ministerial o resultado do impacto de dimensões políticas e domesticas no relacionamento internacional do Estado português. Antecipando o estudo geral poder-se-á dizer que a racionalização da intervenção da cooperação portuguesa na área da cooperação leva á eliminação de formas de actuação avulsa e dispersa o que potencia a coerência da política pública de cooperação para o desenvolvimento.

6 Conclusões do "Fórum Mundial da Educação, Dakar, Abril 2000, Unesco.

7 Delion, André G "Les problèmes administratifs de la coordination en matière de développement économique et social» in «La coordination administrative en matière économique et social», Cahier de l'Institut Français des Sciences Administratives, n.° 2,

relacional em detrimento da competência decisional: ou seja, é sobretudo nos problemas das relações entre os vários centros de decisão, que a presente análise se centra, indo ao encontro do que resulta da análise dos exames efectuados pelo Comité de Auxílio ao Desenvolvimento da OCDE (CAD), em Dezembro de 1993 e em Junho de 1997, que, entre outros factores salientava, na área da educação, a pouca importância dada nos projectos e programas ao ensino primário, à educação de base e a ineficiência da coordenação interministerial.[8]

Neste estudo optamos por apresentar, assim, o processo de projecto de construção de uma Escola, o Centro de Língua Portuguesa de Luanda, analisado na perspectiva da ciência da Administração, destinando-se a demonstrar a necessidade de um projecto de natureza educomunicativo[9] como condição da melhoria da prestação administrativa na área da cooperação para o desenvolvimento.

3. Nota metodológica

O período abrangido pela presente análise abrange cerca de 10 anos iniciando-se desde meados da década de 90 até 2004, época em que viria a ser construído, de facto, o Centro. Não deve ser confundido com o Centro de Língua portuguesa – Instituto Camões, de Angola, aberto em 24 de Março de 2000, sediado no Instituto Médio Normal Garcia Neto, que forma os docentes da língua portuguesa do Ensino Básico e que se encontra enquadrada nos programas que este Instituto desenvolve, visando a consolidação do Português nas Universidades e Institutos médios dos países onde é língua oficial[10], criado no âmbito do Instituto Camões[11].

Paris, ED Cujas, pág. 2, cit. por Ferretti, Raymond «La coordination de l 'action des organisations internationales au niveau européen », Organisation internationale et relations internationales, Bruylant, Bruxelles, 1984.

[8] É só no resultado do exame de 1997 que aparece o reconhecimento da disponibilidade portuguesa para efectuar certa coordenação através dos orçamentos integrados. Não é, no entanto, um esforço suficiente, como se tenta demonstrar no estudo geral a que fazemos referencia.

[9] Sobre o conceito de informação e de educação, Educomunicação cfr. António Cenjor Sanchez Bravo in http:/www.acj.es/unesco/grup.com1.ht

[10] www.institutc camões.pt/encarte/abertutrclpangola.htm.

[11] A acção do Instituto Camões, tem como objectivo a coordenação da política de promoção e de expansão da língua portuguesa no mundo, dando particular projecção a

Em toda a presente exposição os temas relacionados com os financiamentos das políticas de cooperação só serão abordados numa perspectiva de complementaridade, porquanto ultrapassam os objectivos do estudo, embora se esteja consciente de que se trata de uma questão central do debate em torno dos problemas do desenvolvimento e de influenciaram decisivamente o desenrolar do processo[12].

Da mesma forma, quando, na descrição da organização da ajuda para o desenvolvimento nos referimos às competências das entidades envolvidas salientar-se-ão as competências e objectivos que tem a ver com a área da matéria, em detrimento de uma visão holistica.

Por último, refiro que as fontes utilizadas são totalmente públicas e que a responsabilidade do que deixo escrito é exclusivamente minha.

4. Enquadramento

A cooperação portuguesa articula-se com a comunidade internacional e o sistema multilateral na prossecução de objectivos comuns, enquadrada por estruturas internacionais bem definidas.

É no entanto, nitidamente marcada por uma dupla vertente: a Organização das Nações Unidas e da União Europeia[13].

4.1. *A Organização das Nações Unidas*

Ultrapassados que foram os limites e tensões do pós colonialismo,[14] época que se arrastou até 1991, data em que Portugal deixou de ser bene-

---

acções de apoio à utilização do português como língua de trabalho das organizações internacionais e ao ensino do português como língua segunda. Tem intersecção com a política de cooperação.

Desde 1995 que o Instituto Camões tem vindo a sofrer alterações sucessivas (a lei orgânica aprovada pelo Decreto-lei n.° 52/95 de 20 de Março, foi substituído pelo Decreto-lei n.° 170/97 de 5 de Julho que por sua vez foi alterado pelo Decreto-lei n.° 352/98 de 12 de Novembro e pelo Decreto-lei n.° 19/2000 de 1 de Março).

[12] Cfr. pontos 7 e 8.

[13] Sem deixar de mencionar a cooperação com as instituições de Bretton-Woods (Fundo Monetário Internacional e Banco Mundial) no quadro da ajuda pública ao desenvolvimento.

[14] Esbatidas as "arenas de tensões e conflitos burocráticos ", pág. 36,. Cfr. "A dispersão e o centralismo burocrático. Disputa na cooperação cultural bilateral portuguesa

ficiário da ajuda internacional, Portugal adoptou os princípios gerais estabelecidos na Resolução da Assembleia Geral das Nações Unidas, conhecida como "United Nations Millenium Declaration" e que contém oito grandes objectivos:

- A erradicação da pobreza extrema e da fome
- A educação primária universal
- A promoção da igualdade entre sexos e reforço do papel da mulher
- A redução da mortalidade infantil
- A melhoria da saúde materna
- O combate ao HIV/SIDA, malária e outras doenças
- Assegurar a sustentabilidade ambiental
- Desenvolver uma parceria global para o desenvolvimento.

Em simultâneo, é dado especial ênfase a África a quem é dedicado um capítulo inteiro[15] na perspectiva de ajudar a criar uma paz duradoura, na luta pela erradicação da pobreza e pelo desenvolvimento sustentável, para que dessa forma, África possa integrar-se na economia mundial.

Dá-se assim apoio às estruturas políticas e institucionais das novas democracias de África, procura-se fomentar e apoiar mecanismos regionais e sub-regionais de prevenção de conflitos e de promoção da estabilidade política, e garantir um financiamento seguro das operações de manutenção de paz nesse continente; mas também se prevê a adopção de medidas especiais para enfrentar os desafios da erradicação da pobreza e do desenvolvimento sustentável em África, tais como o cancelamento da dívida, a melhoria do acesso aos mercados, o aumento da ajuda oficial ao desenvolvimento e o aumento dos fluxos de Investimento Directo Estrangeiro, assim como as transferências de tecnologia.

Portugal também adoptou, em consequência, os princípios da Conferencia Internacional para o Financiamento da Ajuda ao Desenvolvimento, realizada sob os auspícios das Nações Unidas, em Monterrey, de 18 a 22 de Março de 2002,[16] dos quais sobressai um novo modelo de desenvolvi-

---

1994-1999". Prof. Dr. Marques Guedes, In Themis ano 1 tomo 1. O Canadá, por exemplo, considera que o carácter bilingue e multicultural da sua sociedade, assim como a ausência de um passado colonial constituem uma mais-valia preciosa para aumentar a sua influência no continente africano (RCM 43/99).

[15] "VII – responder ás necessidades especiais de África".

[16] A conferencia de Monterrey fez parte de um programa ambicioso das Nações

mento baseado na co-responsabilização dos governos relativamente aos objectivos de erradicação da pobreza, ou seja, salientando-se a dimensão mundial da resposta[17] e da necessidade de coordenar esta ajuda.[18]

Esta conferencia estudou e propôs medidas de mobilização de recursos financeiros nacionais e internacionais para o desenvolvimento, nomeadamente as que dizem respeito à inversão estrangeira directa e outras correntes de capitais privados, concluindo pela necessidade de aumentar a ajuda á cooperação ao desenvolvimento técnico e financeiro internacionais, bem como, de forma a obter resultados, aumentar a cooperação entre instituições existentes, num claro respeito pelos respectivos mandatos e estruturas de gestão.

Unidas sobre o desenvolvimento: a Cimeira Alimentar Mundial, Roma, 2002 Junho; e a Cimeira Mundial para o Desenvolvimento Sustentável, Agosto, 2002 em Joanesburgo.

[17] Para fazer face aos "problemas de geometria mundial", na expressão de Camdessus, Michel, Organisations internationales et mondialisation, Rcl des Cours, The Hague T. 24, 2002(p. 9-38).

[18] Não resisto, porquanto resume a posição contrária, a transcrever o seguinte comentário do Professor Boaventura Sousa Santos: " A Conferência de Monterrey foi convocada com o objectivo de dar seguimento a uma decisão da assembleia geral das Nações Unidas no sentido de, até 2015, reduzir para metade a pobreza extrema (um bilião de pessoas que vive com menos de um dólar por dia), reduzir de dois terços a morte de crianças até aos 5 anos e fornecer educação básica a toda a população mundial. Nos últimos meses este objectivo passou a ser defendido não apenas por razões de justiça social, mas também por razões de segurança internacional. O presidente da Organização Mundial do Comércio afirmou recentemente que o aumento das desigualdades entre países ricos e pobres era uma bomba-relógio no coração da economia mundial. Apesar de tão amplo consenso e apesar de os EUA terem anunciado um aumento de 5 biliões de dólares em ajuda ao desenvolvimento no decurso dos próximos três anos, a Conferência foi um rotundo fracasso. São várias as razões. Os países ricos não assumiram qualquer compromisso no sentido de elevar para 0,7% do PIB o montante da ajuda ao desenvolvimento, uma percentagem considerada necessária para serem atingidos os objectivos da ONU. A UE, que é quem contribui mais, decidiu em Barcelona elevar a sua percentagem dos 0,33 do PIB de hoje para 0,39 em 2006. Não houve qualquer cedência no domínio do alívio da dívida externa considerada insustentável, nem no acesso dos produtos dos países pobres (sobretudo agrícolas) aos mercados altamente subsidiados dos países ricos. Não se ousou rever processos de discussão e decisão das agências multilaterais. Aliás, esta foi a Conferência da ONU em que os países em desenvolvimento menos espaço tiveram para dar a conhecer as suas opiniões e propostas. Se algumas das condições impostas por Bush são justas (defesa dos direitos humanos e eliminação da corrupção), as restantes implicam a adopção pura e dura do receituário neoliberal responsável pelo agravamento das desigualdades no mundo. O Consenso de Monterrey foi, de facto, um Consenso de Washington com um sombrero" cfr, Boaventura de Sousa Santos, in www.ces-fe.uc.pt./opinião/bss/047.php.

A par da dimensão financeiro-económica, ressalta a consciencialização de que a Ajuda ao desenvolvimento é um instrumento de importância crítica para a educação, reconhecendo-se que, para muitos países de África a ajuda ao Desenvolvimento continua a representar a maioria do financiamento externo e, é indispensável para alcançar metas e objectivos de desenvolvimento enunciados na Declaração do Milénio.

4.2. *A União Europeia*

A incorporação destes princípios na política de cooperação portuguesa, resulta também do enquadramento político limitado, neste caso pelos artigos 177 a 181 do Tratado CE, que levou a eleger como domínios prioritários para as acções de ajuda da União Europeia os seguintes :

* relação entre comércio e desenvolvimento;
* integração e cooperação regionais;
* apoio a políticas macro-económicas equilibradas;
* transportes;
* segurança alimentar e desenvolvimento rural sustentável;
* reforço de capacidades institucionais (em especial a boa governação e o Estado de Direito).

No âmbito da União Europeia, o objectivo último da política da União é devolver à população desfavorecida do terceiro mundo o controlo do seu próprio desenvolvimento, o que implica combater as causas da sua fragilidade, nomeadamente à falta de acesso à educação.

No âmbito da União Europeia, o objectivo último da política da União é devolver à população desfavorecida do terceiro mundo o controlo do seu próprio desenvolvimento, o que implica combater as causas da sua fragilidade, nomeadamente à falta de acesso à educação, concretizando-se, assim, um dos seus objectivos de ajuda ao desenvolvimento que permite à União assumir a sua parte de responsabilidade, ajudando os países em desenvolvimento[19] a lutar contra a pobreza e promovendo a sua integração na economia global.[20]

---

[19] Cfr sobre a noção de "países em vias de desenvolvimento". http://www.gtz.

[20] A par do comércio, que constitui um dos pilares europeus da política de desenvolvimento, já que em 1971, ao abrigo do "sistema de preferências generalizadas"

Por esta razão, a estratégia de desenvolvimento da UE incide também na assistência técnica e financeira que visa melhorar as infra-estruturas físicas e sociais de base, bem como as potencialidades produtivas das nações pobres e reforçar as suas capacidades administrativas e institucionais, assumindo a maior parte de ajuda da EU a forma de subvenções, empréstimos a juro bonificado e em capitais de investimento.

A UE apoia igualmente a promoção da auto-suficiência e de estratégias de erradicação da pobreza que permitam aos beneficiários consolidar o processo de democratização, expandir os programas sociais, reforçar o quadro institucional, aumentar as capacidades dos sectores público e privado e fomentar o respeito pelos direitos humanos, nomeadamente através da introdução nos acordos celebrados de uma cláusula, cujo desrespeito implica uma penalização imediata em termos de acesso ao mercado ou de congelamento ou cancelamento de projectos de ajuda.

5. Conceito de Ajuda Pública ao Desenvolvimento

O processo de construção de Centro iniciou-se sem uma definição do que fosse a cooperação para o desenvolvimento, mas a conclusão do processo administrativo já foi enquadrada nos conceitos introduzidos pela reformulação do processo de definição e controlo da execução da política de cooperação.

Referimo-nos ao documento de orientação estratégica sobre a cooperação para o desenvolvimento, constante da Resolução do Conselho de Ministros n.° 43/99, de 18 de Maio, sob o título de "A cooperação portuguesa no limiar do século XXI": trata-se de um documento a tomar em consideração já que, independentemente de se concordar com o modelo que traduz, aí encontramos definidos de forma estruturada, aspectos fun-

---

(SPG), a União reduziu ou suprimiu direitos aduaneiros e eliminou contingentes pautais no que respeita à maior parte das suas importações provenientes dos países em desenvolvimento. Outros dois aspectos decisivos da política de desenvolvimento são a relação especial entre a União e os países do Grupo ACP e o apoio á agenda de Doha, estratégia baseada num ênfase positivo no desenvolvimento e na importância do reforço da capacidade institucional para ajudar os países a participar eficazmente nas negociações comerciais. A ronda de Doha, que toma o lugar da Ronda do Uruguai concluirá em Janeiro de 2005. Cfr. Introdução do parecer do Comité das regiões de 9 de Outubro de 2003 (Com (2002), 513 final.

damentais da política pública de cooperação, como sejam, o enquadramento geral da cooperação portuguesa, o balanço da cooperação bilateral e multilateral, as novas tendências das políticas de cooperação, os princípios e objectivos da cooperação portuguesa, as opções da política de cooperação, a organização do sistema de cooperação, o sector não governamental.

Trata-se sobretudo de um texto, em simultâneo, formativo e esclarecedor procedendo a uma definição estratégica, procurando assegurar que os objectivos e princípios definidos encontrem expressão nos programas e acções desenvolvidos e nas prioridades estabelecidas por Portugal com directa participação da Assembleia da República e o envolvimento dos sectores mais empenhados na política de cooperação.

Assume particular importância o reforço dos mecanismos de coordenação, controlo e avaliação, numa organização de execução e decisão descentralizadas. Assim, a nível de decisão política foi institucionalizado o Conselho de Ministros para os Assuntos da Cooperação[21], a quem competia aprofundar o consenso político sobre as grandes linhas orientadoras e dotar a Administração com mecanismos de coordenação, devendo afixar em cada ano, o volume de recursos orçamentais a afectar à cooperação e determinando a sua distribuição indicativa em função das opções estratégicas aprovadas. Cada um dos departamentos do Estado inscreveria, em divisão autónoma, as verbas necessárias à execução das acções de assistência técnica que, respeitando os limites definidos pelo Conselho de Ministros para os Assuntos da Cooperação, lhe coubesse executar.

Entre estes mecanismos de coordenação, deve referir-se a existência de dois tipos documentos básicos: os programas indicativos de cooperação, a celebrar com cada um dos Países Africanos de Língua Oficial Portuguesa, que traduzem o resultado da concertação bilateral em matéria de ajuda ao desenvolvimento para o período de um triénio e os programas integrados de cooperação anual no qual se apresentam, para o período coincidente com o do Orçamento do Estado, a programação das actividades de cooperação a desenvolver e as correspondentes fontes de financiamento estes últimos poderiam absorver a cooperação de outros agentes, públicos ou não, que, em conjunto com a administração central promovessem projectos de ajuda ao desenvolvimento.[22]

---

[21] Cfr. o Decreto-lei n.º 267/98, de 28 de Agosto.

[22] Resolução do Conselho de Ministros n.º 174/2000 de 30 de Dezembro, (Pic de 2001), Resolução do Conselho de Ministros n.º17/2000 de 13 de Abril (Pic de 2000),

Como referimos o projecto do Centro acabou por vir a ser integrado nestes documentos encontrando-se abrangido pela definição actual de Ajuda Pública ao Desenvolvimento, enquanto que, ajuda fornecida pelos organismos públicos dos países doadores aos países em desenvolvimento, que tem por objectivo principal a promoção do desenvolvimento económico e do bem-estar das suas populações e é fornecida em condições financeiras favoráveis ao beneficiário[23], podendo assumir muitas formas, entre as quais consistir em projectos ou programas, transferência de dinheiro, um fornecimento de bens e serviços, uma operação de alívio de dívida, uma contribuição para uma organização não governamental ou para um organismo multilateral.

6. Ajuda Pública ao Desenvolvimento em matéria educativa

Incumbe ao Estado, através do Ministério da Educação[24], a promoção e estudo da língua e da cultura portuguesa no estrangeiro mediante acções e meios diversificados que visem nomeadamente, a sua inclusão nos planos curriculares de outros países e a criação e a manutenção de leitorados de português, sob orientação de professores portugueses, em universidades estrangeiras; incentivando a criação de escolas portuguesas nos países de língua oficial portuguesa e junto das comunidades de emigrantes portugueses, bem como as iniciativas de associações de portugueses e as

---

Resolução do Conselho de Ministros n.°128/1998 de 3 de Novembro 1 (Pic de 1999), Resolução do Conselho de Ministros n.°102/1998 de 12 de Agosto (Pic de 1998).

[23] http://www.ipad.mne.gov.pt/APD/apd.htm

[24] Se bem que, não em exclusivo, dada as incumbências do Instituto Camões tutelado pelo Ministério dos Negócios Estrangeiros. Cfr. nota 11 e nota 23.

Contudo nem mesmo a transição do Instituto Camões ocorrida em 1994 para a tutela do Ministério dos Negócios Estrangeiros, impediu a manutenção do exercício pelo Ministro da Educação da tutela científica e pedagógica relativamente ao ensino de português no estrangeiro, bem como á certificação ou reconhecimento de acções de ensino ou divulgação da língua e cultura portuguesa, de iniciativa pública ou privada (art. 30 do Decreto-lei n.° 48/94 de 24 de Fevereiro).

Não deixa no entanto, de surpreender o texto do n.° 5 do art. 28 da proposta de lei quadro da educação, cfr. que se reproduz na nota 25.

de entidades estrangeiras, públicas e privadas que contribuam para a prossecução dos objectivos enunciados[25].

Esta preocupação renovou-se em 1991, quando a Assembleia da República, recomendou ao Governo o reforço das medidas de promoção e do ensino da língua e cultura portuguesas no estrangeiro, através de iniciativas tais como o estabelecimento das condições que levem à integração do ensino da língua portuguesa como língua de opção nos respectivos sistemas educativos dos países de acolhimento e a organização da oferta de formação aos professores de língua portuguesa no estrangeiro, por forma a dar resposta às situações específicas deste tipo de ensino, ou ainda o estabelecimento de critérios para o apoio à criação ou funcionamento de esco-

---

[25] Cfr. art. 22.º da Lei de Bases da Educação, aprovada pela Lei 46/86 de 14 de Outubro alterada pela Lei 115/97 de 19 de Setembro.

A nova proposta de Lei contém novas disposições sobre esta matéria do seguinte teor:

"Artigo 28.º
Ensino Português no Estrangeiro:
1. Compete ao Estado português promover e incentivar, no estrangeiro, a divulgação e o estudo da língua portuguesa, como língua materna e como língua estrangeira, e da cultura portuguesa, de acordo com uma estratégia de afirmação internacional da identidade de Portugal e das comunidades portuguesas e mediante acções e meios diversificados, adaptados aos objectivos a prosseguir e às realidades estrangeiras concretas.
2. A divulgação e o estudo da língua e da cultura portuguesas devem incidir, preferencialmente, sem prejuízo do disposto no número anterior, junto das comunidades portuguesas e dos países de língua oficial portuguesa.
3. A divulgação e o estudo da língua e da cultura portuguesas devem traduzir-se, preferencialmente, no incentivo e apoio à inclusão nos planos curriculares de outros países da língua e da cultura portuguesas e à criação de escolas portuguesas, sem prejuízo do Estado português prosseguir directamente esses objectivos, através, nomeadamente, da manutenção de uma rede de ofertas complementares aos sistemas educativos estrangeiros, da criação de escolas portuguesas e da manutenção de leitorados de português em universidades estrangeiras.
4. O Estado português apoia as iniciativas de associações de portugueses e de entidades estrangeiras, públicas ou privadas, que contribuam para a prossecução da divulgação e do estudo da língua e da cultura portuguesas.
5 Compete ao Governo, através dos ministérios responsáveis pela política externa e pela política educativa, definir as normas gerais do ensino português no estrangeiro, nomeadamente quanto ao seu funcionamento e aos seus aspectos pedagógicos e técnicos, apoiando, avaliando, inspeccionando e fiscalizando a sua execução." Cfr www. min-edu.pt..

las no estrangeiro, cujo currículo contenha o Português, nomeadamente pela regulamentação de zonas ou países prioritários pela forte concentração de falantes da língua portuguesa.[26]

Assim surge naturalmente a interligação entre os dois vectores principais que caracterizam o conteúdo da ajuda para o desenvolvimento na área sectorial da Educação: a contribuição para o melhoria dos sistemas educativos dos países africanos de língua oficial portuguesa, eventualmente, de outros países em vias de desenvolvimento com quem hajam sido celebrados acordos de cooperação nesse domínio,[27] bem como estabelecer e manter ligações com organizações nacionais e internacionais que desenvolvam ou apoiem programas de cooperação.

Claramente a política de ajuda ao desenvolvimento na educação encontra-se assim limitada por dois vectores:

– a educação;
– a língua portuguesa.

Por um lado, assume-se que a educação constitui um direito fundamental de todos, que se torna tanto mais importante quanto é certo que contribui activamente para a transmissão e aprofundamento de conhecimentos, de saberes e competências que são factores essenciais para a cidadania e para a vida democrática: no fundo, reconhece-se que a criação de uma sociedade do conhecimento e da aprendizagem, apta a responder às mudanças sociais, económicas, políticas, culturais e científicas, exige a valorização da educação, a mobilidade de estudantes e de professores, o intercâmbio de experiências, a cooperação entre instituições e o lançamento de iniciativas comuns.[28]

6.1. *A descentralização no Ministério da Educação*

Também o Ministério da Educação participa no processo descentralizado da cooperação portuguesa, dispondo de um serviço central de planeamento, coordenação, informação e apoio técnico em matéria de educa-

---

[26] Resolução da Assembleia da República n.° 56/2001, de 1 de Agosto.
[27] Especialmente importantes em situações de acordos de integração, que estes países hoje conhecem no respectivo contexto regional.
[28] www.gaeri.min-edu.pt/gaeri.htm.

ção e de formação vocacional no âmbito dos assuntos da União Europeia e das relações com outros países e com organismos internacionais, visando com sua actuação contribuir, para a melhoria da qualidade e eficiência do sistema educativo português e para a definição e criação de condições para a sua internacionalização: trata-se do Gabinete de Assuntos Europeus e Relações Internacionais (Gaeri).[29]

A concretização dos objectivos deste Gabinete tem sido desenvolvida através da dinamização da cooperação, concretizando-se fundamentalmente em projectos decorrentes de Comissões Mistas, que obedecem a um ciclo de fases sucessivas, no que respeita ao relacionamento educativo com os países africanos lusófonos:

– a 1.ª fase inicia-se com a identificação dos projectos bilaterais, a desenvolver bilateralmente;
– numa 2.ª fase, integrados nos Programas Indicativos de Cooperação, acordados nas Comissões Mistas Permanentes e nas eventuais Adendas aos referidos programas, decorrentes dos acordos culturais estabelecidos entre Portugal e cada um dos países em questão;
– por último, numa terceira fase inicia-se a execução.

No entanto, o modelo de organização descentralizada da cooperação portuguesa, abrange outras funções, desempenhadas por entidades diferentes do próprio Ministério da Educação: são as tarefas de execução, que no caso do Centro, competiam à então Direcção Geral de Recursos Humanos de Educação.

Salienta-se que a década, durante a qual decorre o presente caso de estudo, tem a ver exclusivamente com tarefas de execução e não com as de planeamento.

6.2. *A língua portuguesa*

A língua portuguesa constitui um património histórico e cultural cuja defesa e difusão foi aceite como objectivo de política externa portuguesa,

---

[29] Criado pelo Decreto-lei n.º 56/96, de 27 de Maio, o Gaeri rege-se actualmente pelo Decreto-lei n.º 208/02 de 17de Outubro e Decreto-Regulamentar n.º 15/2004 de 28 de Abril.

mas que também foi defendida como factor que importa afirmar, não só na relação entre países lusófonos, mas também na sua projecção, designadamente no seio das organizações internacionais[30].

Este é um facto que decorre naturalmente da situação histórico – política de Portugal, já que, de acordo com o PNUD (1999),[31] em 1998, a população de países de língua portuguesa era de 208. 402. 000 milhões prevendo-se que no ano de 2025 esta população atinja os 285. 831.000 milhões de indivíduos.

Em Angola, em 1998, tinha uma população de 12 092.000 milhões, prevê-se que no ano 2025, atinja os 25 107.000 habitantes, dos quais 60% declaravam em 1983, que o português é a sua língua materna[32], sendo ainda a língua oficial utilizada na administração, no ensino, na imprensa e nas relações internacionais.

É pois consequente que a Resolução n.° 43/99, estabeleça como primeira prioridade sectorial a formação e a educação, cultura e património, já que é nestas áreas que o factor língua comum e afinidade histórica com os países alvo mais se fazem sentir. O texto da Resolução é eloquente: "Portugal partilha com os PALOP e o Brasil um meio de comunicação privilegiado, o português, o que, na condução de programas educativos e formativos, é garantia de maior sucesso, como tem sido internacionalmente reconhecido. (...), não se estranhará que a cooperação portuguesa tenha elegido este sector como prioritário, nele se incluindo, não só a criação de infra-estruturas, como a formação de professores e formadores e o desenvolvimento de tecnologias e materiais educativos, adaptados às situações concretas em que se desenvolvem os programas locais de educação e formação (...).

Os Países Africanos de Língua Oficial Portuguesa e Portugal têm construído um espaço político e cultural que expressa, em liberdade e em partilha, a convivência dos respectivos povos e as afinidades múltiplas que os interesses comuns e um património histórico têm projectado no Mundo.

Tal espaço, que consagra a língua portuguesa como património comum, tem sido assumido como uma das principais prioridades dos vários governos e impõe-se pela realidade gerada por percursos sociais,

---

[30] Cfr. declaração dos Ministros da Educação da Comunidade dos Países de Língua Portuguesa, reunidos em Lisboa, em 24 e 25 de Novembro de 1997.

[31] Cit. www.institutocamões.pt/encarte/abertutrclpangola.htm.

[32] A língua oficial portuguesa convive com o umbundu, kimbundu, kikongo, tchokwe, kuuanyama e mbunda.

económicos e culturais que aproxima os cidadãos, as empresas e as instituições.

O desenvolvimento do espaço geo-político e cultural da lusofonia tem vindo a consagrar, (...), uma comunidade plurinacional que respeita integralmente as identidades nacionais dos povos e Países que a integram."

Toda a cooperação para o desenvolvimento tem-se adequado a este objectivo relativamente estável na década que nos ocupa: no âmbito da política educativa a promoção, defesa e difusão da língua portuguesa tendo como objectivo a escola, centro de uma sociedade do conhecimento.[33]

É assim, que se tem vindo a entender que a cooperação para o desenvolvimento na área educativa implica concentração de esforços humanos e de meios financeiros em áreas como a formação de professores, de técnicos de educação e da administração, a criação de institutos, bibliotecas e escolas e a produção e envio de materiais curriculares, bem como o apoio a projectos educativos e acções de parcerias entre escolas portuguesas e de países africanos de língua oficial portuguesa.

Da mesma forma a cooperação bilateral através da CPLP privilegia a convergência do desenvolvimento prioritário em três áreas:

- o ensino superior;
- o ensino a distância;
- mediatizado e a Língua Portuguesa.

6.3. *Resultados*

Como resultado desta acção do Ministério da Educação, encontram-se professores portugueses a desempenhar funções pedagógicas de ensino e formação, quer em organismos e instituições oficiais, quer em escolas oficiais portuguesas e escolas particulares com paralelismo pedagógico, quer ainda em Organizações Não Governamentais, nos países em que o Ensino do Português constitui um vector relevante da política da cooperação.

Como resultado do investimento em Escolas Portuguesas sublinha-se a construção física de escolas que seguem o sistema educativo português:

---

[33] Cfr nota 28.

Moçambique

– Escola Portuguesa de Moçambique – Centro de Ensino e Língua Portuguesa, de Maputo[34] dotada de um amplo grau de autonomia já que detém personalidade jurídica, autonomia cultural, pedagógica, administrativa e financeira e património próprio.

Trata-se de uma escola cujo objectivo estatutário primordial é a promoção e defesa da língua portuguesa, abrange todos os níveis de educação e de ensino, desde a educação pré-escolar até ao ensino secundário e promove a integração de alunos portugueses bem como a frequência por jovens moçambicanos ou de outras nacionalidades.

A Escola Portuguesa de Moçambique já assumiu funções de acreditação dos planos curriculares e programas portugueses leccionados em escolas privadas de direito moçambicano[35], aceita os resultados das avaliações dos alunos realizadas nas Escolas de Nacala, Nampula, Quelimane e Portuguesa da Beira e, ainda, na Escola Portuguesa do Songo, Externato Académico da Beira, Escola Verney e Externato José Craveirinha, para efeitos de validação dos seus percursos escolares no âmbito do sistema educativo português[36], porquanto na República de Moçambique funcionam estabelecimentos de ensino, já legalizados ou em processo de legalização como escolas de direito privado moçambicano, ministrando planos curriculares e programas portugueses a alunos de nacionalidades moçambicana, portuguesa e de outros países.

Angola

– Escola Portuguesa de Angola – O modelo jurídico desta escola, ao contrário do da Escola de Maputo, ainda não se encontra definido normativamente. O que resulta do Decreto nº 34/95 de 31 de Agosto, que aprova o Protocolo relativo ao Centro de Ensino e Língua Portuguesa de Luanda, assinado entre a República de Angola e a República Portuguesa é a

---

[34] Decreto-lei n.° 241/99, de 25 de Junho, alterado pelo Decreto-lei n.° 120/2004 de 21 de Maio.

[35] Previstas na alínea f) do art. 3.° do Decreto-lei n.° 241/99, de 25 Junho, foram desenvolvidas no despacho conjunto n.° 632/2001 de 16 de Junho.

[36] Despacho conjunto n.° 482/2002 de 30 de Abril.

No entanto muito há a fazer como por exemplo a questão da adequação das habilitações docentes ao ensino localmente ministrado é uma das questões que considero em aberto.

atribuição de responsabilidade exclusiva ao Estado português da administração e gestão pedagógica, administrativa e financeira do Centro.[37]

Timor
– Escola de Dili – Fundamentada no facto de Timor Leste ter adoptado o português como língua oficial e considerando que o Programa Integrado de Cooperação para 2002, elegia como um dos seus grandes eixos o apoio ao ensino e promoção da língua portuguesa, beneficiando da experiência obtida com o processo de construção das Escolas de Maputo e Luanda, anteriormente referidas, foi possível articular todo o processo de colaboração entre o Ministério da Educação, Ministério dos Negócios Estrangeiros e o Ministério das Finanças através de um despacho[38] com o objectivo de construir a escola com ensino português de Dili, sita na escola São José de Balide, em Timor.

Este processo teve um desenvolvimento rápido já que o início do funcionamento da escola portuguesa deveria ocorrer em Outubro de 2002, implicando trabalhos de construção num espaço disponibilizado pela diocese de Díli. Optou-se assim, pela publicação do citado despacho, modelar na perspectiva organizativa

Este Despacho, procede em primeiro lugar à determinação das entidades nacionais envolvidas[39], clarificação das suas competências, regime jurídico transitório da escola regime jurídico aplicável aos procedimentos para a execução dos despacho e despesas e a calendarização do projecto.[40]

---

[37] Cfr. para mais desenvolvimento os pontos n.º 7 e seguintes.

[38] Despacho n.º 633/2002 de 17 de Agosto.

[39] O Ministério das Finanças e Ministério dos Negócios Estrangeiros, através da Agência Portuguesa de Apoio ao Desenvolvimento e do Instituto da Cooperação Portuguesa e o Ministério da Educação, através da Direcção Regional de Educação de Lisboa. Foi uma fase algo conturbada de indefinição já que, coincidiu com a adopção de medidas de emergência tendentes à consolidação orçamental.

Assim, por virtude da alínea c) do n.º 1 do art. 26 do Decreto-lei n.º 120/2002 de 3 de Maio, a Agência Portuguesa de Apoio ao Desenvolvimento, ficou sujeita a superintendência conjunta cabendo a tutela funcional e patrimonial ao Ministro dos Negócios Estrangeiros e das Comunidades Portuguesas e sendo a determinação das linhas de orientação e dos domínios prioritários da sua actuação exercida em articulação com a Ministra de Estado e das Finanças, vindo posteriormente, em 31 de Maio a ser objecto de fusão com o Instituto da Cooperação Portuguesa (alínea b) do n.º 2 do art. 2 .º da Lei 16-A/2002 de 31 de Maio).

[40] No ano 2002, em estreita articulação com a Administração Transitória das Nações Unidas para Timor Leste (UNTAET) e no quadro do Programa Conjunto de

Posteriormente, veio a verificar-se a necessidade de ampliar a Escola Portuguesa de Díli, implicando a sua concretização uma nova fase de construção e apetrechamento, visando instalar novas turmas que deveria ococrrer em duas subfases distintas: correspondendo a primeira a Outubro de 2003 e a segunda a Outubro de 2004, levando á publicação de uma Portaria[41], que fixa as áreas de actuação das entidades intervenientes no processo de construção e apetrechamento dos blocos a que se refere a segunda fase da empreitada de ampliação da Escola Portuguesa de Díli.

Claro que, complementarmente, a actuação do Ministério da Educação para Timor não se esgota aí.

Ao abrigo de sucessivas leis de execução orçamental[42], o Ministério da Educação iniciou e concluiu vários processos de selecção e recrutamento de professores para Timor.[43]

Escolas com paralelismo pedagógico – Escolas particulares e cooperativas locais que dispõem de paralelismo pedagógico com o ensino ofi-

---

Reconstrução de Timor Leste, o Governo, continuou a executar por meio do Ministério dos Negócios Estrangeiros, um programa de apoio à transição em Timor Leste, identificando as acções, programas e projectos que, no âmbito bilateral e multilateral deveriam constituir a ajuda portuguesa ao processo de reconstrução e desenvolvimento de Timor Leste.

O respectivo financiamento foi assegurado pelo orçamento da Agência Portuguesa de Apoio ao Desenvolvimento, que, por lei orçamental ficou autorizada a transferir para os ministérios abrangidos as dotações necessárias à execução dos projectos aprovados pelo Ministério dos Negócios Estrangeiros.

Após a extinção do cargo de Comissário para a Transição em Timor Leste o programa de transição continuou a ser executado pelo Ministério dos Negócios Estrangeiros por meio do Instituto da Cooperação Portuguesa e da Agência Portuguesa de Apoio ao Desenvolvimento (art. 77.° da lei 109-B/2001 de 27 de Dezembro).

[41] Portaria n.° 497/2003, 23 de Junho. A forma de Portaria deveu-se à repartição dos encargos por vários anos, satisfazendo assim o requisito do no n.° 1 do artigo 22.° do Decreto-lei n.° 197/99, de 8 de Junho.

[42] Cfr. n.° 14 e 15 do art. 37.° do Decreto-lei n.° 77/2001 de 5 de Março, 14 e 15 do art. 32.° do n.° Decreto-lei 23/2002 de 1 de Fevereiro, n.° 6 e 7 do art. 28.° do Decreto-lei n.° 54/2003 de 26 de Março e n.° 5 do art. 28 do Decreto-lei n.° 57/2004 de 19 de Março.

[43] Despacho n.° 14260/2002 de 25 de Junho. É constituído um júri para proceder à selecção de candidatos para o exercício de funções docentes da disciplina de Português como língua estrangeira na República Democrática de Timor Leste, na sequência do anterior Despacho n.° 23839/2000 (2.ª série), de 22 de Novembro de idêntico teor.

cial português[44]. Tal qualificação significa que, sendo escolas particulares, não dependem de escolas públicas no âmbito do seu projecto educativo, quanto a orientação metodológica e adopção de instrumentos escolares e avaliação de conhecimentos, incluindo a dispensa de exame e a sua realização.

O paralelismo pedagógico pode ser concedido por tempo indeterminado, por períodos de um, três ou cinco anos ser total ou parcial consoante os níveis e modalidades de ensino ministrados na escola e depende da verificação das seguintes condições: instalações, equipamento e material didáctico adequados, direcção pedagógica, constituída nos termos das disposições legais aplicáveis, cumprimento dos normativos relativos ao Estatuto Particular e Cooperativo no respeitante aos alunos e pessoal docente; existência de serviços administrativos organizados.[45]

Por último apenas uma palavra de esclarecimento para a Escola Portuguesa de Macau.

Esta Escola, inscreve-se noutro contexto que não o da ajuda ao desenvolvimento: o da aproximação do termo do processo de transição de Macau e a necessidade de estabelecer uma medida de salvaguarda da língua e cultura portuguesa naquele território após 20 de Dezembro de 1999.

Optou-se, assim, por uma instituição de direito privado e utilidade pública, designada «Fundação Escola Portuguesa de Macau», conjugando o Estado Português, através do Ministério da Educação, a Associação Promotora da Instrução dos Macaenses e a Fundação Oriente, que viabilizam a Escola Portuguesa de Macau[46].

---

[44] Escolas com paralelismo pedagógico no ano de 1999/2000: **Moçambique**: Escola Portuguesa de Cahora Bassa, em Cahora Bassa (Songo); Externato José Craveirinha e Escola Verney, em Maputo. **Angola**: Escola Portuguesa de Luanda, em Luanda; **Guiné**: Escola Portuguesa da Guiné e Escola Portuguesa Passo a Passo, em Bissau; **S. Tomé e Príncipe**: Escola Portuguesa de S. Tomé e Instituto Diocesano João Paulo II, em S. Tomé.

Fonte: http// www.gaeri.min-edu.pt

[45] Decreto-lei n.º 553/80, de 21 de Novembro.

[46] Decreto-lei n.º 89-B/98, de 9 de Abril.

7. Entidades Institucionais Intervenientes

O seguinte quadro revela a multiplicidade de actores institucionais no processo em análise, tendo-se optado pelo seu tratamento desta forma de maneira a simplificar a visibilidade das funções e das relações existentes entre cada um deles. Interessa relevar também as datas em que essas relações se produzem.

Entidade	Ministério	Função	Data	Legislação Aplicável (DL 197/99 e DL 55/99)		
MNE	MNE	Negociador	96			
ICP	MNE/Finanças	Executante	96			
FCE/APAD	MNE/Finanças	Financiador	94; 96			
EMBAIXADA	MNE	Responsável Local	97			
DGAE	ME	Dono da obra Coordenação e controlo de áreas técnicas, física e administrativa, incluída a gestão financeira do processo, num quadro de estrita legalidade: projecto geral de construção; solicitação de reforço de verba; elaboração de três projectos: empreitada de obras públicas; fiscalização e assistência técnica; elaboração da Portaria de multianualidade; Publicação da Portaria. Solicita autorização para abertura	97 98 99 98/99 2000 2001			
1º Ministro			99	Autorização da despesa da empreitada. Só delegável em membros do Governo		Aprovação da minuta do contrato de empreitada
Ministros da Finanças e do Negócios Estrangeiros			99	Autorização despesa fiscalização da empreitada. Só delegável em membros do Governo	Adjudicação da Fiscalização, enquanto entidade para aprovar as despesas	Aprovação da minuta do contrato de fiscalização
Tribunal de Contas [47]		Fiscalização de Legalidade	03/04			

8. Análise fenomenológica da estrutura

Assim, o projecto do Centro transitou incólume, mas desgastado, pela atribulada evolução do sistema de cooperação português.

Neste espaço temporal verificou-se menor turbulência na parcela descentralizada do sistema público de cooperação do que na parcela centralizadora, o que implicou da parte descentralizada uma capacidade de reinicio processual permanente.

Remontemos a análise do processo a 1994[48] altura em que o organismo responsável pela Cooperação é o Instituto da Cooperação Económica[49], junto de quem foi constituído em 1991 o Fundo para a Cooperação Económica[50], com o objectivo de promover os investimentos e os interesses comerciais portugueses nos países em desenvolvimento[51].

---

[47] Em especial, cfr. a Lei n.º 98/97, de 26 de Agosto.

[48] Despacho conjunto n.º MF/MNE de 18 de Março, in DR II série de 94.04.05.

[49] Criado pelo Decreto-lei n.º 97-A/76 de 31 de Janeiro; Decreto-lei n.º 487/79 18 de Dezembro e Decreto-lei n.º 361/80 de 28 de Novembro.

[50] Decreto-lei n.º 162/91 de 4 de Maio, alterado pelo Decreto-lei n.º1/93 de 4 de Janeiro e Decreto-lei n.º 307/98 de 12 de Outubro.

[51] Levantou-se na altura "... Mais uma questão para reflectir: a cooperação para o desenvolvimento destina-se a apoiar os que têm mais dificuldades - regiões, países, comunidades – no sentido de reequilibrar a repartição do usufruto de recursos e oportunidades a nível mundial, ou serve para alimentar interesses próprios? " Cfr. Luísa Teotónio Pereira in "Que projecto para a Cooperação Portuguesa".
http:// homepage.esoterica.pt/cidac/artcoop.html.

Esta questão encontra-se ultrapassada porquanto, actualmente existe um reconhecimento institucionalizado, " fronteira entre a ajuda pública ao desenvolvimento e o apoio ao investimento empresarial nos países beneficiários, que pertencem a domínios de intervenção diferentes e, como tal, devem ser objecto de tratamento distinto, desde logo, ao nível das tutelas.

Embora pertencentes a diferentes áreas de intervenção, ajuda pública ao desenvolvimento e investimentos realizados por agentes económicos privados, não são compartimentos estanques, antes devendo relacionar-se entre si, tendo em vista o objectivo último, comum a ambos: o desenvolvimento dos países beneficiários e a melhoria das condições de vida das populações. Por isso, a capacidade de articulação entre si, nomeadamente no que toca à informação acerca da sua execução, é atribuída ao novo organismo.

A concertação com outras entidades, públicas e privadas, garante, na transversalidade das áreas de incidência da cooperação, a conveniente abrangência e ponderação de prioridades e a valorização de recursos. Tal concertação, que está prevista no elenco de atribuições do IPAD, significará um acréscimo de vantagens operacionais daquelas entidades" (cfr. preambulo do Decreto-lei n.º 5/2003 de 13 de Janeiro).

8.1. *A variação da centralização*

Tendo presente o espírito do Acordo Geral de Cooperação estabelecido entre os dois países em 1978, foi celebrado um Protocolo relativo ao Centro de Ensino e Língua Portuguesa de Luanda, que veio a ser publicado em 1995,[52] no qual, o Estado português aparece como proprietário do Centro e o Instituto de Cooperação Portuguesa, como executante do Acordo.

Assim o Fundo para a cooperação Económica foi autorizado a financiar a construção dos Centros de Ensino e Língua Portuguesa de Maputo e de Luanda até o montante global de 1.200.000 contos.

A repartição deste montante por cada Centro, viria a ser definida por despacho dos Secretários de Estado Adjunto e das Finanças e da Cooperação.

Com a reformulação do MNE,[53] fundiram-se os dois organismos que até aí tutelavam a cooperação em nome do Ministério dos Negócios Estrangeiros e do Ministério das Finanças., passando a cooperação a ser executada por um único organismo, o Instituto da Cooperação Portuguesa[54] com o objectivo de aumentar a coerência, unidade e eficácia..

Ainda em 1994,[55] o FCE foi autorizado a disponibilizar daquela verba, o montante de 500.000 ao Departamento de Gestão Recursos Educativos (DEGRE) do Ministério da Educação (ME).

Em 1997,[56] o FCE foi autorizado a afectar ao financiamento da construção do edifício o montante de 700 000 contos e ainda em 1997 surge um novo despacho que mantém como financiador o FCE.

A Direcção Geral de Administração Educativa (DGAE), entretanto sucessora do DEGRE, como a entidade responsável pela execução, promoção e realização de procedimentos necessários para assegurar a execução de operações adequadas ao início desenvolvimento e conclusão da obra, elabora em 1998, um projecto geral de construção de empreendimento que pode finalmente iniciar a gestão global do processo.

Para se ter uma noção do volume de responsabilidade envolvido é suficiente verificar que este processo não deixa de ser uma empreitada de

---

[52] Decreto n.º 34/95, de 31 de Agosto, DR n.º 201, I série ª de 31.8.
[53] Decreto-lei n.º 48/94 de 24 de Fevereiro.
[54] Decreto-lei n.º 60/94 de 24 de Fevereiro.
[55] Despacho conjunto SEATesouro/SECooperação, de 6 de Dezembro de 1994.
[56] Despacho conjunto MNE/MF, n.º 78/97 de 30 Abril de 1997.

obras que implica a coordenação e controle de áreas técnica, física e administrativa, bem como a gestão financeira, num quadro de estrita legalidade, não sendo suficiente a elaboração do projecto de arquitectura, como também o projecto da própria empreitada de construção, um projecto de fiscalização da empreitada e um projecto de assistência técnica.

Em 1999, nova mudança nos organismos centrais: o Fundo para a Cooperação Económica é extinto, sendo substituído pela Agência Portuguesa de Apoio ao Desenvolvimento,[57] correspondendo ao abandono de uma lógica de especialização dos organismos em função do tipo de entidade promotora de projectos (neste caso as empresas portuguesas), em favor da constituição de uma agência de apoio ao desenvolvimento, vocacionada para promover iniciativas de vária natureza e com recurso a instrumentos bastante diversificados, como sejam a concessão de empréstimos e a prestação de garantias ou a tomada de participações sociais.

Assim, a APAD assumiu o papel de principal centro de financiamento e execução das orientações políticas definidas pelo Governo em matéria de cooperação, integrando o maior volume possível dos recursos financeiros mobilizados anualmente para a ajuda ao desenvolvimento.

Actualmente a política de Cooperação Portuguesa e de Ajuda Pública ao Desenvolvimento é coordenada, supervisionada e dirigida, desde Janeiro de 2003, por um outro e único organismo criado para o efeito – o Instituto Português de Apoio ao Desenvolvimento (IPAD), que funde, entre si, o Instituto da Cooperação Portuguesa e a APAD.

No diploma constitutivo do IPAD[58] o Governo define este novo organismo como sendo um instrumento central da política oficial de Cooperação para o Desenvolvimento, tendo como principais atribuições, num quadro de unidade de representação externa do Estado, melhorar a intervenção portuguesa e assegurar-lhe um maior relevo no âmbito da Cooperação, no cumprimento dos compromissos internacionais assumidos pelo Estado Português nesta matéria.

---

[57] Decreto-lei n.º 327/99 de 18 de Agosto, posteriormente alterado pelo Decreto-lei n.º 20/2000 de 1 de Março. Consultar ainda, http:// www.degrei.pt/APAD.htm.

Existe um reconhecimento institucionalizado actualmente da "fronteira entre a ajuda pública ao desenvolvimento e o apoio ao investimento empresarial nos países beneficiários, que pertencem a domínios de intervenção diferentes e, como tal, devem ser objecto de tratamento distinto, desde logo, ao nível das tutelas".

[58] Decreto-lei n.º 5/2003 de 13 de Janeiro.

8.2. *A variação das normas de execução orçamental*

Por outro lado, e como se não houvesse complexidade organizativa e procedimental suficiente as normas orçamentais, também sofreram variações a partir de 1999, sobre esta matéria.

O Conselho de Ministros para os Assuntos da Cooperação[59], a quem competia aprofundar o consenso político sobre as grandes linhas orientadoras e dotar a Administração com mecanismos de coordenação, nomeadamente através da apreciação dos Planos Indicativos de cooperação e dos Pin deveria afixar em cada ano, o volume de recursos orçamentais a afectar à cooperação e determina a sua distribuição indicativa em função das opções estratégicas aprovadas.

Cada um dos departamentos do Estado inscreve, em divisão autónoma, as verbas necessárias à execução das acções de assistência técnica que, respeitando os limites definidos pelo Conselho de Ministros para os Assuntos da Cooperação, lhe caiba executar;

Enquadrem-se agora as normas com a sucessão de leis de execução orçamental, a partir de 1999[60].

Em 1999, a assunção de encargos com novas acções de cooperação, designadamente com os países africanos de língua oficial portuguesa, continua dependente da prévia concordância dos Ministros dos Negócios Estrangeiros e das Finanças. Devendo cada ministério ou departamento equiparado individualizar os projectos de cooperação, compreendendo as acções de cooperação em curso e as novas acções de cooperação previstas, em programa financeiro anual, de que deve ser dado conhecimento ao Ministro dos Negócios Estrangeiros[61].

Na mesma altura, prevê-se uma norma simplificadora de natureza sectorial, relativa às despesas com a aquisição de bens e serviços, incluindo os de informática e as empreitadas, a realizar pelo Ministério do Trabalho e da Solidariedade nos países africanos de língua oficial portuguesa ao abrigo de acordos de cooperação com aqueles países, prevendo

---

[59] Decreto-Lei n.º 267/98 de 28 de Agosto.

[60] Decreto-Lei n.º 161/99 de 12 de Maio; Decreto-Lei n.º 70-A/2000 de 5 de Maio; Decreto-Lei n.º 77/2001, de 5 de Março; Decreto-Lei n.º 23/2002, de 1 de Fevereiro; Decreto-Lei n.º 54/2003 de 28 de Março e Decreto-Lei n.º 57/2004 de 19 de Março.

[61] Na sequência aliás, do que vinha sendo consignado pelo menos desde 1995 com os Decreto-Lei n.º 45/95, de 2 de Março; Decreto-Lei n.º 50/96, de 16 de Maio; Decreto-Lei n.º 66/97, de 1 de Abril e Decreto-Lei n.º 107/98, de 24 de Abril.

que ficam isentas das formalidades legais exigíveis, sendo, no entanto, obrigatória a consulta a pelo menos, três entidades.

Esta norma simplificada deixa de ser sectorial em 2001,[62] ano em que só passam a estar sujeitos à prévia concordância dos Ministros dos Negócios Estrangeiros e das Finanças, a assunção de encargos com novas acções de cooperação com incidência em anos económicos futuros.

Em 2003, começa porém a notar-se o anunciado caracter coordenador da política de cooperação já que se determina que cada ministério ou departamento equiparado deverá individualizar os projectos de cooperação, compreendendo as acções de cooperação em curso e as novas acções de cooperação previstas, em programa financeiro anual, os quais estão sujeitos ao parecer prévio vinculativo previsto na alínea e) do n.º 1 do artigo 3.º dos Estatutos do Instituto Português de Apoio ao Desenvolvimento, aprovados pelo Decreto-Lei n.º 5/2003, de 13 de Janeiro.

Em simultâneo e paradoxalmente, começa a ser restringida a norma simplificadora de isenção de formalidades porquanto as despesas com a aquisição de bens e serviços, incluindo, os de informática e as empreitadas a realizar ao abrigo de acordos de cooperação em Estados signatários dos ditos acordos ou em seu benefício, ficam isentas das formalidades legais normalmente exigíveis, devendo no entanto ser efectuadas, de acordo com o interesse desses Estados, de forma transparente, e ser precedidas da consulta obrigatória a pelo menos três entidades interessadas.

Reflecte-se assim uma concepção de responsabilidade e solidariedade internacionais, cujo sucesso depende, em grande medida, da sua aceitação pelos países aos quais se dirige, sendo essencial o respeito pelos princípios da parceria e da concertação a vários níveis.

Esta situação mantém-se na actualidade[63].

9. Resistências, Inovação e Leaders

Quando analisado o processo encontram-se resistências, agentes de inovação e leaders.

As resistências encontradas derivam da falta de uma política de cooperação coadjuvada pela inexistência de uma estratégia comunicativa na administração pública, que pudesse facilitar este processo.

---

[62] Cfr. n.º 3 do art. 34.º do Decreto-lei n.º 77/2001.

[63] Decreto-lei n.º 57/2004, de 19 de Março.

Esta resistência de natureza estrutural, foi agravada por diversos factores de natureza conjuntural, exógena ou endógena á própria Administração e onde se salientam nomeadamente, a mudança da imagem dos países africanos de língua oficial portuguesa, a descoordenação interministerial, a multiplicidade de actores, atribuição de responsabilidades, tutelas duplas, lutas pelo poder de coordenação, objectivos operativos tardios ou mal definidos, insuficiência dos meios compulsivos de comunicação utilizados[64], a legislação complexa, por vezes desadequada e com limitações extranacionais e, ainda uma forte pressão local.

Os agentes de inovação são de dois tipos e exerceram funções de inovação a dois níveis diferentes e sobre processos diferentes:

O primeiro de tipo institucional e que procedeu à integração da política de cooperação – é o caso do Ministério dos Negócios Estrangeiros através da Secretaria de Estado da Cooperação;

O segundo, com características menos institucionais e mais fácticas: a Direcção Geral de Administração Educativa, actual Direcção Geral de Recursos Humanos da Educação do Ministério da Educação, que, desencadeou o processo de forma sistemática e organizada dentro dos limites de uma administração hierarquizada.

Por último, refira-se que surgem também dois tipos de leaders do processo: um leader institucional, formado pelo conjunto do Ministério dos Negócios Estrangeiros e o Ministério das Finanças, enquanto detentores do poder de autorização de despesas, papel que lhes advém da legalidade e dois leaders reais: um o Ministério dos Negócios Estrangeiros, ao organizar a política de cooperação de forma integrada, embora de forma incompleta conforme se verá. E outro que, apesar das adversidades e limitações administrativas foi a entidade condutora que desencadeou preparou, documentou, organizou, proporcionou soluções e alternativas, silenciou boatos, eliminou crispações, proporcionou sinergias, mediante partilha de informação e motivação dos funcionários administrativos, e assume responsabilidades, com o único objectivo de concluir o processo: a então DGAE.

---

[64] Maioritariamente as segunda séries do Diário da República.

10. Motivação para a mudança

Era facto reconhecido que a questão do controlo e coordenação da cooperação da política de cooperação constituía um dos seus principais problemas, atendendo à natureza horizontal da administração da ajuda e ao conjunto muito disperso de iniciativas.

Sendo desenvolvida na prática por todos os ministérios, a responsabilidade política pela sua definição e condução, enquanto vector da política externa portuguesa, cabe ao Ministério dos Negócios Estrangeiros, sem que este possuísse tanto os meios de controlo adequados, quer quanto á afectação de recursos , quer quanto ao estabelecimento de prioridades.

Consequentemente ao longo de dez anos o processo foi transitando no tempo e convivendo com a urgência da credibilização da política de cooperação.

A motivação para a mudança no âmbito da cooperação, verifica-se claramente quando o Ministério dos Negócios Estrangeiros assume que o Programa Integrado de Cooperação, tem como objectivo racionalizar a cooperação e "acabar de vez com o artesanato nesta matéria"[65], em resposta às críticas feitas pelo Comité de Ajuda ao Desenvolvimento da OCDE, citado anteriormente que considerava que a falta de um programa integrado de cooperação não permitia avaliar seriamente os esforços de Portugal salientando, a par da pouca importância dada aos projectos nos projectos de educação de base, a desarticulação administrativa e a ineficiência da coordenação interministerial ou utilizando a expressão de Teotónio Pereira" os maiores problemas da cooperação portuguesa: a sua indefinição, conceptual e programática"[66].

---

[65] Cfr. declarações do Ministro dos Negócios Estrangeiros, citadas na edição de 31.10 de 1998 ao Semanário Expresso.

[66] Não estando em causa a segunda causa de ineficiência apontada por Luisa Teotónio Pereira e que é a dispersão, *in opus cit*: "Que projecto para a Cooperação Portuguesa http://homepage.esoterica.pt/~cidac/artcoop.html. Continua a autora, caracterizando a política de cooperação então vigente: "Continua a ser comum a ideia, mesmo entre a classe política, incluindo altos responsáveis do actual e de anteriores Executivos, de que basta ter coração, sensibilidade e, se possível, um pouquinho de conhecimento de África, para se dar corpo à cooperação. Conceitos específicos? Concepção e discussão de estratégias a médio e longo prazo? Técnicas de planeamento, execução e avaliação? Trabalhos académicos? Estudos comparativos? Eficácia e transparência da administração? Recomendações dos organismos internacionais especializados?

O diploma que instituiu o IAPD é esclarecedor no seu preambulo: "Até ao presente,

Pela primeira vez, o Governo elaborou e publicou em Diário da República o "Programa de Cooperação para 1998" (Resolução do Conselho de Ministros n.° 102/98 de 2 de Julho), nele reconhecendo que "a cooperação portuguesa (...), porque é constituída por muitas e diversificadas acções, dispersas por diferentes departamentos executores, não proporciona uma visão integrada, que evidencie a sua amplitude e significado, se não for reflectida num documento que a sintetize e lhe dê visibilidade".

Este texto revelava o que tinha sido a prática da cooperação do Estado e a partir do levantamento realizado nesse ano, em todos os sectores da Administração Pública, recolheu-se informação referente a 1130 projectos em curso, que aplicaram verbas, desde os 21 até 3,4 milhões de contos: só que, parte "dos grandes projectos não apresenta identificação clara do país destinatário, o que pode significar que se trata de projectos ainda não completamente definidos. Há também a possibilidade de, por ausência de definição prévia de conceitos, estarmos perante acções e programas, mais do que perante verdadeiros projectos", especifica o documento governamental.

A este reconhecimento normativo juntemos os seus fundamentos, fundamentalmente constantes do texto "Exame à cooperação para o desenvolvimento – Portugal", editado pela OCDE em 1997 e que resume o estudo realizado pelos peritos do Comité de Ajuda ao Desenvolvimento (CAD), sobre a cooperação portuguesa Nesse expressamente se refere o seguinte: "Em 1993 (...), o Comité chamou a atenção das autoridades portuguesas para a utilidade de se poder dispor de um plano de acção a médio prazo e de um orçamento unificado para a Ajuda e a administração portuguesa concordou (...), sem que tivesse sido estabelecido nenhum plano a médio prazo (...), encontrando-se a Gestão da ajuda "descentralizada entre 16 Ministérios e Secretarias de Estado, o Instituto da Cooperação Portuguesa (ICP), e o Fundo para a Cooperação Económica (FCE),. Tendo o ICP (...), no total 157 funcionários, dos quais metade são quadros superiores. Este número é relativamente elevado em relação ao orçamento e ao volume de Ajuda [gerido pelo] ICP".

---

verifica-se que a política de cooperação, em alguma medida subsidiária de uma noção de assistência, é pautada por figurinos descentralizados, razão pela qual a sua formulação, execução e financiamento estão dispersos por vários organismos. Neste cenário, são inevitáveis os prejuízos ao nível da sua coerência e eficácia e é posta em causa a unidade da representação externa do Estado. A experiência demonstra, à exaustão, que o modelo existente está desajustado, é fonte de ineficiência e, como tal, está esgotado em si mesmo."

Encontramos assim a motivação para a mudança.

Com a adopção destes normativos pretendeu-se assim, dar controle político, estratégia e organização ao sistema de cooperação português, combatendo nomeadamente, a desarticulação administrativa, mediante um novo processo planificado de ajuda á cooperação[67].

Como já referimos este novo processo, abrange a concretização do projecto do Centro,[68] enquadrada como opção de uma principal prioridade estratégica dirigida à educação, relevando especialmente em função deste motivo, a análise presente.

Interessa relevar que o programa indicativo de cooperação Portugal e Angola 2004 – 2006, que constitui o quadro de referencia da cooperação a desenvolver entre os dois países, que identifica as linhas de força da ajuda pública ao desenvolvimento para angola, parte do princípio de que o sucesso das políticas de cooperação parte da sua aceitação pelos países que são seus beneficiários directos, mas também da coerência e sinergias aplicadas, materializa-se também na área social – promoção das condições de educação – e que de acordo com os compromissos do Milénio e a declaração de Monterey tem claramente definido como facto prioritário nomeadamente a língua comum.

Conforme se refere neste PIC verifica-se que para além da mais valia da língua e da afinidade histórica a educação é tida como prioritária em termos de criação de acesso ao desenvolvimento social e económico e portanto no âmbito do PIC, são abrangidos os aspectos relacionados com a melhoria da qualidade doe ensino, sujeito a um enorme pressão de Infra-Estruturas escolares, através de um sistema de apoio aos sistemas de ensino e ao reforço das capacidades institucionais, assim expressamente se referencia o desenvolvimento de condições de apoio à Escola Portuguesa de Luanda.

---

[67] Cfr. Semanário "Expresso" edições de 30.4.1998, 22.5.98, 30 10.98 e 13.11.98

[68] Resolução do Conselho de Ministros n.° 128/98 inclui no orçamento para 1999, do FCE (actual Agencia Portuguesa de Apoio ao Desenvolvimento), 4.64 milhões de contos de orçamentos anteriores relativos a pagamentos a efectuar em 1999, de projectos já aprovados e na RCM 17/2000, recolhem-se saldos que transitaram de anos anteriores do Fundo de Cooperação Económica, que se previa fossem despendidos durante o ano de 2000, entre os quais expressamente inscritos no sector da educação, o apoio a equipamento escolar e formação para construção do Centro.

11. Processo de mudança entre todos os actores de negociação

Em 1998 aparece, assim, por primeira vez um esforço de organização por ciclos de previsão, execução e avaliação do esforço público em matéria de cooperação, completado com o orçamento integrado de cooperação[69] a que se seguiram a aprovação do documento de orientação estratégica denominado "A cooperação portuguesa no limiar do século XXI",[70] o programa integrado de cooperação portuguesa 2000,[71] e o programa integrado de cooperação portuguesa 2001[72].

É exclusivamente no âmbito da cooperação que se definem prioridades, critérios e estratégias, que se determinam recursos necessários e previsões orçamentais, que se integram, de forma simultânea e sucessiva um conjunto de programas de natureza sectorial. Aqui se encontram, relativamente à cooperação, todos os elementos de um processo de planificação ou seja a ordenação prévia, intencionada e racional de um processo de produção de serviços na área da cooperação.

Por outro lado, a definição estruturada do sistema de cooperação[73] [73], bem como a apresentação á Assembleia da República em paralelo com a proposta de orçamento do Estado do programa Integrado de Cooperação, são indiscutivelmente passos importantes e por primeira vez, atribuem-se aos Ministérios alguns poderes de natureza simplificadora da atribulada vida administrativa e assim vemos aparecer no Orçamento de

---

[69] Resolução do Conselho de Ministros n.ºs 102/98, de 12 de Agosto e n.º128/98 de 3 de Novembro.

[70] Resolução do Conselho de Ministros n.º 43 /99, de 18 de Maio.

[71] Resolução do Conselho de Ministros n.º 17/2000, de 13 de Abril.

[72] Resolução do Conselho de Ministros n.º 174/2000, de 30 de Dezembro.

[73] Modelo descentralizado sob coordenação do Ministério de Negócios Estrangeiros, estruturado de acordo com a seguinte orgânica:

Conselho de Ministros para os Assuntos de Cooperação (Decreto-lei n.º 267/98 de 28 de Agosto);

Comissão Interministerial para a Cooperação (sediada no Ministério dos Negócios Estrangeiros, Decreto-lei n.º 127/1997, de 24 de Maio, Decreto-lei n.º 301/98, de 7 de Outubro);

Instituto Português de Ajuda ao Desenvolvimento (Decreto-lei n.º 5/2003 de 13 de Janeiro).

Instituto Camões (Decreto-lei n.º 19/2000 de 1 de Março);

Delegações Técnicas de Cooperação (sediadas nas Embaixadas, Decreto-lei n.º 296/99, de 4 de Agosto);

Departamentos Sectoriais de Cooperação.

Estado, o alargamento do regime excepcional para o Ministério do Trabalho e Solidariedade Social (art. 23.º do Decreto-Lei n.º 161/99, de 12 de
Maio), repetido no ano seguinte (a art. 29.º do Decreto-Lei n.º 70-A/2000,
de 5 de Maio) a toda a Administração Pública com (o Decreto-Lei
n.º 77/2001, de 5 de Março) e vigente também no (Decreto-Lei
n.º 23/2002, 1 de Fevereiro).

11.1. *Estratégia comunicativa*

No entanto, apesar de o Ministério de Negócios Estrangeiros, reconhecer que a percepção global do esforço público em matéria de cooperação tinha vindo a ser dificultada, a justificação que é dada: "institucionalmente é insuficiente e a solução também", ou seja, a reconhecida
dificuldade de percepção residiria na inexistência de um documento sinte-
tizador da cooperação que lhe conferisse visibilidade transversal.
É manifestamente pouco[74].
O que se verifica actualmente é que este conjunto de normativos per-
petua a manutenção das dificuldades de concretização desta política a
nível interministerial: é que da análise destes documentos pode concluir-
se pela irrelevância com que a comunicação é tratada descurando-se que a
mesma é potenciadora dos conhecimentos aplicados, que origina mais
valias decorrentes, enquanto condutora da reciclagem e formação permanente dos profissionais, que conduz á salvaguarda dos conhecimentos
autóctones e ao incremento da informação de interesse local.
A complexidade legislativa, a intervenção de diferentes actores institucionais, a atribuição de diferentes funções a estes actores, uma Administração altamente hierarquizada são factores que implicam a necessidade
de saber teórico e pratico profundo dos conhecimentos sobre o projecto
nas suas diferentes componentes administrativas e que serão incrementa-
dos se o projecto for desenvolvido em rede, ou seja, se o desenho do projecto administrativo seus objectivo, prioridades e estrutura de recursos for
disponibilizado em permanência.

---

[74] A timidez do documento aparece quando se justifica na Resolução do Conselho
de Ministros n.º 102/98, de 12 de Agosto, a inconsistência dos dados de gestão da cooperação, porquanto não foram propositadamente, estabelecidos critérios muitos específicos
ou rígidos para a informação a recolher sectorialmente.

Nitidamente, estamos perante a necessidade de potenciar os conhecimentos aplicados, necessidade a que o conjunto de normativos supra referidos não dá acolhimento.

Por outro lado, a reciclagem e formação permanente dos profissionais, neste caso públicos, são absolutamente indispensáveis face a uma situação que se pode prolongar no tempo e que é favorável ao aparecimento de situações imprevistas, nomeadamente de ordem jurídica internacional pública ou privada. A partilha permanente de informação age como garantia da permanência da qualidade do serviço prestado.

Não menos importante é a salvaguarda dos conhecimentos adquiridos pela Administração no sentido de que é indispensável estabelecer na Administração um estilo de "comunicação – cultura" na qual o receptor – frequentemente o preparador da decisão pública (negociador, executante, o responsável local), possa interagir com o emissor da mensagem normalmente o decisor público (frequentemente o financiador, embora não em exclusivo).

Por fim, é de salientar o relevo da informação de interesse local, porquanto do aumento da informação disponível internamente (na Administração e também de um ponto de vista geográfico), numa permanente realimentação melhorada, é possível qualificar e aumentar a rapidez da decisão pública.

Não deve ainda ser descurada a vertente comunicacional externa. Neste sentido muito nos agrada o modelo alemão de Comissão de Média, composta por técnicos e que se faz parte da GTZ[75], que assessora a Unidade de Comunicação Empresarial no desenvolvimento de directivas temáticas para a Intranet e na utilização de todos os meios de comunicação impressa e electrónica destinada à informação de terceiros. Decide sobre questões fundamentais ligadas á orientação da Intranet, á apresentação da GTZ na Internet, à sua organização e às suas publicações. A unidade de comunicação empresarial é por sua vez uma unidade, directamente subordinada a direcção da empresa.

Esta entidade conta ainda com a colaboração de Agência para Concepções de Marketing Estratégico (AgenZ), que apoia a GTZ no acesso a novas áreas de negócios e focaliza especialmente as áreas de marketing

---

[75] "GTZ – Deutsche Gesellschaft für technische Zusammenarbeit, GmbH, Sobre a GTZ, cfr www.gtz.de

estratégico e comunicação política. Ela oferece as competências-chave da GTZ aos clientes dos sectores público e privado e põe os abrangentes conhecimentos empresariais ao alcance de clientes novos.

12. Conclusões

1ª – É manifesta a necessidade de incorporar uma componente edu-comunicativa, ou seja, a educação pela comunicação, na política administrativa pública de ajuda ao desenvolvimento.

2ª – A conjugação de um projecto educomunicativo num programa integrado de cooperação fundamenta-se na necessidade de agilizar a coordenação inter e intraministerial procurando-se assim que um projecto administrativo, de natureza internacional e envolvendo vários parceiros de natureza diferente, que possa ser iniciado e concluído em tempo útil, minimizando os efeitos de uma manifesta desadaptação da legislação interna às acções de cooperação e eliminando os lapsos temporais existentes.

3ª – Como objectivos específicos desta componente educomunicativa deverão salientar-se a necessidade de potenciar os conhecimentos aplicados; de favorecer a reciclagem e formação permanente dos profissionais; de salvaguardar os conhecimentos autóctones, e de melhorar a informação de interesse local.

4ª – Como definição e alocação de recursos disponíveis, mais do que um orçamento específico atribuído a esta estratégia comunicativa, salienta-se a necessidade de orientar a utilização dos meios disponíveis actualmente para passarem a ser instrumentos de uma estratégia comunicativa paralela e conjugada com a política pública de cooperação, proceder à criação e manutenção de uma rede aberta, interactiva, entre todos os parceiros (gabinetes ministeriais, directores gerais, profissionais envolvidos, juristas, engenheiros, embaixadas, etc.), sobre objectivos, prioridades, recursos disponíveis e sua monitorização, bem como ao estabelecimento de uma permanente avaliação durante o processo de execução do projecto que permita analisar em permanência os resultados, propor mudanças e finalmente publicitar os resultados.

Como prioridades desta componente eduformativa e tendo em atenção a política global da Administração Pública deveriam estabelecer-se as seguintes:

- criação da rede com as características supra referidas;
- identificação dos seus utilizadores;
- formação dos seus utilizadores;
- disponibilização de tecnologia adequada, quando necessária.

Relativamente à organização dos recursos relativamente á componente eduformativa deverão especificar-se por conceitos da seguinte forma:
- profissionais: preferencialmente dois por cada órgão funcional;
- disponibilização de tecnologia adequada mínima : personal computer, ligação á WWW, correio electrónico.
- amanutenção do sistema de actualização permanente e da disponibilização dos instrumentos de avaliação.

A avaliação da componente eduformativa deverá ser feita numa perspectiva eminentemente pratica, tendo por base um fluxograma e um calendário iniciais do projecto de cooperação e que permita neste processo formativo ao recolher a informação sobre o tipo dos atrasos ocasionados, recolher em simultâneo informação valorativa sobre a capacidade de os intervenientes adequados os ultrapassarem atempadamente.[76]

---

[76] A última nota serve para explicar o título do presente estudo e que resulta do facto verídico que passo a descrever.

Um português dirige-se à representação de Portugal num país africano. Em causa encontrava-se um litígio relativo a um posto de trabalho. O português entrega na recepção um documento que é recebido pelo funcionário e solicita um recibo dessa entrega. O funcionário abre os olhos espantado e, pesarosamente, lamenta: "Não posso, o carimbo está com a doutora!".

O português, a muitos quilómetros de Portugal, ficou sem o recibo e eu fiquei com um título.

O IMPERIALISMO CULTURAL NO TEMPO PRESENTE

RUI ÁLVARO FILOMENO DE FIGUEIREDO RIBEIRO
Professor do Instituto Superior de Ciências Policiais e Segurança Interna
Acessor Jurídico da Comissão de Acesso
aos Documentos Administrativos (A. R.)

O IMPERIALISMO CULTURAL NO TEMPO PRESENTE

SUMÁRIO: 1. Introdução; 2. Cultura, Civilização e imperialismo; 3. Imperialismo cultural; 4. Será possível a atenuação do imperialismo cultural?; 5. Conclusão; Bibliografia

RAZÃO DE SER

Completam-se em Outubro de 2004 vinte anos de actividade lectiva do (hoje) Instituto Superior de Ciências Policiais e Segurança Interna (ISCPSI), herdeiro da Escola Superior de Polícia (ESP).

Vinte anos constituem um marco na vida de qualquer instituição. Para comemorar o aniversário, decidiu a Direcção do ISCPSI solicitar a colaboração de docentes, de ex-docentes e mesmo de pessoas estranhas à "Casa", a fim de – através dos seus contributos em diversas áreas científicas – ser elaborado um volume de estudos em honra do PROFESSOR GERMANO MARQUES DA SILVA, que foi Vice-Presidente da Comissão Instaladora da ESP e que, como Docente, generosamente tem dado a este Instituto Superior muito do seu saber e da sua esclarecida inteligência.

Homenagear GERMANO MARQUES DA SILVA não é tarefa fácil, pelo menos para mim, que tive o privilégio de, no primeiro Curso de Direito professado na Universidade Católica Portuguesa (1976/82), ter sido seu aluno nas Disciplinas de Introdução ao Estudo do Direito, de Contratos em Especial, de Direito Penal I, II e III e de Direito Processual Penal. Recordo as suas aulas, a sua disponibilidade permanente, a sua pedagogia. Fiquei seu amigo.

Numa Escola de Ensino Superior, numa Academia, entendo que essa homenagem há-de realçar o PROFESSOR GERMANO MARQUES DA SILVA, enquanto Homem que tem consagrado ao Ensino a maior parte do seu labor de Mestre de excepcional categoria. Daí que – numa Casa que é de Cultura e para um Homem de Cultura – tenha decidido escrever sobre um tema cultural. Mas, deverei acrescentar que noutros planos poder-se-ía falar do agora homenageado: como pessoa de carácter, como Advogado insigne...

Só espero que estas páginas não sejam avaliadas com a (justa) severidade do Professor, mas com a bondade do Amigo e com a indulgência do Cristão.

"O homem não é um borrego cuja alma possa suprimir-se para que viva feliz no rebanho"

RAMIRO DE MAEZTU

1. Introdução

Nas páginas que se seguem, o autor fará a exposição do seu ponto de vista: o de que há, realmente, imperialismo cultural, tentando demonstrar porquê.

Convirá, no entanto – e desde já –, referir que não existe hoje uma só espécie de imperialismo, mas sim várias: existem imperialismos em razão do campo material que abrangem, tal como existem imperialismos em razão da área espacial ou do lugar sobre que se exercem.

Poder-se-á, assim, descortinar um imperialismo político-militar americano, que, num mundo como o nosso que é, nesta matéria, um mundo unipolar, se projecta à dimensão universal, tal como podem ser detectáveis vários destes sub-imperialismos ou pretensões imperiais de teor geopolítico e militar [da China relativamente a Taiwan, à Mongólia, à Coreia do Norte e ao Vietname; da Índia quanto aos demais países do sub-continente indiano, neles se incluindo o Paquistão; da Austrália sobre os Estados seus vizinhos; da Rússia quer quanto aos Estados que formavam o extinto Pacto de Varsóvia[1], quer no que concerne aos novos países independentes, que integravam a ex-URSS; etc.[2]/[3]].

---

[1] E que tentam subtrair-se a ele ou minorar os seus efeitos, até pela via da adesão à União Europeia.

[2] Daí uma posição – de princípio –, contra a participação desses países na OTAN e contra a sua integração na União Europeia.

[3] Não será demais repetir que, hoje em dia, nas relações entre Estados, não existem amizades nem princípios: há, sim, interesses – interesses contingentes e interesses permanentes.

Pode também falar-se em imperialismos tecnológicos dos Estados Unidos da América e do Japão, bem como em diversos imperialismos económicos (americano, japonês, canadiano e dos países mais ricos da União Europeia, ora conflituando, ora convivendo e convergindo entre si, no seu "Clube Privadíssimo": o G. 7 + 1 ou G. 8).

Tal como é visível, no tempo que corre, o imperialismo do terror, cuja ameaça os Estados não podem ignorar, mas cujas formas concretas de actuação não conseguem prever. Em resultado desta forma de imperialismo, os Estados não se confrontam já com outros Estados, mas com uma rede terrorista. Rede que visa descredibilizar o Estado, abalando a relação de confiança dos cidadãos nas instituições; rede que não tem soberania, mas tem poder; que não tem território, mas escolhe as zonas, os territórios, em que vai actuar; que não tem povo, mas que tem forças; que não tem regras orçamentais, mas tem dinheiro; que não tem rosto, mas tem cérebro[4]. O *11 de Setembro* (de 2001) e o *11 de Março* (de 2004) são exemplos de que assim é.

Pelo que diz respeito ao tema deste trabalho, considera o seu autor que existe, igualmente, um imperialismo cultural euro-americano, comportando, também, por seu lado, alguns sub-imperialismos; contudo, esse imperialismo reflecte-se e exterioriza-se mais para umas zonas do que para outras, mostrando-se até bastante esbatido no seio da União Europeia, por ser – apesar de todas as assimetrias de desenvolvimento que existem no interior dos países que a formam-, um clube de abundância, de consumo, de paz política e de uma relativa quietude ideológica.

2. Cultura, civilização e imperialismo

As palavras *"cultura"*, *"civilização"* e *"imperialismo"* (vocábulos que têm a sua origem no latim) mostram-se, desde sempre, intimamente relacionadas, por virtude das acções e das interacções que entre si comportam (ou que podem comportar).

Etimologicamente, o termo *"cultura"* parece querer designar o produto da relação que existe entre o homem e o meio, i. e., reporta-se-á àquilo que o homem, pela sua actividade – qualquer que ela seja –, acrescenta à natureza. Quer dizer: ela traduzirá, a um tempo, a acção do homem

---

[4] É lição colhida de ADRIANO MOREIRA, na palestra que proferiu no Instituto Superior de Ciências Policiais e Segurança Interna, em 7 de Maio de 2003.

(considerada em si própria) e também o resultado dessa acção, quer tal resultado se produza ou projecte directamente sobre o próprio homem, quer sobre o seu espaço envolvente, mas tendo sempre em vista – mormente sob o ângulo do sujeito activo ou agente cultural –, um salto ou uma melhoria qualitativa (e, as mais das vezes, também quantitativa). Ora, se assim é, se se tem em vista um outro fim ou objectivo, não haverá altruísmo na cultura, embora possa, em abstracto, ser concebível a existência de uma "cultura" do altruísmo.

Com base nesta perspectiva – que poderá dizer-se antropológica –, haverá, por um lado, uma omnipresença da cultura na sociedade e, por outro lado, uma estratificação social determinada pela cultura (em razão da matriz – nacional, profissional, económica, etc. – de cada grupo ou, até, do *background* individual). Ela abrangerá, pois, as mais variadas dimensões da vida social, sendo – assim o ensinava Edgar Morin –, como que *"o depósito onde se agrupa tudo o que não é nem político, nem económico, nem religioso"* [5]. Neste sentido, poder-se-á subscrever o que dizia Hugo de Azevedo: que *"o conceito de cultura se alargou tanto, que abrange qualquer coisa, desde a «Odisseia» ao bacalhau-à-Brás"* [6].

Isto significa que – afastadas que sejam as vertentes da política (olhada como conquista e conservação do poder), da economia (vista como a arte de viver com recursos escassos num mundo em que as necessidades humanas são virtualmente ilimitadas) e da religião (que, qualquer que ela seja, se prende com a ligação entre a humanidade e a divindade, pela inoculação do dom da fé) – é possível encontrar uma cultura inerente a cada uma das outras facetas pelas quais a realidade humana pode ser encarada. Nesta óptica, não existirá realmente uma cultura, mas várias culturas, *rectius*, várias sub-culturas, por vezes lutando entre si pela primazia.

Não obstante a diferenciação existente entre a política, a economia, a religião e a cultura, há, no entanto, um ponto que funciona – ou que deverá sempre funcionar – como um elo entre todas estas manifestações da actividade humana: apenas gozarão de credibilidade (de credibilidade duradoura, entenda-se), se – e quando – forem norteadas pelos valores da promoção e da defesa da dignidade do homem.

Dizia Gustav Radbruch, que *"há, no domínio da experiência, unicamente três espécies de objectos susceptíveis de uma valoração absoluta: a*

---

[5] Cfr. EDGAR MORIN, in *L´esprit de temps*, ed. Grasset, Paris, 1961.
[6] Cfr. artigo publicado no *Jornal de Notícias*, edição de 26 de Maio de 1998.

personalidade humana individual, a personalidade humana colectiva e os produtos da própria actividade humana ou as obras humanas. Assim, podemos distinguir, correspondentemente, consoante estes três substractos, três espécies de valores: os «valores individuais», os «valores colectivos» e os «valores de obra»[7].

Olhada a realidade por este prisma, à <u>religião</u> pertencerão os valores individuais (porquanto a relação do homem com o seu deus é pessoal, isto é, recai, principalmente, na esfera da consciência íntima de cada um); a <u>actividade política</u> e a <u>actividade económica</u> prender-se-ão com os ditos valores colectivos (uma vez que uma e outra, supostamente, são exercidas e desenvolvidas para o bem geral da comunidade em que se realizam); e, finalmente, para a <u>cultura</u> irão os valores de obra, que são valores culturais, porque ligados ao labor humano e primacialmente, à dimensão intelectual e criativa desse esforço.

Ora, o labor humano, mesmo que de índole intelectual – e seja qual for o resultado para o qual convirja ou para que possa convergir –, encontrará maior motivação aí onde for mais palpável o incentivo económico para a sua progressão. Assim, no mundo contemporâneo – que é, de forma cada vez mais intensa, um mundo do ter e não do ser, de consciências a caminho de uma reificação homogeneizada –, poder-se-á falar numa tendencial <u>mercenarização dos agentes culturais</u> e também numa <u>empresarialização da cultura</u>, determinada pelo entrosamento entre os valores colectivos (da política e da economia) e os valores de obra (da cultura). Acrescente-se ao que ficou dito o seguinte: actualmente, quem detém o poder político e/ou o poder económico pode comprar a cultura e a não-cultura, pode comprar a obra e a sua ausência, pode pagar para que se veja e para que não se veja, para que se ouça e para que se omita, pode, enfim, adquirir a palavra e o silêncio.

As considerações precedentes não excluem que, sobretudo no âmbito do combate político (seja pacífico ou não pacífico), haja e possam ser facilmente reconhecidos factores culturais, mas afigura-se não ser essa a essência da cultura. De igual modo – e porque o estímulo cultural dificilmente despertará na rigidez, quase sempre ortodoxa, de doutrinas políticas –, a acção do poder, ou melhor, dos poderes públicos neste campo (aquilo a que se convencionou chamar, no nosso tempo, *"política cultural"*) será

---

[7] Cfr. GUSTAV RADBRUCH, in *Filosofia do Direito*, 5ª edição revista, ed. de Arménio Amado – Editor, Sucessor; Coimbra, 1974, páginas 125 e seguintes.

tanto mais consensual e eficaz, quanto maior for o respectivo grau de despojamento ideológico. Poderão ser, assim, descortináveis aspectos culturais na vida política, conquanto deveriam ser inexistentes (ou, se existentes, imperceptíveis) os aspectos político-ideológicos na cultura. Não é, porém, isto que normalmente acontece.

A palavra *"civilização"* é, igualmente, de proveniência latina e encontra a sua raiz em *"civilis"* (civil), que, por seu turno, vem de *"civis"* (cidadão)[8]. E se, tal como se viu suceder com a noção de cultura, a ideia de civilização for vista como a sobreposição do homem – pela sua acção que é, a um tempo, criadora e dinamizadora –, relativamente à natureza, então o homem, o cidadão activo, será o seu artífice, o seu agente e o seu primeiro e principal destinatário. Por outro lado, à noção de civilização associam-se, indissoluvelmente, a ideia de tradição (como o acordo possível entre os mortos, os vivos e os que ainda não nasceram), bem como as ideias de progresso, de crescimento e de desenvolvimento do *"homo todo e de todo o homem"*[9], i. e., no fundo, a *"humanização externa"*[10] de um povo, visto como entidade *a se*. Quiçá seja em tudo isto que radique, pelo menos em parte, a ligação (e, quantas vezes(?), a indiferenciação) referida *supra*.

O termo *"imperialismo"* – que, originariamente, significava o *poder de facto* exercido por um homem (e pelas instituições que o coadjuvavam) sobre vastos territórios, culturalmente distintos, mas até aos quais chegava, quantitativa e qualitativamente, uma mesma <u>autoridade</u> (ou *imperii*), uma mesma <u>cultura</u> e uma mesma <u>civilização</u> –, tem, nos nossos dias, uma conotação que é havida como pejorativa, porque tem a ver com uma predisposição ou com uma vontade de domínio que, no geral, se tem por inaceitável[11]. Ora, esse lado antipático que a palavra hoje tem decorre, no fundo, do reconhecimento de que funciona em pleno o princípio segundo o qual quem tem poder (qualquer que seja a natureza desse poder) faz sempre valer aquilo que entende ser os seus interesses vitais.

---

[8] Cfr. M. ANTUNES, in *Civilização e Cultura*, in *POLIS, Enciclopédia Verbo da Sociedade e do Estado*, edição da Editorial Verbo, Lisboa, 1983, volume I, colunas 876 e seguintes.

[9] Cfr. M. ANTUNES, in op. e loc. cit.

[10] A expressão é utilizada por J. J. GOMES CANOTILHO e VITAL MOREIRA, in *Constituição da República Portuguesa, Anotada*, 3ª edição revista, Coimbra Editora, Limitada, Coimbra, 1993, páginas 360 e seguintes.

[11] Neste sentido, ADRIANO MOREIRA, in *Imperialismo*, in *POLIS: Enciclopédia Verbo da Sociedade e do Estado*, edição da Editorial Verbo, Lisboa, volume III.

Actualmente, a palavra *imperialismo* é, como atrás se disse, susceptível de encerrar em si uma pluralidade de usos, que não se ligam necessariamente à política *stricto sensu*, ao domínio militar ou à guerra, mas sim às relações internacionais, olhadas numa perspectiva muito ampla (e vistas não apenas como relações entre Estados). É o poder em permanente movimento. Mais: é o poder, nos seus diferentes modos de manifestação (político-militar, económico-financeiro, cultural...), que está em movimento e que desconhece fronteiras definitivas, perspectivando para a sua acção tão-somente fronteiras virtuais, que têm, por natureza, contornos fluidos, sendo sempre *"fronteiras"* ultrapassáveis e, portanto, ilimitadas[12].

3. Imperialismo cultural

A desejável e desejada neutralidade ideológica de uma política cultural não significa – nem poderia significar – a ajuridicidade da cultura. Efectivamente, o elemento jurídico está (e tem de estar), necessariamente, presente em todos os domínios da vida em sociedade e, consequentemente, também na vida cultural. Por outras palavras, está presente subjectivamente (pois que há um direito à cultura) e está presente também objectivamente (já que existe um direito da cultura); e, aliás, por esta exacta "ordem de nascimento", porquanto terão sido *as exigências dos cidadãos em matéria de cultura e o sentimento dos dirigentes quanto à necessidade de oferecer aos cidadãos serviços neste domínio que estiveram na origem deste novo ramo do direito"*[13].

Este direito à cultura é uma realidade recente: tal como acontece com a generalidade dos direitos e deveres económicos, sociais ou culturais, ele é um produto do século XX, que foi uma época de verdadeiras revoluções copernicianas no quadro dos direitos fundamentais da pessoa humana; mais: na sua configuração actual, isto é, não "amalgamado" com o direito à instrução e à educação (conquanto a este unido pelos laços de um "parentesco próximo"), ele surge, sobretudo, no pós-guerra.

No entanto, uma coisa é a elaboração teórica, que é abstracta, outra a realidade concreta; uma coisa é o Direito, objectivado em preceitos,

---

[12] Cfr., neste sentido, AUTOR e op. cit. na nota anterior.
[13] Cfr. JEAN-MARIE PONTIER, JEAN-CLAUDE RICCI e JACQUES BOURDON, in *Droit de la Culture*, edição de Précis Dalloz, Paris, 1990, páginas 60 e seguintes.

outra a sua conformação ou moldagem através da prática política. Quantas vezes, por detrás da magia das palavras não se encontra o vazio dos factos?

E daqui deriva um paradoxo: ao mesmo passo que vai aumentando o número daqueles para quem o <u>direito à cultura</u> e até a uma cultura <u>ideologicamente não programada</u> se vai tornando efectivo, não aumenta (ou diminui, mesmo) a percentagem dos que têm acesso a uma <u>cultura ou informação cultural realmente desestruturante</u>: é que, em razão dessa empresarialização da cultura, o que é transmitido não tem, na generalidade, uma natureza pedagógica, que se traduz na abertura de pistas e de horizontes, de possibilidades de investigação, de criação e de decisão. Quer dizer: proporciona-se cultura, mas determinada cultura. A informação que hoje se recebe – e que é, também, veículo de cultura – é, inclusivamente num regime democrático, de carácter marcadamente estruturante (e, em regimes políticos autoritários ou totalitários, tenderá a ser estruturada ou até manipulada). Quer dizer: mesmo em democracia, <u>dá-se ao utente o que se pretende que ele receba, adquira ou assimile; transmite-se-lhe uma cultura, uma informação (já) pensada, filtrada ou "mastigada" por outros, mas, de uso, não se lhe criam os referenciais para que ele seja (ou possa ser) um agente activo e pensante da cultura</u>[14].

A razão deste paradoxo residirá na circunstância de o <u>direito à cultura</u> ter ganho um cunho que não é, por regra, abertamente ideológico ou proclamatório, enquanto que o <u>direito da cultura</u> passou a ter, subjacente a si, uma forte dimensão económica e empresarial decorrente do dinheiro que a actividade cultural (em sentido lato) – nas suas múltiplas vertentes –, gera e movimenta.

E, portanto, haverá que redefinir a situação factual presente, a qual pode ser expressa ou traduzida deste modo: *na hora actual, todos os que*

---

[14] No uso estruturante da informação cultural, pretende-se cativar o utente, torná-lo conivente com aquela determinada interpretação da realidade, visa-se persuadir o consumidor de informação da correcção da análise feita por outra entidade; é, no fundo, um <u>magistério de influência</u>; a informação cultural não assenta na falsidade, mas sim num esquema pré-definido de raciocínio, de análise e de exposição; e, como reza um provérbio chinês, *"há tantas formas de dizer a verdade que não vale a pena mentir"*. Ao contrário, uma informação culturalmente desestruturante patenteia-se como uma atitude pedagógica, que visa incutir no utente um espírito reflexivo; é um convite ao destinatário para que "puxe pela cabeça" e compreenda; isto quer dizer que há uma tentativa de fazer com que o utente crie ou (re)defina uma axiologia do pensamento, a <u>sua própria axiologia do pensamento</u>, tirando daí as conclusões que se mostrem cabidas.

têm possibilidade de o fazer desenvolvem esforços para aumentar o número dos que podem aceder ou "comprar" a cultura que outros pretendem "vender", ou seja, trabalha-se apenas no sentido de alargar o mercado cultural. É a faceta negocial e quase impositiva da cultura: não é já tão-só a veneranda lei da oferta e da procura a funcionar também neste campo; é o peso económico da indústria cultural a ditar as suas regras. A liberdade cultural (em sentido amplo, abarcando a liberdade de informação) fica subordinada (ou submetida) à liberdade de comércio, mormente quando se cede à tentação de, para efeitos mercantis (leia-se, com o fim de iludir hipotéticas restrições comerciais), incluir a cultura na categoria comercial e aduaneira dos serviços.

Neste, como noutros domínios, os homens precisam, em consequência, de liberdade para que possam opor-se a esta situação (que os Estados criam ou com a qual compactuam) e precisam dos Estados como criadores de regras, como garantes da liberdade e como fiscalizadores de eventuais abusos.

Chegados a este ponto, afigura-se que há pertinência em que se coloque a seguinte pergunta: qual o primeiro dever das entidades públicas neste campo? A resposta imediata parece ser a de que o poder político ou não é sensível ou se mostra insensível às directas responsabilidades que lhe cabem neste campo. Todavia, tal dever, numa democracia que se quer construída com a participação dos cidadãos, parece ser o de promover a *entrada consciente e assumida* dos indivíduos no mundo da cultura, o de criar as condições, o "ambiente", para que eles, por sua iniciativa, se humanizem, se abram à criação (a face activa) e à fruição (o lado predominantemente passivo) dos bens culturais. Como? Através da procura permanente de uma utilização racional dos meios disponíveis, em cada momento e em cada país, abrindo os caminhos para que cultura e educação, que não se confundem, apareçam, contudo, em estreita ligação e sejam humanizadas e humanizantes; como dizia Vauvenargues, *"a palavra «cultura» designa (...) o estado de um espírito cultivado pela instrução"* [15].

Sucede, porém, que essa é uma tarefa de tomo: o Estado – que deve ser, de entre todos os promotores de cultura, o maior –, está em crise.

---

[15] In *Reflexions et Maximes*, citado por ANDRÉ LALANDE, in *Vocabulaire Technique et Critique de la Philosophie*, volume III, edição da Librairie Félix Alcan, Paris, 1932.

Mesmo o Estado democrático – com os seus poderes institucionais, com o dever de garantir a segurança, a cultura e o bem-estar e, também, com a obrigação de subordinar o poder económico ao poder político legítimo[16] –, treme perante o imperialismo subversivo, ou seja, o imperialismo dos poderes que se situam fora do sistema (como os poderes erráticos ou terroristas); e vacila e pactua com os poderes fácticos sem natureza bélica (como, por exemplo, o poder económico-financeiro) e com os respectivos desígnios, entrando com eles numa dança que, nos países mais pobres, assume, na maioria das vezes, contornos que são de uma promiscuidade total.

É que, no mundo de hoje, dois vectores (não necessariamente hierarquizados) parecem pautar as relações que se estabelecem entre os povos, os Estados e as instituições: o dinheiro e o medo (entendido este em sentido amplo). Poder-se-á dizer que o dinheiro e o medo determinam a vivência em sociedade, determinam tudo quanto de mais significativo se passa no tempo presente.

Se não há, como se disse *supra*, altruísmo na cultura, aquele que se apresente como mais forte (ou a quem seja reconhecida essa superioridade) tenderá a impor a sua cultura, o *seu modo de ser e de estar*, aos demais; e estes, por norma, aceitarão – por medo dessa supremacia económica e das retaliações que poderá acarretar – aquilo que, designadamente as empresas transnacionais de informação e cultura, lhes quiserem *"impingir"* ou *"vender"*. Neste sentido, há sempre um imperialismo cultural, há poder em movimento, há sempre uma entidade que pretende impor a outrém uma determinada visão: a sua.

O pensamento único – mesmo em termos culturais, que, em abstracto, deveriam implicar respeito pela diversidade e pelo pluralismo –, está na moda e mal irá quem não trilhe os caminhos tidos, em todos os campos, como sendo os politicamente correctos. Quer dizer: há um imperialismo cultural do pensamento único. Por outro lado, haverá que reconhecer que esse imperialismo cultural é um imperialismo da *branquidade*, da *etnia branca europeia*[17] (ou de raiz europeia), porque é, predominantemente, europeu ou euro-americano. É, pois, rico e da sua riqueza advém-lhe a sua dimensão global, isto é, a sua capacidade de se impor, de irradiar para o mundo inteiro e de, em África, prevalecer sobre as culturas locais, sobre a *negritude*.

---

[16] Cfr., neste sentido, Constituição da República Portuguesa, artigo 80.°, alínea a).

[17] A expressão é usada por ADRIANO MOREIRA, in *Imperialismo*, cit..

4. Será possível a atenuação do imperialismo cultural?

Em razão do que ficou dito, será difícil (ou impossível) anular o imperialismo cultural. Todavia, afigura-se viável mitigá-lo ou atenuar os seus efeitos; e, para que tais efeitos se atenuem, algumas condições – ligadas também à educação – deverão encontrar-se preenchidas:

1ª) Em primeiro lugar, há que lutar (empenhadamente, tenazmente) para manter no país os centros de decisão. Isto poderá revelar-se difícil, sobretudo para um pequeno país que seja membro da União Europeia, como Portugal; mas é um objectivo que, de forma alguma, poderá ser descurado.

2ª) Em segundo lugar, trabalhar-se-á no sentido de que o direito geral à cultura – que, por via de regra, se patenteia como um conjunto de direitos à cultura – assuma um carácter cada vez menos programático e, portanto, mais efectivo.

Mesmo que o direito à cultura seja, na prática, o direito a uma determinada cultura, sempre haverá horizontes que se alargam e que poderão traduzir-se numa renovação cultural e numa renovação de mentalidades[18]. É tarefa que cabe, antes de mais, ao Estado, mas que é também de outras entidades públicas e privadas. Porque a promoção cultural tem vindo a assumir a natureza de um programa de concretização faseada (na medida do que os recursos o permitem e a discricionaridade o aconselha), há que envidar esforços para fixar, de forma mais rápida, etapas e metas nesse programa, o que implicará obrigações de *facere*, isto é, acções positivas no sentido da sua efectivação.

3ª) E, portanto, dessa maior consolidação prática desse direito decorrerá a democratização da cultura[19].

---

[18] Gradualmente, irá aumentando o número de pessoas com capacidade crítica e, portanto, também com maior peso reivindicativo.

[19] Há quem veja no progresso tecnológico que o cinema representou o primeiro passo no caminho de uma nova percepção da cultura, como uma realidade popular ou, pelo menos, em vias de popularização: de facto, enquanto o teatro (com toda a sua *mise-en-scène*), e a literatura continuavam a ser os indicadores de vivência de uma *"cultura predominantemente burguesa"*, o cinema - de início, muitíssimo menos oneroso - passou a constituir o símbolo daquilo que ficou rotulado como a *"cultura de massas"*. Era a cultura dos ricos, *versus* a cultura dos pobres.

Nesta linha de pensamento, a democratização da cultura representará, por uma banda, a abertura da possibilidade de um generalizado acesso a ela, i. e., o direito (que, em muitos casos, se traduz ainda, realmente, numa mera e ténue expectativa) de todos à criação e à fruição dos bens culturais e, por outra banda, o direito que aos cidadãos deverá ser reconhecido de participarem na definição, na execução e nas eventuais correcções de rumo quanto ao "itinerário cultural" do seu país.

4ª) A quarta referência que ocorre aqui formular é a de que há que pôr fim a um entendimento da cultura como uma realidade mítica e como um privilégio só de alguns, ou seja, o fim de uma noção elitista de cultura.
Parece haver no mundo cultural o preconceito de que a cultura é dos que e para os que se alimentam de grego e de latim; pois bem: os que nutrem os seus espíritos apenas de grego e de latim têm como destino natural a morte por inanição;

5ª) A cultura, nas suas diferentes facetas, deve chegar a todos – e deve chegar de forma a que cada um possa proceder à sua análise e tirar a sua conclusão, isto é, sem estar (pré)judicado pela "verdade" que lhe pretendam impor. Isto é, deverá caminhar-se para uma cultura desestruturante.

6ª) A sexta nota é esta: no mundo de hoje, nesta "aldeia global" (usando uma expressão actualmente muito em voga), haverá que incentivar-se a "internacionalização cultural". Porém, essa "internacionalização" não significa que se escancarem as portas aos interesses das *"empresas fabricantes de cultura"*, mas, antes, que se busque, no intercâmbio com outros países e com outros povos, aquilo que, de melhor, eles tiverem para oferecer nesta área.
Poder-se-á, porventura, colocar aqui a questão que consiste em saber se o *11 de Setembro de 2001* e o *11 de Março de 2004* terão (ou não) ocasionado uma regressão neste processo, porquanto parece terem gerado a secundarização de alguns direitos[20] e interesses legítimos face à necessidade de garantia da segurança e, portanto, também das fronteiras físicas.

---

20 Mesmo de natureza preceptiva.

7ª) A sétima condição prende-se com o <u>dever de descentralização da cultura</u>: em todos os países, quer nos grandes centros, quer nas médias e pequenas localidades, quer no litoral, quer no interior, deverá haver condições de participação generalizada na vida cultural. Isto não se traduzirá, obviamente, na forçosa, forçada, obrigatória e imprudente igualitarização cultural de um país: a cultura afirma-se no respeito pelas diferenças e o princípio da igualdade manda que situações iguais sejam tratadas de forma igual e que situações diferentes o sejam de modo diferente, e na medida em que a diferença se manifeste; mas exigirá, na certa, a correcção das assimetrias originadas pela desigualdade de oportunidades no acesso à cultura. Por outro lado, há que ter em conta que este dever de descentralização acarreta, tanto para o Estado como para outras pessoas colectivas públicas ou de direito público – como as autarquias locais –, a obrigação de, na medida do possível, criarem e manterem instituições culturais de índole regional e local, bem como a de apoiarem aqueles que, nesses âmbitos, forem agentes de cultura.

8ª) Haverá – obviamente, com maior incidência vinculativa para os poderes públicos –, o dever de tomar as providências que se mostrem adequadas para *"preservar, defender e valorizar o património cultural"* como *"elemento vivificador da identidade (...) comum"* (para utilizar os termos que a actual Constituição Portuguesa usa no n.° 1 e na alínea *c)* do n.° 2 do seu artigo 78.°).
A defesa e a valorização do património são elementos essenciais da *"fruição das artes"*, a que se refere, por exemplo, o artigo 27.° da Declaração Universal dos Direitos do Homem, adoptada pela Assembleia Geral da Organização das Nações Unidas em de 10 de Dezembro de 1948.

9ª) Outra condição tem a ver com a necessidade de <u>promoção de verdadeiras liberdades de criação cultural e de difusão/divulgação cultural</u>, que se apresentam como aspectos particulares da liberdade de pensamento e da liberdade de expressão.
A cultura não é uma coisa: a cultura é relacional, pelo que só poderá existir onde estiver presente quem possa livremente criar e quem possa fruir em liberdade os bens culturais.
A cultura liga-se à vida – e não apenas à vida transmissível pela natureza, mas, igualmente, à "vida" concebível pela inteligência. Como afirmou o Papa João Paulo II, *"a cultura é <u>do</u> homem, <u>a partir</u> do homem*

e para o homem"[21]. Por isso, só poderá haver cultura, direito à cultura, direito da cultura e desenvolvimento cultural onde estiver presente, na sua plenitude, o elemento humano: e o elemento humano apenas poderá estar presente, *in toto*, onde haja a possibilidade de verdadeiras opções, isto é, onde se puder escolher conscientemente, onde lhe for efectivamente viável dizer sim e dizer não.

E isto poderá conduzir a dois problemas, quiçá contraditórios entre si:

É certo que tais liberdades de criação e de difusão/divulgação não deverão, por um lado, sofrer ingerências (o que, sendo difícil, será, indubitavelmente, uma defesa para os agentes culturais) nem, por outro, deverão ser objecto de restrições ou limitações que não decorram de uma *absoluta necessidade* de salvaguarda de direitos de outrém e sempre com base no respeito de um critério de proporcionalidade;

b) No entanto, justamente porque a cultura é do Homem e para o Homem, há um ponto que se reveste de grande acuidade e de difícil solução, mormente nos *países endémica e estruturalmente deficitários do ponto de vista educativo e cultural*, em que uma maioria numérica, mas que é, no fundo, qualitativamente minoritária, poder-se-á apresentar com a pretensão (e, até, com a exigência) de que sejam seguidas as suas opções e, se o não forem, não faltará quem esteja pronto para falar de censura, de autoritarismo, de falta de atenção ao público, de elitismo, de pseudo-intelectualismo, de paternalismo...

10º) Uma décima e última consideração tem a ver com a imprescindibilidade de, mormente nos Estados plurinacionais, se levarem a cabo políticas de protecção das diversas culturas e nacionalidades, e com a necessidade de defesa, em todos os Estados, das minorias religiosas e étnicas e das suas culturas e civilizações próprias. Contudo, este aspecto parece ser um dos que mais problemas suscita nas modernas democracias, sobretudo na União Europeia, em que há Estados em que as minorias étnico-culturais assumem – ou podem vir a assumir, num futuro de médio

---

21 Cfr. o discurso proferido em 15 de Maio de 1982, na Universidade de Coimbra, perante os Homens da Cultura; esta alocução está inserida em volume contendo todos os discursos proferidos pelo Santo Padre, aquando da sua primeira visita a Portugal (1982), volume esse publicado pela Editorial Rei dos Livros, Lisboa, 1982

prazo – uma dimensão socialmente muito relevante. Deverá, pois, o país de acolhimento trabalhar para a aculturação dos seus imigrantes ou deverá sempre respeitar, integral e escrupulosamente, as culturas de origem? E, sendo esta a opção, não será ela susceptível de criar *ghettos*? Será preferível o modelo dos Estados Unidos, de integração segundo o que se convencionou chamar o *american way of life*?

5. Conclusão

A cultura é, como se viu, uma actividade multidimensional, *attrape-tout* ou *presque tout* e, no tempo actual, uma actividade marcada por uma forte componente económico-financeira, de dimensão empresarial. É principalmente essa natureza que a cultura hoje assume que permite falar num imperialismo cultural.

Deverá haver um generalizado acesso à cultura, nas suas diferentes formas? Deverá haver, para todos, verdadeira liberdade de criação e de fruição cultural? Deverá a produção cultural ser, constantemente, norteada pela dignidade do homem e ser posta ao serviço da protecção dessa dignidade? Deverá a informação transmitida, que é veículo de cultura, ser desestruturante, no sentido referido *supra*? O poder político deverá assegurar a subordinação do poder económico?

A resposta a todas estas questões será, sem dúvida, positiva, mas o que é facto é que – sobretudo, nos países pobres do chamado Terceiro Mundo – a vivência prática deste como de outros direitos fica aquém da respectiva consagração formal.

Se, em inquérito ou em referendo, o cidadão (detentor ou destinatário do poder) fosse confrontado com estas interrogações, a sua resposta seria, na certa, afirmativa. Todavia, a maneira como a cultura é, geralmente, tratada autoriza a que se indague se, realmente, assim é. Não se duvida de que em 2004, o direito à cultura tenha chegado – e apesar de tudo quanto atrás se deixou exposto –, a um grau de concretização e de disseminação diferente daquele que se verificava, por exemplo, nos finais da II Guerra Mundial, isto é, não se põe em causa que se tenha alargado o número dos seus efectivos (e não apenas potenciais) beneficiários. E, no entanto, não se negará que a cultura, ainda hoje, não passa de uma (sedutora) miragem para largas camadas da população mundial. Mesmo nos países onde esteja vencida a batalha do pão, não há verdadeira alimentação/humanização do espírito, mas sim a *"compra e venda de produtos culturais"*. Quais? Aqueles que o produtor, pelo o seu maior ou menor poder económico, determinar e quiser vender e aqueles que o cidadão, que é o utente da cultura, puder adquirir. O que se passa, hoje em dia, é que a parte mais fraca (o cidadão, destinatário e agente passivo de cultura) não tem possibilidade de proceder a verdadeiras opções e, por conseguinte, ou tenta o total alheamento do sistema ou entra no que poderia ser designado como um *"processo cultural de cláusulas gerais"*, em que se é livre de aderir (ou não) ao que lhe é oferecido, mas em que não há ajuste de condições contratuais e, por isso, não há verdadeira liberdade contratual. Manda quem pode, obedece quem deve.

Haverá, pois, que (re)pensar, com doses de prudência, de realismo, de independência, de bom-senso e também de bom-gosto, as bases, os meios e os objectivos da acção cultural do poder e as formas de penetração da informação nas sociededes, já que, na maior parte do mundo, a cultura se vê relegada para um plano inferior e, por isso mesmo, para a situação de alvo fácil, quando não preferencial.

Neste sentido, poder-se-á perguntar se os acontecimentos de *11 de Setembro de 2001* (nos Estados Unidos da América) e de *11 de Março de 2004* (em Espanha), contribuirão para essa necessária redefinição, porquanto aquela que era uma *ordem internacional positiva, optimista, polítca e economicamente liberal* está, paulatinamente, a dar lugar a uma *ordem negativa, pessimista, política e economicamente intervencionista e marcada por profundas preocupações de segurança*. O tempo dirá se realmente existiu essa mudança, em que sentido se verificou, se foi positiva ou negativa e se o imperialismo, como poder em movimento, se atenuou ou progrediu após essas datas fatídicas.

Mantém, quanto a este ponto, pertinência e, por conseguinte, actualidade a Resolução n.º 3148 (XXVIII), adoptada pela Vigésima Oitava Sessão (1973) da Assembleia Geral da Organização das Nações Unidas; nesse ano, em que a Declaração Universal dos Direitos do Homem completava as suas "bodas de prata", era nela dirigido um convite aos Estados: para que fizessem *"dos valores culturais, tanto materiais como espirituais, elemento indissociável do seu esforço de desenvolvimento"* e a que promovessem *"a participação da população na programação e aplicação das medidas* (tendentes a garantir) *a preservação e o desenvolvimento dos valores culturais e morais"*.

Bibliografia

(Indicada por ordem alfabética do primeiro nome do Autor – ou do primeiro nome do primeiro dos Autores – de cada uma das obras citadas)

ADRIANO MOREIRA, *Ciência Política* (Reimpressão), Edição da Livraria Almedina, Coimbra.

ADRIANO MOREIRA, *Imperialismo*, in *POLIS: Enciclopédia Verbo da Sociedade e do Estado*, edição da Editorial Verbo, Lisboa, volume III.

ADRIANO MOREIRA e OUTROS, *Terrorismo*, obra colectiva coordenada por ADRIANO MOREIRA, edição da Livraria Almedina – Coimbra; Coimbra, Janeiro de 2004; com patrocínio do Instituto D. João de Castro.

ALBERT V. DICEY, *Lectures on the Relation Between Law and Public Opinion in England*, Editorial Macmillan, Londres, 1914.

ALBERTO FRANCO NOGUEIRA, *Diálogos Interditos: A Política Externa Portuguesa e a Guerra de África*, Braga – Lisboa, 1979.

ANDRÉ-HUBERT MESNARD, *Droit et Politique de la Culture*, Collection Droit Fondamental: Droit Politique et Théorique, 1.ª edição, Edições PUF (Presses Universitaires de France), Paris.

ANDRÉ LALANDE, *Vocabulaire Technique et Critique de la Philosophie*, volume III, edição da Librairie Félix Alcan, Paris, 1932.

ANTÓNIO MARQUES BESSA, *Quem Governa?: Uma Análise Histórico-Política do Tema da Elite*, edição do Instituto Superior de Ciências Sociais e Políticas, Lisboa.

ANTÓNIO MARQUES BESSA e JAIME NOGUEIRA PINTO, *Intodução à Política: Volume I: O Poder na História*, Editorial Verbo, Lisboa/São Paulo; *Volume II: O Poder, o Estado e a Classe Política*, Editorial Verbo, Lisboa/São Paulo; *Volume III: Ideologias, Regimes Políticos e Ordem Internacional*, Editorial Verbo, Lisboa/São Paulo.

ANTONIO SANCHEZ-BRAVO CENJOR, *La Información en la Comunidad Europea*, Editorial Sintesis, Colecção Ciencias de la Información (Periodismo), Madrid.

ARTHUR KOESTLER, IGNAZIO Silone e OUTROS, *O Deus que Falhou: Uma Confissão*, volume organizado por RICHARD CROSSMAN, edição de Irmãos Pongetti – Editores, Rio de Janeiro, 1952.

CARL SCHMITT, *La Notion de Politique; Théorie du Partisan*, estudos publicados pela Editorial Flammarion, 1992, contendo um prefácio de JULIEN FREUND.

EDGAR MORIN, *L' Esprit de Temps*, edição Grasset, Paris, 1961.

EDGAR MORIN, GIANLUCA BOCCHI e MAURO CERUTI, *Os Problemas do Fim de Século*, edição da Editorial Notícias (Colecção Ciência Aberta), Lisboa, 1991.

FERNANDO QUIRÓZ FERNÁNDEZ, *Estructura Internacional de la Información: el poder mediático en la era de la globalización*, Editorial Sintesis, Colecção Ciencias de la Información (Periodismo), Madrid.

GEORGES BURDEAU, *O Liberalismo*, edição de Publicações Europa--América (Biblioteca Universitária), Lisboa.

GIOVANNI SARTORI, *Homo Videns: Televisão e Pós-Pensamento*, edição de Terramar, Lisboa, Fevereiro de 2000.

GUSTAV RADBRUCH, *Filosofia do Direito*, 5.ª edição revista, edição de Arménio Amado – Editor, Sucessor –, Coimbra.

HUGO DE AZEVEDO, artigo publicado no *Jornal de Notícias*, edição de 26 de Maio de 1998.

JOSÉ JOAQUIM GOMES CANOTILHO e VITAL MOREIRA, *Constituição da República Portuguesa, Anotada*, 3.ª edição revista, Coimbra Editora, Limitada, Coimbra, 1993.

JEAN-FRANÇOIS REVEL, *Nem Marx nem Jesus: A Revolução Imediata*, 2.ª edição, Livraria Bertrand, Lisboa, 1977.

JEAN-MARIE PONTIER, JEAN-CLAUDE RICCI e JACQUES BOURDON, *Droit de la Culture*, edição de Précis Dalloz, Paris, 1990.

JEAN-PAUL SARTRE, *Orphée Noir*, edição da Universidade de Dakar (Senegal), Dakar, 1971.

JEAN ZIEGLER e URIEL DA COSTA, *Até Amanhã, Marx!: Para Sair do Fim das Ideologias*, edição de Puma Editora, Limitada, Lisboa, 1992.

JOÃO PAULO II, *Colectânea dos discursos proferidos aquando da primeira visita a Portugal (1982)*, volume publicado pela Editorial Rei dos Livros, Lisboa, 1982.

JORGE USCATESCU, *Libertad y Cultura de Masas*, Revista de Estudios Políticos, n.ºs 176-177, Madrid, Março/Junho de 1971.

JORGE USCATESCU, *Paradigmas de la Política*, Revista de Estudios Políticos, n.º 204, Madrid, Novembro/Dezembro de 1975.

JOSÉ LOPES ALVES, *Guerra do Iraque de Março e Abril de 2003 – Uma Contribuição para o seu Estudo*, Lisboa, 2003.

KAREL VASAK, *As Dimensões Internacionais dos Direitos do Homem: Manual Destinado ao Ensino dos Direitos do Homem nas Universidades*, obra colectiva sob a coordenação de KAREL VASAK, edição da Editora Portuguesa de Livros Técnicos e Científicos, Limitada/ /UNESCO, Lisboa.

KARL JASPERS, *Iniciação Filosófica*, Colecção Filosofia e Ensaios, 7.ª edição, Guimarães e Companhia – Editores, Lisboa, sem data.

KARL POPPER, *Em Busca de um Mundo Melhor*, 2.ª edição revista e ampliada, da responsabilidade da Editorial Fragmentos, Limitada, Lisboa, Junho de 1989.

M. ANTUNES, *Civilização e Cultura*, in *POLIS: Enciclopédia Verbo da Sociedade e do Estado*, edição da Editorial Verbo, Lisboa, 1983, volume I.

MICHAEL HARDT e ANTONIO NEGRI, *Império*, tradução de MIGUEL SERRAS PEREIRA, Editora Livros do Brasil, Lisboa, Abril de 2004.

MINISTERIO DE LA CULTURA (ESPAÑA), *El patrocinio empresarial de la cultura en España*, edição da Secretaria General Técnica do Ministério (Colección Datos Culturales), Reimpressão, Madrid, 1992.

NOAM CHOMSKY, *Nova Iorque, 11 de Setembro*, 2.ª edição, Editorial Caminho, S. A., Lisboa, 2001.

NORBERTO BOBBIO, *Teoria Geral da Política: a Filosofia Política e as Lições dos Clássicos*, organizado por MICHELANGELO BOVERO, Editora Campus, Limitada, Rio de Janeiro (Brasil).

PAUL VIRILIO, *La Bomba Informática*, Editorial Cátedra, Madrid, 1999.

SEBASTIANO MICCOLI, *Totalitarismo o Cultura: Una Recente Interpretazione di Hannah Arendt*, Rivista Internazionale di Filosofia del Diritto, n.° 3, Julho/Setembro de 1991.

SIDNEY VERBA, *El Estudio de la Ciencia Política desde la Cultura Política*, Revista de Estudios Políticos, n.° 138, Madrid, Novembro//Dezembro de 1964.

T. B. BOTTOMORE, *As Elites e a Sociedade*, 2.ª edição de Zahar Editores (Biblioteca de Ciências Sociais), Rio de Janeiro.

ÍNDICE GERAL

CIÊNCIAS JURÍDICAS

CIÊNCIAS POLICIAIS

CIÊNCIAS SOCIAIS E POLÍTICAS